한국사능력검정시험

고급 | 1·2급

강명석

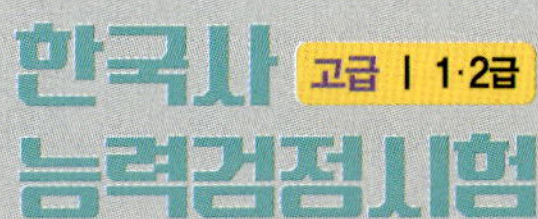

인쇄일 2018년 4월 5일 초판 1쇄 인쇄
발행일 2018년 4월 10일 초판 1쇄 발행
등 록 제17-269호
판 권 시스컴2018

발행처 시스컴 출판사
발행인 송인식
지은이 강명석

ISBN 979-11-6215-123-5 13910
정 가 23,000원

주소 서울시 양천구 목동동로 233-1, 1007호(목동, 드림타워) | 홈페이지 www.siscom.co.kr
E-mail master@siscom.co.kr | 전화 02)866-9311 | Fax 02)866-9312

발간 이후 발견된 정오 사항은 시스컴 홈페이지 도서 정오표에서 알려드립니다(시스컴 홈페이지→학습 자료실→도서 정오표).

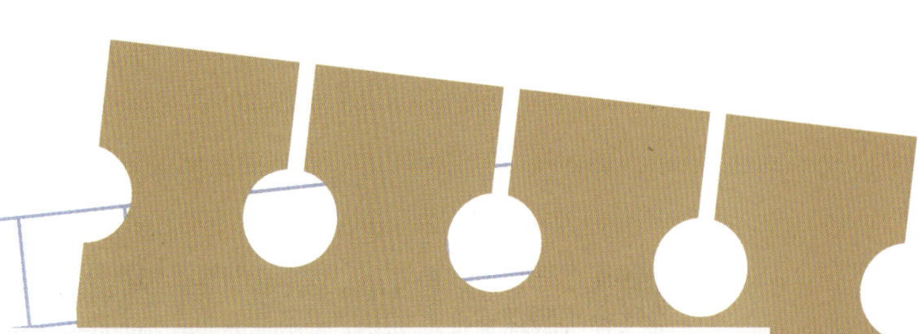

머리말

역사는 시대의 거울이자 과거와 현재의 생생한 기록이다. 그러나 아직까지도 역사를 과거의 전유물로 인식하는 사람들이 많고, 주변 국가들은 역사 교과서를 왜곡하고 심지어 역사 전쟁을 도발하고 있다. 한국사의 위상 제고가 시급한 실정에서, 우리가 살아온 발자취와 삶의 다양한 흔적을 담고 있는 역사를 올바르게 아는 것은 매우 중요한 일이다.

국사편찬위원회가 주관하는 한국사능력검정시험은 우리 역사에 대한 관심을 제고하고 한국사에 대한 폭넓고 올바른 지식을 공유함으로써 균형 잡힌 역사의식을 갖도록 하는 것을 목적으로 한다. 이를 위해 한국사능력검정시험은 역사에 대한 기본 지식의 습득과 적용, 보다 수준 높은 역사 지식의 이해와 창의적 문제 해결 능력의 함양 등을 평가기준으로 하여 문항을 구성하고 있다.

이 책은 국사편찬위원회가 주관하는 '한국사능력검정시험(중급)'을 대비하기 위한 전문 수험서로, 필수 이론과 최신 기출 문제를 수록하여 한 권의 책으로 한국사능력검정시험을 준비하고자 하는 수험생들에게 최적화 되어 있다. 구체적으로는 다음과 같은 특징을 지니고 있다.

첫째, 시대별 정치, 경제, 사회, 문화를 효율적으로 정리하여 한국사의 전체 흐름을 통시적으로 파악할 수 있도록 하였다.

둘째, 단원별 최신 기출 문제를 수록하여 이론을 공부한 뒤 바로 문제로 적용시켜 볼 수 있도록 하였고, 최신 출제 경향을 익힐 수 있도록 하였다.

셋째, 다양한 역사 자료와 암기 요소들을 통해 보다 풍부하고 심층적인 학습이 가능하도록 하였다.

본서는 한 권의 책으로 한국사능력검정시험을 보다 효과적으로 대비하고자 하는 수험생들에게 최적의 교재가 되길 바라는 마음으로 출간되었다. 이 책과 함께한 수험생 모두에게 좋은 결과가 있기를 바란다.

한국사능력검정시험 안내

1 한국사능력검정시험이란?

한국사능력검정시험은 우리 역사에 관한 패러다임의 혁신과 한국사 교육의 위상을 강화하기 위하여 국사편찬위원회에서 주관하고 시행하는 시험으로 목적은 다음과 같다.

- 우리 역사에 대한 관심을 확산 · 심화하는 계기를 마련함
- 균형 잡힌 역사의식을 갖도록 함
- 역사 교육의 올바른 방향을 제시함
- 고차원적 사고력과 문제 해결 능력을 육성함

2 한국사능력검정시험의 출제 유형

역사 지식의 이해	역사 탐구에 필요한 기본적인 지식, 즉 역사적 사실 · 개념 · 원리 등의 이해 정도를 묻는 영역이다.
연대기의 파악	역사의 연속성과 변화 및 발전을 이해하고 있는지를 묻는 영역이다. 역사 사건이나 상황을 시대순으로 정확하게 이해하고 인과 관계를 파악할 수 있는가를 묻는다.
역사 상황 및 쟁점의 인식	제시된 자료에서 해결해야 할 구체적 역사 상황과 핵심적인 논쟁점, 주장 등을 찾을 수 있는지를 묻는 영역이다. 문헌 자료, 도표, 사진 등의 형태로 주어진 자료에서 해결해야 할 과제를 포착하거나 변별해내는 능력이 있는지를 측정한다.
역사 자료의 분석 및 해석	자료에 나타난 정보를 해석하여 그 의미를 파악할 수 있는가를 묻는 영역이다. 정보의 분석을 바탕으로 자료의 시대적 배경과 사회적 의미를 해석할 수 있는가를 측정한다.
역사 탐구의 설계 및 수행	제시된 문제의 성격과 목적을 고려하여 절차와 방법에 따라 역사 탐구를 설계하고 수행할 수 있는 능력이 있는가를 묻는 영역이다.
결론의 도출 및 평가	주어진 자료의 타당성을 판별하고, 여러 자료를 종합하여 결론을 도출할 수 있는가를 묻는 영역이다.

3 한국사능력검정시험의 응시 대상

- 한국사에 관심 있는 대한민국 국민(외국인도 가능)
- 한국사 학습자
- 상급 학교 진학 희망자
- 기업체 취업 및 해외 유학 희망자 등

한국사능력검정시험 암기박사

고급 1 · 2급

강의 커리큘럼

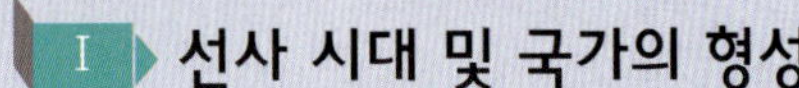

Ⅰ 선사 시대 및 국가의 형성

- 선사시대
- 국가의 형성

Ⅱ 고대 국가 시대

- 고대의 통치 구조와 정치 활동
- 고대의 경제 구조와 경제생활
- 고대의 사회생활
- 고대의 문화

Ⅲ 중세 고려 시대

- 중세 고려의 정치
- 중세 고려의 경제
- 중세 고려의 사회
- 중세 고려의 문화

Ⅳ 근세 조선의 성립과 발전

- 근세의 정치
- 근세의 경제
- 근세의 사회
- 근세의 문화

Ⅴ 근대 사회의 태동

- 정치 상황의 변동
- 경제 상황의 변동
- 사회의 변화
- 문화의 변화와 발전

Ⅵ 근대 사회의 전개

- 근대 사회의 정치 변동
- 근대 경제 · 사회 · 문화의 모습

Ⅶ 민족 독립운동의 전개

- 국권 침탈과 민족의 수난
- 민족 독립운동의 전개
- 사회 · 경제 · 문화적 민족 운동

Ⅷ 현대 사회의 발전

- 대한민국의 건국과 발전
- 통일 정책
- 경제 발전과 사회 · 문화의 변화

강의 커리큘럼은 사정에 따라 변경될 수 있습니다.

4 한국사능력검정시험의 시험 종류 및 인증 등급

시험 종류	고급	중급	초급
인증 등급	1급(70점 이상) 2급(69~60점)	3급(70점 이상) 4급(69점~60점)	5급(70점 이상) 6급(69점~60점)
문항 수	50문항(5지 택 1형)	50문항(5지 택 1형)	40문항(4지 택 1형)

※ 배점 : 100점 만점(문항별 1~3점 차등 배점)

5 한국사능력검정시험의 평가 내용

시험 구분	평가 등급	평가 내용
고급	1, 2급	한국사 심화 과정으로 차원 높은 역사 지식, 통합적 이해력 및 분석력을 바탕으로 시대의 구조를 파악하고, 현재의 문제를 창의적으로 해결할 수 있는 능력을 평가한다.
중급	3, 4급	한국사 기초 심화 과정으로서 한국사에 대한 기본적인 이해를 바탕으로 한국사의 흐름을 대략적으로 이해할 수 있는 능력과, 전반적인 이해를 바탕으로 한국사의 개념과 전개 과정을 체계적으로 파악할 수 있는 능력을 평가한다.
초급	5,6 급	한국사 입문 과정으로서 한국사에 대한 흥미와 관심을 가지고 있으면 누구나 이해할 수 있는 기초적인 역사 상식을 평가한다.

6 한국사능력검정시험의 활용 및 특전

- 한국사능력정점시험 2급 이상 합격자에 한해 안전행정부에서 시행하는 행정외무고등고시에 응시자격 부여
- 한국사능력검정시험 3급 이상 합격자에 한해 교원임용시험 응시자격 부여
- 국비 유학생, 해외파견 공무원, 이공계 전문연구요원(병역) 선발 시 국사시험을 한국사능력검정시험(3급 이상 합격)으로 대체
- 일부 공기업 및 민간기업의 사원 채용이나 승진 시 반영

구성과 특징

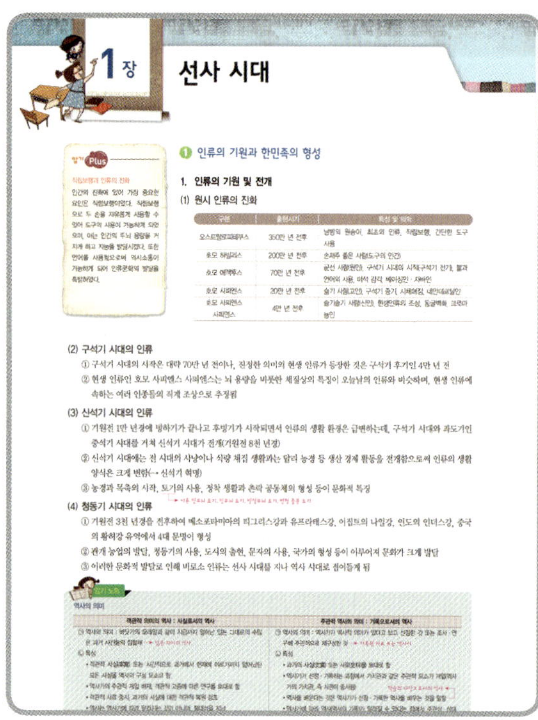

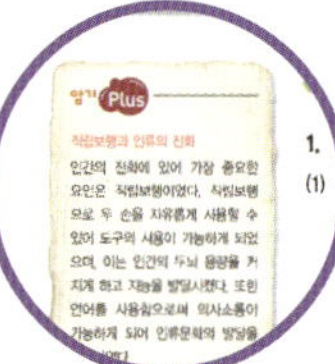

암기 Plus

본문의 핵심 이론 외에 더 알아두면 좋을 참고사항이나 내용을 심화 학습할 수 있는 보충 자료 및 다양한 사진 자료 등을 구성하였습니다.

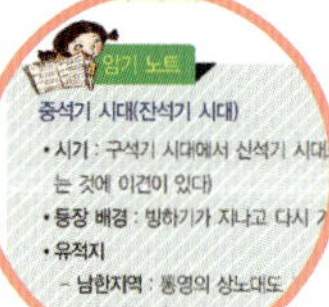

암기노트

한국사능력검정시험에서 언급될 수 있는 주요 용어의 상세한 풀이나 역사적 논점 정리, 중요 문헌 사료 등을 수록하였습니다.

기출문제

본문에서 다루고 있는 이론이 실제 시험 문제로 어떻게 출제되는지 확인하고 해당 내용을 명확히 습득할 수 있도록 군데군데에 최신 기출문제를 수록하였습니다.

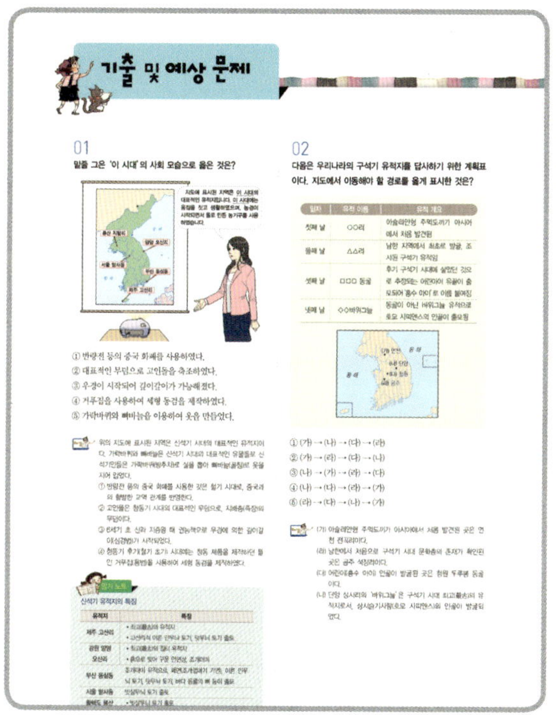

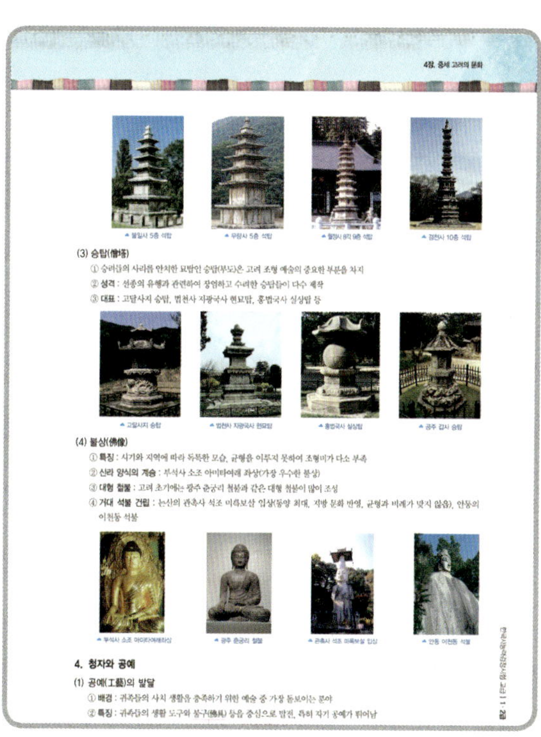

기출 및 예상 문제

대단원별로 중요한 기출문제들을 엄선하여 수록하고, 그동안의 출제 경향을 분석하여 다양한 난이도의 예상 문제를 구성하였습니다.

해설

상세한 해설을 통해, 앞서 학습한 이론을 다시금 되새기고 오답이 오답인 이유까지 알 수 있도록 하였습니다.

시각자료

사진, 그림 등의 다양한 시각자료를 통해 유물 · 유적, 역사적 기록물 등을 시각적으로 파악할 수 있도록 하였습니다.

목 차

◀ 빗살무늬 토기

선사 시대와 역사 시대를 구분하는 일반적인 기준은 문자 사용의 여부이다. 세계사적으로 본다면 선사 시대는 문자를 사용하지 않았던 구석기 시대와 신석기 시대를 말하며, 역사 시대는 문자를 사용하기 시작한 청동기 시대(BC 10세기경) 이후를 말한다. 다만, 우리나라의 경우 문자를 사용하기 시작한 것이 초기 철기 시대부터이므로, 이때를 역사 시대의 시작으로 보고 있다. 선사 시대는 문자 기록이 없으므로 유적이나 유물을 통해 당시의 상황을 유추할 수밖에 없는 반면, 역사 시대는 유물이나 유적 이외에 문자 기록물을 통해 보다 쉽고 상세하게 그 시대의 모습을 파악할 수 있다.

I 선사 시대 및 국가의 형성

1장 선사 시대

암기 Plus

직립보행과 인류의 진화

인간의 진화에 있어 가장 중요한 요인은 직립보행이었다. 직립보행으로 두 손을 자유롭게 사용할 수 있어 도구의 사용이 가능하게 되었으며, 이는 인간의 두뇌 용량을 커지게 하고 지능을 발달시켰다. 또한 언어를 사용함으로써 의사소통이 가능하게 되어 인류문화의 발달을 촉발하였다.

1 인류의 기원과 한민족의 형성

1. 인류의 기원 및 전개

(1) 원시 인류의 진화

구분	출현시기	특성 및 의의
오스트랄로피테쿠스	350만 년 전후	남방의 원숭이, 최초의 인류, 직립보행, 간단한 도구 사용
호모 하빌리스	200만 년 전후	손재주 좋은 사람(도구의 인간)
호모 에렉투스	70만 년 전후	곧선 사람(원인), 구석기 시대의 시작(구석기 전기), 불과 언어의 사용, 미적 감각, 베이징인 · 자바인
호모 사피엔스	20만 년 전후	슬기 사람(고인), 구석기 중기, 시체매장, 네안데르탈인
호모 사피엔스 사피엔스	4만 년 전후	슬기슬기 사람(신인), 현생인류의 조상, 동굴벽화, 크로마뇽인

(2) 구석기 시대의 인류

① 구석기 시대의 시작은 대략 70만 년 전이나, 진정한 의미의 현생 인류가 등장한 것은 구석기 후기인 4만 년 전

② 현생 인류인 호모 사피엔스 사피엔스는 뇌 용량을 비롯한 체질상의 특징이 오늘날의 인류와 비슷하며, 현생 인류에 속하는 여러 인종들의 직계 조상으로 추정됨

(3) 신석기 시대의 인류

① 기원전 1만 년경에 빙하기가 끝나고 후빙기가 시작되면서 인류의 생활 환경은 급변하는데, 구석기 시대와 과도기인 중석기 시대를 거쳐 신석기 시대가 전개(기원전 8천 년경)

② 신석기 시대에는 전 시대의 사냥이나 식량 채집 생활과는 달리 농경 등 생산 경제 활동을 전개함으로써 인류의 생활 양식은 크게 변함(→ 신석기 혁명)

③ 농경과 목축의 시작, 토기의 사용, 정착 생활과 촌락 공동체의 형성 등이 문화적 특징
→ 이른 민무늬 토기, 덧무늬 토기, 빗살무늬 토기, 변형 즐문 토기

(4) 청동기 시대의 인류

① 기원전 3천 년경을 전후하여 메소포타미아의 티그리스강과 유프라테스강, 이집트의 나일강, 인도의 인더스강, 중국의 황허강 유역에서 4대 문명이 형성

② 관개 농업의 발달, 청동기의 사용, 도시의 출현, 문자의 사용, 국가의 형성 등이 이루어져 문화가 크게 발달

③ 이러한 문화적 발달로 인해 비로소 인류는 선사 시대를 지나 역사 시대로 접어들게 됨

역사의 의미

객관적 의미의 역사 : 사실로서의 역사	주관적 역사의 의미 : 기록으로서의 역사
㉠ 역사의 의미 : 바닷가의 모래알과 같이 지금까지 일어난 있는 그대로의 수많은 과거 사건들의 집합체 → 넓은 의미의 역사 ㉡ 특성 • 객관적 사실(事實) 또는 시간적으로 과거에서 현재에 이르기까지 일어났던 모든 사실을 역사의 구성 요소로 함 • 역사가의 주관적 개입 배제, 객관적 고증에 따른 연구를 토대로 함 • 객관적 사료 중시, 과거의 사실에 대한 객관적 복원 강조 • 역사는 역사가에 따라 달라지는 것이 아니며, 절대성을 지님	㉠ 역사의 의미 : 역사가가 역사적 의미가 있다고 보고 선정한 것 또는 조사 · 연구해 주관적으로 재구성한 것 → 기록된 자료 또는 역사서 ㉡ 특성 • 과거의 사실(史實) 또는 사료(史料)를 토대로 함 • 역사가가 선정 · 기록하는 과정에서 가치관과 같은 주관적 요소가 개입(역사가의 가치관, 즉 사관이 중시됨) • 역사를 배운다는 것은 역사가가 선정 · 기록한 역사를 배우는 것을 말함 ← 학습의 대상으로서의 역사 • 역사가에 따라 역사(역사의 기록)가 달라질 수 있다는 점에서 주관성 · 상대성을 지님

2. 선사 문화권과 한민족의 형성

(1) 동방문화권의 형성

① 우리 민족은 한반도와 만주, 발해만, 산둥반도 등에 걸친 동방문화권(동이문화권)을 형성

② 황하유역의 한족문화권, 양자강 유역의 화남문화권, 몽고지역의 북방문화권, 일본의 남방문화권 등과 함께 동양문화권을 구성

(2) 한민족의 형성 및 분포

① 한반도에 거주했던 구석기인들에 대해서는 우리 민족의 직접 조상으로는 보지 않는 것이 일반적

② 우리 민족의 모체이자 근간은 고아시아계인 신석기인으로 보며, 일반적으로 신석기에서 청동기를 거치는 과정에서 민족의 기틀이 형성되었다고 보고 있음

③ 우리 민족의 주류를 형성한 것은 신석기인의 문화를 흡수한 청동기인

④ 대체로 중국 요령(랴오닝)성, 길림(지린)성을 포함하는 만주 지역과 한반도를 중심으로 한 동북아시아에 넓게 분포

(3) 한민족의 특성 및 독자성

① 인종상 황인종, 언어학상 알타이 어족 계통

② 오래 전부터 하나의 민족 단위를 형성하고, 농경 생활을 바탕으로 독자적인 문화를 이룩

3. 구석기 시대

(1) 구석기 시대의 범위

① **범위** : 구석기 시대는 대략 70만 년 전부터 시작되어 약 1만 년 전까지 이어짐

② **시대 구분** : 석기를 다듬는 기법에 따라 전기, 중기, 후기로 구분하기도 하나, 구석기 시대는 이러한 시대 구분을 하지 않는 것이 일반적 견해

㉠ **전기** : 큰 석기 한 개를 가지고 다양한 용도로 사용

㉡ **중기** : 큰 몸돌에서 떼어 낸 돌 조각인 격지돌을 가지고 잔손질을 하여 용도에 맞게 사용

㉢ **후기** : 쐐기 같은 것을 이용해 여러 개의 돌날격지를 만드는 데까지 발달

(2) 경제 생활

① 사냥이나 어로, 채집 생활을 영위(→ 농경은 시작되지 않음)

② 뗀석기와 함께 뼈 도구(골각기)를 용도에 따라 사용

③ 처음에는 찍개 같은 도구를 여러 용도로 사용했으나 뗀석기 제작 기술이 발달함에 따라 용도가 나누어짐

④ **용도에 따른 도구의 구분**

㉠ **사냥용** : 주먹도끼, 찍개, 찌르개, 슴베찌르개

㉡ **조리용** : 긁개, 밀개, 자르개

㉢ **공구용** : 뚜르개, 새기개(단양수양개 유적)

(3) 사회 생활

① 주거지

㉠ 동굴이나 바위 그늘(단양 상시리)에서 살거나 강가에 막집(공주 석장리)을 짓고 거주

암기 Plus

▲ 선사 시대의 문화권

한민족과 동이(東夷)족

동이족은 한민족과 여진족, 일본족 등 중국을 중심으로 동쪽에 있는 여러 부족을 통칭하기도 하나, 일반적으로는 우리 한민족만을 지칭하는 용어이다. 동이족에 관한 최초의 우리 문헌은 김부식의 「삼국사기」이며, 중국의 문헌으로는 「논어」, 「예기」, 「사기」, 「산해경」 등이 있다.

주먹도끼, 슴베찌르개

- **주먹도끼** : 사냥의 용도 외에도 동물의 가죽을 벗기고 땅을 팔 때에도 널리 사용되었다.
- **슴베찌르개** : 슴베는 '자루'를 의미하며, 주로 창날이나 화살촉으로 사용되었다.

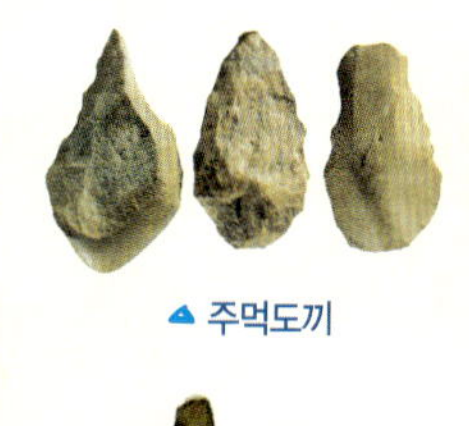

▲ 주먹도끼

▲ 슴베찌르개

㉡ 구석기 시대 후기의 막집 자리에는 기둥 자리, 담 자리 및 불 땐 자리(공주석장리)가 남아 있음

㉢ 규모는 작은 것은 3~4명, 큰 것은 10명이 살 수 있을 정도의 크기

② 무리 사회

㉠ 가족 단위의 무리를 이루어 사냥감을 찾아 이동 생활을 함

㉡ 무리 중 경험이 많고 지혜로운 사람이 지도자가 되었으나, 권력을 갖지는 못해 모든 사람이 평등 (→ 구석기 시대와 신석기 시대는 평등사회)

(4) 예술 활동

① 후기에 이르러 석회암이나 동물의 뼈 또는 뿔 등을 이용하여 조각품을 만듦

② 공주 석장리에서 개 모양의 석상이나 고래 · 멧돼지 · 새 등을 새긴 조각과 그림(선각화)이 발견되었고, 단양 수양개에서도 고래와 물고기 등을 새긴 조각이 발견됨

③ 사냥감의 번성을 비는 주술적 신앙과 관련

선각화 · 암각화

- 선각화 : 자갈에 새긴 그림으로, 구석기 시대의 유적에서 발견됨
- 암각화 : 바위에 새긴 그림으로, 신석기 후기에 등장하기 시작하여 주로 청동기 시대에 발견됨

기출문제

| 고급 | [2점]

(가) 시대의 생활 모습으로 옳은 것은?

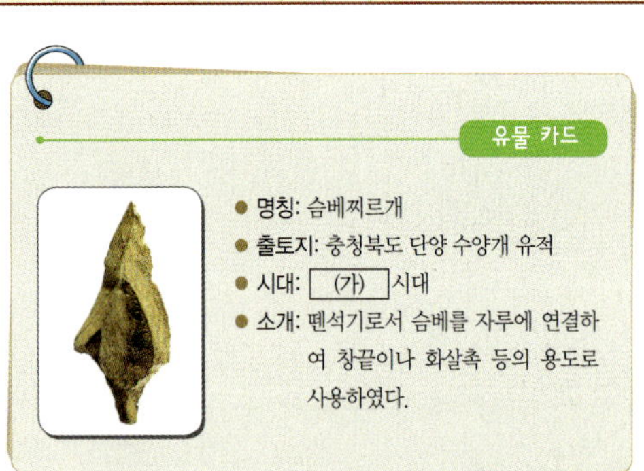

유물 카드
● 명칭: 슴베찌르개
● 출토지: 충청북도 단양 수양개 유적
● 시대: (가) 시대
● 소개: 뗀석기로서 슴베를 자루에 연결하여 창끝이나 화살촉 등의 용도로 사용하였다.

① 빗살무늬 토기를 제작하였다.
② 주로 동굴이나 강가의 막집에서 살았다.
③ 지배층의 무덤으로 고인돌을 축조하였다.
④ 반달 돌칼을 사용하여 곡물을 수확하였다.
⑤ 가락바퀴와 뼈바늘을 이용하여 옷을 만들었다.

[구석기 시대의 생활 모습]

암기공식

충북 단양 수양개 유적 : 슴베찌르개 ⇒ 구석기 시대

| 정답 해설 |

구석기 시대에는 주로 동굴이나 강가의 막집에서 살면서 주먹도끼, 돌팔매, 찍개, 찌르개, 슴베찌르개 등의 도구를 사용하여 사냥을 하거나 어로, 채집 생활을 영위하였다.

| 오답 해설 |

① 신석기 시대에는 빗살무늬 토기의 사용으로 음식물의 조리 및 저장이 보다 용이해졌다.
③ 청동기 시대에는 지배층(족장)의 무덤으로 고인돌을 축조하여 당시 계급의 분화 및 지배층의 권력을 반영하였다.
④ 청동기 시대에는 벼농사가 시작되고 반달 돌칼을 사용하여 곡물을 수확하였다.
⑤ 신석기 시대에는 가락바퀴(방추차)와 뼈바늘(골침)을 이용하여 옷을 지어 입었다.

정답 ②

중석기 시대(잔석기 시대)

- 시기 : 구석기 시대에서 신석기 시대로 넘어가는 과도기인 기원 전 1만 년에서 8천 년 전(유럽에서 주로 통용되며, 우리나라에서는 중석기 시대를 따로 설정하는 것에 이견이 있다)
- 등장 배경 : 빙하기가 지나고 다시 기후가 따뜻해짐에 따라 새로운 자연 환경에 대응하기 위한 적합한 생활 방법을 찾으려는 노력의 결실
- 유적지
  - 남한지역 : 통영의 상노대도 조개더미, 거창 임불리, 홍천 하화계리 등
  - 북한지역 : 웅기 부포리, 평양 만달리 등
- 도구
  - 큰 짐승 대신에 토끼 · 여우 · 새 등 작고 빠른 짐승을 잡기 위해 한 개 내지 여러 개의 석기를 나무나 뼈에 꽂아 쓰는 이음 도구(복합용구)를 사용
  - 활이나 톱 · 창 · 낫 · 작살 등을 이용해 사냥, 채집, 어로생활을 함

(5) 유적지

① **분포** : 구석기 시대의 대표적인 유적지는 거의 전국에 걸쳐 분포하는데, 50여 곳 이상의 지역에서 확인됨

② 이들 유적에서는 뗀석기와 함께 사람과 동물의 뼈로 만든 도구(골각기) 등이 출토됨

구분	유적지	특징
전기	단양 상시리 바위그늘	• 구석기 시대에 해당하는 '바위그늘'은 최고(最古)의 유적지(약 70~60만 년 전) • 11개의 지층 중 5층에서는 상시슬기사람(호모 사피엔스)의 인골이 발굴
	공주 석장리	• 1964년 남한에서 처음으로 구석기 시대 문화층의 존재가 확인된 곳으로, 전기에서 후기 유물이 모두 출토 • 찍개문화(외날 · 쌍날찍개, 주먹도끼, 밀개, 긁개), 동물 등을 새긴 선각화(예술의 흔적) • 후기의 집자리(2만 년 전)에서 불뗀 자리 흔적 발견
	상원 검은모루	주먹도끼, 동물뼈(→ 구석기인의 식생활 파악) 출토
	연천 전곡리	유럽식의 아슐리안계 주먹도끼(→ 아시아 최초 발견)와 동아시아식 찍개문화가 동시 출토(한탄강 유역)
중기	제천 점말 동굴	인골, 사람의 얼굴을 새긴 코뿔소의 뼈
	청원 두루봉 동굴	어린이(흥수 아이, 3~5세) 인골과 소년의 뼈, 동물뼈, 화덕자리
	덕천 승리산 동굴	덕천인(중기 구석기)의 어금니 2개와 어깨뼈, 승리산인(후기 구석기)의 인골이 함께 출토
	평양 만달리 동굴	성인(35세 전후)의 아래턱뼈
	함북 종성 동관진	1933년 최초로 발견(한반도의 구석기 존재를 최초로 확인), 골각기와 석기, 포유동물의 화석
	웅기 굴포리	박편석기와 맘모스 화석, 패총, 퇴적층에서 전기 · 후기의 여러 층이 확인
후기	제주 어음리 빌레못	석기, 목탄류와 순록 · 황곰 등의 동물 화석
	평산 해상 동굴	곰의 뼈, 화석

4. 신석기 시대

(1) 토기(土器)의 사용

① 토기는 흙으로 빚어 불에 구워 만들며, 신석기 시대에 처음으로 제작됨(→ 구석기 시대와의 차이점)

② 근래 출토된 토기를 통해 볼 때 신석기 시대는 기원전 8천 년경 시작되었음을 알 수 있음

③ 토기의 사용으로 음식물의 조리와 저장이 보다 용이해져 생활이 전보다 개선됨

④ **토기의 종류 및 특징**

구분	토기	특징	유적지
전기 (BC 8000 ~4000)	이른 민무늬 토기 (원시무문 토기)	한반도에 처음 나타난 토기	부산 동삼동, 웅기 굴포리, 만포진
	덧무늬 토기 (융기문 토기)	토기 몸체에 덧무늬를 붙인 토기	부산 동삼동 조개더미에서 이른 민무늬 토기와 함께 발견
중기 (BC 4000 ~2000)	빗살무늬 토기 [즐문토기 기하문 토기 어골문 토기]	• 빗살문 · 기하문 등 어골문이 새겨진 회색의 V자형 토기(→ 일본의 조몽 토기로 연결) • 대부분 해안이나 강가에서 발견(→ 수변 · 어로 생활)	서울 암사동, 경기 미사리, 평남 청호리, 김해 수가리, 부산 동삼동, 웅기 굴포리
후기 (BC 1800)	변형즐문토기 [번개무늬 토기 물결무늬 토기]	밑바닥이 평평한 U자형의 토기(→ 농경 · 정착 생활)	암사동, 황해도 지탑리, 부산 다대동, 춘천 교동

(2) 유물

① **분포** : 신석기 시대의 유적지나 유물은 대부분 강가나 바닷가의 조개더미(패총)에 분포함

해안 · 강변 등에 살던 선사시대인이 버린 조개 · 굴 등의 껍데기가 쌓여서 무덤처럼 이루어진 유적

② **대표적 유물** : 돌을 갈아서 여러 가지의 형태와 용도를 가진 간석기를 만들어 사용

빗살무늬 토기

신석기 시대의 대표적 토기로서, 도토리나 달걀 모양의 뾰족한 밑 또는 둥근 밑 모양을 하고 있으며 크기도 다양하다. 회색으로 된 사토질 토기로서 주로 해안이나 강가의 모래에서 발견되었다는 점에서 신석기인들이 수변생활을 했음을 알 수 있다.

▲ 빗살무늬 토기

하였는데, 부러지거나 무뎌진 도구를 다시 갈아 손쉽게 쓸 수 있게 됨

(3) 경제 생활

① **농사** : 신석기 시대 중기까지는 채집 · 어로 생활이 중심이었고, 후기부터 농경 생활이 시작됨

㉠ **유적지** : 황해도 봉산 지탑리와 평양의 남경 유적에서는 탄화된 좁쌀이 발견되어 신석기 시대에 잡곡류(조, 피, 수수)를 경작하였음을 알 수 있음

㉡ **주요 농기구** : 돌괭이(석초), 돌보습, 돌삽, 돌낫, 맷돌(연석), 반달 돌칼(→ 주로 사용된 시기는 청동기 시대임) 등

㉢ **농경 형태** : 집 근처의 조그만 텃밭을 이용하거나 강가의 퇴적지를 소규모로 경작

② **사냥 · 어로** : 농경 기술이 발달하면서 경제 생활에서의 비중은 점차 줄어들었지만, 여전히 식량을 얻는 중요한 수단

㉠ 주로 활이나 창으로 사슴류와 멧돼지 등을 사냥

㉡ 다양한 크기의 그물 · 작살 등을 이용하여 고기를 잡았고 조개류를 따서 장식으로 이용하기도 함

③ **원시 수공업** : 가락바퀴(방추차)나 뼈바늘(골침)로 옷이나 그물을 제작

▲ 가락바퀴

암기 노트

신석기 혁명

농경과 목축의 시작을 '신석기 혁명'이라 한다. 이전의 시대에는 먹을 것을 찾아 이동 생활을 하였으나 농사를 짓게 되면서 적당한 곳에 정착 생활을 하게 되었는데, 이는 문명을 발전시키는 계기가 되었다.

암기 Plus

신석기 후기의 움집

신석기 후기에는 움집 내의 공간이 다소 커지고 정방형이나 장방형으로 바뀌었고, 화덕 자리가 한쪽으로 치우쳐 설치되었다. 이는 움집 생활의 다양성 또는 작업 공간의 확보 등을 의미한다.

▲ 신석기 시대 집터

(4) 사회 생활

① **주거** : 집터는 대개 움집 자리로 바닥은 원형이나 둥근 방형이며, 규모는 4~5명 정도의 한 가족이 살기에 알맞은 크기

㉠ 움집의 중앙에는 취사와 난방을 위한 화덕이 위치

㉡ 남쪽으로 출입문을 내었고 화덕이나 출입문 옆에는 저장 구덩이를 만들어 식량이나 도구를 저장

▲ 복원된 움집

② 부족 사회

㉠ 신석기 시대는 혈연을 바탕으로 하는 씨족을 기본 구성 단위로 하는 부족 사회로, 씨족은 점차 다른 씨족과의 혼인을 통하여 부족을 이룸

㉡ 부족 사회도 구석기의 무리 사회와 같이 아직 지배와 피지배의 관계가 발생하지 않았고, 연장자나 경험이 많은 자가 자기 부족을 이끌어 나가는 평등 사회

㉢ 중요한 일은 씨족회의의 만장일치에 의해 결정(→ 화백회의에 영향)되었으며, 씨족에는 청소년 집단 훈련 기능이 존재(→ 화랑도에 영향)

(5) 원시 신앙

애니미즘 (Animism, 정령신앙)	농사에 큰 영향을 끼치는 자연 현상이나 자연물에 정령이 있다는 신앙으로 풍요로운 생산을 기원하는 의미가 담겨 있으며, 그 중 태양과 물에 대한 숭배가 으뜸
샤머니즘 (Shamanism, 무격신앙)	영혼이나 하늘을 인간과 연결시켜 주는 존재인 무당(巫堂)과 그 주술을 믿음
토테미즘 (Totemism, 동물숭배)	자기 부족의 기원을 특정 동식물과 연결시켜 그것을 숭배하는 것으로, 단군왕검(곰) · 박혁거세(말) · 김알지(닭) · 석탈해(까치) · 김수로왕(거북이) 등이 이에 해당
영혼숭배(조상숭배)	사람이 죽어도 영혼은 없어지지 않는다고 생각
기타	금기(Taboo), 토우, 부장, 호신부의 지참 등

암기 노트

구석기 시대와 신석기 시대의 신앙

구석기 시대와 신석기 시대의 신앙 활동은 생산의 풍요를 기원하는 주술적 의미가 담겨 있다는 점에서 유사하다. 다만, 구석기 시대의 경우 그러한 행위가 주술적 신앙 활동에 그친 데 비해, 신석기 시대에는 주술적 신앙에서 나아가 원시 종교적 형태(애니미즘, 샤머니즘, 토테미즘 등)로 발전했다는 점에서 차이가 있다.

(6) 예술품

① 예술은 주술적 신앙과 밀접하게 관계되며, 특히 부적과 같은 호신부나 치레걸이 등은 풍요나 다산에 대한 기원이 담김

(치레걸이: 사람의 몸을 치장하기 위한 목걸이, 귀걸이, 팔찌 등의 물건)

(호신부: 자기 몸을 보호하기 위한 신령한 부적)

② 토우(서울 암사동에서 출토된 동물 모양의 조각), 안면상(양양 오산리에서 출토된 흙으로 빚은 얼굴상), 패면(부산 동삼동에서 출토된 조개껍데기 가면)

③ 토기의 다양한 무늬, 목걸이 · 팔찌 등

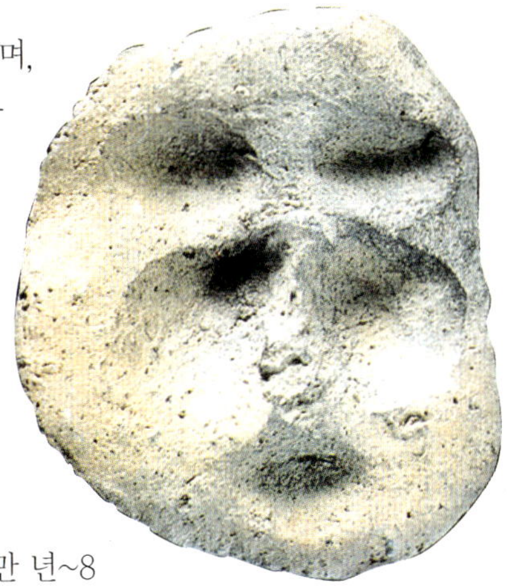

▲ 안면상

(7) 주요 유적지

① **제주 고산리** : 최고(最古)의 유적지(약 1만 년~8천 년 전), 뗀석기, 덧무늬 토기와 거친 토기

② **양양 오산리** : 최고(最古)의 집터 유적지, 흙으로 빚어 구운 안면상, 조개더미 출토

③ **부산 동삼동** : 조개더미 유적으로 패면(조개껍데기 가면), 이른민무늬토기, 바다 동물의 뼈 등이 출토

④ **웅기 굴포리** : 구석기 · 신석기 공통의 유적지, 조개더미, 온돌장치

⑤ **서울 암사동, 경기 미사리, 평남 청호리, 김해 수가리** : 빗살무늬 토기

⑥ **황해도 봉산 지탑리, 평양 남경** : 탄화된 좁쌀 등이 발견되어 신석기 시대 잡곡류(조, 피, 수수) 경작을 알 수 있음(→ 쌀이나 콩, 보리 등은 청동기 시대에 경작)

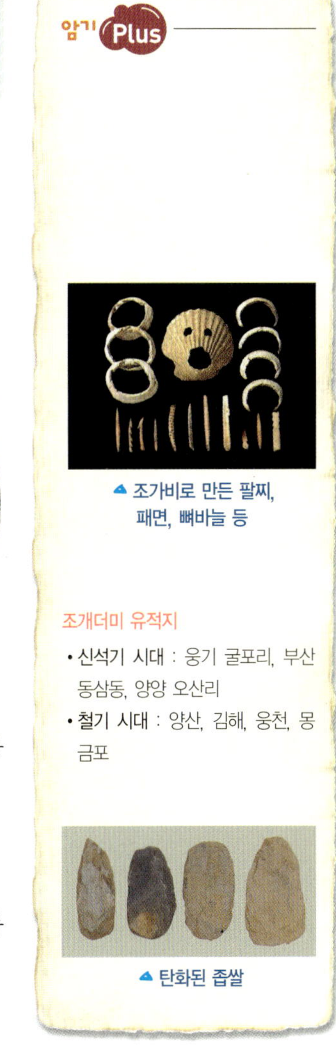

암기 Plus

▲ 조가비로 만든 팔찌, 패면, 뼈바늘 등

조개더미 유적지

- **신석기 시대** : 웅기 굴포리, 부산 동삼동, 양양 오산리
- **철기 시대** : 양산, 김해, 웅천, 몽금포

▲ 탄화된 좁쌀

| 고급 | [1점]

밑줄 그은 '이 시대'의 생활 모습으로 옳은 것은?

이곳은 서울 암사동에
위치한 이 시대의 대표적인
유적지입니다. 당시에는 농경이
시작되고 정착 생활이
이루어지면서 움집에
거주하게 되었습니다.

① 빗살무늬 토기에 식량을 저장하였다.
② 소를 이용한 깊이갈이가 일반화되었다.
③ 명도전, 반량전 등의 화폐를 사용하였다.
④ 많은 인력을 동원하여 고인돌을 만들었다.
⑤ 거푸집을 이용하여 세형 동검을 제작하였다.

[신석기 시대의 생활 모습]

암기공식
서울 암사동 ⇒ 신석기 시대 유적 : 빗살무늬 토기 출토

| 정답 해설 |
서울 암사동은 신석기 시대의 대표적인 유적지로 빗살무늬 토기가 출토되었다. 신석기 시대의 대표적 토기인 빗살무늬 토기는 회색으로 된 사토질 토기로서, 크기는 다양하나 바닥은 뾰족한 V자형의 토기이며 주로 식량을 저장하는데 사용되었다.

| 오답 해설 |
② 신라 지증왕 때 권농책으로 우경이 처음 시작되었고, 그 이후 이랑과 고랑의 높이 차이를 크게 하는 깊이갈이(심경법)가 가능해졌다.
③ 반량전은 BC 3세기 무렵 진에서 사용한 청동 화폐이고, 명도전은 중국 춘추 전국 시대에 연과 제에서 사용한 청동 화폐로 BC 4세기 무렵 중국 철기의 전래 및 중국과의 활발한 교역 관계를 반영한다.
④ 고인돌은 청동기 시대의 대표적인 지배층(족장)의 무덤으로, 건립에 막대한 노동력이 필요하다는 점에서 당시 계급의 분화 및 지배층의 정치 권력 · 경제력을 반영한다.
⑤ 청동기 후기(철기 초기) 시대에는 청동 제품을 제작하던 틀인 거푸집(용범)을 사용하여 세형 동검을 제작하였다.

정답 ①

❷ 청동기와 철기 시대

1. 청동기 문화의 형성과 발달

(1) 청동기 문화의 성립

① 청동기 시대의 시작에 대해서는 다양한 견해가 있으나, 한반도와 만주 지역에서는 기원전 20~15세기 무렵에 성립되었다고 보는 것이 최근의 추세(→ 우리나라의 경우 시베리아, 몽고 등 북방 계통의 청동기가 전래)
② 벼농사가 시작되고 농업생산력이 증가하는 등 생산 경제가 이전보다 발달
③ 축적된 잉여 생산물을 두고 갈등이 생겨나면서 사유 재산과 빈부차가 발생
④ 권력과 경제력을 가진 지배자 등장(→ 계급 · 계층 분화, 불평등 사회의 도래)

(2) 유적과 유물

① 유적
㉠ 중국의 요령성 · 길림성 지방을 포함하는 만주 지역과 한반도에 걸쳐 널리 분포
㉡ **대표 유적** : 의주 미송리, 여주 흔암리, 부여 송국리, 울산 검단리, 제천 황석리, 함북 회령 오동리, 나진 초도 등이 있음

② 유물
㉠ 주로 집터나 고인돌 · 돌널무덤 · 돌무지무덤 등 당시의 무덤에서 출토
(돌널무덤 → 깬돌이나 판돌을 잇대어 널을 만들어 사용한 무덤)
(돌무지무덤 → 일정한 묘역 안에 시체를 넣은 돌널 위로 봉토를 덮지 않고 돌만으로 쌓아올려 조성한 무덤)
㉡ **석기** : 반달 돌칼(→ 추수용), 바퀴날 도끼, 홈자귀(→ 경작용) 등
(※ 청동 농구는 없으며, 석기 · 목기로 제작된 농구가 사용됨)

→ 세형 동검(한국식 동검)으로 발전 → 잔무늬 거울(세문경)으로 발전

㉢ **청동기** : 비파형 동검(요령식 동검), 거친무늬 거울(조문경) 등

㉣ **토기** : 민무늬 토기와 미송리식 토기, 붉은 간 토기 등

- **민무늬 토기** : 청동기 시대의 대표적 토기로 지역에 따라 모양이 약간씩 다르나 대체로 바닥이 편평한 원통 모양(화분형)과 밑바닥이 좁은 모양(팽이형)이 많으며, 빛깔은 적갈색
- **미송리식 토기** : 납작한 밑 항아리 양쪽에 옆으로 손잡이가 하나씩 달리고 목이 넓게 올라가서 다시 안으로 오므라든 모양이며 표면에 접선 무늬가 있는 것이 특징. 평북 의주 미송리 동굴에서 처음 발굴되었으며 주로 청천강 이북, 요령성과 길림성 일대에 분포

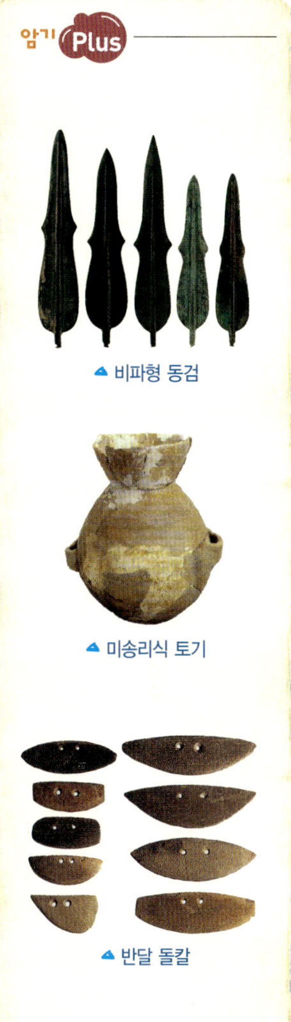

▲ 비파형 동검

▲ 미송리식 토기

▲ 반달 돌칼

암기 노트

청동기 시대의 문화권

청동기 시대의 대표적 동검인 비파형 동검은 만주로부터 한반도 전역에 이르는 넓은 지역에서 출토되고 있는데, 이러한 비파형 동검의 분포는 미송리식 토기 등과 함께 이 지역이 청동기 시대에 같은 문화권에 속하였음을 보여 준다.

(3) 경제 생활

① **생산 경제의 향상** : 이전 시대부터 사용되던 석기가 다양해지고 기능도 개선되었으며, 철제 농기구가 새로 도입되어 생산 경제가 크게 향상됨

② **농기구** : 돌도끼나 홈자귀(유구석부), 괭이, 나무로 만든 농기구 등을 주로 사용하였고 반달 돌칼로 이삭을 잘라 추수

③ **농업** : 조 · 보리 · 콩 · 수수 등 밭농사가 중심이었지만 청동기 시대 일부 저습지에서는 벼농사가 시작되어 철기 시대에 발달

④ **목축의 증가** : 사냥이나 어로도 여전히 존재했으나 농경의 발달로 점차 그 비중이 줄었고 돼지 · 소 · 말 등의 목축이 증가

(4) 주거 생활

① 집터 유적은 한반도 전역에서 발견

② 움집 중앙에 있던 화덕은 한쪽 벽으로 옮겨지고 저장 구덩도 따로 설치하거나 한쪽 벽면을 밖으로 돌출시켜 만듦

③ 창고와 같은 독립된 저장 시설을 집 밖에 따로 만들기도 하였고, 움집을 세우는 데에 주춧돌을 이용하기도 하였음

④ 같은 지역의 집터라도 규모가 다양한 것으로 보아 주거용 외에 창고, 공동 작업장, 공공 의식의 장소 등도 만들었음을 알 수 있음

⑤ 후기의 지상 가옥은 농경 생활의 영향으로 점차 배산임수의 집단 취락을 형성하고 구릉이나 산간지대에 집단 취락(마을)의 형태를 이룸

▲ 청동기 시대의 집터

(5) 사회의 분화

① **분업** : 여성은 주로 집 안에서 집안일을 담당하고, 남성은 농경 · 전쟁과 같은 바깥일에 종사(→ 남성의 역할이 커져 신석기 시대의 모계중심 사회가 붕괴)

② **계급(階級)의 분화** : 생산의 증가에 따라 잉여 생산물이 생기게 되자 힘이 강한 자가 이것을 개인적으로 소유하였으며, 이로 인해 빈부차가 발생하고 계급이 분화됨(지배자와 노예가 발생)

③ **군장(君長)의 등장** : 군장은 권력과 경제력을 가진 지배자인 족장을 말하며, 청동기 문화가 일찍부터 발달한 북부 지역에서 먼저 등장

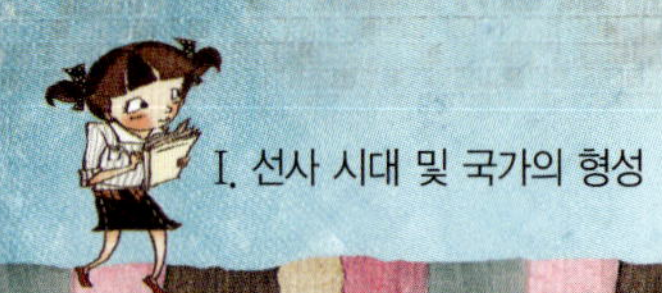

(6) 정복 전쟁

① **선민사상(選民思想)** : 정치 권력이나 경제력에서 우세한 부족들이 스스로를 하늘의 자손이라고 믿는 사상으로, 주변 부족을 통합하거나 정복하고 공납을 요구하는 사상적 배경이 됨

② **정복 활동의 전개** : 금속제 무기의 사용으로 정복 활동이 활발해졌고, 이를 계기로 지배자와 피지배자의 분화는 더욱 촉진됨

(7) 무덤과 고인돌

① 청동기 시대에는 고인돌과 돌무지무덤 · 돌널무덤 등이, 철기 시대에는 널무덤과 독무덤 등이 주로 만들어짐

→ 옹관묘, 큰 독을 널로 사용한 무덤

→ 토광묘, 땅에 구덩이를 파고 넓적한 나무널로 벽을 만든 무덤

② 고인돌(지석묘)

㉠ **형태** : 우리나라 전역에 분포하며 북방식(탁자식)과 남방식(기반식, 바둑판식)이 있는데, 굄돌을 세우고 그 위에 거대하고 편평한 덮개돌을 얹은 북방식이 일반적인 형태

㉡ **의의** : 건립에 막대한 노동력이 필요하다는 점에서 고인돌은 당시 계급의 분화 및 지배층의 정치 권력과 경제력을 잘 반영

▲ 북방식 고인돌

암기 Plus

▲ 남방식 고인돌

▲ 울주 반구대 바위그림

▲ 고령 양전동 바위그림

(8) 예술 활동

① 예술 작품의 성격

㉠ **종교나 정치적 요구와 밀착** : 당시 제사장이나 족장들이 사용했던 청동 제품이나 토제품, 바위그림 등에 반영

㉡ **미의식과 생활모습의 표현** : 청동 도구의 모양이나 장식에 표현되어 있으며, 지배층의 무덤에서 출토된 청동제 의식 도구에는 말이나 호랑이 · 사슴 · 사람 손 모양 등을 사실적으로 조각하거나 기하학 무늬를 정교하게 새겨 놓음

㉢ **주술성** : 다산이나 풍요를 비는 주술적 의미를 가지며 이러한 의식을 행하는 데 사용(→ 흙으로 빚은 짐승이나 사람 모양의 토우(土偶) 등)

② 바위그림(岩刻畵)

㉠ **울주 반구대 바위그림** : 거북 · 사슴 · 호랑이 · 새 등의 동물과 작살이 꽂힌 고래, 그물에 걸린 동물, 우리 안의 동물 등이 새겨짐(→ 사냥 및 고기잡이의 성공과 풍성한 수확을 기원)

㉡ **울주 천전리 바위그림** : 제1암각화에는 기하학적 문양과 명문이, 제2암각화에는 사냥과 고래잡이 하는 모습이 새겨져 있음

㉢ **고령 양전동 바위그림** : 동심원 · 십자형 · 삼각형 등의 기하학적 무늬가 새겨져 있는데, 동심원은 태양을 상징하는 것으로 태양 숭배와 같이 풍요로운 생산을 비는 의미를 지님

㉣ **칠포의 바위그림** : 우리나라에서 발견된 최대의 바위그림

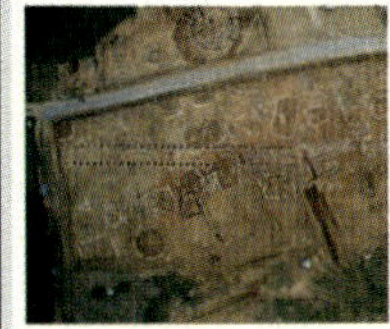

| 고급 | [1점]

(가) 시대에 대한 설명으로 옳은 것은?

◆우리 고장의 유적◆

부여 송국리 유적

유적 전경

부여 송국리 유적은 우리나라 (가) 시대를 대표하는 유적이다. 발굴 조사를 통해 목책(木柵)의 흔적과 100여 기 이상의 대규모 주거지가 발견되었다. 또한 '송국리식 토기'라고 불리는 민무늬 토기를 비롯하여 비파형 동검, 거푸집 등 다양한 유물이 출토되어 (가) 시대의 생활 모습을 보여주는 중요한 자료로 평가된다.

① 소를 이용한 깊이갈이가 일반화되었다.
② 반달 돌칼을 사용하여 곡물을 수확하였다.
③ 계급이 없는 평등한 공동체 생활을 하였다.
④ 사냥을 위해 슴베찌르개를 처음 제작하였다.
⑤ 정착 생활이 시작되면서 움집이 등장하였다.

[청동기 시대의 생활 모습]

암기공식

부여 송국리 유적 ⇒ 청동기 시대

| 정답 해설 |

충남 부여의 송국리 유적은 청동기 시대의 대표적인 유적지로, 방어를 위한 목책(木柵) 취락의 형태를 하고 있다. 출토된 '송국리식 토기'인 민무늬 토기와 비파형 동검, 거푸집(용범)은 청동기 시대의 대표적 유물들로, 청동기 시대에는 벼농사가 시작되고 반달 돌칼을 사용하여 곡물을 수확하였다.

| 오답 해설 |

① 신라 지증왕 때 권농책으로 소를 이용한 우경이 처음 시작되었고, 그 이후 이랑과 고랑의 높이 차이를 크게 하는 깊이갈이(심경법)가 가능해졌다.
③ 청동기 시대 이전에는 계급이 없는 평등한 공동체 생활을 영위하였으나, 청동기 시대부터 사유 재산 제도와 계급이 발생하였다.
④ 구석기 시대에는 슴베찌르개를 처음 제작하여 사냥을 하였는데, 슴베는 '자루'를 의미하며 주로 창날이나 화살촉으로 사용되었다.
⑤ 신석기 시대에는 정착 생활을 하게 되면서 주로 해안이나 강가에 움집을 짓고 농경과 사냥 · 채집 · 어로생활을 하였다.

정답 ②

2. 철기 문화의 형성과 발달

(1) 철기 문화의 성립

① **성립 시기** : 우리나라에서는 기원전 4세기경부터 중국 스키타이 계통의 철기가 전래(→ 초기 철기 시대는 청동기 후기와 시기상 겹치며, 오랫동안 청동기와 철기가 함께 사용됨)

② **특징**

㉠ 철제 농기구의 사용으로 농업이 발달하여 경제 기반이 확대됨

㉡ 철제를 무기와 연모 등에 보편적으로 사용하게 되면서 그동안 사용되던 청동기는 의식용 도구(儀式用道具)화 됨

→ 연모: 물건을 만들거나 일을 할 때에 쓰는 기구와 재료

(2) 유적과 유물

① 유적지는 한반도 전역에 걸쳐 널리 분포

② 철기 도입 후 청동기 문화도 더욱 발달하여 한반도 안에서 독자적인 발전을 이룩

③ **주요 유물**

㉠ **동검(銅劍)** : 비파형 동검(요령식 동검)은 한국식 동검인 세형 동검으로 변화 · 발전(→ 비파형 동검은 주로 요령 지역, 세형 동검은 대동강 유역 등 한반도 내에서 출토)

㉡ **청동거울** : 거친무늬 거울(조문경)은 잔무늬 거울(세문경)로 그 형태가 변화

㉢ **거푸집(鎔范)** : 청동 제품을 제작하였던 틀인 거푸집도 전국의 여러 유적에서 발견되는데, 이는 독자적인 청동기 문화의 존재를 알려주는 것

→ 거푸집: 용범(鎔范)

명도전

반량전

창원 다호리 유적

경남 창원 다호리 유적에서 발굴된 초기 철기 시대의 나무널 무덤에서는 붓이 출토되어, 당시에 이미 중국의 한자가 전래되었음을 보여준다. 그 외에 동검과 철제 농기구, 동전 화폐(오수전) 등이 출토되었다.

창원 다호리 붓

㉣ 토기(土器)

- 민무늬 토기나 붉은 간 토기 등 청동기 시대의 토기가 계속 사용되었고 붉은 입술 단면에 원형 · 타원형 · 삼각형의 덧띠를 붙인 덧띠 토기와 검은 간 토기도 사용됨
- 김해식 토기나 중국식 회도가 등장

④ **무덤** : 독무덤(옹관묘), 널무덤

(3) 주거 생활

① 배산임수가 확대되고 지상 가옥 형태가 보편적으로 나타나기 시작했으며, 산성에 거주하기도 함

② 농경의 발달과 인구의 증가로 정착 생활의 규모가 점차 확대되어 대규모의 취락 형태가 나타남

(4) 중국과의 교류

① **중국 화폐의 사용** : 중국과의 활발한 경제적 교류를 반영

㉠ **명도전** : 중국 춘추 전국 시대에 연(燕)과 제(齊)에서 사용한 청동 화폐로, BC 4세기 무렵 중국 철기의 전래 및 중국과의 활발한 교역 관계를 반영

㉡ **반량전** : BC 3세기 무렵 진에서 사용한 청동 화폐로 반량(半兩)이라는 글자가 새겨져 있으며, 사천 늑도에서 출토

㉢ **오수전** : BC 2세기 무렵의 한(漢) 무제 때 사용된 화폐로, 창원 다호리 등에서 출토

㉣ **왕망전** : 1세기 무렵 신(新)의 왕망이 주조한 화폐로, 김해 패총과 제주도에서 출토

② **한자의 사용** : 창원 다호리 유적에서 붓이 출토되었는데, 이는 당시(BC 2세기경)의 문자(한자) 사용 및 중국과의 문화적 교류를 반영

독자적 청동기 유물

세형 동검이나 잔무늬 거울, 거푸집 등은 청동기 문화의 독자성(토착화)을 보여주는 유물이다.

잔무늬 거울

거푸집

세형 동검

2장 국가의 형성

1 단군신화와 고조선

1. 단군신화

(1) 단군신화의 의의 및 특징

① 고조선의 건국 사실을 전하는 우리 민족의 시조 신화로서 유구한 민족사와 단일민족 의식을 나타냄

② 우리 민족의 세계관과 윤리관이 담겨있으며, 홍익인간의 건국이념을 밝혀줌

③ 단군 원년은 고고학적으로 신석기 시대에 속하나 단군신화는 청동기 시대를 문화적 배경으로 하고 있으며, 고조선의 성립이라는 역사적 사실을 반영

④ 단군의 건국에 관한 기록은 「삼국유사」·「제왕운기」·「동국여지승람」 등에 나타나 있음

(2) 단군신화 주요 내용

① 선민사상과 천손족(天孫族) 관념, 부족의 우월성 과시(→ 환인의 아들 환웅)

② 농경 사회의 모습(→ 풍백·우사·운사를 두고 농사를 주관) 및 태양숭배의식(→ 햇빛)

③ 널리 인간을 이롭게 한다는 홍익인간의 이념(→ 태백산은 널리 인간을 이롭게 할 곳)

④ 사유 재산의 출현과 계급의 분화(→ 환웅이 무리를 거느림)

⑤ 제정일치 사회(→ 단군왕검은 제정일치의 지배자)

⑥ 곰 토템 사회 및 모계중심의 사회

⑦ 천지양신족설·족외혼(→ 하늘신 환인의 아들 환웅과 웅녀의 결혼)

⑧ 의약에 관한 지식(→ 쑥과 마늘)

> **암기 Plus**
>
> 삼국유사와 제왕운기의 단군 기록
>
> • **일연의 삼국유사** : 단군에 대한 최초의 기록이다. 환웅이 웅녀와 혼인하여 단군을 낳은 것으로 기록하여 원형에 충실한 서술을 하고 있으며, 고조선이라는 표현을 처음으로 사용하였다.
>
> • **이승휴의 제왕운기** : 환웅의 손녀가 사람이 된 후 단군을 낳은 것으로 기록하여 원형과 거리가 있다.

2. 고조선

(1) 고조선의 성립

① **배경** : 청동기 문화의 발전과 함께 족장이 지배하는 사회가 출현하였고 이들 중 강한 족장은 주변의 여러 족장 사회를 통합하면서 점차 권력을 강화해 갔는데, 그 중 고조선이 가장 먼저 국가로 성장

② **건국 시기** : 고조선에 관한 우리나라의 최고 사서인 「삼국유사」의 기록에 따르면 고조선은 단군왕검이 기원전 2333년 건국

③ **발전 및 세력 범위**

㉠ 요령 지방을 중심으로 성장하여 점차 인접한 족장 사회들을 통합하면서 한반도까지 발전

㉡ **고조선의 세력 범위** : 비파형 동검, 고인돌(북방식), 거친무늬 거울, 미송리식 토기의 출토 지역

㉢ 요령 지방과 대동강 유역을 중심으로 독자적인 문화를 이룩하면서 발전(→ BC 3세기 초 요령 지방에서 대동강 유역으로 중심지가 이동)

▲ 고조선의 세력범위

암기 노트

고조선의 위치에 관한 다양한 학설

고조선의 위치에 대해서는 요령 중심설, 대동강 중심설, 이동설 등의 다양한 견해가 있는데, 일반적으로 요령을 중심으로 성장하여 기원전 3세기 초부터 대동강 유역으로 이동하여 이 지역을 중심으로 발전했다고 보는 이동설이 유력하다. 고조선은 연의 전성시대인 기원전 4세기 말에서 3세기 초 사이에 연의 장수 진개의 공격으로 서방 2,000리를 상실하고 만번한을 경계로 삼았다고 기록되어 있는데, 기원전 3세기 초부터 대동강 유역에서 나타나는 세형동검의 출토로 보아 이 시기에 요령 지방에서 대동강 유역으로 옮겼을 것으로 보고 있다.

(2) 위만조선

① 유이민(流移民)의 이주와 위만의 집권

㉠ 전국 시대 이후의 혼란으로 유이민들이 대거 고조선으로 이주하였는데, 진·한 교체기에 또 한 차례의 대규모 이주가 있었고 위만은 그 당시 1,000여 명의 무리를 이끌고 고조선으로 이주

㉡ 기원전 2세기 초(BC 194년) 고조선의 준왕은 위만을 서쪽 변경을 수비하는 임무를 맡겼는데 위만은 세력을 확대하여 왕검성에 쳐들어가 준왕을 몰아내고 스스로 왕이 됨

② 고조선의 계승

㉠ 위만은 고조선으로 들어올 때에 상투를 틀고 조선인의 옷을 입고 있었음

㉡ 집권 후에도 나라 이름을 그대로 조선이라 하였고, 토착민 출신으로 높은 지위에 오른 자가 많았음

③ 위만조선의 발전

㉠ 청동기 문화에서 벗어나지 못한 토착 세력과 연맹을 맺으면서 철기 문화를 본격적으로 수용

㉡ 철기의 사용으로 농업과 무기 생산을 중심으로 한 수공업, 상업, 무역이 발달

㉢ 우세한 무력을 바탕으로 활발한 정복 사업을 전개하여 광대한 영토를 차지하고 사회와 경제의 발전을 기반으로 중앙 정치 조직을 갖춘 강력한 국가로 성장

㉣ 지리적인 이점을 이용하여 동방의 예(濊)나 남방의 진(辰)이 직접 중국의 한(漢)과 교역하는 것을 막고 중계 무역의 이득을 독점(→ 한(漢)과의 갈등이 싹틈)

④ 위만조선의 멸망

㉠ 중계 무역의 독점으로 갈등이 있는 가운데 한이 위만조선에 압력을 가하고자 창해군을 설치(BC 128년)하였으나 토착인의 저항으로 2년 뒤에 철폐

중국의 한 무제가 예맥 지역에 설치한 군

㉡ 위만조선은 한의 동방 침략기지인 요동군까지 위협하였으며, 한은 북방의 흉노와 위만조선이 연결되는 것이 두려워 위만조선을 침입(BC 109년)

㉢ 1차의 접전(패수)에서 위만조선은 대승을 거두었고 위만의 손자 우거가 1년간 항전

㉣ 위만조선의 내분(주화파의 항복)에 의해 우거왕이 암살되고 끝내 왕검성(평양성)이 함락(BC 108년)

⑤ 한군현의 설치

㉠ 종전 후 한은 고조선의 일부 지역에 낙랑, 임둔, 진번, 현도의 4군을 설치

㉡ 이후 우리의 민족적 자각과 자부심을 바탕으로 강력히 반발·저항하여 그 세력은 점차 약화되었고, 결국 고구려의 공격을 받아 소멸(313년)

암기 Plus

고조선의 정치적 성장

- 청동기를 배경으로 철기 문화를 수용하면서 요하와 대동강 일대의 세력을 규합하여 대 연맹국으로 성장
- 기원전 4세기경에는 요하를 경계로 전국 7웅의 하나인 연(燕)과 대등하게 대립하면서 주(周)와 교섭하는 등 춘추 전국시대 동방사회의 중심세력으로 성장
- 기원전 3세기경에는 부왕·준왕 같은 강력한 왕이 등장하여 왕위세습제가 마련되었고, 그 밑에 상·대부·대신·장군 등의 중앙관직도 두고 도위 등의 지방관을 파견

한 4군의 영향 및 특징

- 정치면에서는 고대국가가 지연
- 문화면에서는 철기 문화가 널리 보급
- 경제면에서 철제 농기구의 보급으로 농업 생산력 증가
- 한에 대항하는 민족 의식 자각
- 토성과 낙랑에서 만든 점제현신사비(85년경 건립된 우리나라에서 발견된 가장 오래된 비석)
- 전화, 오수전(왕망전), 한의 동전 등 중국 화폐 출토

한4군의 설치 및 소멸

구분	지역	소멸
임둔	함경남도, 강원도	BC 82년 전한 때 폐지 · 소멸
진번(대방)	자비령 이남~한강 이북	BC 85년 폐지되어 낙랑군에 통합
현도	압록강 중류(통구)	고구려와 첫 충돌, BC 75년 만주 등지로 쫓겨감
낙랑	대동강 유역(고조선의 옛땅)	금속문화의 꽃, 313년 고구려 미천왕에게 멸망

(3) 고조선의 법

① **8조법** : 3개 조목의 내용만이 반고(班固)의 「한서지리지」에 전하는데, 만민법이자 보복법의 성격을 지니고 있음

② **법으로 본 사회상** : 생명과 노동력을 중시하고 사유 재산을 보호하였음

㉠ 권력과 경제력의 차이가 생겨났으며, 화폐가 존재(→ 화폐가 널리 통용된 것은 아님)

㉡ 재산의 사유가 이루어지면서 형벌과 노비도 발생

㉢ 부녀자의 정절을 중히 여기는 가부장적 사회

③ **풍속의 변화**

㉠ 한군현 설치 후 억압과 수탈을 당하면서 토착민들은 이를 피하여 이주하거나 단결하여 한군현에 대항

㉡ 이에 한군현은 엄한 율령(律令)을 시행하여 자신들의 생명과 재산을 보호하려 하였는데, 법 조항이 60여 조로 증가하였고 풍속도 각박해짐

암기 Plus

8조법의 내용

- 사람을 죽인 자는 사형에 처한다(相殺以當時償殺).
- 상해를 입힌 자는 곡물로써 배상한다(相傷以穀償).
- 도둑질한 자는 그 주인의 노비로 삼되, 자속하려면 1인당 50만 전을 내야 한다(相盜者男沒入爲其家奴 女子爲婢). 비록 속전(贖錢)하여 자유인이 되었어도 이를 부끄럽게 여겨 결혼상대로 하지 않았고, 도둑이 없어 문을 닫는 일이 없었다(無門戶之閉).
- 그 외, '부인들은 정신하여 편벽되고 음란치 않았다(婦人貞信不淫僻)'고 한 것으로 보아, 처벌 규정은 없으나 간음을 금지하는 또 하나의 규정이 있었을 것이라 짐작된다.

| 고급 | [2점]

(가) 나라에 대한 탐구 활동으로 가장 적절한 것은?

역사신문

제△△호 기원전 ○○○년 ○○월 ○○일

우거왕, 한(漢)의 침략에 맞서다

(가) 와/과 한(漢) 사이의 외교적 갈등이 지속되면서 한의 황제는 누선장군 양복, 좌장군 순체 등을 앞세워 5만 이상의 병력을 동원하여 (가) 을/를 침략하였다. 우거왕은 군사를 일으켜 왕검성에서 나와 누선장군 양복의 군대를 공격하였고, 양복은 군사를 잃고 산 속으로 도망쳤다. 이후 우거왕은 한의 지속적인 공격에도 불구하고 수개월 동안 왕검성을 지켜내고 있다.

① 임신서기석의 내용을 분석한다.
② 관산성 전투의 원인을 살펴본다.
③ 청해진이 설치된 배경을 알아본다.
④ 칠지도에 새겨진 명문의 내용을 찾아본다.
⑤ 위만 집권 이후 변화된 경제 상황을 조사한다.

[고조선의 항전]

암기공식

우거왕 : 위만 조선의 마지막 왕 ⇒ 한(漢)의 침략에 맞서 항전

| 정답 해설 |

한(漢) 나라의 침략에 맞서 1차 접전(패수)에서 고조선은 대승을 거두었고, 위만의 손자인 우거왕이 1년간 항전하였다. 한(漢)의 2차 침입에 성기(成己)가 항전하였으나, 고조선의 내분(주전파 · 주화파의 분열)으로 우거왕이 암살되고, 주화파의 항복으로 왕검성(평양성)이 함락되었다(BC 108).

| 오답 해설 |

① 임신서기석(진평왕, 612)은 신라 시대 두 화랑이 학문(유교 경전의 학습)과 인격 도야, 국가에 대한 충성 등을 맹세한 비문이다.
② 신라와 백제가 나 · 제 동맹을 맺고 고구려에 대항하여 한강 유역을 수복하였으나, 신라 진흥왕이 백제가 차지한 지역을 점령하자 백제 성왕이 신라를 공격하다 관산성 전투에서 전사하였다.
③ 8세기 이후 장보고는 완도에 청해진을 설치하여 해상무역권을 장악하였다.
④ 칠지도는 백제 근초고왕이 왜왕에게 친선 외교의 목적으로 하사한 칼로서, 〈일본서기(日本書紀)〉에는 칠지도(七支刀)라 기록되어 있다.

정답 ⑤

2 초기 국가

1. 부여

(1) 성립 및 쇠퇴

① 부여는 1세기경 만주의 송화(쑹화)강 유역의 평야 지대를 중심으로 성장

② 이미 1세기 초(49년)에 중국식 왕호를 사용하였고, 중국과 외교 관계를 맺어 매년 사신을 파견하는 등 발전된 국가의 모습을 보임

③ 북쪽으로는 선비족, 남쪽으로는 고구려와 접하고 후한과 친교를 맺었으나 3세기말(285년) 선비족(鮮卑族)의 침략으로 쇠퇴

④ 346년 선비족의 침략으로 수많은 부여인이 포로로 잡혀가게 되었고, 이후 고구려 보호 하에 있다가 결국은 고구려(문자왕, 494년)에 항복

⑤ 고대 국가로 발전하지 못하고 연맹 왕국의 단계에서 멸망하였으나 고구려나 백제의 건국 세력이 부여의 계통이며, 건국 신화도 같은 원형을 바탕으로 하고 있다는 점에서 역사적 의의가 있음

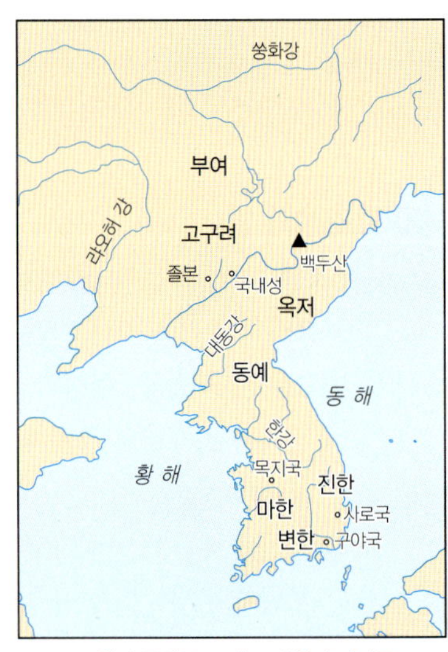

▲ 철기 문화를 토대로 세워진 나라들

(2) 정치

① 왕 아래에 가축의 이름을 딴 마가(馬加)·우가(牛加)·저가(豬加)·구가(狗加)와 대사자(大使者), 사자(使者) 등의 관리를 둠

② 4가(加)는 각기 행정 구획인 사출도(四出道)를 다스리고 있어서, 왕이 직접 통치하는 중앙과 합쳐 5부를 구성 → 5부족 연맹체

③ 가(加)들은 왕을 제가회의에서 추대하기도 하였고, 수해나 한해를 입어 오곡이 잘 익지 않으면 책임을 왕에게 물음(왕권이 약하여 책임을 지고 사형되기도 함)

④ 왕이 나온 대표 부족의 세력은 매우 강해서 궁궐·성책·감옥·창고 등의 시설을 갖추고 부족장들이 통제

(3) 경제·사회

① **경제** : 반농반목(半農半牧)의 농경과 목축이 주산업

㉠ 토질은 오곡을 가꾸기에는 알맞지만 과일은 생산되지 않음

㉡ 특산물로는 말·주옥·모피 등이 유명

② **사회 신분** : 왕, 제가, 호민(지방 세력자) 등이 지배계층

㉠ 하호(下戶)는 읍락에 거주하며 농업에 종사하는 농민(평민)으로, 조세와 부역을 담당

㉡ 최하위층인 노비는 죄인이나 포로, 채무불이행자 등으로 구성되며, 매매가 가능

(4) 법률(4대금법)

① **성격** : 고조선의 8조법과 같은 만민법적 보복법이며, 살인과 절도를 규정한 것이 동일

② **내용**

㉠ 살인자는 사형에 처하고 그 가족은 노비로 삼는다. → 살인, 연좌제 적용

㉡ 남의 물건을 훔쳤을 때에는 물건 값의 12배를 배상하게 한다. → 절도, 1책 12법

㉢ 간음한 자는 사형에 처한다. → 간음

㉣ 부녀의 투기를 사형에 처하되 그 시체를 남쪽산에 버려 썩게 한다. 단, 시체를 가져가려면 우마를 바쳐야 한다. → 투기

(5) 풍속

① 수렵 사회의 전통을 보여 주는 영고(迎鼓)라는 제천행사가 12월에 열리는데, 하늘에 제사를 지내고 노래와 춤을 즐기며 죄수를 풀어 주기도 함

② 왕이 죽으면 많은 사람들을 껴묻거리와 함께 묻는 순장(殉葬)의 풍습이 있었는데, 그 대상은 평민이 아닌 노비임

→ 죽은 자를 매장할 때 함께 묻는 물건

③ 족장층인 대가(大加)들은 외국에 나갈 때에 수(繡)를 놓은 비단 옷에 모피 갓을 쓰고 이에 금 · 은으로 장식을 하여 호사로움을 과시

④ 전쟁이 일어났을 때에는 제천 의식을 행하고 소를 죽여 그 굽으로 길흉을 점치기도 하였고(우제점법), 점성술이 발달

⑤ 혼인의 풍습으로 형사취수제(兄死娶嫂制)의 근친혼제가 존재

⑥ 백의를 숭상 → 백의민족(白衣民族)

→ 형이 죽으면 동생이 형을 대신해 형수와 부부생활을 계속하는 혼인 풍습

2. 고구려

(1) 성립 및 발전

① 주몽이 부여의 지배 계급 내의 분열 · 대립 과정에서 박해를 피해 남하하여 고구려를 건국(→ 「삼국사기」의 기록)

② 압록강의 지류인 동가강 유역의 졸본 지역에 거주하던 맥족에 의해 BC 37년 건국(→ 2대 유리왕 때인 서기 3년에 국내성으로 천도)

③ 건국 초기부터 주변의 소국들을 정복하고 평야 지대로 진출하고자 하였는데, 국내성(통구)으로 이동한 뒤 한족 · 선비족과 투쟁하면서 5부족 연맹을 토대로 AD 1세기경 고대 국가로 성장

④ 활발한 정복 전쟁으로 한의 군현을 공략하여 요동(遼東) 지방으로 진출하였고 동쪽으로는 부전고원을 넘어 옥저를 정복

⑤ 중국 문화를 수용하여 한반도와 일본에 전해준 문화 중개자이자 중국의 침략으로부터 한반도를 보호한 민족의 방파제 역할을 담당

(2) 정치

① 5부족 연맹체로서 처음에는 소노부에서 왕이 나오다 태조왕 때부터 계루부에서 왕이 나와 주도권 행사(→ 계루부, 소노부, 절노부, 순노부, 관노부로 구성)

② 소노부와 왕비족인 절노부는 왕권에 버금가는 세력으로 대우를 받으며 '적통대인' 또는 '고추가' 라는 호칭을 사용

③ 왕 아래 상가, 고추가 등의 대가들이 있었으며, 이들은 각기 사자, 조의, 선인 등의 관리를 거느림

(3) 경제

① 농업을 주로 하였으나 산악 지역에 위치하여 토지가 척박하고 생산은 미미함(→ 약탈 경제 체제와 절약적 경제 생활이 주를 이룸)

② 대가(大加)들과 지배층인 형(兄)은 농사를 짓지 않는 좌식(坐食) 계급으로 저마다 창고인 부경(桴京)을 두었고, 생산 계급인 하호(下戶)는 생산을 담당할 뿐 아니라 멀리서 물고기와 소금[魚鹽]을 좌식 계급에 공급

→ 일을 하지 않는 지배자 계급

③ 특산물로는 소수맥에서 생산한 맥궁(활)이 있음

(4) 법률과 풍속

① 법률

㉠ 뇌옥(牢獄)은 따로 두지 않고 제가회의에서 직접 처벌하되, 중대한 범죄자는 사형에 처하고 그 가족을 노비로 삼음

㉡ 도둑질한 자는 부여와 같이 12배를 배상케 함(1책 12법)

고구려의 지형과 사람들의 품성(「삼국지 위지동이전」)

고구려는 큰 산과 깊은 골짜기가 많고 평야(平野)가 없어서 사람들은 산(山)과 계곡(溪谷)을 따라 살며 골짜기 물을 마셨다. 좋은 밭이 없어 힘들여 일구어도 배를 채우기에는 부족하였다. 사람들의 성품은 흉악하고 급해서 노략질하기를 좋아하였다.

왕권 버금 세력

고구려의 고추가(왕족인 계루부, 전 왕족인 소노부, 왕비족인 절노부), 백제의 길사(왕비족), 신라의 갈문왕 등

② 사회풍속

㉠ 혼인 풍속으로 서옥제(데릴사위제)와 형사취수제가 존재

㉡ 건국 시조인 주몽과 그 어머니 유화 부인을 조상신으로 섬겨 제사를 지냄

㉢ 10월에는 추수감사제인 동맹(東盟)이라는 제천행사를 성대하게 거행

㉣ 후장제(厚葬制)가 유행 → 껴묻거리를 함께 묻는 매장 풍습

㉤ 계급에 따라 복식(服飾)을 달리 하여 대가나 소가들은 책(幘)이나 깃(羽)이 달린 소골(蘇骨) · 절풍(折風)을 썼고, 귀족들은 허리에 숫돌(礪)과 칼을 차고 다님

→ 고깔모자 비슷한 쓰개

→ 고구려 때의 남자 관모

3. 옥저와 동예

(1) 옥저의 특징

① **정치** : 왕이 없고 각 읍락에는 읍군(邑君)이나 삼로(三老)라는 군장이 있어서 자기 부족을 통치하였으나 큰 정치 세력을 형성하지 못함

② **경제** : 소금과 어물 등 해산물이 풍부하였고 이를 고구려에 공납으로 받침

③ **풍속**

㉠ 매매혼의 일종인 민며느리제(예부제)가 존재

㉡ 가족의 시체를 가매장하였다가 나중에 그 뼈를 추려 가족공동묘인 커다란 목곽에 안치(세골장제,두벌묻기)

㉢ 가족공동묘의 목곽 입구에는 죽은 자의 양식으로 쌀을 담은 항아리를 매달아 놓기도 함

(2) 동예의 특징

① **정치**

㉠ 왕이 없고 후 · 읍군 · 삼로 등의 군장이 하호를 통치

㉡ 불내예후국이 중심 세력이었으나 고구려에 병합됨

② **경제**

㉠ 토지가 비옥하고 해산물이 풍부하여 농경 · 어로 등 경제 생활이 윤택

㉡ 명주와 삼베를 짜는 등 방직 기술이 발달하여 명주를 생산

㉢ 특산물로 단궁(短弓, 나무 활), 과하마(果下馬, 키 작은 말), 반어피(班魚皮, 바다 표범의 가죽)가 유명

③ **풍속**

㉠ 매년 10월에 무천(舞天)이라는 제천행사를 거행

㉡ 엄격한 족외혼(族外婚)으로 동성불혼 유지

㉢ 각 부족의 영역을 엄격히 구분하여 다른 부족의 생활권을 침범하면 노비와 소 · 말로 변상하게 하는 책화(責禍)가 존재

암기 Plus

서옥제(예서제, 데릴사위제)

고구려의 혼인 풍속으로, 혼인을 정한 뒤 신부 집의 뒤곁에 조그만 집을 짓고 거기서 자식을 낳고 장성하면 아내를 데리고 신랑 집으로 돌아가는 제도이다.

옥저와 동예의 성립

- 옥저는 함흥 평야 일대에, 동예는 강원도 북부의 동해안에 위치
- 변방에 치우쳐 선진 문화의 수용이 늦었으며 고구려의 압력으로 크게 성장하지 못하여 연맹 왕국으로 발전하지 못함(군장국가 중 가장 뒤떨어진 사회)

민며느리제(예부제)

장례에 혼인할 것을 약속하고, 여자가 어렸을 때 남자 집에 가서 지내다가, 성장한 후에 남자가 예물을 치르고 혼인을 하는 일종의 매매혼이다.

▲ 철(凸)자형 집터

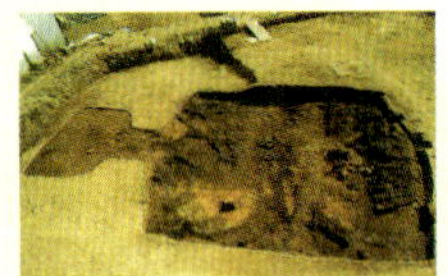

▲ 여(呂)자형 집터

옥저와 동예에 대한 기록(「삼국지 위서동이전」)

- **옥저** : 큰 나라 사이에서 시달리고 괴롭힘을 당하다가 마침내 고구려에게 복속되었다. 고구려는 그 나라 사람 가운데 대인을 뽑아 사자로 삼아 토착 지배층과 함께 통치하게 하였다.
- **동예** : 대군장이 없고 한대 이후로 후 · 읍군 · 삼로 등의 관직이 있어서 하호를 통치하였다. 동예의 풍속은 산천을 중요시하여 산과 내마다 구분이 있어 함부로 들어가지 않았다.

※ 「삼국지 위서동이전」은 부여와 고구려, 동예 · 옥저, 읍루, 예, 마한, 변한 등에 대한 기록이 있어 동방의 고대사를 연구하는데 매우 중요한 사료가 된다.

4. 삼한(三韓)

(1) 성립 및 발전

① 고조선 남쪽 지역에는 일찍부터 진(辰)이 성장

② 고조선 사회의 변동에 따라 유이민이 대거 남하하면서 새로운 문화(철기문화)가 토착 문화와 융합되면서 진은 마한·변한·진한 등의 연맹체로 분화·발전

③ 삼한 중 세력이 가장 컸던 마한은 한강 유역에 자리를 잡고 경기·충청·전라도 지방에서 성립하였는데, 후에 마한 54국의 하나인 백제국이 마한을 통합하여 백제로 발전

④ 진한은 대구·경주 지역을 중심으로 발전하였으며, 후에 진한 12국의 하나인 사로국이 성장하여 신라로 발전

⑤ 변한은 낙동강 유역(김해·마산 지역)을 중심으로 발전하였으며, 후에 변한의 구야국이 6가야 연맹체의 중심세력으로 성장

→ 경남 김해 지방에 있었던 변한의 소국 중 하나

(2) 정치

① 삼한 중에서 세력이 가장 컸던 마한의 소국 중 하나인 목지국의 지배자가 마한왕 또는 진왕으로 추대되어 삼한 전체의 주도 세력(총연맹장)이 됨

② 삼한의 지배자 중 세력이 큰 것은 대족장인 신지·견지 등으로, 작은 것은 소족장인 부례·읍차 등으로 불림

(3) 경제

① 농경의 발달

㉠ 삼한은 철기 문화를 바탕으로 하는 농경 사회로서, 철제 농기구를 사용하여 농경이 발달하였고 벼농사를 지음

㉡ 벽골제(김제)·의림지(제천)·수산제(밀양)·공검지(상주)·대제지(의성) 등의 저수지를 축조하여 수전농업이 발달

㉢ 밭갈이에 처음으로 가축(家畜)의 힘을 이용

② 철(鐵) 생산

㉠ 변한(弁韓)에서는 철이 많이 생산되어 낙랑·왜 등에 수출

㉡ 철은 교역(交易)에서 화폐처럼 사용되기도 함

㉢ 마산의 성산동과 진해의 야철지가 유명하며, 김해 패총에서 왕망전(王莽錢) 출토

한 나라를 일시 빼앗은 왕망이 발행한 화폐 ←

제정의 분리

- 삼한에는 정치적 지배자 외에 제사장인 천군(天君)이 각각 존재하였는데, 군장 세력의 확대로 천군의 지배력이 약화되어 분리되어 감
- 신성 지역인 소도(蘇塗)는 천군이 의례를 주관하는 곳으로 군장의 세력이 미치지 못하여 죄인이 이곳으로 도망을 하여도 잡아가지 못함

(4) 풍속과 예술

① 소국(小國)의 일반 사람들은 읍락에 살면서 농업과 수공업의 생산을 담당하였으며, 초가지붕의 반움집이나 귀틀집(후기)에서 거주

② 공동체적인 전통을 보여 주는 두레 조직을 통하여 여러 가지 공동 작업을 수행

③ 제천행사로 씨를 뿌리고 난 뒤인 5월의 '수릿날'과 가을 곡식을 거두어 들이는 10월의 '계절제'를 열어 하늘에 제사

④ 산신제, 농악, 문신의 풍습이 존재

⑤ 장례시 큰 새의 날개를 사용

⑥ 토우(土偶), 암각화

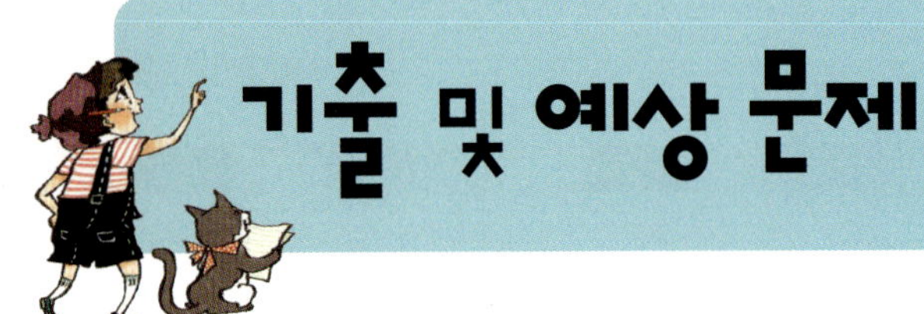

01

밑줄 그은 '이 시대'의 사회 모습으로 옳은 것은?

① 반량전 등의 중국 화폐를 사용하였다.
② 대표적인 무덤으로 고인돌을 축조하였다.
③ 우경이 시작되어 깊이갈이가 가능해졌다.
④ 거푸집을 사용하여 세형 동검을 제작하였다.
⑤ 가락바퀴와 뼈바늘을 이용하여 옷을 만들었다.

위의 지도에 표시된 지역은 신석기 시대의 대표적인 유적지이다. 가락바퀴와 뼈바늘은 신석기 시대의 대표적인 유물로 신석기인들은 가락바퀴(방추차)로 실을 뽑아 뼈바늘(골침)로 옷을 지어 입었다.

① 반량전 등의 중국 화폐를 사용한 것은 철기 시대로, 중국과의 활발한 교역 관계를 반영한다.
② 고인돌은 청동기 시대의 대표적인 무덤으로, 지배층(족장)의 무덤이다.
③ 6세기 초 신라 지증왕 때 권농책으로 우경에 의한 깊이갈이(심경법)가 시작되었다.
④ 청동기 후기(철기 초기) 시대에는 청동 제품을 제작하던 틀인 거푸집(용범)을 사용하여 세형 동검을 제작하였다.

암기 노트

신석기 유적지의 특징

유적지	특징
제주 고산리	• 최고(最古)의 유적지 • 고산리식 이른 민무늬 토기, 덧무늬 토기 출토
강원 양양 오산리	• 최고(最古)의 집터 유적지 • 흙으로 빚어 구운 안면상, 조개더미
부산 동삼동	조개더미 유적으로, 패면(조개껍데기 가면), 이른 민무늬 토기, 덧무늬 토기, 바다 동물의 뼈 등이 출토
서울 암사동	빗살무늬 토기 출토
황해도 봉산 지탑리	• 빗살무늬 토기 출토 • 탄화된 좁쌀

02

다음은 우리나라의 구석기 유적지를 답사하기 위한 계획표이다. 지도에서 이동해야 할 경로를 옳게 표시한 것은?

일자	유적 이름	유적 개요
첫째 날	○○리	아슐리안형 주먹도끼가 아시아에서 처음 발견됨
둘째 날	△△리	남한 지역에서 최초로 발굴, 조사된 구석기 유적임
셋째 날	□□□ 동굴	후기 구석기 시대에 살았던 것으로 추정되는 어린아이 유골이 출토되어 '흥수 아이'로 이름 붙여짐
넷째 날	◇◇바위그늘	동굴이 아닌 바위그늘 유적으로 호모 사피엔스의 인골이 출토됨

① (가) → (나) → (다) → (라)
② (가) → (라) → (다) → (나)
③ (나) → (가) → (라) → (다)
④ (나) → (다) → (라) → (가)
⑤ (라) → (다) → (나) → (가)

(가) 아슐리안형 주먹도끼가 아시아에서 처음 발견된 곳은 연천 전곡리이다.
(라) 남한에서 처음으로 구석기 시대 문화층의 존재가 확인된 곳은 공주 석장리이다.
(다) 어린이(흥수 아이) 인골이 발굴된 곳은 청원 두루봉 동굴이다.
(나) 단양 상시리의 '바위그늘'은 구석기 시대 최고(最古)의 유적지로서, 상시슬기사람(호모 사피엔스)의 인골이 발굴되었다.

03

밑줄 친 내용에 해당하는 유물을 〈보기〉에서 고르면?

우리 민족은 외부 세계와 접촉이 빈번하였던 만주와 한반도에 자리 잡고 역사적 삶을 영위해 왔다. 국토의 자연환경을 효과적으로 활용하여 다양한 민족 및 국가들과 문물을 교류하면서도 <u>독자적인 변화와 발전</u>을 이룩하였다. 이러한 과정을 통하여 우리 민족은 세계사적 보편성과 한국사의 특수성을 가지고 성장하였다.

보기

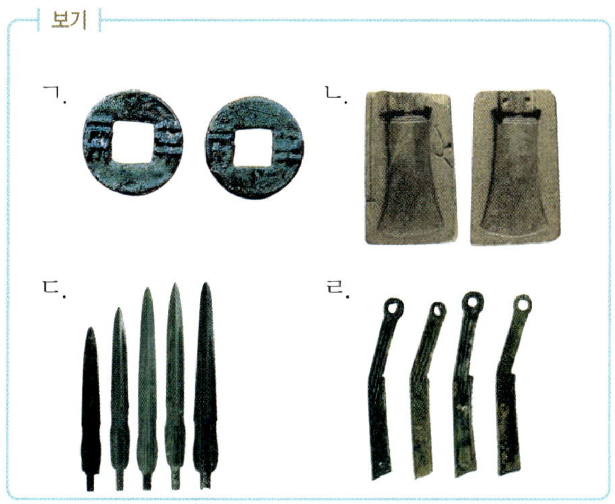

① ㄱ, ㄴ　② ㄱ, ㄷ　③ ㄴ, ㄷ
④ ㄴ, ㄹ　⑤ ㄷ, ㄹ

철기가 유입되기 시작하는 청동기 후기(초기 철기)에 우리나라에서 독자적인 청동기 문화가 이룩되는데, 그 대표적인 유물이 세형 동검과 잔무늬 거울(세문경), 거푸집(용범) 등이다. 'ㄴ'은 거푸집, 'ㄷ'은 세형 동검이다. ㄱ(반량전)과 ㄹ(명도전)은 모두 중국의 청동 화폐이다.

청동기

- 무기(비파형 동검 등), 제기(祭器), 공구, 거친무늬 거울, 장신구(호랑이·말 모양의 띠고리 장식, 팔찌, 비녀, 말 재갈 등)
- 북방 계통의 청동기가 전래됨
- 청동 제품을 제작하던 틀인 거푸집(용범)이 여러 유적에서 발견된다는 점에서, 우리나라에서 독자적으로 청동기가 제작되었음을 짐작할 수 있음
- 청동기 후기(초기 철기)에는 초기의 비파형 동검(요령식 동검)과 거친무늬 거울(다뉴조문경)보다 독자적 성격이 반영된 세형 동검과 잔무늬 거울(세문경)이 주로 제작됨

04

밑줄 그은 '이 나라'에 대한 설명으로 옳은 것은?

① 신지, 읍차 등의 지배자가 있었다.
② 여러 가(加)들이 별도로 사출도를 다스렸다.
③ 제사장인 천군과 신성 지역인 소도가 있었다.
④ 읍락 간의 경계를 중요시하는 책화가 있었다.
⑤ 범금 8조를 통해, 살인, 절도 등의 죄를 다스렸다.

「삼국유사」의 건국 이야기, 위만 조선, 진국과 한(漢) 사이의 중계 무역은 모두 고조선과 관련된 설명이다. 고조선에는 사회의 기본 규율을 정한 만민법인 범금 8조가 있었는데, 이 법을 통해 살인·절도 등의 죄를 다스렸다. 범금 8조는 8개조 중 3개 조목의 내용만이 반고(班固)의 〈한서지리지〉에 전해지고 있다.

① 삼한의 지배자 중 세력이 큰 대군장은 신지·견지 등으로, 세력이 이보다 작은 소군장은 부례·읍차 등으로 불렸다.
② 부여는 왕 아래에 가축의 이름을 딴 마가(馬加)·우가(牛加)·저가(猪加)·구가(狗加) 등의 4가(加)들이 각기 행정 구획인 사출도(四出道)를 다스렸다.
③ 삼한에서는 제정이 분리되어 제사장인 천군(天君)이 따로 존재하였으며, 별읍의 신성 지역인 소도(蘇塗)에서 의례를 주관하였다.
④ 동예에는 읍락 간의 경계를 중시하는 책화(責禍)가 있어서 부족의 영역을 엄격히 구분하며, 다른 부족의 생활권을 침범하면 노비와 소·말로 변상하게 하였다.

고조선 범금 8조의 내용

- **살인죄** : 사람을 죽인 자는 사형에 처함(相殺以當時償殺)
- **상해죄** : 상해를 입힌 자는 곡식으로 배상함(相傷以穀償)
- **절도죄** : 도둑질한 자는 그 주인의 노비로 삼되(相盜者男沒入爲其家奴 女子爲婢) 자속하려면 1인당 50만 전을 내야하며, 비록 속전(贖錢)하여 자유인이 되었어도 이를 부끄럽게 여겨 결혼상대로 하지 않았는데, 이로 인해 도둑이 없어 문을 닫는 일이 없었음(無門戶之閉)
- **간음죄** : 부인들은 정신하여 편벽되고 음란치 않았다(婦人貞信不淫僻)고 한 것으로 보아, 처벌 규정은 없으나 간음이나 질투 등을 금지하는 또 하나의 규정이 있었을 것이라 짐작됨

정답　01 ⑤ • 02 ② • 03 ③ • 04 ⑤

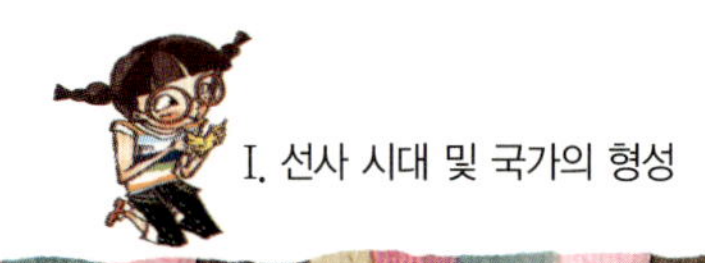

05

다음 주장을 이해할 수 있는 근거로 보기 어려운 것은?

> 위만조선은 중국인이 고조선에 들어와 세운 왕조가 아니라 단군 조선을 계승한 우리의 역사이다.

① 위만은 고조선에 들어올 때 상투를 틀었다.
② 위만은 고조선에 들어올 때 흰 옷을 입었다.
③ 위만은 왕이 된 뒤에도 나라 이름을 조선이라 하였다.
④ 동방의 예와 남방의 진이 중국과 직접 교역하는 것을 막았다.
⑤ 위만의 정권에는 토착민 출신으로 높은 지위에 오른 자가 많았다.

동방의 예(濊)나 남방의 진(辰)이 직접 중국의 한(漢)과 교역하는 것을 막은 것은 지리적인 이점을 이용하여 중계 무역의 이득을 독점하기 위한 것이다. 따라서 이를 위만조선이 고조선을 계승한 국가라는 근거로 보기는 어렵다.
①·②·③·⑤ 위만조선이 고조선을 계승하였다는 것은, 위만은 고조선으로 들어올 때에 상투를 틀고 조선인의 옷을 입고 있었다는 점과 집권 후에도 나라 이름을 그대로 조선이라 한 점, 토착민 출신으로 높은 지위에 오른 자가 많았다는 점 등에서 알 수 있다.

06

고조선(古朝鮮)과 관련된 다음의 설명 중 옳지 않은 것은?

① 단군 신화에 관한 기록이 있는 현존하는 우리나라 최고(最古)의 역사서는 「삼국유사」이다.
② 고조선의 위치에 관해서는 요동 중심설 · 대동강 중심설 · 중심지 이동설 등이 있는데, 북한은 1990년대 단군릉을 발굴한 후부터 요동 중심설을 강조하고 있다.
③ 고조선의 세력 범위는 비파형 동검, 미송리식 토기, 북방식 고인돌 등을 통해 확인해 볼 수 있다.
④ 고조선과 위만 조선은 지리적인 이점을 이용하여 중계 무역의 이익을 독점하려고 했다.
⑤ 위만조선과 흉노의 협공 가능성에 대한 두려움은 한(漢)이 전쟁을 일으킨 원인 가운데 하나였다.

북한에서는 1993년 단군릉(檀君陵) 발굴 이후에는 종래의 요동 중심설(遼東中心說)보다 대동강 중심설(大同江中心說)을 강조하고 있다.

07

다음의 각 나라에 대한 설명으로 잘못된 것은?

① 고구려 – 제가회의에서 중대한 범죄자를 사형에 처하고, 그 가족을 노비로 삼았다.
② 부여 – 부족장들은 궁궐 · 성책 · 감옥 등의 시설을 갖추고 있었다.
③ 삼한 – 가축의 이름을 딴 관리가 있어, 이들은 각기 통치 지역을 따로 두고 있었다.
④ 동예 – 토지가 비옥하고 해산물이 풍부하여 농경 · 어로 등 경제 생활이 윤택하였다.
⑤ 옥저 – 5곡이 풍부하고 매매혼의 풍속이 있었다.

가축의 이름을 딴 관리 마가(馬加) · 우가(牛加) · 저가(猪加) · 구가(狗加) 등의 4가(加)를 두고 각기 행정 구획인 사출도(四出道)를 다스리게 한 곳은 부여이다.

[여러 나라의 주요 특징]

부여	순장, 영고, 우제점법, 백의(白衣) 숭상, 형사취수제, 1책 12법
고구려	서옥제, 동맹, 부경, 후장제, 형사취수제, 1책 12법
옥저	민며느리제(매매혼), 골장제(두벌 묻기), 해산물과 5곡이 풍성
동예	책화, 무천, 가락바퀴, 족외혼
삼한	수릿날, 계절제, 목지국, 소도, 제정분리, 교역 경제 발달

08

삼한 사회에 대한 설명으로 가장 알맞은 것은?

① 삼한의 수렵 발달은 중앙 집권 국가 성립의 기초 산업이 되었다.
② 수리 시설에 의한 모내기법이 일반화하였다.
③ 철제 농구의 사용에 따라 청동 제품은 자취를 감추었다.
④ 철을 국내에서 화폐로 사용하고 왜 · 낙랑에 수출하였다.
⑤ 소도의 존재는 제정일치의 사회였음을 알 수 있게 한다.

삼한, 특히 변한은 철이 풍부하여 교역에서 화폐처럼 사용되었고 왜나 낙랑, 대방군에 수출되었다. 마산의 성산동이나 진해의 야철지가 유명하다.
① 중앙 집권 국가 성립의 기초 산업은 농업의 발달이 된다.
② 모내기법(이앙법)이 일반화된 것은 17세기 이후이다.
③ 청동 제품은 의기용 도구로 사용되었다.
⑤ 소도는 제사장이 다스리는 신성지역으로 정치적 군장의 세력이 미치지 못하는 곳이다. 따라서 소도의 존재는 당시 삼한이 제정 분리의 사회였음을 알 수 있게 한다.

09

다음 유적과 관련된 정치체에 대한 설명으로 옳은 것은?

주구묘

토실

① 고구려의 압력을 받아 크게 성장하지 못하였다.
② 민며느리제와 뼈를 추려 장례하는 풍습이 있었다.
③ 삼한 중 세력이 가장 컸으며, 목지국이 주도하였다.
④ 5부족 연맹을 토대로 발전하였고, 서옥제의 풍습이 있었다.
⑤ 다른 부족의 영역을 침범하면 노비와 소, 말로 변상하게 하였다.

마한의 성장 과정 이해

제시된 사진은 마한의 무덤 양식으로 전라남도 지역에서 주로 발견되는 주구묘와 충남 공주 지역에서 발견된 마한의 토실이다. 삼한은 원래 진이라 불리는 연맹체였다가 고조선이 한에 의해 멸망한 이후 고조선의 유이민 유입으로 삼한으로 성장하였다. 마한은 삼한 중 세력이 가장 컸으며 그 가운데 목지국이 삼한의 왕을 자처하였다. 마한의 목지국은 한강 유역의 백제의 세력이 커지면서 전라도 나주 지역으로 이동하였다가 근초고왕 때 백제에 복속되었다.

①은 옥저와 동예, ②는 옥저, ④는 고구려, ⑤는 동예에 대한 설명이다.

암기 노트

마한 목지국

마한의 54개 소국 중 영도 세력이었던 목지국은 처음에 성환·직산·천안 지역을 중심으로 발달하였으나 백제의 성장과 지배 영역의 확대에 따라 남쪽으로 옮겨 익산 지역을 거쳐 마지막에 나주 부근에 자리 잡았을 것으로 추정된다. 왕을 칭하던 국가 단계(연맹 왕국)의 목지국이 언제 망했는지는 알 수 없으나 근초고왕이 마한을 병합하는 4세기 후반까지는 존속하였고, 그 이후에는 백제의 정치 세력하에 있는 토착 세력으로 자리 잡았을 것으로 보인다.

10

(가), (나) 나라에 대한 설명으로 옳은 것은?

(가) 장사를 치를 때 큰 나무 곽을 만드는데, 길이가 십여 장(丈)이며 한 쪽을 열어 놓아 입구로 만든다. 죽은 자는 모두 가매장을 하는데 형체만 겨우 덮어 두었다가 피부와 살이 다 썩으면 곧바로 뼈를 거두어 곽 안에 둔다. 온 가족을 모두 한 곽에 넣으며, 살아있을 때의 모습과 같이 나무를 깎는데 죽은 사람의 수와 같다.

– 「삼국지」 동이전 –

(나) 그 나라의 동쪽에 큰 굴이 있는데, 수혈이라 부른다. 10월에는 온 나라 사람이 모두 모여 수신(隧神)을 맞아 나라의 동쪽 강가로 모시고 가서 제사를 지내는데, 나무로 만든 수신을 신의 자리에 모셔둔다. …… 그 나라의 풍속에 혼인을 할 때는 말로 미리 정한 다음, 여자 집에서는 본채 뒤에 작은 집을 짓는데 그 집을 서옥이라 부른다.

– 「삼국지」 동이전 –

① (가) – 신성 지역인 소도가 존재하였다.
② (가) – 여러 가(加)들이 별도로 사출도를 다스렸다.
③ (나) – 읍락 간의 경계를 중시하는 책화가 있었다.
④ (나) – 왕 아래 상가, 고추가 등의 대가들이 있었다.
⑤ (가), (나) – 철이 많이 생산되어 낙랑군과 왜에 수출하였다.

고구려는 계루부, 소노부, 절노부, 순노부, 관노부로 구성된 5부족 연맹체로 왕 아래 상가, 대로, 패자, 고추가 등의 대가(大加)들이 존재하였다.

① 삼한에는 신성 지역인 소도(蘇塗)가 존재하였으며, 군장의 세력이 미치지 못하여 죄인이 이곳으로 도망치면 잡아가지 못하였다.
② 부여는 왕 아래에 가축의 이름을 딴 마가(馬加)·우가(牛加)·저가(猪加)·구가(狗加) 등의 4가(加)들이 각기 행정 구획인 사출도(四出道)를 다스렸다.
③ 동예에는 읍락 간의 경계를 중시하는 책화(責禍)가 있어서, 다른 부족의 생활권을 침범하면 노비와 소·말로 변상하게 하였다.
⑤ 낙동강 유역(김해, 마산)을 중심으로 발전한 변한은 철이 많이 생산되어 낙랑군과 왜에 수출하였다.

정답 05 ④ • 06 ② • 07 ③ • 08 ④ • 09 ③ • 10 ④

◀ 북한산진흥왕순수비

진흥왕이 새로 넓힌 영토를 직접 돌아보고 세운 비석으로, 현재 창녕비 · 북한산비 · 황초령비 · 마운령비 등 4기가 남아있다. '순수'란 천자가 제후의 봉지(封地)를 직접 순회하면서 현지의 통치상황을 보고받는 의례로 순행(巡行)이라고도 한다. 순수비란 순수를 기념하여 세운 비석을 말하는데, 진흥왕순수비의 비문 속에 나타나는 '순수관경'(巡狩管境)'이란 구절에서 비롯되었다. 진흥왕의 순수비는 당시의 삼국관계와 신라의 정치상 · 사회상을 알 수 있는 귀중한 자료이다.

Ⅱ 고대 국가 시대

1장. 고대의 통치 구조와 정치 활동
2장. 고대의 경제 구조와 경제생활
3장. 고대의 사회생활
4장. 고대의 문화

1장 고대의 통치 구조와 정치 활동

암기 Plus

군장 국가, 연맹 왕국, 고대 국가
- **군장 국가** : 옥저, 동예
- **연맹 왕국** : 고조선, 부여, 고구려, 삼한, 가야
- **고대 국가** : 고구려, 백제, 신라

연맹 왕국의 정치적 특성
- 왕이 연맹 왕국 전체를 통치하나, 개별 소국과 지방에 대한 직접적 지배권을 행사하지는 못함(→ 군장들의 지역적 자치가 인정됨)
- 실권을 가진 유력한 군장은 우대됨
- 국가의 중요 사항은 귀족 회의(군장 회의)를 통해 결정

국가의 특성
- **왕권 강화** : 왕위 세습, 중앙 집권 강화로 지방의 군장 세력은 독립성 상실
- **율령 반포, 관등 체제** : 통치 체제 정비
- **불교 수용** : 사상 통일과 집단의 통합 강화
- **활발한 정복 활동** : 영역 확장

석탈해 설화

다파나국의 왕비가 임신한 지 7년 만에 큰 알을 낳았는데, 왕이 이를 상서롭지 못한 것으로 여겨 버리게 하였다. …… 혁거세 39년, 진한의 아진포 어귀에서 한 노파가 궤를 건져 여니 아이가 들어 있었는데 …… 석(昔)을 성으로 삼고, 궤를 풀고 알에서 나왔다 하여 탈해(脫解)를 이름으로 하였다. -「삼국사기」-

❶ 고대 국가의 성립

1. 고대 국가의 성립

(1) 연맹 왕국의 형성

① 철기 문화의 도입과 이에 따른 생산력 증대로 성장한 여러 소국들은 우세한 집단의 족장을 왕으로 하는 연맹 왕국을 형성

② 옥저와 동예에는 지리적 이유로 군장 국가에서 연맹 왕국으로 발전하지 못하였고, 고조선 · 부여 · 삼한 · 고구려 · 가야 등이 연맹 왕국으로 발전

(2) 연맹 왕국의 한계 : 연맹 왕국은 국왕이 출현하여 국가 조직을 갖추고 있었으나, 족장 세력이 종래 자기가 다스리던 지역에 대한 영향력을 유지할 수 있어 중앙 집권 국가로 가는 데 한계를 지님

❷ 삼국의 성립과 정치적 발전

1. 삼국의 성립

(1) 고구려

① 부여에서 내려온 유이민과 압록강 유역의 토착민 집단이 결합하여 성립(BC 37)

② 결속력을 강화하면서 정복 국가 체제로 전환

(2) 백제

① 한강 유역의 토착 세력과 고구려 계통의 유이민 세력이 결합하여 성립(BC 18)

② 우수한 철기 문화를 보유한 유이민 집단이 지배층을 형성

암기 노트

백제의 건국 세력

백제 건국의 주도 세력은 고구려에서 남하했다는 것이 정설이므로, 결국 부여족의 한 갈래라 할 수 있다. 백제 건국의 주도 세력이 고구려(부여)계라는 근거로는 다음과 같은 것이 있다.
- 백제 왕족의 성씨가 부여씨(夫餘氏)이며, 부여의 시조신과 동명성왕을 숭배
- 국호를 남부여라 칭함(6세기 성왕)
- 백제 건국 설화인 비류 · 온조 설화에서 비류와 온조를 주몽의 아들이라 언급함(「삼국사기」에 기록)
- 백제 개로왕이 북위에 보낸 국서에 백제가 고구려와 함께 부여에서 기원했음이 언급됨
- 백제 초기 무덤 양식이 고구려의 계단식 돌무지 무덤 양식과 같음

(3) 신라

① 진한의 소국 중 하나인 사로국에서 출발, 경주의 토착민 집단과 유이민 집단의 결합으로 건국(BC 57)

② 동해안으로 들어온 석탈해 집단이 등장하면서 박 · 석 · 김의 3성이 왕위를 교대로 차지

③ 주요 집단들은 독자적인 세력 기반을 유지, 유력 집단의 우두머리는 이사금(왕)으로 추대됨

2. 중앙 집권 국가로의 발전

(1) 고구려

① **태조왕(53~146)** : 삼국 중 가장 먼저 국가의 집권 체제 정비

㉠ **대외적 발전** : 활발한 정복 활동의 전개

- 함경도 지방의 옥저 · 동예를 복속(56)
- 만주 지방으로 세력을 확대시켜 부여를 공격
- 요동의 현도 · 요동군 공략(→ 부여군의 방해로 실패)
- 낙랑군을 자주 공략하고 압력을 행사
- 서북으로 요동(遼東)을 정벌하고 남으로 살수(薩水)에 진출

㉡ **대내적 발전** : 정복 활동 과정에서 강화 · 정비된 군사력과 경제력을 토대로 왕권이 안정되고 왕위의 독점적 세습(형제 상속)이 이루어짐, 통합된 여러 집단들은 5부 체제로 발전(→ 중앙 집권의 기반 마련)

② **고국천왕(179~197)**

㉠ **왕권 및 중앙 집권의 강화**

- 왕위의 부자 상속(형제 상속에서 부자 상속으로 전환)
- 연나부(절노부)와 결탁하여 왕권에 대한 대항 세력 억제
- 5부의 개편을 통한 족장의 중앙 귀족화(관료화)

㉡ **5부(部)의 개편** : 종래의 부족적 전통의 5부(계루부 · 소노부 · 절노부 · 순노부 · 관노부)를 행정적 성격의 5부제(내부 · 서부 · 북부 · 동부 · 남부)로 개편

㉢ **진대법(賑貸法)의 실시** : 구 족장 세력이 아닌 을파소를 국상(國相)으로 등용하여 시행(고리대의 폐단을 막는 농민 구휼책)

→ 고구려의 최고 관직, 제가회의의 의장

> **암기 Plus**
>
> **진대법**
>
> 고구려 고국천왕 때 을파소의 건의로 실시된 빈민 구제 제도이다. 관곡을 대여하는 제도로서, 일반 백성들이 채무 노비로 전락하는 것을 막고자 하였다. 고려 시대의 흑창(태조)과 의창(성종), 조선 시대의 의창과 사창 등으로 계승 · 발전되었다.

③ **미천왕(300~331)**

㉠ 중국 5호 16국 시대의 혼란을 틈타 활발하게 대외 팽창

㉡ 현도성을 공략(302)하고 서안평을 점령(311)하여 고조선의 옛 땅을 회복

㉢ 낙랑군(313) · 대방군을 축출(314)하여 서로는 요하, 남으로는 한강에 이르는 발판 마련

(2) 백제

① **고이왕(234~286)** : 고대 국가의 기틀 마련

㉠ 낙랑 · 대방을 공격(246)하여 영토 확장, 한강 유역 장악(→ 중국의 선진 문물을 받아들여 정치 체제 정비)

㉡ 관등제를 정비(→ 6좌평, 16관등제)하고 관복제를 도입(→ 자 · 비 · 청색의 공복제)하는 등 지배 체제를 정비하여 중앙 집권 국가의 토대를 형성

㉢ 율령을 반포(262)(→ 뇌물 관리에게 종신형, 절도 시 유형과 2배 배상 등)

㉣ 초기 부족 회의 기구를 발전시킨 행정적 성격의 남당을 설치

㉤ 왕위의 세습(형제 세습)

(3) 신라

① **내물왕(356~402)**

㉠ **영토 확장** : 진한 지역의 대부분을 차지하고 중앙 집권 국가로 발전하기 시작

㉡ **체제 정비** : 김씨에 의한 왕위 계승권을 확립(형제 상속)하고 왕의 칭호도 대군장을 뜻하는 마립간으로 변경(→ 왕권 안정 및 중앙 정부의 통제력 강화)

㉢ **대외적 활동** : 신라 해안에 나타난 왜를 물리치는 과정에서 고구려 광개토대왕의 군대가 신라 영토 내에 주둔하였는데, 이후 신라는 고구려의 간섭을 받는 한편, 고구려를 통해 중국의 문물을 수용하며 성장

> **암기 Plus**
>
> **신라의 왕호**
>
> - **거서간(居西干)** : 박혁거세, 정치적 군장, 지배자
> - **차차웅(次次雄)** : 남해, 제사장, 무당 → 정치적 군장과 제사장의 기능 분리
> - **이사금(尼師今)** : 유리왕, 연맹장, 연장자 · 계승자 → 박 · 석 · 김의 3성 교립제
> - **마립간(麻立干)** : 내물왕, 대수장 또는 우두머리 → 김씨의 왕위 독점 및 왕권 강화
> - **왕(王)** : 지증왕, 중국식 왕명 → 부자 상속제 확립, 중앙 집권화
> - **불교식 왕명** : 법흥왕, 불교식 왕명 시대(23~28대) → 중고기(中古期)(「삼국유사」의 분류)
> - **시호제(諡號制) 시행** : 태종 무열왕, 중국식 조(祖) · 종(宗)의 명칭 → 중대(中代)(「삼국사기」의 분류)

암기 Plus

삼국의 국가별 발전 순서

- **고대 국가의 기틀 마련(중앙 집권적 토대 구축)** : 고구려(태조왕) → 백제(고이왕) → 신라(내물왕)
- **율령의 반포** : 백제(고이왕) → 고구려(소수림왕) → 신라(법흥왕)
- **고대 국가의 완성(중앙 집권 체제의 완성)** : 백제(근초고왕) → 고구려(소수림왕) → 신라(법흥왕)
- **한강 유역의 점령** : 백제(고이왕) → 고구려(장수왕) → 신라(진흥왕)

백제의 중국 진출

백제는 고구려와 더불어 요동의 동쪽에 있었다. 진나라 시대에 고구려가 요동을 점유하니, 백제는 요서, 진평 두 군을 점령한 후에 백제군을 설치하였다.

– 요사렴, 「양서」 –

근초고왕에 대한 「삼국사기」 기록

왕 26년(371)에 고구려가 군사를 일으켜 오니, 왕이 듣고 패하(浿河) 강변에 군사를 매복시켰다가 그 오는 것을 기다려 갑자기 쳐서 고구려병을 패배시켰다. 겨울에 왕이 태자와 함께 정예병 3만을 거느리고 고구려를 침입하여 평양성을 공격하였다. 고구려왕 사유(斯由, 고국원왕)가 힘껏 싸워 막다가 화살에 맞아 죽으니 왕이 군사를 이끌고 물러왔다.

3. 백제의 전성기(4세기)

(1) 백제

① **근초고왕(346~375)** : 고대 국가의 완성

㉠ 고구려의 평양성을 공격하고 마한의 나머지 세력을 정복(369)하여, 오늘날의 경기 · 충청 · 전라도와 낙동강 중류, 강원도 · 황해도의 일부 지역 등 백제 최대 영토 확보

㉡ **활발한 대외 활동** : 요서 · 산둥 · 일본 규슈 지방으로 진출해 고대 상업 세력권 형성

㉢ 동진과 수교(372), 가야에 선진 문물 전파, 왜와 교류(→ 칠지도 하사)

㉣ **중앙 집권 체제의 완비** : 왕권의 전제화, 부자 상속에 의한 왕위 계승이 시작됨

㉤ 고흥으로 하여금 「서기(書記)」를 편찬하게 함(전하지 않음)

㉥ 왕인이 「천자문」 · 「논어」 등을 일본에 전파(→ 일본 아스카 문화의 시조)

칠지도(七支刀)

- **의의** : 백제 근초고왕이 왜왕에게 친선 외교의 목적으로 하사한 칼로서, 「일본서기(日本書紀)」에는 칠지도(七枝刀)라 기록되어 있다. 현재 일본의 3대 보물의 하나로 나라현 덴리시의 이소노카미 신궁에 보관되어 있다.
- **명문의 기록 내용** : 모두 61자(앞면 34자, 뒷면 27자)의 명문이 새겨져 있다. 이 중 '공공후왕(供供候王)'과 관련하여 일본은 '공(供)'을 바친다는 뜻으로 해석하여 백제 봉헌설을 제기하기도 했고, '候王'을 '제후인 왕'으로 해석하여 동진(東晋)이 백제를 통해 왜왕에게 하사했다는 동진 하사설을 제기하기도 하였다. 현재는 백제 하사설이 가장 유력하다.

② **침류왕(384~385)** : 동진의 승려 마라난타로부터 불교를 수용(384)하여 중앙 집권 체제를 사상적으로 뒷받침

(2) 고구려의 발전

① **고국원왕(331~371)**

㉠ 전연의 선비족이 침략하여 환도성이 함락(342)되고 서방 진출이 위축됨

㉡ 백제 근초고왕의 침략으로 평양성에서 전사

② **소수림왕(371~384)** : 국가 체제를 개혁하고 새로운 발전 토대를 마련해 고대 국가를 완성

㉠ **불교 수용(372)** : 전진의 순도가 전래(→ 삼국 중 최초로 수입), 고대 국가의 사상적 통일에 기여

㉡ **태학 설립(372)** : 중앙의 최고 학부(국립 대학)로서, 인재 양성 · 유학 보급 및 문화 향상에 기여

㉢ **율령 반포(373)** : 중앙 집권 국가로서의 체제를 강화(고대 국가의 완성)

▲ 백제의 전성기(4세기)

4. 고구려의 전성기(5세기)

(1) 고구려

① **광개토대왕(391~413)** :

㉠ 소수림왕 때의 내정 개혁을 바탕으로 북으로 숙신(여진) · 비려(거란)를 정복하는 등 만주에 대한 대규모의 정복 사업 단행

㉡ 남쪽으로 백제의 위례성을 공격하여 임진강 · 한강선까지 진출(→ 64성 1,400촌 점령)

㉢ 서쪽으로 선비족의 후연(모용씨)을 격파하여 요동 지역 확보

㉣ 신라에 침입한 왜를 낙동강 유역에서 토벌(400)함으로써 한반도 남부에까지 영향력 행사(→ 백제 · 왜 · 가야 연합군을 격파한 내용이 광개토대왕릉비에 기록)

㉤ 우리나라 최초로 독자적 연호 사용(→ 영락(永樂), 중국과 대등함을 과시)

전성기의 요건

- 한강 유역 장악
- 전성기 국가를 제외한 나머지 두 국가의 동맹
  - 4세기 : 백제↔고구려 · 신라
  - 5세기 : 고구려↔신라 · 백제
  - 6세기 : 신라↔고구려 · 백제
- 전성기 이전 왕들이 율령 반포, 불교 수용 등을 통해 기반을 마련

광개토대왕릉비

- **건립 시기 및 소재** : 장수왕 2년(414)에 건립된 선돌 양식의 6.4m짜리 비로, 만주 집안현 통구에 위치한다.
- **비문의 내용** : 예서체로 된 1,775자 중 1,400여 자만이 판독 가능하다.
  - **전반** : 고구려의 건국 내력(주몽 설화), 광개토대왕의 치적에 대한 칭송
  - **중반** : 영락 5년 비려 정복(395), 백제 정벌(396), 읍루(숙신) 정벌(398), 신라 · 가야 지방의 왜 토벌(400), 동부여 정복(410) 등 64성 1,400촌을 공략한 내용이 기록
  - **후반** : 무덤을 지키는 수묘인에 관한 기록
- **왜 토벌 기록** : 영락 9년 기해년에 백제가 서약을 어기고 왜와 화통하므로, 왕은 평양으로 순시해 내려갔다. 신라가 사신을 보내 왕에게 말하기를, "왜인이 그 나라 국경에 가득 차서 성들을 부수었으니 노객(신라왕)은 백성 된 자로서 왕에게 귀의하여 분부를 청한다."고 하였다. …… 영락 10년(400) 경자년에 보병과 기병 5만을 보내 신라를 구원하게 하였다. …… 관군이 그곳에 이르자 왜적이 물러가므로, 뒤를 급히 추격하여 임나가라의 종발성에 이르렀다. 성이 곧 귀순하여 복종하므로, 순라병을 두어 지키게 하였다. 신라의 염성을 공략하니 왜구는 위축되어 궤멸되었다.

▲ 광개토대왕릉비

- **논란이 되는 내용** : 광개토대왕 6년(396)의 백제 정벌에 관한 부분, 즉 "百殘 新羅 舊是屬民 由來朝貢 而倭以辛卯年來渡海破百殘○○ 新羅以爲臣民"이라는 부분이 논란이 되는데, 일본 학자들은 신묘년(391)의 '渡海'의 주체를 왜로 보아 이른바 임나 경영설을 주장하였고, 한국 학자들은 그것을 고구려 또는 백제로 보고 있다. 이 비를 발견하였을 당시에 일본군이 고의로 훼손하여 개작했을 것이라는 주장이 있다.

② **장수왕(413~491)** : 수도를 통구에서 평양으로 천도(427)하여 안으로 왕권을 강화하고 밖으로 백제와 신라를 압박하였으며(남하 정책), 서쪽 해안으로 적극 진출하는 계기를 마련(→ 전성기 형성)

㉠ **외교 정책** : 중국 남북조와 교류하며, 대립하던 두 세력을 조종 · 이용

㉡ 백제 수도 한성을 함락, 한강 전 지역을 포함하여 죽령 일대로부터 남양만을 연결하는 선까지 장악(→ 한강 유역 진출은 광개토대왕릉비와 중원 고구려비에 반영됨)

㉢ 유연(柔燕)과 함께 지두우(地豆于)를 분할 점령(479)하여 대흥안령 일대의 초원 지대를 장악하기도 함

내몽골 지방에 위치했던 유목국가, 현 몽골인의 선조

㉣ 지방 청소년의 무예 · 한학 교육을 위해 경당 설치(→ 우리나라 최초의 사학(私學))

▲ 고구려의 전성기(5세기)

5세기경 신라와 고구려의 역학 관계

경주 호우총의 호우명 그릇 밑바닥에는 "을묘년국강상광개토지호태왕(乙卯年國岡上廣開土地好太王)"이라는 글씨가 새겨져 있는데, 이것이 광개토대왕을 기리는 내용이라는 점에서 당시 신라가 고구려의 간섭을 받았고 고구려를 통하여 간접적으로 중국의 문물을 받아들이면서 성장해 나갔다는 것을 짐작할 수 있다.

한편 중원 고구려비에도 신라를 동이, 신라 왕을 매금이라 칭하고, 한강 상류와 죽령 이북 지역이 고구려 영토임을 확인하는 내용과 함께 고구려 왕이 신라 왕을 만나 의복을 하사하였다는 내용, 고려대왕(고구려 왕)이라는 단어를 비롯하여 고구려 관직명 등이 나타나 있는 것을 통해 당시 양국의 역학 관계를 짐작할 수 있다.

▲ 호우명 그릇

▲ 중원 고구려비

장수왕의 남하 정책이 미친 영향

- 신라와 백제의 나·제 동맹 체결(433~553)
- 백제의 개로왕이 북위(후위)에 군사 원조를 요청(472)
- 백제가 수도를 한성에서 웅진(공주)으로 천도(475)
- 충북 중원 고구려비의 건립

(2) 백제

① **비유왕(427~455)** : 송과 통교하였으며, 장수왕의 남하 정책에 대항해 신라 눌지왕과 나·제 동맹을 체결(433)

② **개로왕(455~475)** : 고구려의 압박에 북위에 국서를 보내 군사 원조를 요청하였으나, 원조가 거절되고 개로왕은 고구려 장수왕에 붙잡혀 사망

③ **문주왕(475~477)** : 고구려의 남하 정책에 밀려 웅진으로 천도

④ **동성왕(479~501)** : 신라와 동맹을 강화(결혼 동맹, 493)하여 고구려에 대항하고, 내적으로 외척 세력을 배제하고 웅진 지방의 토착 세력을 등용하여 사회 안정과 왕권 강화, 국력 회복을 모색

(3) 신라

① **눌지왕(417~458)** : 왕위의 부자 상속제 확립으로 왕권을 강화

② **소지왕(479~500)** : 6촌을 6부의 행정 구역으로 개편

5. 신라의 전성기(6세기)

(1) 신라

① **지증왕(500~514)** : 국호를 '사로국'에서 '신라'로, 왕의 칭호를 '마립간'에서 '왕'으로 고침(503)

㉠ 행정 구역을 개편하여 중국식 군현제를 도입하고, 소경제(小京制)를 설치 → 지방에 주·군을 설치하고 주에 군주(軍主)를 파견

㉡ 권농책으로 우경을 시작하고, 동시전을 설치(509)

㉢ 이사부를 파견하여 우산국(울릉도)을 복속(512)

㉣ 순장을 금지하고 상복을 입도록 함

② **법흥왕(514~540)** : 중앙 집권 국가 체제의 완비

㉠ **제도 정비** : 병부 설치(517), 상대등 제도 마련, 율령 반포, 공복 제정(530) 등을 통하여 통치 질서를 확립하였으며, 각 부의 하급 관료 조직을 흡수하여 17관등제를 완비

㉡ **불교 공인** : 불교식 왕명 사용, 골품제를 정비하고 불교를 공인(527)하여 새롭게 성장하는 세력들을 포섭

㉢ **연호 사용** : 건원(建元)이라는 연호를 사용함으로써 자주 국가로서의 위상을 높임

㉣ **영토 확장** : 대가야와 결혼 동맹을 체결하고(522), 금관 가야를 정복하여 낙동강까지 영토를 확장(532)

▲ 신라의 전성기(6세기)

③ **진흥왕(540~576)**

㉠ **영토 확장 및 삼국 항쟁의 주도**

- 남한강 상류 지역인 단양 적성을 점령하여 단양 적성비를 설치(551) → 백제 성왕과 연합하여 고구려가 점유하던 한강 상류 지역을 차지(551) → 백제가 점유하던 한강 하류 지역 차지(553) → 북한산비 설치(561)

• 고령의 대가야를 정복하는 등 낙동강 유역을 확보(→ 창녕비, 561)
• 원산만과 함흥 평야 등을 점령하여 함경남도 진출(→ 황초령비 · 마운령비, 568)

㉡ 화랑도를 공인(제도화)하고, 거칠부로 하여금 「국사(國史)」를 편찬하게 함(부전)

㉢ 황룡사 · 흥륜사를 건립하여 불교를 부흥하고, 불교 교단을 정비하여 주통 · 승통 · 군통제를 시행

암기 노트

신라의 금석문

- **포항 중성리비(지증왕, 501)** : 현존 최고의 신라비로, 재산 분쟁에 관한 판결을 담고 있다.
- **영일 냉수리비(지증왕, 503)** : 지증왕을 비롯한 신라 6부의 대표자들이 재산권 및 상속 문제에 관하여 논의 · 결정한 내용을 담고 있다.
- **울진 봉평 신라비(법흥왕, 524)** : 울진 지역의 중요 사건의 처리 및 책임자 처벌에 관한 내용을 담고 있다. 장형 · 노인법 등을 규정한 율령이 성문법으로 실재했음을 보여주며 신라 육부의 독자성과 지방 지배의 방식, 신라 관등제의 발전 과정 등이 드러나 있다.
- **단양 적성비(진흥왕, 551)** : 신라가 한강 상류(남한강 상류) 지역을 점령하고 죽령 지역을 확보했음을 보여 준다. 관직명과 율령 관계, 전공자에 대한 포상 등의 내용이 기록되어 있다.
- **진흥왕 순수비** : 북한산비(555), 창녕비(561), 황초령비 · 마운령비(568)를 말한다.
- **남산 신성비(진평왕, 591)** : 경주 남산에 축조한 새 성[新城]에 관한 비이다. 신라 시대의 지방 통치 제도 및 사회 제도 등을 보여 주고 있어 삼국 시대 금석문으로서 매우 귀중한 자료이다.
- **임신서기석(진평왕, 612)** : 두 화랑이 유교 경전을 공부하고 인격 도야에 전념하며 국가에 충성할 것을 맹세한 내용을 기록한 비로, 당시 유학이 발달하였음을 알게 해 준다.

(2) 백제

① **무령왕(501~523)** : 백제 중흥의 전기를 마련

㉠ 지방의 주요 지점에 22담로를 설치하고 왕자 · 왕족을 파견하여 지방 통제를 강화함으로써 부흥의 기반을 다짐

㉡ 6세기 초 중국 남조의 양과 통교(→ 난징 박물관의 백제 사신도), 왜와도 교류

② **성왕(523~554)** : 사비(부여)로 도읍을 옮기고(538), 국호를 남부여로 고치면서 중흥을 꾀함

㉠ 중앙 관청을 22부로 확대하고, 행정 조직을 5부(수도) 5방(지방)으로 정비

㉡ 겸익을 등용하여 불교 진흥, 노리사치계를 통해 일본에 불교 전파(552)

㉢ 중국의 남조와 활발하게 교류하고 문물을 수입

㉣ 신라 진흥왕과 연합하여 한강 유역을 부분적으로 수복하였지만 곧 신라에 빼앗기고(→ 나 · 제 동맹 결렬, 553), 성왕 자신도 신라를 공격하다가 관산성(옥천)에서 전사(554)

(3) 고구려

① **영양왕(590~618)** : 요서 지방을 공략(598), 수 문제의 30만 군과 수 양제의 113만 대군을 격퇴(살수 대첩, 612)(→ 국력 소모로 수 멸망, 618)

㉠ 이문진으로 하여금 「유기」 100권을 요약하여 「신집」 5권을 편찬하게 함(600)

㉡ 담징을 일본으로 보내(608) 종이 · 먹을 전함

암기 Plus

진흥왕 순수비(眞興王巡狩碑)

진흥왕이 새로 넓힌 영토를 직접 돌아보고 세운 비석(척경비)으로, 현재 창녕비 · 북한산비 · 황초령비 · 마운령비 등 4기가 남아있다. '순수'란 천자가 제후의 봉지(封地)를 직접 순회하면서 현지의 통치 상황을 보고받는 의례로 순행(巡行)이라고도 한다. 순수비란 순수를 기념하여 세운 비석을 말하는데, 진흥왕 순수비의 비문 속에 나타나는 '순수관경(巡狩管境)'이란 구절에서 비롯되었다. 진흥왕 순수비는 당시의 삼국 관계와 신라의 정치상 · 사회상을 알려 주는 귀중한 자료이다.

▲ 북한산 진흥왕 순수비

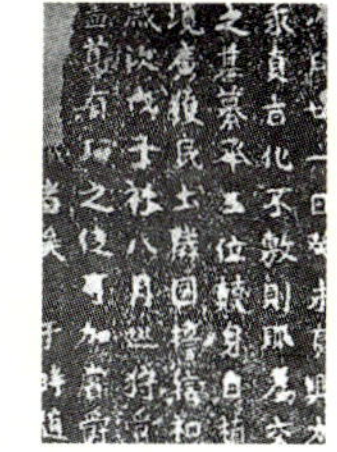

▲ 황초령 진흥왕 순수비

담로

백제가 방 · 군 · 성의 지방 제도를 마련하기 이전에 설치한 제도로, 지방 통제 강화를 목적으로 한다. 왕자나 왕족을 지방의 요지에 보내 다스리게 하였다.

관산성 싸움(554)

성왕이 이끈 백제군을 격파한 신라의 장군은 김유신의 할아버지인 김무력이었다. 이 전투에서 백제는 3만 명에 가까운 군사를 잃었을 정도로 참패하였다.

| 고급 | [3점]

다음 비석을 세운 왕이 시행한 정책으로 옳은 것은?

왕이 인민을 많이 얻어 …… 이리하여 영토를 순수(巡狩)하면서 민심을 (살피고) 노고를 위로하고자 한다.
동해
황해
적성(赤城)의 야이차에게 하교하시기를 …… 옳은 일을 하는 데 힘을 쓰다가 죽게 되었으므로 …… 이(利)를 허락하였다.

① 국학을 설립하여 유학을 교육하였다.
② 대가야를 정복하여 영토를 확장하였다.
③ 병부 등을 설치하여 지배 체제를 정비하였다.
④ 지방관을 감찰하기 위하여 외사정을 설치하였다.
⑤ 국호를 신라로 확정하고 왕이라는 칭호를 사용하였다.

[신라 진흥왕의 업적]

암기공식
북한산 순수비, 단양 적성비, 창녕비 ⇒ 신라 진흥왕

| 정답 해설 |
제시된 자료는 신라 진흥왕이 고구려의 영토였던 남한강 상류 지역인 단양 적성을 점령하고 세운 단양 적성비(551)와 백제가 점유하던 한강 하류 지역을 차지하고 세운 북한산비(561)의 비문 내용이다. 진흥왕은 고령의 대가야를 정복하는 등 낙동강 유역을 확보하고 창녕비(561)를 세웠다.

| 오답 해설 |
① 통일 신라의 신문왕은 유학 교육을 위하여 국학(國學)을 설립하고 유교 이념을 확립하였다.
③ 신라의 법흥왕은 병부를 설치하여 군사력을 강화하고, 율령 반포와 공복(公服)을 제정하여 통치 질서를 확립하였다.
④ 문무왕은 당을 축출하여 통일을 완수한 후 지방관을 감찰하기 위해 처음으로 외사정을 지방에 파견하였다.
⑤ 신라의 지증왕은 국호를 사로국에서 '신라'로 바꾸고, 왕의 칭호를 마립간에서 '왕'으로 고쳤다.

정답 ②

가야의 발전

3세기
• 김수로왕 • 전기 가야 연맹 • 금관 가야 중심 (김해 : 대성동 고분군)

4세기
광개토대왕의 공격

5세기
• 이진아시왕 • 후기 가야 연맹 • 대가야 중심 (고령 : 지산동 고분군)

6. 가야의 성립과 발전

(1) 성립

① 해변으로 들어온 유이민 집단 + 토착 세력(→ 토착 세력이 유이민을 흡수)
② **연맹 왕국의 형성** : 2~3세기 경 금관가야가 중심이 되어 연맹 왕국으로 발전 → 전기 가야연맹의 형성

(2) 경제

① 일찍부터 벼농사를 짓는 등 농경문화가 발달
② 풍부한 철 생산, 철기 문화의 발달
③ 해상교통을 이용한 낙랑 · 왜의 규슈 지방과 중계무역 번성
④ 해안 지방으로부터 토기의 제작 기술이 보급되고, 수공업이 번성

(3) 가야의 발전(가야 연맹의 주도권 변동)

① 4세기 초 김해의 금관가야를 중심으로 한 전기 가야 연맹 성립
② 5세기 이후 고령 지방을 중심으로 하는 대가야가 주도권 행사

▲ 가야 연맹

(4) 멸망

① **금관 가야** : 법흥왕
② **대가야** : 진흥왕

3 대외 항쟁과 삼국의 통일

1. 고구려의 대외 항쟁

(1) 6세기 말 이후의 삼국 정세

① 고구려와 백제는 신라가 한강 유역을 독점한 것에 자극받아 여·제 동맹을 맺고 당항성을 공격하였는데, 이에 신라는 중국과 통교

② 고구려는 수(隋)가 중국 남북조를 통일(598)한 것에 위협을 느껴 돌궐과 연결하고 백제는 왜와 친교

③ **십자형 외교의 전개** : 신라는 수·당과 연결하여 동서 세력을 형성하였고, 고구려는 북의 돌궐, 남의 백제·왜와 연결하는 남북 연합 세력을 구축

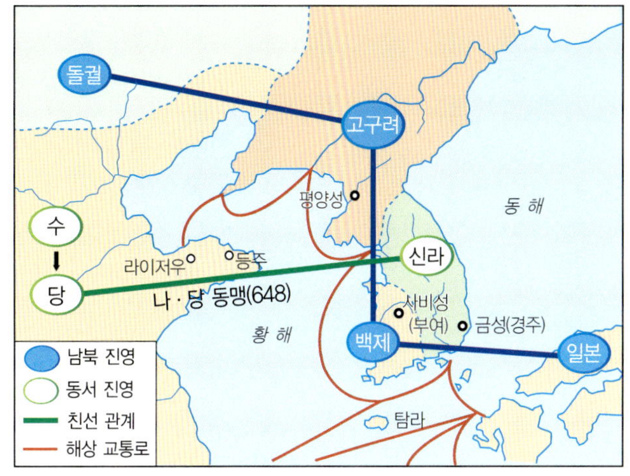

▲ 6세기 말 이후 삼국의 대외 관계

(2) 고구려의 대외 항쟁

① 여·수 전쟁

㉠ **원인** : 수의 압박으로 돌궐이 약화되고 신라가 친수 정책을 취하자 이에 위기 의식을 느낀 고구려가 먼저 중국의 요서 지방을 공격

㉡ **경과** : 수 문제(文帝)와 양제(煬帝)는 잇따라 대규모 병력을 이끌고 고구려를 침략

제1차 침입(영양왕, 598)	수 문제의 30만 대군이 침입했으나 장마와 전염병으로 실패
제2차 침입(영양왕, 612)	수 양제의 113만 대군이 침입했으나 을지문덕이 이끄는 고구려군에게 살수에서 대패(살수 대첩)
제3·4차 침입(영양왕, 613·614)	수 양제가 침입했으나 모두 실패

㉢ **결과** : 수가 멸망(618)하는 원인으로 작용

② 여·당 전쟁

㉠ 대외 정세

- 당(唐)은 건국(618) 후 대외 팽창 정책을 보이며 고구려에 대한 정복 야욕을 보임
- 당은 돌궐을 복속한 후 거란족이 고구려를 배반하도록 유인하는 등 고구려를 자극
- 연개소문은 대당 강경책을 추진하고, 당의 침입에 대비해 천리장성(부여성~비사성)을 쌓아 방어 체제를 강화(647)
- 백제와 대립하던 신라는 친당 정책을 전개

㉡ 당 태종의 침략

- **제1차 침략(보장왕, 645)** : 양만춘이 이끄는 고구려 군과 군민이 안시성에서 60여 일간 완강하게 저항하며 당의 군대를 격퇴(안시성 싸움)
- **제2·3차 침략** : 고구려는 당의 침략을 물리쳐 동북아시아 지배 야욕을 좌절시킴

(3) 고구려의 대외 항쟁이 갖는 의의

① **민족의 방파제** : 자국의 수호뿐만 아니라 중국의 한반도 침략 야욕을 저지함

② 거듭된 전쟁으로 고구려는 쇠약해졌고, 나·당의 결속은 더욱 공고해짐

암기 Plus

수·당과의 전쟁에서 고구려가 거둔 승리의 원동력
- 잘 훈련된 군대
- 성곽을 이용한 견고한 방어 체제
- 탁월한 전투 능력
- 요동 지방의 철광 지대 확보
- 굳센 정신력

고구려와 당의 관계
- 당 건국 초기
  - 고구려와 화친 관계
  - 수와의 전쟁에서 잡혀간 포로들을 교환
- 당 태종
  - 주변 나라들을 침략하며 고구려에 압력 → 고구려는 랴오허강 주위에 천리장성 축조
  - 연개소문의 정변을 구실로 고구려 침략

연개소문의 정변(642)

연개소문은 고구려 말기의 장군이자 재상이다. 그는 천리장성을 축조하면서 세력을 키웠는데, 그에 두려움을 느낀 사람들이 영류왕과 상의하여 그를 죽이려 하였다. 그것을 안 연개소문은 거짓으로 열병식을 꾸며 대신들을 초대한 뒤 모두 죽였다. 그리고 궁궐로 가 영류왕을 죽이고 그 동생인 장(보장왕)을 옹립하였다.

백제의 부흥 운동(660~663)

- 복신과 도침이 왕자 풍을 왕으로 추대하여 주류성(한산)에서 백제 부흥 운동을 전개하였고, 흑치상지와 지수신은 임존성(대흥)에서 전개
- 지배층의 내분과 나·당 연합군의 공격으로 실패

고구려의 부흥 운동

- 신라의 지원을 받은 검모잠이 보장왕의 서자 안승을 왕으로 하여 한성(재령)에서 2년간 부흥 운동을 전개(669)하였으나 내분으로 실패(→ 안승이 검모잠을 죽이고 신라로 망명하여 금마저(익산)에서 고구려 왕(보덕국왕)으로 임명됨)
- 고연무·고연수가 오골성 등을 근거로 부흥 운동을 전개(670)했으나 내분으로 실패

2. 정세의 변동과 백제·고구려의 멸망

(1) 삼국 정세의 변화

① **신라의 성장** : 고구려가 대외 침략을 막는 동안 신라는 김춘추·김유신이 제휴하여 권력을 장악하고, 고구려와 백제에 대항하면서 삼국 간의 항쟁을 주도

② **나·당 연합군의 결성(648)** : 신라는 당과 군사 동맹을 맺어 한반도의 통일을 기도

(2) 백제의 멸망(660)

① **국가의 쇠퇴** : 사치와 정치적 혼란, 거듭된 전란 등으로 국력이 약화됨

② **나·당 연합군의 공격** : 김유신이 지휘한 신라군은 탄현을 공격하고 황산벌에서 계백이 이끈 백제의 결사대를 격파한 뒤 사비성으로 진출, 소정방이 이끄는 당군은 백강(금강) 하구로 침입

③ **사비성 함락** : 내부 정치 질서의 문란과 국가적 일체감 상실로 사비성이 함락됨(660)

(3) 고구려의 멸망(668)

① 거듭된 전쟁으로 국력의 소모가 심하였고, 요동 지방의 국경 방어선도 약해짐

③ 연개소문이 죽은 뒤 지배층의 권력 쟁탈전으로 국론이 분열

㉢ 당의 이세적과 신라의 김인문이 이끄는 나·당 연합군의 협공으로 멸망(668)

보덕국

검모잠은 안승을 왕으로 받들고 고구려의 유민들과 함께 당에 대항하였다. 이때 안승이 신라에 원조를 청하자, 신라는 당의 세력을 쫓아낼 생각으로 안승을 금마저(익산)에 살게 하고 고구려 왕으로 봉하였다. 안승은 후에 보덕국왕의 봉작을 받고 문무왕의 조카를 아내로 맞았으며, 신문왕 3년(689)에는 벼슬과 토지를 받고 신라의 귀족이 되었다. 이에 금마저에 남아 있던 장군 대문이 반란을 일으켰지만 신라군의 진압으로 실패하여 보덕국은 사라졌다.

3. 신라의 삼국 통일

(1) 나·당 전쟁과 통일의 달성

① **당의 한반도 지배 야욕**

㉠ 당은 한반도 전체를 장악하고자 신라와 연합한 것으로, 백제의 옛 땅에 웅진 도독부를, 고구려의 옛 땅에 안동 도호부를 두어 지배 야욕을 보임

㉡ 신라의 경주에도 계림 도독부를 두고 문무왕을 계림 도독으로 칭하였으며, 신라 귀족의 분열을 획책함

② **경과** : 신라는 고구려와 백제의 유민과 연합하여 당과 정면으로 대결

㉠ 고구려 부흥 운동 세력을 후원하고 백제 땅의 웅진 도독부를 탈환하여 소부리주를 설치(671) (→ 백제 멸망 후 수도였던 부여에 설치한 주(州))

㉡ 마전·적성에서 당군을 물리치고, 이어 당의 대군을 매소성(매초성)에서 격파(675)

㉢ 금강 하구의 기벌포에서 당의 수군을 섬멸(676)하고, 안동 도호부를 요동성으로 밀어내는 데 성공함으로써 삼국 통일을 달성(676)

(2) 통일의 의의와 한계

① 민족 최초의 통일로서, 당을 힘으로 몰아낸 자주적 통일

② 고구려·백제 문화를 수용하고 경제력을 확충함으로써 민족 문화 발전의 토대 마련

③ **한계** : 외세를 이용하였으며, 이로 인해 영토가 대동강에서 원산만 이남으로 축소됨

4 남북국 시대의 정치 변화

1. 통일 신라의 발전과 동요

(1) 통일 이후 신라의 정세

① 영역의 확대와 함께 인구가 크게 늘었고, 대외 관계가 안정되어 경제적 생산력도 증대
② 전쟁 과정에서 왕실의 권위가 높아지고 군사력이 더욱 강해지면서 정치도 안정됨
③ 통일을 전후한 왕권의 강화와 경제적 생산력 증대를 바탕으로 왕권의 전제화가 두드러짐

(2) 왕권의 전제화(중대)

① **태종 무열왕(654~661)** : 신라 중대의 시작
㉠ 최초의 진골 출신 왕으로서, 통일 전쟁을 치르는 과정에서 왕권을 강화
㉡ 이후 태종 무열왕의 직계 자손이 왕위 세습(태종 무열왕~혜공왕)
㉢ 감찰 · 탄핵 기관인 사정부를 설치하고, 최초로 중국식 시호(태종)를 사용, 갈문왕제 폐지
㉣ 상대등 세력을 억제하고, 왕명을 받들며 기밀 사무를 관장하는 집사부 시중의 기능을 강화(→ 통일 후 진골 귀족 세력 약화 및 왕권 전제화의 기반 마련)

② **문무왕(661~681)** : 통일의 완수
㉠ 안승을 보덕국왕으로 봉하고, 당을 축출하여 통일을 완수
㉡ 우이방부를 설치하고, 외사정을 처음으로 지방에 파견

③ **신문왕(681~692)** : 전제 왕권의 강화
㉠ 김흠돌의 난을 계기로 귀족 세력을 숙청하면서 전제 왕권 강화(→ 6두품을 조언자로 등용)
㉡ 중앙 정치 기구를 정비(6전 제도 완성, 예작부 설치)하고 군사 조직(9서당)과 지방 행정 조직(9주 5소경)을 완비
→ 토목공사와 보수사업을 담당한 중앙 관청
㉢ 관리에게 관료전을 지급(687)하고 귀족의 경제 기반이었던 녹읍을 폐지(689)
㉣ 유학 교육을 위하여 국학(國學)을 설립하고 유교 이념을 확립

암기 노트

만파식적 고사

만파식적은 해룡이 된 문무왕과 천신이 된 김유신이 합심하여 대나무로 만들어 신문왕에게 보냈다는 피리를 말하는데, 이 고사는 신문왕의 전제 왕권 확립과 신라의 호국 이념을 상징한다(이 피리를 불면 군사는 물러가고, 병이 낫고, 가뭄에는 비가 오고 오던 비는 개고, 바람은 가라앉고 물결은 평온해진다).

④ **성덕왕(702~737)** : 신라 시대의 전성기 형성(성덕왕~경덕왕)
㉠ 신문왕의 차남으로, 장남인 효소왕의 사후 화백 회의에서 추대
㉡ 당과의 문화 교류 및 사신 왕래가 활발하였으나, 발해와는 대립
㉢ 백성들에게 정전을 지급(722)하여 농민에 대한 국가의 토지 지배력 강화

⑤ **경덕왕(742~765)** : 집사부의 중시를 시중으로 격상하고, 통치 기구와 지방 군현의 명칭을 중국식으로 바꾸어(한화(漢化) 정책) 왕권 강화를 도모
㉠ 국학을 태학감으로 바꾸고 박사 · 교수를 두어 유교 교육을 강화
㉡ 석굴암 · 불국사 창건(751), 석가탑에 무구정광 대다라니경 보관
㉢ 귀족의 반발로 녹읍이 부활(757)하고 사원의 면세전이 증가(→ 전제 왕권의 동요)
㉣ 귀족의 사치와 향락으로 인해 농민 부담이 가중

암기 Plus

김흠돌의 난과 전제 왕권의 강화

신문왕 1년(681) 소판(蘇判) 김흠돌이 파진찬 흥원(興元), 대아찬 진공(眞功) 등과 함께 모반을 꾀하다가 발각되어 처형된 사건으로, 통일 신라의 왕권이 전제화되는 과정에서 나타난 중요한 사건의 하나로 간주된다.

관료전과 녹읍

관료전은 관리들이 관직에 복무하는 대가로 받은 토지이다. 조세만을 받을 수 있으며 농민을 지배할 권한은 없고 관직에서 물러나면 국가에 반납해야 했다. 반면 귀족들이 받았던 녹봉의 일종인 녹읍을 통해서는 농민을 지배할 수 있었다.

정치 세력의 변동

- 왕권이 전제화되면서 상대적으로 진골 귀족 세력은 약화
- 6두품 세력이 왕권과 결탁하여 상대적으로 부각(→ 학문적 식견을 바탕으로 왕의 정치적 조언자로 활동하거나 행정 실무를 담당)

대공의 난(96각간의 난)

혜공왕 4년(768) 각간 대공이 일으킨 난이다. 각간은 최고 관등인 이벌찬을 지칭하는 말로, 96각간은 혜공왕 때 반란을 일으킨 귀족 및 이를 진압한 귀족 모두를 통칭한다. 이 난을 계기로 전국이 혼란에 휩싸였는데 96각간이 서로 싸우고 3개월 만에야 진정되었다. 그러나 귀족들 내부의 알력은 진정되지 않아 연이어 반란이 일어났고, 결국 혜공왕은 즉위 16년 만에 상대등 김양상 등의 군사에 의해 살해되었다.

김헌창의 난과 범문의 난

김헌창의 아버지인 김주원(무열왕계)은 선덕왕을 이어 왕위를 계승할 예정이었으나 내물왕계인 김경신(원성왕)에게 축출되었다. 이에 김헌창은 웅천주 도독으로 있을 당시 기회를 엿봐 헌덕왕 14년(822) 웅천에서 거사를 일으키고 국호를 장안, 연호를 경운이라 하였다. 이 난이 진압된 뒤 김헌창의 아들 범문도 헌덕왕 17년(825) 부친의 뜻을 이어받아 난을 일으켰으나 역시 실패하였다. 이 두 난을 계기로 무열왕의 직계들은 6두품으로 강등되었다.

장보고의 난

완도의 평민 출신인 장보고는 해상 세력으로서 완도에 청해진을 설치(828)하여 해적 소탕 및 대당 중개무역의 기지로 삼고 나·당 무역을 독점하여 세력을 키워나갔으며, 신무왕의 옹립을 돕고 세력을 중앙 무대로 더욱 확대하였다. 그 후 자신의 딸을 문성왕의 왕비로 들이려 하다가 실패하자 반란을 일으켰다(문성왕 8, 846). 장보고는 그의 부하 염장에게 피살되어 난은 실패하고 청해진은 폐지(851)되었다.

6두품

신라 중대에는 왕권과 결합하여 진골에 대항하는 세력이었으나 하대에는 반신라 세력으로 변모하였다. 이들 중 일부는 고려의 관료로 진출하였다.

(3) 신라 하대의 정치적 변동

① 귀족의 반란과 하대의 시작

㉠ 혜공왕(765~780) 때인 768년 대공의 난이 발생하여 왕권 실추

㉡ 김양상(내물왕계)이 상대등이 되어 권력을 장악(→ 왕은 실권을 상실)

㉢ 상대등 김양상과 이찬 김경신이 김지정의 난을 진압하는 과정에서 혜공왕이 죽자, 김양상이 거병하여 스스로 왕(선덕왕)이 되어 신라 하대가 시작됨(780)

② 권력 투쟁의 격화

㉠ **왕위 쟁탈전의 전개** : 진골 귀족들은 경제 기반을 확대하여 사병을 거느렸으며, 이러한 군사력과 경제력을 토대로 왕위 쟁탈전 전개(→ 진골 귀족 내부의 분열을 의미하며, 이로 인해 신라 하대 155년 간 20명의 왕이 교체됨)

㉡ **왕권의 약화** : 왕권이 약화되고 귀족 연합적인 정치가 운영되었으며, 집사부 시중보다 상대등의 권력이 다시 강대해짐(→ 상대등 중심의 족당 정치 전개)

㉢ **지방 통제력의 약화** : 김헌창의 난(822)은 중앙 정부의 지방 통제력이 더욱 약화되는 계기로 작용

③ 새로운 세력의 성장

㉠ **6두품 세력** : 당에서 수학하고 돌아온 6두품 출신의 유학생과 선종 세력 등은 골품제를 비판하고 능력 중심의 과거 제도와 유교 정치 이념을 제시하며 역량을 확대(→ 새 시대의 이념적 기반을 마련)

㉡ **호족 세력** : 6두품 세력보다 적극적으로 사회 변동을 추구

- **성장** : 신라 말 중앙 통제가 약화되자 농민 봉기를 배경으로 반독립적 세력으로 성장
- **출신 유형** : 몰락하여 낙향한 중앙 귀족, 해상 세력, 군진 세력, 군웅 세력(농민 초적 세력), 토호 세력(촌주 세력), 사원 세력(선종 세력) 등
- **특징**
  - 자기 근거지에 성을 쌓고 군대를 보유하여 스스로 성주 혹은 장군이라고 칭하면서, 그 지방의 행정권·군사권, 경제적 지배력 장악
  - 정부의 가혹한 수탈과 초적의 위협에 대비해 농민과 함께 무장 자위 조직을 갖춤
  - 독자적 관부를 가지고 하나의 관반 체제를 형성
  - 선종 후원, 유교 정치 사상의 지방 확산, 지역민과의 유대 강화(향도 조직), 지방 문화 육성 등에 기여

불교의 신앙 활동을 위해 결성된 조직

④ 농민의 동요

㉠ **농민 부담의 가중** : 녹읍을 토대로 한 귀족들의 지배가 유지되고 대토지 소유가 확대되었으며, 사원전 등의 면세전이 확대되면서 농민의 부담은 더욱 가중

㉡ **국가 재정의 파탄** : 귀족의 부패와 대규모 농장의 형성, 진성여왕의 실정, 왕실과 귀족의 사치와 향락, 수취 제도의 붕괴, 자연 재해 등으로 인해 국가 재정 고갈

㉢ **농민 생활의 파탄** : 국가 재정 확보를 위한 강압적이고 과도한 수취로 농민은 토지를 상실하여 유민화되고 노비 또는 초적이 되기도 함(→ 촌락 공동체 붕괴와 지방 반란을 초래)

(4) 후삼국의 성립

① 후백제 건국(900)

㉠ 건국 : 전라도 지방의 군사력과 호족 세력을 중심으로 완산주(전주)에서 견훤이 건국
→ 신라 말 고려 초의 사회변동을 주도한 지방의 토착 세력

㉡ 영토 확장 : 차령 이남의 충청도와 전라도 지역을 차지하여 우수한 경제력과 군사적 우위를 확보

㉢ 외교 관계 : 중국 오·월과 후당, 거란과 외교 관계를 추구하였으며, 일본과 교류하였으나 일본의 소극적 태도로 큰 진전을 이루지 못함

② 후고구려 건국(901)

㉠ 건국 : 권력 투쟁에서 밀려난 신라 왕족 출신의 궁예가 초적·도적 세력을 기반으로 반신라 감정을 자극하면서 세력을 확대(→ 북진·패강진의 군진 세력)한 후, 양길(梁吉)을 몰아내고 송악(개성)에서 건국

㉡ 영토 확장 : 한강 유역을 차지한 후 조령(鳥嶺)을 넘어 상주·영주 일대를 차지하는 등 옛 신라 땅의 절반 이상을 확보

㉢ 관제·신분제 개편

- 철원으로 천도하고, 국호를 마진(摩震), 다시 태봉(泰封)으로 바꿈
- 골품제를 대신할 새로운 신분 제도 모색
- 국정을 총괄하는 광평성(廣評省)을 비롯한 여러 관서를 설치하고, 9관등제를 실시
  → 후삼국 시대 태봉의 최고 중앙관서

「삼국사기」에 따른 신라의 시대 구분 및 시대별 특징

- **상대(박혁거세~진덕여왕)** : BC 57~AD 654년, 성골 왕, 상대등이 수상, 고대 국가 완성기
- **중대(태종 무열왕~혜공왕)** : 654~780년, 진골 왕, 집사부 시중이 수상, 왕권의 전성기(상대등 권한 약화)
- **하대(선덕왕~경순왕)** : 780~935년, 왕위 쟁탈전 가열, 상대등 권한 강화(왕권 약화), 호족의 발호

적고적

진성여왕 10년(896), 도적들이 나라의 수도 서남쪽 방면에서 일어나 붉은색 바지를 입어 스스로 달리 하매, 사람들이 적고적이라고 불렀다. 그들은 신라의 주와 현을 무찌르고 금성(경주)의 서쪽 모량리에 이르러 민가를 약탈하였다.

– 「삼국사기」 –

후백제 건국 한계

- 확실한 세력 기반이 없었고 신라의 군사 조직을 흡수하지 못하였으며, 당시의 상황 변화에 적응하지 못함
- 신라에 적대적, 농민에 대한 지나친 조세 수취, 호족 포섭에 실패

후고구려 건국 한계

- 전쟁으로 인한 지나친 수취로 조세 부담이 가중됨, 가혹한 수탈을 자행
- 무고한 관료와 장군을 살해하였고 미륵 신앙을 이용하여 전제 정치 도모
- 백성과 신하들의 신망을 잃게 되어 신하들에 의하여 축출

2. 발해의 건국과 발전

(1) 발해의 건국

① 고구려 장군 대조영을 중심으로 한 고구려 유민과 말갈 집단들은 길림성의 돈화시 동모산 기슭에서 발해를 건국(698)(→ 남쪽의 신라와 남북국의 형세를 형성)

② 연호를 천통이라 하였고, 처음에 국호를 진(震)이라 하였다가 곧 발해로 고침(713)

③ 국가 구성상의 특징

㉠ 이원적 민족 구성 : 고구려 옛 영토의 대부분을 차지, 고구려 유민(지배층)과 다수의 말갈족(피지배층)으로 구성

㉡ 고구려 계승 : 일본에 보낸 국서에 '고려' 또는 '고려국왕'이라는 명칭을 사용한 사실과 문화의 유사성 등으로 보아 고구려를 계승

㉢ 지배층 : 왕족인 대씨(大氏)를 비롯하여 고·장·양씨 등의 고구려인이 지배층을 형성

▲ 발해의 영역

④ 발해의 고구려 계승 근거
㉠ 건국 주도 세력과 지배층, 사신의 대부분이 고구려인
㉡ 일본과의 외교 문서에서 고려 및 고려국왕이라는 명칭 사용
㉢ **고구려 문화의 계승** : 발해 성터, 수도 5경, 궁전의 온돌 장치, 천장의 모줄임 구조, 사원의 불상 양식, 와당의 연화문, 이불병좌상(법화 신앙), 정혜공주 무덤 양식 등

암기 Plus

발해에 대한 일본 사서의 기록

발해국은 고구려의 옛 땅이다. …… 그 넓이가 2천 리이고, 주 · 현의 숙소나 역은 없으나 곳곳에 마을이 있는데, 모두 말갈의 마을이다. 그 백성은 말갈인이 많고 원주민을 마을의 우두머리로 삼는데, 큰 촌은 도독이라 하고, 다음은 자사라 하고, (이들 마을의 우두머리를) 그 아래 백성들이 모두 수령이라 부른다.
– 「유취국사」 –

발해가 일본에 보낸 국서의 내용

"우리는 고구려의 옛 땅을 수복하고, 부여의 전통을 이어받았다."

발해의 당 문화적 요소

3성 6부의 중앙 정치 조직, 15부 62주의 지방 조직, 10위의 군사 제도, 상경의 주작대로, 동경성, 잠자는 미녀상, 정효공주 무덤 양식

발해와 당의 대립

- 흑수부 말갈 지역을 통합하여 영토를 확장하였는데, 당이 이 지역과 직접 교류를 시도
- 무왕은 장문휴의 수군으로 산둥 지방(등주)을 공격하고 요서 지역에서 당과 격돌(732)
- 당은 신라로 하여금 발해를 공격(733)하게 하고, 이후 대동강 이남 지역을 신라의 통치 지역으로 인정

전성기 발해의 영토

- **북쪽** : 헤이룽 강
- **동쪽** : 연해주
- **서쪽** : 요동
- **남쪽** : 영흥 지방

암기 노트

발해에 대한 기록

- **「구당서」** : 대조영을 고구려인으로 봄(고구려의 별종)
- **「신당서」, 「통전(通典)」** : 대조영을 말갈인으로 보았음
- **일연의 「삼국유사」** : 대조영은 고구려인으로 보았으나, 발해를 말갈족편에서 다루어 말갈 국가로 봄
- **김부식의 「삼국사기」** : 발해를 언급하지 않는 것으로 보아 우리 역사로 보지 않음
- **이승휴의 「제왕운기」** : 발해를 우리 역사로 본 최초의 사서
- **유득공의 「발해고」** : 발해를 우리 역사로서 보고, 처음으로 본격적으로 연구(→ 발해는 실학자에 의해 본격적으로 연구됨)

※ 발해에 대한 본격적 연구 : 유득공의 「발해고」, 이종휘의 「동사」, 정약용의 「아방강역고」, 한치윤의 「해동 역사」, 서상우의 「발해강역고」, 홍석주의 「발해세가」 등

(2) 발해의 발전

① **무왕(대무예, 719~737)** : 동북방의 여러 세력을 복속하고 북만주 일대를 장악하여 동북아 세력 균형을 유지
㉠ 일본과 외교 관계를 맺어 신라를 견제하고, 돌궐과 연결하여 당을 견제
㉡ 연호를 인안으로 하고, 부자 상속제로 왕권을 강화

② **문왕(대흠무, 737~793)** : 당과 친선 관계를 맺고 독립 국가로 인정받음(→ 당은 발해군왕을 발해국왕으로 승격)
㉠ 당의 문물을 수용하고 장안성을 모방하여 주작대로를 건설하였으며, 유학생을 파견
㉡ 신라와 상설 교통로(신라도)를 개설하고 친교에 노력(→ 신라는 사신을 파견(790))
㉢ 수도를 중경 현덕부에서 상경 용천부로 천도하여 지배 체제를 정비
㉣ 대흥이라는 독자적 연호 사용, 주자감(국립 대학) 설립

③ **선왕(대인수, 818~830)** : 문왕 이후 지배층의 내분으로 국력이 약화되었다가 9세기 초 선왕 때 중흥기를 이룸
㉠ 대부분의 말갈족을 복속시키고 요동 지역을 지배했으며, 남쪽으로는 신라와 국경을 접하여 발해 최대의 영토를 형성(→ 중국은 당대의 발해를 해동성국(海東盛國)이라 부름)
㉡ 5경 15부 62주의 지방 제도 정비

(3) 발해의 대외 관계

① **당(唐)과의 관계** : 초기(무왕)에는 적대적이었다가 문왕 이후 친선 관계로 전환
② **신라와의 관계** : 신라 지배층의 보수적 태도, 발해의 건국 주체가 고구려 유민이었다는 점, 당의 분열 정책 등으로 대체로 대립하였으나 친선 관계를 형성하기도 함
③ **일본과의 관계** : 당과 연결된 신라를 견제하고자 친선 관계를 유지
④ **돌궐과의 관계** : 당의 군사적 침략을 견제하고자 친선 관계를 유지

발해와 신라의 대립 배경

- **대립 관계** : 당의 요청으로 신라가 발해 남쪽을 공격(732), 사신 간의 서열 다툼인 쟁장 사건(897)과 빈공과 합격 순위로 다툰 등재 서열 사건, 발해 멸망 시 신라군이 거란군의 용병으로 참전한 점
- **친선 관계** : 신라도(→ 상설적 교류를 반영), 사신 왕래, 무역, 거란 침략 시 발해의 결원 요청을 신라가 수용한 점 등

(4) 발해의 멸망

① 10세기 초 거란의 세력 확대와 내부 귀족들의 권력 투쟁 격화로 국력이 크게 쇠퇴한 후 거란의 침략을 받아 멸망(926)

② 만주를 마지막으로 지배한 우리 민족사의 한 국가이며, 발해의 멸망으로 우리 민족 활동 무대의 일부였던 만주에 대한 지배력이 급격히 약화

5 고대의 통치 체제

1. 삼국의 통치 체제

(1) 통치 체제의 기본적 특성

① **중앙 집권적 성격** : 중앙 집권적 성격을 토대로 중국 관제를 모방하거나 독자적 기구를 설치

② **합의체 귀족 정치의 존속** : 고구려의 제가회의, 백제의 정사암회의, 신라의 화백회의 등

③ **지방에 대한 중앙의 우월성** : 중앙인은 지방에 대하여 우월적 지위 보유(→ 지방 족장 세력이 중앙 귀족으로 편입)

④ **전국의 군사적 행정 조직화** : 지방 행정 조직과 군사 조직이 융합된 성격을 지님, 지방관이 곧 군대의 지휘관(→ 백성에 대한 통치는 군사적 통치의 성격이 강함)

(2) 중앙 관제

① 중앙 관제의 비교

신라	백제	발해	고려	조선	담당 업무
위화부	내신좌평	충부	이부	이조	문관의 인사, 내무, 왕실 사무
창부, 조부	내두좌평	인부	호부	호조	재정 · 조세 · 회계, 호구 · 조운 · 어염 · 광산
예부	내법좌평	의부	예부	예조	외교 · 교육 · 과거 · 제사 · 의식
병부	병관좌평, 위사좌평	지부	병부	병조	무관의 인사, 국방 · 군사 · 우역 · 봉수
좌이방부	조정좌평	예부	형부	형조	형률 · 소송 · 노비
공장부, 예작부		신부	공부	공조	산림 · 토목 · 영선 · 파발 · 도량형
사정부		중정대	어사대	사헌부	감찰

② **운영 형태** : 왕 아래에 여러 관청을 두어 운영

㉠ **고구려** : 고유의 전통성이 강함

- **초기** : 수상으로 국상 또는 대대로를 두고, 고관직으로 상가 · 대로 · 패자, 관리직(일반 하위직)으로 사자 · 조의 · 선인 등이 존재
- **평양 천도 이후** : 수상으로 막리지(대막리지)를 두고, 아래에 주부 · 내평 · 외평이 국정을 분장

㉡ **백제** : 삼국 중 가장 먼저 조직을 정비

- 수상격인 상좌평(내신좌평)이 국정을 총괄
- 사비 천도 후 22부의 중앙 관제로 확충 · 정비

㉢ **신라** : 전통성을 토대로 하여 중국적 요소를 가미

신라 수상의 변천

이벌찬 → 상대등(법흥왕) → 중시 → 시중(경덕왕)

• **상대등** : 수상격, 귀족 회의 주관, 왕권을 견제
• 진흥왕 대의 품주(稟主)가 진덕여왕 때 집사부(행정권)와 창부(재정권)로 분화
• **집사부** : 최고 정무 기구, 귀족보다 왕을 대변(→ 집사부의 시중이 수상의 역할)

신라의 중앙 관제 설치

• **법흥왕** : 병부(517), 상대등(531)
• **진흥왕** : 품주(565, 기밀 및 재정)
• **진평왕** : 위화부, 조부(→ 공부 관장), 예부, 영객부(→ 외교), 승부(→ 교통)
• **진덕여왕** : 집사부(→ 기밀 사무), 창부(→ 재정), 좌이방부

③ **귀족 회의체** : 국가의 중요 결정은 각 부의 귀족들로 구성된 회의체에서 행함
㉠ **고구려의 제가회의** : 수상인 대대로는 임기 3년으로, 귀족의 제가회의에서 선출
㉡ **백제의 정사암회의** : 수상인 상좌평을 3년마다 정사암회의에서 선출
㉢ **신라의 화백회의** : 수상인 상대등을 3년마다 화백회의에서 선출(→ 화백회의는 4영지에서 개최되며, 각 집단의 부정 방지 및 단결 강화를 위해 만장일치제를 채택)

→ 동: 청송산, 서: 피전, 남: 오지산, 북: 금강산

(3) 관등 조직(관등제)

① **의의** : 관리들의 등급을 정한 것으로, 초기 국가 권력을 독점하던 각 집단의 최고 귀족들이 중앙 집권 체제가 정비되는 과정에서 자신들의 특권을 보장하기 위한 방편으로 성립

② **삼국의 관등제**
㉠ **고구려** : 4세기경에 각 부의 관료 조직을 흡수하여 대대로 · 태대형 · 대사자 · 선인 등 14관등을 둠
㉡ **백제** : 고이왕 때(한성 시대) 6좌평제와 16관등제의 기본 틀 마련, 웅진 시대에는 6좌평 중 내신좌평이 상좌평으로서 수상을 담당
㉢ **신라** : 필요한 때에 각 부의 하급 관료 조직을 흡수하며 17관등제를 완비

③ **운영상의 특징**
㉠ **신분에 따른 규제** : 삼국의 관등제와 관직 체계의 운영은 신분에 따라 제약을 받음
㉡ **골품제** : 신라는 관등제를 골품제와 결합하여 운영(→ 승진할 수 있는 관등의 상한을 골품에 따라 정하고, 관직을 맡을 수 있는 관등의 범위를 한정)

백제의 6좌평과 16관등, 22부

• **6좌평** : 내신좌평(→ 왕명 출납), 내두좌평(→ 재정 담당), 내법좌평(→ 의례 담당), 위사좌평(→ 숙위 담당), 조정좌평(→ 형벌 담당), 병관좌평(→ 국방 담당)
• **16관등** : 1품 좌평, 2품 달솔, 3품 은솔, 4품 덕솔, 5품 간솔, 6품 내솔, 7품 장덕, 8품 시덕, 9품 고덕, 10품 계덕, 11품 대덕, 12품 문독, 13품 무독, 14품 좌군, 15품 진무, 16품 극우
• **22부의 중앙 관서** : 6좌평 이외에 왕실 사무를 맡는 내관 12부와 중앙 정무를 맡는 외관 10부를 말하며, 각 관청의 장도 3년마다 선출

(4) 지방 통치

① 지방의 통치 체제

구분	수도	지방(장관)	특수 행정 구역
고구려	5부	5부(부 · 성제) : 부에는 욕살, 성에는 처려근지 · 도사를 둠	3경(평양성 · 국내성 · 한성) : 정치 · 문화의 중심지, 지방에 대한 감시 · 견제의 기능
백제	5부	5방(방 · 군제) : 방에는 방령, 군에는 군장, 성에는 도사를 둠	22담로(무령왕) : 국왕의 자제 및 왕족을 파견
신라	6부	5주(주 · 군제) : 주에는 군주, 군에는 당주, 성에는 도사를 둠	2소경(중원경 · 동원경) : 정치 · 문화적 중심지

② 운영상의 특징 : 정복 지역의 크기에 따라 성 · 촌 단위로 개편(→ 지방 통치의 중심)

(5) 군사 조직

① 기본적 성격

㉠ 삼국의 지방 행정 조직은 그대로 군사 조직이며, 지방관은 곧 군대의 지휘관

㉡ 국가의 주민 통치는 본질적으로 군사적 지배의 성격을 지님

② 구성 및 운영

구분	중앙군	지방군
고구려	• 수도 5부군 : 관군 • 대모달 · 말객 등의 지휘관이 존재	각 지방의 성(城)이 군사적 요지로, 개별적 방위망을 형성(→ 욕살 · 처려근지 등의 지방관이 병권을 행사)
백제	수도 5부군 : 각 부에 500명의 군인이 주둔	지방의 각 방에서 700~1,200명의 군사를 방령이 지휘
신라	• 수도 6부군 : 대당으로 개편 • 서당(誓幢)이라는 군대가 존재(→ 직업 군인)	주 단위로 설치한 부대인 정(停)을 군주가 지휘

2. 남북국의 통치 체제

(1) 통일 신라

① 중앙 집권 체제의 강화

㉠ 중앙 정치 기구의 정비(집사부 기능 강화, 14개 관청의 정비)

㉡ 집사부 시중의 권력 강화(상대등의 권력 약화)

㉢ 중국식 명칭의 사용(경덕왕)과 유교 정치 이념의 도입(신문왕, 국학 설립 등)

㉣ 통일 전의 5주 2소경을 9주 5소경 체제로 정비하여 중앙 집권을 더욱 강화

→ 중원경(충주), 금관경(김해), 북원경(원주), 서원경(청주), 남원경(남원)

② 중앙 관제(14관청)

관부	담당 업무	설치	장관	비고
집사부	국가 기밀 사무	진덕여왕	중시(시중)	품주가 집사부와 창부로 분화
병부	군사 · 국방	법흥왕	령(令)	
조부	공부(貢賦) 수납	진평왕	령	
예부	의례	진평왕	령	의부 → 예부 → 예조
승부	마정(馬政)	진평왕	령	
영객부	외교 · 외빈 접대	진평왕	령	
위화부	관리 인사, 관등	진평왕	령	
창부	재정 담당	진덕여왕	령	

암기 Plus

통일 신라와 발해의 지방 통치 체제

• 통일 신라
- 수도 : 6부
- 지방 : 9주(장 : 총관)
- 특수 행정 구역 : 5소경(장 : 사신)

• 발해
- 수도 : 5경
- 지방 : 15부(장 : 도독), 62주(장 : 자사)

지방 통치 체제의 한계

• 외형상 중국의 군현 제도와 유사한 지방 조직이 운영되었으나, 실제로는 지방관이 적어 주요 거점만을 지배하고 나머지 지역은 자치를 허용하며 간접 지배
• 지방에 대한 지배력이 강하지 못하여 성이나 촌을 지배하던 지방 세력가의 자치가 한동안 지속됨(→ 부 · 방 · 주나 성 · 군 단위까지는 지방관을 파견하여 직접 지배, 말단 행정 단위인 촌의 경우 촌주에게 촌락 내의 행정과 군사 실무 처리에 중요한 역할을 맡겨 간접 지배)

통일 전후 신라의 군사 조직 변화

신라는 통일 전 1서당 6정에서 통일 후 9서당 10정으로 확대 개편되었다.

공장부	공장(工匠) 사무	진덕여왕	령	
좌우이방부	형사 · 법률, 노비	진덕여왕	령	
사정부	감찰	무열왕	령	중정대(발해), 어사대(고려), 사헌부(조선), 감사원(현재)
선부	선박 · 교통	문무왕	령	
사록부(관)	녹봉 사무	문무왕	령	
예작부	토목 · 건축	신문왕	령	

※장관은 령(令), 차관은 시랑(侍郞) · 경(卿)

③ **지방 행정 조직** : 통일 전 5주 2소경을 9주 5소경 체제로 정비(→ 중앙 집권 및 지방 통제력 강화)

㉠ 말단 행정 단위인 촌은 토착 세력인 촌주가 지방관의 통제를 받으며 다스림

㉡ 향(鄕) · 부곡(部曲)의 특수 행정 구역 존재(→ 향과 부곡민은 농업에 종사한 하층 양인)

㉢ 지방관의 감찰을 위하여 주 · 군에 감찰 기관인 외사정(감찰관)을 파견

㉣ 지방 세력을 견제하기 위하여 상수리 제도를 실시

통일 신라의 9주 5소경

9주	5소경
• 장관을 총관(문무왕)에서 도독(원성왕)으로 고침 • 군사적 기능이 약화되고 행정 기능이 강화됨	• 수도의 편재성 완화와 지방의 균형 발전, 복속민의 회유 · 통제를 통한 지방 세력 견제 등의 목적으로 군사 · 행정상의 요지에 설치, 장관은 사신 • 통일 전 2소경은 중원경(충주)과 동원경(강릉)이며, 통일 후 5소경은 중원경과 금관경(김해), 북원경(원주), 서원경(청주), 남원경(남원)

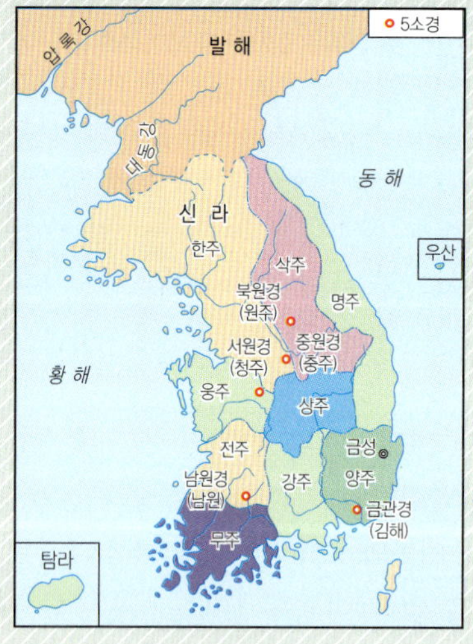

④ 군사 조직

㉠ **중앙군** : 시위군과 9서당을 둠

- 9서당은 중앙군의 핵심으로, 기병 중심으로 편제됨
- 9서당에는 고구려 · 백제인 · 말갈족까지 포함되어 부속민에 대한 회유와 견제의 성격을 지니며, 민족 융합책의 일환으로 볼 수 있음

㉡ **지방군** : 10정(→ 9주에 1정씩을 배치, 국경 지대인 한주(漢州)에는 2정 배치)

㉢ **특수군** : 5주서, 3변수당, 만보당 등

암기 Plus

5소경의 의의

신라의 수도인 금성(경주)은 한반도 남동쪽에 치우쳐 있으므로 중앙 정부의 지배력이 수도에서 멀리 떨어진 곳까지 미치기 어려웠다. 5소경은 이러한 지리적 단점을 보완하기 위한 것이다.

상수리 제도

지방 세력을 견제 · 통제하고 중앙 집권을 강화하기 위해 각 주 향리의 자제를 일정 기간 금성(경주)에서 볼모로 거주하게 하던 것으로, 고려 시대의 기인 제도와 조선 시대의 경주인(경저리)으로 이어졌다.

9서당

자금서당	자녹색	신라인
비금서당	적색	신라인
녹금서당	녹자색	신라인
청금서당	청백색	백제인
백금서당	백청색	백제인
황금서당	황적색	고구려인
벽금서당	벽황색	보덕국인(고구려인)
적금서당	적흑색	보덕국인(고구려인)
흑금서당	흑적색	말갈인

㉣ **군진 설치** : 국토 방위를 위해 해상 교통의 요충지 및 군사적 요지에 설치(→ 북진, 패강진, 청해진, 당성진, 혈구진)

(2) 발해

① **중앙 관제**

㉠ **3성 6부** → 발해시대 왕의 칭호

- 왕(가독부) 아래 최고 권력 기구이자 귀족 합의 기구인 정당성을 둠
- 정당성은 왕명을 반포하는 선조성(좌상)과 왕명을 작성하는 중대성(우상)과 함께 3성을 구성, 충·인·의·지·예·신부의 6부를 두어 업무 분장
- 정당성의 장관인 대내상이 수상으로 국정 총괄, 그 아래의 좌사정이 충·인·의부를, 우사정이 지·예·신부를 각각 분장(2원적 통치 체제)

㉡ **독자성** : 당의 제도를 수용하였지만, 6부의 명칭·운영은 독자적

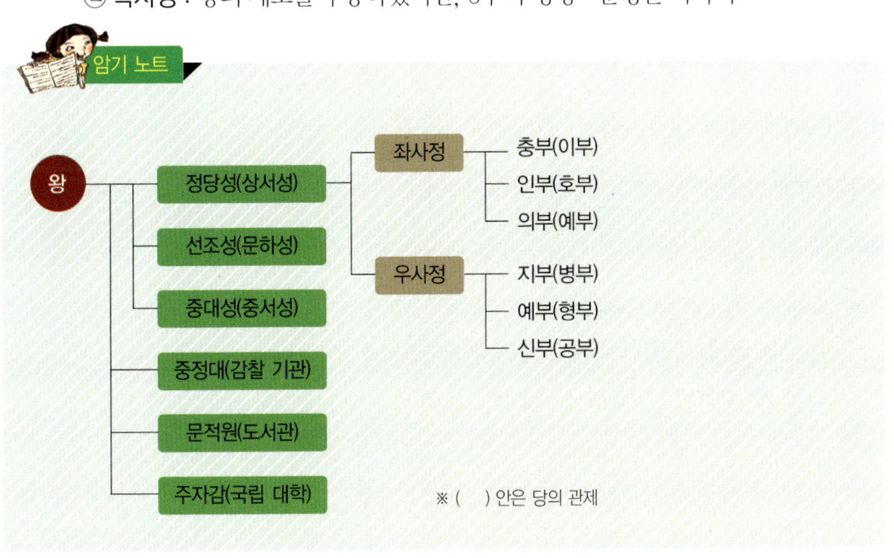

② **지방 지배 체제** : 5경(상경·중경·남경·동경·서경) 15부 62주로 조직

㉠ **5경** : 군사 행정의 중심, 고구려 5부의 전통에 신라의 5소경과 당의 5경제를 모방

㉡ **15부** : 지방 행정의 중심인 15부에는 도독을 두었으며, 62주에는 자사를 파견(지방관은 고구려인을 임명)하고 주 밑의 현에는 현승을 파견해 통치를 맡김

㉢ 지방 행정의 말단인 촌락은 주로 말갈인으로 구성되었고 촌장(수령)을 매개로 지배

㉣ 주요 대외 교통로로 영주도·조공도(당), 신라도, 일본도, 거란도의 5도를 둠

③ **군사 조직**

㉠ **중앙군** : 10위(衛)를 두고, 각 위마다 대장군과 장군을 두어 통솔

㉡ **지방군** : 지배 조직에 따라 편성하여 지방관이 지휘했으며, 국경 요충지에 독립 부대를 두어 방어

특별 기관
- **중정대** : 관리들의 비위(非違)를 감찰하는 감찰 기관
- **문적원** : 서적의 관리 담당(도서관)
- **주자감** : 중앙의 최고 교육 기관(국립 대학)

주자감
발해의 교육 기관으로, 왕족과 귀족을 대상으로 유학을 가르쳤다.

신라도
발해에서 신라로 가던 대외 교통로이다. 8세기 초반에 개설된 것으로 추정되나 양국이 이 길을 자주 이용한 시기는 8세기 후반에서 9세기 초반이다.

2장 고대의 경제 구조와 경제생활

암기 Plus

삼국의 수취 제도

- 고구려 : 세(인두세)는 포목 5필에 곡식 5섬이다. 일정한 일이 없는 떠돌이는 3년에 한 번 세금을 내는데 열 사람이 함께 가는 베(세포) 1필을 낸다. 조(租)는 상호가 1섬이고, 그 다음이 7말이며, 하호는 5말을 낸다. -「수서」-
- 백제
  - 세는 포목, 명주실과 삼, 쌀을 냈는데, 풍흉에 따라 차등을 두어 받았다. -「주서」-
  - 2월, 한수 북부 사람 가운데 15세 이상 된 자를 징발하여 위례성을 수리하였다. -「삼국사기」-
- 신라 : 2월, 영을 내리되 "지난해는 가뭄으로 1년이 순조롭지 못하였다. 지금 땅 기운이 풀려 농사가 바야흐로 시작되는 때이니, 무릇 백성의 노동력을 징발하는 일은 모두 중지하라."고 하였다. -「삼국사기」-

1 수취 체제와 토지 제도

1. 수취 체제

(1) 수취 체제의 정비

	삼국 시대	통일 신라
조세	재산의 정도에 따라 호를 나누어 곡물, 포 징수	생산량의 1/10
공물	지역 특산물	촌락 단위의 특산물
역	15세 이상 남자를 동원	• 16~60세까지의 남자를 동원 • 군역, 요역

(2) 민정 문서

① 서원경 부근 4개 촌락에 대한 내용으로, 1933년 일본 나라시 동대사 정창원에서 발견

② **목적** : 노동력, 생산 자원 관리(조세 · 공물 · 부역 징수의 자료)

③ **내용** : 남녀별 · 연령별 인구수, 촌락의 토지 크기, 소 · 말 등 가축의 수, 토산물, 유실수 파악

④ 촌 단위, 3년마다 촌주가 작성

⑤ **가호 등급** : 노동력이 많고 적음에 따라 9등급

⑥ **인구** : 남녀별 · 연령별로 6등급

암기 노트

민정 문서(신라장적)의 내용

구분		사해점촌	살하지촌
호등	중하	4	1
	하상	2	2
	하중	–	5
	하하	5	6
	수좌	–	1
인구	남	64	47
	여	78	78
	노비	9	7

	구분	연수유전답	기타 재산 우	마	상목	백자목
사해점촌	답 전	94결 2부 4속	22	25	1,004	120
살하지촌	답 전	62결 10부	12	18	1,280	?

토지의 종류

- **연수유전답** : 국가가 농민에게 지급한 논밭
- **관모전** : 관청의 경비 조달을 위한 토지
- **내시령답** : 관리에게 지급된 토지
- **촌주위답** : 촌주에게 지급된 토지
- **마전(麻田)** : 공동경작지로 지급된 삼밭을 말하며, 정남이 경작

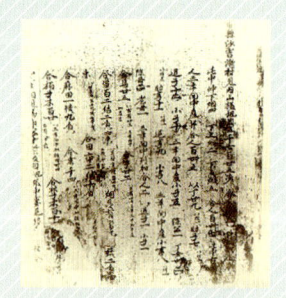

▲ 민정 문서(신라장적)

→ 자원과 노동력을 철저히 편제하여 조세수취와 노동력 징발의 기준을 정하기 위한 것으로, 율령 정치(律令政治)의 발달을 엿볼 수 있음

2. 토지 제도

(1) 삼국 시대

① 전쟁 포로는 노비로 분배

② 전쟁 공신에게 토지와 농민을 식읍(食邑)으로 지급
→ 국가에서 왕족 · 공신 · 봉작자에게 주는 일정한 지역

③ 관리에게는 녹읍 지급
→ 관리에게 직무의 대가로 지급한 논밭

(2) 통일 신라의 토지 제도

① 녹읍, 식읍 : 수조권과 노동력까지 지급(→ 왕권보다 귀족의 권한이 강함)

② 관료전

㉠ 수조권만 지급(→ 왕권 강화, 귀족의 특권 약화)

㉡ 신문왕 : 관료전 지급(689), 녹읍 폐지

③ 정전 지급(성덕왕, 722)

㉠ 왕토 사상을 근거로 농민에게 토지 지급

㉡ 농민에게 국가에 대한 일정한 역의 대가로 지급한 것으로, 국가의 농민 지배력과 역역(力役) 파악 강화

④ 경덕왕 : 녹읍 부활(755)(→ 귀족들의 반발 때문, 귀족 세력 강화, 왕권 약화)

녹읍(祿邑)과 식읍(食邑)

- 녹읍 : 국가에서 관료로 일하는 귀족에게 지급한 토지로, 조세 수취와 노동력 징발이 가능했다.
- 식읍 : 국가에서 왕족이나 공신에게 지급한 토지와 가호로, 조세 수취와 노동력 징발이 가능했다.

2 경제생활

1. 귀족의 경제생활

(1) 경제적 기반

① 국가로부터 녹읍 · 식읍을 지급받음

② 대토지와 많은 노비 소유

(2) 경제 기반 확대

① 전쟁 참여로 더 많은 토지와 노비 소유

② 고리대를 이용하여 농민 수탈

(3) 생활 모습

① 중국에서 수입한 비단, 보석 등으로 치장

② 기와집 등 호화 주택 이용

2. 농민의 경제생활

(1) 자영농과 소작농

① 자영농 : 자기 소유의 토지 경작

② 소작농 : 부자의 토지를 경작

(2) 생활

① 국가나 귀족에게 조세, 노동력 납부, 전쟁에 동원됨

② 자연 재해와 고리대로 몰락하여 노비, 유랑, 도적으로 전락

(3) 빈민 구제책

고구려의 진대법

암기 Plus

통일 신라의 토지 제도

신라 상대
녹읍 지급 (수조권, 노동력)

신라 중대
• 녹읍 폐지 • 관료전 지급 (수조권만 지급) 왕권 강화 ↔ 귀족 약화

신라 하대
• 관료전 폐지 • 녹읍 부활 왕권 약화 ↔ 귀족 강화

고구려의 귀족 · 평민

- 그 나라는 3만 호인데 …… 그 중에서 대가들은 경작하지 않고 먹는 자가 1만 명이나 되며, 하호는 먼 곳에서 쌀, 낟알, 물고기, 소금 등을 져서 날라다 대가에 공급하였다.
  - 「삼국지 위지 동이전」 -
- 대가들은 경작을 하지 않고, 하호들은 부세를 바치며 노비와 같다.
  - 「위략」 -

신라 귀족의 생활

재상가에는 녹(祿)이 끊이지 않았다. 노동이 3,000명이고 비슷한 수의 갑옷과 무기, 소, 말, 돼지가 있었다. 바다 가운데 섬에서 길러 필요할 때 활로 쏘아서 잡아 먹었다. 곡식을 꾸어서 갚지 못하면 노비로 삼았다.
- 「신당서」 -

3. 농업

(1) 철제 농기구의 발달

① 철제 농기구의 보급(4~5세기)

② 철제 농기구 일반화(6세기)

(2) 농업 기술의 발달

① 우경 장려, 개간 장려, 저수지 축조

② 퇴비 만드는 기술은 발달하지 못함(→ 휴경 농법)

4. 수공업

(1) 수공업의 발달

노비들이 국가 필요품을 생산하다가 점차 전문 수공업자 등장

(2) 생산 물품

① 국가 필요품, 왕실과 귀족이 사용할 물품 생산

② 금 · 은 세공품, 비단류, 그릇, 가구, 철물 등

5. 무역

(1) 무역의 발달

① 4세기 이후 발달

② 왕실과 귀족의 필요에 의한 공무역과 사무역 발달

→ 중계무역을 독점하던 낙랑군이 멸망한 후인 4세기 이후 크게 발달

(2) 통일 신라의 무역

① **대당 무역** : 공무역, 사무역

㉠ **수출품** : 금 · 은 세공품, 인삼

㉡ **수입품** : 귀족들의 사치품, 비단, 책, 약재

② **대일 교류** : 초기에는 제한, 8세기 이후 활발

③ 이슬람과의 무역(울산)

④ **무역항** : 당항성(남양만), 영암, 울산(국제 무역항)

⑤ **청해진** : 장보고가 완도에 설치, 해적 소탕, 남해와 황해의 해상 무역권 장악

⑥ **신라인의 중국 진출**

㉠ 산둥 반도, 양쯔강 하류

㉡ 신라방 · 신라촌(집단 거주지), 신라소(행정 기관), 신라관(숙소), 신라원(사원, 장보고가 설치한 법화원이 대표적)

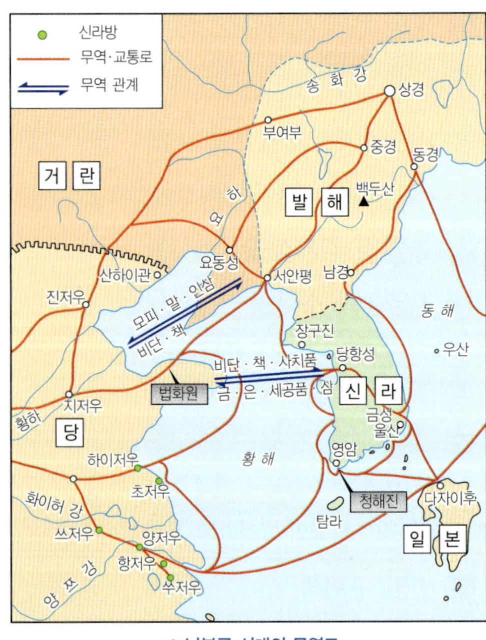

▲ 남북국 시대의 무역로

암기 Plus

상업

- **시장의 형성** : 수도와 같은 도시에서만 시장 형성
- **동시와 동시전**
  - 동시 : 5세기 말 신라 경주에 설치
  - 동시전 : 6세기, 시장 감독(→ 통일 이후 동시 외에 서시, 남시 설치)

통일 전후 신라의 수출품 변화

- **삼국 통일 전** : 토산 원료품
- **삼국 통일 후** : 금 · 은 세공품, 인삼

무역항

- **삼국 시대** : 당항성
- **통일 신라** : 당항성, 영암, 울산(국제 무역항)
- **고려** : 벽란도(국제 무역항), 금주(김해)
- **조선 초** : 3포(부산포, 염포, 제포)
- **조선 후기** : 부산포

6. 발해의 경제

(1) 수취

① **조세** : 조 · 콩 · 보리 등 곡물을 수취

② **공물** : 베 · 명주 · 가죽 등의 특산물을 수취

③ **부역** : 궁궐 · 관청 등의 건축에 농민들을 동원

(2) 농업

① 밭농사 중심, 벼농사는 일부에서 실시, 목축 발달(말이 주요 수출품)

② 수렵을 통해 얻은 모피, 녹용, 사향 수출

(3) 수공업

① **금속 가공업** : 철, 구리, 금, 은

② **직물업** : 삼베, 비단

③ 도자기

(4) 무역

① **대당 무역** : 해로와 육로 이용, 발해관 설치(산둥 반도의 덩저우)

㉠ **수출품** : 모피, 인삼, 솔빈부의 말, 불상, 자기

㉡ **수입품** : 비단, 책

② **대일 무역 활발** : 신라에 대한 견제

| 고급 | [2점]

밑줄 그은 '이 나라'의 경제 상황에 대한 설명으로 옳은 것은?

> 이 나라는 영주(營州)*에서 동쪽으로 2천 리 밖에 위치하며 …… 동쪽은 멀리 바다에 닿았고, 서쪽으로는 거란[契丹]이 있었다. …… 귀중히 여기는 것은 태백산의 토기, 남해의 다시마, 책성의 된장, …… 막힐의 돼지, 솔빈의 말, 현주의 베, 옥주의 면, 용주의 명주, 위성의 철, 노성의 벼, 미타호의 붕어이다. …… 이 밖의 풍속은 고구려, 거란과 대개 같다.
>
> – 『신당서』 –
>
> *영주(營州): 지금의 라오닝성 차오양

① 신라도라는 교통로를 통해 신라와 교역하였다.

② 감자, 고구마 등의 구황 작물을 널리 재배하였다.

③ 해동통보를 발행하여 금속 화폐의 통용을 추진하였다.

④ 농사직설을 간행하여 우리 풍토에 맞는 농법을 정리하였다.

⑤ 삼포를 얻어 일본과의 무역을 허용하고 계해약조를 체결하였다.

[발해의 경제 상황]

암기공식
신라도 ⇒ 신라와 발해의 상설 교통로

| 정답 해설 |
발해는 문왕(대흠무) 때 신라도라는 상설 교통로를 통해 신라와 교역하고 신라와의 관계 회복을 위해 사신을 파견하였다.

| 오답 해설 |
② 조선 후기에는 고구마(18세기, 일본), 감자(19세기, 청) 등의 구황 작물을 널리 재배하였다.
③ 고려 숙종 때에는 해동통보 외에 삼한통보, 해동중보 등의 동전과 활구(은병)를 발행하여 금속 화폐의 통용을 추진하였으나 널리 유통되지는 못하였다.
④ 농사직설은 조선 세종 때 정초 등이 편찬한 우리나라 최초의 농서로서, 중국의 농업 기술을 수용하면서 우리 실정에 맞는 독자적인 농법을 정리하였다.
⑤ 조선 세종 때 쓰시마 도주의 간청으로 부산포 · 제포 · 염포의 3포를 개항하고, 계해약조를 체결하여 일본과의 무역을 제한적으로 허용하였다.

정답 ①

고대의 사회생활

암기 Plus

초기 국가 시대 신분제의 형성

청동기의 사용과 함께 시작된 정복과 복속으로 여러 부족들이 통합되는 과정에서 고대 사회에서는 지배층 사이에 위계 서열이 마련되었고, 그 서열은 신분 제도로 발전해 갔다.

삼국 시대 귀족 · 평민 · 천민

- **귀족(貴族)** : 왕족을 비롯한 부족장 세력이 귀족으로 재편성되어 정치권력과 사회 · 경제적 특권을 누림
- **평민(平民)** : 대부분 농민으로서, 자유민이었으나 정치적 · 사회적 제약을 받았으며 조세를 납부하고 노동력을 징발 · 제공
- **천민(賤民)** : 노비와 촌락을 단위로 한 집단 예속민으로 신분이 자유롭지 못했으며, 전쟁 포로나 범죄, 채무 등으로 노비로 전락하는 경우가 많았음

고구려의 사회 계층

- **지배층** : 왕족인 고씨를 비롯한 5부족 출신으로서, 지위를 세습하면서 국정 운영에 참여(→ 국방에 솔선하여 전시에 앞장서 싸움)
- **백성** : 국역을 부담하였으며, 생활이 불안정(→ 진대법, 194)
- **천민과 노비** : 주로 피정복민이나 몰락한 평민, 채무자로 구성

❶ 신분제 사회의 성립

1. 초기 국가 시대 사회 계층

(촌락에 거주하는 유력한 민(民)으로, 지배층을 지칭함)

① **가(加) · 대가(大加)** : 부여 및 초기 고구려 권력자들로 호민(豪民)을 통하여 읍락을 지배하고 정치에 참여하였는데, 이후 중앙 집권 국가가 성립되는 과정에서 귀족으로 편제

② **호민(豪民)** : 경제적으로 부유한 읍락(邑落)의 지배층

③ **하호(下戶)** : 농업에 종사하는 평민으로 각종 생산 활동에 종사

④ **노비(奴婢)** : 읍락의 최하층으로 이들의 주인에게 예속되어 있는 천민층

2. 삼국 시대의 신분제

① 왕을 정점으로 최하위인 노비에 이르기까지 신분제적 질서가 유지

② 왕족을 비롯한 귀족 · 평민 · 천민으로 크게 구분

③ 지배층은 특권을 유지하기 위하여 율령(律令)을 제정

④ 개인의 신분은 능력보다는 친족의 사회적 위치에 따라 결정(→ 신라 골품제 등)

고대 사회의 성격

- 엄격한 계급사회(신분사회)
- 정치기구 · 제도의 정비와 엄격한 율령의 제정
- 행정과 군사의 일치
- 친족공동체 사회(→ 친족의 사회적 지위에 따라 신분 및 출세가 결정)
- 합의제 정치의 발전(→ 고구려 제가회의, 백제 정사암, 신라 화백제도)

❷ 삼국 사회의 모습

1. 고구려

(1) 엄격한 형률

① 형법은 매우 엄격하여 법률을 어기거나 사회 질서를 해치는 자가 드물었음

② 반역 · 반란은 중죄로 보아 그 자는 사형에 처하고 가족을 노비로 삼음

③ 적에게 항복한 자나 전쟁에서 패한 자 역시 사형에 처함

④ **1책 12법** : 도둑질한 자는 12배를 물게 함

(2) 혼인 풍습

(사위가 머무는 집)

① **지배층** : 형사취수제(兄死娶嫂制)와 서옥제(데릴사위제)

② **피지배층** : 자유로운 교제를 통해 결혼했으며, 남자 집에서 돼지고기와 술을 보낼 뿐 예물은 주지 않음

2. 백제

(1) 엄격한 형률

① 반역자나 살인자, 전쟁에서 퇴각한 군사 등은 목을 벰

② 절도범은 귀양을 보내고(流刑) 동시에 2배 또는 3배를 배상

③ 관리의 뇌물수수나 횡령시 3배를 배상하고 종신토록 금고형에 처함

④ 부인을 범한 자는 남편집의 노예로 삼음

(2) 지배층의 생활

① 왕족인 부여씨(夫餘氏)와 왕비족인 진씨 · 해씨, 8대성(남천 이후)의 귀족으로 구성

② 중국 고전과 사서를 즐겨 읽고 한문에 능숙하며, 관청의 실무에도 밝음

③ 백제와 고구려의 지배층은 투호(投壺)와 바둑, 장기 등을 오락으로 즐김

3. 신라의 골품 제도와 화랑도

(1) 골품 제도의 구성 및 내용

① **성골** : 김씨 왕족 중 부모가 모두 왕족인 최고의 신분으로, 폐쇄적 혼인 정책인 족내혼에 따라 진덕여왕을 마지막으로 소멸

② **진골**

㉠ 왕이 될 자격이 없는 왕족이었으나 중대(무열왕) 이후 성골 출신의 도태로 진골에서 왕이 나옴(중대에는 무열계가, 하대에는 원성계가 왕위 계승)

㉡ 집사부 장관인 시중(중시)과 1관등에서 5관등까지 임명되는 각 부 장관(令)을 독점

	관등명	진골	6두품	5두품	4두품	복색	중시령	시랑·경	도독	사신	군태수	현령
1	이벌찬	■					■		■			
2	이찬	■					■		■			
3	잡찬	■				자색	■		■			
4	파진찬	■					■		■	■		
5	대아찬	■					■		■	■		
6	아찬	■	■					■	■	■	■	
7	일길찬	■	■			비색		■	■	■	■	
8	사찬	■	■					■	■	■	■	■
9	급벌찬	■	■					■	■	■	■	■
10	대나마	■	■	■		청색		■			■	■
11	나마	■	■	■				■			■	■
12	대사	■	■	■	■						■	■
13	사지	■	■	■	■						■	■
14	길사	■	■	■	■	황색						■
15	대오	■	■	■	■							■
16	소오	■	■	■	■							■
17	조위	■	■	■	■							■

▲ 골품제에 따른 관등

③ **6두품(득난)**

㉠ 진골 아래 있는 두품 중 최고 상급층으로, 진골에 비해 관직 진출이나 신분상에 제약이 큼

㉡ 종교와 학문 분야에서 활동하여 통일 초기(중대) 왕권의 전제화에 공헌했으나, 하대에는 반신라세력으로 변모

㉢ 최고 6관등 아찬까지 진출(관직 상한은 있으나 하한은 없음), 가옥은 21자로 제한

④ **5두품** : 최고 10관등 대나마까지 진출, 가옥은 18자로 제한

⑤ **4두품** : 최고 12관등 대사까지 진출, 가옥은 15자로 제한

⑥ **기타** : 통일 후 6 · 5 · 4두품은 귀족화되었고, 3 · 2 · 1두품은 구분이 없어져 일반 평민으로 편입(→ 성씨가 있다는 점에서는 일반 농민과 차이가 있음)

⑦ **중위제(重位制)** : 6두품 이하의 신분을 대상으로 출신별 진급 제한에 대한 보완책 · 유인책으로 준 일종의 내부승진제

㉠ **내용**

• 아찬(阿飡) : 4중 아찬까지

암기 Plus

백제 사회의 특징

• 언어 · 풍속 · 의복은 고구려와 비슷했으며, 일찍부터 중국 선진 문화를 수용

• 백제 사람은 키가 크고 의복이 깔끔하여 세련된 모습을 지님(→ 중국 문헌의 기록)

골품 제도(骨品制度)

• **성립** : 부족연맹체에서 고대국가(중앙 집권 국가)로 발전하는 과정에서 각 지방의 족장을 지배계층으로 흡수 · 편제하는 과정에서 그들의 신분 보장을 위해 마련

• **성격**

- 왕권을 강화하면서 혈연에 따라 사회적 제약이 가해지는 폐쇄적 신분 제도
- 개인의 사회 활동과 정치 활동의 범위까지 엄격히 제한
- 관등 승진의 상한선이 골품에 따라 정해져 불만 세력 발생
- 가옥의 규모와 장식물, 복색, 수레 등 신라인의 일상생활까지 규제하는 기준

• **편입 대상**

- 왕경인(王京人)과 소경인(小京人)만 해당하고, 지방민과 노비는 제외
- 지방 세력은 외위(外位)라 하여 별도의 11관등제로 운영

- 대나마(大奈麻) : 9중 대나마까지
- 나마(奈麻) : 7중 나마까지

㉡ 대상 : 공훈 및 능력자

(2) 화백회의(和白會議)

① 기원 및 성격 : 씨족장회의의 전통을 계승한 귀족회의로, 진골 출신의 고관들로 구성되어 국가의 중대사를 결정(→ 귀족의 단결을 강화하고 국왕과 귀족 간의 권력을 조절)

② 주재 및 참여자 : 상대등(上大等)이 주재(→ 귀족 연합적인 정치를 의미)하며, 진골 출신의 고관인 대등(大等)들이 합좌

③ 개최 장소 : 도교사상에 따른 경주 부근의 4영지(청송산, 오지산, 금강산, 피전)

(3) 화랑도(花郎徒)

① 기원 : 씨족공동체 전통을 가진 여성 집단인 원화(源花)가 발전한 원시 청소년 집단

→ 신라시대의 청소년 수련 단체, 화랑의 전신

② 구성

㉠ 화랑 : 단장이며, 진골 귀족 중 낭도의 추대로 선입

㉡ 낭도 : 신분(진골~평민)에 관계없이 왕경 6부민이면 입단 가능

㉢ 승려 : 구성원 교육 및 지도

③ 목적 및 기능 : 국가의 인재 양성, 고구려 경당과 같이 군인의 양성, 계층 간 대립과 갈등을 조절 · 완화

④ 규범 및 교육 : 전통적 사회 규범(規範)을 배우고, 협동과 단결 정신 고취

⑤ 공인 및 조직 확대 : 정복활동을 강화하던 진흥왕 때 국가 차원에서 공인 · 장려

3 남북국 시대의 사회

1. 통일 신라의 사회 모습

(1) 신라의 사회 정책 및 계층

① 민족 통합 정책

㉠ 통일 전쟁 과정에서 백제와 고구려의 옛 지배층에게 신라 관등을 주어 포용

㉡ 백제와 고구려의 유민들을 9서당에 편성함으로써 민족 통합에 노력

② 왕권의 전제화 및 사회의 안정 : 귀족에 대한 견제 · 숙청을 통해 통일 후 중대 사회의 안정을 이룸

③ 사회 계층

㉠ 진골 귀족 : 최고 신분층으로 중앙 관청의 장관직을 독점하였고, 합의를 통해 국가 중대사를 결정하는 전통도 계속 보유

㉡ 6두품 : 학문적 식견과 실무 능력을 바탕으로 국왕을 보좌하였으나, 신분적 제약으로 인해 중앙 관청의 우두머리나 지방의 장관은 불가

(2) 신라 사회의 모습

① 금성과 5소경

㉠ 금성(경주) : 수도이자 정치 · 문화의 중심지로서 대도시로 번성하였는데, 바둑판처럼 구획된 시가지에 궁궐과 관청 · 사원, 귀족들의 저택 등이 즐비

㉡ 5소경 : 과거 고구려 · 백제 · 가야의 일부 지배층은 물론 신라의 수도에서 이주

암기 Plus

중위제(重位制)의 의의

높은 귀족에게만 허용된 관등의 영역을 침범하지 못하게 한 것

화백회의의 특성

- 만장일치제로 운영
- 집단의 단결강화와 부정방지
- 왕권의 견제 및 왕권과 귀족세력 간의 권력의 균형을 조절

화랑정신

- **최치원의 난랑비문** : 유 · 불 · 선 3교의 현묘한 도가 화랑도라 함
- **원광의 세속 5계** : 공동체 사회 이념을 바탕으로 한 실천윤리로, 이를 통해 마음가짐과 행동의 규범을 제시

사치 금지령

흥덕왕 즉위 9년, 태화(太和) 8년에 하교하여 이르기를 "사람은 위와 아래가 있고 지위는 높고 낮음이 있어 칭호와 법식이 같지 아니하며 의복 또한 다르다. 그런데 세속이 점차 경박해져서 백성들이 다투어 사치와 호화를 일삼아 오직 외래품의 진기한 것만을 좋게 여기고 토산물은 오히려 야비하다 싫어하니, 신분에 따른 대우가 무너져 거의 참람함에 가깝고 풍속이 쇠퇴하기에까지 이르렀다. 이에 옛 법에 따라 하늘이 내린 도리를 펴고자 하노니, 혹여 일부러 범하는 자가 있다면 나라에 일정한 법도가 있음을 알려 국법에 따라 처벌할 것이다. ……"

– 「삼국사기」 –

소경(小京)의 기능

지방의 정치 · 문화적 중심지, 지방 세력의 견제, 피정복민의 회유, 경주의 편재성 보완 등

한 귀족들이 거주하는 지방의 문화 중심지

② 귀족의 생활

㉠ 금입택(金入宅)이라 불린 저택에 거주하며 많은 노비와 사병을 보유하는 등 호화 생활(→ 아라비아산 고급 향료, 고급 장식품, 에메랄드 등을 사용)

㉡ 불교를 적극적으로 후원

③ 평민의 생활

㉠ 지배층의 호화로운 생활과는 대조적으로 대부분 토지를 경작하며 근근이 생활

㉡ 빈농들은 토지를 빌려서 경작하거나 채무로 노비가 되는 경우도 많았음

(3) 신라 말 사회의 혼란

① 신라 말의 사회상

㉠ 지방의 신흥 세력이 성장하였고, 호족이 등장하여 세력을 확대

㉡ 자연 재해의 빈발

㉢ 백성의 곤궁, 농민의 몰락 등으로 민심이 크게 동요

② 정부의 대책과 실패

㉠ 조세 감면 및 수리 시설의 정비, 해적으로부터의 농민 보호 등 민생 안정책을 강구

㉡ 농민들은 토지를 상실하고 소작농이 되기도 하고, 걸식하거나 산간에서 화전을 일구기도 함

③ 모순의 심화

㉠ 정부의 기강이 문란해지고, 지방의 조세 납부 거부로 인해 국가 재정이 악화됨

㉡ 촌주에 대한 국가 통제력이 약화되면서 지방 행정의 지배 체제가 붕괴

㉢ 농민층의 봉기로 인해 중앙 정부의 통제력 상실(→ 원종과 애노의 난이 발발하여 전국으로 확산)

2. 발해 사회의 모습

(1) 사회 구성

① **지배층** : 왕족인 대씨와 귀족인 고씨 등의 고구려계 사람들이 대부분(→ 주요 관직을 차지하고, 수도나 큰 고을에 살면서 노비와 예속민을 거느림)

② **피지배층** : 주로 주민의 다수를 차지한 말갈인으로 구성(→ 일부는 지배층이 되거나 촌장이 되어 국가 행정을 보조)

(2) 생활 모습

① **상층 사회** : 당의 제도와 문화를 수용하였으며, 지식인들은 당에 유학하여 빈공과에 합격하기도 함

빈공과: 당에서 외국인을 상대로 실시한 과거

② **하층 사회** : 촌락민들은 촌장(수령)을 통해 국가의 지배를 받았으며, 고구려나 말갈 사회의 전통적인 생활 모습을 오랫동안 유지

신라 말의 조세 납부 거부

9세기 말 진성여왕 때에는 중앙 정부의 기강이 극도로 문란해졌으며, 지방의 조세 납부 거부로 국가 재정이 바닥이 드러났다. 그리하여 한층 더 강압적으로 조세를 징수하자 상주의 원종과 애노의 난을 시작으로 농민의 항쟁이 전국적으로 확산되었다.

신라 말기의 반란

진성 여왕 3년(889) 나라 안의 여러 주 · 군에서 공부(貢賦)를 바치지 않으니 창고가 비어 버리고 나라의 쓰임이 궁핍해졌다. 왕이 사신을 보내어 독촉하였지만, 이로 말미암아 곳곳에서 도적이 벌떼 같이 일어났다. 이에 원종 · 애노 등이 사벌주(상주)에 의거하여 반란을 일으키니 왕이 나마 벼슬의 영기에게 명하여 잡게 하였다. 영기가 적진을 쳐다보고는 두려워하여 나아가지 못하였다.

– 「삼국사기」 –

발해의 멸망

발해는 소수의 고구려계 유민이 지배층으로서 다수의 말갈족을 다스리는 봉건적 사회 구조를 취하고 있었다. 간혹 극소수의 말갈계가 지배층에 편입되기도 하였으나 유력한 귀족 가문은 모두 고구려계였다. 지배층과 피지배층 간 민족 구성의 차이는 발해 멸망의 주요 요소로 지적되고 있다.

4장 고대의 문화

1 고대 문화의 특성

1. 삼국 문화의 특성

(1) 삼국 문화의 의의

각각의 개성을 유지하는 가운데서도 서로 영향을 주고받으며 민족 문화의 기반을 형성하였고, 통일을 전후하여 여러 문화를 수용하여 더욱 세련된 문화를 이룸

(2) 삼국 문화의 특징

① **고구려** : 중국과 직접 겨루며 중국 문화에 대한 비판 능력을 갖추었고, 문화 수용에 있어서도 개성이 엿보임(→ 패기와 정열이 넘치는 문화적 특징을 보임)

② **백제** : 평야 지대에 위치하여 외래 문화와 교류가 활발하였고, 중국 문화의 수입·전달에 크게 기여하였으나 귀족적 성격이 강하여 우아하고 세련된 문화적 특징을 보임(→ 지방 토착 문화의 육성에 상대적으로 소홀)

③ **신라** : 초기에는 소박한 옛 전통적 색채가 강하였으나(→ 토기, 토우 등) 6세기에 한강 유역을 확보한 이후 점차 고구려·백제의 영향을 받아 조화미가 강조되며 발전

2. 남북국 시대 문화의 특성

(1) 통일 신라 문화의 특징

① 귀족 중심의 문화가 발전하면서 민간 문화의 수준도 향상됨

② 중앙의 문화가 전파되면서 지방 문화 수준도 전반적으로 향상됨

③ 조형 미술을 중심으로 조화미·정제미를 창조(→ 불교와 고분 문화 등을 통해 다양하게 표현됨)

(2) 발해 문화의 특징

① 고구려 문화의 바탕 위에 당 문화 혼합

② 웅장하며 건실함

2 학문 및 교육

1. 한문학과 유학, 향가의 발달

(1) 한문학

① 삼국 시대의 한문학

㉠ **한시** : 유리왕의 황조가, 을지문덕의 오언시(여수장우중문시) 등

㉡ **노래** : 백제의 정읍사, 신라의 회소곡, 가야의 구지가 등

② **신라의 한문학** : 한학(유학)의 보급과 발달에 따라 발달(→ 강수, 설총, 김대문, 최치원 등)

③ **발해의 한문학** : 4·6 변려체로 쓰인 정혜공주와 정효공주의 묘지(墓誌)를 통해서 높은 수준을 짐작할 수 있으며, 시인으로는 양태사·왕효렴이 유명

(→ 4·6 변려체: 중국 남조에서 유행했던 운율을 갖춘 화려한 문장)

암기 Plus

삼국 문화의 동질적 요소

- 언어와 풍습 등이 대체로 비슷(→ 삼국의 이두문)
- 도사와 같은 독특한 관직을 공통적으로 운용
- 온돌, 막새 기와, 미륵 반가 사유상, 사찰의 구조, 음악(거문고·가야금), 미륵 사상 등

삼국 문화의 기본 성격

- 2원적 성격
  - 초기 : 소박한 전통 문화의 성격이 지배(→ 토우, 설화, 음악 등)
  - 통일기 : 중국 남북조 등 여러 문화를 수용하고 불교의 영향을 받으면서 고도의 세련미를 보여줌(→ 사원, 불상 등)
- **불교 문화의 영향** : 문화의 폭을 확대하고 국민 사상의 통합과 국력 강화에 기여하였으며, 귀족 문화 형성에 큰 영향을 미침
- **문화적 동질성** : 경쟁 과정에서 자라난 동족 의식으로 인해 언어와 풍습, 사상 등에 있어 동질적인 문화적 특성을 보임

한자의 보급

- 한자 문화권의 형성
  - 철기 시대부터 한자를 사용했으며, 고대 동아시아 한자 문화권이 형성(→ 한자의 최초 전래는 고조선, 일반 문자화된 시기는 고대 국가)
  - 삼국 시대의 지배층은 한자를 널리 사용하면서 중국 유교 · 불교 · 도교 사상을 수용(→ 백제의 개로왕이 북위에 보낸 국서는 세련된 한문 문장으로 쓰였으며, 사택지적비문에도 불당을 세운 내력을 기록)
- **이두(吏讀)와 향찰(鄕札)의 사용** : 한문의 토착화가 이루어지고 한문학이 널리 보급됨

암기 Plus

이두와 향찰

- **이두** : 한자의 음과 훈을 빌려 우리말을 적는 표기법으로, 한문을 주로 하는 문장 속에서 토씨 부분에 사용됨
- **향찰** : 한자의 음과 훈을 빌려 우리말을 표기하는 방식인 차자(借字) 표기로, 이두와는 달리 문장 전체를 표현

삼국 시대 유학의 성격

- **고구려** : 종묘 건립, 3년상 등 생활 속에서 유교적 예제(禮制)가 행해짐
- **백제** : 6좌평과 16관등, 공복제 등의 정치 제도는 유학 사상의 영향을 받음
- **신라** : 법흥왕 때의 유교식 연호, 진흥왕 순수비, 화랑도 등은 유학 사상의 영향을 받음

(2) 유학의 보급

① **삼국 시대** : 유학이 본격적으로 수용되었고, 율령, 유교 경전 등을 통해 한문학을 이해

② **통일 신라 유학의 성격**

㉠ 원시 유학과 한 · 당의 유학이 합쳐진 유학으로, 불교 · 도교와 대립하지 않고 조화를 이룸

㉡ 제도와 윤리 측면에서 전제 왕권과 중앙 집권 체제를 뒷받침(→ 불교는 주로 철학적 · 사회적 측면에 영향을 미침)

㉢ 유교 정치 이념을 중앙 집권적 제도와 윤리 차원에서 뒷받침

(3) 대표적 유학자

① **통일기 신라의 유학자** : 6두품 출신의 유학자가 많음, 도덕적 합리주의를 강조

㉠ 강수(6두품)

- 「청방인문서」, 「답설인귀서」 등 외교 문서를 잘 지은 문장가로 유명
- 불교를 세외교라 하여 비판하고, 도덕을 사회적 출세보다 중시함
- 일부다처나 골품제에 의한 신분 제도 등을 비판하고 유교의 도덕적 합리주의를 강조
- 신문왕 때 국학이 설립되자 설총과 함께 국학에서 제자를 교육

㉡ 설총(6두품)

- 원효의 아들로, 이두를 집대성하여 중국 문화를 보다 광범위하고 수준 높게 이해
- 풍왕서(화왕계)를 지어 국왕의 유교적 도덕 정치를 강조(→ 신문왕에게 향락을 배격하고 경계로 삼도록 일깨워 줌)

설총의 「화왕계」

"…… 어떤 이가 화왕(花王, 모란)에게 말하였다. "두 명(장미와 할미꽃)이 왔는데 어느 쪽을 취하고 어느 쪽을 버리시겠습니까?" 화왕이 말하였다. "장부(할미꽃)의 말도 일리가 있지만 어여쁜 여자(장미)는 얻기가 어려운 것이니 이 일을 어떻게 할까?" 장부가 다가서서 말하였다. "저는 대왕이 총명하여 사리를 잘 알 줄 알고 왔더니 지금 보니 그렇지 않군요. 무릇 임금된 사람치고 간사한 자를 가까이 하지 않고 정직한 자를 멀리하지 않는 이가 적습니다. 이 때문에 맹가(맹자)는 불우하게 일생을 마쳤으며, 풍당(중국 한나라 사람)은 머리가 희도록 하급 관직을 면치 못하였습니다. 옛날부터 도리가 이러하였거늘 저인들 어찌 하겠습니까?" 화왕이 대답하였다. "내가 잘못했노라. 내가 잘못했노라." …… 이에 왕(신문왕)이 얼굴빛을 바로 하며 말하였다. "그대(설총)의 우화는 진실로 깊은 뜻이 담겨 있도다. 기록해 두어 왕자(王者)의 경계로 삼게 하기 바란다."라고 하고는 설총을 높은 관직에 발탁하였다.

– 「삼국사기」 –

② **통일 이후의 유학자** : 당과 교류가 활발해지면서 도당 유학생이 증가

㉠ 김대문(진골)

- 성덕왕 때 주로 활약한 통일 신라의 대표적 문장가로, 우리 문화를 주체적으로 인식
- 전제 왕권에 대항하여 전통 문화에 기반을 둔 공동체적 정신을 부각함
- 「악본」, 「화랑세기」, 「고승전」, 「한산기」, 「계림잡전」 등이 유명(모두 부전)

암기 Plus

최치원

6두품 출신으로 당에 유학하여 빈공과에 급제하고 관직에 오르는 한편 문장가로 이름을 떨쳤다. 귀국하여 진성여왕에게 개혁을 건의하고 국정을 비판하였으나, 개혁이 이루어지지 않자 혼란한 세상에 뜻을 잃고 전국 각지를 유람하다가 해인사에서 일생을 마쳤다. 유학자인 동시에 불교와 도교에도 조예가 깊은 사상가였으며, 고려 건국에 큰 영향을 끼쳤다.

도당 유학생

- **유학의 배경** : 전제 왕권 확립을 위한 유교 정치 이념의 필요성 인식, 방계 귀족에 대한 견제
- **기능** : 유학생이자 외교관의 기능을 겸하며, 정치적 인질의 성격을 지니기도 함
- **대표적 유학생** : 최치원, 최승우, 최언위 등

설화 문학

서민들 사이에서 구전된 문학(→ 에밀레종 설화, 효녀 지은 이야기, 설씨녀 이야기 등)

민중의 노래

- 구지가와 같은 무속 신앙과 관련된 노래나 회소곡(會蘇曲) 등의 노동요가 유행
- 민중들은 어려운 생활 속에서 그들의 소망을 노래로 표현(→ 백제의 정읍사)

임신서기석

1934년 경주에서 발견된 것으로 신라의 두 젊은이가 국가에 대한 충성과 3년 내에 시·「상서」·「예기」 등을 습득할 것을 맹세하며 맺은 약속이 기록되어 있다.

▲ 임신서기석

㉡ 최치원(6두품)

- 당의 빈공과(賓貢科)에 급제하고 귀국 후 진성여왕에게 개혁안 10여조를 건의(→ 수용되지 않음)
- 골품제의 한계를 자각하고 과거 제도를 주장하였으며, 반신라적 사상을 견지
- 「계원필경」(→ 현존 최고의 문집), 「제왕연대력」, 「법장화상전」 등을 저술
- 4산 비명
  - 숭복사비, 쌍계사 진감선사비, 성주사 낭혜화상탑비, 봉암사 지증대사비
  - 4·6 변려체, 나말 여초의 불교·역사·문학·정치·사상을 반영

③ **발해** : 당에 유학생을 파견, 빈공과 급제자 다수 배출

암기 노트

도당 유학생의 특징

- 대부분 6두품 출신으로, 다수가 빈공과에 합격(→ 신라인 80명, 발해인 10명 가량)
- 실력 위주의 풍토를 정착시킴으로써 과거 제도가 마련되는 배경으로 작용
- 귀국 후 신분적 한계로 정치 참여가 제한되었으며 주로 왕의 고문 역할을 수행, 왕권 강화·과거제 실시·국사 편찬 등의 필요성을 제시
- 골품제와 신라 사회의 모순을 비판하며 새로운 사회로의 방향을 제시

(4) 향가의 발달

① **편찬**

㉠ 한자를 빌어 표기, 주로 불교 수용 후 화랑과 승려가 지음(→ 통일 후 불교의 영향을 받아 크게 발달)

㉡ 「삼국유사」에 14수, 「균여전」에 11수가 전하며, 9세기 후반 향가를 모아 「삼대목(三代目)」을 편찬(부전)

② **내용** : 화랑에 대한 사모의 심정, 형제 간의 우애, 동료 간의 의리, 공덕이나 불교에 대한 신앙심, 부처님의 찬양, 지배층의 횡포에 대한 비판 등

③ **대표작** : 원왕생가, 모죽지랑가, 헌화가, 도솔가, 제망매가, 찬기파랑가, 안민가, 처용가 등

2. 교육 및 역사

(1) 삼국의 교육

① **교육의 특징** : 문무 일치·귀족 중심·수도 중심의 교육

② **교육 기관 및 유학의 교육** : 한자의 보급과 함께 교육 기관이 설립됨

㉠ **고구려** : 수도에 태학(유교 경전과 역사 교육), 지방에 경당(한학과 무술 교육) 설치

㉡ **백제** : 교육 기관은 없으나 5경 박사와 의박사·역박사 등이 유교 경전과 기술학 교육

→ 백제시대에 「역경」, 「시경」, 「서경」, 「예기」, 「춘추」 등 다섯 경서에 능통한 사람

㉢ **신라** : 임신서기석(→ 유교 경전을 공부했음을 알 수 있음), 화랑도(세속 5계), 한자 및 이두 사용

③ **삼국 시대의 유학 교육**

㉠ 중국과 교류가 활발해지고 여러 교육 기관이 설립됨에 따라 유학이 보급

㉡ 학문적 깊이보다 충(忠)·효(孝)·신(信) 등의 도덕 규범을 장려

(2) 남북국의 교육

① 통일 신라

㉠ **국학** : 신문왕 때 설립(682)한 유학 교육 기관으로, 충효 사상 등 유교 정치 이념을 통해 전제 왕권 강화에 기여

- 경덕왕 때 태학이라 고치고 박사와 조교를 두어 「논어」와 「효경」 등의 유교 경전을 교육, 혜공왕 때 국학으로 환원
- 입학 자격은 15~30세의 귀족 자제로 제한되며, 졸업 시 대나마 · 나마의 관위를 부여

㉡ **독서삼품과** : 원성왕 때(788) 시행한 관리 등용 제도로, 유교 경전의 이해 수준에 따라 3등급으로 구분해 관리를 등용(→ 상품 · 중품 · 하품)

- 골품이나 무예를 통해 관리를 등용하던 방식에서 벗어나, 유교 교양을 시험하여 관리를 등용함으로써 충효일치를 통한 전제 왕권 강화에 기여
- 진골 귀족의 반대와 골품제로 인해 제대로 기능하지는 못했으나, 국학과 마찬가지로 학문과 유학 보급에 기여하고 무치를 문치로 전환하는 계기가 됨

② 발해

㉠ **학문 발달을 장려** : 당에 유학생을 보내고 서적을 수입

㉡ **한학 교육을 장려** : 주자감을 설립하여 귀족 자제들에게 유교 경전을 교육

- 6부의 명칭이 유교식이며, 정혜공주 · 정효공주 묘비문은 4 · 6 변려체의 한문으로 작성됨, 5경과 「맹자」, 「논어」, 3사(「사기」 · 「한서」 · 「후한서」), 「진서」, 「열녀전」 등을 인용
- 외교 사신(양태사, 왕효렴 등)과 승려(인정, 인소 등) 중 많은 사람이 한시에 능통

(3) 역사서의 편찬

① 삼국의 사서 편찬

㉠ **고구려** : 영양왕 때 이문진이 국초의 「유기(留記)」를 간추려 「신집(新集)」 5권을 편찬

㉡ **백제** : 근초고왕 때 고흥이 「서기(書記)」를 편찬

㉢ **신라** : 진흥왕 때 거칠부가 「국사(國史)」를 편찬

② 통일 신라의 사서 편찬

㉠ **김대문** : 통일 신라의 대표적 문장가

- **대표적 저서** : 「악본」, 「고승전」, 「한산기」, 「계림잡전」, 「화랑세기」 등(→ 신라 문화를 주체적으로 인식하려는 경향을 보여줌, 부전)
- **학풍** : 역사 서술의 대상을 신민(臣民)과 문화로 확대하고 신라 문화를 주체적으로 인식하려는 경향을 보였으나, 전통적 불교 문화와 귀족 문화의 전통을 계승하여 진골 귀족으로서의 보수성을 보이기도 함

㉡ **최치원** : 「제왕연대력」을 저술

국학의 과목 및 한계

- 「논어」와 「효경」을 필수 과목으로 하며, 「주역」 · 「상서」 · 「모시」 · 「예기」 · 「좌씨전」 등을 수학
- 골품제로 인해 그 기능을 제대로 발휘하지 못했으나, 학문과 유학의 보급에 기여하고 무치를 문치로 바꾸는 계기가 됨

독서삼품과의 등급 구분

- **삼품(三品)**
  - 상품 : 「좌씨전」 · 「예기」 · 「문선」에 능하고, 「논어」 · 「효경」을 이해하는 자
  - 중품 : 「곡례」 · 「논어」 · 「효경」을 읽은 자
  - 하품 : 「곡례」 · 「효경」을 읽은 자
- **특품(特品)** : 5경 · 3사 · 제자백가에 능통한 자로, 특품 합격자는 서열에 관계없이 특채

발해 문자

외교 문서나 공식 기록에는 한자를 사용하였으나, 이와는 다른 발해 문자가 수도 동경성의 압자 기와에서 발견됨

역사서 편찬의 배경

- **목적** : 전통에 대한 이해, 왕실 권위의 제고, 백성의 충성심 결집
- **의의** : 학문이 발달되고 국력이 융성하던 시기에 편찬된 점에서 중앙 집권적 귀족 국가의 문화적 위용을 반영

암기 Plus

삼국의 불교 수용

- 고구려 : 중국의 전진(前秦)을 통하여 소수림왕(372) 때 수용
- 백제 : 동진(東晋)에서 침류왕(384) 때 수용
- 신라 : 고구려를 통하여 불교가 전래, 6세기 법흥왕(527) 때 비로소 국가적으로 공인

▲ 이차돈의 순교비

▲ 양산 통도사 대웅전 및 금강계단

3 사상 및 종교

1. 삼국의 불교

(1) 불교의 수용

① **불교의 전래** : 율령을 제정하고 국가 조직을 개편하여 왕권 강화에 힘쓰던 4세기

② **불교의 역할 및 기능**

㉠ 왕권 강화(불교식 왕명의 사용) 및 중앙 집권화에 기여, 특권 귀족 계층 옹호

㉡ 선진 문화 수용 및 고대문화 발달에 기여

㉢ 철학적 인식 토대의 확립(인간 사회의 갈등이나 모순을 보다 높은 차원에서 해소)

(2) 신앙으로서의 불교

① 삼국은 불교를 신앙으로 널리 수용하였고, 전통 신앙의 역할과 기능을 대체

② 신라에서는 업설(業說)과 미륵불 신앙을 널리 신봉

㉠ **업설** : 행위에 따라 업보를 받는다는 이론으로, 왕의 권위를 높이고 귀족들의 특권을 인정

㉡ **미륵불 신앙** : 화랑 제도와 밀접한 관련을 가지면서 신라 사회에 정착

암기 노트

삼국 불교의 성격

- 호국적 사상(→ 인왕경이 널리 읽힘)
- 왕실 · 귀족 중심의 불교(→ 왕실이 앞장서 수용)
- 토착 신앙의 흡수(→ 샤머니즘적 성격)
- 현세구복적(※ 통일기에 유행한 정토종은 내세를 중시하는 내세 신앙이며, 민중 사회에서 유행)

(3) 신라 시대의 명승

① **원광(圓光)**

㉠ **대승 불교 정착에 공헌** : 자신의 사상을 일반 대중에게 쉽고 평범한 말로 전파

㉡ **걸사표(乞師表)** : 진평왕 31년(608)에 고구려가 신라 변경을 침범했을 때 왕의 요청으로 수나라에 군사적 도움을 청하는 '걸사표'를 지음

㉢ **세속오계** : 화랑의 기본 계율이자 불교의 도덕률로서 기능

② **자장(慈藏)**

㉠ **대국통** : 636년 당에서 귀국한 후 대국통을 맡아 승려의 규범과 승통의 일체를 주관

㉡ 황룡사 9층탑 창건을 건의하고 통도사와 금강계단을 건립

2. 남북국 시대의 불교

(1) 통일 신라

① **불교 사상의 정립**

㉠ 고구려와 백제의 문화를 종합하여 민족 문화의 토대를 마련한 7세기 후반에 정립

㉡ 삼국 불교 유산을 토대로 하여 다양하고 폭넓은 불교 사상 수용의 기반을 마련

㉢ 교종의 5교가 성립하여 불교 사상 체계가 확립

5교의 창시자 및 사찰

종파	창시자	사찰
화엄종	의상	부석사(영주)
법성종	원효 – 5교의 통합 주장	분황사(경주)
법상종	진표 – 미륵신앙(이상사회, 업설) 원측 – 유식불교	금산사(김제)
계율종	자장(신라)	통도사(양산)
열반종	보덕(고구려)	경복사(전주)

② 명승

㉠ 원효(元曉, 617~686)

- 모든 불교 서적을 폭넓게 이해하고 「대승기신론소」, 「금강삼매경론」 저술(→ 불교의 사상적 이해 기준을 확립)
- '모든 것이 한마음에서 나온다'는 일심사상(一心思想)을 바탕으로, 다른 종파들과 사상적 대립을 조화시키고 「십문화쟁론」 저술(→ 화쟁사상)
  - → 모든 논쟁을 화합으로 바꾸려는 불교 사상
- 경주 분황사에서 법성종(法性宗)을 개창
- 파계하고 대중 속에 들어가 극락에 가고자 하는 아미타 신앙을 전도하며 불교 대중화(→ 정토종 보급)의 길을 엶(고려 시대 의천과 지눌에 영향을 미침)

㉡ 의상(義湘, 625~702)

- 「화엄일승법계도(華嚴一乘法界圖)」를 저술하여 화엄사상을 정립(→ 해동화엄의 시조로서, 고려 균여에게 영향을 미침)
- 화엄사상을 바탕으로 교단을 형성하여 제자를 양성하고 불교 문화의 폭을 확대
- 아미타 신앙과 함께 현세에서 고난을 구제받고자 하는 관음 신앙을 설파
- '일즉다다즉일(一卽多多卽一)'의 원융조화사상(화엄사상)을 통해 통일 후의 갈등 해소 및 왕권의 전제화(專制化)에 공헌

㉢ 원측(圓測, 613~696) : 당의 현장에게서 유식불교(唯識佛敎)를 수학(→ 유식불교의 대가)하고, 현장의 사상을 계승한 규기(窺基)와 논쟁하여 우위를 보임

㉣ 혜초(慧超, 704~?) : 인도에까지 가서 불교를 공부하고, 「왕오천축국전(往五天竺國傳)」을 남김

▲ 혜초의 왕오천축국전

(2) 선종(禪宗)의 발달

① 전래 및 발전

㉠ 화엄사상을 공부하던 승려들이 중국에 유학하여 선종을 공부하고 들여옴

㉡ 통일 전후에 전래되었으나 교종의 위세에 눌려 관심의 대상이 되지 못함

㉢ 신라 말기에 귀족 사회의 분열과 지방 세력의 발호에 맞추어 기반 확대

㉣ 6두품 출신의 개창과 호족의 후원 등으로 발전

암기 Plus

5교
- 성립
  - 통일 전 : 열반종, 계율종
  - 통일 후 : 법성종, 화엄종, 법상종
- 특성
  - 중대 전제왕권 강화에 기여(→ 특히 화엄종 > 법상종)
  - 화엄종과 법상종이 가장 유행

정토 신앙과 관음 신앙
- 정토 신앙
  - 아미타 신앙 : 내세에 극락 정토를 확신하는 신앙(→ 나무아미타불을 외우는 것만으로도 누구나 정토에 갈 수 있음)
  - 미륵 신앙 : 미륵이 중생을 구제한다는 신앙
- 관음 신앙 : 현세의 고난 구제를 확신하는 신앙

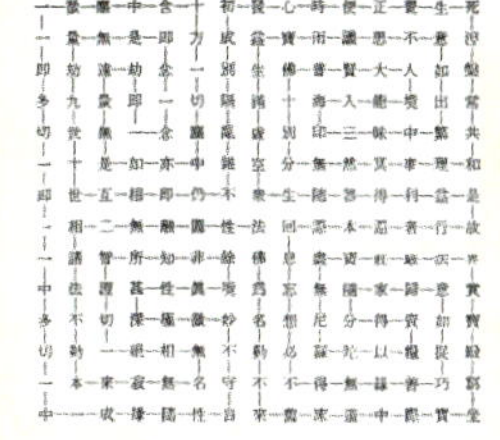
▲ 화엄일승법계도

왕오천축국전(往五天竺國傳)

혜초가 인도를 여행하고 쓴 기행문으로, 프랑스 학자 펠리오(Pelliot)가 간쑤성(甘肅省) 둔황(敦煌)의 석굴에서 발견하였다. 현재 프랑스 국립 박물관에 소장되어 있다.

승탑(僧塔)의 발달

승탑이란 승려의 유골을 모신 탑이다. 승려가 입적한 후 그를 기념하기 위해 그의 제자들과 신도들이 그의 사리를 모시는 탑을 만드는 데에서 시작하였으며 신라 하대 선종과 함께 발달하였다. 고달사지 승탑, 법처사 지광국사 현묘탑, 정토사 홍법국사 실상탑이 대표적이다.

ⓜ 최초 본산은 도의의 가지산파, 최후 본산은 이엄의 수미산파

② **특징**

㉠ 기존 사상 체계에 의존하지 않고 스스로 사색하여 진리를 깨닫는 것을 중시(실천 수행 강조, 실천적 경향)

㉡ 개인적 정신 세계를 찾는 경향이 강하여 좌선을 중시

㉢ 교종에 반대하고 반체제적 입장에서 지방의 독자적 세력을 구축하려는 호족의 성향에 부합

③ **역사적 의의**

㉠ 경주 중심의 문화를 극복하고 지방 문화의 역량을 증대(→ 지방을 근거로 성장)

㉡ 새로운 시대의 이념과 사상을 제공(→ 도당 유학생인 6두품의 반신라적 움직임과 결부하여 고려 왕조 개창의 사상적 기반이 됨)

㉢ 중국 문화에 대한 이해의 폭 확대

㉣ 불교 의식과 권위를 배격, 종파 불교가 본격적으로 전개됨

ⓜ 승려의 사리를 봉안하는 승탑과 승려의 일대기를 기록한 탑비가 유행

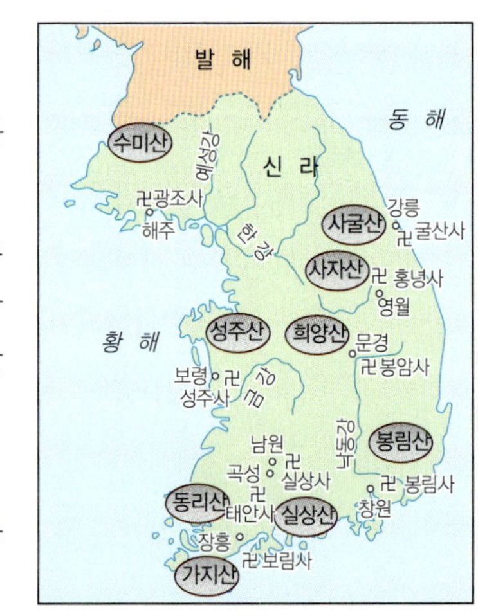

▲ 선종 9산

9산

- 가지산문 – 도의
- 실상산문 – 홍척
- 동리산문 – 혜철
- 봉림산문 – 현욱
- 사자산문 – 도윤
- 사굴산문 – 범일
- 성주산문 – 무염
- 희양산문 – 도헌
- 수미산문 – 이엄

④ **9산의 성립** : 선종 승려 중에는 지방의 호족 출신이 많아 주로 지방에 근거지를 두었는데, 그 중 대표적인 9개의 선종 사원을 9산 선문이라 함(→ 선종과 호족의 결합을 상징)

⑤ **교종과의 비교**

구분	교종(敎宗)	선종(禪宗)
전래	상대(눌지왕 때 최초 전래)	상대(선덕여왕 때 법랑이 전래)
융성기	중대(귀족 및 왕실 계층)	하대(호족 불교로 발전)
종파	5교	9산
성격	• 교리 연구 · 경전 해석 치중 • 불교 의식 및 행사 중시 • 염불과 독경 중시	• 개인의 정신 수양 강조 • 좌선(坐禪) 중시 • 불립문자(不立文字) • 견성오도(見性悟道)
영향	• 조형 미술의 발달 • 왕권 전제화(專制化)에 공헌	• 지방 분권 • 승탑의 유행(조형 미술 쇠퇴)

▲ 발해의 절터

(3) 발해의 불교

① **고구려 불교 계승** : 왕실과 귀족 중심의 불교, 수도 상경의 절터 유적(주로 5경에 집중)과 불상, 석등, 연화무늬기와 등

② **종파** : 관음 신앙과 법화 신앙(→ 이불병좌상)

→ 석가불과 다보불이 칠보탑 안에 나란히 앉은 모습을 형상화한 발해 불상

③ **석정소, 석인정** : 발해의 대표적 명승으로 불법을 널리 전파

| 고급 | [2점]

밑줄 그은 '이 종파'에 대한 설명으로 옳은 것은?

이것은 9산 선문의 하나인 희양산문을 개창한 지증 대사의 탑비와 승탑입니다. 비문에는 '도의가 당에서 돌아와 처음으로 선(禪)을 말하였고, 뒤를 이어 도윤, 범일, 무염 등이 당에서 선(禪)을 배우고 돌아왔다.'는 기록이 있어 신라 하대 이 종파의 수용 과정을 알 수 있습니다.

① 사직단에서 풍요를 기원하는 제사를 지냈다.
② 천명 사상을 통해 왕조 교체를 정당화하였다.
③ 시경, 서경, 역경 등을 주요 경전으로 삼았다.
④ 신선 사상과 결합하여 불로장생을 추구하였다.
⑤ 참선과 수행을 통해 깨달음을 얻고자 하였다.

[신라 하대 선종의 유행]

암기공식
지증 대사, 9산 선문, 참선과 수행 ⇒ 선종

| 정답 해설 |
선종(禪宗)은 도의가 당에서 처음 도입하여 도윤, 범일, 무염 등과 종파를 형성하였는데, 기존의 사상 체계에 의존하지 않고 참선과 수행을 통해 깨달음을 얻고자 하였다. 9개의 대표적인 선종 사원을 9산 선문이라고 한다. (→ 9산 선문 : 수미산문, 사굴산문, 사자산문, 성주산문, 희양산문, 동리산문, 가지산문, 실상산문, 봉림산문)

| 오답 해설 |
① 도교는 노장 사상, 즉 무위자연을 이상으로 여기는 일종의 허무주의 사상으로, 사직단에서 풍요를 기원하는 제사를 지냈다.
② 천명 사상은 '군주가 덕이 없으면 천명이 옮겨간다.'는 맹자의 사상으로, 주나라가 은나라를 침략한 후 왕조 교체를 정당화한 지배 이념이다.
③ 유교는 시경, 서경, 역경 외에 춘추, 예기를 합해 5경이라 하여 주요 경전으로 삼았다.
④ 도교는 신선 사상과 결합하여 불로장생을 추구하였으며, 궁중에서는 하늘에 제사를 지내는 초제가 성행하였다.

정답 ⑤

3. 도교와 풍수지리설

(1) 도교

① **전래 시기 및 배경** : 고구려 영류왕(624) 때 전래되었으며, 신라 말기 진골 귀족의 사치와 향락의 경향에 반발하여 은둔 사상인 도교와 노장사상이 보급

② **신봉 계층** : 진골에 반발하던 6두품 계층이 신봉하여 반신라적 성격을 지님(→ 민간사회에서 신봉한 것은 아님)

③ **내용** : 노장사상, 즉 무위자연을 이상으로 여기는 일종의 허무주의 사상

④ **도교 사상의 반영**

㉠ 고구려
- 강서고분의 사신도(四神圖)
- 보장왕 때 연개소문의 요청으로 불교 세력을 누르기 위해 도교를 장려(→ 불로장생 사상이 유포되어 불교의 반발을 초래하였는데, 보덕은 도교의 불로장생 사상에 대항하기 위해 열반종(涅槃宗)을 개창)
  (열반종 : 대반열반경을 근본 경전으로 삼았던 종파)

㉡ 백제
- **산수무늬 벽돌(산경전)** : 삼신산, 도관, 도사의 문양
- **백제 금동대향로** : 주작, 봉황, 용
- 사택지적비(노장사상), 무령왕릉 지석의 매지권
- 관륵이 일본에 둔갑술, 방술 등을 전파

㉢ 신라
- 시조 박혁거세의 어머니 선도산성모를 지선(地仙)이라 함

암기 Plus

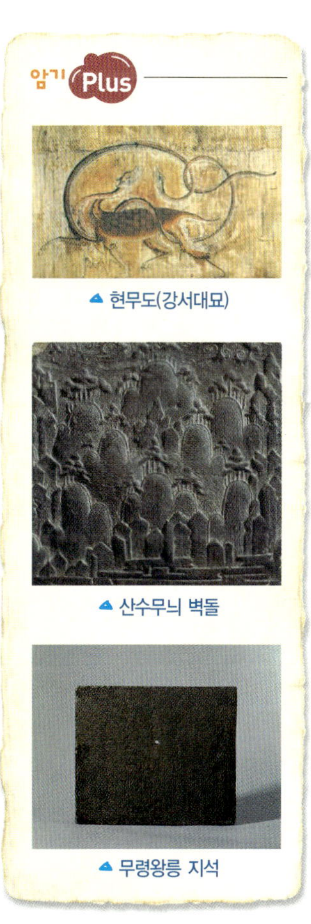
▲ 현무도(강서대묘)
▲ 산수무늬 벽돌
▲ 무령왕릉 지석

▲ 사택지적비

풍수지리설의 영향

• 경주 중심에서 벗어나 다른 지방의 중요성을 자각하는 계기를 마련
• 이후 도참 신앙과 결부되어 산수의 생김새로 미래를 예측하는 경향이 등장
• 지방 중심으로 국토를 재편성하려는 주장으로까지 발전
• 선종과 함께 나말 신라 정부의 권위를 약화시키는 구실

천체 관측의 목적

• **농업면** : 농경과 밀접한 관련이 있었으므로 중시
• **정치면** : 왕의 권위를 하늘과 연결시키려고 함

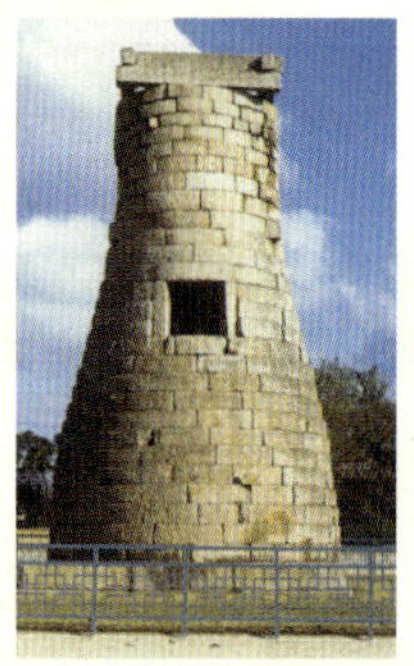

▲ 첨성대

천문학자 김암

김유신의 손자로 당에서 음양가법을 배워 「둔갑입성법」을 저술하고, 귀국 후 사천대 박사로 임명되었다. 병학에도 능해 패강진 두상으로 재직시 6진병법(六陳兵法)을 가르치기도 하였다.

• 화랑을 국선, 풍월, 선랑이라 함
• 화랑의 역사서(「선사」)와 세속오계의 임전무퇴
• 수련과 공행으로 도를 획득

㉣ **통일 신라**

• 무열왕릉 · 성덕대왕릉 · 김유신묘 · 괘릉 등의 12지신상
• 4영지, 4산 비명, 안압지의 조경(임해전), 최치원의 사산비문 등

쌍계사 진감선사 대공탑비, 성주사 낭혜화상 백월보광탑비, 초월산 대숭복사비, 봉암사 지증대사 적조탑비

㉤ **발해** : 정혜공주와 정효공주 묘지의 4 · 6변려체, 정효공주묘의 불로장생사상

(2) 풍수지리설(風水地理說)

① **전래** : 신라 말 도선 등의 선종 승려들이 중국에서 유행한 풍수지리설을 전래

② **내용** : 산세와 수세를 살펴 도읍 · 주택 · 묘지 등을 선정하는 인문지리적 학설로, 국토의 효율적인 이용과 관련

암기 노트

풍수지리사상과 도참 신앙의 결부

신라 말기의 도선과 같은 선종 승려들은 중국에서 유행한 풍수지리설을 들여왔다. 이는 산세와 수세를 살펴 도읍, 주택, 묘지 등을 선정하는 인문지리적 학설로서 국토의 효율적 이용과 관련이 있다. 또한 이는 경주 중심의 지리 개념에서 벗어나 다른 지방의 중요성을 자각하는 계기가 되기도 하였다. 이후 풍수지리설은 도참 신앙과 결부되어 산수의 생김새로 미래를 예측하는 경향이 나타났는데, 이것은 지방 중심으로 국토를 재편하려는 주장으로까지 발전하여 고려 건국의 사상적 배경이 되었다.

4 기술의 발달

1. 천문학과 수학

(1) 천문학의 발달

① **천체 관측**

㉠ **고구려** : 천문도(天文圖)가 만들어졌고, 고분 벽화에도 해와 달의 그림이 남아 있음

㉡ **백제** : 역박사를 두었고, 천문을 관장하는 일관부가 존재

㉢ **신라** : 7세기 선덕여왕 때에 현존하는 세계 최고(最古)의 천문대인 첨성대(瞻星臺)를 세워 천체 관측

㉣ **통일 신라** : 물시계(누각)를 사용(누각전 설치)하고, 천문 기관으로 사천대를 설치

② **천문 관측 기록** : 「삼국사기」에는 일월식(日月蝕), 혜성(彗星)의 출현, 기상 이변 등에 관한 관측 기록이 수록

(2) 수학의 발달

① 여러 조형물을 통해 수학이 높은 수준이었음을 짐작할 수 있음

② **수학적 조형물**

㉠ **삼국 시대** : 고구려 고분의 석실이나 천장의 구조, 백제의 정림사지 5층 석탑, 신라의 황룡사 9층 목탑 등에 수학적 지식이 활용

㉡ **통일 신라 시대** : 석굴암의 석굴 구조나 불국사 3층 석탑과 다보탑 등의 건축에 이용

2. 목판 인쇄술과 제지술

(1) 발달 배경 및 의의

① 불교문화의 발달에 따라 불경 등의 인쇄를 위한 목판 인쇄술과 제지술 발달

② 통일 신라의 기록 문화 발전에 크게 기여

(2) 목판 인쇄술

불국사 3층 석탑에서 발견된 「무구정광대다라니경」은 8세기 초엽에 만들어진 불경으로, 현존하는 세계 최고(最古)의 목판 인쇄물

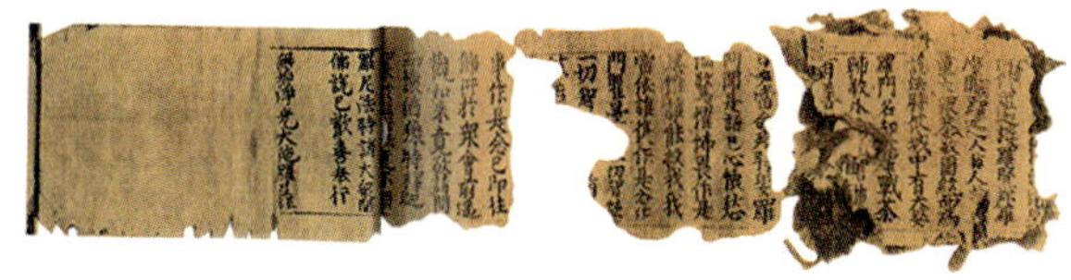

▲ 무구정광대다라니경

(3) 제지술

① 「무구정광대다라니경」에 사용된 종이는 닥나무로 만들어진 것으로 지금까지 보존될 수 있을 만큼 품질이 우수함

② 구례 화엄사 석탑에서 발견된 두루마리 불경(佛經)에 쓰인 종이도 통일 신라 시대에 만들어진 것이며, 얇고 질기며 아름다운 백색을 간직하고 있음

3. 금속제련술의 발달

(1) 고구려

① 철광석이 풍부하여 제철 기술이 발달함(→ 철 생산이 국가의 중요 산업)

② 고구려 지역에서 출토된 철제 무기와 도구 등은 그 품질이 우수함

③ 고분 벽화에는 철을 단련하는 기술자의 모습이 사실적으로 묘사됨

(2) 백제

→ 백제 근초고왕이 왜왕에게 친선 외교의 목적으로 하사한 칼

① 4세기 후반에 일본에 보낸 칠지도(七支刀)는 강철로 만든 우수한 제품이며, 금으로 상감한 글씨가 새겨져 있음

② 금동대향로는 백제의 금속 공예 기술이 매우 뛰어났음을 보여 주는 걸작품

(3) 신라

① 신라 고분(古墳)에서 출토된 금관들은 제작 기법이 뛰어나며 독특한 모양이 돋보임

② 통일 신라 때 12만 근의 구리로 만든 성덕대왕 신종은 아연이 함유된 청동으로 만들었는데, 신비한 종소리는 당시의 금속 주조 기술이 매우 뛰어났음을 입증

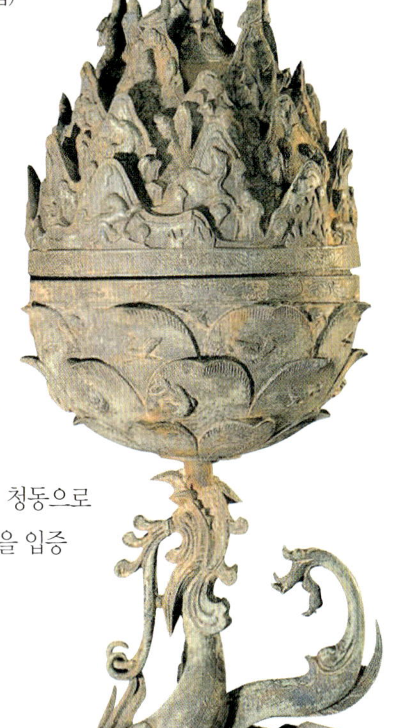

▲ 백제 금동대향로

4. 농업 기술의 발달

(1) 철제 농기구의 보급

① 농업 기술의 발전

㉠ **농기구의 변화** : 철기의 보급과 철제 농기구로의 전환(→ 주로 지배층이 철제 농기구 소유)

㉡ **깊이갈이(심경)** : 지력(地力) 회복, 잡초(雜草) 제거에 효과적

② **농업 생산력 증가** : 기술 발전으로 인한 농업 생산력 증가는 중앙 집권적 귀족 국가의 중요한 경제적 기반이 됨

③ **농기구의 보급** : 농기구가 널리 보급·사용되어 농업이 크게 발전

㉠ 소[牛]와 같은 가축의 힘을 이용할 수 있어 농업 생산이 크게 증가

㉡ 호미 · 쟁기도 제초 작업, 모종솎기, 이랑갈이 등에 이용

(2) 삼국의 농업 기술

① **고구려** : 일찍부터 쟁기갈이가 시작되었고, 4세기경부터는 지형과 풍토에 맞는 보습을 사용함

② **백제** : 4~5세기경에 농업 기술이 크게 발전하였고, 수리 시설을 만들고 철제 농기구를 개량하여 논농사를 발전시킴

③ **신라** : 5~6세기경에 소를 경작에 이용하는 우경(牛耕)의 보급이 확대됨

장군총(將軍塚)

만주 통구 지역에 소재하고 있으며, 광개토대왕의 능으로 추정되고 있다. 형식은 계단식으로 화강암을 7층으로 쌓아올렸다. 맨 아래층이 약 30m, 높이는 약 13m이며, 올라갈수록 각 층의 높이와 넓이를 줄여 안정된 형태를 보여주고 있다. 일반적인 석총이 그렇듯이 내부에 벽화가 없는 것이 특징이다.

▲ 장군총

▲ 석촌동 고분

▲ 무령왕릉

5 예술의 발달

1. 고분과 벽화

(1) 고구려

① **고분(古墳)** : 초기에는 주로 돌무지무덤을 만들었으나 점차 굴식돌방무덤으로 바뀜

㉠ **돌무지무덤(적석총)** : 땅을 파지 않고 돌을 정밀하게 쌓아 올린 형태로, 만주 집안 일대에 1만 2,000여 기가 있음(→ 장군총이 대표적), 벽화가 없는 것이 특징

㉡ **굴식돌방무덤(토총)** : 돌로 널방을 짜고 그 위에 흙으로 덮어 봉분을 만든 것으로 널방의 벽과 천장에는 벽화를 그리기도 하였으며, 주로 만주 집안 · 평안도 용강 등지에 분포

② **고분 벽화**

㉠ 당시 고구려 사람들의 생활 · 문화 · 종교 등을 파악할 수 있는 귀중한 자료

㉡ 무용총의 수렵도와 강서대묘의 사신도에서 패기와 진취성을 엿볼 수 있음

㉢ 초기에는 주로 생활을 표현한 그림이 많았고, 후기로 갈수록 점차 추상화되어 사신도와 같은 상징적 그림으로 변함

고구려의 고분과 벽화

고분	벽화	특징
삼실총	무사 · 역사의 벽화	원형으로 된 봉분 안에 세 개의 널방이 ㄱ형으로 위치
각저총	씨름도, 천문도	만주 통구에 있는 토총
무용총	무용도, 수렵도	14명이 춤추는 무용도와 수렵 · 전쟁을 묘사하는 수렵도
쌍영총	기사도, 우거도(牛車圖), 여인도	서역 계통의 영향, 전실과 후실 사이의 팔각쌍주와 두팔천정은 당대 높은 건축술과 예술미를 반영
강서대묘	사신도(四神圖)	사신도와 선인상, 사신도는 도교의 영향을 받은 것으로 색의 조화가 뛰어나며 정열과 패기를 지닌 고구려 벽화의 걸작

(2) 백제

① 고분(古墳)

㉠ **한성 시기** : 초기 한성 시기에는 같은 계통인 고구려의 영향을 받아 계단식 돌무지무덤(→ 석촌동 고분 등)이 중심

㉡ **웅진 시기** : 굴식돌방무덤과 널방을 벽돌로 쌓은 벽돌무덤(→ 공주 송산리 고분군의 무령왕릉, 중국 남조의 영향)이 유행

㉢ **사비 시기** : 고분은 규모가 작지만 세련된 굴식돌방무덤이 유행(→ 부여 능산리 고분)

② 고분 벽화

㉠ 돌방무덤과 벽돌무덤에도 벽과 천장에 사신도(四神圖)와 같은 그림을 그리기도 함
㉡ 고구려의 영향을 받기는 하였으나 보다 부드럽고 온화한 기풍을 보임

(3) 신라

① 통일 전 신라

㉠ 거대한 돌무지덧널무덤(적석목곽분)을 많이 만들었으며, 굴식돌방무덤도 만듦
㉡ 천마총이나 호우총 등 돌무지덧널무덤은 벽화가 없는 것이 특징(→ 천마도는 마구에 그린 그림이며 벽화가 아님)

② 통일 신라 시대

㉠ 불교의 영향으로 화장이 유행
㉡ 고분 양식도 거대한 돌무지덧널무덤에서 점차 규모가 작은 굴식돌방무덤으로 바뀜
㉢ 무덤의 봉토 주위를 둘레돌(호석)로 두르고, 12지신상을 조각하는 양식 등장(→ 김유신묘가 대표적, 이는 통일 신라의 독특한 양식으로 고려·조선에 계승됨)

(4) 발해의 고분

① **정혜공주묘(육정산 고분군)** : 굴식돌방무덤으로, 모줄임 천장 구조가 고구려 고분과 유사
② **정효공주묘(용두산 고분군)** : 묘지(墓誌)와 벽화가 발굴되었고, 유물은 높은 문화수준을 입증

돌무지덧널무덤(적석목곽분)
신라에서 주로 만든 무덤으로 지상이나 지하에 시신과 껴묻거리를 넣은 나무 덧널을 설치하고 그 위에 냇돌을 쌓은 다음 흙으로 덮었다. 공간이 부족해 방이 따로 없으며, 벽화도 없는 것이 특징이다. 또한 도굴이 어려워 대부분 껴묻거리(부장품)가 그대로 남아 있다.

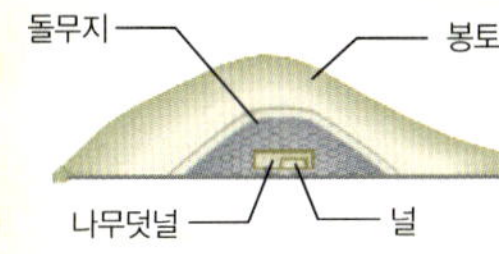

▲ 돌무지덧널무덤

▲ 모줄임 천장 구조(강서대묘)

기출문제 | 고급 | [2점]

다음 문화유산에 대한 설명으로 옳은 것을 <보기>에서 고른 것은?

- 위치: 충청남도 공주시
- 소개: 1971년 송산리 6호분의 침수를 막기 위한 배수로 공사 중 도굴의 피해를 전혀 입지 않은 상태로 발견됨.

발굴 당시 모습

보기
ㄱ. 모줄임 천장 구조로 되어 있다.
ㄴ. 중국 남조의 영향을 받아 조성되었다.
ㄷ. 고구려 장군총과 유사한 돌무지 무덤이다.
ㄹ. 무덤의 주인을 알 수 있는 묘지석이 출토되었다.

① ㄱ, ㄴ ② ㄱ, ㄷ ③ ㄴ, ㄷ
④ ㄴ, ㄹ ⑤ ㄷ, ㄹ

[공주 무령왕릉]

암기공식
공주 송산리 고분군 ⇒ 백제 무령왕릉 : 중국 남조의 영향, 묘지석 출토

| 정답 해설 |
ㄴ. 무령왕릉은 널방을 벽돌로 쌓은 벽돌 무덤 양식으로 중국 남조의 영향을 받았다.
ㄹ. 무령왕릉 발굴 당시 무덤의 주인을 알 수 있는 묘지석이 출토되었다.

| 오답 해설 |
ㄱ. 정혜공주의 묘(육정사 고분군)는 굴식 돌방 무덤으로, 모줄임 천장 구조가 고구려 고분과 유사하다.
ㄷ. 서울 석촌동 고분군은 고구려 장군총과 유사한 돌무지 무덤으로 백제의 건국 세력이 고구려계임을 짐작하게 한다.

정답 ④

▲ 미륵사지 석탑

▲ 정림사지 5층 석탑

▲ 분황사 모전석탑

신라의 3보(三寶)

황룡사 9층 목탑, 진평왕 천사옥대, 황룡사 장육존상

2. 건축과 탑

(1) 삼국 시대

① **건축** : 궁전 · 사원 · 무덤 · 가옥에 그 특색이 잘 반영

㉠ **궁궐 건축** : 장수왕이 평양에 세운 안학궁(→ 최대 규모로 남진 정책의 기상이 엿보임)

㉡ **사원 건축** : 신라의 황룡사와 백제의 미륵사가 가장 웅장

㉢ **가옥 건축** : 고구려 고분 벽화에 그 구조가 일부 보임

② **탑(塔)**

㉠ **고구려** : 주로 목탑(木塔)을 건립

㉡ **백제**

- 익산 미륵사지 석탑은 목탑 양식을 모방한 석탑으로, 현재 우리나라에서 가장 오래된 탑
- 부여 정림사지 5층 석탑은 미륵사지 석탑을 계승한 백제의 대표적인 석탑으로, 안정되면서도 경쾌한 모습으로 유명

㉢ **신라**

- 황룡사 9층 목탑은 선덕여왕 때(황룡사는 진흥왕 때) 자장의 건의에 따라 제작한 것으로 백제의 아비지 등 200여명이 참여하여 완성하였으며, 일본 · 중국 · 말갈 등 9개국의 침략을 막고 삼국을 통일하자는 호국 사상이 담김(→ 몽고 침입 때 소실)
- 분황사 석탑은 선덕여왕 때 만든 모전탑(석재를 벽돌 모양으로 만들어 쌓은 탑)으로 지금은 3층까지만 남아 있으며, 인왕상과 사자상이 조각되어 있음

③ **성곽 축조(城槨築造)** : 삼국 시대에는 방어(防禦) 목적으로 성곽을 다수 축조

(2) 통일 신라

① 건축

㉠ 통일 신라의 궁궐과 가옥은 남아 있는 것이 거의 없음

㉡ 불교가 융성함에 따라 사원을 많이 축조했는데, 8세기 중엽에 세운 불국사와 석굴암이 대표적

- **불국사(佛國寺)** : 경덕왕 때 김대성이 만들기 시작하여 혜공왕 때 완성한 신라의 대표적 사찰로 불국토의 이상을 조화와 균형 감각으로 표현하고 있으며, 앞쪽에 있는 청운교 · 백운교의 입체미와 대웅전 앞의 석가탑 · 다보탑의 세련미를 함께 지니고 있음
- **석굴암(石窟庵)** : 인공(人工)으로 축조한 석굴 사원으로, 네모난 전실(前室)과 둥근 주실(主室)을 갖추고 있는데 전실 · 주실 · 천장이 이루는 비례와 균형의 조형미로 건축 분야에서 세계적인 걸작으로 손꼽히고 있으며, 본존 불상을 중심으로 보살상 · 나한상 · 인왕상 등을 배치하여 불교 세계의 이상을 나타냄

㉢ **안압지** : 통일 신라의 뛰어난 조경술(造景術)을 잘 드러냄

▲ 불국사 청운교 · 백운교

▲ 불국사 다보탑

▲ 석굴암 천장

▲ 석굴암 인왕상

② 탑(塔)

㉠ 중대 : 삼국 시대의 목탑과 전탑 양식을 계승 발전시켜 이중 기단 위에 3층으로 쌓는 전형적인 통일 신라의 석탑 양식을 완성

- **감은사지 3층 석탑** : 통일 신라 초기의 대표적인 석탑으로, 장중하고 웅대
- **불국사 3층 석탑(석가탑)** : 통일 이후 축조해 온 통일 신라 석탑의 전형으로, 날씬한 상승감 및 넓이와 높이의 아름다운 비례로 유명
- **화엄사 4사자 3층 석탑** : 구례 화엄사에 있는 통일 신라 시대의 3층 석탑

㉡ 하대 : 하대에 이르러 탑의 기단부와 1층 탑신에 조각을 하는 방식이 유행했으며, 선종의 영향으로 승탑이 유행

- **진전사지 3층 석탑** : 탑신에 부조로 불상을 새김
- **쌍봉사 철감선사 승탑** : 통일 신라 경문왕 8년(868)에 세워진 것으로 추정되며 당시 만들어진 탑 가운데 최대의 걸작품으로 꼽힘

▲ 감은사지 3층 석탑

▲ 불국사 3층 석탑(석가탑)

▲ 진전사지 3층 석탑

▲ 쌍봉사 철감선사 승탑

(3) 발해

① 상경(上京)

㉠ 당의 수도인 장안을 본떠 건설하여 외성을 쌓고 남북으로 넓은 주작대로를 내고 그 안에 궁궐과 사원을 세움

㉡ 궁궐 중에는 온돌 장치를 한 것도 발견됨(→ 고구려 문화의 계승)

② **사원터** : 동경성 등에서 발견되는 사원지에는 높은 단 위에 금당(金堂)을 짓고 내부 불단을 높이 마련하였고, 금당 좌우에 건물을 배치

3. 불상과 공예(工藝)

(1) 불상

① **삼국 시대** : 불교의 성행에 따라 불상이 많이 제작됨(→ 미륵 보살 반가상)

㉠ **고구려** : 연가 7년명 금동 여래 입상

㉡ **백제** : 서산 마애 삼존 석불

㉢ **신라** : 배리 석불 입상

▲ 금동 미륵 보살 반가 사유상

▲ 연가 7년명 금동 여래 입상

▲ 서산 마애 삼존 석불

▲ 배리 석불 입상

② 통일 신라
   ㉠ 균형미가 뛰어난 불상들이 만들어졌는데, 조각의 최고 경지를 보여 주는 것은 석굴암의 본존불과 보살상
   ㉡ 본존불은 균형 잡힌 모습으로 사실적이며, 본존불 주위의 보살상을 비롯한 부조들도 매우 사실적임
   ㉢ 입구 쪽의 소박한 자연스러움이 안으로 들어갈수록 정제되면서 불교 이상 세계의 실현을 추구

③ **발해** : 불교가 장려됨에 따라 불상이 많이 제작됨
   ㉠ **고구려 양식** : 상경과 동경의 절터에서 발굴된 불상
   ㉡ **이불병좌상(二佛竝坐象)** : 흙을 구워 만든 것으로, 두 부처가 나란히 앉아 있는 모습을 나타냄

▲ 석굴암 본존 불상

▲ 이불병좌상

(2) 공예

① 통일 신라
   ㉠ 석조물
   - 무열왕릉비의 이수와 귀부의 조각, 성덕대왕릉 둘레의 돌조각은 사실적인 미를 표현
   - 불국사 석등과 법주사 쌍사자 석등은 박력있는 균형미로 유명

   ㉡ 범종(梵鐘)
   - **상원사 동종(성덕왕 24, 725)** : 오대산 상원사 종은 현존 최고(最古)의 종
   - **성덕대왕 신종(혜공왕 7, 771)** : '봉덕사 종' 또는 '에밀레 종'이라 하며, 맑고 장중한 소리와 천상의 세계를 나타내 보이는 듯한 경쾌하고 아름다운 비천상으로 유명

▲ 태종무열왕릉비(귀부와 이수)

▲ 법주사 쌍사자 석등

▲ 상원사 동종

▲ 성덕대왕 신종

② 발해

㉠ 조각

- 전체적으로 균형이 잘 잡혀있으며, 고구려의 영향을 받은 기와 · 벽돌 등의 문양이 소박하고 직선적
- 상경에 남아 있는 석등은 8각의 기단 위에 볼록한 간석을 두고 연꽃을 조각(→ 고구려의 영향을 받았으며, 발해 석조 미술의 대표로 꼽힘)

㉡ 자기(磁器) : 발해의 자기는 가볍고 광택이 있고 종류나 크기 · 모양 · 색깔 등이 매우 다양하여 당나라로 수출

㉢ 금 · 은으로 정교하고 아름다운 그릇이나 사리함을 제작

암기 Plus

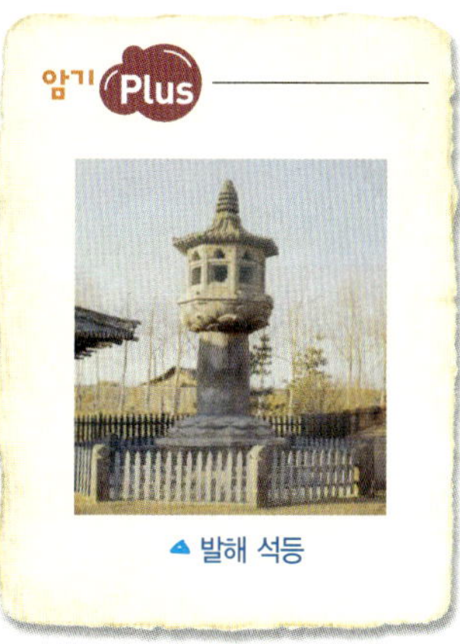

▲ 발해 석등

기출문제

| 고급 | [1점]

밑줄 그은 '탑'에 해당하는 사진 자료로 옳은 것은?

> 어느 날 무왕이 부인과 함께 사자사(師子寺)에 가려고 용화산 밑의 큰 못가에 이르렀는데, 미륵 삼존이 연못 가운데서 나타나므로 수레를 멈추고 절을 올렸다. 부인이 왕에게 말하기를, "모름지기 이곳에 큰 절을 지어 주십시오. 그것이 제 소원입니다."라고 하였다. 왕이 이를 허락하여 …… 미륵이 세 번 법회를 연 것을 본 따 법당과 탑과 낭무(廊廡)*를 각각 세 곳에 세우고, 절 이름을 미륵사라고 하였다.
>
> – 「삼국유사」 –
>
> *낭무(廊廡): 건물 사이를 이어주는 복도

① 

② 

③ 

④ 

⑤

[익산 미륵사지 석탑]

암기공식

익산 : 미륵사지 석탑 ⇒ 백제 : 무왕

| 정답 해설 |

제시된 사료의 석탑은 현재 우리나라에서 가장 오래된 전북 익산의 미륵사지 석탑으로 목탑 양식을 계승하였다. 서동 설화의 주인공으로 알려진 백제 무왕은 삼국시대의 절 가운데 최대 규모인 익산 미륵사를 창건하였다(601).

| 오답 해설 |

② 경북 경주의 불국사에 있는 다보탑은 신라 경덕왕 때 김대성이 건립한 석탑으로 다보여래의 사리를 모셔 두고 있다. 한국의 석탑 중 일반형을 따르지 않고 특이한 형태를 가진 걸작이다.

③ 중국 길림성 장백진 북서쪽 탑산에 있는 발해 시대의 누각식 전탑으로 장방형, 규형, 다각형의 벽돌로 쌓은 5층의 벽돌탑이다.

④ 충남 부여의 정림사지에 있는 5층 석탑은 목탑의 구조와 비슷하지만 돌의 특성을 살려 전체적인 형태가 매우 우아하고 아름답다. 당나라 장수 소정방이 백제를 정복한 후 '백제를 정벌한 기념탑'이라는 글귀가 새겨져 있다.

⑤ 경북 경주의 분황사에 있는 모전 석탑은 석재를 벽돌 모양으로 만들어 쌓은 탑으로, 현존하는 신라 석탑 중 가장 오래된 석탑이다.

정답 ①

암기 Plus

신품사현
명필가로 꼽히는 4사람을 지칭하는 것으로, 통일 신라의 김생과 고려의 최우 · 유신 · 탄연을 말한다.

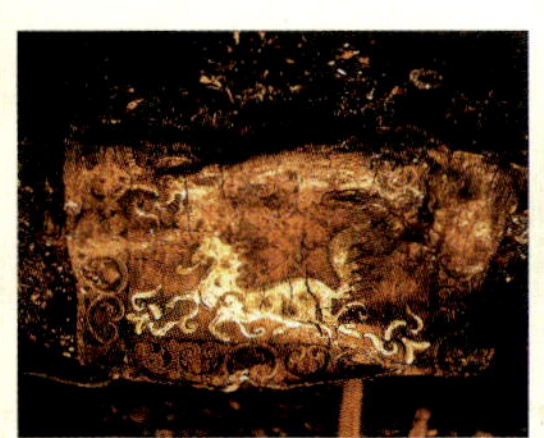
▲ 경주 천마총 천마도

삼국 문화 전파의 영향
삼국의 문화는 6세기경의 야마토 정권의 성립과 7세기경 나라 지방에서 발전한 아스카 문화의 형성에 큰 영향을 끼쳤는데, 특히 백제 문화의 영향이 가장 컸다.

4. 글씨 · 그림 · 음악

(1) 서예(書藝)

① **고구려** : 광개토대왕릉 비문은 웅건한 서체가 돋보임

② **통일 신라**

㉠ **김생(金生)**

- 왕희지체로 유명한 통일 신라의 문필가로서, 해동필가의 조종(祖宗)으로 칭송됨
- 신품사현의 한 사람으로, 작품인 원화첩은 전하지 않으나 고려 예종 때 그의 글씨를 모아 만든 집자비문(集字碑文)이 현전

㉡ **김인문(金仁問)** : 무열왕릉 비문 · 화엄사의 화엄경 석경 등이 전해짐

㉢ **요극일(姚克一)** : 왕희지체 및 구양순체 모두에 능하여 그 서체가 고려 시대까지 유행

(2) 그림

① 경주 천마총에서 나온 천마도(天馬圖)는 신라의 힘찬 화풍을 보여줌

② 솔거(率居)는 황룡사 벽화를 비롯해 분황사 관음보살상, 단속사의 유마상 등을 그림

③ 김충의는 원성왕 때 당에서 불화(佛畵)로 이름을 날렸으며, 정화와 홍계도 불화로 유명

④ 하대에는 불화(佛畵)뿐 아니라 귀족이나 승려들의 초상화(肖像畵)도 그려짐

(3) 음악과 무용

① **고구려** : 영양왕 때 왕산악은 진(晉)의 칠현금을 개량하여 거문고를 만들고 많은 노래를 지음

② **백제** : 고구려 음악과 비슷하였고 무등산가 · 선운산가 등이 유명(→ 일본에 악공 · 악사 · 악기 등을 전파하여 많은 영향을 끼침)

③ **신라**

㉠ **백결 선생** : 방아타령

㉡ **악기** : 3죽(대 · 중 · 소 피리)과 3현(가야금 · 거문고 · 비파)

④ **가야** : 우륵은 가야금을 만들고 12악곡을 지었고, 신라에 가야금을 전파해 음악 발전에 크게 기여

⑤ **발해**

㉠ 음악과 무용이 발달

㉡ 발해악(渤海樂)이 일본으로 전해졌고, 악기는 뒷날 송(宋)의 악기 제작에 영향

6 고대 문화의 일본 전파

1. 삼국 문화의 전파

(1) 백제

① 삼국 중에서 백제가 삼국 문화의 일본 전수에 가장 크게 기여

② **한문학의 전파** : 4세기 아직기는 일본의 태자에게 한자를 가르쳤고, 왕인은 「천자문」과 「논어」를 전수

③ **불교 문화의 전파** : 6세기에는 노리사치계가 불경과 불상을 전함

④ 5경 박사 · 의박사 · 역박사와 천문박사, 화가, 공예기술자들 등이 건너갔으며, 그 영향으로 5층탑이 세워졌고 백제 가람이라는 건축 양식이 생겨남

(2) 고구려

① 7세기 초에 담징은 종이와 먹의 제조 방법과 맷돌 · 붓 등을 전하였고, 호류사의 금당벽화를 그림

② 혜자는 쇼토쿠 태자(성덕 태자)의 스승이 됨

③ 혜관은 삼론종을 전파하여 불교 전파에 큰 공을 세움

④ 일본 나라 시에서 발견된 '다카마쓰' 고분 벽화가 고구려 '수산리' 고분 벽화와 흡사하며, 일본에서 발견된 고송총은 고구려 계통의 기마민족 문화의 영향을 받음

호류사의 금당벽화

(3) 신라

① 일본과 문화 교류는 적었지만, 조선술과 축제술(제방 쌓는 기술)을 전해 주어 '한인의 연못'이라는 이름까지 생김

② 일본의 미륵보살반가사유상은 신라 · 백제의 것과 유사

강서 수산리 고분 벽화

일본 다카마쓰 고분 벽화

금동 미륵 보살 반가상

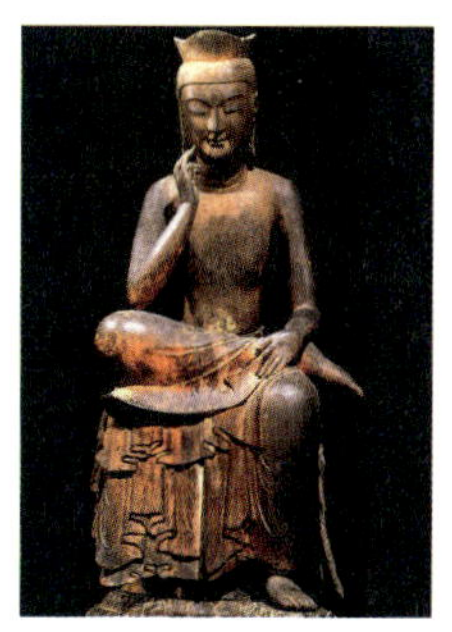

일본의 미륵 보살 반가상

2. 통일 신라 문화의 전파

(1) 전파 경로 및 특징

① 통일 신라 문화의 전파는 주로 일본에서 수시로 사신(견신라사)을 파견해 주로 이루어짐

② 불상, 가람 배치, 탑, 율령과 정치제도 등은 특히 신라의 영향이 가장 컸음

(2) 하쿠호 문화의 성립

① 원효 · 강수 · 설총이 발전시킨 불교와 유교 문화는 일본 하쿠호 문화의 성립에 기여

② 심상에 의해 전해진 의상의 화엄사상은 일본 화엄종을 크게 일으키는 데 많은 영향

한국 문화의 일본 전파 영향

- 신석기 문화(빗살무늬 토기) → 조몽문화(승문 토기)
- 청동기 문화 → 야요이 문화
- 가야 토기 → 스에키 토기
- 삼국 문화 → 아스카 문화
- 통일 신라 문화 → 하쿠호 문화

기출 및 예상 문제

01

밑줄 그은 '왕'의 업적으로 옳은 것은?

왕께서 불교를 일으키려 하시므로 저 이차돈도 불법(佛法)을 위해 목숨을 버리려 합니다. 하늘이시여, 상서로운 일을 백성에게 보여주소서.

① 병부와 상대등을 설치하였다.
② 중앙 관청을 22부로 확대하였다.
③ 거칠부에게 국사를 편찬하게 하였다.
④ 이사부를 보내 우산국을 복속시켰다.
⑤ 지방에 담로를 두고 왕족을 파견하였다.

 신라는 법흥왕 때 이차돈의 순교 후 불교를 공인하였다. 법흥왕은 병부와 상대등을 설치하고 율령 반포와 공복을 제정하여 통치 질서를 확립하였다.
② 백제는 성왕 때 사비로 천도한 후 중앙 관청을 22부로 확대하고, 행정 조직을 5부(수도) 5방(지방)으로 정비하였다.
③ 신라는 진흥왕 때 화랑도를 공인하고 거칠부로 하여금 〈국사(國史)〉를 편찬하게 하였다.
④ 신라 지증왕 때 이사부를 파견하여 우산국(울릉도)을 복속시켰다.
⑤ 백제 무령왕은 지방의 주요 지점에 22담로를 설치하고 왕자·왕족을 파견하여 지방 통제를 강화하였다.

신라 법흥왕의 업적

- **제도 정비** : 병부 설치(517), 상대등 제도 마련, 율령 반포, 공복 제정(530) 등을 통하여 통치 질서를 확립하였으며, 각 부의 하급 관료 조직을 흡수하여 17관등제를 완비
- **불교 공인** : 불교식 왕명 사용, 골품제를 정비하고 불교를 공인(527)하여 새롭게 성장하는 세력들을 포섭
- **연호 사용** : 건원(建元)이라는 연호를 사용함으로써 자주 국가로서의 위상을 높임
- **영토 확장** : 대가야와 결혼 동맹을 체결하고(522), 금관가야를 정복하여 낙동강까지 영토를 확장(532)

02

다음은 고구려의 발전 과정을 나타낸 것이다. 시기순으로 바르게 나열한 것은?

(가) 왕이 군사 3만 명을 거느리고 공격하여, 8천 명을 사로잡아 평양으로 옮겨 살게 하였다. …… 10월 낙랑군을 공격하여 남녀 2천여 명을 사로잡았다.
(나) 전진의 순도가 불상과 경문을 가져왔고, 태학을 세워 자제들을 교육했다. …… 처음으로 법령을 반포하였다.
(다) 평양으로 도읍을 옮겼다. 백제를 침공하여 한성을 점령하고 개로왕을 죽이고 남녀 8천 명을 생포하여 돌아왔다.
(라) 교서를 내려 보병과 기병 5만을 보내어 신라를 도와주었다. 왕의 군대가 이르자 왜적이 도망갔다.

– 「삼국사기」 –

① (가) – (나) – (다) – (라)
② (가) – (나) – (라) – (다)
③ (나) – (가) – (다) – (라)
④ (나) – (라) – (다) – (가)
⑤ (다) – (나) – (라) – (가)

 **고구려의 발전 과정**
(가)는 4세기 초 미천왕, (나)는 4세기 후반 소수림왕, (다)는 5세기 후반 장수왕, (라)는 5세기 초 광개토대왕의 시기에 해당한다.

03

다음 삼국의 회의에 관한 설명으로 가장 알맞은 것은?

- 고구려 – 제가회의
- 백제 – 정사암회의
- 신라 – 화백회의

① 귀족합의제로 정치가 이루어졌다.
② 만장일치제 회의를 하였다.
③ 계급간의 대립과 갈등을 조절, 완화하는 역할을 하였다.
④ 왕권을 강화시켜 주었다.
⑤ 회의의 장은 '왕'이었다.

 ② 화백회의에만 해당하는 내용이다.
③ 화랑도에 관한 설명이다.
④ 귀족들의 힘이 강하였기 때문에 오히려 왕권은 약화되었다.
⑤ 회의의 장은 왕이 아니라, 수상격인 대대로·상좌평·상대등이었다.

04

밑줄 그은 '이 나라'의 문화유산으로 옳은 것은?

이 그림은 이 나라의 시조인 이진아시왕을 그린 것으로, 2016년 12월에 표준 영정으로 공식 지정되었다. 여러 사서에 기록된 건국 이야기에 따르면 김수로왕과 형제이기도 한 그는 현재의 고령 지역을 중심으로 하여 나라를 세웠다고 한다. 표준 영정의 관(冠)과 장신구 등은 고령에서 출토된 유물을 바탕으로 하였다.

① ② ③ ④ ⑤

대가야의 왕릉급 무덤인 고령 지산동 고분군 32호 무덤에서 발굴된 판갑옷과 투구는 대가야의 문화유산이다. 가야 연맹은 김수로왕을 시조로 한 금관가야(김해) 중심의 전기 가야 연맹과 이진아시왕을 시조로 한 대가야(고령) 중심의 후기 가야 연맹으로 구분된다.

① 두꺼운 의상과 긴 얼굴 모습에서 북조 양식을 따르고 있으나, 강인한 인상과 은은한 미소에는 고구려의 독창성이 보인다.
③ 신라 호우총에서 발견된 호우명 그릇에는 그 밑바닥에 "을묘년국강상광개토지호태왕(乙卯年國岡上廣開土地好太王)"이라는 글씨가 새겨져 있어 당시에 신라가 광개토대왕을 기리는 내용임을 알 수 있다.
④ 백제의 무령왕릉에서 출토된 석수는 무덤을 수호하는 진묘수(鎭墓獸)의 역할을 한 것으로 추정된다.
⑤ 경주 천마총에서 출토된 천마도는 마구에 그린 그림으로 신라의 힘찬 화풍을 보여준다.

가야 연맹

- **전기 가야 연맹** : 김수로왕의 금관가야(김해) → 신라 법흥왕 때 멸망(532년)
- **후기 가야 연맹** : 이진아시왕의 대가야(고령) → 신라 진흥왕 때 멸망(562년)

05

(가)~(마)에 대한 탐구 활동으로 적절하지 않은 것은?

① (가) – 무덤 둘레돌에 12지 신상을 새긴 이유를 찾아본다.
② (나) – 돌무지 넛널무덤의 내부 구조와 특징을 검색한다.
③ (다) – 무구정광대다라니경의 발견 경위를 조사한다.
④ (라) – 9층 목탑을 건립하였던 목적을 파악한다.
⑤ (마) – 모전 석탑의 제작 방식을 알아본다.

무구정광대다라니경은 현존하는 세계 최고(最古)의 목판 인쇄물로, 불국사 삼층 석탑을 보수하는 과정에서 발견되었다.

① 김유신 묘는 통일 신라의 무덤 양식인 굴식 돌방 무덤으로, 무덤의 봉토 주위를 둘레돌(호석)로 두르고 12지 신상을 조각하였다.
② 천마총은 신라의 무덤 양식인 돌무지 덧널무덤으로 벽화가 없는 것이 특징이다. 천마총에서 출토된 천마도는 마구에 그린 그림으로 신라의 힘찬 화풍을 보여준다.
④ 황룡사는 진흥왕 때 설립되었고, 황룡사 9층 목탑은 선덕여왕 때 자장(慈藏)의 건의로 일본 · 중국 · 말갈 등 9개국의 침략을 막고 삼국을 통일하자는 호국 사상을 반영하여 건립되었다.
⑤ 분황사의 모전 석탑은 석재를 벽돌 모양으로 만들어 쌓은 탑으로, 현존하는 신라 석탑 중 가장 오래된 석탑이다.

정답 01 ① • 02 ② • 03 ① • 04 ② • 05 ③

06

다음 지도는 삼국 시대 대외 관계의 변천을 나타낸 것이다. 각 시기의 역사적 사실로 옳은 것을 <보기>에서 모두 고른 것은?

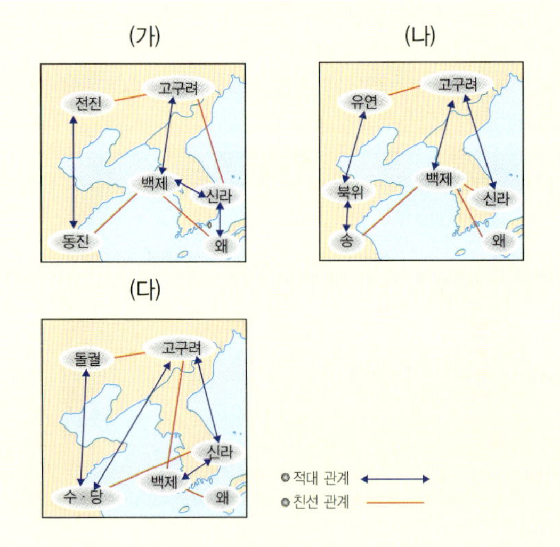

보기

ㄱ. (가) 시기에 고구려는 중국의 전진을 통하여 불교를 수용하였다.

ㄴ. (나) 시기에 백제 성왕이 신라를 공격하다가 관산성에서 전사하였다.

ㄷ. (나)와 (다) 시기 사이에 나·당 전쟁이 일어났다.

ㄹ. (다) 시기에 고구려와 백제의 협공을 받은 신라가 중국세력과 연합하여 이에 대응하였다.

① ㄱ, ㄴ ② ㄱ, ㄷ ③ ㄱ, ㄹ
④ ㄴ, ㄷ ⑤ ㄴ, ㄹ

지도의 (가)는 백제가 요서와 산둥지방으로 진출하던 4세기의 상황을 나타내는데, 이때는 백제-동진-왜와 전진-고구려-신라의 연합이 대립하던 양상이 전개되었다. (나)는 고구려가 광개토대왕과 장수왕을 거치며 삼국의 정세를 주도하던 5세기의 상황을 나타낸다. (다)는 신라가 한강유역을 차지하던 6세기의 상황을 나타내는데, 이 시기에는 신라-수-당의 동서세력과 돌궐-고구려-백제-왜의 남북 세력이 대립하고 있었다.

ㄱ. 4세기(372) 고구려는 전진을 통해 불교를 수용하였다.

ㄹ. 6세기 신라는 고구려·백제와 대립하면서 중국 세력(수·당)과 연결되었다.

ㄴ. 백제 성왕이 신라를 공격하다가 관산성에서 전사한 것은 6세기(554)의 일이므로 (다) 시기에 해당한다.

ㄷ. 나·당 전쟁은 나·당 연합군이 백제와 고구려를 멸망시킨 후(7세기 후반), 당이 한반도 점령을 시도하여 발생하였다.

07

다음 글이 나타내는 의미를 통해 해석한 시대적 상황으로 가장 알맞은 것은?

> 이 섬의 대나무는 낮이면 갈라져 둘이 되고 밤이면 합하여 하나가 되는지라. 왕은 이 기이한 소식을 듣고 현장에 거동하였다. 이때 나타난 용에게 왕이 대나무의 이치를 물으니 용은 비유하건대, 한 손으로는 어느 소리도 낼 수 없지만 두 손이 마주치면 능히 소리가 나는지라. 이때도 역시 합한 후에야 소리가 나는 것이오……

① 통일전쟁이 시작되었다.
② 지방에서는 과도한 세금 수탈로 농민들의 반란이 일어났다.
③ 진골들은 권력을 강화시키기 위해 사병을 키웠다.
④ 오랜 평화기간으로 귀족들은 사치와 향락에 빠져들었다.
⑤ 6두품이 등용되어 왕의 조언을 맡았다.

제시문은 「삼국유사」에 전해지는 '만파식적' 고사에 관한 것으로, 이는 신문왕이 대나무를 베어 피리를 부니 나라의 온갖 걱정과 근심이 사라졌다는 내용이다. 신문왕은 통일 신라 중대 귀족 세력의 억압을 통해 왕권을 전제화한 인물로, 특히 6두품 세력을 왕의 정치적 조언자로 등용하여 행정 실무를 담당하게 하였다.

08

다음과 같이 추측할 수 있는 근거로 가장 알맞은 것은?

> 저 대씨는 어떤 사람인가. 바로 고구려 사람이다. 그들이 차지하고 있던 땅은 어떤 땅인가. 바로 고구려 땅인데, 동쪽을 개척하고 다시 서쪽을 개척하고 다시 북쪽을 개척해서 나라를 넓혔을 뿐이다. 김씨와 대씨가 망한 다음 왕씨가 통합하여 차지하고는 고려라 했는데 ……

① 발해수군이 산동지방을 공격하였다.
② 수도의 중심에는 주작대로가 있었다.
③ 중앙정치 조직은 3성 6부의 체계였다.
④ 일본에 보낸 국서에 고려국왕으로 표기되어 있었다.
⑤ 인안, 대흥 등의 독자적인 연호를 사용하였다.

제시문은 대조영이 고구려 사람이고 발해가 고구려를 계승했다는 내용이다. 발해가 일본에 보낸 국서에 고려 또는 고려국왕이라는 명칭을 사용한 사실과 고구려와의 문화적 유사성을 지닌다는 점 등이 고구려 계승의 근거가 될 수 있다.

09

(가) 국가의 경제에 대한 설명으로 옳은 것은?

○○신문

제△△호 ○○○○년 ○○월 ○○일

쇼소인 소장 유물로 보는 고대 한 · 일 교류

쇼소인 소장 사하리 그릇과 청동 가위

일본 도다이 사 쇼소인의 유물 중에는 일본어로 '사하리'라고 통칭되는 금속제 그릇이 수백여 점 있다. 그중에는 뾰족한 침으로 바닥에 '위수내말(爲水乃末)'이라고 새긴 것도 있는데, '위수'는 사람 이름이고 '내말'은 (가) 의 관등인 '나마'를 의미한다. 또한 청동 가위는 월지(안압지)에서 출토된 것과 매우 유사하여 (가) 이/가 일본과 활발한 문화 교류를 하였음을 알 수 있다.

① 솔빈부의 말이 특산물로 유명하였다.
② 벽란도를 통해 송 상인과 교역하였다.
③ 청해진이 국제 무역 거점으로 번성하였다.
④ 빈민을 구제하기 위한 진대법을 시행하였다.
⑤ 토지의 비옥도를 6등급으로 나누어 전세를 부과하였다.

사료에 제시된 '나마'는 신라 17관등 중 제11관등의 명칭이며, 월지(안압지)는 경주에 있는 연못으로 통일 신라의 뛰어난 조경술이 잘 드러나 있다. 통일신라 때 장보고는 완도에 청해진을 설치하여 해상무역권을 장악하고 국제 무역의 거점으로 번성하였다.

① 솔빈부는 발해의 지방 행정 구역인 15부 중의 하나로, 그 지역의 특산물인 말이 주요 수출품으로 유명하였다.
② 벽란도는 고려 시대의 국제 무역항으로 중국의 송 상인과 교역하였고, 그 외 일본 · 만양 · 아라비아 상인이 내왕하는 등 활발한 대외 무역이 이루어졌다.
④ 진대법(賑貸法)은 고구려 고국천왕 때 을파소의 건의로 실시된 빈민 구제 제도이다.
⑤ 조선 세종 때에는 토지의 등급(비옥도)에 따라 1결당 토지 면적을 6등전으로 차등하여 전세를 부과하였다.

10

지도의 빗금 친 부분은 어느 국가의 부흥 운동과 관련된 지역이다. 이 운동에 대한 설명으로 옳은 것을 〈보기〉에서 모두 고른 것은?

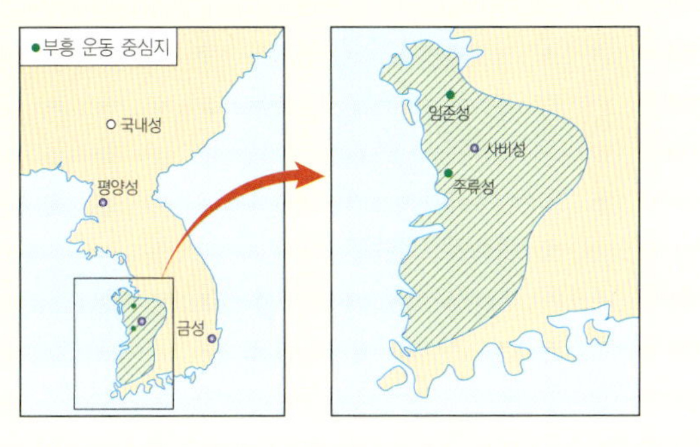

보기

ㄱ. 왜의 수군이 지원병으로 파견되었다.
ㄴ. 나 · 당 연합군에 의하여 진압되었다.
ㄷ. 검모잠, 고연무 등이 주도 세력을 이루었다.
ㄹ. 당이 안동 도호부를 설치하는 배경이 되었다.

① ㄱ, ㄴ ② ㄱ, ㄷ ③ ㄴ, ㄷ
④ ㄴ, ㄹ ⑤ ㄷ, ㄹ

제시된 지도의 빗금 친 부분은 백제 부흥 운동 지역이다. 백제 부흥 운동은 백제 멸망 후 임존성에서 흑치상지, 주류성에서 복신과 도침이 활약하였다.

11

통일 신라의 성덕왕 때 시행된 정전제의 목적이 아닌 것은?

① 왕권 강화
② 농민 생활의 안정
③ 골품 제도의 확립
④ 국가 재정의 확보
⑤ 자작농의 육성

정전제는 국가가 농민에게 일정한 면적의 정전을 지급하는 것이다. 이는 민심을 얻고 농민을 자작농으로 만들어 세를 걷어 국가 재정을 확보하기 위한 것이었다. 또한, 국가가 직접 농민에서 수취하면서 귀족 세력을 약화시켜 왕권 강화의 역할도 하였다.

정답 06 ③ • 07 ⑤ • 08 ④ • 09 ③ • 10 ① • 11 ③

12

다음의 제도에 관한 설명으로 가장 적절한 것은?

왕의 서제(庶弟)인 차득공(車得公)이 순행할 때 무진주(武珍州)에서 주리(州吏) 안길(安吉)에게 후하게 대접받았는데, 신라의 제도에는 각 주의 향리 1명이 수도의 여러 기관에 상수(上守)하게 하는 일이 있어, 후에 안길이 상수할 차례가 되어 서울에 올라오자 차득공이 크게 보답했다.

① 중앙 귀족의 통합을 위해
② 중앙 귀족과 지방 귀족의 동등한 대우를 위해
③ 지방 세력의 중앙 진출을 막기 위해
④ 지방 세력을 통합하기 위해
⑤ 지방 세력을 탄압하기 위해

 제시문은 상수리 제도에 관한 설명이다. 상수리 제도는 삼국 통일로 통일 신라가 되면서 지방 세력의 통합 및 견제를 위하여 향리의 자제를 상수리라 하여 수도에 머물게 하는 제도였다.

13

지도와 관련된 설명으로 옳은 것은?

① 주의 지방군으로 9서당을 설치하였다.
② 풍수지리설의 영향으로 5소경이 설치되었다.
③ 태봉의 제도를 기초로 지방 제도를 정비하였다.
④ 5소경을 설치하여 지방의 균형 있는 발전을 꾀하였다.
⑤ 주의 장관은 통일 이전에 비해 군사 지휘관의 성격이 강해졌다.

 제시된 지도는 통일 신라의 9주 5소경을 나타낸 것인데, 여기서 5소경 제도는 수도의 편재성을 보완하고 지방의 균형있는 발전을 위해 마련된 것이다.

14

(가) 인물이 활동한 시기에 있었던 사실로 옳은 것은?

계원필경

이 책은 대학자이자 문장가인 (가) 의 문집이다. 저자가 일찍이 당(唐)에 있을 때 저술한 작품을 선별하여 모은 것으로, 총 20권으로 구성되어 있다.

특히, 권 11에 수록된 '격황소서(檄黃巢書)'는 '토황소격문'으로 널리 알려져 있는데, 난을 일으킨 황소가 이것을 읽다가 놀라서 자신도 모르게 평상에서 떨어졌다는 일화로 유명하다.

① 국가 주도로 건원중보가 발행되었다.
② 관료전이 지급되고 녹읍이 폐지되었다.
③ 원종과 애노의 난 등 농민 봉기가 일어났다.
④ 묘청 등이 중심이 되어 서경 천도를 주장하였다.
⑤ 의상이 화엄 사상을 바탕으로 교단을 형성하였다.

 원종 · 애노의 난은 신라 하대 진성여왕 때 일어났다. 신라 말기 중앙 통제가 약화되고 농민들이 봉기를 일으키자 지방에서는 반독립적인 세력으로 호족(豪族)이 성장하였다.

① 고려 성종 때 철전(鐵錢)인 건원중보(996)를 만들었으나 유통에는 실패하였다.
② 신라 신문왕 때 관리에게 관료전을 지급(687)하고 귀족의 경제 기반이었던 녹읍을 폐지(689)하였다.
④ 이자겸의 난 이후 인종은 왕권 회복과 민생 안정을 위한 정치 개혁을 추진했는데, 이 과정에서 묘청 등이 칭제건원 · 금국 정벌 · 서경 천도 등을 주장하며 개경파와 대립하였다.
⑤ 화엄의 근본 도량이 된 부석사(浮石寺)를 창건(676)하고, 화엄 사상을 바탕으로 교단을 형성하여 제자를 양성하고 불교문화의 폭을 확대하였다.

최치원

6두품 출신으로 당의 빈공과(賓貢科)에 급제하고 귀국 후 진성여왕에게 개혁안 10여조를 건의하였으나 수용되지 않았다. 골품제의 한계를 자각하고 과거 제도를 주장하였으며, 신라 하대에 반신라적 사상을 견지하여 고려 건국에 큰 영향을 끼쳤다. 작품으로 〈계원필경〉, 〈제왕연대력〉, 〈법장화상전〉, 4산 비명이 전한다.

15

(가)~(라)를 일어난 순서대로 옳게 나열한 것은?

(가) 의자왕은 당과 신라 군사들이 이미 백강과 탄현을 지났다는 소식을 듣고 장군 계백을 시켜 결사대 5천 명을 거느리고 황산으로 가서 신라 군사와 싸우게 하였다.
(나) 유인원과 신라왕 김범민은 육군을 거느려 나아가고, 유인궤와 부여융은 수군과 군량을 실은 배를 거느리고 …… 백강으로 가서 육군과 합세하여 주류성으로 갔다. 백강 어귀에서 왜의 군사를 만나 …… 그들의 배 4백 척을 불살랐다.
(다) 이근행이 군사 20만 명을 이끌고 매소성에 진을 쳤다. 신라군이 (이근행의 군사를) 공격하여 패주시키고, 말 3만여 필과 그 만큼의 다른 병기를 얻었다.
(라) 검모잠이 남은 백성들을 모아서 …… 당의 관리와 승려 법안 등을 죽이고 신라로 향하였다. …… 안승을 한성 안으로 맞아들여 받들어 왕으로 삼았다.

① (가) – (나) – (다) – (라)
② (가) – (나) – (라) – (다)
③ (나) – (가) – (라) – (다)
④ (나) – (다) – (가) – (라)
⑤ (다) – (라) – (나) – (가)

(가) 김유신의 신라군에 맞서 계백이 이끄는 백제의 군대가 황산벌에서 결사 항전하였으나 패하였다(660).
(나) 백제 부흥군은 왜에 원군을 요청하였으나 나·당 연합군의 공격에 왜의 수군이 백강 전투에서 패배하여 백제 부흥 운동은 실패로 돌아갔다(663).
(라) 신라의 지원을 받은 검모잠이 보장왕의 서자 안승을 왕으로 하여 한성에서 2년간 고구려 부흥 운동을 전개하였으나 내분으로 실패하였다(669).
(다) 신라 문무왕은 매소성(매초성) 전투와 기벌포 해전에서 당의 수군을 섬멸하고 나·당 전쟁에서 승리함으로써 삼국 통일을 이룩하였다(676).

16

다음은 백제 유적 탐방을 준비하면서 나눈 대화이다. 갑~무가 가려는 곳을 지도에서 찾아 순서대로 배열한 것은?

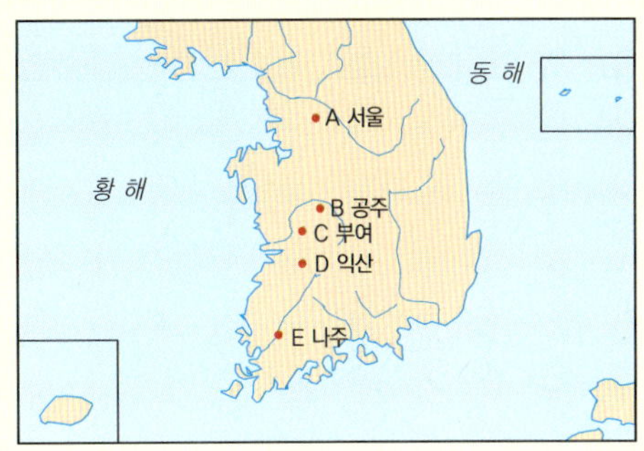

• 갑 – 나는 벽돌로 쌓은 무덤이 도대체 어떤 것인지 꼭 한 번 가 보고 싶어.
• 을 – 난 백제 멸망의 한이 서려 있는 낙화암을 찾아가 삼천 궁녀의 슬픈 전설을 되새겨 볼 거야.
• 병 – 나는 백제 초기의 도성 유적들과 대형 돌무지무덤들이 복원되어 있는 지역을 답사하고 싶어.
• 정 – 나는 백제에 복속된 이후에도 한동안 대형 옹관이라는 독자적인 고분 문화를 유지했던 곳을 둘러볼 생각이야.
• 무 – 나는 우리나라 석탑의 원조라고 불리는 탑이 있고, 미륵 신앙에 따라 삼원식 가람 배치를 했다는 절터를 살펴보려고 해.

	갑	을	병	정	무
①	A	C	B	D	E
②	B	A	C	D	E
③	B	C	A	E	D
④	C	B	A	D	E
⑤	C	B	D	E	A

갑 – 벽돌무덤 양식인 공주 송산리 고분군의 무령왕릉에 관한 대화이다.
을 – 부여의 낙화암(落花岩)에 관한 대화이다. 낙화암은 백제의 부여성 북쪽에 있는 바위로, 나당연합군에 백제가 함락당하자 백제의 3,000 궁녀가 백마강으로 떨어져 죽었다는 전설이 전하는 곳이다.
병 – 백제 초기 한성시대의 대표적 고분인 석촌동 고분에 관한 대화이다. 이 시기의 백제 고분 양식은 같은 계통인 고구려의 영향을 받아 돌무지무덤이 중심이었다.
정 – 삼국 시대 나주의 옹관(장)에 관한 대화이다. 옹관장은 시신을 흙으로 구운 대형 항아리 형의 토기를 이용하여 매장하는 장법(葬法)을 말한다. 나주 등지의 영산강 일대에는 대형 옹관묘가 독특한 양태로 존재한다.
무 – 익산 미륵사지 석탑과 미륵사지(절터)에 관한 대화이다.

정답 12 ④ • 13 ④ • 14 ③ • 15 ② • 16 ③

17

지도의 (가)~(라)는 삼국 시대 혹은 남북국 시대에 이용된 교통로이다. 이와 관련된 탐구 주제로 적절한 것을 〈보기〉에서 모두 고른 것은?

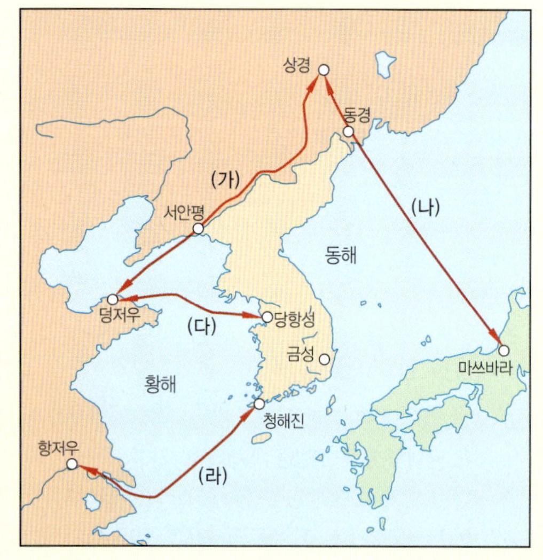

보기

ㄱ. (가) – 발해관의 설치와 당과의 활발한 교류
ㄴ. (나) – 일본 호류사의 건립과 불교 문화 교류
ㄷ. (다) – 신라의 영토 확장과 항구 개설
ㄹ. (라) – 신라 해상 세력의 성장과 사무역 발달

① ㄱ, ㄴ ② ㄷ, ㄹ ③ ㄱ, ㄴ, ㄷ
④ ㄱ, ㄷ, ㄹ ⑤ ㄴ, ㄷ, ㄹ

ㄴ. (나)는 발해와 일본의 교통로를 가리키는데, 일본의 호류사의 건립 등 불교문화는 삼국과의 문화에서 영향을 받은 것이다.

ㄱ. 발해의 무역로는 서안평에서 덩저우로 가는 해로와 요동성에서 진저우로 가는 육로가 있다. 덩저우에는 발해관이 설치되었다.

ㄷ. 신라는 6세기 한강 진출 이후에는 당항성(黨項城)을 통하여 직접 중국과 교역하였다.

ㄹ. 신라의 장보고는 완도에 청해진을 설치(828)하여 대당 중개무역을 독점하였는데, 이를 통해 신라 해상세력의 성장과 사무역의 발달을 엿볼 수 있다.

18

도표는 신라 관등제와 골품제의 관계를 나타낸 것이다. 이를 바탕으로 골품제 운영에 관해 설명한 내용으로 옳지 않은 것은?

등급	관등명		골품 (가)	골품 (나)	골품 (다)	골품 (라)
1	이벌찬	㉠	■			
2	이찬	㉠	■			
3	잡찬	㉠	■			
4	파진찬	㉠	■			
5	대아찬	㉠	■			
6	아찬	㉡	■	■		
7	일길찬	㉡	■	■		
8	사찬	㉡	■	■		
9	급벌찬	㉡	■	■		
10	대나마		■	■	■	
11	나마		■	■	■	
12	대사	㉢	■	■	■	■
13	사지	㉢	■	■	■	■
14	길사	㉢	■	■	■	■
15	대오	㉢	■	■	■	■
16	소오	㉢	■	■	■	■
17	조위	㉢	■	■	■	■

① (가)는 ㉠ 관등을 독점하였고, 왕위에 오를 수 있었다.
② (나)는 통일 전쟁 이후 학문적 식견과 행정 능력을 바탕으로 정치적 진출을 활발히 하였다.
③ (다)는 신라 말에 농민 항쟁을 주도하는 세력이 되었다.
④ ㉡ 관등을 가진 사람이 ㉠ 관등으로 오르면 중앙 관부의 장관이 될 수 있었다.
⑤ ㉢ 관등은 법흥왕 때 관등제가 정비되면서 왕경의 일부 지배층에게 수여되었다.

도표의 (가)는 진골, (나)는 6두품, (다)는 4두품이다.

③ 신라 말 농민 항쟁을 주도한 세력은 호족 세력이다.

① 진골은 승진의 제한이 없어 ㉠의 관등에 오를 수 있었으나 6두품은 6관등(아찬)까지만 승진할 수 있었다.

② 6두품에 관한 설명이다.

④ 각 부의 장관인 영(令)은 1관등에서 5관등까지 중에서 임명되었다.

⑤ 법흥왕 때 각 부의 하급관료 조직을 흡수하여 이들에게 대사 이하의 관등을 수여하면서 17관등제를 완비하였다.

19

다음에서 설명하는 문화유산을 지도에서 옳게 찾은 것은?

국보 제3호인 이 비석은 진흥왕 대의 영토 확장을 보여준다. 조선후기 김정희에 의해 고증되기 전까지는 무학대사왕심비 등으로 알려져 있었다.

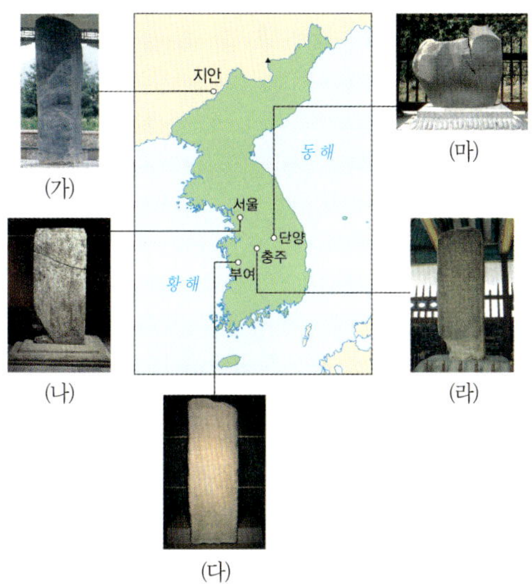

① (가) ② (나) ③ (다)
④ (라) ⑤ (마)

(나)의 북한산비는 신라 진흥왕이 백제가 점유하던 한강 하류 지역을 차지하고 세운 비로, 조선 후기 추사(秋史) 김정희가 고증하기 전까지 무학대사왕심비로 불렸다.

① (가) 광개토 대왕릉비 : 고구려 장수왕이 아버지인 광개토 대왕의 치적을 칭송하기 위해 세운 비로 만주 지안현 통구에 위치해 있다.

③ (다) 사택지적비 : 백제 의자왕 때 사택지적이라는 사람이 세월의 덧없음을 한탄하면서 만든 비로서, 도교의 노장사상을 반영하고 있다.

④ (라) 중원 고구려비 : 장수왕은 백제의 수도 한성을 함락하고, 한강 전 지역을 포함하여 죽령 일대로부터 남양만을 연결하는 선까지 장악하였는데, 중원 고구려비를 통해 이러한 고구려의 한강 유역 진출을 확인할 수 있다.

⑤ (마) 단양 적성비 : 신라 진흥왕이 고구려의 영토였던 남한강 상류 지역인 단양 적성을 점령하고 세운 비이다.

진흥왕 순수비(眞興王巡狩碑)

진흥왕이 새로 넓힌 영토를 직접 돌아보고 세운 비석(척경비)으로, 현재 창녕비 · 북한산비 · 황초령비 · 마운령비 등 4기가 남아있다. '순수'란 천자가 제후의 봉지(封地)를 직접 순회하면서 현지의 통치 상황을 보고 받는 의례로 순행(巡行)이라고도 한다. 순수비란 순수를 기념하여 세운 비석을 말하는데, 진흥왕 순수비의 비문 속에 나타나는 '순수관경(巡狩管境)'이란 구절에서 비롯되었다.

20

다음 전시회에 전시될 사진으로 적절한 것은?

특별 사진전

사진으로 보는
고구려의 도교 문화

도교는 세시 풍속과 신앙, 예술 등 우리 전통 문화 형성에 적지 않은 영향을 미쳤습니다. 우리 ○○ 박물관에서는 고구려의 도교 문화를 살펴볼 수 있는 특별 사진전을 마련하였습니다. 관심 있는 분들의 많은 관람 바랍니다.

- 기간: 2016년 △△월 △△일~△△일
- 장소: ○○ 박물관

① 

② 

③ 

④ 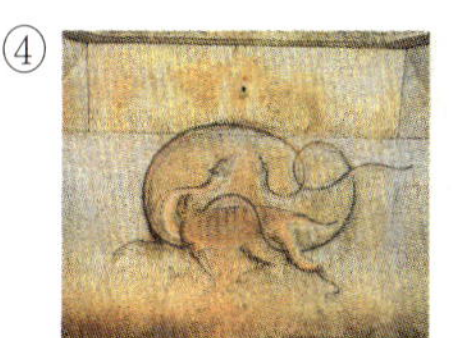

⑤ 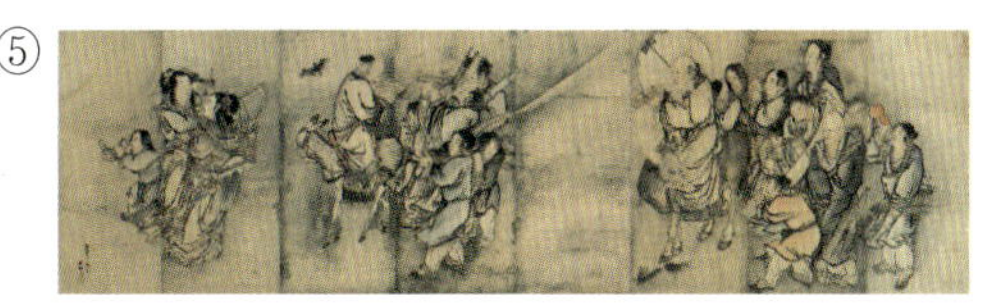

고구려 영류왕 때 도교가 전래되었으며, 보장왕 때에는 연개소문의 요청으로 불교 세력을 누르기 위해 도교를 장려하기도 하였다. 강서대묘의 사신도는 도교의 영향을 받은 고구려 벽화로 색의 조화가 뛰어나며 정열과 패기를 지닌 걸작이다.

① 고려 시대의 청자로 두 손에 선도(仙桃)를 받쳐 든 인물 모양의 주전자이다. 봉황이 장식된 관과 선도를 받쳐 든 모습에서 도교의 대표적 여자 신선인 서왕모일 것으로 추정된다.

② 부여의 능산리 절터에서 발견된 금동 대향로는 백제의 금속 공예 기술이 중국을 능가할 정도로 매우 뛰어났음을 보여 주는 걸작품으로, 불교와 도교의 요소를 반영하고 있다.

③ 충남 부여의 사비시대 절터에서 출토된 벽돌로, 불교적 요소와 도교적 요소를 함께 갖추고 있다. 산수 무늬의 화려한 장식은 당시 백제인들의 문화 수준과 이상적인 정신세계를 반영한다.

⑤ 조선 후기 화가 김홍도가 그린 신선도의 대표작으로, 서왕모의 반도회에 초대를 받고 약수를 건너는 신선들의 모습을 그린 수묵담채화이다.

강서대묘의 사신도(四神圖)

사신도는 각각 동 · 서 · 남 · 북의 방위를 지키는 사방위신(四方位神)인 청룡 · 백호 · 주작 · 현무를 그린 고분벽화이다. 이는 무덤의 사방을 수호하는 영물(靈物)을 그린 것으로, 도교의 영향을 받아 죽은 자의 사후 세계를 지켜준다는 믿음을 담고 있다.

정답 17 ④ • 18 ③ • 19 ② • 20 ④

21

(가)에 들어갈 문화유산으로 옳은 것은?

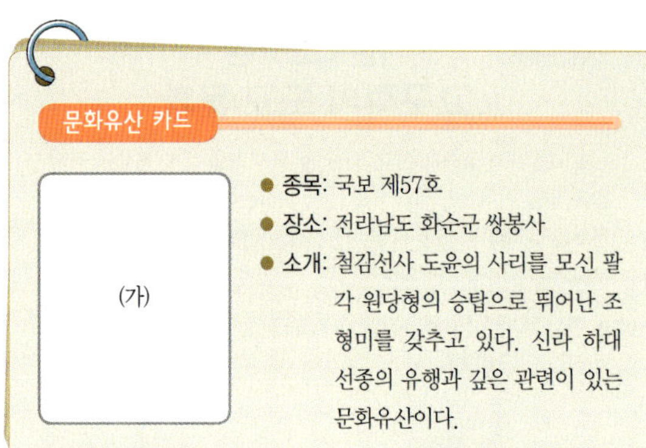

문화유산 카드
(가)
● 종목: 국보 제57호
● 장소: 전라남도 화순군 쌍봉사
● 소개: 철감선사 도윤의 사리를 모신 팔각 원당형의 승탑으로 뛰어난 조형미를 갖추고 있다. 신라 하대 선종의 유행과 깊은 관련이 있는 문화유산이다.

① 

② 

③ 

④ 

⑤ 

 화순 쌍봉사 철감선사탑은 전라남도 화순군의 쌍봉사에 있는 통일 신라의 승탑으로, 철감선사 도윤의 사리가 봉인되어 있다. 8각 원당형에 속하는 통일 신라 시대의 부도 중에서 조식이 화려한 걸작품으로 신라 신라 하대 선종의 유행과 깊은 관련이 있다.

② 신라 경덕왕 때 김대성이 불국사에 세운 석탑으로 다보여래의 사리를 모셔 두고 있다. 한국의 석탑 중 일반형을 따르지 않고 특이한 형태를 가진 걸작이다.

③ 발해의 수도였던 상경에 남아 있는 석등은 8각의 기단 위에 볼록한 간석을 두고 연꽃을 조각하여 고구려의 영향을 받았으며, 발해 석조 미술의 대표로 꼽힌다.

④ 전남 구례군의 화엄사 각황전 앞에 있는 통일 신라 시대의 석등으로, 한국에 현존하는 석등 중 가장 크다.

⑤ 강원도 평창의 월정사 대웅전 앞뜰에 있는 고려 시대의 석탑으로 고려 시대 평양 지역을 중심으로 유행하던 팔각다층석탑의 양식 가운데 가장 남쪽에 건립되었다.

22

다음과 관련된 사상에 대한 설명으로 틀린 것은?

산세와 수세를 살펴 도읍, 주택, 묘지 등을 선정하는 인문 지리적 학설로서, 국토를 지방 중심으로 재편성할 것을 주장하기도 하였다.

① 신라 하대 중앙 정부의 권위를 약화시키는 구실을 하였다.

② 신라 말기 중국에서 도선과 같은 선종 승려들이 들여왔다.

③ 고려 말 북진 정책의 퇴조와 함께 새로이 한양 길지설이 대두하였다.

④ 묘청의 서경 천도 운동에 영향을 주었다.

⑤ 지방 호족들의 이념적 지주가 되면서 지방 중심으로 발전하였다.

 제시문은 풍수지리설에 관한 설명이나, ⑤는 신라 말의 선종(禪宗) 불교에 관한 내용이다.

23

다음에서 설명하고 있는 것은 무엇인가?

이 고분은 다른 고분의 침수를 막기 위해 배수로 공사를 하던 중 우연히 발견하게 되었다. 벽돌로 쌓아 만든 전축분으로 만들었다. 벽돌무덤은 중국 남조의 영향을 받은 것인데, 주로 연꽃을 소재로 한 무늬들로 표면을 장식하였기 때문에 전체적으로 화려하고 세련된 아름다움을 느끼게 한다. 또한, 지석이 발견되어, 무덤이 언제 만들었는지 누가 만들었는지 누가 묻혀있는지 등의 정확한 사실과 연대를 알 수 있다. 또한 그 시대의 사회상, 문화상 등 역사적인 사실들을 입증하는 유물들도 상당수 발견되었다.

① 강서대묘　② 무령왕릉　③ 장군총

④ 천마총　⑤ 김유신묘

 제시문은 백제의 무령왕릉에 관한 설명이다. 무령왕릉은 1971년 공주 송산리 고분군에서 처음 발견되었는데, 연꽃 등 우아하고 화려한 무늬를 새긴 벽돌로 쌓은 중국 남조 양식의 벽돌무덤(전축분)이며, 금관 장식, 귀고리, 팔찌, 양나라 동전, 토지 매지권 등 3천여 껴묻거리가 출토되어 당시 문화의 특성을 엿볼 수 있게 한다.

24

다음 유적에 대한 설명으로 옳은 것은?

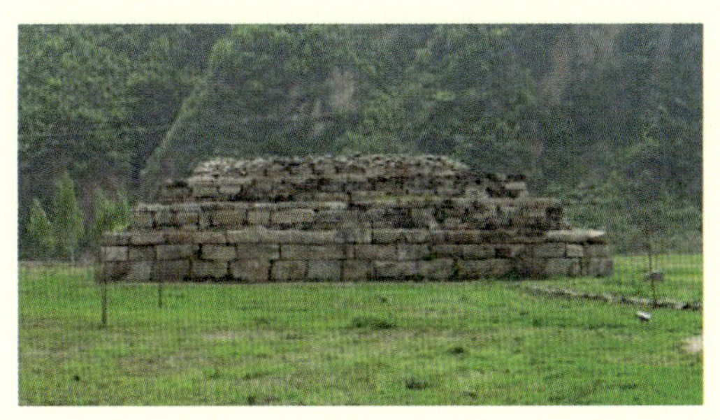

① 고구려 후기의 대표적인 고분 양식을 보여 준다.
② 땅을 파지 않고 시체를 지상에 안치한 것이 특징이다.
③ 구조상 도굴이 어려워 발굴할 경우 많은 유물이 출토된다.
④ 무덤 주인공의 시체가 안치된 공간에 벽화가 많이 그려졌다.
⑤ 부부 합장이 불가능하여 두 개의 무덤을 덧붙여서 만든 경우도 있다.

제시된 사진은 고구려나 백제 초기의 고분 양식의 돌무지무덤이다. 대표적인 돌무지무덤으로는 고구려의 장군총과 백제 석촌동 고분을 들 수 있다. 돌무지무덤은 땅을 파지 않고 돌을 정밀하게 쌓아 올린 형태의 석총이다.

① 돌무지무덤은 고구려 초기의 대표적인 고분 양식이며, 후기로 갈수록 점차 굴식돌방무덤으로 바뀌었다.
③ 도굴이 어려워 대부분 껴묻거리(부장품)가 많이 남아 있는 것은 신라의 고분 양식인 돌무지덧널무덤(적석목곽분)이다.
④ 장군총 등 돌무지무덤은 벽화가 없는 것이 특징이다.
⑤ 부부 합장(夫婦合葬)이 불가능하다고 볼 수는 없다. 압록강의 지류인 독로강 유역에 위치하는 고구려의 무덤인 심귀리고분군에서는 돌무지무덤과 굴식돌방무덤 40기가 발굴되었는데, 돌무지무덤 중 형태가 잘 남아 있었던 78호분의 경우에서 2개의 돌덧널에서 부부 합장이 이루어진 형태가 발굴되었다.

25

다음과 같은 무덤에서 출토된 유물로 가장 알맞은 것은?

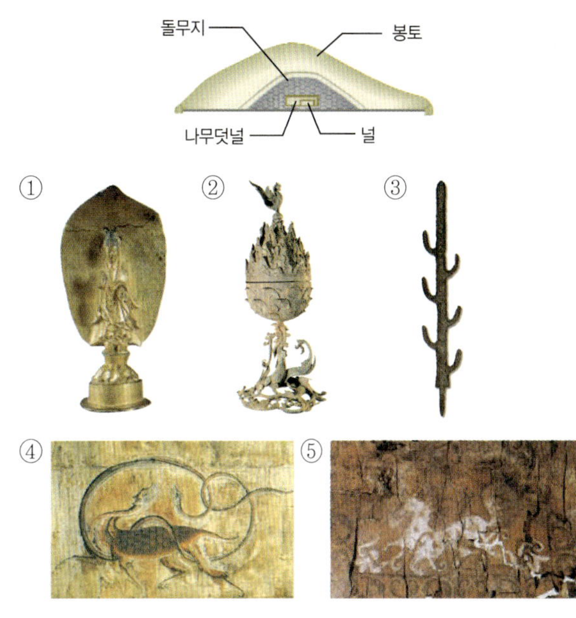

제시된 무덤은 신라의 돌무지 덧널무덤인데, ⑤의 그림은 신라의 돌무지 덧널무덤인 천마총에서 출토된 천마도이다. 돌무지 덧널무덤은 지하에 무덤관을 판 후 나무 덧널을 넣고 돌로 덮은 다음 그 바깥을 봉토로 씌우는 무덤양식이다. 굴 안으로 들어갈 수 있는 통로가 없어 추가 매장이 어려우며, 도굴도 어려워 부장품이 다수 출토되고 있다. 한편 ①은 고구려의 연가7년명금동여래입상이며 ②는 백제 금동대향로, ③은 백제의 칠지도, ④는 고구려의 고분벽화인 사신도(현무도)이다.

돌무지 덧널무덤(적석목곽분)

신라에서 주로 만든 무덤으로 지상이나 지하에 시신과 껴묻거리를 넣은 나무 덧널을 설치하고 그 위에 냇돌을 쌓은 다음 흙으로 덮었다. 공간이 부족해 방이 따로 없으며, 벽화도 없는 것이 특징이다. 또한 도굴이 어려워 대부분 껴묻거리(부장품)가 그대로 남아 있다.

정답 21 ① • 22 ⑤ • 23 ② • 24 ② • 25 ⑤

◀ 고려 청자칠보투각향로

3마리의 토끼가 떠받치고 있는 3릉(稜) 화반(花盤) 위에 앙연화판(仰蓮華瓣)으로 겹겹이 싸여 있는 화사(火舍)가 놓여 있는 형식의 향로이다.

이 작품도 상감청자의 일종으로 볼 수 있는데 고려청자에서는 드물게 보이는 수다스럽게 다양한 기교를 부린 작품이라고 할수 있다.

이런작품의 생산지는 확인하기 어려우나 전남(全南) 강진군(康津郡) 대구면(大口面) 사당리(沙堂里) 요지(窯址)에서 이 향로의 토끼발 형상과 흡사한 파편이 발견된 적이 있다.

중세 고려 시대

1장. 중세 고려의 정치
2장. 중세 고려의 경제
3장. 중세 고려의 사회
4장. 중세 고려의 문화

중세 고려의 정치

암기 Plus

후삼국 성립의 배경

- 신라 말의 혼란과 쇠락 속에서 후백제와 후고구려가 건국되었고, 신라는 경주 일대만을 통치하며 명맥을 유지
- 중국은 5대 10국의 분열기였으므로, 외세의 간섭 없이 성립과 통일의 과정을 거침

궁예의 탄생

궁예는 신라 사람으로 성은 김 씨이다. 아버지는 헌안왕 또는 경문왕이라고 한다. 그는 단옷날 외가에서 태어났는데, 그가 탄생하던 때 하얀 무지개가 집 위에서 하늘 위로 뻗쳐 나갔다. 이를 보고 점을 치는 이가 말하기를, 나라에 이롭지 못한 징조라 기르지 않는 것이 좋겠다고 하였다. 왕은 신하를 시켜 그 집에 가 아이를 죽이라고 명령했다. 신하는 강보에 싸인 궁예를 다락 아래로 던졌는데, 이때 유모가 아이를 받다가 손가락으로 아이의 눈을 찔러 궁예는 한쪽 눈이 멀었다고 한다. 유모는 그 아이와 함께 멀리 도망하여 살았다. -「삼국사기」-

후고구려의 세력 기반

반신라적 감정을 자극해 옛 고구려 호족 세력을 결집하고, 초적·도적을 기반으로 군진 세력과 연결

견훤과 궁예의 공통 한계

- 포악한 성격, 가혹한 수탈
- 수취체제 개선 실패(민심 수습 실패)
- 개국 이념의 부재와 개혁 주도 세력의 부재
- 국가 운영의 경륜 부족

❶ 중세 고려의 성립

1. 후삼국의 성립과 소멸

(1) 후삼국의 성립

① 후백제의 성립과 발전

㉠ **건국(900)** : 상주 지방의 호족인 견훤이 완산주(→ 지금의 전주)를 근거로 건국

㉡ **발전** : 전라도·충청도의 대부분을 차지하고 신라 효공왕 4년(900)에 정식으로 후백제왕을 칭하며 관직을 설치하고 국가 체제를 완비, 신라를 자주 침공하였고, 후당·오월과 국교를 맺어 서남해 해상권을 장악하고 거란·왜와도 교류

② 후고구려의 성립과 발전

㉠ **건국(901)** : 신라의 왕자이던 궁예가 초적 세력을 기반으로 송악에서 건국

㉡ **발전** : 국호를 마진, 연호를 무태·성책으로 하였다가, 수도를 철원으로 옮긴 후 국호를 태봉, 연호를 수덕만세·정개로 개칭(911)

태봉의 기관

기관	역할 및 기능	고려의 해당 기관
광평성	• 태봉의 국정 최고 기관 • 장은 광치내(수상)	중서문하성
대룡부	인구와 조세	호부
수춘부·봉빈부	교육, 외교	예부
병부	군사	병부
납화부·조위부	재정	호부, 삼사
장선부	수리, 영선	공부
의형대	형벌	형부

※ 이외에도 기타 물장성(토목·건축), 원봉성(서적 관리), 비룡부(왕명·교서) 등이 존재

(2) 후삼국의 멸망

① **후고구려의 멸망(918)**

㉠ 지나친 미신적 불교(미륵 신앙)를 이용한 전제 정치와 폭정

㉡ 전쟁 수행을 위한 과도한 조세 수취로 민심 이반

㉢ 호족의 토착 기반이 부재(→ 송악 지방의 호족 출신인 왕건에 의해 멸망)

② **백제의 멸망(936)** : 고구려와 선산 싸움에서 견훤의 아들 신검이 패배하고, 견훤이 항복

2. 고려의 성립과 통일

(1) 왕건의 등장과 고려의 성립

① 왕건은 궁예를 몰아내고 왕위에 오른 뒤 고구려 계승을 내세워 국호를 고려라 하고(918), 자신의 세력 근거지였던 송악으로 천도

② 송악 지방의 호족 출신인 왕건은 궁예나 견훤과는 달리 호족적 기반과 새로운 사회 건설의 철학을 가지고 있었음

(2) 왕건의 통일 정책

① **대내적** : 지방 세력의 흡수 · 통합

② **대외적**

㉠ 중국의 여러 나라들과 외교 관계를 맺어 대외 관계의 안정을 꾀함

㉡ 궁예와 달리 신라에 대하여 적극적인 우호 정책

㉢ 후백제와는 대립 정책

(3) 후삼국의 통일

① **신라의 병합(935)** : 경순왕이 고려에 항복(→ 이후 신라 왕실과 귀족을 적극적으로 포용)
→ 경주의 사심관으로 임명됨

② **후백제의 정벌(936)** : 선산에서 신검군을 섬멸(→ 후백제인은 상대적으로 냉대)

③ **민족의 재통일**

㉠ 발해가 거란에 멸망 당했을 때(926) 고구려계 유민을 비롯해 많은 관리 · 학자 · 승려 등이 고려로 망명

㉡ 발해의 왕자 대광현을 우대하여 동족 의식을 분명히 함

㉢ 후삼국뿐만 아니라 발해의 고구려계 유민들까지 포함한 민족의 재통일

㉣ 중국(5대 10국)의 간섭을 받지 않고 자주적으로 통일

3. 태조의 정책

(1) 민족 융합 정책(중앙 집권 강화 정책)

① **호족 세력의 포섭 · 통합** : 개국공신과 호족의 관리 등용

㉠ 유력한 호족과 통혼 정책(정략 결혼 정책)

㉡ 지방 중소 호족의 향촌 자치의 부분적 허용

㉢ **경제적 기반 제공** : 공신들에게 역분전(役分田)을 지급

㉣ **지방 호족 세력의 회유 · 견제** : 사심관 제도와 기인 제도를 활용

사심관 제도와 기인 제도

- **사심관 제도** : 중앙의 고관을 출신지의 사심관으로 임명하고 그 지방의 부호장 이하 관리의 임명권을 지니도록 하고, 향리 감독, 풍속 교정, 부역 조달 등의 임무와 지방의 치안 · 행정에 책임을 지도록 한 것이다. 왕권의 유지를 위한 호족 세력의 회유책의 일환으로 신라 마지막 왕인 경순왕을 경주의 사심관에 임명한 것이 시초였다. 이는 조선 시대 유향소와 경재소로 분화되었다.
- **기인 제도** : 지방 호족에게 일정 관직(호장 · 부호장)을 주어 지방 자치의 책임을 맡기는 동시에 지방 호족과 향리의 자제를 인질로 뽑아 중앙에 머무르게 한 것으로, 왕권 강화를 위한 제도라 할 수 있다. 이는 신라의 상수리 제도를 계승한 것으로 볼 수 있다.

② **왕권의 안정과 통치 규범의 정립**

㉠ **역분전 지급** : 공로나 충성도, 인품 등을 기준으로 개국공신이나 관리 등에게 지급하여 이를 매개로 지배체제 안으로 편입

㉡ 교육 제도 정비, 학교 설치(개경 · 서경)

㉢ **정계(政誡)와 계백료서(誡百僚書)** : 신하들의 임금에 대한 도리를 강조(부전)

㉣ **훈요 10조** : 후대 왕들이 지켜야 할 정책 방향을 제시

(2) 민생 안정책(애민 정책)

① **취민유도(取民有度)** : 가혹한 조세 제도 개혁 · 시정(세율을 10분의 1로 인하)
→ 백성에게 조세를 수취할 때에 일정한 법도가 있어야 한다는 유교적 민본 이념

민족 재통일의 의의
- 민족 화합 유도(후삼국의 통합 및 발해 유민 등을 포섭)
- 국통은 고구려를, 정통은 신라를 계승
- 영토의 확장(신라 시대 대동강 선에서 청천강~영흥만 선으로 확장)
- 골품 제도의 극복과 수취 체제의 개혁
- 호족이 문벌귀족화하여 역사의 주역으로 등장
- 고대 사회에서 중세 사회로의 새로운 사회 건설 방향을 제시

태조의 4대 정책
- 민족 융합 정책(중앙 집권 강화 정책)
- 애민 정책
- 북진 정책
- 숭불 정책

훈요 10조
- 대업은 제불 호위(諸佛護衛)에 의하여야 하므로, 사원을 보호 · 감독할 것
- 사원은 도선의 설에 따라 함부로 짓지 말 것
- 왕위 계승은 적자(嫡子) · 적손(嫡孫)을 원칙으로 하되 마땅하지 아니할 때에는 형제상속으로 할 것
- 거란과 같은 야만국의 풍속을 본받지 말 것
- 서경은 수덕(水德)이 순조로워 중요 곳이 되니 철마다 가서 100일이 넘게 머무를 것
- 연등(燃燈)과 팔관(八關)은 주신(主神)을 함부로 가감하지 말 것
- 간언(諫言)을 받아들이고 참언(讒言)을 물리칠 것이며, 부역을 고르게 하여 민심을 얻을 것
- 차현(車峴 차령) 이남의 인물은 조정에 등용하지 말 것
- 관리의 녹(祿)은 그 직무에 따라 제정하되 함부로 증감하지 말 것
- 경사(經史)를 널리 읽어 옛 일을 거울로 삼을 것

만부교 사건

발해를 멸망시킨 거란이 고려와 교류하기 위해 사신을 보냈으나, 태조가 사신을 귀양보내고 선물로 보낸 낙타를 만부교에 묶어 두어 아사하도록 한 사건

② **흑창(黑倉)** : 고구려의 진대법을 계승한 춘대추납의 빈민 구제 기관(→ 의창으로 계승)

③ 전쟁으로 황폐해진 농지를 개간하여 생산력 향상

④ 물자 징발이나 강제 동원, 전쟁 등을 되도록 피함

⑤ 억울하게 노비가 된 사람을 해방시킴

(3) 북진 정책

① 고구려 계승 이념을 표방하고 발해 유민을 적극적으로 포섭

② 서경을 중시하여 북진 정책의 전진 기지로 적극 개발(→ 분사 제도는 태조 때 착수하여 예종 때 완비)

③ 거란 및 여진에 대한 강경책

㉠ **거란에 대한 강경 외교** : 만부교 사건(943)

㉡ **여진족 축출** : 왕식렴 · 유금필로 하여금 여진을 축출하고 청천강에서 영흥에 이르는 국경선을 확보

(4) 숭불 정책

① 불교를 통해 민심을 수습하고 왕실의 안전을 도모

② 불교와 전통적 관습을 중시하고 연등회 · 팔관회 등 불교 행사를 중시(→ 훈요 10조)

③ 법왕사, 왕수사, 흥국사, 개태사 등의 사찰을 건립

④ 도선의 비보설(裨補設)에 따라 전국에 3,000여 개의 비보 사찰 설치

⑤ 승록사(僧錄司)를 설치하여 승적을 관리

→ 고려시대 불교의 제반 사무를 맡아보기 위해 중앙에 둔 관청

4. 광종의 개혁 정치

(1) 광종(949~975)의 왕권 강화

① **왕권의 불안정** : 태조의 뒤를 이은 혜종과 정종 때에는 왕권이 불안정하여 왕규의 난(945) 등 왕자들과 외척들 사이에 왕위 계승 다툼이 발생(→ 태조가 호족 세력 통합을 위해 취한 과도한 혼인 정책의 부작용으로 발생)

② **왕권 강화 정책** : 왕권의 안정과 중앙 집권 체제를 확립하기 위해 혁신적 정책을 추진

㉠ **노비안검법 실시(광종 7년, 956)** : 불법으로 노비가 된 자를 조사하여 양인으로 해방시켜 줌으로써, 호족 세력을 약화시키고 국가의 수입 기반을 확대 및 왕권 강화

㉡ **과거 제도의 실시(958)** : 유학을 익힌 신진 인사를 등용해 호족 세력을 누르고 신구 세력의 교체를 도모

㉢ **백관의 공복 제정(960)** : 지배층의 위계 질서 확립을 목적으로 제정, 4등급으로 구분

㉣ **칭제 건원(稱帝建元)** : 국왕을 황제라 칭하고, 광덕 · 준풍 등 독자적인 연호 사용

㉤ **개국 공신 계열의 훈신 등을 숙청** : 준홍 · 왕동을 모역죄로 제거, 국초의 대표적 공신인 박수경 · 최지몽 등을 제거, 시위군 강화

㉥ 불교의 장려

- **왕사 · 국사 제도 제정(963)** : 혜거를 최초의 국사로, 탄문을 왕사로 임명
- **불교 통합 정책** : 균여로 하여금 귀법사를 창건하여 화엄종을 통합케 하고, 법안종(선종)과 천태학(교종)을 통한 교선 통합을 모색(→ 이후 의천에 의해 통합이 실현됨)

㉦ **주현공부법(州縣貢賦法)** : 국가 수입 증대를 위해 주현에서 백성에게 공부를 부담(→ 주현공거법은 현종 때 실시된 제도로, 향리 자제에게 과거 응시 자격을 부여한 제도임)

(2) 구휼 정책의 시행 및 외교 관계의 수립

① **제위보 설치** : 빈민 구제 기금으로 설치하여 빈민을 구휼

② **송과의 외교 관계 수립(962)** : 주로 문화적 · 경제적 목적에서 수교

경종(975~981)의 전시과 시행과 반동 정치

- **시정전시과 시행** : 전국적 규모로 전 · 현직의 모든 관리에게 등급에 따라 토지를 차등 지급하였는데, 관품 이외에 인품도 고려한 점에서 역분전의 성격이 잔존하였다.
- **반동 정치** : 광종 때 개혁 정치의 주역들이 제거되고 공신계열의 반동 정치가 행해졌다.

암기 Plus

시무 28조의 주요 내용

- 유교적 신분 질서의 확립
- 유교적 덕치, 왕도주의와 도덕적 책임 의식, 민생 안정
- 불교의 폐단을 지적 · 비판(→ 연등회와 팔관회가 폐지됨)
- 대외 관계에서 민족의 자주성 강조(북진 정책 계승, 중국 문화의 취사 선택)
- 중앙 집권적 귀족 정치(→ 왕권의 전제화 반대)
- 지방관 파견과 12목 설치
- 군제 개편
- 호족 세력의 억압과 향리 제도 정비(향직 개편, 호족의 무기 몰수)
- 개국 공신의 후손 등용 등

최승로의 5조 정적평(五朝政績評)

태조부터 경종에 이르는 5대 왕의 치적에 대한 잘잘못을 평가한 글이다.

5. 성종의 유교 정치

(1) 성종의 국정 쇄신

① 국정의 주도

㉠ 6두품 출신의 유학자들이 국정을 주도하면서 유교 정치 실현

㉡ 국정의 쇄신을 위하여 5품 이상의 관리로 하여금 정치에 대한 비판과 정책을 건의하는 글을 올리게 함

② 최승로의 시무 28조 채택 : 유교 정치 이념의 확립

㉠ 유교 진흥과 재정 낭비를 가져오는 불교 행사의 억제를 요구하는 건의가 대부분 수용됨

㉡ 특히, "불교는 수신(修身)의 본이요, 유교는 이국(理國)의 본인데 현실을 무시하고 어찌 불교 행사를 일삼겠는가."라고 하여 유교 정치 이념을 강조

외관 설치 및 지방관 파견(시무 28조)

왕이 백성을 다스리는 데 집집마다 찾아가 매일같이 돌보는 것은 아니므로 수령을 나누어 보내 백성들의 이해를 살피게 하는 것입니다. 그러므로 우리 성조(聖祖)께서도 통합한 뒤에 외관을 두고자 하였으나, 대개 초창기였으므로 일이 번거로워 겨를이 없었습니다. 지금 가만히 보건대 향호(鄕豪)가 매양 공무를 빙자하고 백성을 침포(侵暴)하니 그들이 견뎌 내지 못합니다. 청컨대, 외관을 두소서. 비록 일시에 다 보내지 못한다 하더라도 먼저 여러 주현을 아울러 한 사람의 관원을 두고, 그 관원에 각기 2~3원을 설치하여 애민하는 일을 맡기소서.

(2) 중앙 집권 체제의 확립

① 중앙 정치 기구의 개편

㉠ **2성 6부의 중앙 관제 마련** : 당의 제도(3성 6부)를 기반으로 태봉과 신라의 제도를 참작

㉡ **중추원과 삼사(三司) 설치** : 송의 관제를 모방

㉢ **도병마사와 식목도감** : 고려의 독자적 기구

㉣ **6위의 군사 제도 정비** : 목종 때 2군을 정비하여 2군 6위의 군사 제도 완비

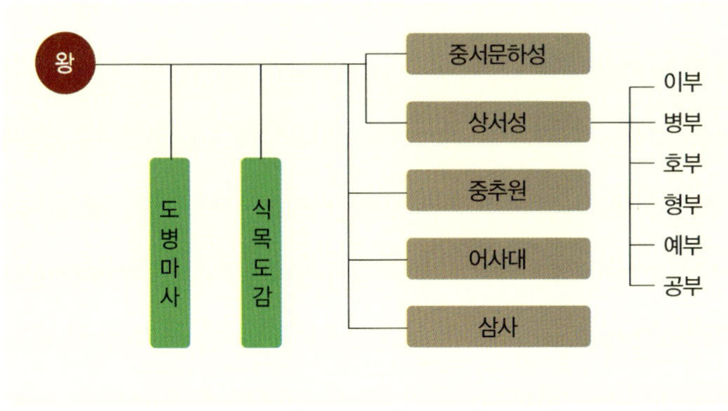

② 지방 제도 정비

㉠ 시무 28조의 건의에 따라 전국에 12목을 설치하고 지방관(목사)을 파견

㉡ **향직개편** : 지방 중소 호족을 향리로 편입(격하)하여 통제

③ 분사 제도(分司制度)

㉠ 서경을 중시하기 위해 서경(지금의 평양)에 분사(分司)를 두고 부도읍지로서 우대(중앙 정부와 유사한 행정 기구를 설치)

㉡ 태조 때부터 시작하여 서경 천도를 주장한 묘청의 난을 계기로 한때 폐지

④ **유학 교육의 진흥** : 개경에 국립대학인 국자감을 개설하고 도서관으로 비서원(개경)과 수서원(서경) 설치

㉠ 지방에 경학박사와 의학박사를 파견하여 지방 호족 자제를 교육

㉡ 유학 진흥을 위해 문신월과법(文臣月課法)을 실시

㉢ 과거 제도를 정비하고 교육장려교서를 내림

⑤ **사회 시설의 완비** : 흑창을 확대한 빈민 구제 기관인 의창을 설치하고 개경과 서경, 12목에 물가 조절 기관인 상평창(常平倉) 설치

⑥ **권농 정책** : 호족의 무기를 몰수하여 농구를 만들고 기곡(祈穀) · 적전(籍田)의 예를 실시하여 농사를 권장

⑦ **노비환천법의 실시** : 해방된 노비가 원주인을 모독하거나 불손할 때 다시 천민으로 만드는 법(→ 노비안검법과 달리 왕권 강화와 무관함), 최승로의 건의로 채택

⑧ **건원중보 주조** : 최초의 화폐(철전)로 주조하였으나, 거의 쓰이지 못함

암기 Plus

문신월과법
문신의 자질을 향상하기 위해 문신들에게 매월 시부를 지어 바치게 한 제도

최승로의 노비환천법의 건의안
천예(賤隷)들이 때나 만난 듯이 윗사람을 능욕하고 저마다 거짓말을 꾸며 본주인을 모함하는 자가 이루 헤아릴 수 없었습니다. …… 바라건대, 전하께서는 옛일을 심각한 교훈으로 삼아 천인이 윗사람을 능멸하지 못하게 하고, 종과 주인 사이의 명분을 공정하게 처리하십시오. …… 전대에 판결한 것을 캐고 따져서 분쟁이 열리지 않도록 해야 하겠습니다.

암기 노트

서희의 강동 6주 회복
고려 건국 초기에 영토는 청천강 이남이었으나, 성종 때 서희가 거란과의 담판에서 강동 6주(흥화, 용주, 통주, 철주, 귀주, 곽주)를 영토화하여 국경이 압록강 이남으로 확대되었다.

기출문제 | 고급 | [2점]

밑줄 그은 '왕'의 업적으로 옳은 것은?

> 왕이 명령하기를, "……경관 5품 이상은 각기 봉사를 올려 시정(時政)의 잘잘못을 논하라."라고 하였다. …… 최승로가 올린 글의 대략은 다음과 같다. "…… 이제 앞선 5대 조정(朝廷)의 정치와 교화에 대해서 본받을 만한 좋은 행적과 경계할 만한 나쁜 행적을 삼가 기록하여 조목별로 아뢰겠습니다. ……"
>
> – 『고려사절요』 –

① 12목을 설치하고 지방관을 파견하였다.
② 관학 진흥을 위해 양현고를 설치하였다.
③ 왕권 강화를 위해 노비안검법을 실시하였다.
④ 신돈을 등용하고 전민변정도감을 설치하였다.
⑤ 빈민을 구제하기 위해 흑창을 처음 설치하였다.

[고려 성종의 업적]

암기공식
최승로의 시무28조 : 12목 설치, 지방관 파견 ⇒ 고려 성종

| 정답 해설 |
고려 성종은 최승로의 시무 28조에 따라 전국에 12목을 설치하고 지방관(목사)을 파견하였다. 성종 때에는 신라 6두품 출신의 유학자들이 국정을 주도하면서 국정 쇄신과 유교 정치를 실현하였다.

| 오답 해설 |
② 고려 예종 때 교육 장학 재단인 양현고를 두어 관학의 재정 기반을 강화하였고, 전문 강좌인 7재(七齋)를 개설하였다.
③ 광종은 노비안검법을 실시하여 양인이었다가 불법으로 노비가 된 자를 조사하여 해방시켜 줌으로써, 호족 · 공신 세력을 약화시키고 국가 재정 수입 기반을 확대하였다.
④ 고려 공민왕 때 신돈을 등용하여 전민변정도감을 설치하고, 권문세족에게 빼앗긴 토지와 노비를 본래의 소유주에게 돌려주거나 양민으로 해방시켰다.
⑤ 태조는 민생 안정을 위해 흑창(黑倉)을 처음 설치하였는데, 흑창은 고구려의 진대법을 계승한 춘대추납의 빈민 구제 기관이다.

정답 ①

❷ 통치 체제의 정비

1. 중앙 정치 조직

(1) 중서문하성과 상서성

① 중서문하성(재부) : 최고 관서로서 그 장관인 문하시중이 국정을 총괄(백관 통솔, 서정 총괄)

㉠ 재신(2품 이상) : 국가의 정책 심의 · 결정

㉡ 낭사(3품 이하) : 정치를 비판하고 감시 · 견제

② 상서성 : 실제 정무를 나누어 담당하는 6부를 두고 정책의 집행을 담당, 장은 상서령

③ 6부 : 각 부의 장관은 상서(尙書), 차관은 시랑(侍郞)이며, 6부의 중심인 이부와 병부를 합하여 정조(政曹)라 함

④ 2성 6부는 당의 3성 6부제를 모방한 것임

(2) 중추원(中樞院)과 삼사(三司)

① 중추원 : 2품 이상의 추신(또는 추밀, 군사 기밀 담당)과 3품 이하의 승선(왕명 출납을 담당하는 비서)으로 구성, 장은 판원사

② 삼사 : 전곡(화폐와 곡식)의 출납에 대한 회계와 녹봉관리를 담당, 장은 판사

③ 중추원과 삼사는 송의 제도를 모방한 것임

(3) 도병마사와 식목도감

① 도병마사(都兵馬使) : 국방 문제를 담당하는 임시 기구(성종 때 처음 시행))

㉠ 무신정변 후 중추원(추신 7인)과 중서문하성(재신 5인)이 참여하는 재추 합의 기구(군정 기구의 기능)로 발전

㉡ 고려 후기인 원 간섭기에 도평의사사(도당)로 개편되면서 구성원이 확대되고 국정 전반에 걸친 중요 사항을 담당하는 최고 상설 정무 기구로 발전

② 식목도감(式目都監) : 법의 제정이나 각종 시행 규정을 다루고 국가 중요 의식을 관장, 장은 사

③ 도병마사와 식목도감은 고려의 독자적 제도

(4) 기타 기관

① 어사대(御史臺) : 정치의 잘잘못을 논하고 관리들의 비리를 감찰, 장은 판사

② 삼사 : 화폐와 곡식의 출납에 대한 회계를 담당하며, 장은 판사

③ 한림원(翰林院) : 국왕의 교서와 외교 문서를 관장, 장은 판원사

④ 춘추관 : 사관(史館)으로 역사 편찬을 관장, 장은 감수국사

⑤ 통문관(通文館) : 거란 · 여진 · 왜어 · 몽골어 등의 통역관을 양성하는 곳

⑥ 보문각(寶文閣) : 경연(經筵)과 장서(藏書)를 관장, 장은 대제학

⑦ 사천대 : 천문관측을 담당, 장은 판사

2. 지방 행정 조직

(1) 지방 행정 조직의 정비

① 성종(981~998) : 지방의 행정 조직도 성종 초부터 정비되기 시작

㉠ 3경(三京) : 풍수지리설에 따라 개경(개성) · 서경(평양) · 동경(경주)을 설치

㉡ 전국에 12목을 설치하고 지방관 파견

암기 Plus

재추
- 중서문하성(재부)과 중추원(추부)을 합쳐 재추를 구성
- 동시에 도병마사와 식목도감을 구성(→ 재추 합의 기구로서 고려 귀족정치의 특징을 보여주는 독자적인 제도)

6부의 구성
- **이부** : 문관의 인사, 공훈(이부의 속사 : 고공사)
- **병부** : 무관의 인사, 군역, 부역
- **호부** : 호구, 조세, 화폐
- **형부** : 법률, 소송, 노비(형부의 속사 : 도관)
- **예부** : 외교, 교육, 과거, 제사
- **공부** : 토목, 건축, 간척

조선시대의 삼사

조선 시대의 삼사는 사헌부 · 사간원 · 홍문관을 지칭하며, 언론과 감찰 · 간쟁을 담당함

대간(臺諫)

어사대의 관원은 중서문하성의 낭사(郎舍)와 함께 대간(대성)으로 불리면서, 간쟁 · 봉박 · 서경권을 가짐(→ 견제를 통한 균형 유지)
- **간쟁(諫爭)** : 왕의 잘못을 논하는 일(직언)
- **봉박(封駁)** : 잘못된 왕명을 시행하지 않고 되돌려 보내는 일(거부권)
- **서경권(署經權)** : 모든 관리 임명 및 법령의 개폐 · 국왕의 대관식 등에 대한 동의권(→ 조선 시대에는 5품 이하의 당하관 임명에 행사하나, 고려 시대에는 모든 관리의 임명에 동의권 행사 가능)

감찰 · 탄핵기구
- **통일 신라** : 사정부
- **발해** : 중정대
- **고려** : 어사대
- **조선** : 사헌부

고려의 안찰사와 조선의 관찰사

- **안찰사** : 안찰사는 지방 행정 감찰을 위해 파견하였으므로 지방관들에 비해 품계가 낮고(5~6품), 임기가 짧았다(6개월).
- **관찰사** : 임기가 1년으로 종 2품, 감영에 상주하며 감찰과 민정 및 군정의 전권을 행사하였다.

② **현종(1009~1031)** : 5도와 양계와 4도호부, 8목을 완성(→ 지방 제도 완비)

㉠ **5도**

- 행정의 중심이며, 경상도 · 전라도 · 양광도 · 교주도 · 서해도
- 도에는 지방관으로 안찰사(6개월의 임기, 지방 순시 감찰의 임시직)가 파견되며, 아래 주 · 군 · 현과 향 · 소 · 부곡을 둠

㉡ **양계(兩界)**

- 북방 국경 지대의 군사 중심지인 동계 · 북계를 말하며, 지방관으로 병마사를 파견
- 양계 아래 진(국방상의 요충지에 설치한 군사적 특수 지역)과 촌을 둠

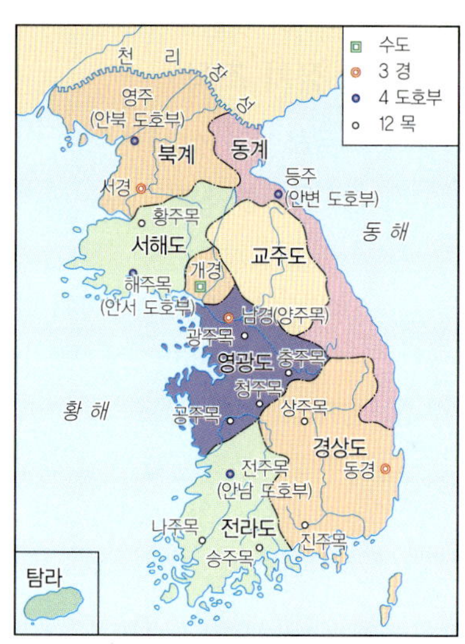

▲ 고려의 5도 양계

※ 고려의 5도 양계는 행정과 군사의 2원적 체계를 보여줌

㉢ **4도호부** : 안북(안주) · 안남(전주) · 안동(경주) · 안변(안변) 등 군사적 방비의 중심지

㉣ **8목** : 광주(廣州) · 청주 · 충주 · 전주 · 나주 · 황주 · 진주(晉州) · 상주 등의 지방 행정의 실질적 중심부이며, 공납(鄕貢選上)의 기능을 담당

향공 : 지방관 시험인 계수관시에 합격한 사람 / 선상 : 지방의 관노비를 중앙에 뽑아 올리는 것

(2) 기타 지방 행정 구역

① **주현(主縣)과 속현(屬縣)**

㉠ 주현은 중앙에서 지방관이 직접 파견한 곳을, 속현은 지방관이 파견되지 않는 곳을 말함

㉡ 주현보다 속현이 더 많아 지방관이 파견되는 인근의 주현을 통하여 간접적으로 통제(→ 실제는 향리가 다스림)

② **향 · 소 · 부곡(특수 행정 구역)**

㉠ 향과 부곡에는 농민들이 주로 거주

㉡ 소(所)는 국가가 필요로 하는 공납품을 만들어 바치는 공장(工匠)들의 집단 거주지

㉢ 향 · 소 · 부곡민은 양인이었으나 일반 군현민과 달리 차별을 받았으며, 향리의 지배를 받음

③ **촌(村)**

㉠ 말단 행정 조직으로, 주 · 군 · 현에는 몇 개의 촌이 있으나 향 · 소 · 부곡에는 1촌인 경우가 대부분

㉡ 주로 지방 유력자인 촌장 등이 자치를 하였는데, 촌장이 있는 촌은 몇 개의 자연촌이 합해진 하나의 행정촌을 구성(→ 지방의 말단 행정 조직은 자연촌이 아닌 행정촌)

㉢ 1촌 1성(姓) 원칙으로 성관(姓貫)이 지방 사회의 지배층을 형성

고려 시대 중앙 집권의 취약성

- 중앙의 지방 지배력이 미약하여 주군 · 주현보다 지방관을 파견하지 않은 속군이나 속현이 더 많았고, 행정 기구가 계층적 · 누층적으로 구성됨
- 안찰사의 권한이 약했음(6개월의 임시직이며 수령보다 낮은 관품을 받음)
- 토호적 성격이 강한 지방 향리가 실권을 행사

(3) 향리(鄕吏)

① **임무** : 조세나 공물의 징수와 노역 징발 등 실제적인 행정 사무 담당(대민 행정실무자)

② **신분** : 신라 말 · 고려 초기의 중소 호족 출신

③ **영향력** : 토착 세력으로서 향촌 사회의 지배층이므로 중앙에서 일시 파견되는 지방관보다 영향력이 컸음

고려와 조선의 향리 비교

고려	조선
• 속현 이하를 실제 관장함 • 외역전 지급 • 조세 · 공물 징수, 요역 징발의 실무 관장 • 노동 부대 일품군의 지휘관을 겸임 • 과거 응시 및 국립 대학에 입학권 부여 • 출세에 법적 제한이 없음	• 수령의 보좌 기관에 불과함 • 외역전의 지급이 없음 • 조세 · 공물 징수, 요역 징발은 수령이 관장함 • 지방군의 지휘권이 없음 • 중앙 양반으로 편입 불가함
지방의 행정 실무를 담당하고, 신분을 세습할 수 있었다는 점은 같음	

| 고급 | [2점]

다음 제도를 운영한 국가의 지방 통치에 대한 설명으로 옳은 것은?

> 6위를 설치하였다. …… 6위에 직원(職員)과 장수를 배치하였다. 그 후에 응양군과 용호군 2군을 설치하였는데, 2군은 6위보다 지위가 높았다.

① 전국을 5경 15부 62주로 나누었다.
② 특수 행정 구역으로 향, 부곡, 소가 있었다.
③ 지방 장관으로 욕살, 처려근지 등을 두었다.
④ 상수리 제도를 실시하여 지방 세력을 견제하였다.
⑤ 수도의 위치가 치우친 것을 보완하기 위해 5소경을 설치하였다.

[고려 시대의 지방 통치]

암기공식
2군 6위 : 중앙군 / 향 · 부곡 · 소 : 특수 행정 구역 ⇒ 고려 시대

| 정답 해설 |
고려 시대의 중앙군은 국왕의 친위대인 2군과 수도의 방비를 담당하는 핵심 주력 군단인 6위로 구성되어 있다. 한편 고려 시대에는 특수 행정 구역으로 향 · 부곡 · 소가 있었는데, 향과 부곡에는 농민들이 주로 거주했고, 소(所)에는 국가가 필요로 하는 공납품을 만들어 바치는 공장(工匠)들이 거주했다.

| 오답 해설 |
① 발해의 선왕(대인수)은 중흥기를 이루어 해동성국이라 불렸고, 5경 15부 62주의 지방 행정 제도를 갖추었다.
③ 고구려는 각 지방의 성(城)이 군사적 요지로 개별적 방위망을 형성하였고, 욕살 · 처려근지 등의 지방관이 병권을 행사하였다.
④ 통일 신라는 지방 세력을 견제 · 통제하고 중앙 집권을 강화하기 위해 각 주 향리의 자제를 일정 기간 금성(경주)에서 볼모로 거주하게 하였다.
⑤ 신라의 수도인 금성(경주)은 한반도 남동쪽에 치우쳐 있으므로 중앙 정부의 지배력이 수도에서 멀리 떨어진 곳까지 미치기 어려웠다. 이러한 지리적 단점을 보완하기 위해 신문왕은 통일 전 2소경을 통일 후 5소경 체제로 정비하였다.

정답 ②

3. 군사 제도

(1) 중앙군(2군 6위)

① 2군(목종) : 응양군 · 용호군 → 국왕의 친위대

② 6위(성종)

㉠ 수도(개경) 및 변방의 방비 : 핵심 군단인 좌우위 · 신호위 · 흥위위

㉡ 경찰(警察) : 금오위

㉢ 의장(儀仗) : 천우위

㉣ 궁궐 수비 : 감문위

암기 Plus

고려 시대의 역(役)

- **의의** : 노동력을 무상으로 동원하는 제도
- **대상** : 16~60세의 정남
- **종류**
  - 군역 : 신분에 따라 부과, 양인개병제에 의한 국방의 의무 성격
  - 요역 : 신분에 관계없이 인정의 수에 따라 부과, 토목 공사 등을 위한 노동력 징발

연호군, 잡색군, 속오군의 비교

- **연호군** : 고려, '농민+노비'의 지방군(양천혼성군)
- **잡색군** : 조선 전기, '양반+노비'의 특수군(농민은 불포함)
- **속오군** : 조선 후기, '양반+농민+노비'의 지방군(양천혼성군)

과거제도의 종류

- **제술업(제술과, 진사과)** : 문예(서술, 문장) 등을 시험하는 문과로, 과거 중 가장 중시(→ 조선의 진사과)
- **명경업(명경과)** : 유교 경전(경서, 논리)을 시험하는 문과(→ 조선의 생원과)
- **잡업** : 법률·회계·지리 등 실용 기술학을 시험하여 기술관 선발
- **승과(僧科)** : 교종시(화엄경으로 시험)와 선종시(전등록으로 시험), 합격 후 '승통'과 '대선사' 등의 승계를 받고 토지를 지급받음
- 무과는 두지 않고(예종 때 일시 실시, 공양왕 때 상설), 무학재를 통해 무인 등용

② 편성

㉠ 중앙군은 직업 군인으로 편성되었는데, 군인전을 지급받고 그 역은 자손에게 세습

㉡ 군공을 세워 무신으로 신분을 상승시킬 수도 있는 중류층

③ **중방(重房)** : 2군 6위의 상장군·대장군 등이 모여 군사 문제를 의논하는 무관들의 합좌 회의기구로 무신난 후 군정 기구의 중심이 됨

(2) 지방군

① **조직** : 군적에 오르지 못한 일반 농민으로 16세 이상의 장정들은 지방군으로 조직

② **종류** : 국경 지방인 양계에 주둔하는 주진군과 5도의 일반 군현에 주둔하는 주현군

㉠ **주진군** : 상비군(직업군)으로 좌군·우군·초군으로 구성되어 국경 수비를 전담, 장은 도령

㉡ **주현군** : 지방관의 지휘를 받아 외적을 방비하고 치안을 유지, 각종 노역에 동원

- **정용군(기병)·보승군(보병)** : 치안·방위
- **일품군** : 노역 부대(공병 부대), 향리가 지휘

(3) 특수군

① **광군(光軍)(→ 관장기관 : 광군사)** : 정종 때 거란에 대비해 청천강에 배치한 예비군 성격(30만)으로 귀족의 사병을 징발, 뒤에 지방군(주현군·주진군)으로 편입

② **별무반** : 숙종 때 여진 정벌을 위해 윤관의 건의로 조직(→ 윤관은 여진 정벌 후 9성 설치), 신기군, 신보군, 항마군으로 편성

③ **삼별초** : 최씨 정권의 사병 집단인 야별초가 발전

㉠ 좌·우별초(야별초)에 신의군(귀환 포로)을 합쳐 편성

㉡ 항몽 투쟁 전개(→ 몽골 침입 시 강화에서 반란, 진도·제주에서 대몽 항전 전개)

④ **연호군** : 농한기 농민·노비로 구성된 지방 방위군(양천혼성군)

4. 관리 등용 제도

(1) 과거제도(科擧制度)

① **시행 및 목적**

㉠ **시행** : 광종 9년(958) 후주인 쌍기(雙冀)의 건의로 실시

㉡ **목적** : 호족 세력 억압, 유교적 문치·관료주의 제도화, 신구세력 교체를 통한 왕권 강화

② **응시 자격** : 법제적으로 승려의 자제와 천민을 제외한 양인 이상은 응시 가능(→ 실제로 양인은 유학 교육을 받을 수 없어 응시가 어려움), 제술과나 명경과에는 주로 귀족과 향리의 자제들이 응시, 농민은 주로 잡과에 응시

③ **시험의 실시** : 예부에서 관장하며, 3년에 한 번씩 보는 식년시가 원칙이나 격년시가 유행

④ **좌주(座主)와 문생(門生)**

㉠ 과거급제자(문생)는 시험관인 좌주(지공거)와의 결속을 강화하여 그들의 도움으로 쉽게 관직에 진출

㉡ 좌주와 문생의 관계는 문벌귀족 사회를 발달시킨 독특한 제도이며 조선 초기에 폐지

좌주와 문생 관계

문생이 종백(좌주)을 대할 때는 아버지와 자식 사이의 예를 차린다. … 평장사 임경숙은 4번 과거의 시험관이 되었는데 몇 해 지나지 않아 그의 문하에 벼슬을 한 사람이 10여 명이나 되었고, … 유경이 문생들을 거느리고 들어가 뜰 아래에서 절하니 임경숙은 마루 위에 앉아 있고, 악공들은 풍악을 울렸다. 보는 사람들이 하례하고 찬탄하지 않는 이가 없었다.

-「보한집」-

(2) 음서제도(蔭敍制度)

① 공신과 종실 및 5품 이상 관료의 자손, 즉 아들 · 손자 · 사위 · 동생 · 조카(子 · 孫 · 壻 · 弟 · 姪)에게 주어지는 특혜

② 과거를 거치지 않고도 관료가 될 수 있는 혜택을 받아 관료로서의 지위를 세습

③ 고려 관료 체제의 귀족적 특성을 보여주는데, 조선 시대에는 그 비중이 떨어짐(→ 조선 시대 문음(門蔭)의 대상은 2품 이상의 자손이며, 출세에 있어 과거보다 영향을 덜 미침)

→ 선조나 친척이 국가에 큰 공을 세웠거나 고관직을 얻으면 후손이 일정한 벼슬을 얻게 하는 제도

3 고려의 정치적 변화

1. 문벌귀족 사회의 성립

(1) 새로운 지배층의 형성

① **출신 배경** : 개국 공신이나 지방 호족 출신의 중앙 관료, 신라 6두품 계통의 유학자

② **형성** : 성종 이후 중앙 집권 체제의 확립에 따라 새로운 지배층으로 등장하여 여러 세대에 걸쳐 중앙에서 고위 관직자를 배출하며 문벌귀족을 형성

(2) 사회의 모순과 갈등의 대두

① 문벌귀족의 성장에 따라 사회적 모순과 갈등이 대두

② 과거를 통해 진출한 지방 출신의 관리 중 일부는 왕의 측근 세력이 되어 문벌귀족과 대립

③ 이자겸의 난과 묘청의 난은 이들 정치 세력 간의 대립과 갈등이 표면으로 드러난 사건

2. 이자겸의 난과 서경천도운동

(1) 이자겸의 난(인종 4, 1126)

① 배경

㉠ 문벌귀족 사회의 모순으로 지방 향리 출신의 신진관료와 대립

㉡ 외척 세력으로 권력을 강화(→ 11세기 이래 대표적 문벌귀족인 경원 이씨 가문은 외척으로 80여 년간 집권)

② **결과** : 문벌귀족 사회 붕괴를 촉진하는 계기

㉠ 인주 이씨의 몰락

㉡ 궁궐 소실, 민심의 불안과 하극상의 풍조로 도참(圖讖)이 유행하고 서경천도론 대두

→ 세상과 사람의 운수, 미래에 대한 예언

㉢ 인종은 「유신지교」를 반포하고 혁신 정치를 도모하였으나 실패

암기 Plus

과거제도의 절차
- 1차 시험(향시) : 상공(上貢 · 개경) · 향공(鄕貢 · 지방)을 치름
- 2차 시험(국자감시) : 국자감시는 1차 합격자인 공사(貢士)가 응시
- 3차 시험(동당감시) : 동당감시(東堂監試 · 최후의 禮部試)는 2차 합격자와 국자감의 3년 이상의 수료자가 응시

3장법(三場法)

고려 말에 확립된 향시(鄕試) · 회시(會試 · 監試) · 전시(殿試) 제도

고려 관리 선발 제도의 특성
- 신분에 치중하던 고대 사회와 달리 능력을 중시하는 사회임을 반영
- 문벌귀족 사회의 성격을 반영
- 관직 진출 후 대부분 산관만을 받고 대기하다가 하위의 실직으로 진출

문벌귀족의 특권
- 과거와 음서를 통하여 관직을 독점하고 중서문하성 · 중추원의 재상이 되어 정국 주도
- 관직에 따라 과전, 공음전의 혜택 등의 경제적 독점
- 폐쇄적 혼인 관계 유지, 특히 왕실과 혼인 관계를 맺어 외척(外戚)으로서 성장

문벌귀족 시대의 외척
- **안산 김씨(김은부)** : 현종~문종 4대 50년간 권력 행사
- **경원(인주) 이씨(이자겸)** : 예종 · 인종 2대 80년간 권력 행사
- **기타** : 해주 최씨(최충), 파평 윤씨(윤관), 경주 김씨(김부식) 등

ⓡ 문벌귀족 사회의 모순이 시정되지 못하고 사회가 동요

(2) 묘청의 서경천도운동(인종 13, 1135)

① 배경

㉠ 이자겸의 난 이후 인종은 왕권 회복과 민생 안정을 위한 정치 개혁을 추진

㉡ 이 과정에서 보수 세력과 개혁 세력간 대립 발생

② 서경 세력과 개경 세력과의 대립

구분	개경(開京) 중심 세력	서경(西京) 중심 세력
중심	김부식 · 김인존 등	묘청 · 정지상 등
주장	• 유교적 · 보수적 · 합리주의적 • 金과의 사대 관계(事大關係) 주장 • 문벌귀족 신분(門閥貴族身分)	• 서경천도론 및 길지론(吉地論) 주장 • 자주적 · 진취적 · 북진적 • 금국정벌론(金國征伐論) 주장

③ 경과

㉠ 서경에서 나라 이름을 대위국, 연호를 천개(天開), 군대를 천견충의군이라 하면서 난을 일으킴

㉡ 서경천도 추진(대화궁 건축), 칭제건원과 금국정벌 주장 (→ 군주를 황제라 칭하고 독자적인 연호를 사용하자는 주장)

㉢ 김부식이 이끈 관군의 공격으로 약 1년 만에 진압

④ 결과

㉠ 자주적 국수주의의 서경 일파가 사대적 유학자의 세력에게 도태당한 것으로 서경파의 몰락과 개경파의 세력 확장(→ 문신 우대, 무신 멸시 풍조의 만연, 귀족 사회의 보수화)

㉡ 서경의 분사 제도(分司制度) 및 삼경제 폐지

㉢ 문벌귀족 사회의 모순 격화

묘청의 난에 대한 평가

신채호는 그의 「조선사 연구초」에서 묘청의 난을 '조선역사상 1천 년래 제1대 사건'이라 하여 북진 정책 등을 높이 평가하였다. 또한 그는 묘청 세력과 김부식 세력의 대립을 '낭불과 유(儒)의 전(戰)이며, 국풍파와 한학파의 전이며, 독립당과 사대당의 전이며, 진취사상과 보수사상의 대립'이라 평하였다.

3. 무신정권의 성립

(1) 배경

① 문벌귀족 지배 체제의 모순은 더욱 깊어져 갔고, 지배층은 정치적 분열을 거듭

② 의종은 향락에 빠지는 등 실정을 거듭하였고, 문신 우대와 무신 차별에 따른 무신들의 불만이 가중

③ 군인전(軍人田)을 제대로 지급받지 못한 하급 군인들의 불만 고조

(2) 발발(의종 24, 1170)

① **중심 인물** : 정중부 · 이의방 등이 다수의 문신을 살해, 의종을 폐하고 명종을 옹립

② **관직의 독점** : 중방을 중심으로 권력을 행사하면서 주요 관직을 독차지하고, 저마다 사병을 길러 권력 쟁탈전을 전개

(3) 무신 간의 정권 쟁탈전

① **정중부(1170~1179)** : 이의방을 제거하고 중방(重房)을 중심으로 정권을 독점

암기 Plus

이자겸의 난 경과

• 예종 세력을 몰아내고 인종이 왕위에 오를 수 있게 하면서 세력이 막강해짐
• 대내적으로 문벌 중심의 질서를 유지, 대외적으로 금과 타협하는 정치적 성향
• 왕의 측근 세력들은 왕을 중심으로 결집하면서 이자겸의 권력 독점에 반대
• 이자겸은 반대파를 제거하고 척준경과 함께 난을 일으켜 권력 장악(1126)
• 인종은 척준경을 이용해 이자겸을 숙청한 후, 다시 정지상 등에 의해 척준경도 축출

적고적

진성여왕 10년(896), 도적들이 나라의 수도 서남쪽 방면에서 일어나 붉은색 바지를 입어 스스로 달리 하매, 사람들이 적고적이라고 불렀다. 그들은 신라의 주와 현을 무찌르고 금성(경주)의 서쪽 모량리에 이르러 민가를 약탈하였다. -「삼국사기」-

묘청의 난 의의

문벌귀족 사회의 분열과 지역 세력 간의 대립, 풍수지리설이 결부된 자주적 전통 사상과 사대적 유교 정치 사상의 충돌, 고구려 계승 이념에 대한 이견 · 갈등 등이 얽혀 발생(→ 귀족 사회 내부의 모순을 드러낸 사건)

고려 중기의 숭문천무 현상

• 무과를 두지 않고 무학재를 폐지(인종)
• 군의 최고지휘관을 문관으로 함
• 군인전의 폐단과 토지 지급에서의 차별
• 문관에 대한 호위병 역할로 전락

② **경대승(1179~1183)** : 정중부를 제거하고 신변 보호를 위해 사병 집단인 도방을 설치
③ **이의민(1183~1196)** : 경대승의 병사 후 정권을 잡았으나 최씨 형제에게 피살
④ **최충헌(1196~1225)** : 이의민을 제거하고, 무신 간의 권력 쟁탈전을 수습하여 강력한 독재 정권을 이룩(→ 1196년부터 1258년까지 4대 60여 년간의 무단 독재 정치)

(4) 사회의 동요

① 이 시기에 지배층에 의한 대토지 소유는 더욱 증가
② 중앙 정부의 지방 통제력이 약화되면서 농민과 천민의 대규모 봉기가 발발

(5) 무신정변(무신의 난)의 영향

① **정치적** : 왕권의 약화를 초래하고 중방의 기능이 보다 강화
② **경제적** : 전시과(田柴科)가 붕괴되어 사전(私田)과 농장(農場)이 확대
③ **사회적** : 신분제의 동요(천민 집단 해체), 문벌귀족 사회가 붕괴되어 관료사회로의 전환이 촉진
④ **사상적** : 선종의 일종인 조계종(曹溪宗) 발달, 천태종의 침체
⑤ **문학적** : 패관 문학의 발달, 시조 문학의 발생, 낭만적 성향의 문학 활동 전개
⑥ **군사적** : 사병의 확대, 권력 다툼의 격화, 민란의 배경

(6) 최씨 무신정권 시대

① **최충헌의 집권(1196~1225)**
㉠ **정권 획득** : 조위총의 난(1174)을 진압하고 이후 실력으로 집권, 2왕을 폐하고 4왕을 옹립
㉡ **사회 개혁책 제시** : 봉사 10조와 같은 사회 개혁책 제시, 농민 항쟁의 진압
㉢ **권력 유지에 역점** : 많은 토지와 노비를 차지하고 사병을 양성
㉣ **교정도감의 설치** : 최고 집정부의 구실을 하는 교정도감을 설치
㉤ **도방 설치** : 사병 기관인 도방을 설치하여 신변을 경호(→ 삼별초와 함께 최씨 정권의 군사적 기반)
㉥ 선종 계통의 조계종 후원(교종 탄압), 천민의 난 진압
② **최우의 집권(1225~1249)** : 교정도감을 통하여 정치 권력을 행사
㉠ **정방 설치** : 자기 집에 정방을 설치하여 관직에 대한 인사권 장악
㉡ **서방 설치** : 문인숙위기구, 문학적인 소양과 행정 실무 능력을 갖춘 문신들을 등용(→ 정치 고문의 역할을 수행)
㉢ **삼별초 조직** : 야별초(夜別抄)에서 비롯하여 좌별초 · 우별초 · 신의별초(신의군)로 확대 구성되었으며, 몽골군과 항쟁하여 고려 무신의 전통적 자주성을 보여줌
③ **최씨 무신정권의 성격**
㉠ 정치 · 경제 · 사회적으로 독재정권(→ 교정도감, 도방, 정방, 서방 등)
㉡ 문무 합작적 정권(→ 문신을 우대하고 회유)
㉢ 관료적 성격(관료정치로의 전환), 항몽 자주정권
④ **최씨 집권의 결과**
㉠ 문벌귀족정치에서 관료정치로의 전환점, 실권을 가진 권문세족의 형성
㉡ 정치적으로는 안정되었지만 국가 통치 질서는 오히려 약화
㉢ 국민에 대한 회유책으로 많은 향 · 소 · 부곡이 현으로 승격

반무신의 난

- **동북면 병마사 김보당의 난(명종 3, 1173)** : 의종 복위를 꾀하는 문신 세력의 난, 최초의 반무신난(계사의 난)
- **서경 유수 조위총의 난(1174)** : 서북 지방인의 불만을 이용한 난으로 많은 농민이 가담(→ 문신의 난이자 농민의 난이며, 최대의 난), 무신난의 주동자를 제거하고 나라를 바로잡는다는 명분으로 거병
- **교종 계통 승려들의 반란(개경승도의 난)** : 귀법사, 중광사 등의 승려가 중심이 되어 무신의 토지 겸병 등에 반발

무신 집권기 하층민의 봉기

- 망이 · 망소이의 난(공주 명학소 봉기, 1176)
- 전주 관노의 난(전주의 관노비 봉기, 1182)
- 만적의 난(만적의 신분 해방 운동, 1198)

무신의 난의 역사적 의의

무신의 난 이후 사회적인 신분의 위치는 여전히 강조되었으나 낮은 신분층의 신분 상승이 고려 전기보다 더욱 증가되었다. 또한 신분과 문벌이 모든 권력과 특권을 결정하던 사회체제에서 실력과 능력이 특권의 요건으로 대두되었으며, 무신의 난 이전에는 오로지 문반만이 재상지종이 되었는데 무신의 난 이후에는 무반도 재상지종이 되기도 하였다. 그리고 기존의 행정조직은 유지되었으나 문신 중심의 정치조직은 기능을 상실해갔고, 무인집권기구가 강화되었다. 과거제도는 그대로 유지되었다.

| 고급 | [2점]

밑줄 그은 '그대'의 활동을 옳은 것은?

역적 이의민이 선왕인 의종을
시해하고 백성을 괴롭히며 왕위를
엿보기까지 하였으므로 신이
제거하였습니다. 폐하께서는 낡은
것을 개혁하고 새로운 정치를
도모하시기 바랍니다.
그대가 올린 봉사 10조를
잘 읽어 보았소. 올린 대로
행하도록 하시오.

① 정방을 설치하여 인사권을 행사하였다.
② 교정별감이 되어 국정 전반을 장악하였다.
③ 처인성에서 몽골 장수 살리타를 사살하였다.
④ 전민변정도감의 책임자로서 개혁을 이끌었다.
⑤ 거란의 침입에 대비하여 개경에 나성을 축조하였다.

[무신 정권기 최충헌의 활동]

암기공식
이의민 제거, 봉사 10조, 교정별감 ⇒ 최충헌

| 정답 해설 |
이의민을 제거하고 무신 간의 권력 쟁탈전을 수습하여 강력한 독재 정권을 이룩한 최충헌은 사회 개혁책인 봉사 10조를 제시하였으며, 교정별감이 되어 국정 전반을 장악하였다.

| 오답 해설 |
① 최우는 자신의 집에 정방(政房)을 설치하였는데, 이는 교정도감에서 인사 행정 기능을 분리한 것으로 문무 관직에 대한 인사권을 장악하였다.
③ 몽골의 2차 침입 때 김윤후가 이끄는 민병과 승병은 처인성 전투에서 몽골 장수 살리타를 사살하였다.
④ 고려 공민왕 때 신돈은 전민변정도감을 통해 의욕적으로 개혁을 추진하였으며, 민중으로부터 큰 지지를 받았다.
⑤ 강감찬은 귀주 대첩에서 승리한 후 거란의 침입에 대비하기 위하여 개경에 나성을 축조하였다.

정답 ②

4. 원의 내정 간섭

(1) 몽골의 일본 원정 추진

몽골은 국호를 원(元)으로 바꾼 후 두 차례에 걸친 일본 원정을 단행하면서 고려로부터 선박 · 식량 · 무기 등의 전쟁 물자와 인적 자원을 징발(→ 둔전경략사 · 정동행성의 설치)

(둔전경략사: 원나라의 압력으로 일본 정벌을 위해 설치한 둔전의 관리 기구)

(2) 영토의 상실

① **쌍성총관부 설치** : 고종 말년에 쌍성총관부를 설치하여 철령(鐵嶺) 이북의 땅을 직속령으로 편입(→ 공민왕 5년(1356)에 유인우가 무력으로 탈환)

② **동녕부 설치** : 원종 때 자비령 이북의 땅을 차지하여 서경에 동녕부를 설치(→ 충렬왕 16년(1290)에 반환)

③ **탐라총관부 설치** : 삼별초의 항쟁을 진압한 뒤 탐라총관부를 설치하고 목마장을 경영(→ 충렬왕 27년(1301)에 반환)

(3) 고려의 격하

① 고려는 오랜 항쟁의 결과 다른 나라들과는 달리 원의 부마국(駙馬國)으로 전락

② 고려의 국왕은 원의 공주와 결혼하여 원 황제의 부마가 되어 왕실의 호칭과 격이 부마국에 걸맞은 것으로 바뀌었고, 관제도 개편되고 격도 낮아짐

(4) 내정 간섭과 경제적 수탈

① 내정 간섭의 강화

㉠ 일본 원정을 준비하기 위하여 설치했던 정동행성을 계속 유지하여 내정 간섭 기구로 삼음(→ 공민왕 5년(1356)에 폐지)

㉡ 만호부를 설치하여 고려의 군사 조직에 영향력을 행사하고, 다루가치라는 감찰

암기 Plus

원의 간섭이 고려 사회에 끼친 영향
- 자주성에 심각한 손상을 입었고, 원의 압력과 친원파의 책동으로 정치는 비정상적으로 운영
- **몽골풍** : 원의 풍속이 유행(→ 체두변발 · 호복(胡服) · 조혼 · 은장도 · 족두리 · 연지 등)
- **고려양** : 고려의 풍속이 몽골 사회에서 유행(→ 고려병(高麗餠) · 반물 · 생채 등)
- **문물의 교류** : 주자 성리학, 목면의 전래(1363), 서양 문물의 전래(천문 · 수학 · 의학 · 역법 · 건축술), 화약의 전래 등

격하된 관제 및 왕실 용어
- 왕의 호칭에 조(祖)와 종(宗)을 사용
- 원으로부터 충성을 강요받으면서 왕의 호칭에 충(忠)이 사용됨
- 짐 → 고, 폐하 → 전하, 태자 → 세자
- 중서문하성 + 상서성 → 첨의부, 육부 → 사사, 중추원 → 밀직사

관을 파견하여 내정을 간섭

② 경제적 수탈

㉠ 공녀를 뽑아 갔으며, 금 · 은 · 베, 인삼 · 약재 등의 특산물을 징발

㉡ 매(해동청)를 징발하기 위해서 응방(鷹坊)이라는 특수 기관을 설치

5. 공민왕의 개혁 정치

(1) 고려 말(원 간섭기)의 정세

① 권문세족의 집권

㉠ **권문세족의 유형** : 문벌귀족 가문, 무신정권기에 새로 등장한 가문, 원과의 관계를 통하여 성장한 가문 등

㉡ **사회 모순의 격화** : 권력을 잡아 농장을 확대하고 양민을 억압

② **시정 개혁의 노력** : 관료의 인사와 농장 문제 같은 폐단을 시정하기 위한 노력은 충선왕 때부터 시도되었으나, 원의 간섭으로 개혁을 철저하게 추진하기 어려워 실패

원 간섭기(공민왕 이전)의 개혁 정치

- **충렬왕**
  - 전민변정도감(田民辨整都監)을 재설치하여 개혁 정치 추구(→ 전민변정도감은 원종 때 최초 설치, 공민왕 때 실질적 역할)
  - 둔전경략사 폐지, 동녕부와 탐라총관부를 반환받음
  - 홍자번이 '편민18사'를 건의하여 각 부분의 폐단을 지적
- **충선왕**
  - 반원 · 반귀족 정치를 꾀하여 우선 정방의 폐지, 몽골 간섭의 배제 등에 기여
  - 개혁정치 기구로 사림원(詞林院)을 두고 신흥사대부와 결속하여 인재 등용의 길을 텄고, 공민왕의 반원 정책의 터전을 마련
  - 재정개혁의 일환으로 염(鹽) · 철(鐵)의 전매 사업을 실시(→ 의염창 설치)하고 전농사를 설치하여 농무사를 파견하고 농장과 노비를 감찰
  - 학문연구소인 만권당(萬卷堂)을 연경에 설치하여 학술을 토론하고 학문을 연구, 많은 문화가 전래됨(→ 조맹부의 송설체가 전래되어 고려 말 서체에 큰 영향)
- **충숙왕** : 찰리변위도감을 설치하여 토지(농장)와 노비에 대한 개혁 시도
- **충목왕** : 폐정을 바로잡기 위하여 정치도감을 설치하여 토지 · 농장을 본 주인에게 돌려주고, 각 도에서 양전사업을 실시

(2) 공민왕(1351~1374)의 개혁 정치

① **방향** : 14세기 중반의 원 · 명 교체기를 이용하여 대외적으로 반원 자주를, 대내적으로 왕권의 강화를 추구

② **반원 자주 정책**

㉠ 기철 등 친원파 숙청

㉡ 고려의 내정을 간섭하던 정동행성 이문소를 폐지

㉢ 무력으로 쌍성총관부를 공격하여 철령 이북의 땅을 수복하고 동녕부를 정벌

㉣ 요동 공략, 요양을 점령하고 우리 영토임을 선포(이성계)

㉤ 2성 6부의 관제 복구

㉥ 몽골풍의 폐지(체두변발 금지), 원의 연호 폐지(→ 친명 외교 정책 추진, 명의 연호 사용, 사신파견)

▲ 공민왕의 영토 수복

③ 대내적 개혁

㉠ **목적** : 권문세족들의 경제 기반을 약화, 국가 재정수입의 기반 확대

㉡ 왕권을 제약하고 신진사대부의 등장을 억제하고 있던 정방을 폐지(→ 문무관 인사를 이부와 병부로 복귀)

㉢ **전민변정도감의 운영** : 신돈을 등용하여 권문세족들이 부당하게 빼앗은 토지와 노비를 본래의 소유주에게 돌려주거나 양민으로 해방(→ 권문세족의 약화와 국가 재정 수입 확대를 추구)

㉣ 성균관을 통하여 유학 교육을 강화, 과거제도 정비(→ 신진사대부 등 개혁 세력 양성)

④ 개혁의 중단

㉠ 권문세족들의 강력한 반발로 신돈이 제거되고 공민왕까지 시해되면서 중단

㉡ 홍건적 · 왜구의 침입 등이 빈발

㉢ 개혁 추진 세력(신진사대부)이 결집되지 못한 상태에서 권문세족의 강력한 반발로 실패

신진사대부의 특징
- 권문세족을 비판(→ 진취적 성향으로 권문세족과 충돌)
- 성리학의 수용, 불교 폐단의 시정에 노력
- 신흥무인세력과 제휴

전민변정도감

고려 후기 권세가에게 빼앗긴 토지를 원래 주인에게 되찾아 주고 노비로 전락한 양인을 바로잡기 위해 설치된 임시 개혁 기관이다. 궁극적인 목적은 국가 재정의 궁핍을 초래한 농장의 확대를 억제하고 부정과 폐단을 개혁하는 데 있었다. 공민왕 때 신돈은 전민변정도감을 통해 의욕적으로 개혁을 추진하였고 민중으로부터 큰 지지를 받았다. 그러나 개혁이 지나치게 과격했으며 당시 권력자들과 이해가 상충했다는 점 등이 원인이 되어 신돈은 실각하였고 개혁 역시 실패로 돌아갔다.

고려 말 불교의 폐단
- 막대한 토지를 소유하고 고리대금업과 상업에 관여함
- 군역 도피의 수단으로 이용
- 라마 불교의 도입(→ 불교행사, 사탑 건립 등으로 재정 낭비)

6. 신진사대부의 성장

(1) 등장

① 무신집권기 이래 지방의 향리 자제들을 중심으로 과거를 통하여 중앙의 관리로 진출

② 대부분은 공민왕 때의 개혁 정치에 힘입어 지배 세력으로 성장

권문세족과 신진사대부의 특징

구분	권문세족	신진사대부
유형	• 전기 이래의 문벌귀족 • 무신집권기 성장한 가문 • 친원파	• 지방 향리 • 공로 포상자(동정직 · 검교직) • 친명파
정치 성향	• 음서 출신 • 여말의 요직 장악 • 보수적 · 귀족적	• 과거 출신 • 행정적 · 관료 지향적 • 진취적 · 개혁적
경제 기반	• 부재 지주 • 토지의 점탈 · 겸병 · 매입 등	• 재향 지주 • 개간 · 매입 등
사상	• 유학 사상 • 불교 신봉 • 민간 의식 → 상장 · 제례	• 성리학 수용 : 주문공가례 채택(→ 민간 의식 배격) • 실천주의 · 소학의 보급, 가묘(家廟) 설치 의무화

(2) 한계

① 권문세족이 인사권을 쥐고 있어 관직으로의 진출이 제한되었고, 과전과 녹봉도 제대로 받지 못함

② 왕권과 연결하여 각종 개혁 정치에 참여하였으나, 아직은 힘이 부족

7. 고려의 멸망

(1) 내 · 외적 배경

① 공민왕 때의 개혁 노력이 실패하고, 권문세족들이 정치 권력을 독점하고 대토지 소유를 확대해 나가면서 고려 사회의 모순은 더욱 심화

② 외적(外敵)의 침입

㉠ 홍건적과 왜구의 침입 빈발로 대외적 혼란과 압력 증가

㉡ 왜구 토벌 과정에서 최영과 이성계 등의 무인세력이 신망을 얻으며 성장

(2) 위화도 회군(1388)

① 개혁 방향의 갈등 : 최영과 이성계 등은 개혁의 방향을 둘러싸고 갈등

② **철령위(鐵嶺衛) 설치 통보** : 우왕의 친원 정책에 명은 쌍성총관부가 있던 철령 이북의 땅에 철령위 설치를 통보
③ 요동 정벌을 둘러싸고 최영(→ 즉각적 출병을 주장) 세력과 이성계(→ 4불가론을 내세워 출병 반대) 측이 대립
④ 이성계는 위화도에서 회군(1388)하여 최영을 제거하고 군사적 · 정치적 실권을 장악

(3) 과전법(科田法)의 마련

① 이성계를 중심으로 모인 급진개혁파(혁명파) 세력은 우왕과 창왕을 폐하고 공양왕을 세운 후 전제 개혁을 단행
② 과전법을 마련하여 경제적 실권을 장악한 후 새로운 나라 건설을 위한 기반 마련

4 대외 관계의 전개

1. 고려 초기 – 거란의 침입

(1) 제1차 침입(성종 12, 993)

① **원인** : 고려의 거란에 대한 강경책과 광종 이후 송과의 수교(962), 정안국의 존재
② **경과** : 고구려의 옛 땅을 내놓을 것과 송과 단절하고 자신들과 교류할 것을 요구하며 소손녕이 80만의 대군으로 침입(→ 고려는 청천강에서 거란의 침략을 저지하는 한편, 서희가 거란과 협상)
③ **결과** : 거란으로부터 고구려의 후계자임을 인정받고 강동 6주를 확보(→ 송과 교류를 끊고 거란과 교류할 것을 약속)
→ 흥화, 용주, 통주, 철주, 귀주, 곽주

(2) 제2차 침입(현종 1, 1010)

① **원인** : 송과 친선관계 유지, 거란과의 교류 회피
② **경과** : 강조의 정변을 계기로 강동 6주를 넘겨줄 것을 요구하며 40만 대군으로 침입(→ 개경이 함락되어 왕은 나주로 피난)
③ **결과**
㉠ 강조가 통주에서 패했으나 양규가 귀주전투 승리
㉡ 거란군은 퇴로가 차단될 것을 두려워 고려 강화(→ 현종의 입조를 조건으로 퇴각)

(3) 제3차 침입(현종 9, 1018)

① **원인** : 거란의 현종 입조 요구와 강동 6주 반환을 모두 거절
② **경과**
㉠ 거란의 소배압이 다시 10만의 대군으로 침입
㉡ 개경 부근까지 침입해 온 거란은 도처에서 고려군의 저항을 받고 퇴각하던 중 귀주에서 강감찬이 지휘하는 고려군에게 섬멸(귀주 대첩, 1019)
③ **결과** : 거란과 강화를 맺고 송과 단절을 약속(→ 고려는 거란의 연호를 쓰고, 강동 6주는 고려의 영토로 인정)

(4) 전란의 영향

① 고려 · 송 · 거란 사이의 세력 균형 유지
② 개경에 나성을 축조하고, 천리장성을 쌓아 국방 강화
③ 감목양마법을 실시하여 군마를 확보
④ 면군급고법(→ 노부모를 모신 장정의 면군), 주현공거법(→ 지방 자제의 과거 응시) 등 사회 시책 실시
⑤ 대장경 조판, 칠대실록 등 문화 사업

> **암기 Plus**
>
> **정안국**
> 발해가 멸망한 후 유민들이 부흥운동의 일환으로 압록강 일대를 중심으로 세운 나라
>
> **강조의 정변**
> 성종이 죽고 목종이 즉위한 후 그 생모 천추태후가 섭정하였는데, 외척인 김치양과 사통하여 사생아를 낳고 그를 목종의 후사로 삼고자 음모를 꾸몄다. 이에 목종은 대량군 순(詢)을 후사로 삼고자 서북면 도순검사 강조에게 서울 호위를 명했다. 그러나 강조는 입경하여 김치양 · 천추태후 일당을 제거한 후 목종까지 폐하고 대량군(현종)을 즉위시켰는데, 이 변란을 '강조의 난'이라고 한다.
>
> **천리장성**
> 덕종에서 정종(1033~1044) 때 유소가 완성한 것으로, 압록강 어귀에서 동해안의 도련포에 이르는 북쪽 국경 일대에 쌓은 장성을 말한다. 이는 거란은 물론 여진의 침입까지 방어하기 위한 목적에서 건설되었다.

암기 Plus

별무반의 여진 정벌과 동북 9성

고려는 여진에 패배한 원인을 첫째, 여진이 기병 중심인 데 반해 고려는 보병 중심인 점, 둘째, 6위가 약화되었다는 점에서 찾았다. 이에 윤관은 숙종에게 신기군(기병), 신보군(보병), 항마군(승병)으로 구성된 별무반을 건의하였다. 예종 2년, 윤관은 별무반을 이끌고 출전하여 갈라전 일대를 점령하고 동북 9성을 축조하였다. 그러나 이어진 여진의 무력 항쟁으로 불리해진 고려는 9성을 환부하고 여진과 화친을 맺었다. 여기에는 장기간 계속된 전쟁 준비로 물자 및 인명 피해가 컸다는 점과 개경과 9성 사이의 거리가 너무 멀다는 점, 지형 조건상 9성을 지키기 어려웠다는 점도 작용하였다.

강동의 역

고려군이 강동성에서 거란족을 추격해 온 몽골의 군대와 연합하여 거란족을 토벌(1219)하고 몽골과 처음 접촉하고, 이 과정에서 체결한 여몽 협약(형제관계의 맹약)을 말한다. 이후 몽골은 자신들이 거란 축출의 은인이라 하면서 고려에 대해 과도하게 공물을 요구해 왔다.

고려의 저항

- 강화도의 고려 정부는 항전과 외교를 병행하면서 저항하였으며, 지배층들은 부처의 힘으로 외적을 방어하겠다는 마음으로 팔만대장경을 조판
- 몽골의 침입에 끈질기게 저항할 수 있었던 것은 무엇보다도 일반 민중, 천대받던 노비 부곡 주민들이 용감하게 대항하였기 때문

2. 고려 중기－여진 정벌과 동북 9성

(1) 여진과의 관계

① 발해의 옛 땅에서 반독립적 상태로 세력을 유지

② 고려가 경제적으로 도와주는 회유 · 동화 정책으로 포섭해 나감

③ 12세기 초 완옌부의 추장이 여진족을 통합하고 정주까지 남하하여 고려와 충돌

(2) 여진 정벌과 동북 9성 축조

① **별무반의 편성** : 윤관의 건의에 따라 기병을 보강한 특수 부대(→ 기병인 신기군, 보병인 신보군, 승병인 항마군으로 편성)

② **동북 9성**

㉠ 예종 2년(1107) 윤관은 별무반을 이끌고 동북 지방 일대에 9성축조

㉡ 여진족의 계속된 침입과 조공 약속으로 1년 만에 9성을 반환

(3) 금(金)의 건국과 사대 외교

① **금의 건국** : 여진족은 더욱 강성해져 만주 일대를 장악하면서 금 건국(1115)

② **사대 외교** : 금의 사대 요구를 둘러싸고 분쟁을 겪기도 했지만, 현실적으로 금과 무력충돌이 어렵다는 점을 고려하여 금의 요구 수용

③ **결과** : 금과 군사적 충돌은 없었으나, 북진 정책은 사실상 좌절되었고 귀족 사회의 모순을 격화시켜 이자겸의 난과 묘청의 난을 야기하는 배경이 됨

3. 무신 집권기 대몽 전쟁

(1) 몽골과의 접촉

① 13세기의 정세

㉠ 몽골 제국 : 칭기즈칸이 통일 국가를 형성(1206), 금을 공격하여 북중국을 점령

㉡ 대요수국 : 금의 약화에 따라 거란이 요하강 상류에 건설(1216)

㉢ 동진국 : 금의 장수 포선만노가 금을 배반하고 간도에 건국(1217)

② **몽골과의 접촉** : 강동의 역(役)으로 처음 접촉한 후 몽골은 이를 구실로 고려에 지나치게 공물을 요구

(2) 몽골의 침입

① 1차 침입(1231)

㉠ 몽골 사신(저고여) 일행이 귀국하던 길에 피살되자 이를 구실로 침입

㉡ 고려는 몽골의 요구를 수용한 후 몽골군 퇴각(→ 서경 주위에 다루가치 설치)

② 2차 침입(1232)

㉠ 집권자인 최우는 몽골의 무리한 조공 요구와 간섭에 반발하여 다루가치를 사살하고 강화도로 천도(1232)

㉡ 처인성 전투에서 살리타가 김윤후가 이끄는 민병과 승병에 의해 사살되자 퇴각

㉢ 고려의 초조대장경이 소실됨

③ 3차 침입(1235)

㉠ 최우 정권에 대한 출륙 항복을 요구

㉡ 속장경, 황룡사 9층탑 소실

④ **6차 침입(1254)** : 6년간의 전투로 20여 만명의 포로가 발생하고 최대 피해가 발생

(3) 몽골과의 강화

① 최씨 정권의 몰락

㉠ 최의가 고종 45년(1258)에 피살되어 4대 60여 년 간 계속된 최씨 세력은 붕괴

㉡ 이에 고려 조정에서는 강화를 맺으려는 온건파가 득세하여 전쟁이 끝남

② 개경 환도

㉠ 몽골이 강화를 맺고 고려의 주권과 풍속을 인정한 것은 고려를 직속령으로 완전 정복하려던 계획을 포기한 것이며, 이는 고려의 끈질긴 항전의 결과

㉡ 무신 정권이 무너지자 고려의 새 정부는 몽골과 강화하고 원종 때 개경으로 환도

(4) 삼별초의 항쟁(원종 11년, 1270)

① **원인** : 개경 환도는 몽골에 대한 굴복을 의미하므로 삼별초는 배중손의 지휘 아래 반기

② 경과

㉠ **강화도** : 배중손이 승화 후 '온'을 추대하여 반몽정권 수립 · 항쟁

㉡ **진도** : 장기 항전을 계획하고 진도로 옮겨 용장성을 쌓고 저항

㉢ **제주도** : 김통정의 지휘 아래 계속 항쟁하였으나 여몽연합군에 진압(1273)

③ **결과** : 진압 후 고려는 몽골에 예속되었고, 몽골은 제주도에 탐라총관부를 두어 목마장(牧馬場)을 만듦

④ **의의** : 개경 정부에 대한 반란(무신정권 몰락에 대한 반발)으로서, 고려인의 항몽 자주정신을 드러냄

4. 홍건적과 왜구의 침입

(1) 홍건적의 침입

① **1차 침입(공민왕, 1359)** : 홍건적 4만이 서경을 점령하였으나, 이방실 · 이승경 등이 격퇴

② **2차 침입(공민왕, 1361)** : 홍건적 10만이 침입하여 개경이 함락되자 공민왕은 복주(안동)으로 피난, 정세운 · 최영 · 이방실 · 안우 · 이성계 등이 격퇴

(2) 왜구의 침입

① 발발

㉠ 무신집권기인 고종 때 등장하여 거의 매년 출몰(→ 40여년 동안 500여회 침입)

㉡ 공민왕 · 우왕 때 그 폐해가 가장 극심

② 대응책

㉠ **외교 교섭** : 별다른 성과를 거두지 못함

㉡ **토벌** : 홍산싸움(최영), 진포싸움(최무선, 화통도감 설치), 황산싸움(이성계), 관음포 싸움(정지), 대마도 정벌(박위)

암기 Plus

몽골 침입의 결과

- 장기간의 전쟁으로 국토는 황폐해지고 백성들은 도탄에 빠짐
- 수많은 문화재가 소실됨

왜구 침입의 영향

- 연안지방의 황폐화와 농민의 피난
- **조운의 곤란** : 경제적 어려움이 가중되자 대안으로 육운이 발달
- **천도론의 대두** : 침입이 극심해 수도 개경 부근까지 침입해 왔을 때 천도론 대두
- **국방력 강화** : 수군 창설(공민왕), 사수서(해안경비대) 설치, 화통도감(우왕, 1377) 설치(→ 최무선, 화약무기제조)
- **신흥무인세력의 성장** : 홍건적과 왜구의 침입을 격퇴하는 과정에서 최영 · 이성계 등의 신흥무인 세력이 성장

2장 중세 고려의 경제

❶ 경제 구조 및 경제 정책

1. 국가 재정의 운영

(1) 수취 체제의 정비

① 양안과 호적 작성

㉠ **용도** : 토지(양전 사업)와 호구를 조사하여 토지 대장인 양안과 호구 장부인 호적을 작성하고, 이것을 근거로 조세 · 공물 · 부역 등을 부과

㉡ **목적** : 국가 재정의 안정적 운영

② **왕실 · 관청의 수조권** : 토지로부터 조세를 수취할 수 있는 수조권(收租權)을 분급

→ 토지에 대한 조세 징수권

③ **재정 운영 원칙** : 수취 제도를 기반으로 한 재정 운영의 원칙 정립

(2) 재정 운영 관청

① **담당 관청** : 호부와 삼사를 둠

㉠ **호부(戶部)** : 호적과 양안을 만들어 인구와 토지를 파악 · 관리

㉡ **삼사(三司)** : 재정의 수입과 관련된 사무

② **재정의 지출** : 재정은 관리의 녹봉 · 일반 비용(제사 · 연등회 · 팔관회 비용 등) · 국방비 · 왕실 경비 등에 지출

③ 관청의 경비

㉠ **토지 지급** : 관청 운영 경비로 사용할 수 있도록 중앙으로부터 토지를 지급 받음(→ 공해전)

㉡ **자체 비용 조달** : 경비가 부족한 경우가 많아 각 관청에서 스스로 마련하기도 함

암기 Plus

민전(民田)

귀족에서 농민 · 노비에 이르기까지 백성들이 상속, 개간, 매매 등을 통하여 소유하고 있었던 사유지로서, 소유권 상 사전(사유지)이지만 수조권 상 공전(납세지)이다. 양안에 소유권이 명시되어 국가의 보호를 받고 있었으며, 국가에 생산량의 일정 부분(1/10)을 조세로 부담하여야 한다. 대부분의 민전은 개인 소유지였지만 왕실이나 관청의 소유지도 존재하였다. 민전은 통일 신라 시대의 정전에서 유래된 토지라 할 수 있으며, 매매나 저당 · 소작이 가능한 것이 특징이었다.

역창 제도(육상 교통 기관)

- 전국에 22도를 설치하고 총 525개의 역을 설치
- 공문서의 전달과 관물의 수송, 출장관리 등의 숙박 등

2. 수취 제도

(1) 조세(租稅)

① **부과의 단위** : 토지를 논과 밭으로 구분한 후 비옥한 정도에 따라 3등급으로 나누어 부과

② 세율(稅率)

㉠ **원칙** : 민전(民田)의 경우 생산량의 10분의 1이 원칙

㉡ **지대(地代)** : 민전을 소유하지 못한 영세 농민은 국가와 왕실의 소유지(公田)나 귀족들의 사전(私田)을 빌려 경작

- **공전** : 태조 때 수확량의 1/10에서 성종 때 생산량의 1/4로 인상
- **사전** : 지대는 생산량의 1/2(→ 병작반수의 관행)

→ 전주와 소작농이 수익을 반분하는 것

③ 조세의 운반과 보관

㉠ 조세는 조창(漕倉)까지 옮긴 다음 조운(漕運)을 통해서 개경의 좌 · 우창으로 운반하여 보관

→ 조세로 거둔 현물을 보관 및 운송하기 위한 창고

→ 각 지방의 조세를 선박으로 중앙 관청에 운송

㉡ 육상 교통 수단이 용이하지 못해 경기도(육상 수단 이용)를 제외한 나머지 지역은 조운을 통해 운반

(2) 공물(貢物)

① 집집마다 토산물을 거두는 제도로, 농민들에게는 조세보다도 더 큰 부담이 됨

② **공물의 부과** : 중앙 관청에서 필요한 공물의 종류와 액수를 나누어 주현에 부과하면, 주현은 속현과 향·부곡·소에 이를 할당하고, 각 고을에서는 향리들이 집집마다 부과

(3) 역(役)

① **대상** : 노동력을 무상으로 동원하는 제도로, 16세에서 60세까지의 정남(丁男)이 대상 (병역 의무를 지는 농민 장정)

② **종류**

㉠ **군역(軍役)** : 양인개병제(良人皆兵制)에 의한 국방의 의무 (양인이면 군역의 의무를 지는 제도)

㉡ **요역(遙役)** : 성곽·제방의 축조, 토목 공사, 광물 채취 등에 노동력을 동원하는 것

3. 전시과 제도와 토지 소유

(1) 전시과(田柴科) 제도의 확립

① **시정(始定) 전시과(경종 1년, 976)** : 공복 제도와 역분전 제도를 토대로 만들었으며, 모든 전현직 관리를 대상으로 관직의 높고 낮음과 함께 인품을 반영하여 토지(전지와 시지)를 지급

② **개정(改定) 전시과(목종 1년, 998)**

㉠ 전시과를 개정하여 관직만을 고려하여 18등급에 따라 지급(170~17결)

㉡ 문신 우대, 군인층도 토지 수급 대상으로 편성하여 군인전 지급

③ **경정(更定) 전시과(문종 30년, 1076)**

㉠ 전시과의 완성 형태로, 토지가 부족하게 되어 현직 관료에게만 지급(170~15결)

㉡ 공음전(功蔭田)을 지급하기 시작하여 공음 전시과라고도 함 (5품 이상 고위 관리에게 지급한 토지로서 자손에게 상속 가능한 영업전)

㉢ 문·무관의 차별을 완화, 한외과 폐지 (18등급 관직 밖의 하위 관리에게 준 수조권을 18등급 관직에 흡수 포함시킨 것)

(2) 전시과 제도의 특징

① **전지(田地)와 시지(柴地)의 차등 지급** : 문무 관리로부터 군인·한인에 이르기까지 18등급으로 나누어 곡물을 수취할 수 있는 전지와 땔감을 얻을 수 있는 시지를 지급

② **수조권만 지급** : 지급된 토지는 완전한 소유권을 인정하지 않고 수조권(收租權)만을 지급

③ 관직 복무와 직역에 대한 대가이므로 받은 자가 죽거나 관직에서 물러날 때에는 토지를 국가에 반납

(3) 전시과 제도의 붕괴

① 귀족들의 토지 독점과 세습 경향으로 원칙대로 운영되지 못하였고, 조세를 거둘 수 있는 토지가 점차 감소

② 무신정변을 거치면서 이러한 폐단이 극도로 악화

(4) 녹과전의 지급

① 전시과 제도가 완전히 붕괴되어 토지를 지급할 수 없게 되자 일시적으로 관리의 생계를 위하여 녹과전을 지급

② 미봉책인 녹과전 지급이 실패하고 고려 말의 국가 재정은 파탄에 이름

암기 Plus

공물의 종류
- **상공(常貢)** : 매년 내어야 함
- **별공(別貢)** : 필요에 따라 수시로 거둠

농촌 사회 동요의 원인
- 수취 체제는 귀족 사회가 변질되어 가면서 지배층의 착취 수단으로 전락
- 많은 농민들이 유민화되고 농촌 사회가 동요하는 원인으로 작용

역분전(役分田) – 태조 23년(940)
- 후삼국 통일 과정에서 공을 세운 사람들에게 인품(공로)에 따라 지급한 토지
- 무신을 우대하였으며, 경기도에 한하여 지급

녹과전

원종 이후 간헐적으로 시행되어 왔지만 권세가들의 반발로 큰 실효를 거두지 못하다가, 충목왕 때 하급 관리 및 국역 부담자들에게 녹과전(祿科田)으로 지급하는 조처가 내려졌다. 그리고 이를 시행하기 위해 정치도감(整治都監)을 설치하고 친원 세력을 척결하면서, 권세가들이 빼앗은 토지와 노비를 본주인에게 돌려주고 경기도에 권세가들이 가진 소위 사급전(賜給田)을 혁파하기도 하였다.

암기 Plus

영업전(수조권이 세습되는 토지)

공음전, 공신전, 군인전, 외역전, 내장전

토지의 종류

- **과전(科田)** : 일반적으로 전시과 규정에 의해 문·무 현직 관리에게 지급되는 토지를 지칭
- **공음전(功蔭田)**
  - 관리에게 보수로 주던 과전과 달리 5품 이상의 관료에게 지급된 세습 가능한 토지(→ 음서제와 함께 문벌귀족의 지위를 유지해 나갈 수 있는 기반)
  - **공신전** : 공양왕 때 공신전으로 바뀌고 조선의 공신전·별사전으로 이어짐
- **한인전(閑人田)** : 6품 이하 하급 관료의 자제로서 관직에 오르지 못한 자에게 지급
- **군인전**
  - 군역의 대가로 2군 6위의 직업군에게 주는 토지로, 군역이 세습됨에 따라 자손에게 세습됨(→ 조선의 군전은 지방 한량에게 지급한 토지)
  - **둔전(군둔전, 관둔전)** : 군대 경비 충당을 위해 지급된 토지
- **구분전(口分田)** : 하급 관료와 군인의 유가족에게 지급(→ 조선의 경우 유가족인 미망인과 자녀에게 수신전·휼양전을 지급하며, 외역 담당자에게 구분전을 지급)
- **내장전(內莊田)** : 왕실의 경비 충당을 위해 지급
- **공해전(公廨田)** : 각 관청 경비 충당을 위해 지급, 지방 관청 경비 충당을 위해 늠전 지급
- **사원전(寺院田)** : 사원에 지급
- **외역전** : 향리에게 지급

| 고급 | [3점]

(가)~(다)에 대한 설명으로 옳지 않은 것은?

> 사료로 보는 ○○ 시대 토지 제도의 변천
>
> (가) 경종 원년, 처음으로 직관(職官)과 산관(散官) 각 품의 전시과(田柴科)를 제정하였다.
> (나) 목종 원년, 문무 양반 및 군인의 전시과를 개정하였다.
> (다) 문종 30년, 양반전시과를 다시 고쳐 정하였다.

① (가) – 인품과 공복을 기준으로 하였다.
② (나) – 관직을 기준으로 토지를 지급하였다.
③ (다) – 현직 관리를 중심으로 토지를 지급하였다.
④ (가), (나) – 경기 지역으로 한정하여 토지를 지급하였다.
⑤ (가), (나), (다) – 지급된 토지에 대한 수조권을 인정하였다.

[고려 시대 토지 제도의 변천]

암기공식

(가) 경종 : 인품과 공복 기준 ⇒ 시정 전시과
(나) 목종 : 관직 기준 ⇒ 개정 전시과
(다) 문종 : 현직 관리 중심 ⇒ 경정 전시과

| 정답 해설 |

(가) 시정(始定) 전시과(경종 1, 976) : 모든 전현직 관리를 대상으로 관품과 인품·세력을 반영하여 전지와 시지를 지급하였다.
(나) 개정(改定) 전시과(목종 1, 998) : 관직만을 고려하여 19품 관등에 따라 170~17결을 차등 지급하였으며, 현직자의 문관을 우대하고 군인전도 지급하였다.
(다) 경정(更定) 전시과(문종 30, 1076) : 토지가 부족하게 되어 현직 관료에게만 지급하였으며, 5품 이상에게 공음전을 지급하였다.

전시과 제도는 전국을 대상으로 실시되어 전지와 시지를 지급하였으며, 지급된 토지에 대한 수조권을 인정하였다. 경기 지역으로 한정하여 토지를 지급한 것은 과전법에 해당한다.

정답 ④

2 경제 생활 및 경제 활동

1. 귀족의 경제 생활

(1) 경제 기반

① 과전(科田)

㉠ 관료의 사망·퇴직 시 반납하는 것이 원칙이지만, 유족의 생계 유지라는 명목으로 토지 중 일부를 물려받을 수 있음(공음전이나 공신전도 세습 가능)

㉡ 과전에서 생산량의 10분의 1을 조세로 받음(공음전·공신전에서는 대체로 수확량의 반을 수취)

② 녹봉(祿俸)

㉠ 문종 때 완비된 녹봉 제도에 따라 현직 관리들은 쌀 · 보리 등의 곡식을 주로 받았으나, 때로는 베나 비단을 받기도 하였음

㉡ 녹봉은 1년에 두 번씩 녹패(祿牌)라는 문서를 창고에 제시하고 받음

③ **소유지** : 지대 수취(생산량의 1/2) 및 신공(身貢 ; 베나 곡식 수취)으로 소유지에서도 상당한 수입을 거둠

→ 나라에서 장정에게 부과하던 공물(貢物)

④ 농장(農場)

㉠ 권력이나 고리대를 이용하여 점탈과 매입, 개간 등

㉡ 대리인을 보내 소작인을 관리하고 지대를 수취

(2) 귀족의 사치 생활

① 누각과 별장을 소유

② 외출 시 시종을 거느리고 말을 탔으며, 여가로 수입한 차(茶)를 즐김

③ 전문 기술자가 짜거나 중국에서 수입한 비단으로 만든 옷을 입었음

2. 농민의 경제 생활

(1) 생계의 유지

① 민전(民田)을 경작하거나 국 · 공유지나 다른 사람의 소유지를 경작

② 삼베 · 모시 · 비단 짜기, 품팔이 등으로 생계를 유지

(2) 생활 개선책

① 진전(陳田)이나 황무지를 개간 시 지대 · 조세의 감면, 농업 기술을 배움

② 12세기 이후에는 연해안의 저습지와 간척지 개간 등 경작지 확대에 노력

→ 토지대장에는 등록되어 있으나 실제로는 경작하지 않는 토지

(3) 농민의 몰락

① **배경** : 권문세족들이 토지를 빼앗아 거대한 규모의 농장을 만들고 지나치게 과세

② **결과** : 몰락한 농민은 권문세족의 토지를 경작하거나 노비로 전락

3. 수공업 활동

(1) 고려의 수공업

① **종류** : 관청 수공업, 소(所) 수공업, 사원 수공업, 민간 수공업

② 전기에는 관청 수공업 · 소(所) 수공업이, 후기에는 사원 수공업 · 민간 수공업이 발달

(2) 수공업의 종류

→ 국가에서 필요로 하는 무기, 기구 등의 물품 생산에 동원할 수 있는 기술자들을 조사하여 기록한 장부

① **관청 수공업** : 기술자들을 공장안(工匠案)에 올려 관수품을 생산하게 함

② **소(所) 수공업** : 금 · 은 · 철 · 구리 · 실 · 각종 옷감 · 종이 · 먹 · 차 등을 생산하여 공물로 납부

③ **사원 수공업** : 기술 좋은 승려와 노비가 베 · 모시 · 기와 · 술 · 소금 등을 생산

④ **민간 수공업** : 농촌의 가내 수공업이 중심

㉠ 국가에서 삼베를 짜게 하거나 뽕나무를 심어 비단을 생산하도록 장려

㉡ 농민들은 직접 사용하거나, 공물로 바치거나, 팔기 위하여 삼베 · 모시 · 명주 등을 생산

암기 Plus

농장 확대의 결과

- 백성의 토지 점탈로 농장을 확대하고, 가난한 백성을 노비로 만들어 농장을 경작시킴
- 결과 : 조세를 부담할 백성의 감소, 면세 · 면역의 대상인 농장의 증가 → 국가의 조세 수입 감소, 국가 재정 궁핍

농업 기술의 발달

- 수리 시설이 발달
- 호미와 보습 등의 농기구의 개량 및 종자(種子)의 개량
- 우경에 의한 심경법의 확대
- 시비법이 발달(→ 분전법의 도입으로 휴경지가 줄어 연작할 수 있는 토지가 증가)과 제초법의 발달
- 밭농사에 2년 3작의 윤작법이 점차 보급되어 발달하고 밭작물의 품종이 다양화
- 논농사에 있어 고려 말 직파법 대신에 이앙법(모내기)이 남부 지방 일부에 보급
- 약용 작물의 재배, 과일 재배에 있어 접목 기술의 발달(→ 작물 생산력 증가)

민간 수요의 증가

- 고려 후기에는 유통 경제가 발전하면서 민간에서 수공업품의 수요가 증가
- 관청 수공업에서 생산하던 제품뿐만 아니라 다양한 물품을 민간에서 제조

4. 상업 활동

(1) 도시 중심의 상업 활동

① **시전 설치** : 개경에 시전(市廛)을 설치(→ 관수품 조달, 국고 잉여품 처분), 경시서에서 관리 · 감독

② **관영 상점 설치** : 개경 · 서경(평양) · 동경(경주) 등의 대도시에 주로 설치

③ **비정기적 시장** : 도시 거주민이 일용품을 매매

④ **경시서(京市署) 설치** : 매점매석과 같은 상행위를 감독(→ 조선의 평시서)

⑤ **상평창 설치** : 개경과 서경, 12목에 설치된 물가 조절 기관

(2) 지방의 상업 활동

① 시장을 개설하여 쌀 · 베 등 일용품 등을 교환

② 행상들은 베나 곡식을 받고 소금 · 일용품 등을 판매

(3) 상업 활동의 변화

① 후기에는 국가가 재정 수입 증가를 위해 소금 전매제 시행

② 관청 · 관리 · 사원 등은 강제로 농민들을 유통 경제에 참여시킴

③ 일부 상인과 수공업자는 부(富)를 축적

④ 농민들은 가혹한 수취와 농업 생산력의 한계로 적극적인 상업 활동이 곤란

5. 화폐 경제 생활과 고리대의 성행

(1) 화폐의 주조

→ 우리나라 최초의 화폐, 거의 쓰이지 못함

① **성종** : 철전(鐵錢)인 건원중보(996)를 만들었으나 유통에는 실패

② **숙종** : 삼한통보 · 해동통보 · 해동중보 · 동국통보 등의 동전과 고가의 활구(은병)를 만들어 강제 유통

(2) 화폐 유통의 부진

① 자급자족의 경제 활동을 하였던 농민들은 화폐의 필요성을 거의 느끼지 못함

② 귀족들은 국가의 화폐 발행 독점과 강제 유통에 불만이 있었고, 화폐를 재산 축적의 수단으로만 이용

③ 일반적인 거래는 여전히 곡식(穀食)이나 삼베(布)를 사용

(3) 고리대의 성행과 금융 제도

① 고리대의 성행

㉠ 왕실 · 귀족 · 사원은 고리대로 재산을 늘렸고, 생활이 빈곤했던 농민들은 돈을 갚지 못해 토지를 빼앗기거나 노비로 전락하기도 함

㉡ 고리대를 해결하기 위한 보가 고리 습득에만 연연해 농민 생활에 오히려 피해를 끼침

② 보(寶)의 출현

㉠ **기원 및 의의** : 신라 시대 점찰보 · 공덕보가 기원이며, 일정 기금을 만들어 그 이자를 공적인 사업의 경비로 충당하는 공익 재단

㉡ **결과** : 보는 오히려 이자 취득에만 급급해 농민들의 생활에 막대한 폐해

암기 Plus

고려 시대의 시전과 경시서

태조 2년(919), 개성에 시전을 설치하고, 보호 · 감독 기관으로 경시서를 설치하였다. 경시서에서는 물가를 조절하고 상품 종류를 통제하였는데, 허가된 상품 이외의 것을 판매한 경우에는 엄벌에 처하도록 하였다.

후기 상업의 발달

- 개경(開京)
  - 인구가 증가하여 민간의 상품 수요가 증가
  - 시전 규모가 확대되고 업종별 전문화
  - 예성강 하구의 벽란도를 비롯한 항구들이 교통로와 산업의 중심지로 발달
- 지방(地方)
  - 행상의 활동이 두드러짐
  - 조운로(漕運路)를 따라 미곡 · 생선 · 소금 · 도자기 등이 교역
  - 새로운 육상로가 개척되면서 여관인 원(院)이 발달하여 상업 활동의 중심지가 됨

장생고(長生庫)

불전 공양과 가람 유지를 위해 사원에 설치한 이식기관으로, 처음에는 서민의 금고 역할을 했으나 고리대업으로 사익을 추구하는 기관으로 변질되었다. 귀족과 사원, 지방 호족, 국가 등에 의해 성행하였다.

보의 종류

- **학보(태조)** : 교육을 위한 육영 재단
- **광학보(정종)** : 승려의 면학을 위한 장학재단
- **제위보(광종)** : 빈민 구제
- **금종보(현종)** : 현화사 범종 주조를 위한 재단
- **팔관보(문종)** : 팔관회 경비 지출을 위한 재단

6. 무역 활동

(1) 대외 무역의 활발

① **공무역 중심** : 사무역에 대한 국가의 통제

② **무역국(貿易國)** : 송 · 요 등(송과의 무역이 가장 큰 비중)

③ **무역항** : 예성강 어귀의 벽란도는 국제 무역항으로 번성

(2) 대송(對宋) 무역

① **수출품** : 금 · 은 · 인삼, 종이 · 붓 · 먹 · 부채 · 나전칠기 · 화문석 등(→ 특히, 고려의 종이와 먹은 질이 뛰어나 송의 문인들이 귀하게 여겨 비싼 값으로 수출)

② **수입품** : 비단 · 약재 · 서적 · 악기 등 왕실과 귀족의 수요품

▲ 고려의 대외 무역

암기 Plus

대송 무역의 무역로
- **북송 때** : 벽란도 → 옹진 → 산둥 반도 → 덩저우
- **남송 때** : 벽란도 → 흑산도 → 밍저우

기타 국가와의 무역
- **거란** : 은 · 모피 · 말 등을 가지고 와서, 식량 · 문방구 · 구리 · 철 등을 수입해 감
- **여진** : 은 · 모피 · 말 등을 가지고 와서, 식량(곡식) · 농기구 · 포목 등을 수입해 감
- **일본** : 송 · 거란 등에 비하여 활발하지는 않았으며, 11세기 후반부터 수은 · 유황 등을 가져와 식량 · 인삼 · 서적 등과 바꾸어 감
- **아라비아(대식국)** : 아라비아 상인은 진상품의 성격으로 수은 · 물감 · 향료 · 산호 · 호박 등을 가져옴(→ 주로 중국을 통해 무역을 했으며, 고려(Corea)를 서방에 전함)

기출문제 | 고급 | [2점]

다음 자료의 화폐를 제작한 시기의 경제 상황으로 옳은 것은?

> 왕이 명령하기를, "백성들을 부유하게 하고 나라에 이익을 가져오게 하는 데 돈보다 중요한 것은 없다. …… 이제 금속을 녹여 돈을 주조하는 법을 제정하였느니, 주조한 돈 1만 5천 관(貫)을 여러 관리와 군인들에게 나누어 주어 이를 통용의 시초로 삼고 돈의 명칭을 해동통보라 하여라."라고 하였다.

① 모내기법이 전국적으로 확산되었다.
② 벽란도에서 국제 무역이 이루어졌다.
③ 계해약조를 맺어 일본과 교역을 하였다.
④ 시장을 감독하는 관청인 동시전이 있었다.
⑤ 감자, 고구마 등의 구황 작물이 재배되었다.

[고려 시대의 경제 상황]

암기공식
해동통보, 벽란도 ⇒ 고려 시대

| 정답 해설 |
고려 숙종 때에는 해동통보 외에 삼한통보, 해동중보 등의 동전과 활구(은병)를 발행하여 금속 화폐의 통용을 추진하였으나 널리 유통되지는 못하였다. 고려 시대에는 예성강 어귀의 벽란도에서 국제 무역이 이루어졌는데, 중국 · 일본 · 만양 · 아라비아 상인이 활발히 내왕하였다.

| 오답 해설 |
① 모내기법(이앙법)과 이모작은 고려 말에서 조선 초에 보급되기 시작하였지만, 전국적인 확대 보급은 조선 후기이다.
③ 조선 세종 때 쓰시마 도주의 간청으로 부산포 · 제포 · 염포의 3포를 개항하고, 제한된 범위의 무역을 허용한 계해약조가 체결되었다.
④ 신라 지증왕 때 시장을 감독하는 관청인 동시전(東市典)을 수도 경주에 설치하였다.
⑤ 조선 후기에는 일본에서 들여 온 고구마와 청에서 들여 온 감자 등의 구황 작물이 널리 재배되었다.

정답 ②

(3) 원 간섭기의 무역

① 원의 간섭기에는 공무역이 행해지는 한편 사무역이 다시 활발해짐

② 사무역으로 금 · 은 · 소 · 말 등이 지나치게 유출되어 문제가 됨

3장 중세 고려의 사회

❶ 신분 제도

1. 고려 사회의 편제와 신분 구조

(1) 고려 사회의 새로운 편제

① **문벌귀족 사회의 형성** : 가문과 문벌을 중시하며, 골품제를 벗어나 보다 신분 상승이 개방적인 사회(→ 아직 능력보다는 가문과 친족의 사회적 위치가 중시되며, 소수 문벌귀족이 권력 독점)

② **성씨의 일반화와 친족공동체 사회** : 평민도 성씨를 가지게 되었고(노비는 제외), 각기 성과 본관을 갖는 새로운 친족공동체 사회를 형성하였고 대가족 제도가 특징

③ **직분제적 사회 구조의 형성** : 문반과 무반, 군반이 각각 문관직과 무반직, 군인직을 세습할 권리와 의무가 부과됨

(2) 신분 구조

① 지배층

㉠ **귀족(특권 계층)** : 왕족, 준왕족, 외척, 5품 이상의 문무관료 등

㉡ **중간 계층** : 문무반 6품 이하 관리, 남반(南班) · 향리 등

→ 궁중 실무 관리로 궁중의 숙직, 왕의 시종 및 의장 등의 사무를 봄

② 피지배층

㉠ **양인** : 농민(백정), 상인, 수공업자, 향 · 소 · 부곡민, 진척(뱃사공), 역인(役人) 등

→ 관아에 물건을 운반하고 심부름하던 사람

㉡ **노비** : 공노비와 사노비 등

암기 Plus

귀족의 특징

• 귀족들은 음서(蔭敍)나 공음전(功蔭田)의 혜택을 받는 특권층

• 문벌귀족

– 성격 : 대대로 고위 관직을 차지하여 문벌귀족을 형성하며 고려 사회를 이끌어 감

– 거주 : 귀족들은 개경에 거주

– 토지의 집적 : 귀족 가문으로 자리 잡기 위해 관직을 바탕으로 토지 소유를 확대(→ 과전과 공음전이 경제적 기반)

– 폐쇄적 혼인 : 유력한 가문과 중첩된 혼인 관계를 맺음(특히, 왕실의 외척을 선호)

– 사상 등 : 보수적, 유교와 불교 수용

• 신분 변동

– 과거를 통한 향리의 귀족 진출

– 중앙 귀족에서 낙향하여 향리로 전락하는 경우도 존재

재상지종(권문세족)

철원 최씨, 해주 최씨, 공암 허씨, 평강 채씨, 청주 이씨, 당성 홍씨, 황려 민씨, 횡천 조씨, 파평 윤씨, 평양 조씨 등

2. 귀족(貴族)

(1) 귀족층(지배층)의 변천

① 무신정변을 계기로 종래의 문벌귀족들이 도태하고 무신들이 집권

② 권문세족(權門勢族)

㉠ **등장 및 성장** : 무신정권이 붕괴되면서 등장, 고려 후기 정계의 요직을 장악하고 농장을 소유(→ 대규모의 농장을 소유하고도 국가로부터 면세의 특권을 누림, 몰락한 농민들을 농장으로 끌어들여 노비처럼 부리며 부를 축적)

㉡ 음서(蔭敍)로써 신분을 세습하고 가문을 유지

㉢ **출신** : 전기부터 그 세력을 이어 온 계층, 무신정권 시대에 대두한 가문, 원의 세력을 배경으로 성장한 가문

㉣ **사상 등** : 수구적, 불교 수용

③ 신진사대부

㉠ **출신** : 고려 후기에는 과거에 합격한 후 관계에 진출한 향리 출신(→ 유교적 소양을 갖추었고 행정 실무에도 밝은 학자 출신 관료들로, 권문세족과는 달리 하급 관리나 향리 집안에서 주로 배출)

㉡ **등장 및 성장** : 무신집권기부터 등장하여 무신정권이 붕괴된 후에 활발하게 중앙 정계로 진출하여, 고려 말에는 권문세족과 대립할 만한 사회 세력을 형성

㉢ **권문세족과의 대립** : 사전의 폐단을 지적하고 사회 개혁을 주장하며 대립

㉣ **사상 등** : 성리학을 수용하고 개혁적 성향을 보임, 친원적이고 친불교적인 권문세족에 반대

3. 중류층(中流層)

(1) 의미

① **광의** : 귀족과 양인의 중간 계층인 문무반 6품 이하의 관리, 남반, 향리 등

② **협의** : 기술관

(2) 성립

① **성립** : 지배 체제가 정비되는 과정에서 통치 체제의 하부 구조를 맡아 중간 역할 담당

② **특징** : 세습직이며, 그에 상응하는 토지를 국가로부터 받음

③ **호족 출신** : 지방의 호족 출신은 향리로 편제되어 갔으나, 호장 · 부호장을 대대로 배출하는 지방의 실질적 지배층으로 통혼 관계나 과거 응시 자격에 있어 하위의 향리와는 구별

4. 양인

(1) 일반 농민

① 일반 주 · 부 · 군 · 현에 거주하며, 농업이나 상공업에 종사

② **농민층(백정)** : 양민의 주류로서, 이들을 백정(白丁)이라고도 함

㉠ 민전을 소유하며, 토지를 소유하지 못한 백정 농민층은 토지를 빌려 경작

㉡ 조세 · 공납 · 역이 부과되며, 출세의 법적 제한은 없었음

③ **상인, 수공업자** : 양인으로서, 국가에 공역의 의무를 짐

(2) 특수 집단민(신량역천)

① 특수 행정 구역인 향 · 소 · 부곡에 거주민들은 양인이면서도 일반 양민에 비하여 규제가 심하고 더 많은 세금을 부담하는 등 천대받음(양인의 최하층)

② 거주하는 곳도 소속 집단 내로 제한되어 이주하는 것이 원칙적으로 금지

③ 일반 군현민들이 반란을 일으킨 경우 군현이 부곡 등으로 강등되기도 함

5. 천민(奴婢)

(1) 공노비(公奴婢)

① **입역노비** : 궁중과 관청이나 지방 관아에서 잡역에 종사

② **외거노비** : 지방에 거주하면서 농업에 종사(수입 중 규정된 액수를 관청에 납부)

(2) 사노비(私奴婢)

① **솔거노비** : 귀족이나 사원에서 직접 부리는 노비

② **외거노비** : 주인과 따로 사는 노비로서 주로 농업 등에 종사하고 일정량의 신공(身貢)을 바침

2 사회의 모습

1. 사회 시책 및 제도

(1) 농민과 농업 관련 시책

① **농민 보호책** : 농번기에 잡역을 면제

암기 Plus

중류층의 성립
지배 체제의 정비 과정에서 통치 체제의 하부 구조를 맡아 중간 역할 담당

중류층의 유형
- **서리 잡류** : 중앙 관청의 말단
- **남반** : 궁중 실무 관리
- **향리** : 지방 행정의 실무를 담당
- **군반** : 직업 군인으로 하급 장교
- **역리** : 지방의 역(驛)을 관리

고려와 조선의 백정
고려의 백정은 일반 농민을 말하며, 조선에서의 백정은 도살업에 종사하는 천민을 말한다.

특수 집단민 종사 부문
- 향이나 부곡에 거주하는 사람들은 농업, 소에 거주하는 사람들은 수공업품 생산
- 역(驛)과 진(津)의 주민은 각각 육로 교통과 수로 교통에 종사(역인, 진척)

노비의 관리
- 재산으로 간주되어 엄격히 관리되었고 매매 · 증여 · 상속 대상이 됨
- 국가에 대한 세나 역은 면제되는 대신 주인에게 예속되어 신공을 부담
- **노비 세습의 원칙** : 일천즉천의 원칙(부모 중의 한 쪽이 노비이면 그 자식도 노비가 됨)

외거노비
- 신분적으로는 주인에게 예속되어 있었으나 경제적으로는 양민 백정과 비슷하게 독립
- 외거노비 중에는 신분 제약을 딛고 지위를 높인 사람이나 재산을 늘린 사람도 존재

암기 Plus

사회 시책 실시 배경
- 농민의 부담 경감
- 민생의 안정 도모

매향(埋香)과 향도(香徒)
매향은 불교 신앙의 하나로, 위기에 대비해 향나무를 바닷가에 묻었다가 이를 통하여 미륵을 만나 구원받고자 하는 염원에서 다시 향나무를 땅에 묻는 활동을 말하며, 이러한 매향 활동을 하는 무리들을 향도라 하였다. 고려 후기에는 점차 신앙적 향도에서 자신들의 이익을 위하여 조직되는 향도로 성격이 변모하여, 대표적인 공동체 조직이 되었다.

㉠ **재해급고법** : 자연 재해를 입은 그 피해 정도에 따라 조세와 부역을 감면
㉡ **이자제한법** : 법으로 이자율을 정해 그 이상의 이자를 수수 금지
② **권농 정책** : 황무지 개간의 장려, 사직신 추모(사직을 세워 토지신과 5곡의 신에게 제사), 적전(籍田), 왕이 친히 적전을 갈아 농사의 모범을 보임)
→ 권농책으로 왕이 농경의 시범을 보이기 위해 의례용으로 설정한 토지

(2) 여러 가지 사회 제도
① **의창** : 평시에 곡물을 비치하였다가 흉년에 빈민을 구제(춘대추납)
② **상평창** : 물가 조절을 위해 개경과 서경 및 각 12목에 설치
③ **국립 의료 기관**
㉠ **대비원(大悲院)** : 개경에 동 · 서 대비원을 설치하여 환자 진료 및 빈민 구휼을 담당
㉡ **혜민국(惠民局)** : 의약을 전담하기 위해 예종 때 설치, 빈민에 약을 조제
④ **재해 대비 기관** : 재해 발생시 구제도감(예종)이나 구급도감을 임시 기관으로 설치
⑤ **제위보(濟危寶)** : 기금을 마련한 뒤 이자로 빈민을 구제

2. 법률과 풍속

(1) 법률
① **관습법(慣習法)**
㉠ 백성을 다스리는 기본법으로 중국의 당률을 참작한 71개조의 법률이 시행
㉡ 대부분의 경우는 관습법을 따름(→ 조선 시대에 이르러 성문 국가로 발전)
② **지방관의 재량권(裁量權)** : 지방관의 사법권이 커서 중요 사건 외에는 재량권을 행사
③ **형(刑)의 집행**
㉠ **중죄** : 반역죄(국가), 모반죄(왕실), 강상죄(삼강 · 오상의 도덕) · 불효죄 등
㉡ **상중(喪中)의 휴가** : 귀양 중 부모상을 당하였을 때는 7일 간의 휴가를 주어 상을 치름
㉢ **집행의 유예** : 70세 이상의 노부모를 봉양할 가족이 없는 경우는 형벌 집행을 보류
㉣ **형벌의 종류** : 태 · 장 · 도 · 유 · 사의 5형(태 · 장 · 도는 수령이 처결, 유 · 사는 상부에 보고)
㉤ **사형** : 삼심제(문종) 도입(→ 조선 시대 금부삼복법)

(2) 풍속
① **장례와 제사** : 대개 토착 신앙과 융합된 불교의 전통 의식과 도교 신앙의 풍속을 따름
② **명절** : 정월 초하루 · 삼짇날 · 단오 · 유두 · 추석, 단오 때 격구와 그네뛰기, 씨름 등을 즐김
③ **불교 행사** : 특히 연등회와 토착 신앙과 불교가 융합된 팔관회 중시
→ 음력 6월 보름으로, 개울에서 머리를 감고 목욕을 하여 여름 더위를 보내는 세시 풍속

연등회와 팔관회

구분	연등회	팔관회
유사점	• 군신이 가무와 음주를 즐기며, 부처나 천지신명에게 제사	• 국가와 왕실의 태평을 기원
차이점	• 2월 15일 전국에 개최 • 불교행사 • 원래는 부처의 공덕에 대한 공양의 선덕을 쌓는 행사	• 개경(11월)과 서경(10월)에서 개최 • 토속신앙(제천행사)와 불교의 결합 • 송 · 여진 · 아라비아 상인들이 진상품을 바치고 국제무역(국제적 행사)

3. 혼인과 여성의 지위

(1) 일반론

① **상속** : 남녀 차별이 없는 균등 상속이 원칙(→ 상속자의 의지에 따른 별도의 상속이 가능)

② **호적상의 평등** : 태어난 차례대로 호적에 기재하여 남녀 차별을 하지 않음

③ **불양(不養) 원칙** : 아들이 없을 경우 양자를 들이지 않고 딸이 제사지내거나 윤행(돌아가며 제사)

④ **상복제(喪服制)** : 상복 제도에서도 친가와 외가의 차이가 크지 않음

⑤ **남귀여가혼(男歸女家婚)** : 종종 사위가 처가의 호적에 입적하여 처가에서 생활

⑥ **음서(蔭敍)의 범위** : 사위와 외손자에게까지 음서의 혜택

⑦ **포상(褒賞)의 범위** : 공을 세운 사람의 부모는 물론 장인과 장모도 함께 수상

(2) 혼인의 순결권

① 재가(再嫁)의 자유

② 재가녀(再嫁女)의 소생자도 사회적 진출에 차별을 두지 않음

혼인(婚姻)

- **혼인의 적령** : 대략 여자는 18세 전후, 남자는 20세 전후
- **근친혼의 유행** : 고려 초 왕실에서 성행, 중기 이후 금령에도 불구하고 이런 풍습이 사라지지 않아 사회 문제로 대두되기도 함
- **혼인의 형태** : 왕실은 일부다처제, 일반 평민은 일부일처제(一夫一妻制) 원칙

고려 시대 여성 지위의 향상

고려 시대에는 여성의 지위가 비교적 높았다. 여성의 사회 진출에는 제한이 있었지만, 가정 생활이나 경제 운영에 있어서는 여성의 지위가 남성과 거의 대등한 위치에 있었다.

| 고급 | [1점]

(가)에 대한 설명으로 옳은 것은?

> 내가 듣건대, 덕이란 오직 정치를 잘 하는 것일 뿐이고, 정치의 요체는 백성을 잘 기르는 데에 있으며, 나라는 사람을 근본으로 삼고 사람은 먹는 것을 하늘로 삼는다고 하였다. 이에 우리 태조께서는 흑창(黑倉)을 설치하셨다. …… 쌀 1만 석을 더 보태고, 그 이름을 [(가)](으)로 바꾸도록 하라.

① 재해가 발생하였을 때 설치한 임시 기구였다.
② 개경의 동쪽과 서쪽에 두어 환자를 치료하였다.
③ 흉년에 빈민에게 양식이나 종자 등을 빌려주었다.
④ 국학에 설치되어 관학 진흥을 위한 재정을 뒷받침하였다.
⑤ 전염병이 퍼지는 것을 막고 백성에게 약을 무료로 나눠주었다.

[고려의 빈민 구제 기관]

암기공식
고려 성종 : 흑창의 확대 개편 ⇒ 의창

| 정답 해설 |
진대법(고구려) → 흑창(고려) → 의창(고려) → 환곡(조선)
고려 성종 때에는 태조 때의 흑창을 확대 개편하여 봄에 곡식을 빌려주고 가을에 갚도록 하는 춘대추납의 의창을 설치하였다. 의창에서는 흉년에 빈민에게 양식이나 종자 등을 빌려주었다.

| 오답 해설 |
① 고려 시대에는 재해 발생 시 의료 시설로써 구제도감이나 구급도감을 임시 기관으로 설치하였다.
② 개경의 동쪽과 서쪽에 동 · 서 대비원을 설치하여 환자 진료 및 빈민 구휼을 담당하였다.
④ 고려 예종 때 교육 장학 재단인 양현고를 두어 관학의 재정 기반을 강화하였고, 전문 강좌인 7재(七齋)를 개설하였다.
⑤ 고려 예종 때 의약을 전담하기 위해 혜민국을 설치하고 전염병이 퍼지는 것을 막고 백성에게 약을 무료로 나눠주었다.

정답 ③

암기 Plus

▲ 무신집권기 하층민의 봉기

3 고려 후기의 사회 변화

1. 무신집권기 하층민의 봉기

(1) 발생 배경

① **신분 제도의 동요 :** 하층민에서 권력층이 된 자가 많았음

② **농민 수탈의 강화 :** 무신들의 농장 확대로 인하여 수탈이 강화

(2) 백성들의 봉기

① 초기

㉠ **봉기 발생 :** 12세기에 종래의 소극적 저항에서 벗어나 대규모의 봉기를 일으키기 시작

㉡ **관민의 합세 :** 서경 유수 조위총이 반란(1174)을 일으켰을 때 많은 농민이 가세

② 1190년대

㉠ **형태 :** 산발적이던 봉기가 1190년대에 들어 광범위하게 전개

㉡ **성격 :** 신라 부흥 운동과 같이 왕조 질서를 부정하는 성격 등 다양한 봉기가 발발

③ **최충헌 집권 이후 :** 만적(萬積) 등 천민들의 신분 해방 운동이 다시 발생

암기 노트

대표적 민란

망이 · 망소이의 난 (공주 명학소의 난, 1176)	공주 명학소(鳴鶴所)의 망이 · 망소이가 주동이 되어 일으킨 반란으로, 이 결과 명학소는 충순현(忠順縣)으로 승격
전주 관노의 난(1182)	경대승 집권기에 있었던 관노(官奴)들의 난으로, 전주를 점령
김사미 · 효심의 난(1193)	운문(청도)에서 김사미가, 초전(울산)에서 효심이 신분 해방 및 신라 부흥을 기치로 내걸고 일으킨 최대 규모의 민란, 최충헌 정권의 출현 배경이 됨
만적의 난(1198)	개경에서 최충헌의 사노 만적이 신분해방을 외치며 반란
진주 노비의 난(1200)	진주의 공사노비의 반란군이 합주의 부곡반란군과 연합
부흥 운동 성격의 난	• 신라 부흥운동(이비 · 패좌의 난, 1202) : 동경(경주)에서 신라 부흥을 주장 • 고구려 부흥운동(최광수의 난, 1217) : 서경에서 고구려 부흥을 주장 • 백제 부흥운동(이연년의 난, 1237) : 담양에서 백제 부흥을 주장

만적의 난

"국가에는 경계(庚癸)의 난 이래로 귀족 고관들이 천한 노예들 가운데서 많이 나왔다. 장수와 재상들의 씨가 따로 있는 것이 아니다. 때가 오면 아무나 할 수 있는 것이다. 우리들은 어찌 힘드는 일에 시달리고 채찍질 아래에서 고생만 하고 지내겠는가." 이에 노비들이 모두 찬성하고 다음과 같이 약속하였다. "우리들은 성 안에서 봉기하여 먼저 최충헌을 죽인 뒤 각각 상전들을 죽이고 천적(賤籍)을 불살라 버려 삼한(三韓)에 천인을 없애자. 그러면 공경장상(公卿將相)을 우리 모두 할 수 있다."

2. 원 간섭기의 사회

(1) 백성의 생활

① **강화 천도 시기 :** 장기 항전으로 곤궁, 기아민(飢餓民)의 속출

② 원(元)과의 강화 후

㉠ 친원 세력의 횡포로 큰 피해

㉡ 전쟁 피해가 복구되지 않은 채 두 차례의 일본 원정에 동원되어 막대한 희생을 강요당함

(2) 원에 의한 사회 변화

① 신분 상승의 증가

㉠ 역관 · 향리 · 평민 · 부곡민 · 노비 · 환관 중에서 전공을 세우거나 몽골 귀족과의 혼인을 통해서 또는 몽골어에 능

숙하여 출세

㉡ 친원 세력이 권문세족으로 성장

② **문물 교류의 활발**

㉠ **몽골풍의 유행** : 체두변발(剃頭辮髮) · 몽골식 복장 · 몽골어

㉡ **고려양(高麗樣)** : 고려의 의복 · 그릇 · 음식 등의 풍습이 몽골에 전해짐

③ **공녀(貢女)의 공출**

㉠ 원의 공녀 요구는 심각한 사회 문제를 초래(고려와 원의 가장 시급한 문제로 대두)

㉡ 결혼도감(結婚都監)을 설치해 공녀 공출

(3) 왜구의 피해

① 14세기 중반부터 침략 증가

② 부족한 식량을 고려에서 약탈하고자 자주 고려 해안에 침입

③ 왜구의 침략 범위 및 빈도의 증가로 사회 불안이 극심

④ 왜구를 격퇴하는 과정에서 신흥 무인 세력이 성장

결혼도감

원에서 만자매빙사 초욱을 보내왔다. 중서성첩에 이르기를, "남송 양양부의 생권 군인이 부인을 구하므로 위선사 초욱을 파견하는데, 관견 1,640단을 가지고 고려에 내려가게 하니, 유사로 하여금 관원을 파견하여 함께 취처하도록 시행하라." 하였다. 초욱이 남편 없는 부녀 140명을 뽑으라고 요구하였는데, 그 독촉이 급하므로 결혼도감을 두었다. 이로부터 가을에 이르기까지 독신 여자와 역적의 아내와 중의 딸을 샅샅이 뒤져 겨우 그 수를 채웠으니 원성이 크게 일어났다.

– 〈고려사〉 –

| 고급 | [2점]

다음 글이 작성된 시기의 사회 모습으로 가장 적절한 것은?

제주 만호 임숙(林淑)이 몹시 탐욕스러워 우리 백성들은 그 고통을 견딜 수가 없었습니다. 죄를 지어 정동행성에 갇혀 있던 그를 제주로 복귀시키려 하다니 도대체 우리가 무슨 죄가 있습니까? 이는 정동행성의 관리들이 임숙으로부터 뇌물을 받고 풀어 주었기 때문입니다. 그를 심문하여 처벌하지 않는다면 원의 조정에 고소할 것입니다.

① 만적이 개경에서 반란을 모의하였다.
② 독서삼품과를 실시하여 인재를 등용하였다.
③ 대각국사 의천이 해동 천태종을 개창하였다.
④ 지배층을 중심으로 변발과 호복이 유행하였다.
⑤ 최충이 9재 학당을 설립하여 유학 교육을 실시하였다.

[원 간섭기의 사회 모습]

암기공식

정동행성, 변발과 호복 유행 ⇒ 고려 시대 : 원 간섭기

| 정답 해설 |

고려 원 간섭기에는 왕이 원의 공주와 결혼하여 원의 부마국으로 전락하였으며, 일본 원정을 위해 설치한 정동행성은 계속 유지되어 내정 간섭 기구로 변질되었다. 또한 지배층을 중심으로 변발과 호복이 유행하였다.

| 오답 해설 |

① 개경에서 최충헌의 사노 만적이 신분 해방을 외치며 반란을 일으켰다.
② 통일 신라 때 원성왕은 독서삼품과를 실시하여 유교 경전의 이해 수준에 따라 3등급으로 구분해 관리를 등용하였다.
③ 문종의 넷째 아들인 대각국사 의천은 교종을 중심으로 선종을 통합하기 위하여 국청사를 창건하고 해동 천태종을 창시하였다.
⑤ 고려 시대에는 최초의 사학인 최충의 문헌공도(9재 학당)를 비롯한 사학 12도가 융성하여 국자감의 관학 교육은 위축되었다.

정답 ④

4장 중세 고려의 문화

❶ 학문의 발달과 교육

1. 유학의 발달과 역사서의 편찬

(1) 초기

① 유학의 경향

㉠ 자주적(한 · 당의 훈고학적 유학을 자주적으로 해석) · 주체적

㉡ 유교주의적 정치와 교육의 기틀 마련

② 유학의 진흥

㉠ **태조(918~943)** : 박유 · 최언위 · 최응 · 최지몽 등 신라 6두품 계통의 유학자들이 활약

㉡ **광종(949~976)** : 과거제 실시로 유학에 능숙한 관료 등용, 쌍기 · 서희 등

㉢ **성종(982~998)** : 유교 정치 사상이 정립되고 유학 교육 기관이 정비됨, 최항 · 황주량 · 최승로(→ 자주적 · 주체적 유학자로 시무 28조의 개혁안 건의) 등

③ **역사서** : 유교 사관, 고구려 계승 의식 반영

㉠ 왕조실록

- 건국 초기부터 편찬되었으나 거란의 침입으로 소실
- 현종 때 황주량 등이 태조부터 목종에 이르는 「고려실록(7대 실록)」을 편찬해 덕종 때 완성(부전)

㉡ 박인량의 「고금록」 등 편년체 사서가 편찬됨

(2) 중기

① 유학의 경향

㉠ 문벌귀족 사회의 발달과 함께 유교 사상도 점차 보수화

㉡ 유교 경전에 대한 이해가 깊어져 독자적 이해 기준을 수립하는 단계에 이름

㉢ 북송의 성리학을 수용하여 경연에서 「주역」, 「중용」 등이 강론됨

② 대표 학자

㉠ **최충(문종)** : 철학적 접근을 통해 고려의 훈고학적 유학 수준을 한 차원 높임

㉡ **김부식(인종)** : 보수적 · 현실적 유학을 대표

③ 역사서

㉠ 특성 : 유교적 합리주의 사관, 신라 계승 의식 반영(→ cf. 무신집권기 : 자주 사관, 고구려 계승 의식)

㉡ 삼국사기(인종 23, 1145)

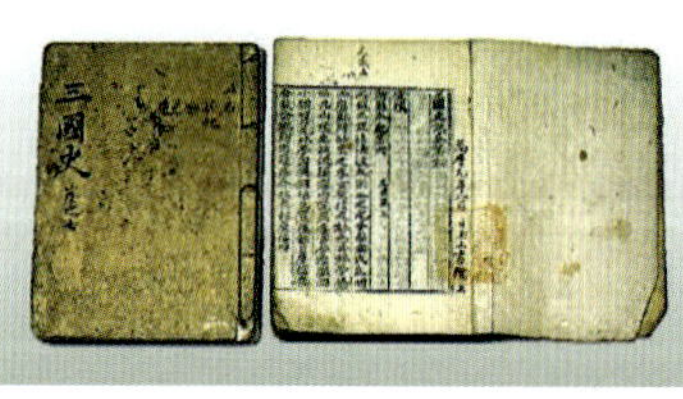

▲ 삼국사기

(3) 무신집권기

① **유학의 위축** : 무신정변 이후 문벌귀족 세력이 몰락함에 따라 유학은 한동안 크게 위축됨

② 역사서

㉠ 특성 : 자주적 성격, 고구려 계승 의식

㉡ 이규보의 「동명왕편」, 각훈의 「해동고승전」

암기 Plus

고려 문화에서의 유교와 불교

- 유교는 정치와 관련한 치국의 도(道)이며, 불교는 신앙 생활과 관련한 수신의 도
- 유교와 불교는 서로 보완하는 기능을 수행하며 함께 발전

삼국사기

- **시기** : 인종 때 김부식 등이 왕명을 받아 편찬
- **의의** : 현존하는 우리나라 최고의 역사서
- **사관** : 유교적 합리주의 사관에 기초하여 신라를 중심으로 서술
- **체제** : 본기 · 열전 · 지 · 연표 등으로 구분되어 서술된 기전체(紀傳體) 사서
- **구성 및 특징** : 총 50권으로 구성

이규보의 「동명왕편」

- 동명왕의 업적을 칭송한 영웅 서사시로 고구려의 계승 의식을 반영
- 종래 한문학 형식에서 벗어나 자유로운 문장체로 한국의 전통과 연결된 새로운 문학 체계를 발전시킴

각훈의 「해동고승전」

- 삼국 시대의 승려 33명의 전기 수록
- 우리 불교사를 중국과 대등한 입장에서 서술하고 교종의 입장에서 불교 역사와 사상을 정리(→ 2권 현전)

(4) 원 간섭기

① **성리학** : 한 · 당의 훈고학적 유학의 보수화를 비판하고 이를 한 단계 발전시킨 철학적 신유학(→ 5경보다 4서를 중시)

② **성리학의 전래**

㉠ 충렬왕 때 안향이 처음 소개

㉡ 충선왕 때 이제현은 원(元)의 만권당(→ 고려 말 충선왕이 원의 연경에 세운 독서당)에서 성리학에 대한 이해를 심화하였고, 귀국 후 이색 등에게 영향을 주어 성리학 전파에 이바지

㉢ 이색 이후 정몽주 · 권근 · 김구용 · 박상충 · 이숭인 · 정도전 등에게 전수되어 연구가 심화 · 발전

③ **역사서** : 고조선 계승 의식

㉠ **일연의 「삼국유사」** : 단군부터 고려 말까지의 불교사를 중심으로 서술한 기사본말체 형식의 사서, 단군을 우리 민족의 시조로 보아 단군의 건국 이야기를 수록하고 있으며 그 외에 가야에 대한 기록과 고대의 민간 설화나 전래 기록, 불교 설화, 향가 등을 수록

㉡ **이승휴의 「제왕운기」** : 우리나라의 역사를 단군에서부터 서술하면서 우리 역사를 중국사와 대등하게 파악하는 자주성을 보여줌(우리 역사를 단일 민족사로 이해), 합리주의적 인식을 바탕으로 하여 유교를 중심으로 다루면서도 불교 · 도교 문화까지 포괄하여 서술

삼국사기와 삼국유사

구분	삼국사기(三國史記)	삼국유사(三國遺事)
시기 및 저자	고려 중기 인종 23년(1145)에 김부식이 저술	원 간섭기인 충렬왕 11년(1285)에 일연이 저술
사관	유교적 · 도덕적 · 합리주의	불교적 · 자주적 · 신이적(神異的)
체제	기전체의 정사체, 총 50권	기사본말체, 총 9권
내용	• 고조선 및 삼한을 기록하지 않고, 삼국사(신라 중심)만의 단대사(單代史)를 편찬 • 삼국을 모두 대등하게 다루어 각각 본기로 구성하고 본기에서 각 국가를 我(우리)라고 칭함	• 단군~고려 말 충렬왕 때까지 기록, 신라 관계 기록이 다수 수록됨 • 단군 조선과 가야 등의 기록, 수많은 민간 전승과 불교 설화 및 향가 등 수록 • 단군을 민족 시조로 인식해 단군 신화를 소개했으나 이에 대한 체계화는 미흡

(5) 말기

① **고려 말 성리학의 성격**

㉠ 형이상학적 측면보다 일상 생활과 관계되는 실천적 기능을 강조

㉡ 「소학(小學)」과 「주자가례」를 중시

㉢ 권문세족과 불교의 폐단을 비판

② **성리학적 유교사관**

㉠ 고려 후기에는 신진사대부의 성장 및 성리학 수용과 더불어 정통 의식과 대의명분을 강조하는 성리학적 유교 사관이 대두

㉡ **대표적 사서** : 이제현의 「사략(史略)」(→ 개혁을 단행하여 왕권을 중심으로 국가 질서를 회복하려는 의식 표출), 「고려국사」, 원부 · 허공 · 이인복의 「고금록(古今錄)」, 정가신의 「천추금경록」, 민지의 「본조편년강목」 등

암기 Plus

성리학의 성격

남송의 주희가 집대성한 성리학은 종래 자구의 해석에 힘쓰던 한 · 당의 훈고학이나 사장 중심의 유학과는 달리 인간의 심성과 우주의 원리 문제를 철학적으로 탐구하는 신유학의 성격을 지니고 있다.

「제왕운기」의 단군 기록

처음에 어느 누가 나라를 열고 바람과 구름을 이끌었는가? 석제(釋帝)의 손자로 이름은 단군(檀君)일세. 요임금과 같은 때 무진년에 나라를 세워 순임금 지나 하(夏)나라까지 왕위에 계셨도다. 은나라 무정 8년 을미년에 아사달산에 들어가서 신선이 되었으니 나라를 누린 것이 1천 28년인데 그 조화는 상제(上帝)이신 환인(桓因)이 전한 일 아니던가?

역사 서술 체계

- **기전체** : 본기 · 열전 · 지 · 연표 · 세가 등으로 구분하여 서술
  - 기원 : 사마천의 「사기」
  - 대표 사서 : 「삼국사기」 · 「고려사」 · 「해동역사」 · 「동사」 등
- **편년체** : 연 · 월 · 일 중심으로 일목요연하게 서술
  - 기원 : 사마광의 「자치통감」
  - 대표 사서 : 「속 편년통재」 · 「고금록」 · 「삼국사절요」 · 「고려사절요」 · 「동국통감」 · 「조선 왕조 실록」 등
- **기사본말체** : 사건과 내용의 전말을 모두 기록하고 인과 관계에 따라 실증적으로 서술
  - 기원 : 원추의 「통감기사본말」
  - 대표 사서 : 「연려실기술」 · 「삼국유사」 등
- **강목체** : 대의(강) · 세목(목)으로 나누어 서술
  - 기원 : 주희의 「자치통감강목」
  - 대표 사서 : 「동사강목」 · 「본조편년강목」

| 고급 | [2점]

다음 역사서에 대한 설명으로 옳은 것은?

> 구삼국사(舊三國史)를 얻어 동명왕본기(東明王本紀)를 보니 그 신이한 사적이 세상에 전하는 것보다 더하였다. 그러나 처음에는 믿지 못해 귀환(鬼幻)으로만 여겼는데, 세 번 반복하여 읽어서 점점 그 근원에 들어가니, 환(幻)이 아니고 성(聖)이며 귀(鬼)가 아니고 신(神)이었다. …… 이것을 기술하지 않으면 후인들이 장차 무엇을 볼 것인가.
>
> -「동명왕편」-

① 고구려 계승 의식이 반영되었다.
② 현존하는 가장 오래된 역사서이다.
③ 남북국이라는 용어를 처음 사용하였다.
④ 연대순으로 기록하는 편년체로 서술되었다.
⑤ 단군 조선부터 고려까지의 역사를 기록하였다.

[이규보의 동명왕편]

암기공식
이규보 : 〈동명왕편〉 ⇒ 고구려 계승 의식 반영

| 정답 해설 |
이규보의 〈동명왕편〉은 동명왕의 업적을 칭송한 영웅 서사시로 고구려의 계승 의식을 반영하고 있다. 종래 한문학 형식에서 벗어나 자유로운 문장체로 한국의 전통과 연결된 새로운 문학 체계를 발전시켰다.

| 오답 해설 |
② 〈삼국사기〉는 고려 인종 때 김부식 등이 왕명을 받아 편찬한 현존하는 가장 오래된 역사서로, 신라를 중심으로 서술하였다.
③ 〈발해고〉는 조선 후기 실학자 유득공이 저술한 역사서로 발해를 북국, 신라를 남국으로 칭하며 한반도 중심의 협소한 사관을 극복하였다.
④ 왕의 사후 사초와 시정기 등을 근거로 춘추관의 실록청에서 편찬한 〈조선왕조실록〉은 조선 태조 때부터 철종 때까지 472년의 역사를 편년체 형식으로 서술하였다.
⑤ 〈동국통감〉은 세조 때 편찬에 착수하였다가 완성하지 못한 것을 성종 때 서거정이 왕명으로 편찬한 편년체 사서로, 단군 조선부터 고려까지의 역사를 기록한 최초의 통사이다.

정답 ①

2. 교육 제도 및 기관

(1) 초기의 교육 진흥

① 태조
㉠ 신라 6두품 계통의 학자를 중용하고, 개경 · 서경에 학교를 설립
㉡ 교육 장학 재단인 학보(學寶)를 설치 · 운영

② 정종 : 승려의 장학 재단인 광학보를 설치 · 운영(946)

③ 성종
㉠ **국자감** : 개경에 국립 대학인 국자감(국학)을 설치(992)
(→ 수업 연한 : 9년(유학부), 6년(기술학부))
경서 · 문예 · 시정에 관한 내용으로 시 · 서 · 「역경」 · 「춘추」 · 「예기」 · 「효경」 · 「논어」 등(→ 기술학부는 기술 교육)
㉡ **향교** : 지방에 국립 중등 교육 기관인 향교(鄕校)를 설치하여, 지방 관리와 서민 자제들의 교육 및 제사 기능을 수행(→ 기술학부는 없고 유학만 교육)
㉢ **교육조서 반포** : "교육이 아니면 인재를 얻을 수 없다."
㉣ **문신월과법(文臣月課法) 시행** : 문신의 자질을 향상시키기 위해 매월 문신들에게 시부를 지어 바치게 한 제도

(2) 중기의 관학 진흥책

① 숙종(1096~1105) : 목판 인쇄(출판) 기관으로 서적포 설치, 기자 사당의 설치

② 예종(1105~1122)
㉠ 국자감(관학)을 재정비하여 전문 강좌인 7재(七齋)를 설치
(→ 여택재(주역), 대빙재(상서), 경덕재(모시), 구인재(주례), 복응재(대례), 양정재(춘추), 강예재(무학))
㉡ 교육 장학 재단인 양현고를 두어 관학의 재정 기반을 강화
㉢ 궁중에 도서관 겸 학문 연구소인 청연각 · 보문각을 두어 유학을 진흥

암기 Plus

국자감의 학부

학부	경사 6학	입학 자격
유학부	국자학	3품 이상의 자제 입학
	태학	5품 이상의 자제 입학
	사문학	7품 이상의 자제 입학
기술학부	율 · 서 · 산학	8품 이하 및 서민 자제

사학의 융성과 관학의 위축

최조의 사학인 최충의 문헌공도(9재 학당)를 비롯한 사학 12도가 융성하여 국자감의 관학 교육은 위축(→ 학벌이 형성되고 문벌귀족 사회 발달)

9재, 12도

- 9재(九齋) : 낙성(樂聖) · 대중(大中) · 성명(誠明) · 경업(敬業) · 조도(造道) · 솔성(率性) · 진덕(進德) · 문화(文和) · 대빙재(待聘齋) 등의 전문 강좌
- 12도(十二徒) : 문헌 · 홍문 · 광헌 · 문충 · 양신 · 정경 · 충평 · 정헌공도, 서시랑도, 구산도 등

㉣ 국자감에서 3년 이상 수학한 자에게 예부시 응시 자격 부여

③ 인종(1122~1146)

㉠ 경사 6학(유학부와 기술학부) 정비, 문치주의와 문신 귀족주의를 부각시킴(→ 유학을 기술학보다 우위에 둠, 서민 자제의 입학이 가능했으나 학부에 따른 입학 자격의 신분별 제한 규정을 둠)

㉡ 향교를 널리 보급하고, 이를 중심으로 지방 교육을 강화

(3) 후기

① **충렬왕**(1274~1308) : 안향의 건의로 양현고의 부실을 보충하기 위한 교육 재단인 섬학전(贍學田)을 설치(→ 국학을 성균관으로 개칭하고 공자 사당인 문묘를 새로 건립)

② **공민왕**(1351~1374) : 성균관을 부흥시켜 순수 유교 교육 기관으로 개편하고 유교 교육을 강화, 이색 · 정몽주 · 정도전 등은 성균관 대학관을 담당하며 성리학 연구를 심화함(→ 4서가 교과 내용에 반영되어 성리학 연구가 본격화됨)

→ 대학, 논어, 맹자, 중용

2 불교의 발달 및 사상

1. 불교의 발달

(1) 불교의 보호와 발달

① **태조** : 불교를 적극 지원하는 한편, 유교 이념과 전통 문화도 함께 존중

㉠ 개경에 여러 사원을 건립(개태사 · 왕흥사 · 왕륜사 등)

㉡ 훈요 10조에서 불교를 숭상하고 연등회와 팔관회 등을 성대하게 개최할 것을 당부

② **광종** : 승과 제도 실시, 국사 · 왕사 제도

㉠ 귀법사를 창건하고, 화엄종의 본찰로 삼아 분열된 종파 수습

㉡ 의통은 중국 천태종의 13대 교조가 되었고, 제관은 천태종의 기본 교리를 정리한 「천태사교의」라는 명저를 저술

③ **성종** : 유교 정치사상이 강조되면서 연등회와 팔관회 등이 일시 폐지

④ **현종** : 국가의 보호를 받아 계속 융성, 현화사와 흥왕사 등의 사찰 건립

㉠ 연등회와 팔관회 등이 부활

㉡ 초조대장경 조판에 착수

⑤ **문종** : 불교를 숭상하여 넷째 아들인 대각국사 의천과 승통 도생(導生)을 배출(→ 흥왕사를 완성하여 불교를 장려)

(2) 불교에 대한 특혜

① 사원전의 지급

② 승려들에게 면역(免役)의 혜택

2. 불교 통합 운동과 천태종

(1) 사회적 배경

① **초기** : 5교 양종(화엄종–교종 통합, 법안종–선종통합)

㉠ 화엄 사상을 정비하고 보살의 실천행을 폈던 균여(均如)의 화엄종 성행

㉡ 선종에 대한 관심도 높아 사상적 대립이 지속

㉢ 제관(「천태사교의」), 의통(중국 천태종 16대 교조)

② **중기**

㉠ 개경에 흥왕사나 현화사와 같은 큰 사원이 세워져 불교가 번창

㉡ 교종(귀족 불교인 화엄종과 법상종)이 융성

암기 Plus

고려 불교의 성격

- 왕실 · 귀족 불교이며, 호국적이고 현세 구복적 성격
- 유 · 불 융합, 풍수지리설과 융합

교종의 융성

- **법상종** : 인주 이씨의 후원, 현화사가 중심
- **화엄종** : 왕실의 후원, 흥왕사가 중심

(2) 의천의 교단 통합 운동

① 흥왕사를 근거지로 삼아 화엄종을 중심으로 교종 통합을 추구(불완전한 교단상의 통합, 형식적 통합)

② 선종을 통합하기 위하여 국청사를 창건하고 천태종을 창시(교종의 입장에서 선종을 통합)

③ 국청사를 중심으로 이론의 연마와 실천을 아울러 강조하는 교관겸수(敎觀兼修)를 제창, 지관(止觀)을 중시

→ 지(止)는 정신을 집중하여 마음이 적정해진 상태이며, 관(觀)은 있는 그대로의 진리인 실상을 관찰하는 것

④ 관념적인 화엄학을 비판하고, 원효의 화쟁사상을 중시

⑤ 불교의 폐단을 시정하는 대책이 뒤따르지 않아 의천 사후 교단은 다시 분열(의천파와 균여파)

⑥ 조계종 성립의 배경으로 작용

의천의 교관겸수

내가 몸을 잊고 도를 묻는 데 뜻을 두어 다행히 과거의 인연으로 선지식을 두루 참배하다가 진수(晉水) 대법사 밑에서 교관(敎觀)을 대강 배웠다. 법사는 일찍이 제자들을 훈시하여, "관(觀)을 배우지 않고 경(經)만 배우면 비록 오주(五周)의 인과(因果)를 들었더라도 삼중(三重)의 성덕(性德)에는 통하지 못하며 경을 배우지 않고 관만 배우면 비록 삼중의 성덕을 깨쳤으나 오주의 인과를 분별하지 못한다. 그러므로 관도 배우지 않을 수 없고 경도 배우지 않을 수 없다."라고 하였다. 내가 교관에 마음을 쓰는 까닭은 다 이 말에 깊이 감복하였기 때문이다.

3. 후기의 불교

(1) 무신집권기의 불교

① **방향** : 교종 탄압(조계종 발달), 불교 결사 운동(結社運動) 전개

② **보조국사(普照國師) 지눌**

㉠ **수선사 결사 운동** : 명리(名利)에 집착하는 당시 불교계의 타락상을 비판하고 승려 본연의 자세로 돌아가자는 개혁 운동, 송광사를 중심으로 전개

㉡ **선 · 교일치 사상의 완성** : 최씨 정권의 후원으로 조계종 발달(선종을 중심으로 교종을 포용)

- **정혜쌍수(定慧雙修)** : 선과 교학이 근본에 있어 둘이 아니라는 사상 체계(→ 철저한 수행을 선도)
- **돈오점수(頓悟漸修)** : 인간의 마음이 곧 부처의 마음임을 깨닫고(돈오) 그 뒤에 깨달음을 꾸준히 실천하는 것(점수)을 말함(→ 꾸준한 수행으로 깨달음의 확인을 아울러 강조)

③ 발전

㉠ **혜심(진각국사)** : '유불일치설(儒佛一致說)'을 주장하며 심성의 도야를 강조

㉡ **요세(원묘국사)** : 강진 만덕사(백련사)에서 백련결사(白蓮結社)를 제창

㉢ **각훈** : 화엄종의 대가, 「해동고승전」 저술

(2) 원 간섭기의 불교

① 개혁 운동의 의지가 퇴색하고 귀족 세력과 연결되어 불교계는 부패, 사원은 막대한 토지를 소유하고 상업에도 관여하여 부패가 심함

② 라마 불교의 전래, 인도 선종의 전래(인도 승려 지공이 전해옴), 보우에 의해 임제종(중국 선종) 전래

③ **신앙 결사 운동의 단절**

㉠ **수선사** : 몽골의 억압으로 위축

㉡ **백련사** : 고려 왕실과 원 황실의 본찰인 묘련사로 변질

④ 성리학을 사상적 배경으로 하는 신진사대부들은 이와 같은 불교계의 폐단을 비판

암기 Plus

신앙 결사 운동

- **의의** : 고려 중기 이후 개경 중심의 귀족 불교의 타락에 반발하여 불교계를 비판하고 불자의 각성을 촉구하는 운동이다.
- **방향**
  - **조계종** : 지눌의 수선사 중심(정혜결사문), 지방 지식인층이 주된 대상으로 하여 상당수의 유학자 출신 포함(→ 성리학 수용의 사상적 기반이 됨)
  - **천태종** : 요세의 백련사 중심, 기층민중과 지방 호족(호장층)의 지지를 받음

원 간섭기 이후 불교계의 변화

- 보우 · 혜근 등의 임제종 도입, 지공의 인도 선종 도입
- 가지산파의 부흥(균여), 사굴산파의 활약 부각(혜근)
- 보우는 공민왕의 왕사가 되고, 무학대사는 이성계의 왕사로 한양 천도에 공헌

4. 대장경 간행

(1) 초조대장경(初彫大藏經, 1087)

① 현종 때 거란의 침입을 받은 고려가 부처의 힘을 빌려 이를 물리치고자 대구 부인사에서 간행

② 몽골 침입 때에 불타 버리고 인쇄본 일부가 남음

(2) 속장경(屬藏經, 1073~1096)

① 거란의 침입에 대비, 의천이 고려는 물론 송과 요(遼), 일본 등의 대장경에 대한 주석서를 수집해 편찬

② 목록인 「신편제종교장총록(新編諸宗敎藏總錄)」을 만들고, 흥왕사에 교장도감(敎藏都監)을 설치하여 10여 년에 걸쳐 4,700여 권의 전적을 간행

③ 몽골의 3차 침입 시 소실되고 그 인쇄본의 일부가 전함

(3) 팔만대장경(재조대장경, 1236~1251)

① 몽골 침입에 대비, 고종 때 강화도에 대장도감(大藏都監)을 설치하여 16년 만에 조판하여 선원사 장경도감에 보관

② 조선 초 해인사로 이동한 후 현재까지 합천 해인사(장경판전)에 8만 매가 넘는 목판이 모두 보존

③ 방대한 내용을 담았으면서도 잘못된 글자나 빠진 글자가 거의 없는 제작의 정밀성과 글씨의 아름다움 등으로 세계에서 가장 우수한 대장경으로 손꼽힘

▲ 팔만대장경

암기 

유네스코 등재 유산

- **세계문화유산** : 석굴암 · 불국사, 해인사 장경판전, 종묘, 창덕궁, 수원 화성, 경주역사유적지구, 고창 · 화순 · 강화 고인돌 유적, 제주화산섬과 용암동굴, 조선왕릉, 한국의 역사마을(하회와 양동), 남한산성, 백제역사유적지구
- **세계기록유산** : 훈민정음, 조선왕조실록, 직지심체요절, 승정원 일기, 조선왕조 의궤, 해인사 대장경판 · 제경판, 동의보감, 일성록, 5 · 18민주화운동기록물, 난중일기, 새마을운동 기록물, KBS 특별 생방송 '이사가족을 찾습니다' 기록물, 한국의 유교책판, 조선왕실 어보와 어책, 조선통신사에 관한 기록, 국채보상운동 기록물
- **인류무형유산** : 종묘제례 · 종묘제례악, 판소리, 강릉 단오제, 강강술래, 남사당놀이, 부산 영산재, 제주 칠머리당 영등굿, 처용무, 가곡, 대목장, 줄타기, 택견, 한산모시짜기, 아리랑, 매사냥, 김장, 농악, 줄다리기, 제주해녀문화

| 고급 | [2점]

(가)에 대한 설명으로 옳은 것은?

이규보가 쓴 이 글은 최씨 무신 정권의 후원을 받아 제작된 (가) 의 조판 동기를 밝힌 것으로, 부처의 힘으로 외세를 물리치고자 하는 염원이 담겨 있습니다.
신통한 힘을 빌려 주어 완악한 오랑캐가 멀리 도망가서 다시는 우리 국토를 짓밟는 일이 없게 해 주십시오. 전쟁이 그치고 전국이 평안하며, …… 나라의 국운이 만세토록 유지되게 해 주소서.

① 자장의 건의로 만들어졌다.
② 현존하는 최고(最古)의 금속 활자본이다.
③ 유네스코 세계 기록 유산으로 등재되었다.
④ 현재 프랑스 국립 도서관에 보관되어 있다.
⑤ 불국사 삼층 석탑을 보수하는 과정에서 발견되었다.

[팔만대장경의 제작]

암기공식
팔만대장경 ⇒ 최씨 무신 정권의 후원, 호국불교

| 정답 해설 |
몽고의 침입으로 초조대장경이 소실된 후 부처의 힘으로 이를 극복하고자 고종 때 강화도에 대장도감을 설치하여 16년 만에 완성하였다. 현재 합천 해인사에 보관되어 있으며 유네스코 세계 기록 유산으로 등재되어 있다.

| 오답 해설 |
① 황룡사 구층 목탑은 신라 선덕여왕 때 자장(慈藏)의 건의로 건립되었으나 몽골의 침입으로 소실되었다. (→ 일본 · 중국 · 말갈 등 9개국의 침략을 막고 삼국을 통일하자는 호국 사상을 반영)
② 현존하는 세계 최고(最古)의 금속 활자본으로 청주 흥덕사에서 간행되었다.
④ 직지심체요절과 혜초가 인도를 여행하고 쓴 왕오천축국전은 현재 프랑스 국립 도서관에 소장되어 있다.
⑤ 현존하는 세계 최고(最古)의 목판 인쇄물로 불국사 삼층 석탑을 보수하는 과정에서 발견되었다.

정답 ③

암기 Plus

도교의 한계
- 도교에는 불교적 요소와 도참사상도 수용되어 일관된 체계를 보이지 못하였으며, 교단도 성립하지 못하여 민간 신앙으로 전개됨
- **팔관회의 성격** : 도교와 민간 신앙 및 불교가 어우러진 행사

풍수지리사상의 국가신앙화
- 태조 훈요 10조에서 강조한 후 국가신앙화 됨
- 분사제도(성종), 3소제, 잡과의 지리업
- 산천비보도감의 설치
- **해동비록** : 예종 때 풍수지리설을 집대성(부전)

▲ 고려의 첨성대

역법의 발전 과정
- **통일 신라에서 고려 초기** : 당의 선명력
- **고려 후기** : 원의 수시력
- **고려 말기** : 명의 대통력
- **조선 초기** : 독자적인 칠정산(세종)
- **조선 중기** : 서양식 태음력(효종 이후)
- **을미개혁** : 서양의 태양력

의서
- 제중입효방(김영석)
- **향약구급방** : 13세기 고종 때 편찬된 현존 최고의 의학 서적, 각종 질병에 대한 처방과 국산 약재 180여 종을 소개
- **삼화자향약방** : 향약의 본초학을 연구한 고려의 독자적 의학서

5. 도교와 풍수지리사상

(1) 도교(道敎)의 발달

① **성행** : 고려 시대에는 유교 · 불교와 함께 성행

② **특징** : 불로장생(不老長生)과 현세구복 추구, 은둔(隱遁)적

③ **활동** : 궁중에서는 하늘에 제사 지내는 초제가 성행(→ 예종 때 도교 사원(도관)이 처음 건립되어 도교 행사가 개최됨)

(2) 풍수지리사상의 발달

① **발달** : 신라 말에 크게 관심의 대상이 되었던 풍수지리설은 미래의 길흉화복을 예언하는 도참사상이 더해져 고려 시대에 크게 유행(→ 지덕사상, 인문지리적 성격)

② **영향**

㉠ **서경길지설(西京吉地說)** : 서경천도와 북진정책 추진의 이론적 근거

㉡ **남경길지설(南京吉地說)** : 북진정책의 퇴조와 함께 새로이 한양 명당설이 대두(숙종 때는 동경 대신에 남경을 3경에 편입)

3 과학 기술의 발달

1. 천문학과 역법, 의학의 발달

(1) 과학 기술의 발달 배경

① 중국과 이슬람의 과학 기술 수용

② 국자감에서의 기술학 담당(율학 · 서학 · 산학 등의 잡학을 교육)
(율학: 형률을 교육 내용으로 하는 학제 / 서학: 서예를 교육 내용으로 하는 학제 / 산학: 산술(계산)을 교육 내용으로 하는 학제)

③ 과거에서의 잡과 실시

④ 천문학 · 의학 · 인쇄술 · 상감 기술 · 화약 무기 제조술 등이 발달

(2) 천문학과 역법의 발달

① **천문 관측(天文觀測)**

㉠ **사천대(서운관) 설치** : 천문과 역법을 맡은 관청, 첨성대에서 관측 업무 수행

㉡ 일식 · 혜성 · 태양 흑점 등에 관한 관측 기록이 존재

② **역법(曆法) 연구**

㉠ **초기** : 고려 초기에는 신라 때부터 쓰던 당의 선명력을 그대로 사용

㉡ **후기** : 충선왕 때는 원의 수시력을 채용, 공민왕 때는 명의 대통력 수용

(3) 의학의 발달

① **중앙** : 태의감(의료 업무, 의학 교육, 위생 교육 등을 담당)

② **지방** : 학교에 의박사 배치

③ **과거** : 의과 실시

2. 인쇄술의 발달

(1) 목판 인쇄술

① **발달** : 신라 때부터 발달한 목판 인쇄술은 송판본의 수입과 경전 간행으로 고려 시대에 이르러 더욱 발달(→ 고려대장경의 판목은 목판 인쇄술이 최고의 수준에 이르렀음을 입증)

② **한계** : 여러 책을 소량 인쇄하는 데는 활판 인쇄술보다 못함(→ 이 때문에 활판 인쇄술의 개발에 힘을 기울여 후기에는 금속 활자 인쇄술이 발명됨)

(2) 금속 활자 인쇄술

① **계기** : 목판 인쇄술의 발달과 금속 활자 인쇄술 발명, 청동 주조 기술의 발달, 인쇄에 적당한 잉크와 종이의 제조 등

② **상정고금예문** : 강화도 피난 시 금속 활자로 인쇄(1234), 서양보다 200여 년이나 앞서 이루어진 것이나 부전

③ **직지심체요절(1377)** : 현존하는 세계 최고의 금속 활자본(세계기록유산)

(3) 제지술(製紙術)

① **조지서(造紙署)** : 종이 제조의 전담 관서

② **특징** : 고려의 제지 기술은 더욱 발전하여 질기고 희면서 앞뒤가 반질반질한 종이를 제조, 중국에 수출하여 호평을 받음

> 암기 Plus
>
> 인쇄 기관
> - **서적포** : 숙종 때 목판 인쇄 기관
> - **서적원** : 공양왕 때 설치(1392), 활자 주조와 인쇄 담당

▲ 고려대장경

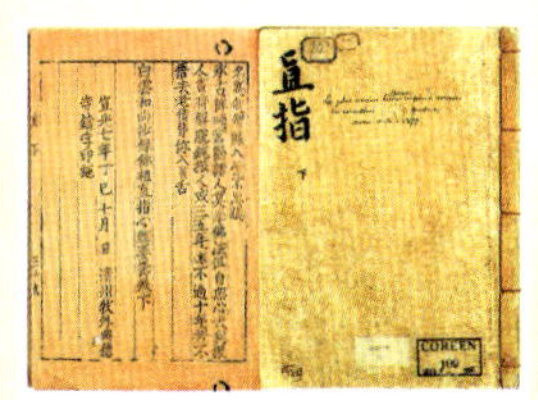

▲ 직지심체요절

3. 농업 기술의 발달

(1) 권농 정책

① **광종** : 황무지 개간의 규정을 마련하여 토지 개간을 장려

② **성종** : 무기를 거두어 이를 농기구로 만들어 보급

(2) 농업 기술의 발달

① 개간(開墾)과 간척(干拓)

② **수리 시설의 개선** : 김제의 벽골제와 밀양의 수산제를 개축, 소규모 제언(저수지)이 확충

③ **농업 기술의 다양성**

→ 농지에 직접 씨를 뿌려 벼를 재배하는 방법

㉠ **직파법(直播法)** : 논농사에서는 직파법이 주로 행해짐

㉡ **이앙법 · 윤작법 보급** : 고려 말 남부 지방 일부에서 이앙법(移秧法)이 보급되기 시작, 밭농사에서는 2년 3작의 윤작법(輪作法) 보급

㉢ **깊이갈이(심경법) 보급** : 소(牛)를 이용한 깊이갈이도 널리 보급

㉣ **시비법의 발달** : 연작 상경지의 증가, 농업 생산력의 증가

④ **농서의 도입** : 고려 후기에는 중국의 농서를 도입하여 이용(→ 이암은 원의 「농상집요」를 소개 · 보급)

⑤ **목화 재배** : 공민왕 때 문익점이 원에서 목화씨를 들여옴(→ 목화 재배가 고려 말에 시작되어 의생활에서 큰 변화)

> 농상집요
>
> 고려 때 이암이 원으로부터 수입한 농서(중국 최초의 관찬 농서)로서, 화북농법(밭농사)를 소개하고 있다. 그 내용은 경간 · 파종 · 재상 · 과실 · 약초 등 10문(門)으로 되어 있으며, 특히 당시의 새로운 유용작물인 목화의 재배를 장려한 내용을 포함하고 있다. 그러나 우리나라 실정에 맞지 않는 한계가 있었다.

4. 화약 제조와 조선술

(1) 화약의 제조

① 정부는 화통도감(火筒都監)을 설치하고 최무선을 중심으로 화약과 화포를 제작, 화포를 이용하여 진포(금강 하구) 싸움에서 왜구를 격퇴

② 화포와 같은 화약 무기의 제조는 급속도로 진전

(2) 조선술

① 송과의 해상 무역이 활발해져 대형 범선 제조

② 조운 체계가 확립되면서 조운선의 등장

③ 원의 일본 원정과 왜구 격퇴를 위해 다수의 전함(戰艦) 건조

④ 배에 화포(火砲)를 설치

4 귀족 문화와 불교 문화의 발달

1. 문학의 발달

(1) 전기

① **한문학의 발달**

㉠ **초기** : 광종 때 실시한 과거제, 성종 이후의 문치주의의 성행에 따라 발달(→ 중국 모방의 단계를 벗어나 독자적인 모습)

㉡ **중기** : 사회가 귀족화되면서 당의 시와 송의 산문을 숭상하는 풍조 대두(→ 한문학에 있어 귀족 문화의 보수성과 사대성이 강화)

② **향가(鄕歌)**

㉠ **보현십원가** : 광종 때 균여가 지은 11수가 그의 전기인 「균여전」에 전해짐

㉡ **쇠퇴** : 중기 이후 한문학의 우세로 점차 한시에 밀려 쇠퇴

(2) 후기 문학의 새 경향

① **경기체가(景幾體歌)**

㉠ **주체** : 신진사대부

㉡ **작품** : 한림별곡 · 관동별곡 · 죽계별곡 등

㉢ **성격** : 주로 유교 정신과 자연의 아름다움 묘사

② **설화 문학** : 형식에 구애받지 않은 설화 형식으로 현실을 비판하는 문학도 유행

③ **패관 문학** : 이규보의 「백운소설」과 이제현의 「역옹패설」이 대표작

④ **가전체 문학** : 사물을 의인화하여 일대기로 구성한 이규보의 「국선생전(麴先生傳)」과 이곡의 「죽부인전(竹夫人傳)」 등

⑤ **장가(俗謠)**

㉠ **주체** : 민중 사회에서는 작가 미상의 장가 혹은 속요라는 가요가 유행

㉡ **작품** : 청산별곡 · 가시리 · 쌍화점 등

㉢ **성격** : 대부분은 서민의 생활 감정을 대담하고 자유분방한 형식으로 표현

화약 제조의 배경

고려 말에 최무선은 왜구의 침입을 격퇴하기 위해 중국의 화약 제조 기술의 습득

무신집권기 문화의 발달

- 경향 : 낭만적 · 현실도피적 경향의 수필 등이 유행
  - 임춘 : 「국순전(麴醇傳)」에서 술을 의인화하여 현실을 풍자
  - 이인로 : 「파한집(破閑集)」
- **새로운 경향** : 현실을 제대로 표현하는 데 관심(→ 대표적 문인에는 이규보와 최자)

청산별곡(고려가요, 작가 미상)

살으리 살으리랏다/청산에 살으리랏다.
머루랑 다래랑 먹고/청산에 살으리랏다.
울어라 울어라 새여/자고 일어나 울어라 새여
너보다 시름이 많은 나도/자고 일어나 울도다.
…
이럭저럭하여/낮은 지내왔지만
올 이도 갈 이도 없는/밤은 또 어찌할 것인가.
어디에 던지던 돌인고/누구를 맞히려던 돌인고
미워할 사람도 사랑할 사람도 없이/맞아서 울고 있노라.

2. 서화(書畫)와 음악의 발달

(1) 서예(書藝)

① 전기

㉠ 왕희지체와 구양순체가 주류

㉡ 유신과 탄연(인종 때의 승려) 등의 글씨가 특히 뛰어남(신품4현) → 김생, 탄연, 최우, 유신

② 후기 : 조맹부의 우아한 송설체(松雪體)가 유행, 충선왕 때의 이암이 뛰어남

(2) 회화(繪畫)

① 발달 : 도화원에 소속된 전문 화원의 그림과 문인이나 승려의 문인화로 구분

② 불화(佛畫)

㉠ 배경 : 고려 후기 관음신앙이 유행하면서 왕실과 권문세족의 구복적 요구에 많이 그려짐 → 관세음보살을 신앙의 대상으로 하는 불교 신앙

㉡ 내용 : 극락왕생을 기원하는 아미타불도와 지장보살도 및 관음보살도

㉢ 대표 작품 : 일본에 현전하는 혜허의 관음보살도(양류관음도와 수월관음도)는 장엄하고 섬세 · 화려함

㉣ 사찰 · 고분 벽화 : 부석사 조사당 벽화의 사천왕상, 수덕사 대웅전 벽화의 수학도 등이 유명

(3) 음악(音樂), 가면극

① 아악(雅樂)

㉠ 송에서 수입된 대성악이 궁중 음악으로 발전된 것

㉡ 주로 제사(祭祀)에 쓰였으며 고려와 조선 시대의 문묘 제례악(文廟祭禮樂)이 여기에 해당하며, 오늘날까지도 격조 높은 전통 음악으로 계승

② 향악(鄕樂)

㉠ 속악이라고도 하며 우리의 고유 음악이 당악(唐樂)의 영향을 받아 발달한 것

㉡ 동동(動動) · 한림별곡(翰林別曲) · 대동강(大同江) 등의 곡이 유명

③ 악기(樂器) : 거문고 · 비파 · 가야금 · 대금 · 장고 등

④ 나례 : 가면극으로 산대희라고도 하며, 나례도감에서 관장

> **암기 Plus**
>
> 회화의 발달
>
> • 전기 : 뛰어난 화가로는 예성강도를 그린 이영과 그의 아들 이광필, 고유방 등
>
> • 후기
> – 사군자 중심의 문인화와 불화가 유행
> – 회화의 문학화와 낭만적 경향 : 사군자 · 묵죽의 유행, 이규보와 이제현의 시화일치론
> – 원대 북화(元代北畫)가 영향을 받아 필치가 뚜렷하고 표현이 세밀한 공민왕의 천산대렵도가 유명

▲ 양류관음도

▲ 수월관음도

3. 건축, 조각

(1) 건축(建築)

① 전기의 건축

㉠ 궁궐 건축 : 개성 만월대의 궁궐 터(경사진 면에 건물들을 계단식으로 배치)

㉡ 사원 건물 : 현화사와 흥왕사가 유명

② 후기의 건축

㉠ 주심포식 건물(전기~후기)

- 주심포식 : 지붕 무게를 기둥에 전달하면서 건물을 치장하는 공포(栱包)가 기둥 위에만 짜여진 건축 양식(맞배지붕), 13세기 이후에 지은 주심포식 건물들은 일부 현존 → 처마 끝의 하중을 받치기 위해 기둥머리 같은 데 짜 맞추어 댄 나무 부재
- 안동 봉정사 극락전(1363) : 가장 오래된 목조건물로 주심포 양식의 엔타시스 기둥(배흘림기둥)
- 영주 부석사 무량수전(1376) : 주심포 양식과 엔타시스(배흘림) 기둥, 신라 양식을 계승한 고려 최고의 목조 건축물
- 예산 수덕사 대웅전 : 모란이나 들국화를 그린 벽화가 유명

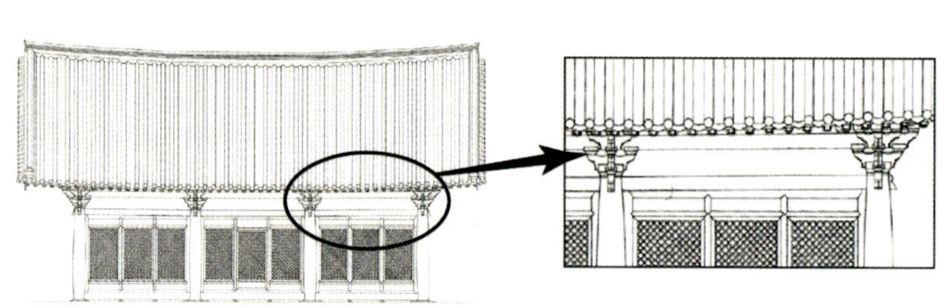

주심포식

부석사 무량수전

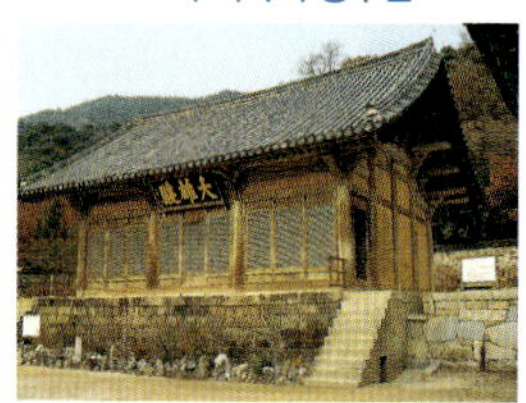

수덕사 대웅전

㉡ 다포식 건물(후기)

- 공포가 기둥 위 뿐만 아니라 기둥 사이에도 짜여져 있는 건축 양식(팔작 지붕)으로, 매우 화려하며 세련미를 지님
- 고려 후기에 원나라로부터 유래한 다포식 건물이 등장하여 조선 시대 건축에 큰 영향
- 건물을 웅장하게 보이게 하기 위해 포작도 여러 층으로 겹쳐 짜고 팔작 지붕으로 함
- 황해도 사리원의 성불사 응진전이 대표적, 석왕사 응진전, 심원사 보광전 등

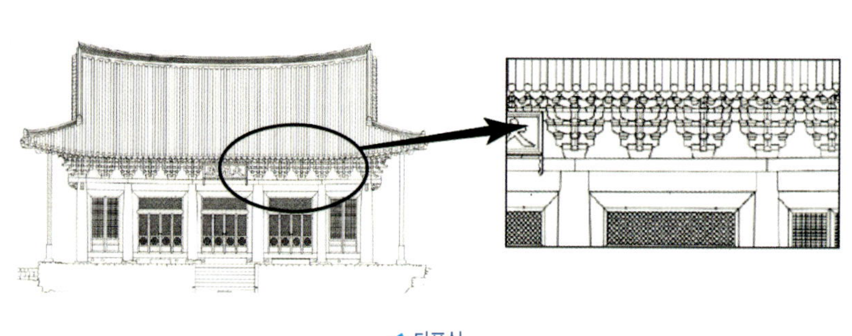

다포식

성불사 응진전

심원사 보광전

> **암기 Plus**
>
> 주요 탑의 양식 변천
>
> 백제 5층탑 → 통일 신라 3층탑 → 고려 다각 다층탑

(2) 석탑(石塔)

① 특징

㉠ 신라 양식을 일부 계승하면서 그 위에 독자적인 조형 감각을 가미

㉡ 다각 다층탑이 많았고 안정감은 부족하나 자연스러운 모습

㉢ 석탑의 몸체를 받치는 받침이 보편화됨

② 대표적 석탑

㉠ **고려 전기** : 불일사 5층 석탑(개성), 무량사 5층 석탑(부여), 오대산 월정사 8각 9층 석탑(→ 송대 석탑의 영향을 받은 다각 다층석탑으로 고구려 전통을 계승)

㉡ **고려 후기** : 경천사 10층 석탑(→ 목조 건축 양식의 석탑, 화려한 조각, 원의 석탑을 본뜬 것으로 조선 시대 원각사 10층 석탑으로 이어짐)

▲ 불일사 5층 석탑

▲ 무량사 5층 석탑

▲ 월정사 8각 9층 석탑

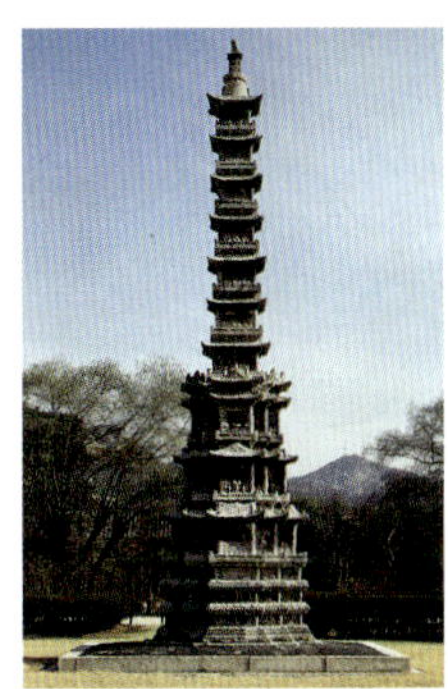
▲ 경천사 10층 석탑

(3) 승탑(僧塔)

① 승려들의 사리를 안치한 묘탑인 승탑(부도)은 고려 조형 예술의 중요한 부분을 차지

② **성격** : 선종의 유행과 관련하여 장엄하고 수려한 승탑들이 다수 제작

③ **대표** : 고달사지 승탑, 법천사 지광국사 현묘탑, 홍법국사 실상탑 등

▲ 고달사지 승탑

▲ 법천사 지광국사 현묘탑

▲ 홍법국사 실상탑

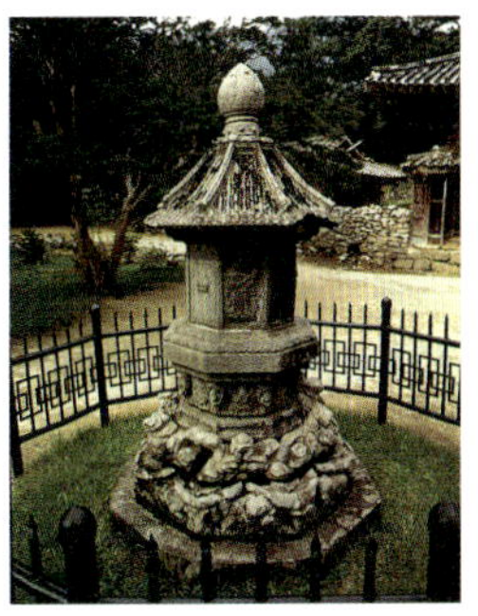
▲ 공주 갑사 승탑

(4) 불상(佛像)

① **특징** : 시기와 지역에 따라 독특한 모습, 균형을 이루지 못하여 조형미가 다소 부족

② **신라 양식의 계승** : 부석사 소조 아미타여래 좌상(가장 우수한 불상)

③ **대형 철불** : 고려 초기에는 광주 춘궁리 철불과 같은 대형 철불이 많이 조성

④ **거대 석불 건립** : 논산의 관촉사 석조 미륵보살 입상(동양 최대, 지방 문화 반영, 균형과 비례가 맞지 않음), 안동의 이천동 석불

▲ 부석사 소조 아미타여래좌상

▲ 광주 춘궁리 철불

▲ 관촉사 석조 미륵보살 입상

▲ 안동 이천동 석불

4. 청자와 공예

(1) 공예(工藝)의 발달

① **배경** : 귀족들의 사치 생활을 충족하기 위한 예술 중 가장 돋보이는 분야

② **특징** : 귀족들의 생활 도구와 불구(佛具) 등을 중심으로 발전, 특히 자기 공예가 뛰어남

→ 불교의 의식 및 신앙생활에 사용되는 도구

암기 Plus

고려청자의 특징

- 비색의 아름다움
- 상감법의 발달
- 귀족적 예술성
- 다양한 종류와 형태

▲ 고려청자 상감운학문 매병

▲ 고려청자 소문과형병

▲ 청동제 은입사 포류수금문 정병

(2) 도자기 공예

① **발전 과정** : 고려자기는 신라와 발해의 전통과 기술을 토대로 송의 자기 기술을 받아들여 귀족 사회의 전성기인 11세기에 독자적인 경지를 개척

㉠ **순수청자** : 11세기 가장 이름난 비취색의 청자로 중국에서 천하의 명품으로 손꼽음

㉡ 음각 · 양각 청자의 유행

㉢ **상감청자** : 12세기 중엽에 고려의 독창적 기법인 상감법이 개발되어 13세기 중엽까지 주류를 이루다 원 간섭기 이후 퇴조

㉣ **명산지** : 전남 강진과 전북 부안, 강화도 등이 유명

▲ 고려청자 투각칠보뚜껑향로

② **퇴조** : 고려 말 원으로부터 북방 가마의 기술이 도입되면서 청자의 빛깔도 퇴조하여 점차 소박한 분청사기로 바뀜

(3) 금속 공예

① 불구(佛具) 중심으로 발전

② 송에서 유입된 은입사 기술의 발달

③ **대표작** : 은사(銀絲)로 무늬를 새긴 입사(은입사) 수법의 청동향로와 버드나무와 동물무늬를 새긴 청동정병

(4) 나전칠기(螺鈿漆器)

① 옻칠한 바탕에 자개를 붙여 무늬를 나타내는 나전칠기 공예가 크게 발달

② 통일 신라 시대에 당에서 수입되었으나 고려에서 크게 발달하였고, 조선 시대를 거쳐 현재까지 전함

기출 및 예상 문제

01

다음은 어느 두 나라의 중앙 관제를 나타낸 것이다. 이와 관련된 설명으로 옳은 것은?

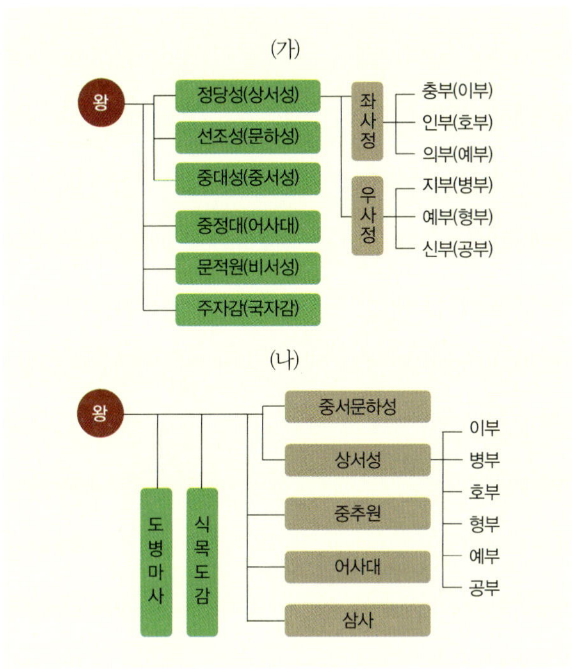

① (가)는 당의 제도를 그대로 모방하여 운영되었다.

② (가)의 문적원은 국왕의 비서 기관으로, (나)의 도병마사와 유사하였다.

③ (나)의 식목도감은 중국에는 없는 것으로, 독자적으로 만든 기관이었다.

④ (나)에서 중서문하성은 재부, 상서성은 추부로, 두 기구를 합쳐 재추라고 하였다.

⑤ (가)와 (나)에서 중정대와 중추원의 기능은 서로 비슷하였다.

고려의 식목도감과 도병마사는 고려의 독자적 기구이다.

① 발해의 3성 6부는 당의 제도를 수용하였지만 6부의 유교적 명칭과 정당성 중심의 이원적 운영은 발해의 독자성을 보여주고 있으므로, 그대로 수용하였다고 볼 수는 없다.

② 도병마사는 국방 문제를 담당하는 기구이다.

④ 중추원을 추부라 하며, 중서문하성(재부)과 합쳐 재추라 하였다.

⑤ 중정대는 감찰기관이며, 고려의 어사대가 이와 비슷한 기능을 담당하였다. 중추원은 군사기밀과 왕명의 출납을 담당하는 기구이다.

02

교사의 질문에 대한 학생의 답변으로 옳은 것은?

이것은 국보 제41호 청주 용두사지 철당간으로, 그 명문에는 준풍(峻豐)이라는 연호가 있습니다. 이 연호를 사용한 왕은 관리의 공복을 제정하여 국왕 중심의 위계질서를 확립하였습니다. 이 왕의 또 다른 업적에 대해 발표해 볼까요?

① 흑창을 처음 설치하여 민생을 안정시켰어요.

② 국자감을 설립하여 유학 교육 진흥에 힘썼어요.

③ 노비안검법을 시행하여 호족 세력을 견제했어요.

④ 정계와 계백료서를 지어 관리의 규범을 제시했어요.

⑤ 전시과 제도를 마련하여 관리에게 토지를 지급했어요.

고려 광종은 광덕 · 준풍 등의 독자적 연호를 사용하였으며, 지배층의 위계질서 확립을 목적으로 관리의 공복을 제정하였고, 양인이었다가 불법으로 노비가 된 자를 해방시켜 주는 노비안검법을 시행하여 호족 세력을 견제하였다.

① 흑창(黑倉)은 고구려의 진대법을 계승한 춘대추납의 빈민 구제 기관으로 민생 안정을 위해 고려 태조 때 처음 설치되었다.

② 고려 성종은 개경에 국립대학인 국자감을 설립하여 유학 교육의 진흥에 힘썼다.

④ 고려 태조는 정계(政戒)와 계백료서(誡百僚書) 등을 통해 신하의 임금에 대한 도리를 강조하였다.

⑤ 고려 경종 때에는 (시정) 전시과 제도를 마련하여 모든 전 · 현직 관리를 대상으로 관품과 인품 · 세력을 반영하여 토지(전지와 시지)를 지급하였다.

정답 01 ③ • 02 ③

03

다음과 관련된 시대의 지방 행정 구역을 나타낸 지도는?

- 동북면 병마사 김보당이 동계에서 군사를 발동하여 정중부, 이의방 등을 토벌하고 의종을 복위시키려 하니…….
- 3경, 4도호부, 8목으로부터 군, 현, 객관, 역사의 관직에 이르기까지 전부 무관을 채용하였다.

① 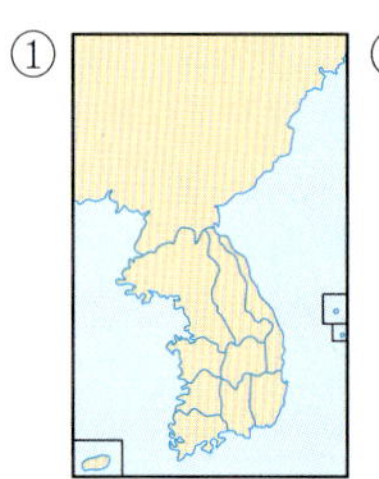
② 
③ 
④ 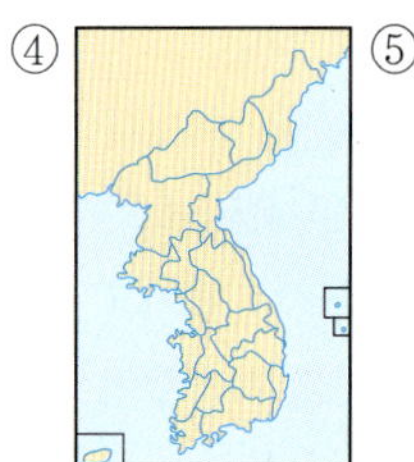
⑤ 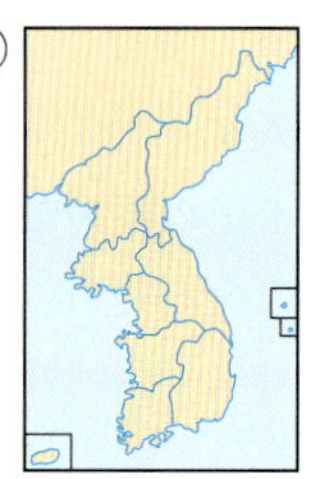

동계(양계), 3경, 4도호부, 8목은 고려 시대의 지방 행정 구역에 해당한다. 고려의 지방 행정은 성종 때부터 정비되기 시작하여 현종 때 5도, 양계, 4도호부, 8목으로 완비되었다.
① 통일 신라 시대의 지방 행정 구역이다.
③ 대한 제국 수립 직전의 지방 행정 구역이다.
④ 갑오개혁 당시의 지방 행정 구역이다.
⑤ 조선 시대의 지방 행정 구역이다.

고려 현종 : 5도 양계, 4도호부, 8목 완성

- **5도** : 행정의 중심이며, 경상도 · 전라도 · 양광도 · 교주도 · 서해도를 일컬음, 도에는 지방관으로 안찰사를 파견하며 아래에 주 · 군 · 현과 향 · 소 · 부곡을 둠
- **양계(兩界)** : 북방 국경 지대의 군사 중심지인 동계 · 북계를 말하며 병마사가 파견됨, 양계 아래 국방상의 요충지에 진을 설치하고 촌을 둠
- **4도호부** : 군사적 방비의 중심지, 안북(안주) · 안남(전주) · 안동(경주) · 안변(등주)
- **8목** : 지방 행정의 실질적 중심부이며 공납(향공선상)의 기능을 담당, 광주(廣州) · 청주 · 충주 · 전주 · 나주 · 황주 · 진주 · 상주 등

04

고려 시대의 (가)에 대한 설명으로 옳은 것을 〈보기〉에서 고른 것은?

- 신(臣) 최종번은 어려서 대강 글 짓는 재주를 배웠기에 일찍이 과거에 뜻을 두었으나 논리정연하게 글 쓰는 능력이 없고 문서도 잘 다루지 못합니다. [(가)]을(를) 통해 관리로 채용은 되었으나 유학을 공부하지 않고 벼슬길에 오른다면 장차 무슨 낯으로 벼슬살이를 하겠습니까?
- 윤공(尹公)의 이름은 승해요, 자는 자장이니 수주 수안현이 본 고향이었다. 그는 어려서부터 학문에 힘을 써 나이 열여덟에 사마시에 합격하였고, 거듭 이부의 과거에 응시하였으나 합격하지 못하였다. 가문 덕에 [(가)]을(를) 통해 지수주사판관(知水州事判官)이 되었다.

– 「동국이상국집」 –

보기

ㄱ. 3년마다 정기적으로 시행되었다.
ㄴ. 한직제(限職制)의 제한이 있었다.
ㄷ. 왕족과 공신의 후손도 대상이 되었다.
ㄹ. 대상 연령은 원칙적으로 18세 이상이었다.

① ㄱ, ㄴ ② ㄱ, ㄷ ③ ㄴ, ㄷ
④ ㄴ, ㄹ ⑤ ㄷ, ㄹ

음서에 대한 설명이다.
ㄷ. 음서의 대상은 왕족과 공신의 자손, 5품 이상 고위 관료의 자손, 형제, 사위, 외손 등이다.
ㄹ. 대상 연령은 원칙적으로 성인으로 인정받는 18세 이상이었다.
ㄱ. 3년마다 정기적으로 시행되는 것은 과거이다. 음서는 수시로 시행되었다.
ㄴ. 음서는 왕족, 공신, 고위 관료의 자제를 대상으로 하기 때문에 관직 승진의 제한은 없었다.

05

다음 가상 대화가 이루어진 시기에 볼 수 있는 모습으로 적절한 것은?

문익점이 중국에서
목화씨를 들여온 공로로
이번에 왕의 부름을 받아
벼슬을 받게 되었다네.
그가 준 목화씨를
장인인 정천익이 심어
재배에 성공하였다는군.

① 녹읍 폐지를 명하는 국왕
② 농상집요를 소개하는 관리
③ 당백전을 주조하는 관청 소속 장인
④ 공가를 받고 관청에 물품을 납부하는 공인
⑤ 고추, 담배 등을 상품 작물로 재배하는 농민

고려 말 공민왕 때 문익점이 원에서 목화씨를 들여와 목화 재배가 시작되면서 의생활이 크게 변화하였다. 또한 고려 말 충정왕 때 이암이 원의 〈농상집요〉를 소개 · 보급하였다.

① 신문왕 때 관리에게 관료전을 지급하고 귀족의 경제 기반이었던 녹읍을 폐지하였다.
③ 당백전은 흥선 대원군이 경복궁 중건에 필요한 재원 마련을 위해 발행한 동전이다.
④ 조선 후기 공인(貢人)은 대동법이 실시되면서 등장한 관허 상인으로, 공가를 받고 관청에 물품을 납부하였다.
⑤ 조선 후기에는 인삼, 담배, 약재, 목화, 삼 등 시장에서 매매하기 위한 상품 작물의 재배가 활발해졌다.

〈농상집요〉의 소개 · 보급

- 충정왕 때 이암이 원의 〈농상집요〉를 소개 · 보급
- 중국 화북 지방의 농법을 정리
- 농업 기술의 학문적 연구에 영향을 미침

06

다음은 묘청의 서경천도운동에 대한 설명이다. 이에 대해 올바르게 설명한 것은?

> 묘청의 서경천도운동은 문벌귀족 사회의 내부 분열과 ㉠ 개경 중심의 문벌귀족과 ㉡ 서경 중심의 신진 관료 세력 간의 대립, ㉢ 풍수지리설이 결부된 자주적 전통 사상과 ㉣ 사대적 유교 정치사상의 충돌, ㉤ 현상 유지의 보수적 외교 정책과 ㉥ 북진 정책 계승과의 대립, ㉦ 고구려 계승 이념과 ㉧ 신라 정통 의식 등에 대한 이론과 갈등이 얽혀 일어난 것으로 귀족 사회 내부의 모순을 드러낸 것이다.

① 묘청 세력은 ㉣, ㉤, ㉦의 입장이다.
② 고려 태조의 외교 정책은 ㉤의 관점과 일치한다.
③ 신채호가 긍정적으로 보는 관점은 ㉡, ㉢, ㉥, ㉦이다.
④ ㉢의 사상은 고려의 5도 양계 설정에 반영되었을 것이다.
⑤ ㉠세력의 집권 유지는 조위총의 서경 반란의 원인으로 볼 수 있다.

신채호는 그의 「조선사연구초」에서 묘청의 난을 높이 평가하고, 묘청 세력과 김부식 세력이 대립을 "낭불과 유(儒)의 전(戰)이며, 국풍파(비)와 한학파의 전이며, 독립당과 사대당의 전이며, 진취사상과 보수사상의 대립"이라 평하였다. 따라서 신채호가 긍정적으로 보는 관점에 해당하는 것은 ㉡ · ㉢ · ㉥ · ㉦이다.

① 묘청 세력은 ㉡, ㉢, ㉥, ㉦의 입장에 있다.
② 고려 태조의 4대 정책 중 외교 정책에 해당하는 것은 북진 정책이다.
④ 풍수지리설은 서경과 3경제 설치에 반영되었다. 성종은 풍수지리설에 따라 개경(개성) · 서경(평양) · 동경(경주)의 3경(三京)을 설치하였다.
⑤ 조위총은 서경유수(문신)로 무신집권기에 반무신난을 일으켰다(명종 4, 1174).

개경파와 서경파의 대립

구분	개경(開京) 중심 세력	서경(西京) 중심 세력
대표자	김부식 · 김인존 등	묘청 · 정지상 등
특징 및 주장	• 왕권 견제, 신라 계승, 보수적 · 사대적 · 합리주의적 유교 사상 • 정권 유지를 위해 금과의 사대 관계 주장 • 문벌 귀족 신분	• 왕권의 강화, 고구려 계승, 풍수지리설에 근거한 자주적 · 진취적 전통 사상 • 서경 천도론과 길지론(吉地論), 금국 정벌론 주장 • 개경의 문벌 귀족을 붕괴시키고 새로운 혁신 정치를 도모

정답 03 ② • 04 ⑤ • 05 ② • 06 ③

07

(가) 역사서에 대한 설명으로 옳은 것은?

서울시는 보물 제723호 (가) 의 국보 승격을 문화재청에 신청하였다고 밝혔습니다. 이 책은 1145년(인종 23)에 편찬된 정사(正史)로서 고대 삼국부터 통일신라까지의 역사를 기술하였습니다.
서울시, (가) 국보 승격 추진

① 남북국이라는 용어를 처음 사용하였다.
② 단군왕검의 건국 이야기가 수록되어 있다.
③ 김부식 등이 왕명으로 편찬한 기전체 사서이다.
④ 사초, 시정기 등을 바탕으로 실록청에서 편찬하였다.
⑤ 고구려 건국 시조의 일대기를 서사시 형태로 서술하였다.

「삼국사기」는 고려 인종 때 김부식 등이 왕명을 받아 편찬(1145)한 현존하는 우리나라 최고의 역사서로, 유교적 합리주의 사관에 기초하여 신라를 중심으로 서술한 기전체(紀傳體) 사서이다.

① 조선 후기 실학자 유득공은 「발해고」를 저술하여 발해를 북국, 신라를 남국으로 칭하며 한반도 중심의 협소한 사관을 극복하였다.
② 일연의 「삼국유사」는 단군부터 고려 말까지의 불교사를 중심으로 서술한 기사본말체 형식의 사서이다.
④ 「조선왕조실록」은 왕의 사후 사초와 시정기 등을 근거로 춘추관에 설치된 실록청에서 편찬하였다.
⑤ 이규보의 「동명왕편」은 고구려 건국 시조인 동명왕의 업적을 칭송한 영웅 서사시로 고구려의 계승 의식을 반영하고 있다.

「삼국사기」 (인종 23, 1145)

- **시기** : 인종 때 김부식 등이 왕명을 받아 편찬
- **의의** : 현존하는 우리나라 최고의 역사서
- **사관** : 유교적 합리주의 사관에 기초하여 신라를 중심으로 서술
- **체제** : 본기 · 열전 · 지 · 연표 등으로 구분되어 서술된 기전체(紀傳體) 사서
- **구성** : 총 50권으로 구성

08

밑줄 그은 ㉠에 대한 설명으로 옳은 것을 〈보기〉에서 고른 것은?

> 조종(祖宗)의 ㉠ 땅 주고 거두는 법이 이미 무너지고 토지를 겸병하는 문이 일단 열리자, 재상으로서 마땅히 300결의 토지를 받아야 할 자가 송곳을 세울 만한 땅도 받지 못하게 되었으며 …… 근년에 이르러서는 겸병이 더욱 심하여 간흉의 무리들이 주와 군의 경계 안에 있는 토지 전부를 차지하거나 여러 주와 군에 걸쳐 토지를 차지하면서, 산과 강으로 땅의 경계 표식을 삼고 모두들 그 토지가 자기의 조업전(祖業田)이라고 핑계하고 있다. 이렇게 땅들을 강탈하는 까닭에 1묘(畝)의 주인이 5, 6명을 넘으며 1년에 조를 8, 9차례나 걷고 있다.
> – 「고려사」 –

보기

ㄱ. 전지와 시지를 분급하였다.
ㄴ. 수조권자의 중복을 막고자 하였다.
ㄷ. 관청에서 조세를 거두어 관리에게 지급하였다.
ㄹ. 토지와 그에 딸린 노동력의 수취를 규정하였다.

① ㄱ, ㄴ　② ㄱ, ㄷ　③ ㄴ, ㄷ　④ ㄴ, ㄹ　⑤ ㄷ, ㄹ

땅을 주고 거두는 법은 고려의 전시과 제도이다.

ㄱ. 전시과는 관직을 18등급으로 나누고 농토인 전지와 임야인 시지를 지급하였다.
ㄴ. 수조권자가 중복되면 중복 과세로 농민의 생활이 어려워지므로 이를 막으려 했다. 그러나 무신 집권기 이후 이러한 원칙이 무너졌다.
ㄷ. 조선 성종 때 실시한 관수관급제이다.
ㄹ. 노동력까지 수취할 수 있었던 토지는 신라의 녹읍과 식읍이다.

전시과 제도

- **전지(田地)와 시지(柴地)의 차등 지급** : 관리를 18등급으로 나누어 곡물을 수취할 수 있는 일반 농지인 전지와 땔감을 얻을 수 있는 척박한 토지인 시지를 차등적으로 지급
- **수조권만을 지급** : 왕토 사상을 토대로, 지급된 토지는 소유권을 인정하지 않고 수조권만을 지급
- **수조권 분급** : 과전의 경우 1/10, 둔전 · 내장전 · 공해전의 경우 1/4, 소유가 가능한 공음전 · 공신전의 경우 1/2을 수취
- **수조권의 공유적 성격** : 농민으로부터 직접 수취하는 것은 불가하며, 지방관에 의해 징수되어 국가의 창고에 수송된 뒤에 이를 받아감
- **반납의 원칙** : 관직 복무와 직역에 대한 대가로 수조권만 지급한 것이므로 받은 자가 죽거나 관직에서 물러날 때는 토지를 국가에 반납

09

고려의 대외 무역도이다. 이에 대한 설명으로 옳지 <u>않은</u> 것은?

① 아라비아 상인들의 왕래가 있었다.
② 송에서 수입한 물품은 주로 왕실과 귀족의 수요품이었다.
③ 대외 무역에서는 일본과의 무역이 가장 큰 비중을 차지하였다.
④ 벽란도는 대외 무역의 발달과 함께 국제 무역항으로 번성하였다.
⑤ 거란과 여진은 은을 가지고 와서 농기구나 식량 등과 바꾸어 갔다.

 고려 시대 대외 무역에서 가장 큰 비중을 차지한 나라는 송이었다. 고려 시대에는 송 외에 거란, 여진, 일본 등과 교역을 했으며, 멀리 아라비아 상인도 교역을 위해 내왕하기도 했다.

10

다음은 고려 시대 대외 정세의 변화를 시기별로 정리한 것이다. 각 시기에 해당하는 〈보기〉의 국내 지배 세력의 동향을 찾아 바르게 연결한 것은?

(가) 거란(요)이 발해를 멸하였다.
(나) 여진이 금을 건국하고 요를 멸하였다.
(다) 몽골 사신 저고여가 국경 지대에서 피살당하였다.
(라) 고려는 몽골과 강화하고 개경으로 환도하였다.
(마) 명이 원을 멸하고 한 왕조를 부흥시켰다.

보기

ㄱ. 성리학적 소양을 바탕으로 토지 제도의 개혁을 주장하였다.
ㄴ. 정치 주도권과 외교 노선을 둘러싸고 대립하여 묘청의 난이 일어났다.
ㄷ. 첨의부 등의 고위 관직을 독점하고 도평의사사의 구성원이 되어 권력을 장악하였다.
ㄹ. 지방에 근거를 둔 세력으로 결혼 정책에 의해 왕권에 포섭되었다.
ㅁ. 중방, 도방, 교정도감 등을 통해서 정권을 독점하였다.

	(가)	(나)	(다)	(라)	(마)
①	ㄱ	ㄷ	ㅁ	ㄴ	ㄹ
②	ㄴ	ㅁ	ㄷ	ㄹ	ㄱ
③	ㄷ	ㄴ	ㄹ	ㄱ	ㅁ
④	ㄹ	ㄴ	ㅁ	ㄷ	ㄱ
⑤	ㅁ	ㄱ	ㄴ	ㄹ	ㄷ

 (가)는 초기, (나)는 중기, (다)는 무신집권기, (라)는 원 간섭기, (마)는 말기이다.
ㄱ. 신진사대부에 대한 설명으로 고려 말기에 해당한다.
ㄴ. 묘청의 난은 문벌귀족 사회의 모순을 드러낸 사건이므로 고려 중기에 해당한다.
ㄷ. 첨의부, 도평의사사 등을 장악한 것은 권문세족이므로 원 간섭기에 해당한다.
ㄹ. 호족에 대한 설명으로 고려 초기에 해당한다.
ㅁ. 무신정권에 대한 설명으로 무신집권기에 해당한다.

정답 07 ③ • 08 ① • 09 ③ • 10 ④

11

지도의 (가)~(라)와 〈보기〉의 설명을 바르게 연결된 것은?

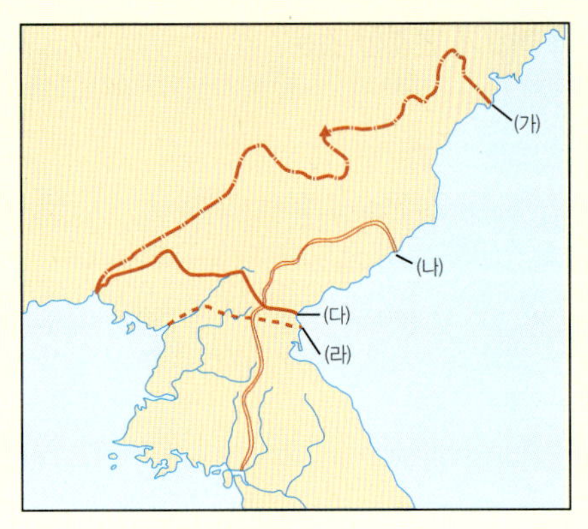

보기

ㄱ. 서희가 거란과의 담판으로 강동 6주를 차지한 국경선
ㄴ. 신라 진흥왕이 북쪽으로 영토를 최대로 확장했을 때의 경계선
ㄷ. 4군과 6진을 설치하여 확정한 국경선
ㄹ. 태조 왕건이 북진 정책으로 확보한 국경선

	(가)	(나)	(다)	(라)
①	ㄱ	ㄴ	ㄷ	ㄹ
②	ㄴ	ㄷ	ㄱ	ㄹ
③	ㄷ	ㄴ	ㄹ	ㄱ
④	ㄷ	ㄴ	ㄱ	ㄹ
⑤	ㄹ	ㄷ	ㄴ	ㄱ

(가) 조선 세종 때 최윤덕, 김종서가 개척한 4군 6진으로 확정된 국경선이다.
(나) 6세기 진흥왕이 백제 성왕과 연합하여 고구려를 공격하고 장악한 영토이다.
(다) 천리장성으로, 거란의 1차 침략 때 서희가 담판으로 강동 6주를 차지한 국경선이다.
(라) 태조 왕건의 적극적인 북진 정책으로 확보한 영토이다.

12

지도의 (가) 국가를 세운 민족과 관련된 설명으로 옳은 것을 〈보기〉에서 모두 고른 것은?

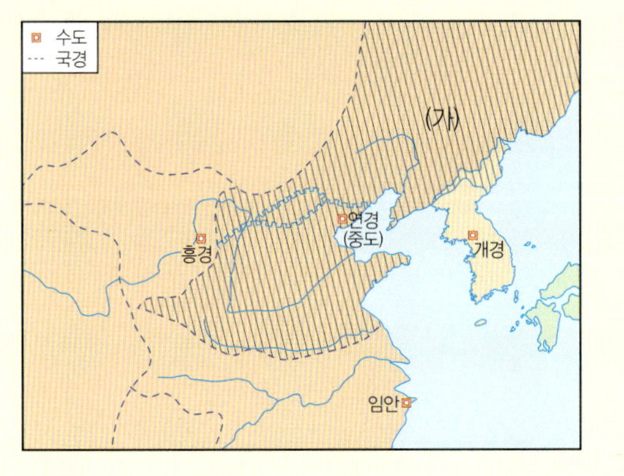

보기

ㄱ. 고구려는 이들의 조상을 오랫동안 지배하였다.
ㄴ. 고려는 별무반을 편성하여 이들을 정벌하기도 하였다.
ㄷ. 고려는 친송 정책에 불만을 품은 이들에게 여러 차례 침입을 받았다.
ㄹ. 조선 초에는 이들의 침략에 대응하기 위한 방편으로 사민을 실시하였다.

① ㄱ, ㄴ ② ㄴ, ㄷ ③ ㄷ, ㄹ
④ ㄱ, ㄴ, ㄹ ⑤ ㄱ, ㄷ, ㄹ

12세기 만주와 중국의 화북 지방을 지배하고 북송을 남송으로 밀어낸 것은 여진족이 세운 금나라이다.
ㄱ · ㄴ · ㄹ 여진족에 대한 설명이다.
ㄷ. 금의 압력에 이자겸과 김부식이 화친을 선택하였기 때문에 금의 침입은 없었다. 친송 정책 때문에 고려를 여러 차례 침략한 것은 거란이다.

금(金)의 건국과 사대 외교

- **금의 건국** : 9성 환부 후 더욱 강성해진 여진은 만주 일대를 장악하고 금을 건국(1115)
- **금의 성장** : 거란을 멸망시키고(1125) 송의 수도를 공격한 후 고려에 군신 관계를 요구
- **사대 외교** : 금의 사대 요구를 둘러싸고 분쟁을 겪기도 했지만, 문신 귀족들은 자신들의 권력 유지와 무력 충돌의 부담을 고려하여 금의 사대 요구를 수용(1126)
- **결과 및 영향** : 금과 군사적 충돌은 없었으나 북진 정책은 사실상 좌절됨, 귀족 사회의 모순 격화

13

다음은 고려 후기 정치 세력에 대한 기술이다. 이들에 대한 설명으로 옳은 것은?

(가) 이성계는 홍건적과 왜구를 토벌하는 과정에서 큰 전과를 올려 국민의 신망을 얻었다.
(나) 무신집권기 이래 지방의 향리 출신으로 과거를 통하여 중앙의 관리로 진출하였으며, 공민왕의 정치 개혁에 힘입어 지배 세력으로 성장하였다.
(다) 무신정권 붕괴 이후 정계의 요직을 장악하고 농장을 소유한 최고 권력층이었으며, 가문의 힘을 이용하여 음서로써 신분을 세습시켜 나갔다.

① (가)와 (나)는 개혁의 필요성에 공감하고 있었다.
② (가)는 위화도 회군을 계기로 (다)와 손을 잡았다.
③ (나)는 공민왕의 개혁을 틈타 (다)를 제거하는 데 성공하였다.
④ (다)는 몽골의 침입을 계기로 (나)와 손잡고 정국의 주도권을 잡았다.
⑤ (나)와 (다)는 원의 간섭 아래에서도 자주성을 지키려고 노력하였다.

(가)는 신흥무인세력, (나)는 신진사대부, (다)는 권문세족이다.
① 신흥무인세력과 신진사대부는 권문세족이 권력의 장악하고 있는 상황에 대한 개혁의 필요성에 공감하였다.
② 위화도 회군을 계기로 손을 잡은 것은 신흥 무인 세력과 급진 개혁파 신진사대부이다.
③ 공민왕의 개혁은 실패로 끝나 권문세족은 제거되지 않았다.
④ 몽골과의 화의로 권력을 잡은 것은 친원 세력인 권문세족이다.
⑤ 권문세족은 원에 의지하여 권력을 유지한 친원 세력이다.

14

다음 서술형 평가의 답안에 들어갈 내용으로 적절하지 않은 것은?

> **서술형 평가** ○학년 ○○반 이름: ○○○
>
> ◎ 밑줄 그은 상황을 개선하기 위해 고려에서 실시한 정책의 사례를 서술하시오.
>
> 11세기 중엽 최충의 문헌공도를 비롯한 사학이 들어섰다. 이곳에서 교육을 받은 학생들이 과거에서 좋은 성적을 거두자 사학은 더욱 번성하였다. 이에 반해 <u>관학 교육은 위축</u>되었다.
>
> 답안 |

① 중등 교육 기관으로 4부 학당을 설립하였다.
② 국자감에 전문 강좌인 7재를 두어 운영하였다.
③ 경사 6학을 중심으로 교육 제도를 정비하였다.
④ 장학 기금을 마련하기 위해 양현고를 설치하였다.
⑤ 청연각과 보문각을 설치하여 학문 연구를 장려하였다.

고려 중기 최충의 문헌공도를 비롯한 사학 12도의 융성으로 관학 교육이 위축되었다. 이에 예종 때는 국자감에 전문 강좌인 7재를 두었고 장학기금 마련을 위해 양현고를 설치하였으며 궁중에 청연각과 보문각을 설치하여 학문 연구를 장려하였다. 또한 인종 때에는 경사 6학을 중심으로 교육 제도를 정비하였다. 4부 학당은 조선 시대 한양에 설립된 중등 교육 기관으로 태종 때의 5부 학당이 세종 때 북부학당의 폐지로 4부 학당으로 운영되었다.

암기 노트

고려의 교육 제도

관학	• 국자감 : 개경에 국립대학인 국자감(국학)을 설치 • 향교 : 지방에 국립 중등교육기관인 향교(鄕校)가 설치되어, 지방 관리와 서민자제들의 교육 및 제사 기능을 수행
사학	사학 12도 : 문헌공도(최충), 홍문공도(정배걸), 광헌공도(노단), 남산도(김상빈), 정경공도(황영), 서원도(김무체), 문충공도(은정), 양신공도(김의진), 충평공도(유감), 정헌공도(문정), 서시랑도(서석), 귀산도(설립자 미상)

정답 11 ④ • 12 ④ • 13 ① • 14 ①

15

(가) 왕의 재위 기간에 있었던 사실로 옳은 것은?

이곳은 개성에 있는 (가) 의 무덤입니다. 그는 정계와 계백료서를 지어 관리들이 지켜야 할 규범을 제시하고, 후대 왕들이 지켜야 할 정책 방향을 담은 훈요 10조를 남겼다고 합니다.

① 12목에 지방관을 파견하였다.
② 서경을 북진 정책의 전진 기지로 삼았다.
③ 국자감에 7재라는 전문 강좌를 개설하였다.
④ 쌍기의 건의를 받아들여 과거제를 시행하였다.
⑤ 노비안검법을 시행하여 호족과 공신 세력을 견제하였다.

고려를 건국한 태조 왕건은 정계(政戒)와 계백료서(誡百僚書) 등을 통해 신하의 임금에 대한 도리를 강조하였고, 훈요 10조에서 자신의 사후 후대 왕들이 지켜야 할 정책 방향을 제시하였다. 또한 서경(지금의 평양)을 중시하여 북진 정책의 전진 기지로 삼았다.

① 1고려 성종은 최승로의 시무 28조에 따라 전국에 12목을 설치하고 지방관(목사)을 파견하였다(983).
③ 고려 예종은 국자감(관학)을 재정비하여 전문 강좌인 7재(七齋)를 개설하였다(1109).
④ 고려 광종은 인재를 등용하기 위해 후주 출신 쌍기의 건의로 과거제를 시행하였다(958).
⑤ 고려 광종은 노비안검법을 실시하여 양인이었다가 불법으로 노비가 된 자를 조사하여 해방시켜 줌으로써, 호족과 공신 세력을 견제하였다(956).

암기 노트

태조의 정책

- **민족 융합 정책** : 호족 세력의 포섭·통합, 통혼 정책(정략적 결혼), 사성(賜姓) 정책(성씨의 하사), 사심관 제도와 기인 제도, 역분전 지급, 본관제, 〈정계(政戒)〉와 〈계백료서(誡百僚書)〉, 훈요 10조
- **민생 안정책** : 취민유도, 조세 경감, 흑창(黑倉), 노비 해방, 민심의 수습
- **숭불 정책** : 불교 중시, 연등회·팔관회, 사찰의 건립(법왕사, 왕수사, 흥국사, 개태사 등), 승록사(僧錄司) 설치
- **북진 정책** : 고구려 계승 및 발해 유민 포용, 서경 중시, 거란에 대한 강경 외교(국교 단절, 만부교 사건), 여진족 축출

16

(가) 지역에 대한 탐구 활동으로 가장 적절한 것은?

① 서희의 외교 교섭 결과에 대해 조사한다.
② 공민왕이 수복한 쌍성총관부의 위치를 파악한다.
③ 윤관의 여진 정벌과 관련된 척경입비도를 검색한다.
④ 궁예가 국호를 바꾸고 도읍을 옮긴 지역을 살펴본다.
⑤ 김윤후가 몽골 장수 살리타를 사살한 지역을 확인한다.

거란의 1차 침입 때 고려는 청천강에서 거란의 침략을 저지하는 한편, 서희가 거란의 소손녕과 협상하여 강동 6주를 획득하였다(993).

② 고려 공민왕 때 유인우는 쌍성총관부를 공격하여 원에 빼앗긴 철령 이북의 땅을 수복하였다(1356).
③ 별무반은 숙종 때 여진 정벌을 위해 윤관의 건의로 조직된 특수 부대이다. 윤관은 예종 때 별무반을 이끌고 천리장성을 넘어 동북 지방 일대에 9성을 축조하였다(1107).
④ 신라 왕족 출신의 궁예가 양길(梁吉)을 몰아내고 송악(개성)에서 후고구려를 건국한 후, 국호를 마진(摩震)으로 고치고 철원으로 천도하였다(905).
⑤ 몽골의 2차 침입 때 처인성 전투에서 김윤후가 이끄는 민병과 승병에 의해 적장 살리타가 사살되자 몽골은 퇴각하였다(1232).

17

다음 지도의 인물들이 봉기할 당시의 상황에 대해 적절하게 설명한 것은?

① 지배층은 녹읍을 확대하여 대토지를 소유하였다.
② 왜구의 침입으로 해안 지방이 황폐화되었다.
③ 도교가 전래되어 지배층에 확산되었다.
④ 정부는 지방에 암행어사를 파견하였다.
⑤ 신라 부흥을 표방하는 세력이 있었다.

 **무신정권기 하층민의 봉기 이해**
무신정권기에 무신들의 가혹한 수탈에 반발하여 농민과 천민들의 봉기가 일어났다. 특히 명종 때 집중적으로 농민 항쟁이 발발했는데, 공주 명학소의 망이·망소이의 봉기, 운문·초전의 김사미·효심의 봉기 등이 있었다. 특히 김사미는 신라 부흥을 표방하였다.

18

다음 내용이 담긴 역사서가 등장하게 된 시대적 배경으로 옳은 것은?

처음에 누가 나라를 열고 바람과 구름을 이끌었는가? 석제(釋帝)의 손자, 그 이름은 단군(檀君)이로세. 본기에 이르기를, 상제(上帝) 환인(桓因)에게 서자가 있어 웅(雄)이라 하였는데, 일러 말하기를, "삼위태백에 이르러 널리 인간을 이롭게 하고자(弘益人間) 한다."라고 하였다.

① 한 무제의 침략에 맞서던 고조선의 왕검성이 기원전 108년에 함락되었다.
② 고구려가 나·당 연합군에 패함으로써 옛 고조선 지역의 영토를 대부분 상실하였다.
③ 고려는 후삼국을 통일하면서 발해의 유민을 받아들였다.
④ 묘청의 서경 천도 운동이 실패하면서 자주적 전통 사상이 약화되었다.
⑤ 고려가 몽골과 강화한 이후 정치·문화적으로 자주성이 심각하게 손상되었다.

 제시문은 이승휴의 「제왕운기」의 단군에 관한 내용이다. 제왕운기는 고려 후기의 대몽항쟁기에 자주사관과 고조선 계승 의식을 배경으로 하여 저술되었다.

19

다음은 고려 시대 문화의 전반적인 내용이다. 옳지 <u>않은</u> 설명만 고른 것은?

ㄱ. 농사를 위한 천체 운행과 기후 관측의 필요로 천문학과 역법이 발전하였다.
ㄴ. 고종 때 간행된 「향약구급방」은 우리나라 의약의 독자적 연구의 계기를 마련하였다.
ㄷ. 원의 영향을 받은 경천사 10층 석탑은 고려 전기의 대표적 석탑이다.
ㄹ. 고려의 석부도는 초기에는 소박하였으나 후기에는 화려한 형식으로 변하였다.
ㅁ. 불상은 인체 구성이 불균형을 이루고 있어 조형미도 퇴화된 감이 있다.

① ㄱ, ㄴ ② ㄴ, ㄹ ③ ㄴ, ㅁ
④ ㄷ, ㄹ ⑤ ㄷ, ㅁ

 ㄷ. 경천사 10층 석탑은 고려 후기의 대표적 석탑이다. 경천사 10층 석탑은 목조건축 양식의 석탑으로 원의 영향을 받았으며, 그 양식이 조선 시대 원각사 10층 석탑으로 이어졌다.
ㄹ. 설명이 바뀌었다. 즉, 고려 초기의 석부도는 화려하였으나 후기에는 소박한 형식으로 변하였다.

정답 15 ② • 16 ① • 17 ⑤ • 18 ⑤ • 19 ④

20

다음 자료를 통해 추론한 내용으로 적절하지 않은 것은?

> 나라 제도에 부곡리(部曲吏)는 비록 공이 있더라도 5품을 넘을 수 없었다. 유청신은 몽골어를 익혀 왕명으로 여러 차례 원에 사신으로 다녀왔는데, 답변을 잘하여 충렬왕의 총애를 받고 낭장에 임명되었다. 왕이 교서를 내리기를, "유청신은 힘을 다하여 공을 세웠으니 비록 그 가세(家世)가 5품에 제한되어야 마땅하나, 그만은 3품까지 오를 수 있도록 허용하라."고 하였다. 또한 고이부곡(高伊部曲)을 승격시켜 고흥현(高興縣)으로 삼았다. - 「고려사」 열전 유청신 -

① 신분에 따라 승진의 한계가 있었을 것이다.
② 몽골어를 잘하여 출세하는 이들도 있었을 것이다.
③ 이 자료의 주인공은 고려의 자주성 회복에 힘썼을 것이다.
④ 공로를 세우면 출신 부곡이 현으로 승격될 수 있었을 것이다.
⑤ 부곡의 향리는 일반 군현의 향리에 비해 차별을 받았을 것이다.

몽골어를 익히고 원에 사신으로 다녀와 고위 관직으로 오른 것으로 보아 권문세족에 대한 설명이다.
③ 권문세족은 몽골에 의존하는 친원 세력이다.
① 부곡 출신은 승진이 5품에 제한된다는 내용이 제시문에 있다.
② 몽골어를 익혀 사신으로 다녀와 출세했다는 내용이 있다.
④ 고이부곡이 고흥현으로 승격된 내용이 있다.
⑤ 부곡 출신 향리는 5품으로 제한된다는 내용이 있다.

권문세족

- **성립** : 무신 정권이 붕괴되면서 등장하여 고려 후기 원 간섭기에 주요 요직을 장악
- **출신 배경** : 전기부터 그 세력을 이어 온 문벌 귀족 가문, 무신 정권기에 대두한 가문, 원의 세력을 배경으로 성장한 가문
- **권력 행사** : 현실적 관직인 도평의사사와 정방을 장악하여 행사
- **권력 유지 및 강화**
  - 첨의부나 밀직사 등의 고위 관직 독점, 도평의사사를 통해 권력을 장악
  - 주로 음서를 통해 진출하여 신분을 세습하고 가문을 유지
  - 대규모의 농장을 소유하며, 국가로부터 면세의 특권을 누림
  - 몰락한 농민들을 농장으로 끌어들여 노비처럼 부리며 부를 축적
- **성향 및 사상** : 수구적, 불교 수용

21

(가) 지역에 대한 탐구 활동으로 가장 적절한 것은?

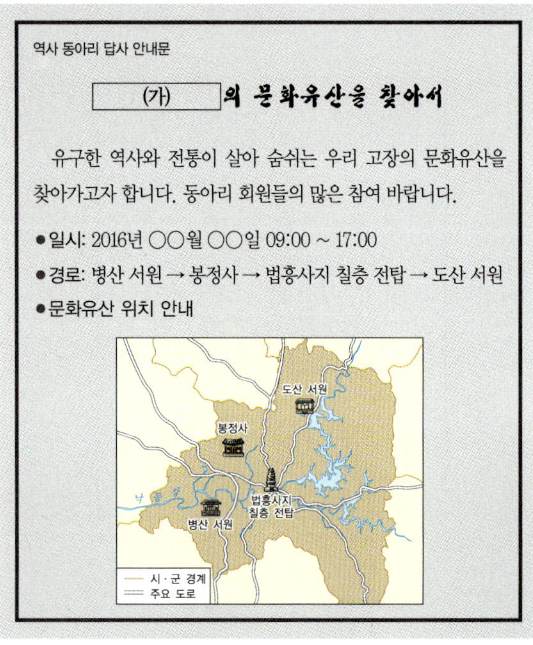

① 대몽 항쟁을 펼친 삼별초의 근거지를 파악한다.
② 홍건적의 침략 당시 공민왕이 피란한 지역을 찾아본다.
③ 인조가 피신하여 청군과 항전을 벌인 장소를 알아본다.
④ 양헌수가 이끈 부대가 프랑스군을 격퇴한 곳을 조사한다.
⑤ 북로 군정서군이 일본군에 대승을 거둔 전적지를 검색한다.

홍건적의 2차 침입 때 개경이 함락되자 공민왕은 복주(안동)로 피란하였고, 정세운 · 최영 · 이방실 · 안우 · 이성계 등이 격퇴하였다(1361).
① 몽골과의 강화가 성립된 후 고려 정부의 개경환도에 반대하여, 삼별초는 배중손을 중심으로 강화도에서 반몽 정권을 수립한 후 진도와 제주도에서 항쟁하였다.
③ 조선 인조 때 청이 군신 관계를 요구하며 침입하자 인조는 남한산성으로 피난하였지만 결국 삼전도에서 굴욕적인 강화를 맺는다.
④ 프랑스는 병인박해 때의 프랑스 신부 처형을 구실로 7척의 군함을 파병하였으나, 양헌수 부대가 강화도 정족산성에서 프랑스 군을 격퇴하였다.
⑤ 김좌진의 북로 군정서군은 홍범도의 대한 독립군과 연합하여 간도의 청산리에서 일본군을 대파하여 독립군 사상 최대의 승리를 이끌었다.

22

(가)에 들어갈 문화유산으로 옳은 것은?

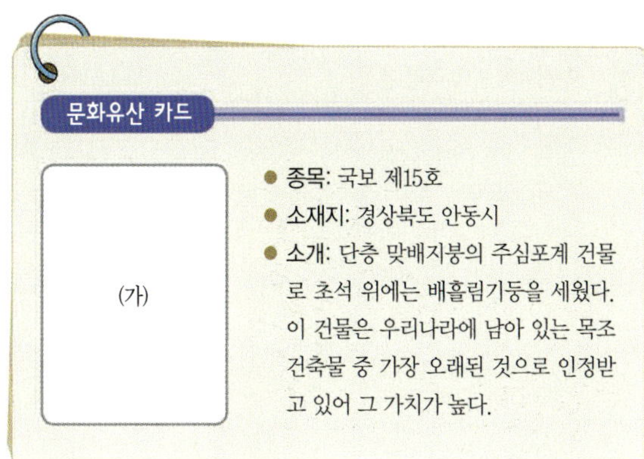
문화유산 카드

(가)

- 종목: 국보 제15호
- 소재지: 경상북도 안동시
- 소개: 단층 맞배지붕의 주심포계 건물로 초석 위에는 배흘림기둥을 세웠다. 이 건물은 우리나라에 남아 있는 목조 건축물 중 가장 오래된 것으로 인정받고 있어 그 가치가 높다.

① 
봉정사 극락전

② 수덕사 대웅전

③ 
쌍계사 대웅전

④ 
화엄사 각황전

⑤ 
전등사 대웅전

봉정사 극락전은 경북 안동시 봉정사에 있는 고려 시대 주심포 양식의 건축물로, 현존하는 가장 오래된 목조 건축물이다.

② 수덕사 대웅전 : 충남 예산군 수덕사에 있는 고려 시대 주심포 양식의 건물로, 모란이나 들국화를 그린 벽화가 유명하다.

③ 쌍계사 대웅전 : 충남 논산에 있는 조선 시대의 불전으로, 겹처마 팔작지붕에 앞면 5칸 옆면 3칸의 단층 건물이다.

④ 화엄사 각황전 : 구례 화엄사의 각황전은 조선 숙종 때 계파대사가 중건한 중층의 대불전으로 현존하는 중층의 불전 중 규모가 가장 크다.

⑤ 전등사 대웅전 : 강화도에 있는 조선 중기의 불전으로, 정면 3칸 측면 3칸의 겹처마 팔작지붕 양식이며 처마 밑 네 귀퉁이에 나부상이 지붕을 받치고 있는 것이 특색이다.

23

(가)~(마)에 대한 설명으로 옳지 않은 것은?

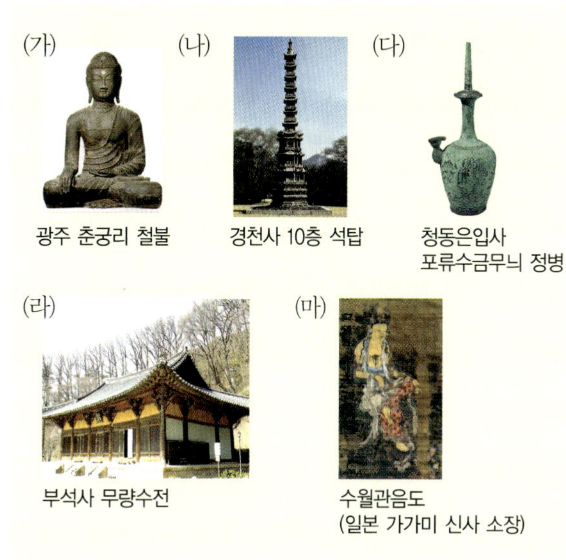

① (가) : 고려 초기에 제작된 철불의 하나이다.

② (나) : 원의 영향을 받은 석탑으로, 화려한 조각이 새겨져 있다.

③ (다) : 은사(銀絲)를 넣는 입사 수법이 사용되었다.

④ (라) : 주심포 양식과 배흘림기둥이 특징인 목조 건축물이다.

⑤ (마) : 신앙 결사 운동이 유행하기 시작하면서 그려진 불화이다.

⑤ 불화(佛畵) 는 고려 후기 관음신앙이 유행하면서 왕실과 권문세족의 구복적 요구에 의해 주로 그려졌으며, 일본에 현전하는 혜허의 관음보살도(양류관음도와 수월관음도)가 대표적 작품이다. 한편 신앙 결사 운동은 고려 중기 이후(무신 집권기) 개경 중심의 귀족 불교의 타락에 반발하여 불교계를 비판하고 불자의 각성을 촉구하는 운동이다.

① 고려 초기에 광주 춘궁리 철불과 같은 대형 철불이 많이 만들어졌다.

② 경천사 10층 석탑은 원의 석탑에서 영향을 받은 고려 후기의 대표적인 석탑으로, 화려한 조각이 새겨져 있는 것이 특징이다.

③ 청동제 은입사 포류수금무늬 정병은 은사(銀絲)로 무늬를 새긴 입사 (은입사)수법이 사용되었다.

④ 영주 부석사 무량수전은 주심포 양식과 엔타시스(배흘림) 기둥이 특징이며, 신라 양식을 계승한 고려 최고의 목조 건축물이다.

정답 20 ③ • 21 ② • 22 ① • 23 ⑤

24

다음 중 고려 시대 교육 기관에 대한 설명으로 옳지 않은 것은?

① 교육 기관 설립을 통한 유학 교육은 궁극적으로 국가가 필요로 하는 관리 양성을 위한 것이었다.
② 관학은 중앙의 국자감과 지방의 향교로 구분되며, 양자 모두 유학부와 기술학부로 이원화되어 있었다.
③ 고려 중기에는 최충의 문헌공도 등 이른바 사학 12도가 관학을 능가할 정도로 육성되었다.
④ 예종은 관학 진흥을 위해 전문 강좌인 7재, 장학 재단인 양현고 등을 설치하였다.
⑤ 충렬왕, 충선왕 시기에 국학을 성균관으로 개칭하였다.

② 국립 대학인 국자감에서 유학부와 기술학부로 구분하였으나, 국립 중등 교육기관인 향교는 유학과 문학만을 수학하며 기술학부는 운영되지 않았다.
① 고려 시대 교육 기관의 가장 중요한 목적은 국가가 필요로 하는 인재의 양성이었다.
③·④ 고려 중기에는 최충의 문헌공도(9재 학당)를 비롯한 사학 12도가 융성하여 관학 교육은 위축되었다. 이에 숙종(서적포 설치)과 예종(7재와 양현고 설치), 인종(경사6학 정비 등)은 관학 진흥책을 시행하였다.

25

다음은 어느 시대 과전의 지급액을 나타낸 그래프이다. (가)~(다)에 대한 설명으로 옳지 않은 것은?

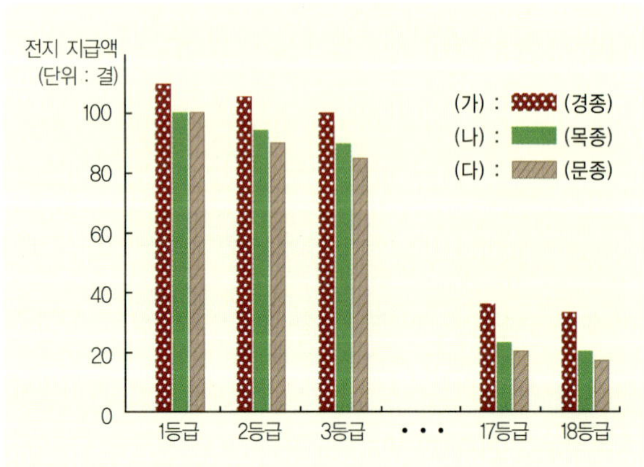

① (가)는 인품이 고려되어 지급된 것이다.
② (나)를 받은 대가로 일정한 세금을 납부하였다.
③ (다)는 지급 대상을 현직 관료로 제한하였다.
④ (나), (다)는 관품을 기준으로 지급된 것이다.
⑤ (나)에서 (다)로의 변화는 지급 토지의 부족이 원인이 되어 나타났다.

전시과의 변화 과정 분석

전시과는 관직에 복무하는 대가로 수조권을 지급받는 것으로 세금 납부 대상은 아니었다. 전시과는 18등급으로 나누어 차등 지급하였으며 관리가 퇴직하거나 사망하면 반납하는 것이 원칙이었다. 그러나 지급할 수 있는 토지의 양이 부족해지면서 그 지급액이 점차 감소하였다.

26

(가) 인물에 대한 설명으로 옳은 것은?

불교 인물 카드

(가)

- 생몰: 1055년~1101년
- 가계: 고려 제11대 왕인 문종의 넷째 아들
- 주요 활동
  - 개경 흥왕사에 설치된 교장도감에서 교장(敎藏) 간행
  - 해동 천태종 개창

① 심성의 도야를 강조한 유불 일치설을 제창하였다.
② 법화 신앙을 중심으로 백련사 결사를 주도하였다.
③ 귀법사를 중심으로 활동하며 성상융회를 강조하였다.
④ 돈오점수를 주장하며 수행 방법으로 정혜쌍수를 내세웠다.
⑤ 이론 연마와 수행을 함께 강조하는 교관겸수를 주장하였다.

문종의 넷째 아들인 대각국사 의천은 교종을 중심으로 선종을 통합하기 위하여 국청사를 창건하고 해동 천태종을 창시하였다. 이론 연마와 수행을 함께 강조하는 교관겸수(敎觀兼修)를 주장하고 지관(止觀)을 강조하였다.
① 진각국사 혜심은 심성의 도야를 강조한 유불 일치설(儒佛一致說)을 제창하였다.
② 원묘국사 요세(了世)는 강진 만덕사(백련사)에서 법화 신앙을 중심으로 백련결사(白蓮結社)를 조직하고 불교 정화 운동을 전개하였다.
③ 균여는 귀법사를 중심으로 활동하면서 화엄 사상을 중심으로 법상종을 융합시키는 성상융회(性相融會)를 강조하였다.
④ 조계종을 창시한 보조국사 지눌은 수선사 결사 운동을 전개하였고, 돈오점수를 주장하며 수행 방법으로 정혜쌍수를 내세웠다.

27

다음은 탑에 관한 수업 내용 중 일부이다. 밑줄 친 내용을 설명하면서 제시할 사진 자료가 잘못 연결된 것은?

우리나라 탑의 양식은 ㉠ 목탑 양식에서 석탑 양식으로 이행되었습니다. 우리의 산천에는 화강암이 널려 있어 석재를 구하기가 쉬웠기 때문이었죠. 반면 중국에서는 황토가 많아 전탑이 유행하였는데, 신라에서는 이를 본 떠 석재를 벽돌과 같이 잘라서 ㉡ 전탑과 유사한 석탑을 만들기도 하였습니다. 통일 이후 신라는 백제의 석탑 양식을 받아들여 ㉢ 비례와 균형을 갖춘 새로운 석탑 양식을 만들어내었습니다. 불교가 더욱 대중화되고 토착화되었던 고려 시대에는 ㉣ 안정감은 부족하나 층수가 높아지고 다양한 형태의 석탑이 건립되었습니다. 고려 후기에는 ㉤ 원의 영향을 받은 석탑도 만들어져 조선 시대에까지 영향을 끼쳤습니다.

① ㉠  ② ㉡  ③ ㉢

④ ㉣ ⑤ ㉤

석탑 양식의 변화 과정

①은 미륵사지 석탑, ②는 정림사지 5층 석탑, ③은 석가탑, ④는 월정사 팔각 9층탑, ⑤는 경천사 10층 석탑이다.
중국의 전탑 양식을 본 따 만든 석탑은 신라의 분황사 석탑이다.

28

(가)~(라)에 대한 설명으로 옳지 않은 것은?

(가)

(나)

(다)

(라)

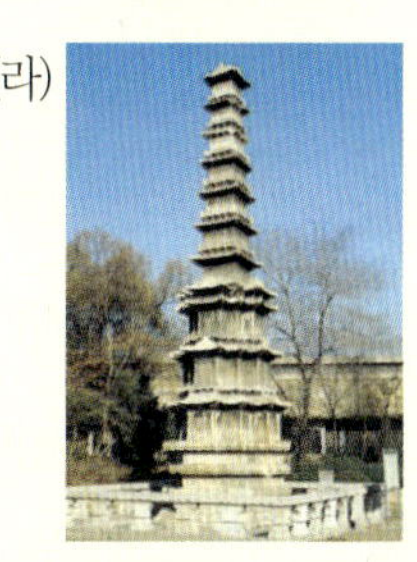

① (가) – 목탑 양식을 간직한 석탑이다.
② (나) – 자장의 건의에 따라 건립되었다.
③ (다) – 현재 강원도 평창에 소재하고 있다.
④ (라) – 경천사 10층 석탑의 양식을 계승하였다.
⑤ (가) – (나) – (다) – (라) 순으로 건립되었다.

(나)는 감은사 3층 석탑이며, 자장의 건의에 따라 건립된 것은 황룡사 9층 목탑이다.

① 정림사 5층 석탑으로, 미륵사지 석탑 등 백제의 석탑은 목탑 양식을 많이 간직하고 있다.
③ 월정사 8각 9층 석탑으로, 강원도 평창 오대산에 있으며 고려 전기 송의 영향을 받은 다각다층탑이다.
④ 원각사지 10층 석탑으로, 고려 후기의 경천사 10층 석탑의 영향으로 만들어진 탑이다.
⑤ (가) 백제, (나) 통일 신라, (다) 고려 전기, (라) 조선 전기

정답 24 ② • 25 ② • 26 ⑤ • 27 ② • 28 ②

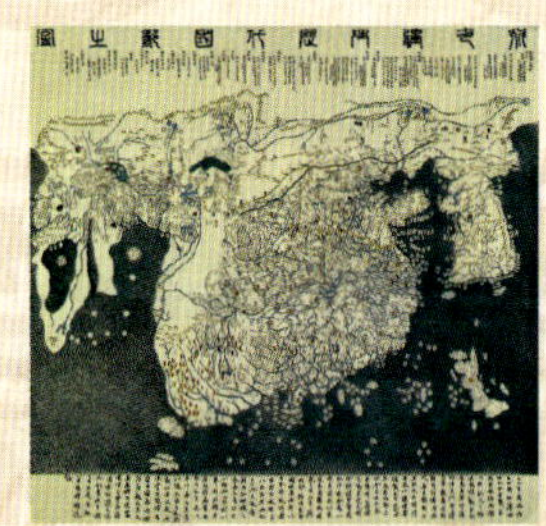

◀ 혼일강리역대국도지도

우리나라 최초의 세계지도로서, 중국과 일본의 지도를 바탕으로 1402년에 김사형(金士衡), 이무(李茂), 이회(李會)가 제작하였다. 가로 164cm, 세로 148cm인 대형 지도이다. 지도 아래에 권근(權近)이 쓴 발문과 그의《양촌집(陽村集)》의〈역대제왕혼일강리도지(歷代帝王混一疆理圖誌)〉에 의하면, 원나라 이택민(李澤民)의〈성교광피도(聖敎廣被圖)〉와 승려 청준(淸濬)의 〈혼일강리도〉를 중국에서 들여와 이 지도에 우리나라와 일본을 추가하여 완성한 것이다. 일본 지도는 1401년에 박돈지(朴敦之)가 사신으로 일본에 갔다가 가지고 온 지도를 참고하여 첨가한 것으로 추정하고 있다.

Ⅳ

근세 조선의 성립과 발전

1장. 근세의 정치
2장. 근세의 경제
3장. 근세의 사회
4장. 근세의 문화

1장 근세의 정치

❶ 근세 사회의 성립

1. 조선의 건국

(1) 건국 배경

① **명의 철령위 설치 통보(영토 분쟁)** : 고려 우왕 때 명은 원의 쌍성총관부 관할하에 있던 땅을 직속령으로 만들기 위해 철령위 설치를 통보

② **위화도 회군(1388)** : 이성계는 4불가론을 들어 요동정벌을 반대, 위화도 회군으로 최영을 제거하고 군사적 실권을 장악

③ **신진사대부의 분열** : 우왕 때부터 분열

구분	온건 개혁파	급진 개혁파
주체	정몽주 · 길재	정도전 · 권근
이념	고려 왕조 유지 → 점진적 개혁	고려 왕조 부정 → 급진적 개혁
영향	사학파 → 사림파	관학파 → 훈구파
참여	대다수의 사대부	소수의 사대부
소양	정통적 대의 명분 중시, 애민 의식이 약함	왕조 개창의 정당성 강조, 애민 의식이 강함
군사력	군사 세력을 갖지 못해 혁명파를 제거하지 못함	신흥 무인 · 농민 군사 세력과 연결하여 조선 건국을 주도

(2) 조선의 건국

① 급진 개혁파는 이성계 세력(신흥 무인세력)과 연결하여 혁명파를 이루어 정치적 실권 장악(폐가입진), 정몽주를 비롯한 온건 개혁파를 제거하고 도평의사사를 장악

② 전제 개혁(과전법, 1391)을 단행하여 자신들의 지지 기반(신진사대부의 경제적 기반)을 확대하고 농민의 지지도 확보

③ 선양의 형식으로 공양왕에게 왕위를 물려받아 이성계가 조선을 건국(역성혁명)

왕조가 바뀌면서 통치자의 성(姓)도 바뀌는 혁명

2. 집권 체제의 정비

(1) 태조(1392~1398)

① 국호의 제정(1393)과 한양 천도(1394) 단행

② **유교를 근본 이념으로 채택** : 재상 주도의 도평의사사 중심 체제

③ **군제 개편(의흥삼군부 설치)** : 최고 군사기관, 중추원의 무력화, 도평의사사의 군무 기능 소멸

④ **관리 선발 제도 정비** : 능력 중심의 인재 등용 지향

⑤ **정도전(鄭道傳)** : 건국 초창기의 문물 제도를 갖추는 데 크게 공헌

㉠ 민본적 통치 규범을 마련하고 재상 중심의 정치를 주장

㉡ 「불씨잡변(佛氏雜辨)」을 통하여 불교를 비판하고 성리학을 통치 이념으로 확립

㉢ **주요 저서** : 「조선경국전」(왕조의 기틀마련, 신권정치의 기반), 「경제문감」, 「경제육전」(조례의 수집 · 편찬), 「불씨잡변」 · 「심기리편」(불교 배척, 도교 비판), 「고려국사」 등

㉣ 제1차 왕자의 난(1398)으로 제거됨

암기 Plus

근세 사회의 정치적 특징
- 중앙 집권적 왕권 중심으로 제도를 개편하고 관료 체제의 기틀을 확립
- 왕권과 신권(臣權)의 조화를 도모하여 모범적인 유교 정치를 추구

근세 사회의 문화적 특징
- 이전 시대보다 교육 기회 확대
- 정신 문화와 기술 문화를 진작시켜 민족 문화의 튼튼한 기반을 확립
- 과학 기술 향상 등 기술 문화의 진작

근세 사회 · 경제적 특징(조선 전기 사회의 특징)
- 양인의 수가 증가하고 권익이 신장
- 자영농 수의 증가, 농민의 경작권 보장
- 과거제도가 정비되어 능력을 보다 더 중시

폐가입진(廢假立眞)

이성계 세력이 우왕과 창왕을 신돈의 자손이라 하여 가짜이므로 폐하고 공양왕이 진짜라 하여 즉위(1389)시키기 위해 내세운 명분으로, 이로써 이성계는 정치적 실권을 사실상 장악하게 된다.

건국 이념
- **사대교린의 외교 정책** : 친명사대 외교
- **숭유억불의 문화 정책** : 도첩제로 불교 통제, 사원의 남설 금지
- **농본민생의 경제 정책**
  - 향 · 소 · 부곡을 폐지하여 주 · 현에 통합
  - 군현제의 재조정(→ 향리 세력 기반을 약화하고 중앙 집권 강화), 관찰사 제도 복구
  - **교육 제도 정비** : 한양에 성균관, 지방에 학교 설립
  - **사전 개혁** : 사전(농장) 혁파(→ 농민 지위 향상 · 자영농 증가), 병작반수제 금지

(2) 정종(1398~1400)

① **개경 천도** : 왕자의 난과 자연 이변을 피하기 위함

② 도평의사사를 완전히 폐지하고 의정부를 세움

③ 중추원을 폐지하고 직무를 의흥삼군부에 소속

→ 조선 초기 군령과 군정을 총괄하던 관서

(3) 태종(1401~1418)

① **국왕 중심의 통치 체제 정비(왕권의 강화)**

㉠ 도평의사사를 대신해 의정부를 두면서 의정부의 정치적 권한을 약화시킴

㉡ 6조 직계제(六曹直啓制) 채택

㉢ 사병을 혁파하고 국왕이 병권을 장악

㉣ 언론 기관인 사간원을 독립시키고 대신들을 견제하여 언론 · 언관을 억제

㉤ 왕실의 외척과 종친의 정치적 영향력을 약화시킴

6조 직계제

의정부의 서사를 나누어 6조에 귀속시켰다. … 처음에 왕(태종)은 의정부의 권한이 막중함을 염려하여 이를 혁파할 생각이 있었는데, 이에 이르러 신중히 급작스럽지 않게 행하였다. 의정부가 관장한 것은 사대 문서와 중죄수의 재심뿐이었다.
-「태종실록」-

② **경제 기반의 안정**

㉠ **호패법 실시**

- 16세 이상의 양반에서 노비까지 모든 정남에게 발급(→ 여자 제외)
- 신분에 따른 기재, 직업 · 계급을 구분, 신분 증명
- 3년마다 작성하며, 한성부(서울)와 수령(지방)이 관할
- 인력 자원(군역 · 요역 자원) 확보 및 국민 동태 파악, 호구 및 인정수 파악이 목적

→ 양전에 따라 작성한 장부, 토지 대장

㉡ 양전(量田) 사업 실시(20년 마다 양안 작성)

㉢ 사원 토지를 몰수하고 억울한 노비를 해방(→ 지방 권세가를 통제)

③ **억불숭유**

㉠ 5교 양종을 정리하고 사원전 몰수

㉡ **유교원리의 법제화**

→ 신분과 직종에 따라 품계를 제한하여 관리를 채용

- **서얼차대법** : 문과응시 금지 · 한품서용(→ 철종 때 신해허통 조치로 폐지)
- **재가금지법** : 양반수 증가 억제책(→ 갑오개혁 때 폐지)

3. 세종의 유교 정치 추구

(1) 유교 정치의 실현

① **집현전 설치**

㉠ 궁중 내에 설치된 학술 및 정책 연구 기관으로 구성원의 신분과 특권이 보장됨

㉡ 왕실 교육(경연, 서연)과 서적 편찬, 왕의 자문 기능을 담당

㉢ 세조 때 폐지되었다가 홍문관(성종), 규장각(정조)으로 변천

② **의정부 서사제(署事制) 부활** : 의정부에서 정책을 심의한 다음 합의된 사항을 왕에게 올려 결재

암기 Plus

왕자의 난

- **제1차 왕자의 난(태조, 1398)** : 태조가 방석을 세자로 책봉하고 정도전 등으로 보필하게 하자, 방원(태종)이 난을 일으켜 방석과 정도전을 제거(무인정사)하고 왕위를 방과(정종)에게 양위
- **제2차 왕자의 난(정종, 1400)** : 방간이 박포와 연합하여 방원에게 대항(방간의 난, 박포의 난)하였는데, 방원은 이를 제압하고 정종으로부터 왕위를 물려받아 즉위
- **성격** : 표면적으로는 왕위 계승의 분쟁, 내면적으로는 공신간의 갈등의 표출과 개국 공신 세력의 제거 과정

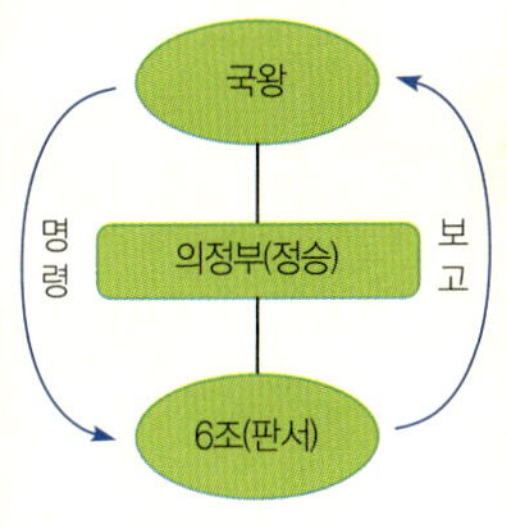

▲ 6조 직계제

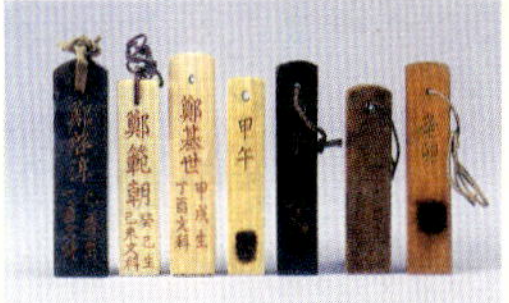

▲ 호패

태종의 기타 업적

- **신문고 설치** : 민의상달(항고) 제도, 널리 활용되지 못함
- **주자소 설치** : 계미자 등 동활자 주조
- **아악서 설치** : 음악 정리
- **사섬서 설치** : 저화 발행
- **5부학당 설치** : 교육기관

암기 Plus

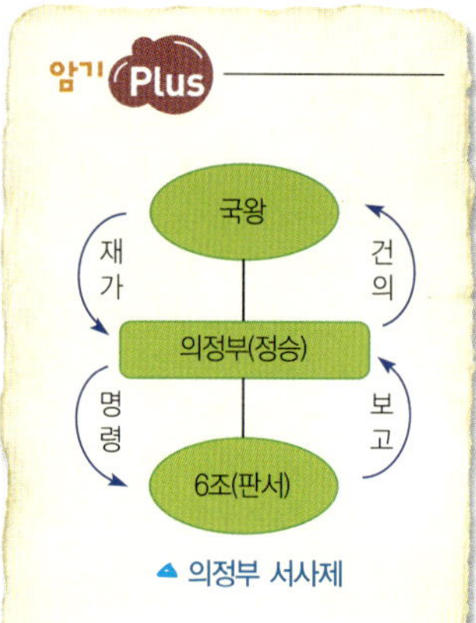

▲ 의정부 서사제

세종의 대외 정책
- **북방 개척** : 4군(최윤덕, 압록강 유역 확보), 6진(김종서, 두만강 유역 확보), 사민(徙民) 정책
- **대마도 정벌** : 이종무로 하여금 정벌(1419), 계해약조 체결(1443)
- **대명 자주 정책** : 금·은·공녀 진상을 폐지

암기 노트

의정부 서사제

6조직계제를 시행한 이후 일의 크고 작음이나 가볍고 무거움 없이 모두 6조에 붙여져 의정부와 관련을 맺지 않고, 의정부의 관여 사항은 오직 사형수를 논결하는 일 뿐이므로 옛날부터 재상을 임명한 뜻에 어긋난다. … 6조는 각기 모든 일을 의정부에 품의하고 의정부는 가부를 헤아린 뒤에 왕에게 아뢰어 (왕의) 전지를 받아 6조에 내려보내어 시행한다. 다만 이조·병조의 제수, 병조의 군사 업무, 형조의 사형수를 제외한 판결 등은 종래와 같이 각 조에서 직접 아뢰어 시행하고 곧바로 의정부에 보고한다. 만약 타당하지 않으면 의정부가 맡아 심의 논박하고 다시 아뢰어 시행토록 한다.

-「세종실록」-

③ 왕권(王權)과 신권(臣權)의 조화

④ **유교 윤리 강조** : 국가 행사를 오례(五禮)에 따라 유교식으로 거행, 주자가례의 시행 장려

(오례 → 길례(吉禮), 흉례(凶禮), 군례(軍禮), 빈례(賓禮), 가례(嘉禮))
(주자가례 ← 송나라 주자가 가정에서 지켜야 할 예의범절에 관해 저술한 책)

⑤ **민본 사상의 실현** : 광범위한 인재의 등용, 청백리 재상의 등용, 여론의 존중

(2) 사회 복지 정책의 추구

① **토지와 세제의 개혁** : 공법상정소와 전제상정소를 설치하여 전세 인하와 공평 과세 추구

② **사창제(社倉制) 실시** : 빈민구제

③ **노비 지위 개선** : 재인·화척 등을 신백정이라 하여 양민화

④ **사법제도의 개선**

㉠ **금부삼복법** : 사형수에 대한 3차례 재판

㉡ 태형 및 노비의 사형(私刑) 금지

㉢ 감옥 시설의 개선

⑤ 여자 종의 출산 휴가 연장 조치

(3) 기타 업적

① **활자 주조** : 경자자, 갑인자, 병진자, 경오자

② **서적 간행**

㉠ **한글 서적** : 「용비어천가」, 「동국정운」, 「석보상절」, 「월인천강지곡」

㉡ 「고려사」, 「육전등록」, 「치평요람」, 「역대병요」, 「팔도지리지」, 「농사직설」, 「칠정산내외편」, 「총통등록」, 「의방유취」, 「향약집성방」, 「향약채취월령」, 「태산요록」 등

③ 박연으로 하여금 아악·당악·향악을 정리하게 함

④ **불교 정책** : 5교 양종을 선교 양종으로 통합, 궁중에 내불당 건립

⑤ **역법개정** : 원의 수시력과 명의 대통력을 참고로 하여 칠정산 내편을 만들고 아라비아 회회력을 참조하여 칠정산 외편을 만듦(→ 독자성)

⑥ **과학 기구의 발명** : 측우기, 자격루(물시계), 앙부일구(해시계), 혼천의(천체 운행 측정기)

▲ 혼천의

4. 문물과 제도의 정비

(1) 세조(1455~1468)

① **계유정난(1453)** : 수양대군(세조)이 권람 · 한명회 등과 쿠데타를 일으켜 정치적 실권을 장악하고 병권을 독점

② **반란의 진압**

㉠ **이징옥의 난(1453) 진압** : 집권 전의 반란으로, 이를 진압하고 민심을 수습

㉡ **이시애의 난(1467) 진압** : 세조의 중앙 집권과 지방 차별에 반대하여 반란을 일으켰으나 진압되었고, 그 결과 전국의 유향소가 폐지되고 북도인을 차별하게 됨

→ 유향소: 지방의 수령을 보좌하던 자문 기관

③ **왕권의 강화**

㉠ 집현전 폐지, 6조 직계의 통치 체제로 환원

㉡ 호적 사업을 강화하여 보법(保法)을 실시

㉢ 직전법(職田法)의 실시(과전의 부족에 따라 현직 관료에게 토지를 지급)

㉣ 「경국대전」의 편찬에 착수하여 호조전(戶曹典) · 형조전(刑曹典)을 편찬(→ 성종 때 완성)

④ **불교 장려** : 원각사, 원각사지 10층탑 건립, 궁중에 간경도감을 두고 불서를 언해하여 간행

⑤ **국방의 강화** : 중앙군으로 5위제 확립(5위도총부에서 관할)

㉠ **지방의 진관 체제(鎭管體制)** : 변방 중심 방어 체제를 전국적인 지역 중심 방어 체제로 전환

㉡ **보법 실시** : 보법(保法)을 실시해 군정 수를 늘림

→ 보법: 실제로 역(役)에 복무하는 정군(正軍)을 경제적으로 지원하기 위해 신역(身役)을 편성한 군역제도

㉢ **북방 개척** : 경진북정(1460, 신숙주), 정해서정(1467, 남이 · 강순)

(3) 성종(1469~1494)

① **홍문관(玉堂)의 설치** : 서적 관리, 왕의 정치적 고문 역할

② **경연(經筵)의 중시** : 단순히 왕의 학문연마를 위한 자리가 아니라 신하들이 함께 모여 정책을 토론하고 심의

③ **「경국대전」 반포** : 조선 사회의 통치 방향과 이념을 제시한 기본적 통치 규범

④ **사림(士林)의 등용** : 김숙자 · 김종직 등의 사림을 등용하여 의정부의 대신들을 견제

⑤ **숭유억불 정책** : 도첩제 폐지(승려가 되는 길을 막는 완전한 억불책), 독서당 설치

⑥ **토지 제도** : 직전법 하에서 관수관급제 실시

⑦ **편찬 사업** : 「경국대전」, 「동국여지승람」, 「동문선」, 「삼국사절요」, 「고려사절요」, 「악학궤범」, 「동국통감」 등

⑧ 건국 이후 문물 제도의 정비를 마무리

왕권 강화와 견제 제도

- **왕권 강화** : 의금부, 승정원, 6조 직계제, 장용영(국왕친위부대, 정조), 과거제, 호패법 등
- **왕권 견제** : 의정부, 삼사, 권당, 상소, 구언, 윤대, 경연, 순문 등

암기 Plus

세조의 치적

세조는 강력한 왕권을 행사하기 위해 통치체제를 다시 6조직계제로 고쳤다. 또한 공신이나 언관들의 활동을 견제하기 위하여 집현전을 없애고 경연도 열지 않았으며, 그동안 정치 참여가 제한되었던 종신들을 등용하기도 하였다.

세조의 기타 제도 및 문물의 정비

- 상평창 제도의 부활
- 팔방통보(전폐)의 주조
- **인지의(규형) 발명** : 토지의 고저 측정 등 양전 사업에 활용
- 을해자 · 을유자 등 활자 주조
- 해인사 장경판전을 지어 팔만대장경 보관

사육신과 생육신

세조의 왕위 찬탈에 저항하며 단종 복위 운동을 꾀하다 죽거나 귀향을 간 사람을 말한다. 사육신으로는 성삼문, 이개, 박팽년, 하위지, 유성원, 유응부 등이 생육신으로는 김시습, 이맹전, 성담수, 조려, 원호, 권절 등이 있다.

「경국대전」

- 세조 때 착수하여 성종 때 완성하여 반포
- 이 · 호 · 예 · 병 · 형 · 공전 등 육전으로 구성되는데, 이전(吏典, 행정법)이 중심
- 중국의 대명률과는 달리 자녀 균분상속(장자는 1/5 추가 상속), 토지 · 가옥의 사유권 보장, 연좌제 채택

▲ 경국대전

| 고급 | [2점]

(가) 인물에 대한 설명으로 옳은 것은?

> 세종 이래 정치와 교화가 나날이 새로워지고 예악(禮樂)이 제정되어 태평스런 시대를 빛내게 되자, 글 잘하고 절의를 지닌 선비들이 조정으로 모여들었다. …… 그때에 여러 왕자들이 다투어 빈객들을 맞아 들였는데, 문인(文人)과 재사(才士)들이 모두 안평 대군에게 의탁하여 [(가)]에게는 이들보다 나은 인재들이 없었다. 한명회가 [(가)]을/를 찾아가 신임을 얻게 되자 은밀하게 계책을 올리기를, "세도(世道)에 변고가 있을 때에는 문인들이 쓸모가 없으니 모름지기 무사들과 결탁하소소."라고 하였다.
>
> – 『연려실기술』 단종조 고사본말 –

① 계유정난을 통해 정권을 장악하였다.
② 불씨잡변을 지어 불교를 비판하였다.
③ 금위영을 설치하여 5군영 체제를 완성하였다.
④ 두 차례 왕자의 난을 통해 반대파를 제거하였다.
⑤ 삼군부를 부활시켜 군국 기무를 전담하게 하였다.

[조선 세조와 관련된 역사적 사실]

암기공식
계유정난 ⇒ 수양대군(세조)

| 정답 해설 |
수양대군(세조)은 정인지 · 권람 · 한명회 등과 계유정난을 일으켜 김종서 · 황보인 등의 중신과 안평대군을 축출하고 정치적 실권을 장악하였다.

| 오답 해설 |
② 정도전은 〈불씨잡변(佛氏雜辨)〉을 간행하여 불교를 비판하고 성리학을 통치 이념으로 확립하였다.
③ 조선 숙종 때 궁궐 수비를 담당하는 기병으로 구성된 금위영을 설치하여 5군영 체제를 완성하였다. (→ 5군영의 설치 순서 : 훈련도감 → 총융청 → 수어청 → 어영청 → 금위영)
④ 조선 태종(이방원)은 두 차례 왕자의 난을 통해 정도전, 남은, 심효생 등의 반대파를 제거하고 정권을 장악하였다.
⑤ 흥선 대원군은 왕권 강화의 일환으로 비변사를 혁파하고 의정부의 권한을 강화하였으며 삼군부를 부활시켜 군국 기무를 전담하게 하였다.

정답 ①

❷ 통치 체제의 정비

1. 중앙 정치 체제

(1) **특징** : 유교적 통치 이념 구현
① **중앙 집권과 왕권** · 신권의 조화를 추구
② **재상권의 발달** : 의정부 재상들이 합의를 통해 국왕에게 재가를 얻도록 함
③ **법치국가** : 「경국대전」으로 정치 체제를 법제화(→ 중앙 관제 등을 「경국대전」에 명시)하고 그에 따라 정치(→ 고려 : 관습법 중심의 국가)
④ **학술 및 언관 제도의 발달** : 왕권의 견제

조선 시대 양반 관료 체제의 특성

- **문무양반제도** : 관료적 성격의 문반(東班)과 무반(西班)으로 구분(→ 문반을 보다 우대하며, 경직(京職)은 외직(外職)보다 중시됨)
- **관계주의** : 관직에는 그에 상응하는 관계가 정해져 있음
  - 당상관 : 정3품 이상으로 문반은 통정대부(通政大夫), 무반은 절충장군(折衝將軍)을 말함, 고위직을 독점하고 중요결정에 참여, 관찰사로 임명이 가능
  - 당하관 : 정3품 이하 정5품 이상, 문반은 통훈대부(通訓大夫), 무반은 어모장군(禦侮將軍)
  - 참상관 : 정5품 이하 종6품 이상, 목민관(수령)은 참상관 이상에서 임명 가능, 문과 장원 급제시 종6품 참상관에 제수
  - 참하관 : 정7품 이하
- **겸직제 발달** : 재상과 당상관이 요직 겸직, 관찰사의 병마 · 수군절도사 겸직
- **지방관 견제** : 상피제와 임기제 실시
- **양반의 세습적 성격**
  - **음서제** : 공신이나 2품 이상의 고위관직의 자제가 대상
  - **대가제** : 정3품 이상의 자에게 별가된 품계를 대신 아들 · 동생 · 조카 · 사위에게 줄 수 있게 하는 제도

암기 Plus

학술 및 언관 제도
- **삼사** : 정사의 비판과 관리 비위 감찰 등의 언론 기능을 담당하면서 정책 결정
- 집행 과정에서의 착오와 부정을 방지(→ 관료 체제의 균형과 안정을 도모)
- **상소 · 구언 제도** : 여론 반영
- **홍문관, 예문관, 춘추관** : 행정 및 정책을 학문적으로 뒷받침
- **순문 제도, 윤대** : 백관과 국민의 의견을 묻고 문무관원이 임금의 질문에 응대
- **서경 제도** : 양사(사헌부, 사간원)에서 담당(→ 고려 : 낭사, 어사대)
- **권당** : 성균관 유생의 시위
- **경연 · 서연** : 왕과 세자에 대한 강의

(2) 관제

① 의정부와 6조

㉠ **의정부** : 최고의 합의 기관, 백관(百官)의 서정(庶政)을 총괄, 정1품의 3정승(영의정 · 좌의정 · 우의정)이 국정 총괄

→ 모든 벼슬아치 / → 여러 방면에 걸친 정사(政事)

㉡ **6조** : 왕의 명령을 집행하는 행정 기관(이 · 호 · 예 · 병 · 형 · 공조), 장관 판서(정2품), 차관 참판(종2품), 6조 아래 여러 관청이 소속되어 업무 분담

② 3사(三司)

㉠ **기능** : 정사를 비판하고 관리의 비리를 감찰하는 언론 기능

㉡ **특성** : 권력의 독점과 부정을 방지하기 위한 것으로, 3사의 고관들은 왕이라도 함부로 막을 수 없음

③ 기타 기관

㉠ **승정원** : 왕명을 출납하는 비서 기관(중추원의 후신)으로 국왕 직속 기관, 장은 도승지(정3품)

㉡ **의금부** : 국가의 큰 죄인을 다스리는 기관(고려 순마소의 변형)으로 국왕 직속 기관, 장은 판사(종1품)

㉢ **한성부** : 수도의 행정과 치안을 담당, 장은 판윤(정2품)

㉣ **춘추관** : 역사서 편찬과 보관을 담당, 장은 지사(정2품)

㉤ **예문관** : 왕의 교서 제찬, 장은 대제학(정2품)

㉥ **포도청** : 상민(常民)의 범죄를 담당하는 경찰 기관(고려 순마소의 변형), 장은 포도대장(종2품)

㉦ **3관(三館)** : 예문관, 교서관(궁중 인쇄소), 홍문관

㉧ **4관(四館)** : 예문관, 교서관, 성균관(국립대학, 최고 교육 기관), 승문원(외교문서 작성)

㉨ 경연청, 서연청, 상서원(옥쇄 관리)

암기 노트

조선의 중앙과 지방 관제

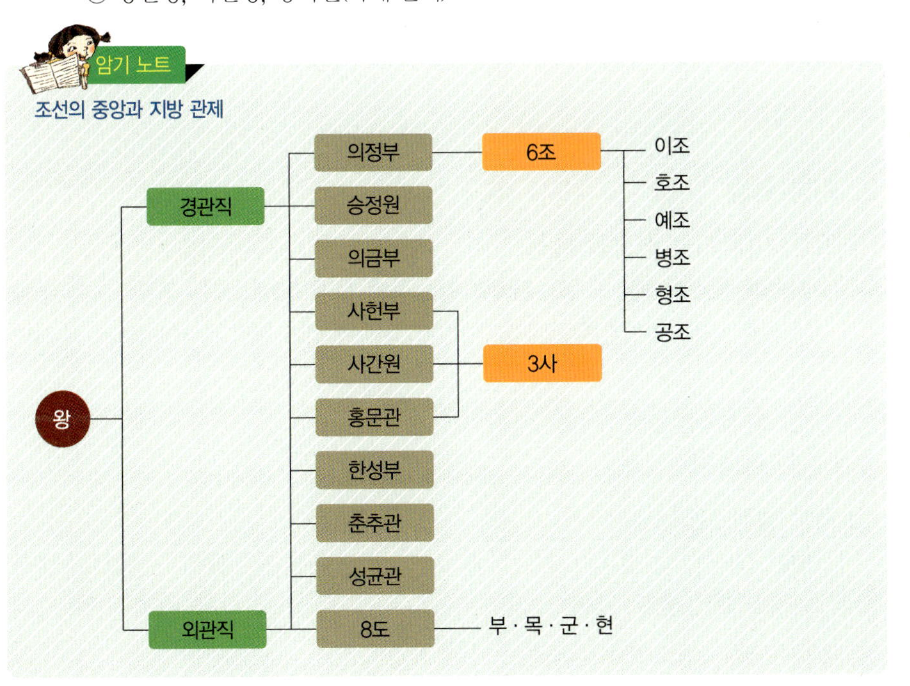

암기 Plus

6조(六曹)의 관장 업무
- **이조** : 문관의 인사와 공훈, 공문
- **호조** : 호구, 조세, 어염, 광산, 조운
- **예조** : 제사, 의식, 외교, 학교, 과거
- **병조** : 무관의 인사, 국방, 우역, 통신, 봉수
- **형조** : 법률, 소송, 노비
- **공조** : 토목, 건축, 개간, 공장, 파발, 도량형

6조(六曹)의 속사(관할 기관)
- **이조** : 문선사, 고훈사, 고공사 등
- **호조** : 판전사, 회계사, 경비사 등
- **예조** : 계제사, 전형사, 전객사 등
- **병조** : 무선사, 승여사, 무변사 등
- **형조** : 상복사, 장금사, 장예사 등
- **공조** : 영조사, 공야사 등

삼법사(三法司)

사헌부, 형조, 한성부

3사의 구성
- **사헌부** : 감찰 탄핵 기관, 사간원과 함께 대간(臺諫)을 구성하여 서경(署經)권 행사(→ 정5품 당하관 이하의 임명 동의권), 장은 대사헌(종2품)
- **사간원** : 언관(言官)으로서 왕에 대한 간쟁, 장은 대사간(정3품)
- **홍문관** : 경연을 관장, 문필 · 학술 기관, 고문 역할, 장은 대제학(정2품)

암기 노트

조선 시대 사법 제도의 특징

- 행정권이 미분화 상태이므로 모든 관부가 담당 업무에 대한 사법권을 가짐
- 지방관은 관할구역 내에서 민사와 경범(태형)에 한해 사법권을 행사함
- 감사는 모든 범죄를 다루었으나 중죄와 사형죄는 중앙에 고하여 3심을 받음

기출문제 | 고급 | [3점]

(가), (나) 기구에 대한 설명으로 옳은 것은?

나는 (가) 의 도사(都事)입니다. 반역죄, 강상죄 등을 저지른 죄인을 추국할 때 왕명을 받들어 죄인을 압송하고, 형을 집행하기도 합니다.

나는 (나) 의 주서(注書)입니다. 도승지의 지휘를 받아 문서의 기록과 관리를 담당하고, 매일 국왕을 수행하면서 날짜별로 그 언행을 기록합니다.

① (가) – 5품 이하의 관원에 대한 서경권을 가졌다.
② (가) – 왕에게 경서와 사서를 강론하는 경연을 주관하였다.
③ (나) – 정책을 심의 · 결정하면서 국정을 총괄하였다.
④ (나) – 왕명 출납을 담당하는 왕의 비서 기관이었다.
⑤ (가), (나) – 소속 관원을 대간이라고도 불렀다.

[의금부와 승정원]

암기공식

(가) 국가대죄를 다스리는 국왕 직속 기관 ⇒ 의금부 : 도사(都事)
(나) 왕명을 출납하는 비서 기관 ⇒ 승정원 : 주서(注書)

| 정답 해설 |

(나)의 승정원은 왕명 출납을 담당하는 왕의 비서 기관으로, 승정원 주서(注書)는 도승지의 지휘를 받아 문서의 기록과 관리를 담당하고, 국왕의 언행을 날짜별로 기록하는 승정원일기를 작성하였다.

| 오답 해설 |

① 양사(사간원, 사헌부)의 관리들은 5품 이하의 관원에 대한 서경권(署經權)을 행사하였다.
② 홍문관은 사헌부, 사간원과 함께 삼사를 구성하였으며, 왕의 자문과 경연을 관장하였다.
③ 의정부는 정1품의 삼정승(영의정 · 좌의정 · 우의정)이 정책을 심의 · 결정하면서 국정을 총괄하였다.
⑤ 사간원, 사헌부 양사의 소속 관원을 대간(臺諫)이라고도 불렀다.

정답 ④

암기 Plus

상피제, 임기제

- **상피제** : 자기 출신지역에 부임하는 것을 금하며, 부자지간이나 형제지간에 동일 관청에서 근무하지 못하게 하는 제도
- **임기제** : 관찰사 임기는 1년(360일), 수령은 5년(1800일)

2. 지방 행정

(1) 조선 시대 지방 행정의 특성

① **지방과 백성에 대한 국가의 지배력 강화(중앙 집권 강화)** : 모든 군현에 지방관 파견(속현 소멸), 지방관의 상피제 · 임기제 적용, 향리의 지위 격하(관찰사와 수령의 권한 강화)
② **향, 소, 부곡의 소멸** : 지방민의 삶의 질 향상
③ 면 · 리 제도의 정착

(2) 지방 행정 조직

① **8도** : 전국을 8도로 나누고 크기에 따라 지방관의 등급을 조정(→ 관찰사(종2품) 파견 : 감찰 · 행정 · 사법 · 군사권 지님)
② 5부(부윤, 종2품)와 5대도호부(부사, 정3품)
③ **목** : 전국 20목, 장은 목사(정3품)

④ 군 · 현

㉠ 전국 82군을 두며 장은 군수(종4품), 전국 175현을 두며 장은 현령(종5품) 또는 현감(종6품)

지방관이 파견되지 않은 현(屬縣)

㉡ 속현(屬縣)과 향 · 소 · 부곡도 일반 군현으로 승격하고, 모든 군현에 수령을 파견(지방의 행정 · 사법 · 군사권을 지님)

⑤ **면(面) · 리(里) · 통(統)** : 군현 아래에는 면(면장), 리(이정), 통(통주)을 둠

(3) 특수 지방 조직

① 유향소(향청)

㉠ **설치** : 고려 후기 유향소의 후신으로 지방민의 자치 기관, 세조 때 폐지되었다가 성종 때 향청으로 부활

㉡ **기능** : 수령을 감시하고 향리의 비행규찰, 좌수 · 별감 선출, 정령시달, 풍속 교정과 백성 교화, 자율적 규약, 향회를 소집하여 여론 수렴 등

② 경재소(경저)

지방 호족과 향리의 자제를 인질로 뽑아 중앙에 머무르게 한 것

㉠ **성격** : 지방 관청의 출장소격으로 고려의 기인(其人)과 유사

㉡ **운영** : 서울에는 경재소를 두고 경주인 또는 경저리가 머물며 업무수행

㉢ **업무** : 서울과 지방(유향소)간의 연락 및 유향소 통제, 공납과 연료의 조달(→ 차후 방납의 폐단 초래) 등

유향소

고려 말~조선 시대에 걸쳐 지방의 수령을 보좌하던 자문 기관으로, 고려 시대의 사심관에서 유래되었다. 조선 시대의 유향소는 자의적으로 만들어져 지방의 풍기를 단속하고 향리의 폐단을 막는 등 지방 자치의 면모를 보였는데, 태종 초에 지방 수령과 대립하여 중앙 집권을 저해하자 태종 6년(1406)에 폐지되었다. 그러나 좀처럼 없어지지 않아 유향소를 폐지할 수 없게 되자 세종 10년(1428)에 재설치하면서, 이를 감독하기 위해 경제소를 강화하였다. 세조 13년(1467) 이시애의 난 당시 유향소의 일부가 가담했음이 드러나면서 다시 폐지되었지만 성종 19년(1488)에 부활하였다.

3. 군역 제도와 군사 조직

(1) 군역 제도

① **양인개병제(良人皆兵制)와 병농일치제 실시** : 16세 이상 60세 이하의 모든 양인 남자는 군역을 담당하며, 군역은 양인 농민이 자유인으로서 가지는 권리에 대한 대가의 성격을 지님

② **정군(正軍)과 보인(保人)** : 모든 양인은 현역 군인인 정군이 되거나 정군의 비용을 부담하는 보인(봉족)으로 편성

㉠ **정군** : 서울이나 국경 요충지에 배속, 복무 기간에 따라 품계와 녹봉을 받기도 함

㉡ **보인** : 정남 2명을 1보로 함, 정군 가족의 재정적 지원자로서 1년에 포 2필 부담

③ 현직 관료와 학생은 군역이 면제되며 권리가 없는 노비도 군역 의무가 없음, 상인 · 수공업자 · 어민도 제외

④ 종친과 외척 · 공신이나 고급 관료의 자제들은 특수군에 편입되어 군역을 부담

(2) 군사 조직

① **중앙군** : 정군을 중심으로 갑사나 특수병으로 구성

㉠ **궁궐과 서울을 수비하는 5위(5위도총부, 장은 도총관)가 핵심** : 의흥위(중위), 용양위(좌위), 호분위(우위), 충좌위(전위), 충무위(후위)

암기 Plus

오가작통법

- 다섯 집을 하나의 통으로 편성
- 호구 파악, 농민 이탈 방지, 천주교인 색출 등에 활용

향리의 지위 변천

시대	내용
고려 시대	• 조세 · 공물 · 노동력 징발 • 신분 상승 가능 • 문과 응시 허용 • 외역전(세습)을 받음
조선 시대	• 수령 보좌(→ 지위 격하) • 신분 상승 제한 • 문과 응시 불허 • 무보수(→ 폐단 발생)

경저리(京邸吏) · 영저리(營邸吏)

경저리(경주인)는 경재소에 근무하며 중앙과 지방과의 제반 연락 업무를 담당하는 향리를 말하고, 영저리는 각 감영에 머물면서 지방과의 연락을 담당하는 지방의 향리를 말한다.

중앙군의 구성

- **정병(정군)** : 각 도에서 번상된 농민 군사, 품계만 받는 것이 원칙
- **갑사** : 무술 시험으로 선발된 정예부대(직업 군인), 근무 기간에 따라 품계와 녹봉을 받음
- **특수 부대** : 왕실과 공신 · 고관의 자제로 편성된 고급 군인, 높은 품계와 녹봉을 받음

진수군 · 잡색군

- **진수군** : 지방의 영진에 소속된 군인을 말하며, 영진군(정병) · 수성군(노동 부대) · 선군(수군)을 포함하여 지칭
- **잡색군(雜色軍)** : 정규군 외의 예비군(전직 관료 · 서리 · 향리 · 교생 · 노비 등 각계각층의 장정들로 편성)으로, 평상시에는 본업에 종사하면서 일정한 기간 동안 군사 훈련을 받아 유사시에 향토방위를 담당

※ 조선 후기 : 5군영체제로 전환

㉡ **내금위** : 궁성 수비와 국왕 호위, 장은 내금위장

㉢ **훈련원** : 군사 훈련과 무관 시험 관장, 장은 지사

㉣ **겸사복** : 국왕 친위병, 장은 겸사복장

② **지방군(영진군)** : 도에 병영과 수영을 설치하고, 부 · 목 · 군 · 현에 진을 설치

㉠ 육군과 수군으로 나뉘며, 국방상 요지인 영(營)이나 진(鎭)에 소속되어 복무

㉡ 세조 이후 지역 단위의 방위 체제인 진관체제(鎭管體制)를 실시(요충지의 고을에 성을 쌓아 방어 체제를 강화)

㉢ 연해 각 도에는 수군을 설치

지방군제의 변화

익군체제(건국 직후) → 영진체제(진관체제, 세조) → 제승방략체제(16세기 을묘왜변 후) → 속오군체제(임진왜란 당시, 진관체제의 복구) → 영장체제(인조)

(3) 교통 · 운수 및 통신체계의 정비

① **목적** : 중앙 집권 체제를 강화

② **교통 수단**

㉠ **육로** : 우마가 끄는 수레를 이용

㉡ **수로** : 판선(목선)이 이용

㉢ **역참(驛站)** : 물자 수송과 통신을 위해 육로는 역원제, 수로는 조운제가 운영됨

③ **통신 수단**

㉠ **역원제** : 주요 도로마다 30리 간격으로 설치한 교통기관이며, 공문서 전달이나 관리의 왕래 등 통신 수단으로서도 기능, 병조에서 관장

㉡ **파발제** : 공문서 전달을 위한 통신 제도로 임진왜란으로 역원제가 붕괴된 후 선조 때 도입, 공조에서 관할

㉢ **봉수제** : 국가비상 시 군사상의 통신 제도로, 서울의 목멱산 봉수대를 중심으로 전국에 600여 개 설치, 관리자로 오장 · 군졸을 둠

4. 관리의 등용과 인사관리

(1) 과거제도(科擧制度)

① **특성**

㉠ 과거에는 문과와 무과, 잡과가 있으며, 문과를 중시(→ 고위 관원이 되기 위해서는 과거에 합격해야 하며, 특히 문과에 합격하는 것이 유리)

㉡ 신분 이동을 촉진하는 제도로서, 양인 이상이면 누구나 응시가 가능(→ 수공업자 · 상인, 무당, 노비, 서얼 제외)

㉢ 교육의 기회가 양반에게 독점되어 과거 역시 양반들이 사실상 독점(→ 일반 백성은 경제적 여건이나 사회적 처지로 과거에 합격하기가 어려웠음)

② **종류 및 선발 인원**

㉠ 문과(대과) → 조선시대에 3년마다 정기적으로 시행된 과거시험

- **과정** : 식년시(式年試)의 경우 초시(初試, 240인 선발), 복시(覆試, 33인 선발), 전시(殿試, 등급결정－장원 1인 · 갑과 2인 · 을과 7인 · 병과 23인)를 거침, 합격자에게 홍패를 지급
- **응시 자격** : 성균관 유생이나 소과(생진과)에 합격한 생원 · 진사

암기 Plus

과거제도의 시행

- **정기 시험** : 식년시, 3년마다 실시
- **부정기 시험** : 증광시(나라에 큰 경사가 있을 때), 별시(나라에 특별한 행사가 있을 때), 알성시(왕이 성균관의 문묘를 참배한 후), 백일장(시골 유학생의 학업권장을 위한 임시 시험)

소과(생진과, 사마시)

소과는 생원과(경전으로 시험)와 진사과(문예로 시험)를 합한 시험을 말한다. 초시(향시)와 복시(회시)로 시험을 보는데, 초시에서는 진사시(초장)와 생원시(종장) 각각 700인을 선발하며, 복시에서는 진사시와 생원시 각각 100인을 선발(총 200인을 선발)한다. 합격자에게는 백패를 주며, 성균관에 입학하거나 문과(대과) 응시할 수 있는 자격을 부여하였다. 합격 후 하급관리가 되기도 하였다.

㉡ 무과(武科)

- **과정** : 문과와 같은 절차를 거치나 대과 · 소과의 구분은 없음, 초시(200명) · 복시(28명) · 전시(등급결정 – 갑과 3인 · 을과 5인 · 병과 20인, 장원은 없음)를 거쳐 총 28명을 선발, 병조에서 관장하며 합격자에게 홍패를 지급
- **응시 자격** : 문과와 달리 천민이 아니면 누구든 응시
- **성격** : 고려와 달리 문 · 무 양반 제도의 확립을 의미

㉢ 잡과(雜科)

- **과정** : 분야별로 정원이 있으며 해당 관청에서 관장, 합격자에게 백패를 지급하고 일단 해당 관청에 분속(→ 후에 기술관으로 전문적 지식을 습득한 뒤 취재 시험을 거쳐 국가에 봉사)
- **응시 자격** : 주로 양반의 서자와 중인계급의 자제
- **종류** : 역과(사역원), 율과(형조), 의과(전의감), 음양과(관상감)

(2) 특별 채용 시험

① **음서(문음)** : 음서의 대상이 2품 이상의 자제로 고려 시대에 비하여 크게 줄었고, 문과에 합격하지 않으면 고관으로 승진하기 어려웠음

② **취재(取才)** : 하급 실무직 임명 시험으로 산학(호조), 도학(소격서), 화학(도화서), 악학(장악원)으로 분류

③ **이과(吏科)** : 서리 선발 시험, 훈민정음으로 시험

④ **천거(薦擧)** : 고관의 추천을 받아 간단한 시험을 치른 후 관직에 등용, 중종 때 조광조에 의해 실시된 현량과 등

⑤ **기로과** : 영조 때 60세 이상의 문 · 무인을 대상으로 한 특별 시험

3 사림의 대두와 붕당정치

1. 훈구와 사림

(1) 훈구 세력

① 세조 집권 이후 정치적 실권을 세습적으로 장악, 왕실과 혼인하면서 성장

② 조선 초 관학파의 학풍을 계승하여 문물 제도 정비에 기여

(2) 사림 세력

① 연원

㉠ 고려 말 온건 개혁파인 정몽주 · 길재의 학통을 계승

㉡ 김숙자 · 김종직에 이르러 영남 일대에 세력을 형성한 후 점차 기호 지방으로 확대(영남학파, 기호학파)

② **성장** : 15세기 중반 이후 중소 지주적인 배경을 가지고 성리학에 투철한 지방 사족(士族)들이 영남과 기호 지방을 중심으로 사림으로 성장

③ 세력 기반

㉠ 과거와 군공 등으로 신분이 상승한 지방의 중소 지주

㉡ 유향소와 서원, 향약 등을 바탕으로 향촌 사회의 지배 세력 구축

암기 Plus

승과

국초에 실시되었다가 중종 때 폐지되었고, 명종 때 잠시 부활하나 다시 폐지되었다. 선종시와 교종시가 있었고 30명을 선발하였다. 합격자에게는 법계 및 대선의 칭호를 부여하였다.

한품서용

기술관과 서얼은 정3품까지, 토관 · 향리는 정5품까지, 서리 등은 정7품까지만 승진할 수 있음

인사관리 제도

- **상피제(相避制)** : 권력의 집중과 부정 방지 목적
- **서경제(署經制)** : 인사의 공정성을 위해 5품 이하 관리의 등용시 서경을 거침
- **근무 성적 평가** : 고관이 하급 관리의 근무 성적을 평가하여 인사 자료로 삼음
- **관료적 성격 강화** : 합리적 인사 행정 제도가 갖추어져 관료적 성격이 전시대보다 강화

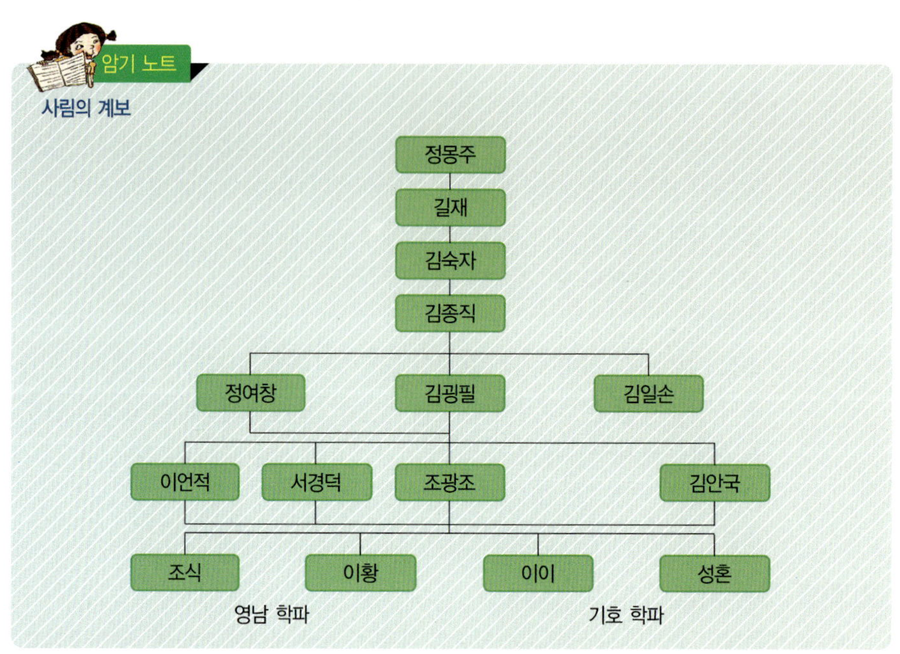

2. 사림의 정치적 성장

(1) 중앙 정계 진출

① 성종 때 김종직과 그 문인들의 중용을 계기로 대거 진출(→ 성종은 훈구 세력의 견제와 문물 정비를 위해 등용)

② 3사에서 주로 언론과 문한을 담당

(2) 사화(士禍)의 발생

① **무오사화(戊午士禍) · 갑자사화(甲子士禍)** : 영남 사림의 대부분이 몰락

㉠ **무오사화(연산군 4, 1498)** : 김종직(金宗直)이 지은 '조의제문'을 김일손이 사초(史草)에 올린 일을 문제삼아 훈구파가 사림파를 제거

(항우에게 왕위를 빼앗기고 죽은 초나라 의제를 기리는 내용을 통해 단종에게서 왕위를 빼앗은 세조를 비난한 글)

(사초: 사관이 매일 기록한 역사 편찬의 자료)

㉡ **갑자사화(연산군 10, 1504)** : 궁중 세력이 연산군의 생모인 윤비폐출사건을 들추어 정부 세력(훈구파와 신진 사림)을 축출

② **중종반정(中宗反正)** : 연산군은 폭압 정치를 행하다 중종반정으로 축출(연산군 12, 1506)

③ **조광조의 개혁 정치**

㉠ **개혁의 배경** : 중종은 유교 정치를 위해 조광조 등 사림을 중용

㉡ **개혁의 방향** : 사림파의 개혁으로 사림세력을 강화하고 왕도정치를 추구

④ **기묘사화(중종 14, 1519)** : 위훈삭제 등 조광조의 급격한 개혁은 공신(훈구 세력)의 반발을 샀는데, 훈구파는 모반 음모를 꾸며 조광조를 비롯한 사림 세력 대부분을 제거

⑤ **을사사화(명종 1, 1545)** : 외척의 권력 다툼에 휩쓸려 사림 세력은 다시 정계에서 밀려남(소윤인 윤원로 · 윤원형 형제가 대윤인 윤임 일파와 사림파를 숙청)

⑥ **정미사화(1547)** : 윤원로 · 윤원형 형제의 권력 다툼(괴벽서 사건)

(3) 사화의 영향

① 정치 기강과 수취 체제의 문란으로 농촌 피폐

② 사림은 낙향하여 향촌 사회에서 세력을 다지며 성장하는 계기(→ 지방의 서원과 향약이 세력 기반)

암기 Plus

사화의 배경

- **훈구 세력과 신진 세력인 사림의 대립** : 사회 · 경제적 이해관계의 대립, 정치적 · 학문적 관점의 차이
- 양반 계층의 증가와 이에 따른 양반 계층의 양극화 현상
- 언로의 개방, 연산군의 실정 등

조광조의 개혁 내용

- **현량과(천거과)의 실시** : 천거제의 일종인 현량과를 통해 사림이 대거 등용
- **위훈삭제(僞勳削除)** : 중종반정 공신 중 대다수가 거짓 공훈으로 공신에 올랐다 하여 이들의 거짓 공훈을 박탈하려 함(→ 훈구 세력의 관직 박탈은 이들의 불만을 야기해 기묘사화 발생)
- 공납제의 폐단을 지적하고 대공수미법 주장
- 균전론을 내세워 토지 소유의 조정을 주장
- 향촌 자치를 위해 향약의 전국적 시행을 추진
- 불교 · 도교 행사 금지(승과제도 및 소격서 폐지)
- 주자가례를 장려하고 유교 윤리 · 의례의 보급을 추진, 소학 교육 실시
- 언문청을 설치하여 한글 보급
- 유향소 철폐, 사마소 설치 주장
- 이조 · 병조의 전랑에게 인사권 처리와 낭천권(후임자 추천권)을 가지게 함

4대 사화

무오사화, 갑자사화, 기묘사화, 을사사화

| 고급 | [2점]

(가) 인물에 대한 설명으로 옳은 것은?

이곳은 기묘사화로 희생당한 (가) 의 위패를 모신 심곡 서원입니다.
중종에 의해 발탁된 그는 소격서 폐지 등 유교적 개혁 정치를 추진하였습니다.
하지만 위훈 삭제에 불만을 품은 훈구파의 반발로 사사되었습니다.

① 최초의 서원인 백운동 서원을 건립하였다.
② 양명학을 연구하여 강화 학파를 형성하였다.
③ 새로운 인사의 등용을 위해 현량과 실시를 주장하였다.
④ 동호문답을 저술하여 다양한 개혁 방안을 제시하였다.
⑤ 조선경국전을 편찬하여 재상 중심의 정치를 강조하였다.

[조광조의 개혁 정치]

암기공식

현량과 실시 : 천거제, 인사 등용 ⇒ 조광조

| 정답 해설 |

제시된 사료의 심곡 서원은 기묘사화로 사사된 조광조의 위패를 모신 곳이다. 중종 때 조광조는 새로운 인사의 등용을 위해 천거제의 일종인 현량과를 실시하여 사림을 대거 등용하였다.

| 오답 해설 |

① 백운동 서원은 조선 중종 때에 풍기 군수 주세붕이 안향의 봉사를 위해 설립한 최초의 사액 서원이다.
② 조선 후기 정제두는 성리학을 비판하고 지행합일의 실천성을 강조하는 양명학을 연구하여 강화 학파를 형성하였다.
④ 동호문답은 율곡 이이가 왕도정치의 이상을 문답형식으로 서술하여 선조에게 올린 글로, 이이는 동호문답을 통해 다양한 개혁 방안을 제시하였다.
⑤ 정도전은 조선 초기의 개국공신으로 조선경국전을 편찬하여 재상 중심의 정치를 주장하였다.

정답 ③

4 조선 전기의 대외 관계

1. 명(明)과의 관계

(1) 사대교린 정책(事大交隣政策)

① 조공 관계로 맺어진 중국 중심의 동아시아 외교 정책으로, 서로의 독립성이 인정된 위에서 맺어져 예속 관계로 보기는 어려움
② 건국 직후부터 명과 친선을 유지하여 정권과 국가의 안전을 보장받고, 중국 이외의 주변 민족과는 교린 정책을 취함
③ 사대교린 정책은 조선 전 시기에 걸쳐 일관된 외교 정책으로 추진

(2) 선초 명과의 관계

① 자주적 관계가 기본 바탕
② 초기 갈등과 불협화음이 존재했으나 대체로 외교적 긴밀성을 유지하며 활발한 문화 교류

2. 여진과의 관계

(1) 외교 정책

① 적극적 외교 정책 전개 : 영토 확보와 국경 지방의 안정을 위해 추진
② 화전(和戰) 양면 외교 정책
㉠ 회유책
• 여진족의 귀순을 장려하기 위해 관직이나 토지, 주택 제공

암기 Plus

조선 초 대명 정책

조선은 건국 초기에 영토 확장을 추진하였는데, 특히 정도전은 명을 공략하기 위해 군사를 훈련시키고 군량미를 비축하였다. 그러나 정도전이 이방원에게 살해되고 태조가 왕위에서 물러나면서 대명 정벌 계획은 좌절되었으며, 이후 조선과 명은 친선관계를 유지하였다.

명과의 교역

• **사절의 교환** : 매년 정기적 · 부정기적으로 사절을 교환
• **성격** : 명은 기본적으로 정치적 목적이 강했지만, 조선은 잦은 교류를 통해 문화의 수입과 물품의 교역을 추구하는 자주적 문화 외교(자주적 실리 외교) 추구
• **교역품** : 말 · 인삼 · 모피 · 모시 · 화문석을 주로 수출하고 서적 · 도자기 · 약재 · 문방구 · 견직물 등을 수입

- 사질의 왕래를 통한 무역을 허용
- 국경 지방인 경성과 경원에 무역소를 두고 국경 무역을 허락

㉡ **강경책**

- **정벌** : 국경 침입 및 약탈시 군대를 동원하여 정벌
- **국경 공략 및 영토 확장** : 4군 6진 개척
- **지역 방어 체제 구축** : 국경 지방에 진(鎭) · 보(堡)를 설치

(2) 여진족 토벌과 이주 정책

① **태조** : 일찍부터 두만강 지역 개척

② **세종** : 4군 6진 개척으로 오늘날의 국경선 확정

㉠ **4군** : 최윤덕이 4군(여연, 우예, 자성, 무창)을 설치

㉡ **6진** : 김종서 등이 6진(온성, 종성, 경원, 부령, 회령, 경흥) 설치

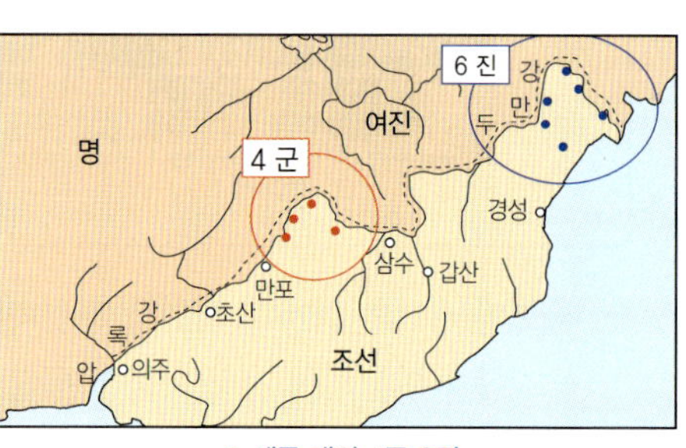

▲ 세종 대의 4군 6진

③ **성종** : 신숙주 · 윤필상 등이 압록강과 두만강 이북의 여진족을 토벌

④ **이주 정책**

→ 충청남북도, 전라남북도, 경상남북도

㉠ **사민 정책(徙民政策)** : 태종에서 중종까지 삼남 지방의 주민을 북방으로 이주

㉡ **토관제(土官制) 시행** : 토착민을 토관으로 임명하여 민심 수습, 태종과 세종, 세조 등이 실시

3. 일본 및 동남아시아와의 관계

(1) 일본과의 관계

① **왜구의 침략과 격퇴**

㉠ **왜구의 침략** : 고려 말부터 조선 초기까지 계속

㉡ **대비책** : 수군(水軍) 강화, 전함(戰艦) 건조, 화약 · 무기 개발

② **강경책** : 이종무는 왜구의 소굴인 쓰시마 섬을 토벌해 왜구의 근절을 약속받음

③ **회유책** : 3포 개방, 계해약조(1443)를 체결하여 제한된 범위의 교역을 허락

조선 시대 일본과의 관계

1419(세종 1)	쓰시마 정벌	이종무
1426(세종 8)	3포 개항	부산포, 제포(진해), 염포(울산)
1443(세종 25)	계해약조	제한된 조공 무역 허락(세견선 50척 · 세사미두 200석)
1510(중종 5)	3포 왜란, 비변사 설치(1517)(임시 관청)	임신약조(1512) 체결(제포만 개항, 계해약조의 반으로 조건 개정)
1544(중종 39)		무역 단절, 일본인 왕래 금지
1547(명종 2)	사량진 왜변	세견선 25척, 인원 제한 위반시 벌칙 규정의 강화
1555(명종 10)	정미약조	국교 단절, 제승방략체제로 전환, 비변사 상설기구화
1592(선조 25)	을묘왜변 임진왜란, 정유재란(1597)	비변사의 최고기구화(→ 왕권 약화 및 의정부 · 6조의 유명무실화 초래)
1609~1811		조선의 선진문화를 일본에 전파
1609(광해군 2)	통신사 파견 기유약조	국교 회복, 부산포에 왜관 설치(세견선 20척, 세사미두 100석)

암기 Plus

상피제와 토관제

조선 시대 관리 임명에 있어 원칙적으로는 상피제였으므로 그 지역 사람을 관리로 임명할 수 없었으나, 세종 때 임시로 토관제를 실시하여 토착민을 그 지역의 관리로 임명

계해약조

1419년 이종무가 쓰시마 섬을 근거지로 한 왜구를 정벌한 뒤 한동안 조선과 일본 사이의 교류는 중단되었다. 이후 쓰시마 도주의 간청으로 3포를 개항한 후, 세종 25년(1443) 변효문 등을 파견하여 세견선 등의 구체적인 제약을 내용으로 하는 계해약조를 체결하였다.

쓰시마 점령

박위(창왕 1, 1389) → 김사형(태조 5, 1396) → 이종무(세종 1, 1419)

(2) 동남아시아 각국과의 관계
① 조선 초에는 류큐 · 시암 · 자바 등 동남아시아의 여러 나라와 교류
② 조공이나 진상의 형식으로 토산품을 가져와서 옷 · 옷감 · 문방구 등으로 교환함
③ 특히 류큐에 불경 · 유교경전 · 범종 등을 전해 주어 문화 발전에 기여

5 왜란과 호란

1. 왜군의 침략

(1) 조선의 정세
① 일본과의 대립
㉠ 15세기에 비교적 안정되었던 관계는 16세기에 이르러 대립 격화
㉡ 중종 때의 3포 왜란(1510)이나 명종 때의 을묘왜변(1555)과 같은 소란 발생
㉢ 비변사를 설치하여 군사 문제를 전담, 일본에 사신을 보내 정세 파악
② **정부의 소극적 대처** : 16세기 말에 이르러 국방력은 더욱 약화되고, 일본 정세에 대해서도 붕당 간의 차이를 보이는 등 국론이 분열

(2) 임진왜란(1592)
① 발발
㉠ 일본은 표면적으로 정명가도(征明假道)를 내세웠으나, 실제로는 통일 후 분열을 외부로 돌리기 위해 전쟁을 일으킴
→ 명나라를 치려고 하니 조선의 길을 빌려 달라는 것
㉡ 전국시대의 혼란을 수습하고 철저한 준비 후 20만 대군으로 조선을 침략
② 초기의 수세
㉠ **부산 일대의 함락** : 부산진과 동래성에서 정발과 송상현이 분전하였으나 끝내 함락
㉡ 전쟁에 대비하지 못해 선조는 의주로 피난하여 명에 원군을 요청
㉢ 왜군은 한양을 점령하고 북상하여 평양과 함경도 지방까지 침입

2. 수군과 의병의 승리

(1) 수군의 승리
① 이순신의 활약
㉠ **대비** : 판옥선과 거북선 선소, 선함과 무기 정비, 수군 훈련, 군량미 저장
㉡ **왜군의 격퇴** : 80여 척의 배를 거느리고 옥포(거제도, 5월)에서 첫 승리, 사천(→ 최초로 거북선 등장), 당포(충무), 당항포(고성) 등지에서도 대승(→ 왜군의 수륙 병진 작전은 좌절)
㉢ **한산도 대첩** : 총공격에 나선 적함을 한산도 앞바다로 유인하여 대파(1592년 7월)
② **성과** : 남해의 제해권을 장악하여 곡창 지대인 전라도 지방을 지키고 왜군의 침략 작전을 좌절시킴

김성일과 황윤길
1590년 조선은 황윤길을 정사로, 김성일을 부사로 하는 통신사 일행을 일본에 파견하였다. 이듬해 귀국한 이들은 일본의 정세를 묻는 선조에게 각기 다른 대답을 하였다. 도요토미 히데요시가 조선을 침략할 것이라고 대답한 황윤길과는 달리 김성일은 일본이 침략하지 않을 것이라고 하였다. 당시 조선의 조정은 동인이 우세하였으므로 서인인 황윤길은 의견을 받아들여지지 않았다.

임진왜란의 3대첩
- **이순신의 한산도대첩(1592)** : 왜군의 수륙 병진 정책을 좌절시킨 싸움이다. 지형적 특징과 학익진을 이용하여 왜군을 섬멸하였다.
- **김시민의 진주성 혈전(1592)** : 진주 목사인 김시민과 3,800명의 조선군이 약 2만에 달하는 왜군에 맞서 진주성을 지켜낸 싸움이다. 이 싸움에서의 승리로 조선은 경상도 지역을 보존할 수 있었고 왜군은 호남을 넘보지 못하게 되었다.
- **권율의 행주대첩(1593)** : 벽제관에서의 승리로 사기가 충천해 있던 왜군에 대항하여 행주산성을 지켜낸 싸움이다. 부녀자들까지 동원되어 돌을 날랐다는 이야기로 유명하다.

수군의 승리 원인
- 문화적 우월성과 자신감 등 잠재적 역량의 우월성
- 자발적 전투 참여 등 국민의 총력전 전개
- 무기와 함포제조기술의 우수성과 전술의 승리
- 지휘관의 뛰어난 전술, 정연한 수군 편제

(2) 의병의 항쟁

① 의병의 구성

㉠ **자발적 조직** : 전국 각지에서 자발적으로 조직

㉡ **의병의 신분** : 농민이 주축을 이루고 전직 관리와 사림 유학자 · 승려들이 참여

② 의병의 전술

㉠ **지리적 전술** : 향토 지리에 밝은 이점을 활용한 전술로 왜군에게 큰 타격을 가함

㉡ **유격 전술** : 정면 공격보다 매복 · 기습 작전을 구사

③ **관군으로의 편입** : 전쟁이 장기화되면서 더욱 조직화되었고, 관군의 전투 능력도 한층 강화

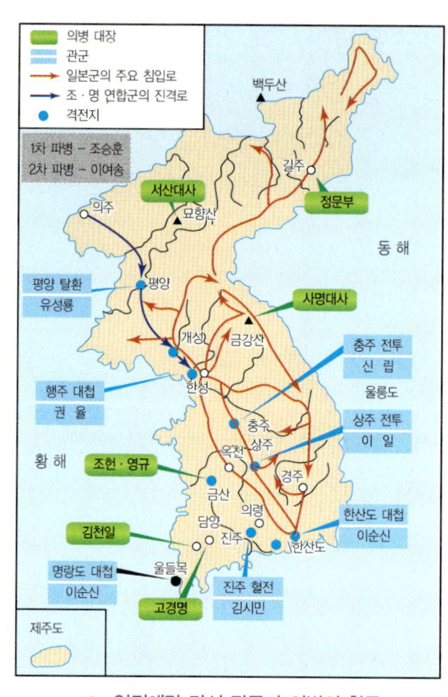

▲ 임진왜란 당시 관군과 의병의 활동

④ 의병장의 활약

곽재우	경상도 의령	진주성 혈전(1차)에 김시민과 참전
정인홍	경상도 합천	성주에서 활약
조헌	충청도 옥천	7백 결사대, 청주 수복, 금산에서 고경명 · 영규 등과 전사
고경명	전라도 장흥	금산성 전투 활약, 아들 고종후는 진주 대첩(2차) 때 전사
김천일	전라도 나주	수원 · 강화에서 활약, 진주 대첩(2차)에서 고종후와 함께 전사
김덕령	전라도 담양	남원에서 활약, 수원 전투에 참전, 적의 책략으로 이몽학 난의 관련자로 몰려 무고하게 옥사
정문부	함경도 경성	길주 전투에 참전하여 수복
서산대사(休靜)	묘향산	전국 승병 운동의 선구자, 평양 · 개성 · 한성에서 활약
사명당(惟政)	금강산	평양탈환에서 활약, 전후 대일 강화를 위해 일본에 가서 포로 송환

암기 Plus

승병의 활약

승병은 승려들로 조직된 비정규 군대이다. 「고려사」에 따르면 고구려 때 당 태종의 침입에 맞서 승려 3만 명이 출전하였다고 한다. 또한 고려 시대 처인성을 공격한 몽골군의 장수 살리타를 사살한 김윤후도 승려였다. 조선의 승병 활동은 임진왜란을 계기로 활발해졌으며 대표적인 승병으로는 휴정, 유정, 영규, 처영 등이 있다.

정유재란(1597)

- 왜군의 재침
  - **휴전의 결렬** : 3년여에 걸친 명과 일본 간 휴전 회담 결렬
  - **직산 전투** : 조 · 명 연합군이 왜군을 직산(稷山)에서 격퇴(1597. 9)
- **명량 대첩** : 울돌목에서 12척으로 왜군의 배 122척을 격퇴, 왜군은 남해안 일대로 후퇴
- **노량 대첩** : 이순신 전사, 도요토미 히데요시 사망 후 왜군 철수

3. 전란의 극복과 영향

(1) 전세의 전환

① **수군과 의병의 승전** : 처음 2개월간의 열세를 우세로 전환

② **명의 참전** : 조 · 명 연합군은 평양성을 탈환

③ 조선의 전열 정비

㉠ **군의 편제** : 훈련도감을 설치

㉡ **속오법(束伍法) 실시** : 지방군 편제 개편

㉢ **무기 강화** : 화포 개량, 조총 제작

(2) 왜란의 영향

① **대내적 영향** : 인구의 격감과 농촌의 황폐화, 재정의 궁핍, 대동법 실시의 계기

㉠ **경지면적 감소** : 전쟁 전 170만결에서 54만결로 격감

㉡ **문화재 소실** : 경복궁, 불국사, 서적 · 실록, 전주 사고를 제외한 4대 사고(史庫) 소실

춘추관, 성주 사고, 충주 사고, 전주 사고

㉢ 훈련도감(삼수미세 징수) 설치, 속오군(양천혼성군) 창설,

㉣ 공명첩 발급과 납속책 실시 등으로 신분제가 동요, 이몽학의 난(1596) 등의 민란 발생

암기 노트

공명첩, 납속책

- **공명첩(空名帖)** : 나라의 재정을 보충하기 위하여 부유층으로부터 돈이나 곡식을 받고 팔았던 명예직 임명장
- **납속책(納粟策)** : 군량 및 재정의 부족을 보충하기 위해서 천한 신분을 면해주거나 관직을 주는 것을 말하는데, 곡식의 다소에 따라 '면천납속(免賤納粟)'과 '수직납속(受職納粟)'을 실시

ⓜ 서적 편찬 : 난중일기, 징비록(유성룡), 동의보감 등

ⓗ 무기 발명 : 거북선, 비격진천뢰(이장손), 화차(변이중) 등

② 대외적 영향

㉠ 일본

- 활자 · 그림 · 서적을 약탈하고 성리학자와 활자 인쇄공, 도공 등을 포로로 데려감(→ 일본 성리학과 도자기 문화 발달의 토대)
- 덕천막부 성립(→ 에도막부의 한자어)

㉡ 중국 : 명의 참전 중 북방의 여진족이 급속히 성장

▲ 난중일기

4. 광해군의 중립 외교

(1) 대륙의 정세 변화

① 후금의 건국(1616) : 임진왜란 중 명이 약화된 틈에 여진의 누르하치가 후금을 건국

② 후금의 세력 확장(1618) : 후금이 명에 선전 포고(→ 명은 조선에 지원군 요청)

(2) 광해군의 정책(1608~1623)

① 대내적 : 전후 수습책 실시, 북인(대북) 중심의 혁신 정치 도모

② 대외적 : 명과 후금 사이에서 중립 외교 정책

㉠ 성격 : 임진왜란 때 도운 명의 후금 공격 요구와 후금과의 관계를 모두 고려

- 광해군은 강홍립의 지휘로 파병하되 상황에 따라 대처하도록 함
- 조 · 명 연합군은 후금군에게 패하였고 강홍립 등은 후금에 항복

㉡ 경과 : 명의 원군 요청을 적절히 거절하며 후금과 친선을 꾀하는 중립 정책 고수

암기 노트

인조반정(1623)

서인 등의 사림파는 광해군의 중립외교 정책과 성리학자에 대한 비판, 여러 패륜행위(임해군과 영창대군을 죽이고 인목대비 유폐)등에 불만을 가지고 있었다. 이에 서인인 이귀, 김유, 이괄 등이 거병하여 광해군을 축출하고 능양군을 인조로 옹립하는 인조반정을 일으켰다. 인조반정으로 집권한 서인은 존왕양이와 모화사상 등을 기반으로 친명배금 정책을 실시하여 후금을 자극하였다.

5. 호란의 발발과 전개

(1) 정묘호란(인조 5, 1627)

① 원인

㉠ 서인은 중립 외교 정책을 비판하며 친명배금 정책 추진

㉡ 명의 장군 모문룡이 평안도 철산군 가도에 주둔해 후금을 긴장시킴

㉢ 이괄의 난(1624)으로 난의 주모자 한명련이 처형되자 그 아들이 후금으로 도망하여 인조 즉위의 부당성과 조선 정벌을 요청

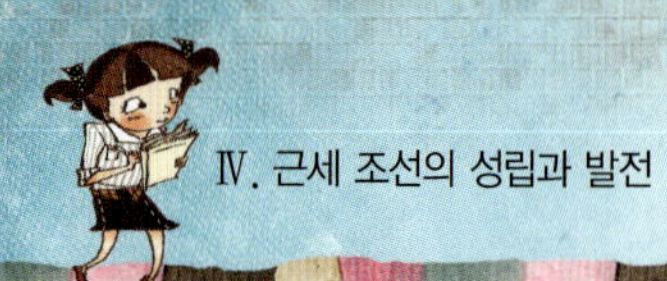

암기 Plus

주전론과 주화론

- **주전론(척화론)** : 성리학의 명분론 강조하여 청을 응징할 것을 주장, 김상헌, 윤집, 오달제, 홍익한
- **주화론** : 명분보다 실리를 강조하는 현실론, 청과 외교를 하고 내치를 강화할 것을 주장, 최명길·이귀 등 양명학자

호란의 영향

- 서북 지방의 황폐화
- 굴욕적인 충격으로 인한 적개심, 문화적인 우월감 등으로 북벌론 제기

② 경과

㉠ **후금의 침략** : 평안도 의주를 거쳐 황해도 평산에 이름

㉡ **의병의 항쟁** : 철산 용골산성의 정봉수와 의주의 이립 등이 기병하여 관군과 합세

③ 결과

㉠ **강화 제의** : 후금의 군대는 보급로가 끊어지자 강화를 제의(→ 후금의 목표는 대륙의 장악에 있었으므로 쉽게 화의)

㉡ **정묘약조 체결** : 형제의 맹약, 군대 철수, 명과의 외교 계속 허용, 조공의 약속 등

(2) 병자호란(인조 14, 1636)

① 원인

㉠ **청의 건국** : 후금은 세력을 계속 확장하여 국호를 청, 심양을 수도로 건국

㉡ 인조의 계속적인 반청 정책

㉢ 청의 군신 관계 요구에 조선에서는 주화론(외교적 교섭)과 주전론(척화론, 전쟁불사)이 대립

② 경과

㉠ 대세가 주전론으로 기울자 청은 다시 대군을 이끌고 침입

㉡ 인조는 남한산성으로 피난, 45일간 항전하다 주화파 최명길 등이 청과 강화(→ 삼전도에서 굴욕적인 강화)

③ 결과

㉠ 조선은 청과 군신 관계를 맺고, 명과의 외교를 단절

㉡ 두 왕자와 강경 척화론자(김상헌, 삼학사－홍익한·윤집·오달제)들이 인질로 잡혀감

6. 북벌 운동의 전개

(1) 북벌론(北伐論)

① **의미** : 오랑캐에게 당한 수치를 씻고, 조선을 도운 명에 대한 의리를 지킴

② **형식적 외교**

㉠ 군신 관계를 맺은 후 청에 사대하는 형식의 외교를 추진

㉡ 내심으로는 은밀하게 국방에 힘을 기울이면서 청에 대한 북벌을 준비

③ **실질적 배경** : 왕권 강화(→ 양병을 통해 왕권 확립)와 서인 정권 유지를 위한 수단(명분)

④ **전개**

㉠ **초기** : 효종은 청에 반대하는 송시열·송준길·이완 등을 중용하여 군대를 양성(어영청 등)하고 성곽을 수리

㉡ **후기** : 숙종 때 윤휴를 중심으로 북벌의 움직임이 제기

⑤ **경과** : 효종의 요절 등으로 북벌은 큰 성과를 거두지 못하고 쇠퇴하다 18세기 후반부터 청의 선진 문화를 배우자는 북학론이 대두

(2) 나선 정벌(羅禪征伐)

① 1차(효종 5, 1654) : 헤이룽강 유역에 침입한 러시아를 청의 요청으로 변급이 격퇴

② 2차(효종 9, 1658) : 신유(申瀏)가 조총군을 이끌고 러시아군을 격퇴

암기 노트

나선 정벌의 배경

러시아의 남하로 청과 러시아 간 국경 충돌이 발생하자 청이 원병을 요청

2장 근세의 경제

1 경제 정책과 제도

1. 농본주의 경제 정책

(1) 중농 정책의 실시
① 농업 생산력 증가, 농민 조세 부담 경감 등 민생 안정 도모
② 토지 개간과 양전사업의 전개로 50여만 결이던 경지면적이 15세기 중엽 160여만 결로 증가
③ 농업생산성 향상을 위한 농업 기술, 농법·농기구 등을 개발하여 민간에 보급

(2) 상공업 정책
① **상공업의 통제** : 유교적 농본억상 정책
② **직업적 차별** : 사·농·공·상 간의 직업적인 차별로 상공업자를 천대
③ **유교적 경제관** : 검약을 강조하여 소비는 억제되고, 도로와 교통수단도 미비
④ **자급자족 농업 경제**
㉠ 자화폐 유통·상공업 활동·무역 등이 부진
㉡ 화폐를 보급·유통하려 했으나 약간의 저화(楮貨)와 동전만이 삼베·무명·미곡과 함께 사용됨
→ 닥나무 껍질로 만든 지폐

2. 토지 제도

(1) 과전법(科田法)의 시행
① **과전의 의미** : 관리들에게 준 토지로, 소유권이 아니라 수조권(收租權)을 지급
② **토지 제도의 운영 방향** : 고려와 마찬가지로 관리들의 경제 기반을 보장, 국가 재정 유지
③ **목적** : 국가의 재정 기반과 조선의 건국에 참여한 신진사대부의 경제적 기반을 확보

(2) 과전법의 특성
① **신진사대부의 경제적 기반** : 사대부에 유리한 개혁(관리가 직접 수조권 행사)
② **세습 불가의 원칙과 예외** : 1대(代)가 원칙이나 수신전·휼양전·공신전 등은 세습
③ **1/10세** : 공·사전을 불문하고 생산량의 1/10세를 규정하여 농민보호
④ **농민 경작권 보장** : 수조권자·소유권자가 바뀌어도 보장, 1/10세를 규정하여 법적으로 병작반수제를 금지
⑤ **현직·구직의 관리(직·산관)에게 수조권을 지급** : 산관(散官)인 한량에게도 군전을 지급하여 다양한 세력을 포용
→ 관리가 될 자격은 있으나 직이 없는 사람
⑥ 전호는 경작권 매매·양도가 가능, 노비와 승려는 수전대상에서 제외

(3) 과전법의 내용
① **대상** : 과전은 경기 지방의 토지로 지급하였고, 전지만 지급
② **종류**
㉠ **과전** : 관리(직·산관의 모든 관료)에게 나누어 준 일반적 토지, 세습 불허가 원칙
㉡ **공신전** : 공신에게 지급, 세습·면세
㉢ **별사전** : 준공신에게 지급되는 토지(3대에 한하여 세습, 경기도 외에도 지급)

암기 Plus

왕도 정치와 민생 안정
- **농본주의 경제 정책** : 왕도정치 사상에서 민생 안정과 이를 위한 농업 진흥이 필요
- **민생 안정** : 위민(爲民)·애민(愛民)을 중시한 왕도정치 사상에서 강조

국가의 통제 약화
- 16세기에 이르러 통제력이 약화되면서 상공업에 대한 통제 정책은 해이해짐
- 상공업에 대한 통제 체제가 무너져 가면서 상공업과 무역이 활발하게 전개

수조권에 따른 공전·사전
왕토사상으로 인해 토지의 소유권은 원칙적으로 국가에 있는데, 과전법상의 토지는 수조권에 따라서는 공전(公田)과 사전(私田)으로 구분해 볼 수 있다. 즉, 수조권이 국가에 있는 것은 공전, 개인·기관에 있는 것은 사전이다. 공전은 고려 시대의 민전 등 대부분의 일반 농민이 소유하고 있던 것을 국가가 징세의 대상으로 파악한 것으로서, 국가는 농민들에게 경작권을 보장하는 대신 조(租)를 징수하였다.

암기 Plus

전시과와 과전법의 공통점
- 원칙적으로 소유권은 국가에 있으며, 수조권을 지급
- 직 · 산관 모두 지급
- 관등 기준 지급(과전은 18등급에 따라 구분하여 지급)
- 세습 불가가 원칙
- 세율 1/10세

전시과와 과전법의 차이점

구분	내용
전시과(고려)	• 전지와 시지(柴地) 지급 • 전국적 규모로 지급 • 관수관급제(官收官給制) • 농민의 경작권 불안정
과전법(조선)	• 전지만 지급 • 경기도에 한하여 지급 • 관리의 수조권 행사 • 농민의 경작권 보장과 경자유전의 원칙

직전법의 수조권자
- 생산량을 조사하여 10분의 1을 농민에게 수취
- 관리(수조권자)가 농민(경작권자)에게 1/10의 조를 거두고, 국가에 조의 1/15의 세를 납부

직전법의 문제점
- 훈구파 관료들의 토지소유 욕구를 자극
- 수취권자의 과다한 수취를 유발하여 농민의 어려움 가중

수취 제도의 구성
- 토지에 부과되는 조세
- 가호 등에 부과되는 공납
- 정남에게 부과되는 부역(군역 · 요역) 등

㉣ **내수사전(궁방전)** : 왕실 경비 충당을 위해 지급
㉤ **공해전 · 늠전** : 중앙 관청 경비 충당(공해전)이나 지방 관서의 경비 충당(늠전)을 위해 지급
㉥ **둔전** : 군대 · 관청의 경비로 지급(군둔전, 궁둔전)
㉦ **수신전(守信田)** : 관료 사망 후 그의 처에게 세습되는 과전
㉧ **휼양전(恤養田)** : 관료 사망 후 그의 자녀가 고아일 때 세습되는 과전
㉨ **군전** : 전직 문 · 무관이나 한량(閑良)에게 지급
㉩ **사원전** : 사원에 지급된 토지
㉪ **학전(學田)** : 성균관 · 4학 · 향교에 소속된 토지
㉫ **면세전** : 궁방전(궁실과 궁가에 지급), 궁장토(왕실 소유 토지), 관둔전, 역둔전(→ 외역전은 폐지됨)

③ **폐단** : 토지가 세습되었기 때문에 새로 관직에 나간 관리에게 줄 토지가 부족해짐

(4) 직전법과 관수관급제

① **직전법(職田法)**
㉠ **실시** : 15세기 후반(세조, 1466) 직전법을 시행해 현직 관리에게만 수조권을 지급
㉡ **목적** : 사전(私田)의 증가를 막아 국가 재정 수입을 증가(→ 농민을 위한 것이 아님)

② **관수관급제(官收官給制) – 성종(1470)**
㉠ **내용** : 관리의 수조권 행사를 금지, 지방 관청에서 생산량을 조사하여 수취하고 해당 관리에게 미 · 포로 지급
㉡ **목적** : 국가의 토지 지배 강화(→ 수조권을 빌미로 한 양반 관료들의 농민 지배 방지), 관리의 부정 방지

③ **직전법 폐지(녹봉제)** : 과전 부족의 타개를 위한 직전법도 실패(→ 명종 11년, 1556)
㉠ **내용** : 직전법을 폐지(수조권 지급 제도 폐지)하고 국가가 관료에게 녹봉을 지급
㉡ **결과** : 수조권에 입각한 토지 지배가 소멸하고 소유권과 병작반수제에 의한 지주전호제(地主田戸制)가 확산(일반화)되는 계기가 됨
→ 토지 소유주인 지주와 이를 임대받아 경작하는 전호가 있는 형식의 토지 소유 형태

암기 노트

조선 시대 토지 제도의 전개

토지 제도	과전법(태조)	→	직전법(세조)	→	녹봉제(명종)	→
공존 제도		공법(세종)		관수관급제(성종)		영정법(인조)

3. 수취 체제의 확립

(1) 조세(租稅)

① **납세 의무자** : 토지 소유자는 원칙적으로 국가에 조세를 납부

② **세액(稅額) 결정 방법**
㉠ **손실답험법(損失踏驗法)** : 태조 때의 세제(측량법)로, 수확량의 10분의 1을 내는데 1결의 최대 생산량을 300두로 정하고 매년 풍 · 흉을 조사하여 수확량에 따라 납부액을 조정
㉡ **공법(貢法)** : 세종 때 확정(1444), 전분 6등급과 연분 9등법

③ **현물납세** : 조세는 쌀(白米) · 콩(大豆) 등으로 납부

전분 6등법, 연분 9등법

- **전분 6등급**
  - 토지의 등급에 따라 1결당 토지 면적이 차등(→ 여기서의 1결은 미곡 300두(20석)를 생산하는 토지의 크기를 말함)
  - 1등전 1결의 크기 : 2,986.6평, 6등전 1결의 크기 : 11,946.4평
- **연분 9등급** : 상상년 20두에서 하하년 4두까지 차등

上年	中年	下年
上 → 20두	上 → 14두	上 → 8두
中 → 18두	中 → 12두	中 → 6두
下 → 16두	下 → 10두	下 → 4두

(2) 공납(貢納)

① **징수** : 군현을 단위로 하여 지역의 토산물을 조사하여 군현에 물품과 액수를 할당하면, 각 군현(郡縣)은 가호(家戶)에 다시 할당하여 거둠

② **품목** : 각종 수공업 제품과 광물 · 수산물 · 모피 · 과실 · 약재 등

③ **종류** : 공물(상공 · 별공)과 진상

④ **폐단**

㉠ **대납** : 공물의 생산량이 점차 감소하거나 생산지의 변화로 그 특산물이 없을 때 미 · 포로 상인이나 관리에게 대신 납부하는 것(보통 방납이라고 함)

㉡ **방납** : 대납 과정에서 중간에 취리를 위해 불법 수단으로 상납을 막는 것

(3) 군역과 요역

① **대상** : 16세 이상의 정남

② **군역(軍役)**

㉠ **보법(保法)** : 군사 복무를 위해 교대로 근무하여야 하는 정군(正軍)과 정군이 복무하는 데에 드는 비용(매년 포 2필)을 보조하는 보인(保人)이 있음

㉡ **면역(免役)** : 양반 · 서리 · 향리 등은 관청에서 일하므로 군역 면제

③ **요역(徭役)** : 가호를 기준으로 정남의 수를 고려하여 뽑아서 공사에 동원

㉠ **기준** : 성종 때 토지 8결 당 1인, 1년 중 6일 이내로 동원하도록 제한하였으나 임의로 징발하는 경우도 많았음

㉡ **문제점** : 과도한 징발, 운영 과정에서 지방관의 임의적 징발이 많아 농민들의 부담이 큼

(4) 조운 제도

① **의의** : 조운은 조세와 공물을 각지의 조창을 거쳐 서울의 경창까지 운반하는 과정을 말하며, 강을 이용한 수운과 바닷길을 이용하는 해운이 있음

② **관리** : 수령이 운반의 책임을 지며, 호조에서 이를 관리

③ **운반**

㉠ 지방 군현의 조세와 공물은 육운 · 수운을 이용해 주요 강가나 바닷가에 설치된 조창으로 운반

㉡ 각지의 조창에서 조운을 이용해 경창(京倉)으로 운송(→ 전라도 · 충청도 · 황해도는 바닷길로, 강원도는 한강, 경상도는 낙동강과 남한강 또는 바닷길을 통하여 운송)

암기 Plus

조세의 구분

- **조(租)** : 경작인(농민)이 수조권자에게 결당 30두(수확량인 결당 300두의 1/10)를 납부
- **세(稅)** : 수조권자(관리)는 국가에 2두(30두의 1/15)을 납부

공납의 종류

- **상공** : 매년 국가에서 미리 상정한 특산물 바침, 호 단위 부과
- **별공** : 상정 용도 이외에 국가에서 불시에 필요로 현물 부과
- **진상** : 공물 이외의 현물을 공납하는 것으로 주로 외관이 국왕에게 예물로 바친 것을 말함, 진상물로는 식료품이 대부분

기타 국가의 재정

- **수입** : 조세 · 공물 · 역 이외에 염전 · 광산 · 산림 · 어장 · 상인 · 수공업자 등이 내는 세금
- **지출** : 군량미나 구휼미로 비축하고 나머지는 왕실 경비 · 공공 행사비 · 관리의 녹봉 · 군량미 · 빈민 구제비 · 의료비 등으로 지출

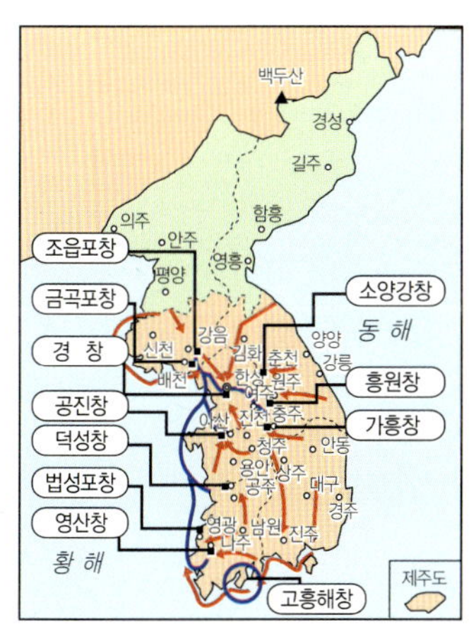

▲ 조선의 조운 제도

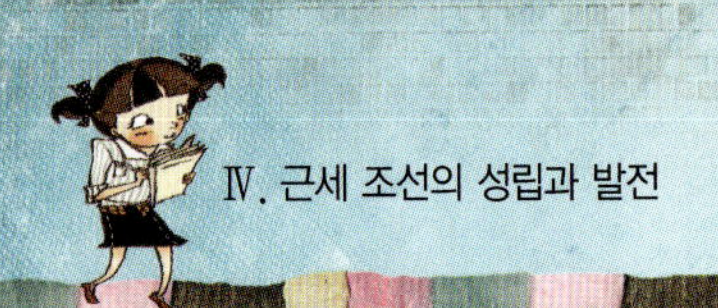

④ 잉류(仍留) 지역 : 평안도와 함경도, 제주도의 조세와 공물은 경창으로 이동하지 않고 군사비와 사신 접대비 등으로 현지에서 사용

4. 수취 제도의 문란과 농민 생활의 악화

(1) 공납의 폐단

① 방납(防納)의 폐단 : 관청의 서리들이 공물을 대신 내고 그 대가를 챙기는 방납이 증가해 농민 부담 가중, 농민이 도망시 지역의 이웃이나 친척에게 대신 납부하게 함(유망 농민의 급증 초래)

② 개선의 시도 : 이이와 유성룡 등은 공물을 쌀로 걷는 수미법(收米法)을 주장

(2) 군역의 폐단

① 방군수포제 · 대립제

㉠ 방군수포제(放軍收布制) : 군역에 복무해야 할 사람에게 포(布)를 받고 군역을 면제

㉡ 대립제(代立制) : 다른 사람을 사서 군역을 대신하는 대립이 불법적으로 행해짐

② 군적의 부실 : 군포 부담의 과중과 군역 기피 현상으로 도망자가 늘면서 군적(軍籍)도 부실해짐(→ 각 군현에서는 정해진 액수를 맞추기 위해 남아 있는 사람에게 부족한 군포를 부담)

(3) 환곡의 폐단

① 환곡제는 곤궁한 농민에게 곡물을 빌려주고 10분의 1 정도의 이자를 거두는 것

② 지방 수령과 향리들은 정한 이자보다 많이 거두어 유용하는 폐단이 나타남

(4) 농민 생활의 악화

① 생활고로 유민이 증가

② 유민 중 일부는 도적이 되어 문제를 일으킴(→ 명종 때의 임꺽정 등)

군역 제도의 흐름

보법(保法, 세조) → 대립제(15세기 중엽) → 방군수포제(16세기 초) → 군적수포제(16세기 중엽) → 군역 폐단의 만연 → 균역법의 실시(영조 26, 1750) → 군정(軍政)의 문란 → 호포제 실시(대원군)

암기 Plus

16세기 농민들의 처지

- 「중종실록」 : 백성으로 농지를 가진 자가 없고 농지를 가진 자는 오직 부유한 상인들과 사족(士族)들의 집뿐입니다.
- 「명종실록」 : 근래 도적이 벌떼처럼 일어나 공공연하게 노략질을 하며 양민을 죽이고 방자한 행동을 거리낌 없이 하여도 주현에서 막지 못하고 병사(兵使)도 잡지 못하니 그 형세가 점점 커져서 여러 곳으로 퍼지고 있습니다. 심지어 서울에서도 떼로 일어나 빈집에 진을 치고 밤이면 모였다가 새벽이면 흩어지고 칼로 사람을 다치게 합니다.
- 「선조실록」 : 지방에서 토산물을 공물로 바칠 때 (중앙 관청의 서리들이) 공납을 일체 막고 본래 값의 백배가 되지 않으면 받지도 않습니다. 백성들이 견디지 못하여 세금을 못 내고 도망하는 자가 줄을 이었습니다.

2 경제 활동

1. 양반

(1) 경제 기반

① 일반적 기반 : 과전 · 녹봉, 토지, 노비 등

② 양반의 대부분은 지주였으므로, 토지와 노비가 가장 주요한 수입원

(2) 토지와 노비

① 토지의 소유와 경작

㉠ 양반 소유의 토지는 규모가 커서 농장의 형태를 이루고 있었음

㉡ 농장 등은 노비가 경작, 토지 규모가 큰 경우 병작반수 형태로 소작

(→ 병작반수: 전주와 소작농이 수익을 반분하는 것)

㉢ 농장은 15세기 후반에 이르러 더욱 증가

② 재산으로서의 노비
  ㉠ 재산의 한 형태로 노비를 소유
  ㉡ 노비를 사기도 하나, 주로 소유한 노비가 출산한 자녀는 노비가 되는 법에 따라 수를 늘리거나 혼인을 시켜 늘림
  ㉢ 다수의 노비는 외거 노비로, 양반들은 이들에게 신공으로 포와 돈을 수취
  → 주인과 따로 사는 노비로, 주로 농업 등에 종사하고 일정량의 신공을 바침

2. 농민 생활의 변화

(1) 정부의 지원 및 장려

① 개간을 장려하고 수리 시설을 보수 · 확충하여 농사지을 수 있는 기반을 마련
② 농업 생산력을 높이기 위하여 「농사직설」 · 「금양잡록」 등 농서를 간행 보급
③ 양반들도 간이 수리시설을 만들고 중국의 농업 기술을 도입
④ 농민들도 농업 생산력을 향상시키려고 노력한 결과 농민 생활은 이전보다 개선

(2) 농업 기술의 발달

① 밭농사
  ㉠ 농종법(이랑에 파종)에서 견종법(고랑에 파종)으로 발전하여 생산량 증가
  ㉡ 조 · 보리 · 콩의 2년 3작이 널리 행해짐
② 논농사
  ㉠ 남부 지방에서 모내기(이앙법)가 보급(→ 수리 문제로 남부 일부 지방으로 제한)
  ㉡ 이모작이 가능해 생산량 증가(→ 이앙법과 이모작은 여말선초에 보급되기 시작하였지만 조선 후기에 확대 보급됨)
③ **시비법(施肥法)** : 밑거름과 덧거름을 주게 되면서 연작이 가능
④ **농기구 개량** : 쟁기 · 낫 · 호미 등 농기구도 개량
⑤ **각종 작물의 재배** : 목화 재배가 확대되어 의생활이 개선되었으며 약초와 과일, 꽃(원예작물) 재배도 확대

(3) 농민의 몰락과 정부의 대책

① 소작농의 증가
  ㉠ 지주제가 점차 확대되면서 농민들이 소작농이 되는 경우가 증가
  ㉡ 소작료로 수확의 반(半) 이상을 내야 하는 어려운 처지
② 정부의 대책
  ㉠ **「구황촬요」의 편찬** : 잡곡 · 도토리 · 나무껍질 등을 가공하여 먹을 수 있는 방법 제시
  ㉡ **통제 강화** : 호패법 · 오가작통법 등을 강화하여 유망을 막고 통제를 강화
  ㉢ **향약 시행** : 지주인 지방 양반들도 향약을 시행하여 농촌 사회를 안정시키려 함

농사직설, 금양잡록

- **농사직설** : 세종 때 정초 등이 편찬한 우리나라 최고(最古)의 농서로서 노농(老農)의 경험과 비결을 채집하여 기록하고 있는데, 직파법을 권장하고 하삼도의 이모작 등을 소개하고 있다. 그 외에도 씨앗의 저장법이나 토질 개량에 관한 내용도 담고 있다. 우리 실정에 맞는 독자적인 농법을 정리한 책으로 유명하다.
- **금양잡록** : 성종 때 강희맹이 금양(시흥) 지방의 농민들의 경험담을 토대로 저술한 농서로서, 농사직설에 없는 내용만을 수록한 것을 원칙으로 하였다.

이앙법 보급의 영향

- 생산성 증가 및 광작의 보급을 촉진
- 농민의 계층분화 초래
- 농민의 토지 이탈 초래
- 특수작물의 재배(구황작물, 상업작물)
- 경영형 부농의 발생 계기

기출문제 | 고급 | [3점]

(가)~(라) 제도를 시행된 순서대로 옳게 나열한 것은?

(가) 왕 1년 11월, 처음으로 직관(職官)·산관(散官) 각 품의 전시과를 제정하였다.
(나) 왕 16년 3월, 중앙과 지방의 여러 관리들에게 매달 주던 녹봉을 없애고 다시 녹읍을 주었다.
(다) 왕 1년 4월, (대왕대비가) 전지하기를, "직전(職田)의 세는 소재지의 관리로 하여금 감독하여 거두어 주도록 하라." 하였다.
(라) 왕 3년 5월, 도평의사사에서 왕에게 글을 올려 과전법을 제정할 것을 요청하니 왕이 이 제의를 따랐다.

① (가) - (나) - (다) - (라)
② (가) - (나) - (라) - (다)
③ (나) - (가) - (다) - (라)
④ (나) - (가) - (라) - (다)
⑤ (다) - (나) - (가) - (라)

[토지 제도의 변천]

암기공식
토지 제도의 변천 ⇒ 녹읍 부활 → 시정 전시과 → 과전법 → 직전법

| 정답 해설 |
(나) 녹읍 부활 → 통일 신라 경문왕(757)
통일 신라 신문왕 때 폐지되었던 녹읍을 경문왕 때 중앙과 지방의 여러 관리들에게 매달 주던 녹봉을 없애고 다시 주었다.
(가) 시정(始定) 전시과 → 고려 경종(976)
고려 경종 때 모든 전현직 관리를 대상으로 관품과 인품·세력을 반영하여 전지와 시지를 지급하였으며, 처음으로 직관(職官)·산관(散官) 각 품의 전시과를 제정하였다.
(라) 과전법 → 고려 공양왕(1391)
고려 공양왕 때 과전법(科田法)을 시행하여 신진 사대부들의 경제적 기반을 확대하고 농민의 지지를 확보하였다.
(다) 직전법 → 조선 세조(1466)
기존의 과전법은 전·현직 관리 모두에게 지급되었고 수신전과 휼양전 등으로 세습까지 되어 지급할 토지가 부족해지자 조선 세조 때 직전법을 시행하여 현직 관리에게만 과전을 지급하였다.

정답 ④

3. 수공업 생산 활동

(1) 관영 수공업

① **정비** : 고려보다 관영 수공업 체제를 잘 정비하였고 수공업의 중심이 됨
② **관장제(官匠制)** : 장인(기술자)을 공장안(工匠安)에 등록시켜 관청에서 필요한 물품을 제작·공급하였고, 사장(私匠)은 억제함
③ **생산 품목** : 화약, 무기, 의류, 활자 인쇄, 그릇, 문방구 등을 제조·납품
④ 장인은 대개 공노비이나 독립적 가계를 유지하며, 국역 의무가 끝나면 사적 경영이 가능하였고 초과물품을 판매하기도 함
⑤ 관영 수공업은 16세기에 부역제가 해이해지고 상업이 발전하면서 점차 쇠퇴하고 사장이 발달(사장이 납포장(納布匠) 형태로 독립·발전)
→ 조선시대 베로써 세를 바치던 공장(工匠)

(2) 민영 수공업과 가내 수공업

① **민영 수공업** : 국역이 끝난 장인이나 공장안에 등록되지 않은 장인이 도시에서 장인세를 납부하며 생산·판매(→ 주로 농민의 농기구를 만들며, 양반의 사치품도 생산)
② **가내 수공업** : 농가에서 자급자족의 형태로 무명·명주·모시·삼베 등을 생산

4. 상업 활동

(1) 정부의 상업 통제

① **시전 상인(市廛商人)**
㉠ 관허상인으로 종로 거리에 상점가를 만들어 점포세와 상세를 거둠

암기 Plus

사상의 성장과 상업의 융성
조선 전기에는 상업활동이 미미하였으며, 관허상인인 시전상인이 활약하는 정도였다. 그러나 17세기 이후 상업활동이 활발해지기 시작하여 공인과 함께 사상의 성장이 크게 두드러지는데, 난전이나 객주·여각으로 성장한 사상들이 결국 도고(독점적 상인)로 성장하여 자본주의를 싹트게 한다. 사상들은 종루, 송파, 이현, 칠패 등지에서 난전을 발달시켜 집단시장을 형성하게 된다. 시전 상인 중에는 유일하게 공인이 도고로 성장한다.

ⓛ 왕실이나 관청에 물품을 공급하는 대신에 특정 상품에 대한 독점 판매권(금난전권)을 부여받음(→ 금난전권은 1791년 '신해통공'으로 폐지, 육의전의 금난전권은 제외)

② **시전 중심의 상업** : 국가는 경시서를 두어 시전을 감독하고 불법적 상행위를 통제

③ **육의전(六矣廛)** : 명주, 종이, 어물, 모시 · 삼베, 무명, 비단을 파는 점포로, 시전 중 가장 번성(→ 금난전권하에서는 사상이 취급할 수 없음)

(2) 장시(場市)

① **장시의 발달** : 15세기 후반부터 등장, 16세기 중엽에 이르러 전국적으로 확대
(※ 18세기 중엽에는 시장이 전국 각지에 1천여 곳이 개설됨)

② **정부의 억제** : 농업 위축을 염려해 장시의 발전을 억제하였으나 일부 장시는 정기 시장으로 정착

③ **활동** : 보부상들이 농산물 · 수공업 제품 · 수산물 · 약재 등을 판매하여 유통

암기 노트

장시의 등장과 발달

농촌 시장인 장시가 처음 등장한 것은 15세기 말이었다. 15세기 말은 왜구의 침입으로 황폐해진 해안 지역의 농토 개간이 완료되고 농업 생산력이 현저히 발달하였다. 특히, 넓은 나주평야를 끼고 있으며 서해안에 인접한 나주와 무안 지역은 다양한 물품이 생산되고 생산자들이 이를 자유롭게 처분할 수 있는 여건이 마련되어 있었다. 장시는 점차 삼남 전 지역과 경기도 등지로 확산되었고, 출현할 당시 15일이나 10일 간격이던 개시일도 점차 5일 간격으로 조정되었다. 이러한 장시 확산 추세는 18세기에 더욱 두드러져 18세기 중반에는 이미 전국의 장시 수효가 1,000여 곳에 달하게 되었다.

(3) 화폐(貨幣)

① 정부는 조선 초기에 저화 · 조선통보 등을 만들어 유통시키려 하였으나 상업의 부진으로 화폐의 유통도 부진

② 농민은 교역의 매개로 주로 쌀(米)과 베(布)를 이용

(4) 국제 무역 – 해금 정책(海禁政策)

① **주변국과의 무역**

㉠ **명(明)** : 사신들이 왕래할 때 하는 공무역과 사무역을 허용

ⓛ **여진** : 국경 지역에 설치한 무역소를 통하여 교역

ⓒ **일본** : 동래에 설치한 왜관을 중심으로 무역

② **사무역** : 국경 부근의 사무역은 엄격하게 감시, 주로 무명과 식량이 거래됨

근세의 사회

❶ 양반 관료 사회

1. 신분 제도

(1) 양천(良賤) 제도 – 형식적 신분 구분

① **이분제의 법제화** : 사회 신분을 법제적으로 양인과 천민으로 양분

㉠ **양인(良人)** : 과거 응시가 가능한 자유민으로 조세 · 국역 의무를 짐, 양반 · 중인 · 상민으로 구분

㉡ **천민(賤民)** : 비자유민으로서 개인이나 국가에 소속되어 천역을 담당

② **결과** : 갑오개혁(1894) 이전까지 조선 사회를 지탱한 기본적인 신분 제도

(2) 반상(班常) 제도 – 실질적 신분 구분

① **일반화** : 지배층인 양반과 피지배층인 상민의 반상 제도가 일반화(양반 신분의 고착화, 중인 신분의 정착)

② **4분제** : 양반 · 중인 · 상민 · 천민의 신분 제도가 점차 정착(양인의 분화)

2. 양반(兩班)

(1) 의의

① **신분 개념으로 확대** : 본래 문반과 무반(양반)을 아울러 부르는 명칭이었으나 양반관료 체제가 정비되면서 문 · 무반직을 가진 사람뿐만 아니라 그 가족이나 가문까지도 양반으로 부름

② **특권** : 각종 법률과 제도로써 양반의 신분적 특권을 제도화하였고, 국역 면제 등의 특권을 누림

(2) 생활

① **관직의 독점** : 과거 · 음서 · 천거 등을 통하여 국가의 고위 관직을 독점

② **경제 · 정치의 주체** : 경제적으로는 지주층, 정치적으로는 관료층

③ **유학적 소양에 치중** : 노동을 천시, 생산에는 종사하지 않고 관료로 활동하거나 유학자로서의 소양에만 치중

선비의 일상(「일용지결」)

- **새벽 2~4시** : 기상(여름철), 앎과 느낌을 계발하는 공부
- **4~6시** : 기상(겨울철), 새벽 문안, 뜻을 세우고 몸을 공경히 하는 공부
- **6~8시** : 자제들에게 글을 가르침, 독서와 사색
- **8~10시** : 식사, 마음을 가다듬고 고요히 살핌
- **10~12시** : 손님 접대, 독서
- **정오~오후 2시** : 일꾼들을 살핌, 친지에게 편지, 경전과 역사서 독서
- **2~4시** : 독서 또는 사색, 여가를 즐기거나 실용 기술을 익힘
- **4~6시** : 식사, 여유 있는 마음으로 독서, 성현의 기상을 본받는 묵상
- **6~8시** : 가족과 일꾼의 일을 점검, 자제들 교육
- **8~10시** : 일기, 장부정리, 자제 교육, 우주와 인생, 자기 행동에 대한 묵상
- **10~12시** : 수면, 심신을 안정시키고 원기를 배양함
- **자정~새벽 2시** : 깊은 잠, 밤기운으로 심신을 북돋음

암기 Plus

신분 제도의 변동 방향

㉠ **양인 확대 정책** : 향 · 소 · 부곡 등 천민 집단의 소멸, 양인화, 노비 변정 사업 등

㉡ **지배층의 분화** : 향리의 양반 상승 제한, 서리와 기술관 제도의 도입, 서얼과 재가녀 자손의 차별 등 양반층의 자기 도태를 통해 지배 신분층은 양반과 중인으로 양분

신분 이동

- 조선 시대는 엄격한 신분제 사회였으나 신분 이동이 가능
- 법적으로 양인이면 과거에 응시하여 관직에 진출할 수 있었고, 양반도 죄를 지으면 노비가 되거나 경제적으로 몰락하여 중인이나 상민이 되기도 함
- 고려에 비하여 개방적이었지만 여전히 지배층과 피지배층이 존재하는 신분 사회

양반의 수적 증가 억제

- **목적** : 자신들의 기득권을 지키기 위하여 지배층이 더 늘어나는 것을 막음
- **제한적 양반** : 문무 양반의 관직을 받은 자들만 사족으로 인정
- **한품서용제(限品敍用制)** : 향리, 서리, 기술관, 군교, 역리들은 중인으로 격하
- **서얼차대법(庶孼差待法)** : 첩에서 난 소생들을 서얼이라고 하여 차별하고 관직 진출 · 과거 응시를 제한

3. 중인(中人)

(1) 의미

① 넓은 의미로는 양반과 상민의 중간 신분 계층, 좁은 의미로는 기술관

② 15세기부터 형성되어 조선 후기에 이르러 독립된 신분층으로 성립

(2) 사회적 예우

① 양반보다는 못하나 전문 기술이나 행정 실무를 담당하며 나름대로 행세

② **역관(譯官)** : 사신을 수행하면서 무역에 관여

③ **향리(鄕吏)** : 토착 세력으로서 수령을 보좌

4. 상민(常民)

(1) 의의

① 통상 평민 · 양인으로도 불리며, 백성의 대부분을 차지하는 농민 · 수공업자 · 상인 등으로 구성

② 농본억상정책으로 공 · 상인은 농민보다 아래에 위치

③ 법적으로 과거 응시가 가능하나 실제 상민이 과거에 응시하는 것은 매우 어려웠음

④ 전쟁이나 비상시에 군공을 세우는 경우 외에는 신분 상승 기회는 적었음

(2) 종류

① **농민** : 조세 · 공납 · 부역 등의 의무

② **수공업자** : '공장(工匠)'으로 불리며 관영이나 민영 수공업에 종사, 공장세 부과

③ **상인** : 시전 상인과 보부상 등, 상인세 부과

④ **신량역천** : 양인 중에서 천역을 담당하는 계층(→ 일정 기간 국역을 지면 양인으로서 공민권을 가질 수 있게 되어 있는 일종의 조건부 양인)

5. 천민(賤民)

(1) 구성

① **구성** : 노비가 천민의 대부분을 차지

② 백정 · 무당 · 창기 · 광대 등도 천민으로 천대됨

(2) 사회적 대우

① 권리 박탈(비자유민으로 교육받거나 벼슬길에 나갈 수 없음)

② 재산으로 취급되어 매매 · 상속 · 증여의 대상이 됨

③ 일천즉천 원칙(부모 한쪽이 노비일 경우 자녀도 노비)의 일반화

④ 천자수모법(부모 소유주가 다를 때 자녀는 모 소유주의 재산)의 적용

⑤ 양천교혼(良賤交婚)은 원칙적으로 금지

→ 양민과 천민 간의 혼인

암기 Plus

중인의 종류

- **서리 · 향리 · 기술관** : 직역을 세습하고 같은 신분 안에서 혼인, 관청에 가까운 곳에 거주
- **서얼(庶孼)** : 중인과 같은 신분적 처우를 받았으므로 '중서(中庶)'라고도 불림

신분 제도의 변동 방향

노비종부법(태종) → 일천즉천(세조) → 「경국대전」에서 일천즉천(일반법)과 노비종부법(특별법)을 규정 → 노비종모법(영조) → 노비 세습법제 폐지(고종)

신량역천(身良役賤)의 구성

조졸(뱃사공), 수능군(묘지기), 생선간(어부), 목자간(목축인), 봉화간(봉화 올리는 사람), 철간(광부), 염간(소금 굽는 사람), 화척(도살꾼), 재인(광대) 등

공 · 사 노비

- **사노비(私奴婢)**
  - 주인집에서 함께 사는 솔거 노비와 떨어져 독립된 가옥에서 사는 외거 노비
  - 외거 노비는 주인에게 노동력을 제공하는 대신 신공(身貢)을 바침
- **공노비(公奴婢)**
  - 국가에 신공을 바치거나 관청에 노동력을 제공
  - 나이 60이 되면 신공을 면해 줌

암기 Plus

사회 정책의 목표
- 양반 지배 체제의 강화를 위한 신분질서 유지
- 농민 생활의 안정 추구

의창
조선 초기에는 고려의 의창을 계승하여 춘궁기에 곡식을 빌려주고 추수기에 환수하는 의창을 운영하였으나, 점차 회수하지 못하는 곡식이 증가하여 비축분이 줄어들자 태종 때 의창을 폐지하였다.

사창제
사창제는 세종 때 시험적으로 실시하고, 세조 때 전국적으로 실시하였다.

사회 시설의 한계성
- 최소한의 생활을 보장해 줌으로써 농민의 유망을 방지하기 위한 미봉책에 불과
- 오가작통법(五家作統法)과 호패법(號牌法) 등의 농민 통제책을 적극적으로 실시

2 사회 정책과 제도

1. 사회 정책과 시설

(1) 농민의 토지 이탈 방지(소극적 정책)

① 양반 지주들의 토지 겸병을 억제

② 농번기에 잡역에 동원하지 않고 농사에 전념하도록 함

③ 각종 재해 · 흉년을 당한 농민에게는 조세를 감면해 줌

(2) 적극적 구호 정책

① 의창, 상평창 운영

② 환곡제(還穀制) – 국가에서 운영

㉠ 국가(관청)에서 춘궁기에 양식과 종자 · 곡물을 빌려준 뒤에 추수기에 회수

㉡ 본래 의창에서 담당하였지만 원곡이 부족하게 되어 상평창에서 대신 운영(→ 상평창에서는 모곡이라 하여 원곡의 소모분을 감안하여 10%의 이자를 거둠)

(3) 사창제(社倉制)

① 세종 때 향촌 사회에서 주민 자치적으로 실시 · 운영

② 양반 지주들이 농민 생활을 안정시켜 양반 중심의 향촌 질서를 유지하기 위한 것

(4) 의료 시설

① **혜민국, 동 · 서 대비원** : 서민 환자의 구제와 약재 판매를 담당

② **제생원** : 지방민의 구호 및 진료를 담당

③ **동 · 서 활인서** : 유랑자의 수용과 구휼을 담당

2. 법률 제도

(1) 법률 체제

① 형법(刑法)

㉠ **대명률(大明律)** : 「경국대전」의 법 조항이 소략하여 형벌 사항은 주로 대명률을 적용

㉡ **연좌제(緣坐制)** : 가장 무거운 범죄인 반역죄와 강상죄(綱常罪)에는 연좌제가 적용되어 가족이 처벌되고, 고을의 명칭이 강등되고 수령이 파면당하기도 함 (→ 삼강오륜의 윤리를 범한 죄)

② **형벌** : 태 · 장 · 도 · 유 · 사 5종이 기본으로 시행 → 태형(10~50대), 장형(60~100대), 도형(장을 치고 관아에 가둠), 유형(유배 또는 귀양), 사형(교수형이나 참형)

③ 민법(民法)

㉠ **관습법에 의한 처리** : 민사에 관한 사항은 지방관이 관습법에 따라 처리

㉡ **소송의 주류** : 초기에는 노비와 관련된 소송, 나중에는 산송(山訟)이 주류 (→ 산소나 묘지에 관한 송사)

㉢ **종법(宗法)의 적용** : 상속은 종법에 따라 이루어졌으며, 제사와 노비 상속을 중시

㉣ **물권(物權) 개념의 발달** : 물건과 토지의 소유권 관념이 고려 시대에 비하여 발달

(2) 사법 기관 및 재판

① 중앙(中央)

㉠ **사헌부 · 의금부 · 형조** : 삼법사, 관리의 잘못이나 중대한 사건의 재판을 담당 (의금부 → 국가대죄(국사범, 반역죄, 강상죄 등)를 다스리는 국왕 직속 기관)

㉡ **포도청** : 상민의 범죄를 담당하는 경찰 기관

㉢ **한성부** : 수도의 치안 및 토지 · 가옥 소송을 담당

㉣ **장예원** : 노비 문서 및 노비 범죄를 관장

② **지방(地方)** : 관찰사와 수령이 각각 관할 구역 내의 사법권을 행사

신문고 제도(「태종실록」)

고할 데가 없는 백성으로 원통하고 억울한 일을 품은 자는 나와서 등문고(登聞鼓)를 치라고 명하였다. 의정부에서 상소하기를 "서울과 외방의 고할 데 없는 백성이 억울한 일을 소재지의 관청에 고발하여도 소재지의 관청에서 이를 다스려 주지 않는 자는 나와서 등문고를 치도록 허락하소서. 또한 법을 맡은 관청으로 하여금 등문한 일을 추궁해 밝히고 아뢰어 처결하여 억울한 것을 밝히게 하였다. 그 중에 사사롭고 (남에게) 원망을 품어서 감히 무고를 행하는 자는 반좌율(反坐律)을 적용하여 참소하고 간사하게 말하는 것을 막으소서."하여 그대로 따르고, 등문고를 고쳐 신문고(申聞鼓)라 하였다. -「태종실록」-

3 향촌 사회

1. 향촌 사회의 모습

(1) 지방 자치의 모습

① **유향소(留鄕所)** : 지방 자치를 위하여 설치한 기구로, 수령을 보좌하고 향리를 감찰하며 풍속을 바로잡기 위한 기구

② **경재소(京在所)** : 현직 관료로 하여금 연고지의 유향소를 통제하게 하는 제도로서, 중앙과 지방의 연락 업무 담당

③ **유향소의 변경**

㉠ 경재소가 혁파되면서(1603) 유향소는 향소(향청)로 명칭이 변경

㉡ 향청의 구성원인 사족들은 향안을 작성하고 향규를 제정

(2) 향약(鄕約)

① **형성**

㉠ 사림의 성장에 따라 16세기 이후 전통적 향촌 규약과 조직체가 향약으로 대체

㉡ 지방 사족은 향촌 사회 운영 질서를 강구하고 면리제와 병행된 향약 조직을 형성

② **확산** : 중종 때 조광조에 의하여 처음 보급, 16세기 이후에 전국적으로 확산

③ **기능** : 향약이나 향안 · 향규는 지방 사족이 그들의 지배를 계속하기 위한 장치의 일종

2. 촌락의 구성과 운영

(1) 촌락의 구성

① **자연촌(自然村)** : 농민 생활과 향촌 구성의 기본 단위, 동 · 리(里)로 편제된 조직

㉠ **면리제** : 조선 초기에 자연촌 단위의 몇 개의 리(里)를 면으로 묶음

㉡ **오가작통제** : 서로 이웃하고 있는 다섯 집을 하나의 통으로 묶고 통수를 두어 관장

② 양반들이 거주하는 반촌(班村)과 평민 · 천민들이 거주하는 민촌(民村)이 나타나기도 함

(2) 촌락의 운영

① **동계(洞契) · 동약(洞約)**

㉠ **목적** : 사족들은 동계 · 동약을 조직하여 촌락민들에 대한 지배력을 강화하고자 함
(동계 → 마을의 일을 처리하기 위한 계 / 동약 → 마을 단위의 자치 조직)

㉡ **전환** : 동계 · 동약에는 양반 사족들만 참여하다가 임진왜란 이후 평민층이 함께 참여(→ 상하 합계의 형태를 띰)

암기 Plus

재판 과정
- 재판에 불만이 있을 경우 사건에 따라 다른 관청이나 상부 관청에 소송을 제기가능
- 신문고 등 임금에게 직접 호소하는 방법도 있으나 일반적으로 시행된 방법은 아님

향촌의 구성
- **향(鄕) · 촌(村)** : 중앙과 대칭되는 개념으로 지방 행정 구역을 의미함
  - 향(鄕) : 행정 구역상 군현의 단위를 지칭
  - 촌(村) : 촌락이나 마을을 의미
- **군현제의 정비**
  - 지방관 파견 : 전국을 8도로 나누고 그 아래 부 · 목 · 군 · 현을 두어 중앙에서 지방관 파견
  - 자치 : 군 · 현 밑에는 면 · 리(里) 등을 설치하였으나 관리가 파견되지는 않음

향안과 향규
- **향안(鄕案)** : 향촌 사회의 지배층인 지방 사족의 명단
- **향규(鄕規)** : 향안에 오른 사족(향원)들 간의 약속이자 향회의 운영 규칙, 유향소 · 향계(鄕契)의 업무 및 직임자의 선임에 관한 규약

향촌 지배 기반의 변모
조선 시대 양반들의 향촌 지배는 전기에는 유향소나 향약 등에 기반을 두고 있었지만 후기에는 혈족적인 족계(族契)나 상하 합계 형태의 동계(洞契)를 발달시켰다.

조선 시대 농민 통제 정책
- 면리제 실시
- 호패법 실시
- 오가작통제 실시
- 농민의 자유로운 거주 이전 금지
- 3년마다 군현 단위로 호적 조사

② **두레 · 향도** : 촌락의 농민 조직
㉠ **두레** : 공동 노동의 작업 공동체
㉡ **향도** : 신앙적 기반과 동계 조직과 같은 공동체 조직의 성격을 모두 띠는 전통적 공동체로, 촌민들이 모여 음주 · 가무를 즐기고 상장을 서로 돕는 역할을 함
③ **향도계 · 동린계** : 농촌에서의 자생적 생활문화조직

암기 Plus

공동체 조직의 참여자
두레, 향도, 향도계, 동린계는 모두 일반 백성들의 자생적 생활문화조직이며, 양반은 적극적으로 참여하지 않았다. 이에 비해 동계 · 동약은 원래 양반 사족만 참여하는 조직었으나, 임진왜란 이후 평민도 참여하게 되었다.

4 성리학적 사회 질서의 확립

1. 예학과 보학의 보급

(1) 예학(禮學)
① 사림에 의한 발전
㉠ 삼강오륜을 기본 덕목으로 강조하여 현실적으로 가부장적 종법 질서로 구현
㉡ 도덕과 예학의 기본 서적인 소학을 보급하여 향촌 사회에 대한 지배력 강화
㉢ 가묘(家廟)와 사당(祠堂)을 건립하여 성리학적 사회 질서를 유지
㉣ 신분 질서의 안정을 위한 의례를 중요시함으로써 상장 제례에 관한 예학 발달
② 영향
㉠ **공헌** : 상장 제례의 의식을 바로 잡고 유교주의적 가족 제도의 확립에 기여
㉡ **폐단** : 형식화, 사림 간의 정쟁의 구실이나 사대부의 신분적 우월성 강조에 이용

예학의 성립 배경
성리학은 신분 질서 유지를 위해 상하관계를 중시하는 명분론을 강조하는데, 이러한 성리학적 도덕 윤리를 강조하면서 신분 질서의 안정을 추구하고자 성립

(2) 보학(譜學)
① **필요성** : 가족과 친족 공동체의 유대를 통해서 문벌을 형성 신분적 우위 확보
② 기능
㉠ 종족의 종적인 내력과 횡적인 종족 관계를 확인시켜 주는 기능
㉡ 족보를 통해서 안으로는 종족 내부의 결속을 다지고 밖으로 신분적 우월 의식을 가짐
㉢ 결혼 상대자를 구하거나 붕당을 구별하는 데 있어서 중요한 자료로 활용
㉣ 족보의 편찬과 보학의 발달은 조선 후기에 더욱 활발해져 양반문벌제도를 강화

2. 서원과 향약

(1) 서원(書院)
① **기원** : 중종 38년(1543) 백운동 서원
② **운영의 독자성** : 선현을 받들고 제사, 교육과 연구
③ **사액(賜額) 서원의 특권** : 국가로부터 면세 · 면역, 서적 · 토지 · 노비 등을 받음
④ 영향
㉠ **공헌** : 학문의 발달과 지방 문화의 발전에 기여
㉡ **폐단** : 사림들의 농민 수탈 기구로 전락, 붕당의 온상지

서원의 기능
- 선현의 추모, 학문의 심화 · 발전 및 양반 자제 교육
- 사림의 농촌 지배를 보다 강화
- 지방 문화 발전에 이바지
- 양반의 지위를 보장받고, 각종 국역 면제
- 향촌 사림을 결집

암기 노트

서원의 보급
- **배경** : 교육기관이므로 견제를 적게 받으며, 문중을 과시하는 효과도 있어 번창
- **시기** : 사화(士禍)로 향촌에서 은거하던 사림의 활동 기반, 임진왜란 이후 급속히 발전
- 16세기 말에는 100개였으나, 17 · 18세기에는 600여 개로 증가

(2) 향약(鄕約)

① **의의** : 조선 시대의 향촌 규약이나 그 규약에 근거한 조직체

㉠ 어려운 일을 당하였을 때 단결하여 서로 돕는 전통을 계승하면서 삼강오륜을 중심으로 한 유교 윤리를 가미(→ 유교의 예속으로 백성들을 교화)

㉡ 서원과 함께 사림의 세력기반으로서 역할

② **보급** : 중종 때 조광조 등이 보급에 힘썼으나 성공하지 못하고, 사림 세력이 정계에 자리 잡은 16세기 후반부터 널리 보급

③ **구성** : 지방의 유력한 사림이 향약의 간부인 약정(約正) 등에 임명

④ **폐단**

㉠ 토호와 향반 등 지방 유력자들이 주민들을 위협·수탈하는 배경을 제공

㉡ 향약의 간부들이 서로 다투고 모함함으로써 오히려 풍속과 질서를 해치는 경우가 발생

해주 향약 입약 범례문

무릇 뒤에 향약에 가입하기를 원하는 자에게는 반드시 먼저 규약문을 보여 몇 달 동안 실행할 수 있는가를 스스로 헤아려 본 뒤에 가입하기를 청하게 한다. 가입을 청하는 자는 반드시 단자에 참가하기를 원하는 뜻을 자세히 적어서 모임이 있을 때에 진술하고, 사람을 시켜 약정(約正)에서 바치면 약정은 여러 사람에게 물어서 좋다고 한 다음에야 글로 답하고 다음 모임에 참여하게 한다.

-「율곡전서」-

암기 Plus

향약의 4대 덕목

- 德業相勸(덕업상권) : 좋은 일은 서로 권한다.
- 過失相規(과실상규) : 잘못한 일은 서로 꾸짖는다.
- 禮俗相交(예속상교) : 올바른 예속은 서로 나눈다.
- 患難相恤(환난상휼) : 재난과 어려움은 서로 돕는다.

향약의 기능

- 조선 사회의 풍속 교화에 많은 역할
- 향촌 사회의 질서 유지와 함께 치안까지 담당하는 등 향촌의 자치적 기능
- 사림들이 향약을 통하여 농민에 대한 통제를 강화하여 자신들의 지위를 견고하게 구축

기출문제 | 고급 | [2점]

(가)에 대한 설명으로 옳은 것을 〈보기〉에서 고른 것은?

> 하나, 나이가 많고 덕망과 학술을 지닌 1인을 여러 사람들이 도약정(都約正)으로 추대하고, 학문과 덕행을 지닌 2인을 부약정으로 삼는다. (가) 의 구성원 중에서 교대로 직월(直月)과 사화(司貨)를 맡는다. ……
> 하나, 세 가지 장부를 두어 (가) 에 가입하기를 원하는 자들, 덕업(德業)이 볼 만한 자들, 과실(過失)이 있는 자들을 각각의 장부에 기록한다. 이를 직월이 맡았다가 매번 모임이 있을 때 약정에게 알려서 각각 그 순위를 매긴다.
> - 『율곡전서』 -

보기

ㄱ. 흥선 대원군에 의해 철폐되었다.
ㄴ. 지방 사족이 주요 직임을 맡았다.
ㄷ. 대성전을 세워 선현에 제사를 지냈다.
ㄹ. 풍속 교화와 향촌 자치의 역할을 하였다.

① ㄱ, ㄴ ② ㄱ, ㄷ ③ ㄴ, ㄷ
④ ㄴ, ㄹ ⑤ ㄷ, ㄹ

[향약의 조직과 기능]

암기공식 향촌 자치 규약 ⇒ 향약

| 정답 해설 |

ㄴ. 향약에서는 지방 사족이 주요 직임을 맡아 감사(監司)가 존경받는 기로(耆老) 중에서 향약의 최고위 직임인 도약정·부약정을 1향(鄕)에서 택정하였다.

ㄹ. 중종 때 조광조에 의해 처음 보급된 향약은 풍속 교화와 향촌 자치의 역할을 하였다.

| 오답 해설 |

ㄱ. 흥선 대원군은 국가 재정을 좀먹고 백성을 수탈하며 붕당의 온상이던 서원을 정리하여, 600여 개소의 서원 가운데 47개소만 남긴 채 철폐하였다.

ㄷ. 향교(鄕校)는 조선 시대 지방의 국립 중등 교육 기관으로 지방 관리와 서민의 자제들을 교육하였으며, 대성전을 세워 선현에 제사를 지냈다.

정답 ④

4장 근세의 문화

1 민족 문화의 발전

1. 민족 문화의 성립

(1) 성립 배경

① 15세기 문화를 주도한 관학파 관료와 학자들은 성리학 이외의 학문 · 사상이라도 중앙 집권 체제 강화나 민생 안정 · 부국 강병에 도움이 되는 것은 모두 수용

② 세종 때부터 성종 때까지 유교 이념에 토대를 두고 과학 기술과 실용적 학문을 발달시켜 민족 문화 발전의 토대 구축

(2) 민족 문화의 발전의 토대

① 집권층의 노력은 민족적 · 자주적인 성격의 민족 문화가 발전을 이끎

② 세종은 한글을 창제하여 민족 문화의 기반을 넓히고 더욱 발전할 수 있는 토대를 구축

암기 Plus

성균관 구조 · 구성

- 명륜당(明倫堂) : 유학의 강의실
- 양재(兩齋) : 유생들의 기숙사
- 비천당(丕闡堂) : 알성시를 베푸는 곳
- 존경각(尊經閣) : 국립 도서관
- 문묘(文廟) : 선현의 위패(位牌)를 모신 사당
- 청금록(靑衿錄) : 유생의 학생 명부

향음주례

향촌의 선비나 유생들이 학덕과 연륜이 높은 이를 손님으로 모시고 술을 마시며 잔치를 베푸는 의례의 하나이다. 이는 어진 이를 대접하고 어른을 존중하며, 노인을 봉양하는 의미를 지니고 있다. 또한 향음주례가 향촌 사회에서 지식층에 베푸는 주요한 행례로 시행되기도 했다.

기술 교육 기관

- 전의감 : 의학
- 장악원 : 악학
- 사역원 : 외국어
- 관상감 : 천문 · 지리
- 도화서 : 회화
- 소격서 : 도학
- 호조(산학), 형조(율학), 서당(서학)

2. 교육 기관

(1) 교육 제도 발달 배경

① 건국과 함께 유교를 정치 이념으로 채택

② 유학을 생활 규범화하고 교육과 사상 등에서도 준거로 삼음

(2) 교육 제도

① 국립 교육 기관

㉠ **최고 교육 기관** : 국립 대학인 성균관을 두고, 입학 자격으로 생원 · 진사를 원칙으로 함

㉡ **중등 교육 기관** : 중앙의 4부 학당(4학), 지방의 향교(鄕校)

→ 동부학당, 서부학당, 남부학당, 중부학당

② 사립 교육 기관

㉠ **서원** : 백운동 서원(중종 38, 1543)이 시초

- 봄 · 가을로 '향음주례(鄕飮酒禮)'를 지내는 동시에 인재를 모아 학문도 교육
- 이름난 선비나 공신의 덕행을 추모하고 학문을 수양함으로써 향촌 사회를 교화

㉡ **서당** : 초등 교육을 담당한 사립 교육 기관(→ 7, 8세부터 15, 16세까지가 대상), 주로 선비와 평민의 자제가 입학했으며 입학 정원이나 신분상의 제한은 없었음

㉢ **한계** : 계통적으로 연결되지 않고 각각 독립된 교육 기관

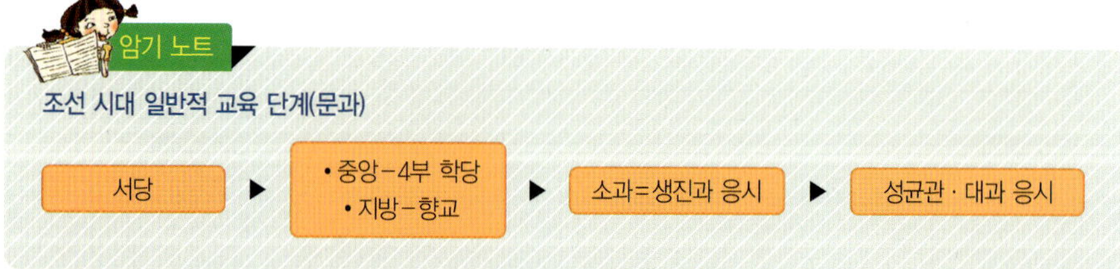

암기 노트
조선 시대 일반적 교육 단계(문과)
서당
• 중앙-4부 학당
• 지방-향교
소과=생진과 응시
성균관 · 대과 응시

3. 한글 창제

(1) 배경

① 일찍부터 한자를 쓰고 이두나 향찰을 사용하여 의사소통이 불편

② 일상적으로 쓰는 말에 맞으면서도 배우고 쓰기 좋은 우리의 문자가 필요

③ 피지배층을 도덕적으로 교화시켜 양반 중심 사회를 유지하기 위한 문자의 대중화

(2) 한글의 창제와 보급

① **한글의 창제** : 세종은 집현전 학자들과 한글을 창제(1443)한 후 훈민정음을 반포(1446)

② **한글의 보급**

㉠ 「용비어천가」와 「월인천강지곡」 등을 지어 한글로 간행

㉡ 불경 · 농서 · 윤리서 · 병서 등을 한글로 번역하거나 편찬

㉢ 서리들의 채용(吏科)에 훈민정음을 시험으로 치름

③ **사용의 부진** : 언문이라 하여 천시됨

한글 서적

- **한글 서적** : 용비어천가(최초), 월인천강지곡, 동국정운, 석보상절, 월인석보, 불경언해, 훈몽자회
- **한글 번역본** : 삼강행실도, 두시언해, 칠서언해, 소학언해 등

4. 역사서의 편찬

(1) 건국 초기

① **역사서 편찬**

㉠ **목적** : 왕조의 정통성에 대한 명분을 밝히고 성리학적 통치 규범을 정착

㉡ **사관** : 성리학적 사관

㉢ **대표적 사서** : 태조 때 정도전의 「고려국사」, 태종 때 권근 · 하륜의 「동국사략」

② **실록의 편찬**

㉠ **의의** : 한 국왕이 죽으면 다음 국왕 때 춘추관을 중심으로 실록청을 설치하고 사관들이 기록한 사초, 각 관청의 문서들을 모아 만든 시정기(時政記) 등을 중심으로 편년체로 편찬, 「태조실록」부터 「철종실록」까지 계속됨

→ 조선 시대 춘추관에서 각 관서들의 업무 기록을 종합하여 편찬한 국정 기록물

㉡ **형식** : 연표 중심의 편년체로 기록

사고(史庫)의 정비

- **4대 사고(세종)** : 춘추관 · 성주 · 충주 · 전주 사고, 왜란 중 전주 사고만이 존속되었다가 광해군 때 5대 사고로 재정비
- **5대 사고(광해군)** : 춘추관 · 오대산 · 태백산 · 마니산 · 묘향산 사고, 현재 태백산 사고본과 마니산(정족산) 사고만이 전하며, 묘향산 사고(적상산 사고)본은 북한에서 보유

※ 2006년 7월 일본에서 보유하던 오대산본 40여 권이 서울대에 기증 형식으로 반환됨

(2) 15세기 중엽

① **특징**

㉠ 성리학적 대의명분보다는 민족적 자각을 일깨우고자 함(→ 자주적 사관)

㉡ 왕실과 국가의 위신을 높이며 문화를 향상시키는 방향에서 역사 편찬

② **대표적 사서(史書)**

㉠ **「고려사」, 「고려사절요」** : 고려의 역사를 자주적 입장에서 재정리

㉡ **「삼국사절요」** : 서거정 · 노사신 등이 삼국 시대의 자주적 통사를 편찬하려는 입장에서 편찬한 편년체 사서로, 세조에 착수하여 성종 때 완성

㉢ **「동국통감」** : 성종 15년(1484)에 서거정이 왕명으로 편찬한 편년체의 사서로, 단

암기 Plus

한글 창제의 의의

- 민족의 고유 문자의 제정
- 문화 민족으로서의 긍지
- 민족 문화의 발전을 촉진

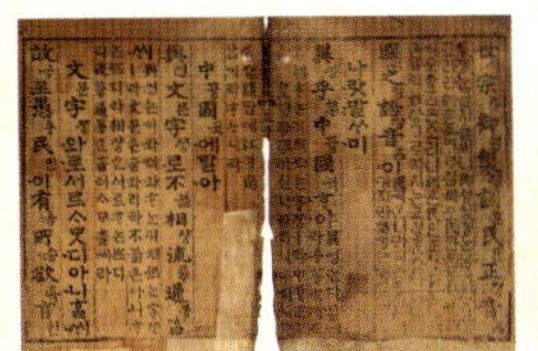
▲ 훈민정음

고려국사 · 동국사략

- **「고려국사」** : 고려 멸망의 당위성과 조선 건국의 정당성 합리화
- **「동국사략」** : '단군 – 기자 – 위만 – 한사군 – 삼한 – 삼국 – 고려'의 순으로 체계화

편찬의 자료

실록 편찬의 자료인 사초(史草)는 국왕도 못보게 하여 기록의 신뢰도를 높였으며, 이외에도 「의정부 등록」 · 「승정원 일기」 · 「비변사 등록」 · 「시정기」 · 「일성록」 등을 이용

고려사 · 고려사절요

- **「고려사」** : 김종서 · 정인지 등이 세종의 명으로 편찬하여 문종 1년(1451)에 완성한 기전체 사서(139권)로, 조선 건국을 합리화하기 위하여 여말의 사실을 왜곡하고 있으나 고려의 정치 · 경제 · 사회 연구에 귀중한 문헌(군주 중심의 역사 서술)
- **「고려사절요」** : 김종서 · 정인지 등이 독자적으로 편찬하여 문종 2년(1452)에 완성한 편년체의 사서(35권)로, '고려사'에서 빠진 부분을 보충 · 추가(신하의 입장에서 서술)

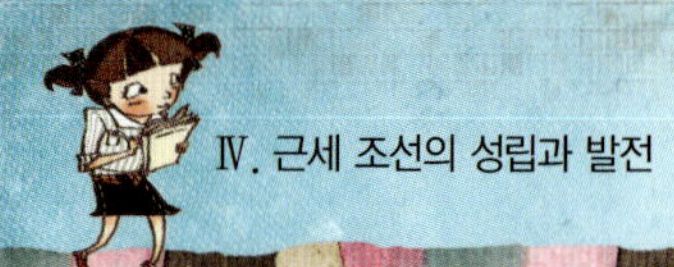

군에서 여말까지를 기록한 최초의 통사
- 3조선(단군, 기자, 조선)과 삼한을 외기(外記)로 책머리에 수록하고, '삼국-통일 신라-고려'로 이어지는 흐름을 부각
- 편찬의 체제나 방법이 성리학적 명분론에 입각하고 있으나, 단군을 민족의 시조라 보는 등 자주적 입장에서 재정리

(3) 16세기

① 특징

㉠ 15세기 역사관을 비판하고 사림의 존화주의적·왕도주의적 의식을 반영
(존화주의: 중국을 세계의 중심으로 존중하는 사상)

㉡ 존화사상을 바탕으로 우리나라 역사를 소중화의 역사로 파악
(소중화: 중국 이외의 나라에서 중화사상의 영향을 받아 발달한 자민족 중심주의)

㉢ 기자조선을 강조하고 유교 문화와 대립되는 고유 문화는 음사(淫事)라 하여 이단시

② 대표적 사서

㉠ **박상의 「동국사략」**: 사림의 통사로 15세기 「동국통감」을 비판, 엄정한 도덕적 기준으로 우리 역사를 재정리, 강목체(綱目體)를 철저히 적용
(강목체: 줄거리 기사를 큰 글씨로 쓴 것을 '강(綱)'이라 하고, 이에 대한 구체적인 서술 내용을 '목(目)'이라 하여 역사를 연·월·일순에 따라 편찬한 체제)

㉡ **박세무의 「동몽선습」**: 기자에서 시작되는 우리 문화의 도덕사관 강조

㉢ **윤두서의 「기자지」**: 기자조선 연구의 심화(5권 1책)

㉣ **이이의 「기자실기」**: 왕도정치의 기원을 기자에서 찾음(기자에 대한 추앙이라는 사림의 의식을 반영)

㉤ **오운의 「동사찬요」**: 왜란 이후의 역사의식을 기전체로 서술, 절의를 지킨 인물을 찬양하는 열전이 중심

기출문제 | 고급 | [1점]

밑줄 그은 '이 자료'에 대한 설명으로 옳지 않은 것은?

이 자료는 조선 역대 왕들의 역사를 후대에 남기기 위해 실록청에서 편찬되었습니다.

① 기전체 형식으로 서술되었다.
② 태조 왕대부터의 기록이 남아 있다.
③ 사초와 시정기 등을 근거로 편찬되었다.
④ 춘추관 관원들이 편찬 업무에 참여하였다.
⑤ 임진왜란 이전에는 4대 사고에 보관되었다.

[조선왕조실록]

암기공식
조선왕조실록 ⇒ 실록청 : 편년체 형식

| 정답 해설 |
조선왕조실록은 왕의 사후 사초와 시정기(時政記) 등을 근거로 춘추관에 설치된 실록청에서 편찬한 사서로, 조선 태조 때부터 철종 때까지 472년의 역사를 편년체 형식으로 기록하였다.

| 오답 해설 |
② 조선왕조실록은 조선 태조 때부터 철종 때까지 472년의 역사 기록이 남아 있다.
③ 조선왕조실록은 공식적 역사 편찬 자료인 사초와 국정 기록물인 시정기 등을 근거로 편찬되었다.
④ 조선왕조실록은 춘추관의 실록청 관원들이 편찬 업무에 참여하였다.
⑤ 조선왕조실록은 임진왜란 이전에는 춘추관과 충주, 전주, 성주 등 4대 사고(史庫)에 보관되었으나, 임진왜란 이후에는 춘추관과 마니산, 태백산, 묘향산, 오대산의 사고에 보관되었다.

정답 ①

5. 지도와 지리서

(1) 편찬 목적

① 조선 전기에는 중앙 집권과 국방 강화라는 정치적·군사적 목적에서 지도·지리서 편찬

② 조선 후기에는 주로 경제적·문화적 목적에서 편찬

(2) 지도(地圖)

① 15세기 초

㉠ **혼일강리역대국도지도** : 태종 때 제작, 현존하는 세계 지도 중 동양에서는 가장 오래된 것

㉡ **팔도도** : 태종 때 제작된 전국 지도로, 윤곽이 매우 정확하고 하천과 산맥의 표시에 중점을 두었으며 그 내용이 상세하고 정밀

㉢ **동국지도** : 세조 때 양성지 등이 왕명에 따라 실지 답사를 통해 완성한 최초의 실측 지도

② **16세기** : 8도 주현의 진상품 파악을 위해 제작한 조선방역지도가 현존

(3) 지리서

① **팔도지리지** : 세종 때(1430) 8도의 지리·역사·정치·사회·경제·군사·교통 등의 내용을 수록한 인문지리서(최초)로, 「세종실록」에 수록

② **동국여지승람** : 「팔도지리지」를 보완하여 성종 때(1481) 서거정 등이 편찬, 군현의 연혁·지세·인물·풍속·산물·교통 등이 자세히 수록되어 인문지리적 지식 수준을 높임, 증보판인 「신증동국여지승람」(이행 등이 편찬, 1528)은 현존

③ **읍지(邑誌)** : 일부 군·현에서 만들어졌으며, 향토의 문화적 유산에 대한 관심 반영

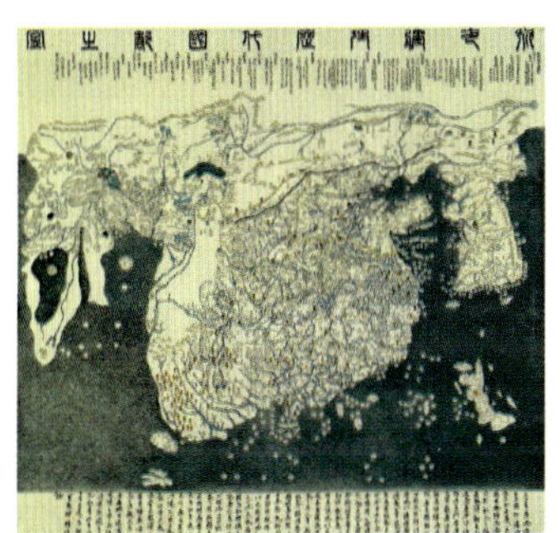
▲ 혼일강리역대국도지도

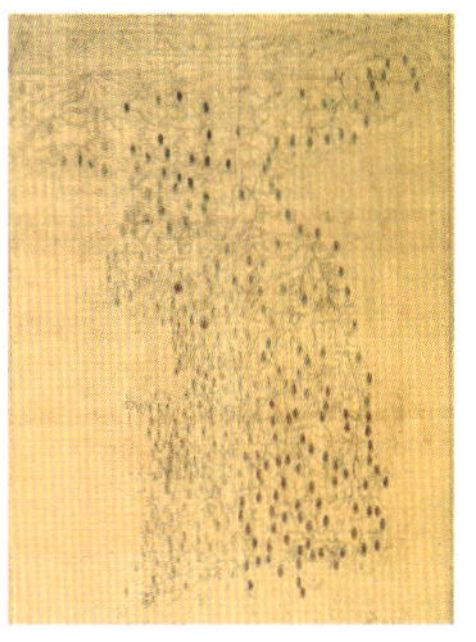
▲ 조선방역지도

▲ 팔도총도(신증동국여지승람)

6. 윤리서와 의례서, 법전의 편찬

(1) 윤리·의례서의 편찬

① 15세기

㉠ **효행록** : 여말 권근의 책을 설순이 참고하여 개정

㉡ **삼강행실도** : 세종 때 모범적인 충신·효자·열녀 등의 행적을 그림으로 그리고 설명(한문과 한글로 설명)

㉢ **국조오례의** : 성종 때 국가의 여러 행사에 필요한 의례를 정비·제정한 의례서로, 오례는 빈례·흉례·가례·길례·군례를 말함

② **16세기** : 사림이 소학과 주자가례의 보급에 노력

㉠ **이륜행실도** : 연장자와 연소자, 친구 사이에서 지켜야 할 윤리 강조

㉡ **동몽수지** : 어린이가 지켜야 할 예절을 기록

> 암기 Plus
>
> 편찬 배경
> - **윤리·의례서** : 유교 질서를 확립
> - **법전** : 유교적 통치 규범을 성문화

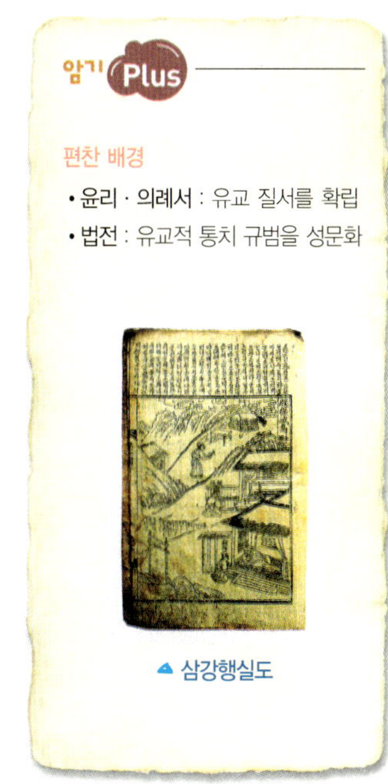
▲ 삼강행실도

(2) 법전의 편찬

① 건국 초기 : 정도전은 「조선경국전」과 「경제문감」을, 조준은 「경제육전」을 편찬

② 주요 법전

책명	시기	인물	내용
조선경국전	태조 3년(1394)	정도전	조선의 정책지침
경제문감	태조 4년(1395)	정도전 · 권근	정치 문물 초안서
경제육전	태조 6년(1397)	조준 · 하륜	조선 최초의 공식 법전
속육전	태종 13년(1413)	하륜	경제육전의 증보
경국대전	성종 3년(1472)	최항 · 노사신	기본 법전

2 성리학의 발달

1. 건국 초기의 성리학파

(1) 관학파(훈구파)

① 시기 : 15세기 정치를 주도하고 민족 문화 창달에 기여

㉠ 대내외적인 모순을 극복

㉡ 문물 제도 정비, 부국 강병 추진

② 주도 인물 : 정도전, 권근 등

(2) 사학파(사림파)

① 시기 : 정몽주 · 길재의 학통 계승한 사림들이 성종 때 본격적으로 중앙 정계에 진출하여 16세기 이후 학문과 정치 주도

② 주도 인물 : 정몽주, 길재의 학통을 계승한 사림(→ 김종직, 김일손, 조광조 등)

훈구파와 사림파의 특징

훈구파	사림파
• 부국 강병과 중앙 집권화 추구 • 사장을 중시(삼경 중시), 실용적, 격물치지(경험적 학풍) • 성리학 이외에 한 · 당 유학, 불교 · 도교 · 풍수지리사상 · 민간신앙, 군사학 · 기술학 등을 포용 • 자주 민족의식(단군숭배) • 「주례」를 국가통치이념으로 중시 • 막대한 토지 소유, 농장 매입 • 성균관과 집현전 등을 통해 양성	• 왕도 정치와 향촌 자치 추구(서원, 향약 중시) • 경학을 중시(사서 중시), 이론적, 사변주의(관념적 학풍) • 성리학 이념에 충실하며, 불교 · 도교 등을 배척, 기술학 천시 • 중국 중심의 화이사상(기자 중시) • 형벌보다는 교화에 의한 통치를 강조 • 공신과 외척의 비리와 횡포를 성리학적 명분론에 입각하여 비판

2. 성리학의 발달

(1) 철학의 조류

① 발달 배경 : 16세기 사림은 도덕성과 수신을 중시하고 인간 심성에 대하여 깊은 관심

② 이기론의 선구자 : 서경덕과 이언적

㉠ 서경덕 : 이(理)보다는 기(氣)를 중심으로 세계를 이해, 불교와 노장 사상에 대해서 개방적인 태도

경국대전(經國大典)

• 세조 때부터 편찬되기 시작하여 성종 때 완성

• 이전 · 호전 · 예전 · 병전 · 형전 · 공전의 6전으로 구성

• 조선 초 유교적 통치 질서와 문물 제도가 완성되었음을 의미

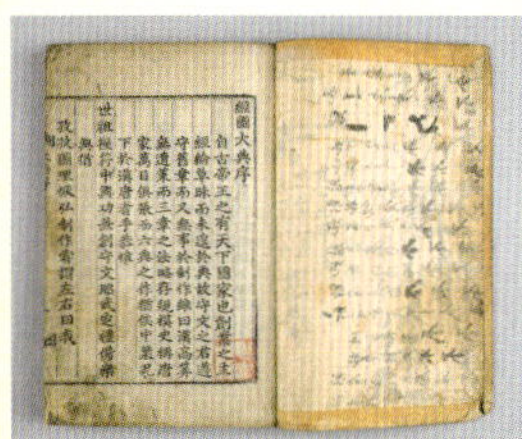

▲ 경국대전

관학파와 사림파의 역사 인식 차이

• **관학파** : 단군 중시(고려 말 원 간섭에서 벗어나려는 자주 의식이 이어져 중국과 대등하다는 역사 의식)

• **사림파** : 기자 중시(기자가 왕도 정치의 창시자로서 도덕 정치를 펼쳤다고 여겨 이를 숭배 → 존화 사상)

이기론의 전개

• **주리론** : 영남학파, 동인, 이언적(선구), 이황(대표), 조식 · 유성룡 · 김성일 등

• **주기론** : 기호학파, 서인, 서경덕(선구), 이이(대표), 조헌 · 성혼 · 김장생 등

㉡ 이언적 : 기보다는 이를 중심으로 자신의 이론을 전개하여 후대에 큰 영향

(2) 성리학의 정착

① 이황(李滉, 1501~1570)

㉠ 성향 : 인간의 심성을 중시, 근본적 · 이상주의적인 성격, 주리 철학 확립

㉡ 저서 : 「주자서절요」 · 「성학십도」 · 「전습록변(傳習錄弁)」 등을 저술

㉢ 학파 형성 : 김성일 · 유성룡 등의 제자에 의하여 영남학파 형성

② 이이(李珥, 1536~1584)

㉠ 성향 : 개혁적 · 현실적 성격('기'의 역할을 강조), 일원론적 이기이원론

㉡ 저서 : 「동호문답」 · 「성학집요」 · 「경연일기」 · 「만언봉사」 등

㉢ 학파 형성 : 조헌 · 김장생 등으로 이어져 기호학파(畿湖學派)를 형성

성학십도와 성학집요의 비교

- 성학십도 : 이황이 선조 1년(1568) 왕에게 올린 것으로 군왕의 도(道)에 관한 학문의 요체를 도식으로 설명하였는데, 군주 스스로가 성학을 따를 것을 제시함
- 성학집요 : 이이가 사서(四書)와 6경(六經)에 있는 도(道)의 개략을 뽑아 간략하게 정리하여 선조에게 바친 책으로, 현명한 신하가 성학을 군주에게 가르쳐 그 기질을 변화시켜야 한다고 주장함

3. 학파의 형성과 대립

(1) 학파의 형성

① 동인 : 서경덕 학파와 이황 학파, 조식 학파

② 서인 : 이이 학파와 성혼 학파

(2) 학파의 대립

① 북인의 집권과 서인의 집권

㉠ 북인의 집권 : 광해군 때에 북인은 적극적 사회 · 경제 정책을 펴고 중립 외교를 취했는데, 이는 서인과 남인의 반발을 초래

㉡ 서인의 집권(남인 참여 허용) : 인조 말엽 이후 이이와 이황의 학문, 즉 주자 중심의 성리학만이 확고한 우위를 차지

② 척화론과 의리 명분론 : 정국이 북인에서부터 송시열 등 서인으로 넘어가면서 척화론과 의리 명분론이 대세

㉠ 서인과 남인은 명에 대한 의리 명분론을 강화하여 병자호란 초래

㉡ 대동법(大同法)과 호포법(戶布法) 등 사회 · 경제 정책을 둘러싸고 격렬한 논쟁

4. 예학의 발달

(1) 예학의 보급

① 16세기 중반 : 주자가례 중심의 생활 규범서가 출현, 학문적 연구가 이루어짐

② 16세기 후반 : 명분 중심의 윤리와 가례 등의 예의식 강조

(2) 예학의 발달

① 예(禮)와 예치의 강조 : 17세기는 예학의 시대라고 할 정도로 예학이 발달(→ 예가 사회를 이끌어 가는 하나의 방도로서 부각되었고, 예치가 강조됨)

② 예학자 : 김장생, 정구 등

이황과 이이의 영향

- 이황 : 16세기 정통 사림의 사상적 연원으로 위정척사론(衛正斥邪論)에 영향, 일본 성리학 발전에도 영향
- 이이 : 북학파 실학사상과 개화사상, 동학사상에 영향을 줌

학파의 분화

- 동인은 정여립 모반 사건 등을 계기로 이황 학파의 남인과, 서경덕 학파와 조식 학파의 북인으로 분화
- 서인은 송시열 · 이이 등의 노론과, 윤증 · 성혼 등의 소론으로 분화

조선의 환국정치

인조반정으로 정권을 잡은 서인은 정책의 수립과 상대 붕당의 탄압 과정에서 노장 세력과 신진 세력 간에 갈등이 깊어지면서 노론과 소론으로 나뉘었다. 이후 노론과 소론은 남인과 정국의 주도권을 놓고 대립하였고, 남인이 정계에서 완전히 밀려난 뒤에는 노론과 소론 사이의 대립으로 정국의 반전이 거듭되었다.

예학의 영향

유교적 가족제도 확립과 제례의식 정립에는 기여하였으나, 지나친 형식주의는 예송논쟁의 구실로 이용됨(→ 예송논쟁은 각 학파 간 전례논쟁)

3 불교와 민간 신앙

1. 불교의 정비

(1) 초기 : 불교 정비책

① **초기** : 사원이 소유한 막대한 토지와 노비를 회수

② **태조** : 도첩제(度牒制)를 실시하여 승려로의 출가를 제한, 사원의 건립 억제

③ **태종** : 242개의 사원만 남기고 나머지는 폐지, 토지와 노비 몰수

④ **세종** : 교단을 정리하면서 선종과 교종 각 18사씩 모두 36개 절만 인정

⑤ **세조** : 원각사에 10층 석탑을 세우고, 「간경도감」을 설치하여 불교 경전을 번역 · 간행, 적극적 불교 진흥책으로 일시적으로 불교 중흥

⑥ **성종** : 도첩제 폐지, 사림의 적극적 비판으로 불교는 왕실에서 멀어져 산간 불교로 바뀜

암기 노트

도첩제

도첩제는 고려 말부터 승려가 출가할 때 국가에서 허가증을 발급하여 승려 신분을 인증하던 제도로서 조선 초기에 강화되었다. 숭유억불 정책을 배경으로 실시되었는데 승려는 군역을 면제받기 때문에 승려의 수를 제한하여 군정을 확보하려는 군사 · 경제적인 의도도 있었지만, 불교 교세의 인적 기반을 제약하여 불교를 억압하려는 것이 보다 중요한 목적이었다. 하지만 도첩제는 시행과 폐지를 거듭하였으며, 엄격하게 실시되지 못하여 관리들과 결탁한 승려들은 쉽게 도첩을 얻어 낼 수 있었기 때문에 큰 효과를 얻지 못하였다.

(2) 중기

① **명종** : 문정왕후의 지원 아래 일시적인 불교 회복 정책, 보우가 중용되고 승과가 부활

② **16세기 후반** : 서산대사와 같은 고승이 배출되어 교리 정비

③ **임진왜란 때** : 승병들이 크게 활약함으로써 불교계의 위상을 새롭게 정립(→ 숭유억불의 기조는 유지됨)

암기 노트

보우(普雨)

조선의 승려(1515~1565)로 조선 중기 선 · 교 양종을 부활시키고 나라의 공인정찰을 지정하게 하며 과거에 승과를 두게 하는 등 많은 활약을 하였다.

2. 도교와 민간 신앙

(1) 도교(道敎)

① 도교는 조선 초기에는 위축되어 사원이 정리되고 행사도 축소(→ 관청도 축소 · 정리)

② 국가적 제사를 주관하기 위해 소격서(昭格署) 설치, 참성단에서 초제(醮祭) 시행

③ 사림의 진출 이후 중종 때 소격서가 혁파되고 도교 행사가 사라지기도 함

④ 유교 정치의 정착 과정에서 전통적 관습 · 제도인 도교는 갈등을 빚었고, 소격서는 임진왜란 이후에 완전히 폐지

암기 Plus

불교의 위축

- 사원의 경제적 기반 축소와 우수한 인재의 출가 기피는 불교의 사회적 위상을 크게 약화시킴
- 국가적 통제는 강하였으나 신앙에 대한 욕구는 완전히 억제하지 못하여 명맥을 유지

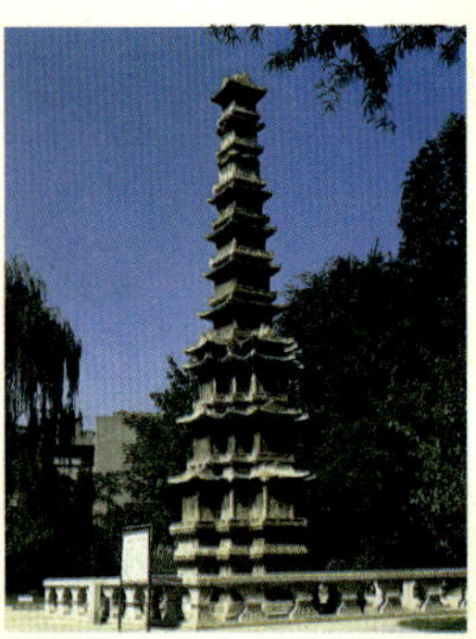

▲ 원각사지 10층 석탑

풍수지리설 · 도참사상

- 신라 말 전래 이래 줄곧 도읍 등의 선택에 영향을 미침(→ 서경길지설, 남경길지설 등)
- 조선 초기 이래로 중요시되어 한양 천도에 반영되었으며, 사대부의 묘지 선정에도 작용하여 산송(山訟) 문제가 사회적인 문제로 대두되기도 함

(2) 기타의 민간 신앙

① **민간 신앙** : 무격 신앙 · 산신 신앙 · 삼신 숭배 · 촌락제 등은 백성들 사이에 자리 잡음

② **세시 풍속** : 유교 이념과 융합되면서 조상 숭배와 촌락의 안정을 기원하는 의식화됨

③ **매장 방식의 변화** : 불교식으로 화장하던 풍습이 묘지를 쓰는 것으로 바뀌면서 명당 선호 경향이 두드러짐

| 고급 | [3점]

다음의 (가)와 (나) 사상에 대하여 옳게 말한 사람은?

> (가) 고대의 민간 신앙과 신선술을 바탕으로 하고, 거기에 도가 사상과 음양 · 오행의 이론 등이 첨가되어 성립되었다. 불로장생과 현세 구복을 추구하였다.
> (나) 산세와 수세를 살펴 도읍, 주택, 능묘 등을 선정하는 일종의 지리학으로서, 지형과 지세에 따라 국가나 개인의 길흉화복이 영향을 많이 받는다고 주장하였다.

① 미혜 – (가)는 고려 시대에 전래되어 교단이 성립되었고, 민간 신앙으로 널리 퍼진 종교야.
② 다혜 – (가)는 조선 시대에 도첩제의 실시로 교세가 약화되었고, 교단의 토지도 몰수당했어.
③ 명혜 – (나)는 고려 시대에 서경 천도 추진의 이론적 근거가 되었어.
④ 은혜 – (나)는 조선 시대에 처음으로 전래되었고, 한양 천도에 커다란 영향을 끼쳤지.
⑤ 정혜 – 조선 시대에는 (나)를 널리 보급하기 위해 소격서에서 제천 행사를 주관하도록 하였어.

[묘청의 서경천도론]

암기공식

묘청 : 서경천도 운동 ⇒ 풍수지리설

| 정답 해설 |

(가)는 도교, (나)는 풍수지리설에 관한 내용이다.
풍수지리설은 묘청의 서경천도 운동의 배경이 되었다. 묘청은 풍수지리설에 따라 난국의 원인을 수도 개경의 지덕(地德)이 쇠약한 데에서 찾고, 나라를 중흥하고 국운을 융성하게 하려면 지덕이 왕성한 서경으로 수도를 옮겨야 한다는 주장하였다.

| 오답 해설 |

① 도교는 삼국 시대에 전래되었으며, 고려 시대의 도교는 교단 설립에 이르지 못하고 민간 신앙으로 전파되었다.
② 도첩제는 조선 시대 불교에 대한 통제 수단이다.
④ 풍수지리설은 신라 말 도선 등 선종 승려에 의해 전래되었다.
⑤ 소격서는 국가적 제사를 주관하는 관청이므로 도교와 관련된다.

정답 ③

4 과학 기술의 발달

1. 천문 · 역법 · 수학 · 의학

(1) 각종 기구의 발명과 제작

① **천체 관측 기구** : 혼의 · 간의가 제작

② **측정 기구** : 장영실 · 이천 등

㉠ **강우량의 측정(1441)** : 세종 때 세계 최초로 측우기를 만들어 전국 각지의 강우량 측정

㉡ **시간 측정 기구** : 물시계인 자격루와 해시계인 앙부일구 등이 제작

③ **측량 기구(1446)** : 세조 때 토지 측량 기구인 인지의와 규형이 제작되어 양전사업과 지도 제작에 널리 이용

④ **천문도(天文圖)** : 건국 초기부터 천문도를 제작, 천상분야열차지도(천문도를 돌에 새긴 것)도 제작됨

▲ 측우기

자격루

앙부일구

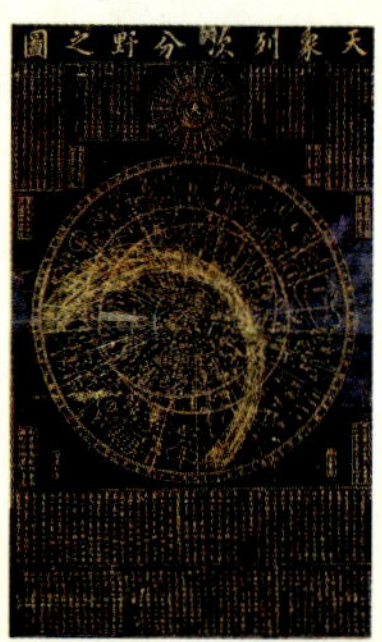

천상분야열차지도

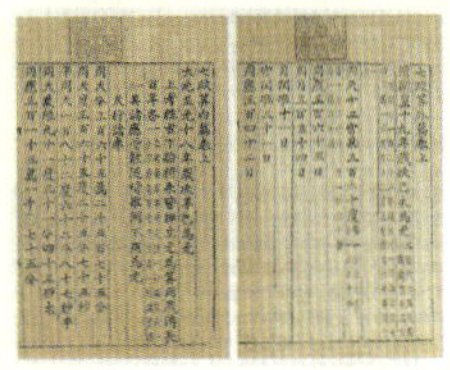
칠정산

의생활의 변화

- 목화 재배가 확대되어 무명옷을 두루 입게 되었고, 무명은 화폐처럼 사용됨
- 삼 · 모시의 재배도 성행하고, 누에치기도 확산되어 양잠(養蠶)에 관한 농서도 편찬

(2) 역법과 수학의 발달

① **칠정산** : 세종 때의 칠정산은 중국의 수시력과 아라비아의 회회력을 참고로 하여 만든 역법서로서 우리나라 역사상 최초로 천체 운동을 정확하게 계산한 것이며, 15세기 세계 과학의 첨단 수준에 해당한 것으로 평가됨

② **수학의 발달** : 천문 · 역법의 발달과 토지 조사, 조세 수입 계산 등의 필요에 따라 발달

㉠ 수학 교재로는 「상명산법」, 「산학계몽」 등이 있음

㉡ 특히 아라비아 수학의 영향을 받아 수준이 높음

③ 15세기에는 조선 의 · 약학의 자주적 체계가 마련되어 민족 의학이 더욱 발전

암기 노트

의학서

- **향약제생집성방(1398)** : 의학 · 본초학의 효시(부전)
- **향약채집월령(1431)** : 약용식물에 대한 최초의 정리 의서(한글)
- **향약집성방(1443)** : 우리 풍토에 알맞은 약재 개발과 1천여종의 병명 및 치료 방법을 개발 · 정리, 조선 의학의 학문적 체계화
- **태산요록(1434)** : 산부인과의서
- **신주무원록(1438)** : 송의 법의학서(무원록)에 주(註)를 달아 편찬
- **의방유취(1445)** : 김순의, 동양 최대의 의학백과사전

2. 인쇄술과 제지술

(1) 활자와 인쇄 기술의 발달

① **배경** : 초기에 각종 서적의 편찬 사업이 활발하게 추진되면서 함께 발달

② **금속 활자의 개량** : 고려 시대에 발명된 금속 활자는 조선 초기에 이르러 더욱 개량

㉠ **태종(1403)** : 주자소를 설치하고 구리로 계미자를 주조

㉡ **세종(1434)** : 구리로 갑인자를 주조하였는데, 정교하고 수려한 조선 활자의 걸작

(2) 제지술의 발달

① 활자 인쇄술과 더불어 제지술이 발달하여 종이의 생산량이 크게 증가

② 종이를 전문적으로 생산하는 조지서(造紙署)를 설치, 다양한 종이를 대량생산

→ 조지소(태종) → 조지서(세조)

3. 농서의 편찬과 농업 기술의 발달

(1) 농서의 편찬

① **「농사직설」** : 세종 때 정초 등이 우리나라 최초로 편찬한 농서로서, 중국 농업 기술을 수용하면서 우리의 실정에 맞는 독자적인 농법을 정리(→ 씨앗의 저장법 · 토질의 개량법 · 모내기법 등 농민들이 실제 경험한 농사법이 종합됨)

② **「사시찬요」** : 성종 때 강희맹이 편찬, 계절(四時)에 따른 농작 기술을 서술

③ **「금양잡록」** : 성종 때 강희맹이 금양(안양) 지방을 중심으로 농사법을 정리

(2) 농업 기술의 발달

① **2년 3작과 이모작** : 밭농사에서는 조 · 보리 · 콩의 2년 3작이 널리 시행, 논농사에서는 남부 지방 일부에서 벼와 보리의 이모작이 실시

② **건사리와 물사리** : 벼농사에서는 봄철에 비가 적은 기후 조건 때문에 건사리(乾耕法)가 이용되었고, 무논에 종자를 직접 뿌리는 물사리(水耕法)도 행해짐

③ 모내기법 : 남부 지방에서는 모내기법이 고려 말에 이어 계속 실시
④ 시비법 : 밑거름과 뒷거름을 주는 각종 시비법이 발달하여 매년 경작이 가능
⑤ 가을갈이 : 가을갈이의 농사법이 점차 보급
→ 다음 해의 농사에 대비하여 가을에 논밭을 미리 갈아 두는 일, 추경(秋耕)

4. 병서 편찬과 무기 제조

(1) 병서의 편찬

① 조선 초기에는 국방력 강화를 위해 많은 병서가 편찬되고 무기 제조 기술이 발달
② 병서 : 「진도(陳圖)」, 「총통등록」, 「동국병감」, 「병장도설」, 「역대병요」

(2) 무기 제조 기술의 발달

① 화약 무기 제조 기술
㉠ 화포가 제작되고 로켓포와 유사한 화차가 제조
㉡ 최무선의 아들인 최해산이 태종 때 화약 무기의 제조를 담당
② 병선 제조 기술 : 태종 때 거북선을 만들었고(1413), 작고 날쌘 비거도선(조선 시대의 소형 전투선)도 제작됨

과학 기술의 발달과 침체

- 15세기 과학 기술의 발달
  - 격물치지를 강조하는 경험적 학풍 : 부국강병과 민생 안정을 위해 과학 기술의 중요성 인식
  - 국왕들의 장려와 유학자의 노력 : 특히 세종의 관심이 컸고, 유학자들도 기술학을 겸하여 학습
  - 서역과 중국의 기술 수용 : 전통적 문화를 계승하면서 서역과 중국의 과학 기술을 적극적으로 수용
- 16세기 과학 기술의 침체 : 과학 기술을 경시하는 풍조가 생기면서 점차 침체

▲ 화차

기출문제

| 고급 | [1점]

(가) 왕의 재위 기간에 있었던 사실로 옳은 것은?

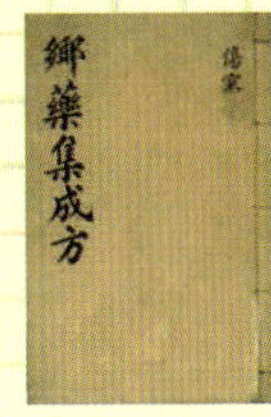

향약집성방

이 책은 (가) 의 명에 의해 우리나라 약재와 중국 약재의 비교 연구, 각 지역에서 생산되는 약재에 대한 실태 조사, 향약채취월령 등을 바탕으로 편찬되었다. 또한 각 질병의 증상에 따른 치료 방법까지 수록되어 있어 우리 풍토에 알맞은 약재와 치료 방법을 종합적으로 정리한 의약서로 평가받고 있다.

① 세계 지도인 곤여만국전도가 전해졌다.
② 우리말 음운 연구서인 언문지가 저술되었다.
③ 홍길동전, 춘향전 등의 한글 소설이 등장하였다.
④ 최초로 100리 척을 사용한 동국지도가 제작되었다.
⑤ 한양을 기준으로 천체 운동을 계산한 칠정산이 편찬되었다.

[조선 세종의 업적]

암기공식
향약집성방, 칠정산 편찬 ⇒ 조선 세종

| 정답 해설 |
제시된 자료의 향약집성방은 조선 세종 때 편찬된 종합 의학서이다. 향약집성방은 우리 풍토에 알맞은 약재 개발과 1천여 종의 병명 및 치료 방법을 개발·정리하여 간행되었다. 세종 때에는 또한 중국의 수시력과 아라비아의 회회력을 참고로, 한양을 기준으로 천체 운동을 계산한 칠정산이 편찬되었다.

| 오답 해설 |
① 천주교의 전도를 위해 중국에 온 이탈리아 선교사 마테오 리치가 제작한 세계 지도를 조선 선조 때 이광정이 전하였다.
② 조선 순조 때 유희는 우리말 음운 연구서인 언문지를 저술하여 음리(音理)와 음가(音價)를 규명하였다.
③ 조선 광해군 때 서얼차대 철폐와 탐관오리의 응징을 주장한 허균의 홍길동전과 남녀간의 지순한 사랑을 표현한 춘향전 등의 한글 소설이 등장하였다.
④ 조선 영조 때 정상기는 최초로 100리척의 축척 개념을 사용한 동국지도를 제작하였다.

정답 ⑤

암기 Plus

조선 전기 문학의 특징
- 조선 전기의 문학은 작자에 따라 내용과 형식에 큰 차이
- 초기에는 격식과 질서 · 조화를 내세우는 경향이었으나 점차 개인적 감정과 심성을 나타내는 경향의 가사와 시조 등이 우세해짐

16세기의 문학의 특징
- 사림 문학이 주류가 되어 표현 형식보다는 흥취와 정신을 중시
- 부녀자, 중인, 재야 인사 등으로 문학 향유층이 확대되고, 한시와 시조 · 가사 분야가 활기를 띰

문학 흐름의 변천
- 15세기 : 훈구파의 영향으로 한문학(사장), 설화문학, 시조문학이 성행
- 16~17세기 : 사림파(경학 중시, 사장 배격)의 영향으로 한문학이 쇠퇴하고 패관문학, 가사, 시조 등이 성행
- 18~19세기 : 실학자의 영향으로 자유로운 문체와 문학을 추구하고 양반 비판 문학이 늘었으며, 서민문학이 활발

5 문학과 예술

1. 다양한 문학

(1) 조선 전기의 문학

① 악장과 한문학

㉠ 건국 주도 세력은 악장과 한문학을 통하여 새 왕조의 탄생과 자신들의 업적을 찬양하고 우리 민족의 자주 의식 표출(→ 악장은 16세기 가사 문학으로 계승)

㉡ 서거정은 삼국 시대부터 조선 초기까지의 시와 산문 중에서 빼어난 것을 골라 「동문선」을 편찬하고 우리나라의 글에 대한 자주 의식을 나타냄

② 시조

㉠ **중앙 관료들의 시조** : 새 왕조 건설을 찬양, 외적을 물리치며 강토를 개척하는 진취적인 기상, 농경 생활의 즐거움이나 괴로움 묘사 등, 김종서와 남이 작품이 유명

㉡ **재야 선비의 시조** : 유교적 충절을 읊은 시조로서, 길재와 원천석 등의 작품이 유명

③ **가사 문학** : 시조의 한계를 극복하고 감정을 구체적으로 표현하려는 필요에서 등장

④ **설화 문학** : 조선 초기 격식 없이 보고 들은 이야기를 표현한 설화가 발달

㉠ **대표작** : 서거정의 「필원잡기」와 성현의 「용재총화」 등

㉡ **소설로의 발전** : 김시습이 지은 「금오신화(金鰲新話)」(최초의 한문소설) 등

(2) 16세기의 문학

① **한시(漢詩)** : 현실에 대한 비판 의식보다 높은 격조를 표현

② 시조

㉠ **성격** : 초기의 경향에서 벗어나 순수한 인간 본연의 감정을 표현

㉡ **황진이** : 남녀 간의 애정과 이별의 정한을 노래

㉢ **윤선도** : 「오우가(五友歌)」와 「어부사시사(漁父四時詞)」에서 자연을 벗하여 살아가는 여유롭고 자족적인 삶을 표현

③ 가사 문학

㉠ 새롭게 발전한 가사 문학에서는 송순 · 정철 · 박인로의 작품이 뛰어남

㉡ 정철은 「관동별곡」 · 「사미인곡」 · 「속미인곡」 같은 작품에서 풍부한 우리말 어휘를 마음껏 구사하여 관동 지방의 아름다운 경치와 왕에 대한 충성심을 읊음

④ **방외인 문학(房外人文學)** : 사림 문학의 테두리를 벗어난 문학

㉠ 어숙권의 패관잡기

㉡ 임제의 풍자적인 우의 소설

⑤ 여류 문인의 등장

㉠ 문학의 저변이 확대됨에 따라 여류 문인들도 다수 등장

㉡ 신사임당은 시 · 글씨 · 그림에 두루 능하였고, 허난설헌은 한시로 유명

⑥ **민담(民譚)의 전승** : 민간에서는 재미있는 민담이 전승

⑦ **한문학의 침체** : 사림이 경학(經學)에 치중하고 사장(詞章)을 경시하였기 때문

경학: 유교 경서의 뜻을 해석하거나 글자 · 구절 · 문장에 음을 달고 연구하는 학문

사장: 문장과 시부(詩賦)의 통칭

2. 건축

(1) 15세기의 건축

① 건축물의 특징

㉠ 사원 위주의 고려와 달리 궁궐 · 관아 · 성문 · 학교 등이 건축의 중심

㉡ 건물은 건물주의 신분에 따라 크기와 장식에 일정한 제한(→ 국왕의 권위를 높이고 신분 질서를 유지하기 위한 목적)

② 대표적 건축물

㉠ **궁궐과 성문** : 경복궁, 창덕궁, 창경궁, 창경궁의 명정전과 도성의 숭례문, 창덕궁의 돈화문, 개성의 남대문과 평양의 보통문

㉡ **불교 관련 건축** : 무위사 극락전, 해인사의 장경판전, 원각사지 10층 석탑 등

③ **정원(庭園)** : 되도록 인공을 가하지 않은 자연미가 특색(창덕궁과 창경궁의 후원(後園))

(2) 16세기의 건축

① 사림의 진출과 함께 서원(書院)의 건축이 활발

② **특징** : 가람 배치 양식과 주택 양식이 실용적으로 결합된 독특한 아름다움

③ **대표적 서원** : 경주의 옥산 서원과 안동의 도산 서원

▲ 숭례문

▲ 창덕궁 돈화문

▲ 무위사 극락전

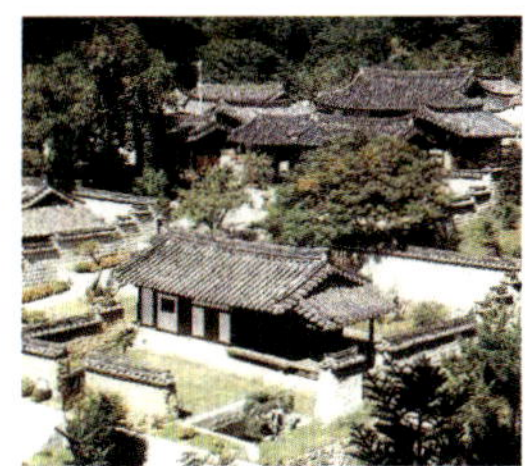

▲ 도산 서원

3. 공예와 자기

(1) 공예의 발달

① 실용성과 검소함을 중시해 사치품보다는 생활 필수품이나 문방구 등이 두드러짐

② 재료로 보석류는 자주 쓰이지 않고 나무 · 대 · 흙 · 왕골 등 흔하고 값싼 재료를 많이 이용

③ 공예품이 대체로 소박하고 견고한 것이 특징

(2) 자기(磁器)

① **분청사기(粉靑沙器)** : 고려자기를 계승

㉠ **제작** : 청자에 백토의 분을 칠한 것으로 백색의 분과 안료로 무늬를 만들어 장식

㉡ **특징** : 안정된 모양과 소박하고 천진스러운 무늬가 어우러져 구김살 없는 우리의 멋을 잘 나타냄

㉢ **침체** : 16세기부터 세련된 백자(白磁)가 본격적으로 생산되면서 생산이 감소

② **백자(白磁)**

㉠ 고려 백자의 전통을 잇고 명나라 백자의 영향을 받아 이전보다 질적인 발전

㉡ 청자보다 순백의 고상함을 풍겨서 선비들의 취향과 어울렸기 때문에 널리 이용

▲ 청화백자

㉢ 16세기에는 순수백자와 청화백자가, 17세기 이후에는 철사백자 · 진사백자 등이 유행

▲ 분청사기

▲ 백자

▲ 청화백자

▲ 진사백자

암기 노트

시대별 자기의 변천

순수청자(11세기) → 음각청자(양각청자) → 상감청자(12세기) → 분청사기(15세기 전후) → 순수 · 청화백자(16세기) → 철사 · 진사백자(17~18세기)

암기 Plus

▲ 고사관수도

▲ 송하보월도

▲ 모견도

4. 그림과 글씨

(1) 그림

① 15세기

㉠ **특징** : 중국 화풍을 선택적으로 소화하여 우리의 독자적인 화풍을 개발, 일본 무로마치 시대의 미술에 영향을 미침

㉡ **대표적 화가**

- **안견** : 화원 출신, 대표작 몽유도원도(→ 자연스러운 현실 세계와 환상적인 이상 세계를 능숙하게 처리하고 대각선적인 운동감을 활용하여 구현한 걸작)

▲ 몽유도원도

- **강희안** : 문인 화가, 대표작 고사관수도(→ 선비가 무념무상에 빠진 모습을 담고 있는데, 세부 묘사는 생략하고 간결하고 과감한 필치로 인물의 내면 세계를 표현)
- **최경** : 도화서 화원으로 인물화의 대가, 대표작 채희부한도

② 16세기

㉠ **특징** : 다양한 화풍이 발달, 강한 필치의 산수화, 선비의 정신 세계를 표현한 사군자 등

㉡ **대표적 화가**

- **이상좌** : 노비 출신으로 화원에 발탁, 대표작 송하보월도
- **이암** : 동물들의 모습을 사랑스럽게 그림(모견도가 유명)
- **신사임당** : 풀과 벌레를 소박하고 섬세하게 그려 여성의 심정을 잘 표현(화훼

초충도가 유명)
- 삼절(三絕) : 황집중은 포도, 이정은 대나무(묵죽도가 유명), 어몽룡은 매화(월매도가 유명)를 잘 그림

(2) 서예(書藝)
① 양반의 필수 교양, 명필가와 독자적 서체가 개발됨
② 4대 서예가
㉠ 안평대군 : 송설체를 따르면서 수려하고 활달한 기풍을 살린 독자적인 글씨
㉡ 김구 : 인수체
㉢ 양사언 : 초서(草書)에 능함, 왕희지체
㉣ 한호(한석봉) : 왕희지체에 고유의 예술성을 가미하여 단정하면서 건실한 석봉체를 이룸

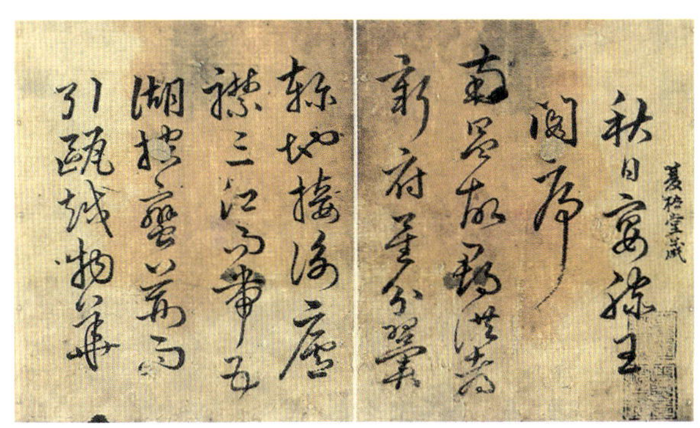
▲ 한호 필적(한석봉 증유여장서첩)

5. 음악과 무용

(1) 음악(音樂)
① 15세기
㉠ 궁중 음악 : 음악을 교화 수단으로 여겼고, 국가의 의례와 밀접히 관련되어 중시함
㉡ 악학궤범(樂學軌範) : 성종 때 성현이 편찬, 음악의 원리와 역사 · 악기 · 무용 · 의상 및 소도구까지 망라하여 정리
② 16세기
㉠ 음악의 주체가 궁중에서 서민사회로 옮겨져 16세기 중엽 이후 당악 · 향악 등을 속악으로 발달시킴
㉡ 가사나 시조, 가곡, 민요 등이 민간에 널리 확산됨

(2) 무용과 연극
① 무용
㉠ 궁중과 관청 : 의례에서는 음악과 함께 춤이 따랐음, 나례춤, 처용무
㉡ 서민 : 민간에서는 농악무 · 무당춤 · 승무 등 전통 춤을 계승 · 발전
② 산대놀이라는 가면극과 꼭두각시놀이라는 인형극도 유행
③ 민간에서 굿이 유행하여 촌락제(村落祭), 별신굿 등으로 분화 · 발전
촌락에서 지내는 제례
무당이 제사하는 큰 규모의 마을굿

암기 Plus

▲ 화훼초충도

▲ 묵죽도

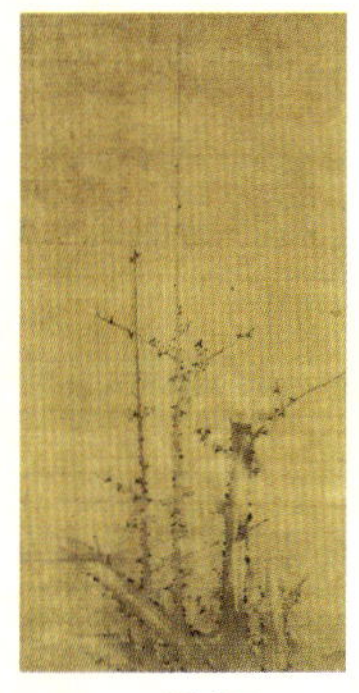
▲ 월매도

15세기 음악에서의 세종의 업적
- 「여민락」 등 악곡을 짓고, 소리의 장단과 높낮이를 표현할 수 있는 「정간보」를 창안
- 악곡과 악보를 정리하게 하고, 「아악」을 체계화하여 궁중 음악으로 발전하게 함(→ 박연의 아악 정리)

기출 및 예상 문제

01

(가)~(라)를 일어난 순서대로 옳게 나열한 것은?

(가) 왜적이 대거 침략해 왔다. 부산진이 함락되면서 첨사(僉使) 정발이 전사하였다. 이어 동래부가 함락되면서 부사 송상현도 전사하였다.

– 『선조수정실록』 –

(나) 왜적이 총출동하여 추격하기에 한산 앞바다로 끌어냈다. 아군이 학익진을 펼쳐 …… 쳐부수니 왜적이 사기가 꺾이어 퇴각하였다. 여러 장수와 군졸들이 환호하며 뛸 듯이 기뻐하였다.

– 『선조실록』 –

(다) 권율이 행주에서 왜적을 대파하고, 고산 현감 신경희를 보내어 승전 소식을 아뢰었다. …… 신경희가 아뢰기를, "…… 그 지역에는 돌이 많아 모든 군사들이 앞다투어 돌을 던져 싸움을 도왔습니다."라고 하였다.

– 『선조실록』 –

(라) (이순신이) 노량에 도착하니 많은 왜적이 이르렀다. 불의에 진격하여 한참 혈전을 하던 중 이순신이 몸소 왜적에게 활을 쏘다가 왜적의 탄환에 가슴을 맞아 배 위에 쓰러졌다. …… 왜적이 마침내 대패하니 사람들은 모두 "죽은 이순신이 산 왜적을 물리쳤다."라고 하였다.

– 『선조실록』 –

① (가) – (나) – (다) – (라)
② (가) – (나) – (라) – (다)
③ (나) – (가) – (라) – (다)
④ (나) – (다) – (가) – (라)
⑤ (다) – (라) – (나) – (가)

(가) 부산진성 · 동래성 전투(1592) : 부산진 첨사 정발이 부산진성 전투에서 그리고 송상현 부사가 동래성 전투에서 분전하였으나 부산 일대가 왜구에 의해 함락되었다.
(나) 한산도 대첩(1592) : 이순신의 한산도 대첩은 왜군의 수륙병진 정책을 좌절시킨 싸움으로, 지형적 특징과 학익진을 이용하여 왜군을 섬멸하였다.
(다) 행주 대첩(1593) : 벽제관에서의 승리로 사기가 충천해 있던 왜군에 대항하여 권율이 행주산성을 지켜낸 싸움으로, 부녀자들까지 동원되어 돌을 날랐다는 이야기로 유명하다.
(라) 노량 해전(1598) : 도요토미 히데요시 사망 후 철수하는 왜군을 격파하였으나, 이 전투에서 이순신이 전사하였다.

02

밑줄 그은 '이 인물'의 활동으로 옳은 것은?

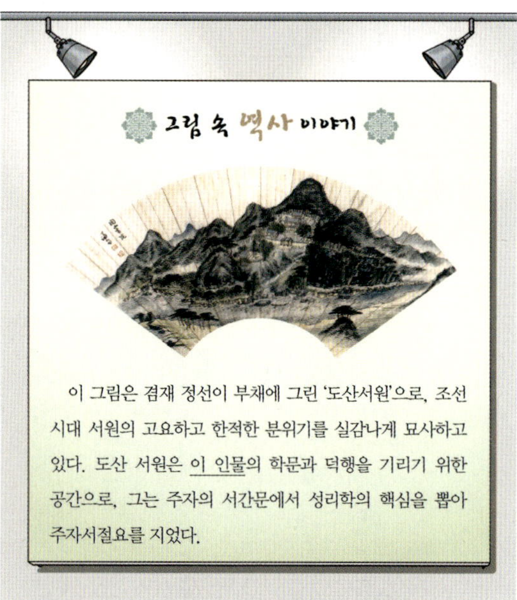

그림 속 역사 이야기
이 그림은 겸재 정선이 부채에 그린 '도산서원'으로, 조선 시대 서원의 고요하고 한적한 분위기를 실감나게 묘사하고 있다. 도산 서원은 <u>이 인물</u>의 학문과 덕행을 기리기 위한 공간으로, 그는 주자의 서간문에서 성리학의 핵심을 뽑아 주자서절요를 지었다.

① 최초의 서원인 백운동 서원을 건립하였다.
② 성호사설에서 한전론의 실시를 주장하였다.
③ 동호문답을 통해 다양한 개혁 방안을 제시하였다.
④ 군주의 도를 도식으로 설명한 성학십도를 저술하였다.
⑤ 가례집람을 지어 예학을 조선의 현실에 맞게 정리하였다.

〈성학십도〉는 퇴계 이황이 선조에게 올린 것으로, 군왕의 도(道)에 관한 학문의 요체를 도식으로 설명하였는데, 군주 스스로가 성학을 따를 것을 제시하였다.
① 조선 중종 때 풍기 군수 주세붕은 안향의 봉사를 위해 최초의 서원인 백운동 서원을 건립하였다.
② 조선 영조 때 이익은 성호사설에서 토지매매의 하한선을 정하는 한전론의 실시를 주장하였다.
③ 동호문답은 율곡 이이가 왕도정치의 이상을 문답형식으로 서술하여 선조에게 올린 글로, 이이는 동호문답을 통해 다양한 개혁 방안을 제시하였다.
⑤ 김장생의 가례집람은 〈주자가례〉의 본문을 기본으로 고례(古禮)와 여러 학자의 관련 예설을 주석으로 붙여 예학을 조선의 현실에 맞게 정리하였다.

03

다음 자료의 기관에 대한 설명으로 옳지 않은 것은?

- 경국대전에는 "궐내의 경적(經籍)을 관장하고 문한(文翰)을 다스리며 왕의 고문에 대비한다."고 하였다.
- 옥당이라고도 부르며 그 관원은 경연을 담당하였다.
- 부제학에서 부수찬에 이르는 관원은 왕의 교서를 작성하는 일을 맡았다.

① 장관을 대제학이라 하였다.
② 외교 문서의 작성을 전담하는 관원이 있었다.
③ 사간원, 사헌부와 함께 언론 3사라고도 하였다.
④ 소속 관원은 청요직이라 하여 선망의 대상이었다.
⑤ 세조 때 폐지된 집현전과 유사한 업무를 담당하였다.

세조 때 폐지된 집현전을 대신하여 성종 때 홍문관이 만들어졌다. 홍문관은 국왕의 자문 기관으로 경연과 서연을 담당하였다. 또한 사간원, 사헌부와 함께 3사라 불렸으며 수장은 대제학이었다.
② 외교 문서를 작성하는 기관은 승문원이다.

04

대화의 (가) 기관에 대한 설명으로 옳은 것은?

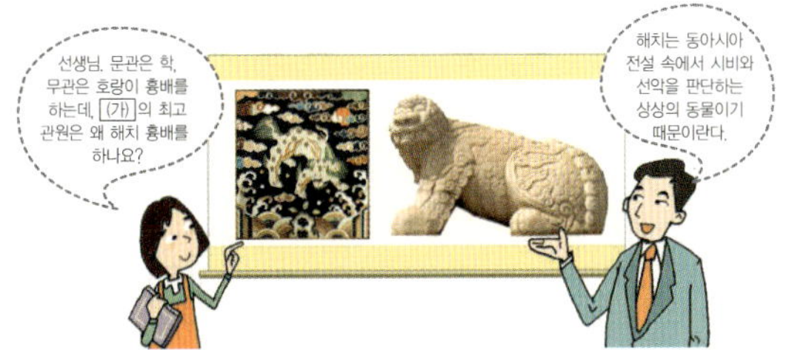

선생님, 문관은 학, 무관은 호랑이 흉배를 하는데, (가)의 최고 관원은 왜 해치 흉배를 하나요?
해치는 동아시아 전설 속에서 시비와 선악을 판단하는 상상의 동물이기 때문이란다.

① 합좌 기관으로 백관과 서무를 총괄하였다.
② 경적을 간행하고 국왕의 교서를 작성하였다.
③ 경연에 참가하고 국왕의 자문을 담당하였다.
④ 순군부가 개편되어 이루어진 사법 기관이었다.
⑤ 시정의 득실을 논하고 백관의 규찰과 풍속의 교정을 담당하였다.

'선악을 판단'한다는 데에서 백관의 규찰을 담당하는 사헌부라는 것을 알 수 있다.
① 의정부, ② 예문관, ③ 홍문관, ④ 의금부

05

다음과 같은 특징을 지닌 세력에 대한 옳은 설명을 〈보기〉에서 고른 것은?

- 조선의 성종 때를 전후하여 등장한 정치 세력이었다.
- 3사에서 언론과 문필을 담당하면서 정치적 영향력을 발휘하였다.
- 영남과 기호 지방을 중심으로 성장하였고, 성리학을 연구하면서 독자적인 학문 영역을 개척하였다.

보기

ㄱ. 서원을 토대로 학문의 기반을 구축하였고, 소학 보급에 노력하였다.
ㄴ. 천거나 문음을 통해 관직에 진출하였고, 중앙 집권 체제를 강조하였다.
ㄷ. 여러 차례의 사화를 통해 반대 세력을 제거하고 정치적으로 성장하였다.
ㄹ. 대지주층으로서 관학파의 학풍을 계승하여 문물제도 정비에 기여하였다.
ㅁ. 도덕과 의리를 바탕으로 하는 왕도 정치를 강조하면서 향촌 자치를 내세웠다.

① ㄱ, ㄷ ② ㄱ, ㅁ ③ ㄴ, ㄷ
④ ㄴ, ㄹ ⑤ ㄹ, ㅁ

제시문은 사림파에 대한 설명이며 ㄱ, ㅁ은 사림파, ㄴ, ㄹ은 훈구파에 대한 설명이다.
ㄷ. 사림파는 사화에서 큰 피해를 입었다.

훈구파와 사림파의 비교

구분	훈구파(勳舊派)	사림파(士林派)
학통	정도전 · 권근	정몽주 · 길재
기반	• 성균관 · 집현전 • 대토지 소유	• 서원 등 지방의 사학기구 • 훈구 세력의 대토지 소유 비판
정치	• 중앙집권, 부국강병 • 패도정치와 왕도정치 • 민생안정	• 향촌자치, 학술과 언론 • 왕도정치(王道政治) • 도덕 · 의리 · 명분 강조
학문	• 사장(詞章) 중시 • 성리학 외의 타학문에 포용적 • 기술학, 군사학 중시	• 경학(經學) 중시 • 성리학 외의 타학문 배격 • 기술학, 군사학 천시
종교 · 철학	• 민간 의식 수용 • 격물치지(格物致知) 중시	• 민간 의식 배격, 주자가례 강조(예학과 보학 숭상) • 향사례 · 향음주례 중시
사관	• 단군 강조(자주의식) • 「동국통감」	• 기자 중시(소중화의식, 화이관) • 「동국사략」, 「동사찬요」
활약	15세기 제도 · 문물 정비에 공헌	16세기 이후 사화 및 붕당의 주역

정답 01 ① • 02 ④ • 03 ② • 04 ⑤ • 05 ②

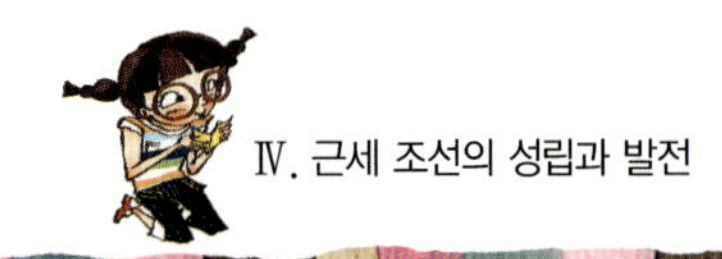

06

대화의 사건에 대한 설명으로 옳은 것은?

조의제문으로 인한 파문이 점필재의 문인 전체로 확대되었다는군.
그러게. 점필재 문하 사람들이 사형이나 유배형에 처해졌다는데 큰일이구만.

① 공신호 삭탈에 반발하여 일어나게 되었다.
② 김일손과 이극돈의 사초 문제가 발단이 되었다.
③ 신사무옥으로 이어져 훈구파가 정국을 주도하는 계기가 되었다.
④ 양재역 벽서 사건을 통해 윤원형이 조정을 장악하는 배경이 되었다.
⑤ 임사홍이 폐비 윤씨 사건을 연산군에게 밀고한 것이 원인이 되었다.

조의제문이 나오는 것으로 보아 대화의 사건은 무오사화이다. 무오사화는 김일손이 스승인 김종직이 지은 조의제문(의제를 시해한 항우를 빗대어 세조를 비판)을 사초에 올린 것이 문제되어 사림들이 대거 제거된 사건이다.
① 조광조를 중심으로 한 사림 세력이 제거된 기묘사화이다.
③ 신사무옥은 기묘사화로 집권한 세력을 제거하려다 실패한 사건과 관련된 옥사이다.
④ 양재역 벽서 사건은 을사사화로 집권한 윤원형 일파가 윤임의 잔당과 사림 세력을 제거하기 위해 조작한 사건이다.
⑤ 폐비 윤씨 사건과 관련된 것은 갑자사화이다.

암기 노트

4대 사화

무오사화 (연산군, 1498)	사초에 올린 김종직의 〈조의제문〉이 발단
갑자사화 (연산군, 1504)	연산군이 친모 윤씨의 폐비사건을 보복
기묘사화 (중종, 1519)	위훈 삭제 등 조광조의 급격한 개혁에 대한 반발
을사사화 (명종, 1545)	명종을 옹립한 윤원형의 소윤파와 인종의 외척 세력인 윤임의 대윤파간 대립

07

다음 대화의 왕이 재위했던 시기의 사실로 옳은 것은?

우리나라에 서적이 매우 적어 유생들이 널리 볼 수 없는 것을 염려하는 바이다. 이에 주자소를 설치하고 민무질 등을 제조로 삼아 역대 사서와 경전을 간행하도록 하라.
전하의 뜻을 받들어 저희 신하들도 자원하는 마음으로 동철(銅鐵)을 내겠습니다.

① 집현전을 계승한 홍문관이 설치되었다.
② 전통 한의학을 정리한 동의보감이 간행되었다.
③ 강우량을 측정하기 위한 측우기가 제작되었다.
④ 역대 문물을 정리한 동국문헌비고가 편찬되었다.
⑤ 세계 지도인 혼일강리역대국도지도가 제작되었다.

주자소는 조선 시대 활자 주조를 담당한 관청으로 태종 때에 설치되었다(1403). 이곳에서 조선 최초의 금속 활자인 계미자가 만들어졌다. 태종 때는 또한 권근 · 김사형 · 이회 등이 세계 지도인 혼일강리역대국도지도를 제작하였는데(1402), 이는 현존하는 동양 최고(最古)의 세계 지도이다.
① 조선 성종 때에는 집현전을 계승한 홍문관이 설치되었는데, 학술 · 언론 기관으로 경서 및 사적 관리, 왕의 정치적 고문 역할을 담당하였다.
② 광해군 때에는 허준이 전통 한의학을 체계적으로 정리한 동의보감이 간행되어 의료 지식의 민간 보급에 기여하였다.
③ 조선 세종 때에는 장영실이 세계 최초로 측우기를 만들어 전국 각지의 강우량을 측정하였다.
④ 조선 영조 때에는 홍봉한 등이 지리 · 정치 · 경제 · 문화 등을 체계적으로 정리한 한국학 백과사전인 동국문헌비고를 편찬하였다.

암기 노트

조선 태종의 업적

- **국왕 중심의 통치 체제 정비** : 의정부 권한의 약화, 육조 직계제(六曹直啓制) 채택, 사병 혁파, 언론 · 언관의 억제, 외척과 종친 견제
- **경제 기반의 안정** : 호패법 실시, 양전(量田) 사업 실시, 유향소 폐지, 노비변정도감 설치
- **억불숭유** : 사원 정리, 사원전 몰수, 서얼 차대법, 삼가 금지법
- **기타 업적** : 신문고 설치, 주자소 설치, 아악서 설치, 사섬서 설치, 5부 학당 설치

08

다음 자료에서 말하는 지역에 대한 설명으로 옳은 것은?

> 오늘날 4고을을 설치하는 것은 오로지 북방을 수호하려는 것이며, 오늘날 성곽을 쌓는 것은 오로지 변방의 방벽을 공고히 하려 함이며, 오늘날 변방을 지키는 것도 역시 저들 적을 방어하여 우리 백성을 편하게 하려는 것입니다. 그런즉 오늘날의 일은 아니하여도 될 일인데도 경솔하게 백성의 힘을 사용하는 것이 아니며, 대사와 공훈을 좋아하여 병력을 남용하는 것도 아닙니다. …… 열 명의 백성들이 신과 더불어 말하기를, "회령과 경원은 지금 이미 성을 쌓았으나, 마땅히 쌓아야 할 곳은 종성과 용성입니다. 오직 이 두 성을 쌓으면 우리들은 걱정이 없을 것입니다."라고 하였습니다.
>
> – 「세종실록」, 세종 19년 8월 –

① 원 · 명 교체기의 혼란을 틈타 공민왕이 수복하였던 곳이다.
② 매년 10월에 무천이라는 제천 행사를 하였던 국가의 중심지였다.
③ 사민 정책과 토관 제도를 통해 민심을 수습하고 개척을 추진하였다.
④ 대한 광복군 정부가 수립되면서 무장 항일 운동의 터전이 마련되었다.
⑤ 개항 후 러시아에 철도 부설권이 부여되어 철도가 놓이면서 개발되었다.

제시문은 세종 때 6진의 설치에 대한 것이다. 최윤덕이 4군을 김종서가 6진을 개척하자 성을 쌓고 남쪽 백성을 이주시키는 사민 정책과 지역 사람을 그 지역 관직에 등용하는 토관 제도를 운영하여 민심을 수습하였다.
① 철령 이북 지역이다.
② 동예가 있던 지역으로 강원도와 함경도 남부 일부지역이다.
④ 연해주 지역이다.

상피제와 토관제

조선 시대 관리 임명에 있어 원칙적으로는 상피제였으므로 그 지역 사람을 관리로 임명할 수 없었으나, 세종 때 임시로 토관제를 실시하여 토착민을 그 지역의 관리로 임명하였다.

09

밑줄 친 '이 제도'를 실시한 배경으로 옳은 내용을 〈보기〉에서 고른 것은?

> <u>이 제도</u>를 실시하면, 조정의 신하는 토지를 받지만, 벼슬에서 물러난 신하와 공경대부의 자손들은 1결의 토지도 가질 수 없게 됩니다. …… 관리와 농민이 다른데, 만약 녹봉을 받지 못한다면 서민과 다를 바가 없을 것입니다. 그러면 나라에 대대로 왕을 섬기는 신하가 없게 될 것이니, 이를 염려하지 않을 수 없습니다.
>
> – 「조선왕조실록」 –

보기

ㄱ. 토지가 황폐화되어 농경지가 감소하였다.
ㄴ. 신진 관료에게 지급할 토지가 부족하였다.
ㄷ. 사적 소유에 입각한 지주 전호제가 확립되었다.
ㄹ. 죽은 관료의 가족에게 수신전과 휼양전이 세습되었다.

① ㄱ, ㄴ ② ㄱ, ㄷ ③ ㄴ, ㄷ
④ ㄴ, ㄹ ⑤ ㄷ, ㄹ

ㄴ · ㄹ 제시된 자료의 제도는 세조 때 실시된 직전법으로, 이는 현직 관료에게만 과전을 지급하는 제도이다. 종전의 과전법 체제하에서는 전 · 현직 관료에게 모두 과전이 지급되고 사망한 관료의 아내와 어린아이에게도 수신전과 휼양전이 지급되다보니 과전이 부족하게 되었고, 이로 인해 신진 관료들에게 지급할 과전이 부족해졌는데, 직전법은 이를 해소하고자 실시하였다.
ㄱ. 직전법은 15세기 세조 때 실시되었는데, 이때는 국초부터 토지 개간과 양전 사업의 전개로 경지 면적이 크게 증가한 시기였다.
ㄷ. 지주 전호제는 소유권에 따른 제도로서, 수조권에 근거한 과전법과는 직접적인 관련이 없다. 지주 전호제는 직전법이 폐지되고 국가에서 녹봉을 지급하게 되면서 확산되었다.

정답 06 ② • 07 ⑤ • 08 ③ • 09 ④

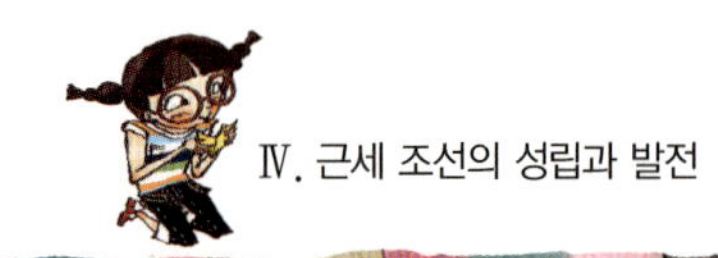

10

다음은 ㄱ에서 ㅁ까지 시대순으로 토지 제도사의 변천 과정을 정리한 것이다. 이를 종합적으로 분석한 것으로 옳은 것은?

ㄱ. 경덕왕은 녹읍제를 부활하였다.
ㄴ. 현직 관리를 18품계에 따라 차등 있게 토지와 시지를 지급하였다.
ㄷ. 전 · 현직 관리에게 토지를 지급하였다.
ㄹ. 국가에서 직접 수조를 하여 관료들에게 차등 있게 나누어 지급하였다.
ㅁ. 관리들은 오직 녹봉만을 받게 되었다.

① 관리들에 대한 토지 지급이 증가되어 갔다.
② 관리들의 수조권 행사가 점차 강화되어 갔다.
③ 사적 소유권과 병작반수제에 입각한 지주 전호제가 강화되어 갔다.
④ 과세 부과 기준이 토지에 따라 변화하였으므로 지주층의 부담이 증가하였다.
⑤ 현물 공납에서 쌀, 돈, 베로 납부하는 조세의 금납화 현상이 진행된 것이다.

처음에는 수조권과 노동력 징발권을 가지고 있었으나, 후대의 제도로 갈수록 이를 상실하고 소유권에 기초한 지주 전호제가 확산된다고 볼 수 있다.
각 제도의 특징을 보면 다음과 같다.
ㄱ. **녹읍제** : 귀족의 경제 기반 강화, 수조권 및 농민의 노동력 징발권 보유
ㄴ. **전시과** : 귀족의 경제 기반의 기초, 농장의 형성, 전지와 시지의 지급
ㄷ. **과전법** : 전 · 현직 관리에게 과전을 지급, 휼양전 및 수신전 지급
ㄹ. **관수관급제** : 관리들의 토지 지배 욕구 자극, 조와 세의 구분 소멸, 국가의 토지 지배력 강화
ㅁ. **녹봉제(직전법 폐지)** : 수조권에 입각한 토지 지배 소멸, 소유권과 병작반수제에 의한 지주전호제 확산(일반화), 농장의 증가, 자영농의 감소

11

다음 토지 제도의 실시에 따른 변화상에 대한 설명으로 옳은 것을 〈보기〉에서 고른 것은?

- 중앙의 관료들에게 사전(私田)이라는 명목으로 과전을 지급하였다.
- 죽은 관료의 가족 생계를 위하여 수신전, 휼양전을 지급하였다.
- 특별히 공이 있는 신하에게 공신전이나 별사전을 지급하였다.
- 지방 전주(田主)들의 수조지를 몰수하고 군전(軍田)을 지급하였다.

보기

ㄱ. 병작제가 법적으로 허용되어 가난한 농민들의 생활은 더욱 어려워졌다.
ㄴ. 사전의 소유권은 전객(佃客)에게 있었고, 수조권은 전주에게 있었다.
ㄷ. 세습되는 토지가 많아져 관료들에게 지급할 토지가 점차 부족하게 되었다.
ㄹ. 관계(官階)만 있고 관직이 없는 사람들은 수조권을 갖지 못하게 되었다.

① ㄱ, ㄴ ② ㄱ, ㄷ ③ ㄴ, ㄷ
④ ㄴ, ㄹ ⑤ ㄷ, ㄹ

과전법 제도에 대한 설명이다.
ㄴ. 전객은 토지를 소유하고 있는 자영농, 전주는 관직 복무의 대가로 수조권을 받은 관료를 의미한다. 그러므로 과전으로 지정이 되면 전객은 전주에게 조세를 납부해야 한다.
ㄷ. 관료 사망 시 부인에게는 수신전, 관료 부부가 모두 사망한 경우 자식에게 휼양전의 명분으로 토지가 세습되었다. 이러한 토지가 증가하게 되자 관료들에게 지급할 토지가 부족해졌다.
ㄱ. 법적으로 병작 반수제는 허용되지 않았다.
ㄹ. 과전법은 전직 관료들에게까지 과전이 지급되었다.

12

(가)에 대한 설명으로 옳은 것은?

① 직역이 대대로 세습되었다.
② 지방의 행정 · 사법 · 군사권을 행사하였다.
③ 6조 직계제의 실시로 권한이 약화되었다.
④ 유향소의 우두머리로 향회에서 선출되었다.
⑤ 호장, 기관, 장교, 통인 등으로 분류되었다.

위의 대화내용은 조선 시대 지방관인 수령이 해야 할 7가지 업무를 서술한 수령 7사(七事)이다. 조선 시대의 지방관인 수령은 8도의 부, 목, 군, 현에 파견되어 행정 · 사법 · 군사권을 가지고 지방 대민 행정을 담당하였다.

① 조선 시대의 향리는 수령을 보좌하는 세습적 아전으로 격하되었으며, 직역이 대대로 세습되었다.
③ 태종과 세조 때 왕권 강화를 위해 6조 직계제를 실시하여 서무를 육조에 분담함으로써 의정부의 권한이 약화되었다.
④ 조선 시대 유향소는 지방의 수령을 보좌하던 자문 기관으로 향리 감찰, 좌수 · 별감 선출, 정령 시달, 풍속 교정과 백성 교화, 자율적 규약, 향회를 소집하여 여론을 수렴하였다.
⑤ 조선 시대의 향리는 우두머리인 호장, 지방 관청의 아전인 기관, 하급 군관인 장교, 지방 관청의 실무를 담당하던 통인 등으로 분류되었다.

부 · 목 · 군 · 현의 수령

- 행정 · 사법 · 군사권을 가지고 지방 대민 행정을 담당
- 수령의 불법과 수탈을 견제 · 방지하기 위해 유향소 설치
- 관찰사에게 수령 감찰권 부여, 암행어사 파견

13

지도와 관련하여 당시 상황을 옳게 설명한 것은?

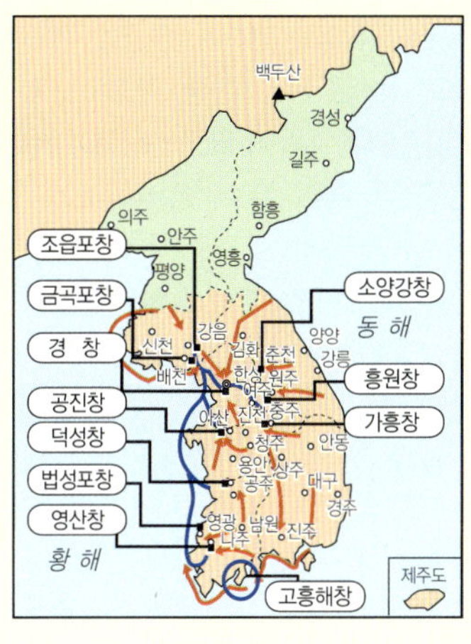

① 조창은 대부분 육상 교통로가 시작되는 내륙 지방에 설치되어 있었다.
② 평안도와 함경도에서 거둔 조세는 육상 교통로를 통해 서울로 옮겼다.
③ 경상도에서 거둔 조세는 모두 낙동강을 통해 바닷가로 운송되었다.
④ 강원도에서 거둔 조세는 주로 한강을 통해 한성의 경창으로 수송되었다.
⑤ 제주도는 토지가 척박하여 조세를 거두지 않았으므로 조운의 대상이 아니었다.

④ 강원도의 경우 한강을 통해 한성의 경창으로 운송되었다.
① 조창은 대부분 주요 강가나 바닷가에 설치되었다.
② 평안도와 함경도는 잉류 지역이므로, 수취한 조세는 서울로 운송하지 않고 사신접대비나 국방비 등으로 현지에서 사용되었다.
③ 낙동강과 남한강을 통해 운송되거나 낙동강과 바닷가를 통해 운송되었다.
⑤ 제주도는 잉류 지역으로 수취한 조세 등을 현지에서 사용하는 것이며, 조세 자체를 수취하지 않아 조운의 대상에서 제외되는 것은 아니다.

정답 10 ③ • 11 ③ • 12 ② • 13 ④

14

다음 사건이 일어난 시기를 연표에서 옳게 고른 것은?

이종무를 삼군도체찰사로 명하여, 중군을 거느리게 하였다. …… 이종무로 하여금 경상 · 전라 · 충청의 3도 병선 2백여 척과 하번 갑사, 별패, 시위패 및 수성군영에 속해 있는 재인과 화척 · 한량인민 · 향리 · 일수양반 중에서 배 타는 데 능숙한 장정들을 거느리게 하였다. 왜구가 들어오는 길목을 지키고, 6월 8일에 각 도의 병선들이 함께 견내량에 모여서 기다리기로 약속하였다.

1392		1453		1510		1592		1636		1654
	(가)		(나)		(다)		(라)		(마)	
조선 건국		계유 정난		삼포 왜란		임진 왜란		병자 호란		1차 나선정벌

① (가) ② (나) ③ (다)
④ (라) ⑤ (마)

조선 세종 때 이종무로 하여금 왜구의 소굴인 대마도를 토벌하여 근거지를 정벌하게 하였다(1419). 이후 대마도 도주의 간청으로 3포를 개항한 후, 변효문 등을 파견하여 세견선 등의 구체적인 제약을 내용으로 하는 계해약조를 체결하였다(1443).

15

밑줄 친 '이것'에 대해 적절하게 추정한 것은?

이제부터 우리 고을 선비들이 하늘이 부여한 본성을 근본으로 하고 국가의 법을 준수하며 집에서나 고을에서 각기 질서를 바로잡으면 나라에 좋은 선비가 될 것이요, 출세하든지 가난하게 살든지 서로 의지가 될 것이다. 굳이 약속을 만들어 서로 권할 필요도 없으며, 벌을 줄 필요도 없을 것이다. 진실로 이를 알지 못하고 올바른 것을 어기고 예의를 해침으로써 우리 고을 풍속을 무너뜨리는 자는 바로 하늘의 뜻을 거역하는 백성이다. 벌을 주지 않으려 해도 주지 않을 수 있겠는가? 따라서, 부득이 이것을 만들어야 한다.

① 지방 사림들의 농민 지배 강화에 기여하였다.
② 군현을 단위로 유향소의 조직과 권능을 규정하였다.
③ 공동 연대와 상부상조를 위한 공동 노동 조직이었다.
④ 선현에 대한 제사와 양반 자제의 교육을 담당하였다.
⑤ 조광조 등의 노력으로 중종 때 전국적으로 보급되었다.

제시문의 이것에 해당하는 것은 향약이다. 향약은 조선 시대의 향촌 규약이나 그 규약에 근거한 조직체를 일컫는 것으로, 어려운 일을 당하였을 때 단결하여 서로 돕는 전통에 유교 윤리를 가미한 것이다. 향약은 서원과 함께 사림의 세력 기반으로서, 농민에 대한 사림의 지배력 강화에 기여하였다.
② 향규에 대한 설명이다. 향규는 유향소 · 향계(鄕契)의 업무 및 직임자의 선임에 관한 규약을 말한다.
③ 두레(공동 노동의 작업 공동체)나 향도(신앙적 기반과 공동체 조직의 성격을 모두 띠는 전통 공동체)에 대한 설명이다.
④ 서원의 기능에 대한 설명이다.
⑤ 중종 때 조광조 등이 향약 보급에 힘썼으나 성공하지 못하고, 사림 세력이 정계에 자리 잡은 16세기 후반부터 널리 보급되었다.

16

다음 자료를 바탕으로 당시의 사회 모습을 추론한 내용으로 가장 적절한 것은?

- 상정소에서 계문을 올려 아뢰기를, "외조부모와 처부모의 복이 모두 소공에 불과하여 편치 않으니 1개월의 복을 청합니다."라고 하였다. 이에 임금이 말하기를, "우리의 풍습이 중국과 달라 친영(親迎)의 예를 거행하지 않으니, 혹은 외가에서 길러지고 혹은 처부의 집에서 장성하여 은의가 매우 돈독하다."라고 하였다.

  – 「세종실록」 –

- 우리나라에서는 비록 사대부가 후손이 없는 경우라도 또한 사당을 세우지 않고 딸로 하여금 제사를 주관하게 한다.

  – 「중종실록」 –

① 족보에서 모계가 배제되었다.
② 장자 위주의 상속 제도가 확립되었다.
③ 혼인에 있어 친영 제도가 정착되었다.
④ 부모의 유산은 자녀에게 골고루 분배되었다.
⑤ 아들이 없는 경우 양자를 들이는 것이 보편화되었다.

조선 전기까지는 고려와 비슷하게 여성의 지위가 어느 정도 유지가 되었다. 부모의 유산은 자녀에게 골고루 분배되었고, 제사도 자녀들이 돌아가며 모시었다. 단 재혼하고 낳은 자식은 문과 응시가 금지되는 것은 고려와 다른 점이었다.
①·②·③·⑤ 조선 후기 가족 제도의 모습이다.

17

(가)에 들어갈 내용으로 옳지 않은 것은?

① 신무기인 신기전과 화차가 개발되었어요.
② 천체의 운행을 측정하는 혼천의가 제작되었어요.
③ 이덕무 등이 훈련 교범인 무예도보통지를 편찬하였어요.
④ 강희맹이 자신의 경험을 바탕으로 금양잡록을 저술하였어요.
⑤ 국산 약재와 치료 방법을 정리한 향약집성방이 간행되었어요.

무예도보통지는 조선 후기 정조 때 이덕무 · 박제가 · 백동수 등이 왕명으로 편찬한 훈련 교범으로, 종합 무예와 무기 사용법을 다루고 있다.
① 조선 전기 때에는 화약과 화포 제조가 급속도로 발전하여 신무기인 신기전(神機箭)과 화차가 개발되었다.
② 조선 전기 세종 때 천체의 운행을 관측하고 측정하는 혼의, 간의, 혼천의 등이 제작되었다.
④ 조선 전기 성종 때 강희맹이 자신과 금양(안양) 지방 농민들의 경험을 바탕으로 농서인 금양잡록을 저술하였다.
⑤ 조선 전기에 우리 풍토에 알맞은 약재 개발과 1천여 종의 병명 및 치료 방법을 개발 · 정리한 향약집성방이 간행되었다.

향약집성방

이전에 판문하(고려 시대 첨의부의 최고 관직명) 권중화가 여러 책을 뽑아 〈향약간이방〉을 짓고, 그 후 평양백 조준 등과 함께 약국 관원에게 명하여 다시 여러 책을 상고하고 또 우리나라 사람들이 경험하였던 처방을 취하여 분류해서 편찬한 다음 인쇄하여 발행하였다. …… 그러나 방서가 중국에서 나온 것이 아직 적고, 약 이름이 중국과 다른 것이 많기 때문에 의술을 전공하는 자들이 미비하다는 탄식을 면치 못하였다. …… 다시 향약방에 대해 여러 책에서 빠짐없이 찾아낸 다음 분류하여 증보하게 하니 한해가 지나 완성되었다. …… 합하여 85권으로 바치니 이름을 〈향약집성방〉이라 하였다.

– 〈동문선〉 –

18

(가)에 대한 설명으로 옳은 것은?

① 학술 기관으로 경연을 관장하였다.
② 수도의 행정과 치안을 맡아보았다.
③ 재상들이 합의하여 국정을 총괄하였다.
④ 왕명의 출납을 맡은 왕의 비서 기관이었다.
⑤ 대사간을 수장으로 하여 간쟁을 담당하였다.

조선 성종 때에는 집현전을 계승한 홍문관이 설치되었는데, 홍문관은 사헌부, 사간원과 함께 삼사를 구성하였으며 학술 기관으로 왕의 자문과 경연을 관장하였다.
② 한성부는 수도의 행정과 치안을 담당하였으며, 장은 판윤(정2품)이다.
③ 의정부는 재상 합의 기관으로 정1품의 삼정승(영의정 · 좌의정 · 우의정)이 국정을 총괄하였다.
④ 승정원은 왕명의 출납을 맡은 왕의 비서 기관으로, 국왕 직속 기관이며 장은 도승지(정2품)이다.
⑤ 사간원은 대사간을 수장으로 하는 언관(言官)으로서, 왕에 대한 간쟁을 담당하였다.

암기 노트

조선의 중앙 관제

의정부	최고 관부, 삼정승이 국정 총괄
승정원	왕명을 출납하는 비서 기관
의금부	국가의 큰 죄인을 다스리는 기관
사헌부	감찰 탄핵 기관
사간원	언관(言官)으로서 왕에 대한 간쟁
홍문관	경연 관장, 문필 · 학술 기관, 고문 역할
한성부	수도의 행정과 치안 담당
춘추관	역사서 편찬과 보관 담당
예문관	국왕의 교서 관리
성균관	최고 교육 기관(국립대학)

정답 14 ① • 15 ① • 16 ④ • 17 ③ • 18 ①

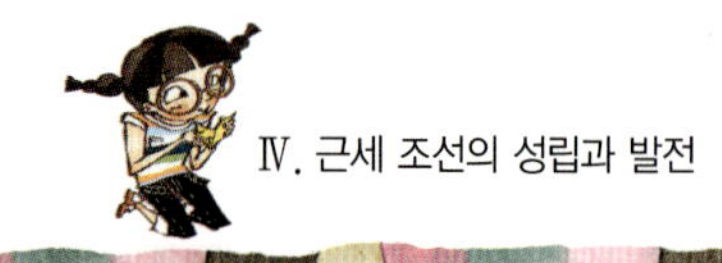

19

다음 시나리오에 등장하는 왕의 재위 기간에 있었던 사실로 옳은 것은?

> S# 36. 궁궐 안
> 왕이 승지와 사관을 내보내고 이조 판서 송시열과 단 둘이 은밀하게 대화하고 있다.
>
> **왕:** 저 오랑캐는 반드시 망하게 될 형편에 처할 것이오. 정예병 10만을 양성하여 기회를 보아 곧장 청으로 쳐들어가고자 하오. 그렇게 되면 중원의 의사(義士)와 호걸 중에 어찌 호응하는 자가 없겠소?
>
> **송시열:** 전하의 뜻이 이와 같으시니 우리나라뿐만 아니라 실로 천하 만대의 다행이옵니다.
>
> ⋮

① 신무기인 신기전이 개발되었다.
② 나선 정벌에 조총 부대가 동원되었다.
③ 국왕 친위 부대인 장용영이 조직되었다.
④ 최무선의 건의로 화통도감이 설치되었다.
⑤ 명의 요청으로 강홍립의 부대가 파병되었다.

조선 효종 때 러시아의 남하로 청과 러시아 간 국경 충돌이 발생하자 청은 조선에 원병을 요청하였다. 이에 조선은 제1차 나선 정벌에서는 변급이, 제2차 나선 정벌에서는 신유가 조총 부대를 동원하여 러시아군을 격퇴하였다.

① 신기전(神機箭)은 조선 세종 때 고려 말 최무선이 화약국에서 제조한 주화(走火)를 개량한 병기로 대신기전, 산화신기전, 중신기전, 소신기전 등의 여러 종류가 있다(1448).
③ 장용영은 조선 정조 때 설치된 왕의 친위 부대로 한양에는 내영, 수원 화성에는 외영을 두었다(1793).
④ 최무선은 고려 우왕 때 화약과 화포 제작을 위해 화통도감의 설치를 건의하였고(1377), 실제로 화포를 사용하여 진포(금강 하구)에서 왜구를 격퇴하였다(1380).
⑤ 조선 광해군 때에 명의 요청으로 강홍립의 부대를 파병하였으나, 광해군은 명과 후금 사이에서 중립 외교 정책을 추진하여 강홍립을 후금에 투항하도록 하였다(1619).

암기 노트

나선 정벌(羅禪征伐)
- **배경** : 러시아의 남하로 청과 러시아 간 국경 충돌이 발생하자 청이 원병을 요청
- **제1차 나선 정벌(효종 5, 1654)** : 헤이룽강(흑룡강) 유역에 침입한 러시아군을 변급이 격퇴
- **제2차 나선 정벌(효종 9, 1658)** : 헤이룽강 유역에서 신유가 조총군을 이끌고 러시아군을 격퇴

20

다음의 우리 문화유산 중 외국에 있는 것을 모두 고른 것은?

① ㄱ, ㄴ ② ㄱ, ㄷ ③ ㄴ, ㄷ
④ ㄴ, ㄹ ⑤ ㄷ, ㄹ

ㄱ. 15세기 작품인 안견의 몽유도원도로 일본에 있다.
ㄷ. 15세기의 혼일강리역대국도지도로 일본에 있다.
ㄴ. 고구려의 연가7년명 금동여래입상으로 현재 국립 중앙 박물관에 있다.
ㄹ. 통일 신라의 쌍봉사 철감선사 승탑으로 전남 화순에 있다.

21

다음 교육 기관에 대한 설명으로 옳은 것은?

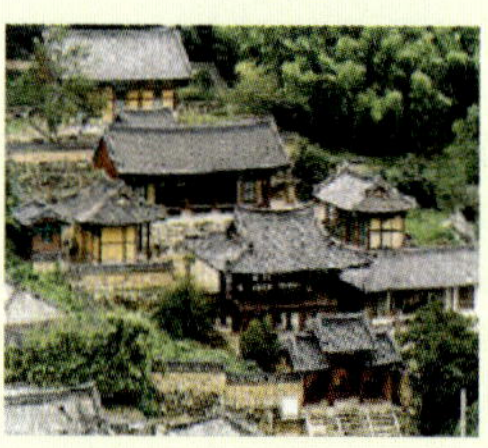

> 내부에 문묘, 명륜당 및 중국과 조선의 선현을 제사 지내는 동무, 서무와 기숙사격인 동재, 서재가 있었다. 정부에서는 5~7결의 학전을 지급하여 운영 경비를 마련하도록 하였고, 이것의 흥함과 쇠함에 따라 수령의 인사에 반영하였으며, 수령은 매월 교육 현황을 관찰사에 보고하였다. 성현에 대한 제사와 유생의 교육, 지방민의 교화를 위해 부 · 목 · 군 · 현에 각각 하나씩 설립되었다.

① 중앙에서 교관인 교수나 훈도를 파견하였다.
② 입학 자격은 생원과 진사를 원칙으로 하였다.
③ 초등 교육을 담당하는 국립 교육 기관이었다.
④ 국가로부터 사액과 함께 서적 등을 받기도 하였다.
⑤ 조선 초기에 처음 설립되어 향촌 사회의 교화에 공헌하였다.

제시문은 문묘, 명륜당이 나오는 것으로 보아 향교이다. 향교는 국가에서 설립한 지방의 중등 교육 기관으로 중앙에서 교수나 훈도를 파견하였다.
② 성균관, ③ 서당, ④ 서원에 대한 설명이다.
⑤ 향교는 고려 시대에 처음 설립되었다.

22

다음 중 조선 시대 불교계의 동향을 바르게 서술한 것은?

① 조선 초기 성리학에 입각한 억불정책으로 교세가 크게 위축되었으나, 사회적 위신은 약화되지 않았다.
② 민간에서는 여전히 불교가 신봉되었으나 왕실과 궁중에서는 불교 신앙 행위가 근절되었다.
③ 세종은 도첩제를 실시하여 출가를 신고제로 바꿈으로써 위축되었던 불교 교세를 어느 정도 만회시켜 주었다.
④ 세조는 「간경도감」을 설치하여 불경의 번역에 힘쓰는 등 적극적인 불교 진흥책을 시행하였으나 일시적인 효과에 그치고 말았다.
⑤ 임진왜란을 겪으면서 승려들이 승병으로 크게 활약함으로써 조선의 국책이 불교 중흥으로 전환되었다.

④ 세조는 「간경도감」을 설치하고 불교 경전을 번역·간행하는 등 불교 진흥책을 시행하여 어느 정도 불교의 중흥을 이루었으나 이는 일시적인 효과에 지나지 않았고, 성종에 이르러 사림의 강력한 억불정책으로 인해 불교는 궁중에서 멀어져 산간 불교로 전락하게 된다.
① 초기의 억불정책으로 불교의 사회적 위신 또한 약화되었다.
② 왕실과 궁중에서도 내원당(태조)이나 내불당(세종) 등을 설치되어 불교 신앙 행위는 유지되었다.
③ 도첩제는 태조 때 시행되었다.
⑤ 임진왜란 때 승병들이 크게 활약함으로써 불교계의 위상이 새롭게 정립되지만 숭유억불의 기조는 유지된다.

23

(가)에 들어갈 그림으로 옳은 것은?

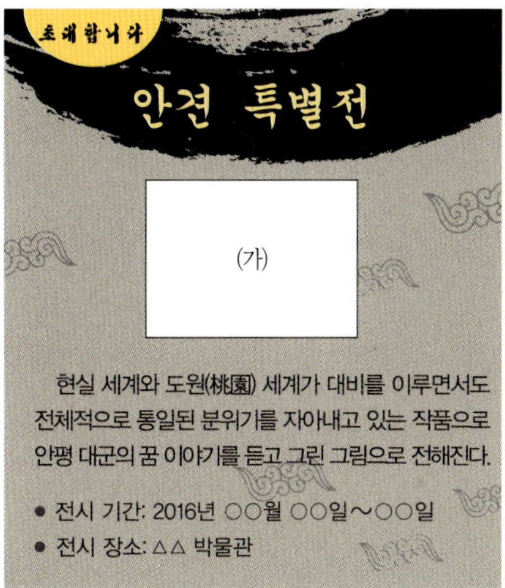

초대합니다
안견 특별전
(가)
현실 세계와 도원(桃園) 세계가 대비를 이루면서도 전체적으로 통일된 분위기를 자아내고 있는 작품으로 안평 대군의 꿈 이야기를 듣고 그린 그림으로 전해진다.
• 전시 기간: 2016년 ○○월 ○○일~○○일
• 전시 장소: △△ 박물관

① 
② 
③ 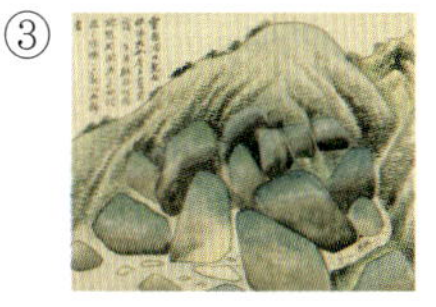
④ 
⑤ 

몽유도원도는 조선 세종 때 안견이 안평대군의 꿈 이야기를 듣고 표현한 그림이다. 자연스러운 현실 세계와 환상적인 이상 세계를 웅장하면서도 능숙하게 처리하고, 대각선적인 운동감을 활용하여 구현한 걸작이다.
① 금강전도 : 조선 후기 진경산수화의 대가 겸재 정선의 작품으로, 금강내산을 부감(俯瞰) 형식의 원형구도로 그린 진경산수화이다.
② 고사관수도 : 조선 전기의 사대부 화가 인재 강희안의 작품으로, 깎아지른 듯한 절벽을 배경으로 바위 위에 양팔을 모아 턱을 괸 채 수면을 바라보는 선비의 모습을 묘사하였다.
③ 영통골 입구도 : 조선 후기의 화가 강세황이 그린 작품으로, 원근법과 명암법 등 서양화 기법을 반영하여 더욱 실감나게 표현하였다.
④ 매화초옥도 : 조선 후기의 화가 전기가 오경석을 위해 그린 작품으로, 윤곽선을 연하게 두르고 바위와 주산의 등성이에 녹점을 찍어 강조하였다.

정답 19 ② • 20 ② • 21 ① • 22 ④ • 23 ⑤

◀ 수원 화성

정조가 그의 아버지의 묘를 수원에 옮기면서 축조한 성으로 거중기, 녹로 등 신기재를 사용해 만들어졌다. 화성은 군사적 방어기능과 상업적 기능을 함께 보유하고 있으며 실용적인 구조로 되어 있어 동양 성곽의 백미로 평가받는다.

V 근대 사회의 태동

1장. 정치 상황의 변동
2장. 경제 상황의 변동
3장. 사회의 변화
4장. 문화의 변화와 발전

1장 정치 상황의 변동

비변사의 영향
- 왕권이 약화되고 의정부와 6조 중심의 행정 체계도 유명무실해짐
- 19세기 세도 정치 시기에 세도 가문의 권력 유지 기반으로 작용
- 「비변사 등록」 : 비변사의 논의를 일기체로 기록

❶ 통치 체제의 개편

1. 정치 구조의 변화

(1) 비변사의 기능 강화

① **설치** : 16세기 중종 초에 여진족과 왜구에 대비하기 위하여 설치, 이때는 국방 문제에 정통한 재상을 중심으로 운영되던 임시 회의 기구

② **기능 강화** : 임진왜란을 계기로 상설기구화 되고 기능이 확대 · 강화되어 최고 합의기구가 됨(→ 국방뿐만 아니라 외교 · 내정까지 관장)

③ **구성원의 확대** : 임진왜란 이후 전 · 현직 정승, 공조를 제외한 5조의 판서와 참판, 각 군영 대장, 대제학, 강화 유수 등 국가의 중요 관원들로 확대

④ **경과** : 거의 모든 정무를 총괄하였고, 종전 후에도 구성과 기능은 그대로 유지

⑤ **폐지** : 1865년 흥선 대원군의 개혁 정책으로 기능이 크게 약화

(2) 3사의 언론 기능 변질

→ 학문적 · 정치적 입장을 같이 하는 양반들이 모여 구성한 정치 집단

① **붕당의 이해를 대변** : 3사의 언론 기능도 변질되어 각 붕당(朋黨)의 이해관계를 대변

② **자천권(自薦權) 행사** : 이조 · 병조 전랑들도 중하급 관원에 대한 인사권과 후임자 추천권한을 행사하면서 자기 세력을 확대

③ **혁파** : 3사의 언론 기능과 전랑(銓郎)의 권한은 영 · 정조의 탕평정치를 거치며 혁파됨

→ 조선시대 내외의 관원을 천거 또는 전형할 때 가장 많은 권한을 가지고 있었던 이조의 정5품직인 정랑과 정6품직인 좌랑을 말함

기출문제 | 고급 | [2점]

(가) 기구에 대한 설명으로 옳지 않은 것은?

> 의정부와 별도로 [(가)]을/를 설치하여 재신들 중 군무(軍務)를 아는 자로 당상을 삼아 …… 변방의 일에 대응하도록 하였다. …… 조정의 명령이 부득불 모두 [(가)](으)로 돌아가지 않을 수 없게 되어, (의정부의) 찬성, 참찬은 신병 치료나 하는 자리가 되고 말았다.
>
> – 『연려실기술』 –

① 을묘왜변을 계기로 상설 기구화되었다.
② 흥선 대원군이 집권한 시기에 혁파되었다.
③ 임진왜란을 거치면서 조직과 기능이 확대되었다.
④ 세도 정치 시기에 외척 세력의 권력 기반이 되었다.
⑤ 어사대의 관원과 중서문하성의 낭사로 구성되었다.

[비변사의 변천사]

암기공식
비변사의 변천 ⇒ 임시 기구(중종) → 상설 기구화(명종) → 최고 기구화(선조) → 변질(세도 정치기) → 혁파(흥선 대원군)

| 정답 해설 |
조선 중종 때 설치된 비변사는 왜란과 호란을 대비한 임시 기구였으나 을묘왜변을 계기로 상설 기구화 되었다. 세도 정치기에는 외척 세력의 정치적 도구로 변질되었고 흥선 대원군 때 혁파되었다. 어사대의 관원과 중서문하성의 낭사로 구성된 것은 고려 시대의 대간(臺諫)으로, 간쟁 · 봉박권 · 서경권을 갖는다.

| 오답 해설 |
① 비변사는 왜구와 여진족을 대비한 임시 기구였으나, 명종 때 을묘왜변을 계기로 상설 기구화 되어 군사 문제를 처리하였다.
② 흥선 대원군은 왕권 강화의 일환으로 비변사를 혁파하고 의정부의 권한을 강화하였다.
③ 선조 때 임진왜란을 거치면서 조직과 기능이 확대되어 국정의 최고 기구가 되었으나, 그 영향으로 왕권이 약화되고 의정부와 육조 중심의 행정 체계도 유명무실해졌다.
④ 세도 정치기에는 비변사가 외척 세력의 권력 기반으로 변질되어 정치적 기능이 강화된 비변사를 거의 독점적으로 장악하였다.

정답 ⑤

2. 군사 제도의 개편

(1) 중앙 군사 제도

→ 의흥위(중위), 용양위(좌위), 호분위(우위), 충좌위(전위), 충무위(후위)

① 개편 방향 : 초기의 5위를 중심으로 한 중앙군은 16세기 이후 대립제가 일반화되면서 기능 상실(→ 임진왜란을 경험한 후 효과적 편제와 군사 훈련 방식을 모색)

② 5군영(중앙군)의 설치

㉠ 훈련도감(1594)

- 설치 : 임진왜란 중 유성룡의 건의로 용병제를 토대로 설치, 조선 후기 군제의 근간
- 편제 : 삼수병(포수 · 사수 · 살수)으로 편성, 장번 급료병으로서 직업 군인의 성격
- 훈련도감에 이어 대외 관계와 국내 정세의 변화에 따라 군영을 차례로 설치

㉡ 총융청(1624) : 이괄의 난을 진압한 직후에 설치, 북한산성 및 경기 일대의 수비 담당, 경비는 스스로 부담, 경기도 속오군에 배치

㉢ 수어청(1626) : 남한산성의 수비군대, 경비 스스로 부담, 경기도 속오군에 배치

㉣ 어영청(1628)

- 이괄의 난을 계기로 어영군으로 설치(1624)하였으나, 효종의 북벌운동 전개 시 기능을 강화하여 5군영의 중앙군으로 편성, 총포병과 기병 위주
- 수도 방어, 북벌의 본영으로서 역할, 정권유지의 방편으로 이용되기도 함(→ 어영청, 내삼청 등)
- 번상병이 교대 근무, 비용은 보(保)로 충당(급료병)

→ 조선시대 실역에 복무하는 정군(正軍)을 경제적으로 지원하기 위해 편성된 신역(身役)의 단위

㉤ 금위영(1682) : 기병(騎兵)으로 구성되어 궁궐 수비 담당, 번상병, 비용은 보로 충당(급료병)

(2) 지방 군사 제도의 개편

① 제승방략 체제(制勝方略體制)

㉠ 조선 초기의 진관체제는 많은 외적 침입에 효과가 없어 16세기 후반에 수립

㉡ 유사시에 필요한 방어처에 병력을 동원하여 중앙에서 파견되는 장수가 지휘하는 체제

㉢ 임진왜란 중에 큰 효과를 거두지 못하자 다시 진관을 복구하고 속오법에 따라 군대를 편제하는 속오군 체제로 정비

② 속오군(束伍軍)

㉠ 편제 : 양반으로부터 노비까지 모두 속오군으로 편제

㉡ 동원 : 농한기에만 훈련, 평상시에는 생업에 종사하고 유사시에 전투에 동원

㉢ 영향 : 노비의 지위 상승, 신분제 동요

❷ 붕당 정치와 탕평론

1. 붕당(朋黨)의 형성

(1) 근본 원인

① 직접적으로는 양반의 증가, 근본적으로는 양반의 특권 유지 때문에 발생

암기 

5군영의 설치 순서

훈련도감 → 총융청 → 수어청 → 어영청 → 금위영

5군영의 성격

- **임기응변적 설치** : 필요시마다 임기응변으로 설치
- **서인 정권의 군사적 기반** : 서인의 사병적 성격을 띠어 당파싸움에 악용(→ 특히 어영청은 북벌을 구실로 권력 유지의 방편)

암기 Plus

이조 전랑
젊고 명망 있는 홍문관 유신 중에서 임명되는 정5품의 관직으로, 당하관·언론 삼사 요직 및 재야 인사 등의 인사권, 후임 전랑 추천권 등의 권한을 가지고 있었다. 전랑은 삼사의 의견을 통일하고 인사권과 언론권을 장악할 수 있는 막강한 권한을 가지고 있었으므로, 전랑직을 둘러싸고 붕당 간 다툼이 치열하게 전개되었다.

동인과 서인의 분당 배경
기성 사림의 신망을 받던 심의겸(서인)과 신진 사림의 지지를 받던 김효원(동인) 사이의 대립으로 동·서인으로 분당되면서 붕당이 형성

주리론과 주기론
- **주리론** : 도덕적 원리인 이 중시, 이황
- **주기론** : 경험적 세계인 기 중시, 이이

사화(士禍)와 붕당(朋黨)의 비교
- **공통점** : 양반 지배층 간의 분열·대립, 성리학적 이념의 차이로 갈등
- **차이점**

구분	내용
사화	• 훈구 ↔ 사림, 정책적 대립 • 중앙(궁중)을 무대로 대립 • 16세기, 단기적 대립(연산군~명종)
붕당	• 사림 간의 대립, 공론(公論)의 대립 • 지방(서원, 농장)을 근거로 대립 • 17세기에 격화, 장기간(1575~1865)

② 특히 언론 삼사 요직의 인사권과 추천권을 가진 이조 전랑을 둘러싼 대립으로 분당이 촉발

(2) 사림 세력의 갈등

① **사림의 정국 주도** : 선조가 즉위하면서 향촌에서 기반을 다져 온 사림 세력이 대거 중앙 정계로 진출하여 정국을 주도

② **사림의 갈등** : 척신 정치의 잔재를 어떻게 청산할 것인가를 둘러싸고 갈등

㉠ **기성 사림** : 명종 때부터 정권에 참여해 온 세력
- 기호학파(이이의 문인), 심의겸(대표자)
- 척신 정치의 과감한 청산에 소극적(척신 외척 중 사림을 보호했던 사람을 옹호)

㉡ **신진 사림** : 향촌에서 기반을 다진 후 선조 때부터 중앙에 진출
- 영남학파(이황의 문인), 김효은(대표자)
- 원칙에 더욱 철저하여 사림 정치의 실현을 강력하게 주장

(3) 동인과 서인의 분당(선조 8, 1575)

① 동인(東人)

㉠ 이황·조식·서경덕의 학문을 계승(급진적·원칙적 주리학파)

㉡ 김효원, 우성전, 이산해, 이발 등 신진 세력의 참여로 먼저 붕당의 형세를 이룸

㉢ 명종 때 정치에 참여하지 않은 신진 사림, 척신 정치 잔재의 청산에 적극적

② 서인(西人)

㉠ 이이와 성혼의 문인들이 가담함으로써 붕당의 모습을 갖춤(점진적·현실적 주기학파)

㉡ 심의겸, 박순, 윤두수, 윤근수, 정철 등

㉢ 명종 때 정치에 참여했던 기성 사림, 척신 정치 잔재 청산에 소극적

동인과 서인의 분당

선조 8년(1575), 김효원이 이조 전랑으로 천거되었다. 이에 인순왕후의 동생인 심의겸은 김효원에 대하여 이조 전랑이 될 자격이 없다며 적극 반대하였다. 그의 반대에도 불구하고 김효원은 이조 전랑이 되었다가 얼마 후 다른 곳으로 자리를 옮기게 되었는데, 그 후임으로 천거된 사람이 바로 심의겸의 아우 심충겸이었다. 김효원은 왕의 외척으로서 이조 전랑이 되는 것은 바르지 못하다는 이유로 심충겸이 이조 전랑에 오르는 것을 반대하였다. 사람들은 심의겸이 집이 도성 서쪽 정동에 있다 하여 그의 일파를 서인, 김효원의 집이 도성 동쪽 건천동에 있다 하여 그의 일파를 동인이라고 불렀다.

(4) 붕당의 성격

① 16세기 왕권이 약화되고 사림 정치가 전개되면서 형성

② 정치 이념과 학문 경향에 따라 결집(→ 정파적 성격과 학파적 성격을 동시에 지님)

2. 붕당 정치의 전개

(1) 동인의 분열

① **동인의 우세** : 동서 분당 후 처음에는 동인이 수적 우세를 바탕으로 정국 주도(→ 상대 세력을 소인당으로 규정하는 주자의 붕당론 주장)

② **남·북인의 분당**

㉠ 동인은 정여립 모반 사건(1589) 등을 계기로 온건파인 남인(이황 학파)과 급진파인 북인(서경덕·조식 학파)으로 분당

ⓛ 처음에는 남인이 정국을 주도했으나 임진왜란 후 북인이 집권하여 광해군 때까지 정국을 주도

(2) 광해군의 정치와 인조 반정

① 중립 외교 : 명과 후금 사이에서 중립 외교 전개, 전후 복구 사업 추진

② 북인의 독점 : 광해군의 지지 세력인 북인은 서인과 남인 등을 배제

③ 인조 반정(1623) : 폐모살제(廢母殺弟) 사건(인목대비 유폐, 영창대군 살해), 재정 악화, 민심 이탈 등을 계기로 발발한 인조 반정으로 몰락

(3) 붕당 정치의 진전

① 연합 정치 : 인조 반정을 주도한 서인은 남인 일부와 연합하여 정국을 운영, 서로의 학문적 입장을 인정하고 상호 비판적인 공존 체제를 이룸

② 학문적 경향 : 이황과 이이의 학문(주자 중심의 성리학)이 확고한 우위를 차지(→ 서경덕과 조식 사상, 양명학, 노장 사상 등은 배척)

③ 여론의 주재 : 주로 서원을 중심으로 여론이 모아져 중앙 정치에 반영되었는데, 학파에서 학식과 덕망을 겸비한 산림(山林)이 재야에서 그 여론을 주재

④ 서인의 우세 : 이후 현종 때까지는 서인이 우세한 가운데 남인과 연합하여 공존하며 서인 정권 스스로 전제와 독주를 경계(→ 비판 세력의 공존을 인정하는 붕당 정치 전개)

(4) 자율적 예송 논쟁과 붕당의 공존

① 예송 논쟁의 전개

㉠ 제1차 예송 논쟁(기해예송, 1659)

- 효종 사망시 자의대비의 복제를 두고 송시열 · 송준길 등 서인은 1년설을, 윤휴 · 허목 · 허적 등 남인은 3년설을 주장
- 서인 : 효종이 적장자가 아님을 들어 왕과 사대부에게 동일한 예가 적용되어야 한다는 입장에서 1년설을 주장 → 왕사동례(王士同禮)
- 남인 : 왕에게는 일반 사대부와 다른 예가 적용되어야 한다는 입장에서 3년설을 주장 → 왕사부동례(王士不同禮)
- 실권을 장악하고 있던 서인의 주장(1년설)이 수용되어 서인 집권이 지속됨

㉡ 제2차 예송 논쟁(갑인예송, 1674)

- 효종 비의 사망시 서인은 9개월을, 남인은 1년을 주장
- 남인의 주장이 수용되어 남인이 집권하고 서인이 약화됨

② 붕당의 공존 : 갑인예송의 결과 남인의 우세 속에서 서인이 공존(→ 경신환국(1680)으로 분열과 대립이 격화되기까지 정국 지속)

남 · 북인의 분당

동서 분당 후 처음에는 동인이 정국을 주도하였는데 정여립 모반 사건(1598)으로 동인은 잠시 위축(서인이 잠시 주도)되었다. 그러나 정철의 건저상소 사건(1591)으로 정철 등 서인이 실권을 잃고 동인이 다시 집권하였다. 이때 동인은 서인에 대한 처벌을 두고 강경 · 급진파인 북인과 온건파인 남인으로 분열되었다.

정철의 건저상소 사건

선조에게 적자가 없어 당시 좌의정이던 정철이 선조에게 건저(왕세자를 세우는 일)를 주청하였는데, 이를 알고 있던 영의정 이산해(동인)가 모략을 꾸며 정철이 삭탈 관직된 사건이다. 이 일로 이성중, 이해수 등의 서인도 모두 강등되어 서인은 크게 위축되었다.

예송논쟁

- **발생 배경** : 차남으로 집권한 효종의 정통성과 관련하여, 1659년 효종의 사망시(→ 기해예송)와 1674년 효종 비의 사망시(→ 갑인예송)에 인조의 계비 자의대비(조대비)의 복제(服制)를 쟁점으로 두 차례에 걸쳐 발생
- **의의** : 효종의 왕위 계승과 관련하여, 정통성에 대한 예학 논쟁인 동시에 집권을 위한 투쟁

제1차 예송 논쟁(기해예송)

성리학적 종법에 따르면 자식이 부모보다 먼저 죽었을 경우, 부모는 그 자식이 적장자라면 3년간, 적장자가 아니라면 1년간 상복을 입어야 한다. 이에 따라 차남이면서 왕위에 오른 효종의 사망과 관련하여 자의대비의 복상 기간을 두고 벌어진 것이 바로 제1차 예송 논쟁이다. 서인은 성리학적 종법에 따라 1년을, 남인은 왕인 효종을 적장자로 보아 3년을 주장했다. 종법의 해석과 권력이 연계되어 민감한 사안이 된 1차 예송 논쟁은 적장자와 차남의 구분 없이 1년간 상복을 입도록 규정한 「경국대전」에 따라 서인의 승리로 돌아갔다. 그러나 실제로 종법과 관련되어 확정된 것은 없었으며 그로 인해 2차 예송 논쟁이 일어나게 되었다.

2차 예송 논쟁(갑인예송)

효종의 비인 인선왕후의 사망 후 그 시어머니인 조의대비의 복상 기간을 두고 벌어졌다. 효종을 적장자로 인정한다면 1년, 차남으로 본다면 9개월이 복상 기간이다. 2차 예송 논쟁 결과 9개월이 채택되었으며 이는 남인 정권의 수립으로 이어졌다.

(5) 붕당 정치의 성격 및 평가

① 정치적 성격의 변천

㉠ **붕당 정치의 성격** : 학연과 지연을 바탕으로 붕당 간 치열한 정권 다툼 전개

㉡ 붕당 정치의 변천

- **초기** : 상대 붕당을 소인당(小人黨), 자기 붕당을 군자당(君子黨)이라 주장
- **후기** : 모두 군자당으로 보고, 견제와 협력을 바탕으로 한 붕당 정치 전개

② 평가

㉠ 긍정적 측면

- **공론(公論)의 수렴** : 공론에 입각한 상호 비판 · 견제를 통한 정치 운영 형태
- **언로(言路)의 중시** : 삼사의 언관과 이조 전랑의 비중이 큼
- **산림(山林)의 출현** : 학식과 덕망을 겸비하고 재야에서 여론을 주재

㉡ **한계** : 붕당이 내세운 공론은 백성들의 의견이 아니라 지배층 의견 수렴에 그침

3. 붕당 정치의 변질

(1) 대립의 격화

① 일당 전제화의 추세

(집권 세력이 급변하면서 이에 따라 정국이 바뀌는 것)

㉠ 숙종 때에 이르러 붕당 사이의 견제와 균형이 무너지고 환국(換局)이 나타나기 시작

㉡ 이로써 특정 붕당이 정권을 독점하는 일당 전제화의 추세가 대두

② 노론과 소론의 대립

㉠ **분열** : 인조반정으로 정권을 잡은 서인은 노론과 소론으로 분열

㉡ **성격** : 노론은 송시열을 중심으로 하여 대의명분과 민생 안정을 강조하는 반면, 소론은 윤증을 중심으로 하여 실리를 중시하고 적극적 북방 개척을 주장

③ 환국(換局)의 빈발

㉠ 환국을 왕이 직접 주도함에 따라 외척의 비중 강화

㉡ 전랑의 정치적 비중 약화

㉢ 비변사의 강화

(2) 붕당 정치의 변질

① 경신환국(경신대출척, 1680)

㉠ **서인 집권** : 서인이 허적(남인)의 서자 허견 등이 역모를 꾀했다 고발하여 남인을 대거 숙청

㉡ 결과

- 서인은 남인의 처벌을 놓고 온건론인 소론(윤증), 강경론인 노론(송시열)으로 분열
- 붕당 정치 원리가 무너지고 상대 세력을 인정하지 않는 일당 전제화 추세가 등장

② **기사환국(1689)** : 숙종은 남인의 주장을 수용하여 희빈 장씨의 아들(연령군, 경종)의 세자 책봉에 반대하는 서인(송시열 등)을 유배 · 사사하고, 인현왕후를 폐비시킴 (→ 남인 재집권)

③ 갑술환국(갑술옥사, 1694)

㉠ 폐비 민씨 복위 운동을 저지하려던 남인이 실권하고 서인이 집권

암기 Plus

서인 · 남인 · 북인의 학통
- **서인** : 이이
- **남인** : 이황
- **북인** : 서경덕, 조식

경제적 · 사회적 환경의 변화
- 상품 화폐 경제의 발달에 따라 17세기 후반 이후 상업적 이익을 독점하려는 경향 증가
- 정치적 쟁점도 사상적 문제에서 군사력과 경제력 확보에 필수적인 군영장악으로 이동
- 지주제와 신분제 동요에 따라 붕당 기반이 붕괴

경신환국 이전의 예송논쟁
- **기해예송(제1차 복제문제, 1659)** : 효종의 사망시 자의대비의 복제문제로 대립, 서인의 주장이 수용 (→ 서인 집권 지속)
- **갑인예송(제2차 복제문제, 1674)** : 효종 비의 사망시 복제문제로 대립, 남인의 주장이 수용(→ 남인이 집권하고 서인이 공존하여 자율적 · 공생적 붕당 정치 유지)

㉡ 남인은 재기 불능이 되고 서인(노론과 소론) 간에 대립하는 일당 독재 정국이 전개

④ **신임옥사** : 노론 축출, 소론 일당 정국

㉠ **신축환국(1721)** : 경종 때 소론이 세자 책봉 문제로 노론 축출

㉡ **임인옥사(신임사화, 1722)** : 경종 때 경종 시해와 세자 연잉군(영조) 옹립 음모로 노론 축출

4. 탕평론

(1) 탕평론의 배경

① 붕당 정치의 변질로 인한 극단적 정쟁과 정치 세력 간 균형의 붕괴, 사회 분열 등의 문제가 발생

② 강력한 왕권을 토대로 국왕이 정치 중심에서 세력 균형을 유지하려는 탕평론이 제기

(2) 탕평론의 제기

① **의의** : 임금의 정치가 치우침이나 사심이 없으며, 당을 이루지 않는 상태에 이르는 것

② **목적** : 숙종은 인사 관리를 통하여 세력 균형을 유지하려는 탕평론을 제시

③ **한계** : 숙종의 탕평책은 명목상의 탕평론에 지나지 않아 균형의 원리가 지켜지지 않았고, 노론 중심의 편당적인 인사 관리로 환국이 일어나는 빌미를 제공

④ **환국 이후의 정국** : 환국은 숙종 말에서 경종에 이르는 동안 전개되어 대립이 격화됨

5. 영조의 탕평 정치

(1) 탕평파 중심의 정국 운영

① **탕평파 육성** : 이인좌의 난을 계기로 붕당을 없앨 것을 내세우며 왕의 논리에 동의하는 탕평파를 육성(완론탕평)하고 이를 중심으로 정국 운영

② **산림(山林)의 존재 부정** : 붕당의 뿌리를 제거하기 위하여 본거지인 서원을 대폭 정리

③ **이조 전랑의 권한 약화** : 후임자 천거권 및 낭천권(郎薦權)의 관행을 없앰

→ 전랑이 과거에 급제하지 않은 사람을 추천하여 벼슬에 오르도록 하는 권한

(2) 국왕의 지도력 회복

① 정국 운영 등 거의 모든 부문에서 큰 영향력을 행사, 붕당의 정치적 의미는 퇴색

② 정치 권력은 왕과 탕평파 대신 쪽으로 집중

(3) 한계

① **미봉책** : 붕당 정치의 폐단을 근본적으로 해결한 것은 아니었으며, 강력한 왕권으로 붕당 간의 다툼을 일시적으로 억누른 것에 불과

② **노론의 독주** : 소론 강경파가 자주 변란을 일으켜 노론이 정국을 주도

붕당 정치의 변질 결과

- **벌열 가문의 정권 독점** : 공론이 아닌 개인이나 가문의 이익을 우선하는 경향
- 양반층의 자기 도태
- 서원의 남설 고유의 여론 형성 기능의 퇴색

탕평론의 의의

- **기원** : 홍범조의 '王道蕩蕩, 王道平平'에서 비롯됨
- **의미** : 임금은 항상 치우침이 없이 공평무사해야 한다는 것을 의미하며, 무편무당(無偏無黨)과 왕권·신권의 조화를 중시, 정치적 균형을 정립하는 것을 본질로 함
- **전개** : 서인과 남인이 공존하던 자율적 붕당 시대(17세기 초) 이후 붕당의 변질·격화(17세기 후반)를 해결하기 위해 왕에 의한 타율적 균형책으로 탕평론이 제기됨

탕평교서(蕩平敎書) 발표

- 탕평의 교서를 발표하여 어지러운 정국을 바로잡으려 하였으나 실패
- **이인좌의 난 발생** : 1728년(영조 4) 소론강경파와 남인 일부가 경종의 죽음에 영조와 노론이 관계되었다고 하며 영조의 탕평책에 반대하여 반란

암기 Plus

영조의 민생 안정책

- 군역 부담을 완화하기 위하여 균역법을 시행(1750)
- **권농정책** : 농업정책과 수취제도를 개선하고 농가집성을 대량 보급
- 가혹한 형벌을 폐지하고 사형수에 대한 삼심제를 엄격하게 시행
- **노비공감법** : 공노비는 포 1필을 반으로, 사노비는 2필을 1필로 부과액을 반감
- 신문고를 부활

암기 노트

영조의 문물 · 제도 정비

- **민생 안정책** : 균역법 시행, 권농정책, 노비공감법, 신문고 부활 등
- **군영 정비** : 훈련도감 · 금위영 · 어영청이 도성을 나누어 방위하는 체제를 갖춤
- 붕당의 본거지인 서원을 정리(붕당 · 사치 · 음주를 3대 유폐로 지정)
- **기로과 실시** : 60세 이상의 늙은 선비를 대상으로 과거 실시
- **편찬**
  - 「**속대전**」 : 법전 체계 재정리
  - 「**동국문헌비고**」 : 홍봉한이 편찬한 한국한 백과사전
  - 「**무원록**」 : 법의학서

6. 정조의 탕평 정치

(1) 탕평 정치의 추진

① **추진 방향** : 사도세자의 죽음을 둘러싼 시파(時派)와 벽파(僻派) 간의 갈등을 경험한 정조는 영조 때보다 더욱 강력한 탕평책을 추진하고 이를 통해 왕권 강화

(시파 → 정조의 정책에 편승하여 탕평책을 지지하는 남인 세력)
(벽파 → 정조의 탕평책을 반대하는 노론 세력)

② **진붕(眞朋)과 위붕(僞朋)의 구분** : 각 붕당의 주장이 옳은지 그른지를 명백히 가리는 적극적인 탕평(준론탕평)을 추진하여 영조 때에 세력을 키워 온 척신 · 환관 등을 제거

③ **남인(시파) 중용** : 노론(벽파) 외에 소론의 일부 세력과 그 동안 정치에서 배제되었던 남인 계열이 중용됨

(2) 왕권의 강화

① **인사 관리** : 붕당의 입장을 떠나 의리와 명분에 합치되고 능력 있는 사람을 중용

② **규장각의 설치**

㉠ **설치** : 본래 역대 왕의 글과 책을 수집 · 보관하기 위한 왕실 도서관의 기능

㉡ **기능 강화** : 본래의 기능에 국왕 비서실의 기능과 문신 교육, 과거시험 주관 등의 기능을 통합적으로 부여

㉢ **서얼 등용** : 능력 있는 서얼을 등용하여 규장각 검서관 등으로 임명

③ **문신의 재교육** : 초월적 군주로 군림하면서 스승의 입장에서 신하를 양성하고 재교육

④ **초계문신제(抄啓文臣制) 시행** : 신진 인물이나 중 · 하급(당하관 이하) 관리 가운데 능력 있는 자들을 재교육시키고 시험을 통해 승진

⑤ **장용영(壯勇營) 설치** : 친위 부대인 장용영을 설치하여 각 군영의 독립적 성격을 약화시키고 병권을 장악함으로써 왕권을 뒷받침하는 군사적 기반을 갖춤

(3) 수원 화성의 건설

① 수원에 화성(華城)을 세워 정치적 · 군사적 기능을 부여

② 상공인을 유치하여 자신의 정치적 이상을 실현하는 상징적 도시로 육성하고자 함

▲ 수원 화성

③ 화성 행차 시 일반 백성들과의 접촉 기회를 확대하여 이들의 의견을 정치에 반영

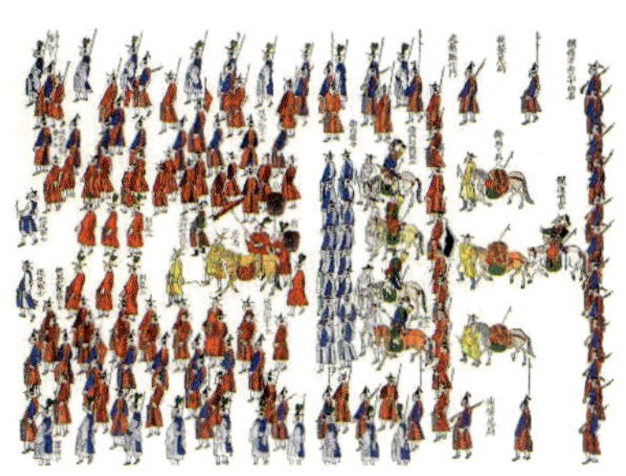
정조의 화성 행차를 그린 반차도

(4) 수령의 권한 강화

① 수령이 향약을 직접 주관하게 하여 사림의 영향력을 줄이고 수령의 권한을 강화

② 이로써 지방 사족의 향촌 지배력을 억제하고 국가의 통치력을 강화

(5) 정조의 문물 · 제도 정비

① 민생 안정과 서얼 · 노비의 차별 완화, 청과 서양의 문물 수용, 실학 장려

② **신해통공(1791)** : 상공업 진흥과 재정수입 확대를 위해 육의전을 제외한 금난전권 철폐

- 육의전: 명주, 종이, 어물, 모시와 베, 무명, 비단을 파는 점포
- 금난전권: 난전을 단속할 수 있는 권한

③ **문체반정운동** : 문화정책의 일환으로, 박지원 등이 패사소품체(稗史小品體)를 구사해 글을 쓰자 문체를 정통고문(正統古文)으로 바로잡으려 한 것

④ **활자** : 정리자, 한구자, 생생자(목판) 등을 주조

암기 노트

탕평 정치의 성격

탕평 정치는 왕이 중심이 되어서 붕당 정치에서 나타난 문제점을 극복하려는 것이었다. 그것은 붕당 사이의 대립을 조정하고, 사회 · 경제적 변화 위에서 지배층에게 부분적인 양보를 요구하는 정책을 추진하는 등 개혁적인 측면이 있었다. 그러나 탕평 정치는 근본적으로 왕권을 중심으로 권력의 집중과 정치 세력의 균형을 꾀하면서 기존 사회 체제를 재정비하여 안정시키려는 것이었다. 따라서 여러 정책들이 보수적인 성격을 띠고 있었고, 정치 운영에서 왕의 개인적인 역량에 크게 의존하는 것이어서 탕평 정치가 구조적인 틀을 갖추어 안정적으로 유지되기는 어려웠다.

암기 Plus

정조 대의 편찬

- 「대전통편」 : 「경국대전」을 원전으로 하여 통치 규범을 전반적으로 재정리하기 위하여 편찬한 것으로, 규장각 제도를 법제화
- 「추관지」 · 「탁지지」 : 형조의 사례집으로 「추관지」를, 호조의 사례집으로 「탁지지」를 편찬
- 「동문휘고」 : 외교 문서 정리
- 「무예도보통지」 : 병법서
- 「제언절목」 : 제언의 수리와 신축을 위해 편찬(1778)
- 「홍재전서」, 「일성록」 : 정조의 자서전과 일기

기출문제

| 고급 | [2점]

밑줄 그은 '이 법전'을 편찬한 왕의 업적으로 옳은 것은?

이 법전은 경국대전과 속대전 및 여러 법령을 통합해 편찬한 것으로 규장각 검서관인 박제가, 유득공 등이 감인관으로 참여하기도 하였습니다.

① 왕권을 강화하기 위해 장용영을 설치하였다.
② 청과의 국경을 정하는 백두산정계비를 세웠다.
③ 동국문헌비고를 편찬하여 역대 문물을 정리하였다.
④ 삼정의 문란을 해결하고자 삼정이정청을 설치하였다.
⑤ 붕당 정치의 폐해를 극복하고자 탕평비를 건립하였다.

[조선 정조의 업적]

암기공식

대전통편 편찬, 장용영 설치 ⇒ 조선 정조

| 정답 해설 |

조선 정조는 통치 규범을 전반적으로 재정리하기 위해 경국대전과 속대전 및 여러 법령을 통합한 대전통편을 편찬하였다. 또한 왕권을 강화하기 위해 왕의 친위 부대인 장용영을 설치하였는데, 각 군영의 독립적 성격을 약화시키고 병권을 장악하였다.

| 오답 해설 |

② 숙종은 청의 요구로 조선과 청의 경계를 정한 백두산정계비를 세워, 동쪽으로 토문강과 서쪽으로 압록강을 경계로 삼았다.
③ 영조 때에는 홍봉한 등이 지리 · 정치 · 경제 · 문화 등을 체계적으로 정리한 동국문헌비고를 편찬하여 역대 문물을 정리하였다.
④ 철종은 임술 농민 봉기가 발발하자 삼정의 문란을 해결하기 위해 안핵사 박규수의 건의로 삼정이정청을 설치하였다.
⑤ 영조는 붕당 정치의 폐해를 경계하기 위해 성균관 입구에 탕평비를 건립하였다.

정답 ①

암기 Plus

세도 정치

순조 · 헌종 · 철종의 3대 60여 년간에 걸친 세도 정치하에서 왕정(王政)과 왕권은 명목에 지나지 않았고, 왕도 정치라는 것은 하나의 허구에 지나지 않았다. 세도 가문은 정치적 기능이 강화된 비변사를 거의 독점적으로 장악하여 권력을 행사하였고, 훈련도감(5군영) 등의 군권도 장기적으로 독점하여 정권 유지의 토대를 확고히 하였다.

세도 정치기의 권력 구조

- 가문 정치(家門政治)
  - 정치 기반 축소 : 중앙 정치를 주도하는 것은 소수의 가문으로 축소
  - 유력 가문의 권력 독점 : 왕실 외척이거나 산림 또는 관료 가문의 성격을 함께 띰
- 권력 구조 및 기반
  - 정2품 이상의 고위직만이 정치적 기능을 발휘하고 그 아래의 관리들은 행정 실무만 담당하게 됨
  - 의정부와 6조는 유명무실화 되고 실질적인 힘은 비변사로 집중되었으며, 비변사에서도 실질적 역할은 유력 가문 출신의 인물들이 독차지

3 정치 질서의 붕괴

1. 세도 정치

(1) 세도 정치의 성립

① 의의 : 세도 정치란 종래의 일당 전제마저 거부하고 특정 가문이 권력을 독점하는 정치형태로서, 가문의 사익을 위해 정국이 운영되어 정치 질서를 붕괴시킴

② 성립 배경

㉠ 탕평 정치로 왕에게 권력이 집중된 것이 19세기 세도 정치의 빌미가 됨

㉡ 왕이 탕평 정치기에 하던 역할을 못하게 되자 정치 세력 간의 균형이 깨지고 몇몇 유력 가문의 인물에게 권력이 집중

(2) 세도 정치의 전개

① 순조 집권기(1801~1834)

㉠ 정순왕후의 수렴청정

- 정조 때 정권에서 소외되었던 노론 벽파 세력이 정국을 주도
- 신유박해를 이용해 정조가 규장각을 통하여 양성한 인물들을 대거 축출
- 장용영을 혁파하고 훈련도감을 정상화시켜 이를 장악

㉡ 안동 김씨 일파의 정국 주도 : 정순왕후 사후 벽파 세력이 퇴조, 순조의 장인 김조순의 안동 김씨 일파의 세도 정치가 전개

② 헌종 집권기(1834~1849) : 헌종의 외척인 조만영 · 조인영 등의 풍양 조씨 가문이 득세

③ 철종의 집권기(1849~1863) : 김문근 등 안동 김씨 세력이 다시 권력 장악

2. 세도 정치의 한계와 폐단

(1) 세도 정권의 한계

① 사회 개혁 의지와 능력 결여 : 새로운 개혁 세력의 정치 참여를 배제하고 사회 통합에 실패

② 지방 사회의 몰이해 : 세도가들은 도시 귀족의 체질을 지녔고 집권 후 개혁 의지도 상실하여 상대적으로 뒤떨어진 지방 사회의 사정을 이해하지 못함

(2) 세도 정치의 폐단

① 왕권의 약화 : 세도가의 권력 독점과 인사관리의 전횡

② 정치 기강의 문란

㉠ 과거제도의 문란(부정과 합격자 남발), 매관매직(賣官買職)의 성행

㉡ 수령 · 아전들의 수탈 : 자신들의 지위를 강화하고 수탈을 일삼음

㉢ 삼정의 문란 : 전정, 군정, 환곡의 문란이 극에 달함

③ 상품 화폐 경제의 발전 저해 : 농민뿐만 아니라 상공업자도 수탈의 대상이 되어 성장하던 상인 · 부농들을 통치 집단 속으로 포섭하지 못함

④ 민란의 발생 : 농민 등의 불만이 극에 달해 처음에는 소청 · 벽서 운동을 전개하고, 이후 민란으로 확대

(소청: 집단 상소를 올려 왕에게 자신들이 당한 불이익을 알리는 것)
(벽서: 이름을 밝히지 않고 궁문이나 성문 등에 붙여 놓은 글)

4 대외 관계의 변화

1. 대청 외교

(1) 청과의 관계

① **북벌 정책의 추진** : 표면상 사대관계를 맺었으나 내심으로는 적개심이 남아 북벌 정책을 오랫동안 고수

② **청의 발전과 북학론의 대두**

㉠ 청은 전통문화를 장려하고 서양 문물을 수용해 문화 국가로 변모

㉡ 사신들은 천리경 · 자명종 · 화포 · 만국지도 · 천주실의 등 여러 문물을 소개

㉢ 학자들 중 일부는 청을 배척하지만 말고 이로운 것은 배우자는 북학론을 제기

(2) 청과의 영토분쟁

① **국경 분쟁** : 청은 만주 지방을 성역화 하여 우리나라와 국경 분쟁이 발생

② **백두산정계비 건립(1712)** : 양국 대표가 백두산 일대를 답사하여 국경을 확정하고 건립

㉠ 숙종 38년(1712) 백두산정계비를 세우고, 동쪽으로 토문강과 서쪽으로 압록강을 경계로 삼음

㉡ 19세기 토문강의 위치에 대한 해석상의 차이 때문에 간도 귀속 문제 발생

③ **간도 귀속 문제** : 외교권의 상실 후 청과 일본이 체결한 간도 협약(1909)에 따라 청의 영토로 귀속

2. 대일 외교

(1) 기유약조(己酉約條, 1609)

① 도쿠가와 막부는 전후 경제적 어려움 해결과 선진문물 수용을 위해 국교 재개를 요청

② 유정(사명당)을 파견하여 일본과 강화하고 조선인 7,000여 명의 포로를 송환(1607)

③ 기유약조를 맺어 부산포에 다시 왜관을 설치, 제한된 범위 내에서의 교섭 허용(1609)

(2) 통신사(通信使)의 파견

① 조선의 선진 문화를 받아들이고, 막부의 권위를 인정받기 위해 사절 파견을 요청

② **사절의 파견** : 조선에서는 1607년부터 1811년까지 12회에 걸쳐 사절을 파견

(3) 울릉도와 독도 문제

① **충돌의 원인** : 삼국시대 이래 우리의 영토였으나 일본 어민들이 자주 침범

② **안용복의 활동** : 숙종 때 안용복은 울릉도에 출몰하는 일본 어민들을 쫓아내고, 일본에 2차례 건너가 울릉도와 독도가 조선의 영토임을 확인받음

③ 19세기 말 정부는 울릉도에 주민이주를 장려하고 군을 설치하여 관리를 파견, 독도까지 관할하게 함

▲ 안용복의 활동 경로

2장 경제 상황의 변동

> **암기 Plus**
>
> 수취 체제 개편의 배경
> - 농촌 사회의 붕괴
>   - 양 난(兩亂)으로 수많은 농민이 사망하거나 피난을 가고 경작지는 황폐화
>   - 굶주림과 질병까지 퍼졌으나, 조세 부담은 줄지 않아 농촌 생활이 파탄에 이름
> - 개편의 필요성 대두
>   - 농민들의 어려움에도 불구하고 양반 지배층은 정치적 다툼에 몰두하여 민생 문제에 대처하지 못함
>   - 수취 체제를 개편해 농촌 사회를 안정시키고 재정 기반을 확대할 필요성이 제기됨

❶ 수취 체제의 개편

1. 전세(田稅) 제도의 개편

(1) 양 난 이후의 경제 상황

① 양 난 이후 가장 큰 어려움은 농경지의 황폐와 토지 제도의 문란

② 토지 결 수가 임란 전 150만 결에서 직후 30여만 결로 크게 감소

(2) 정부의 개선책

→ 토지대장에는 등록되어 있으나 실제로는 경작하지 않는 토지

① 개간 장려 : 진전(陳田)의 개간 등

② 양전 사업 : 양안(量案)에서 빠진 토지(은결)를 찾아 전세의 수입원을 증대하려는 의도

③ 정부 정책의 한계

㉠ 농민의 삶이 나아지지 않는 미봉책에 불과

㉡ 개간과 양전 사업으로 토지 결 수는 증가하였으나 수세지가 전체의 60% 정도에 불과

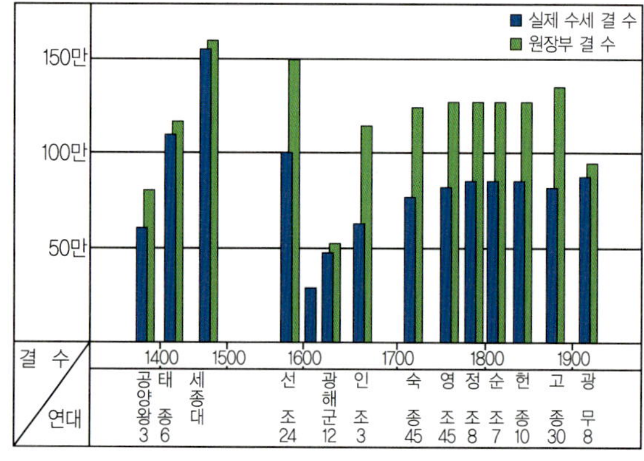

▲ 조선 시대 토지 결 수와 수세 결 수

(3) 영정법(永定法)의 시행(1635)

① 내용 : 연분 9등법을 따르지 않고 풍흉에 관계없이 전세를 토지 1결당 미곡 4두로 고정(전세의 정액화)

② 결과

㉠ 전세의 비율이 이전보다 다소 낮아짐(→ 지주나 자영농의 부담 경감)

㉡ 전세 납부 시 부과되는 수수료와 운송비의 보충 비용 등이 전세액보다 많아 오히려 농민의 부담이 가중되는 문제 발생(→ 병작농이 대부분인 농민에게는 도움이 되지 못함)

3. 공납의 전세화

(1) 공납의 폐해(→ 공납은 당시 농민에게 가장 큰 부담)

① 방납의 폐해 : 농민들의 토지 이탈 가속

② 국가 재정의 악화 : 양 난 후 더욱 악화

(2) 대동법(大同法)의 시행(1608)

① 내용 : 집집마다에 부과하던 토산물(현물)을 토지 결 수에 따라 쌀 등으로 납부하고, 정부는 수납한 쌀 등을 공인에게 공가(貢價)로 지급하여 그들을 통해 필요한 물품을 구입

② 실시 목적

㉠ 전후 농민 부담의 완화

㉡ 전후 국가 재정 및 군량미 부족의 해결

㉢ 경저리 등 지방 관리의 방납 폐해 시정

㉣ 국가 수요품과 공물의 불일치 문제 개선

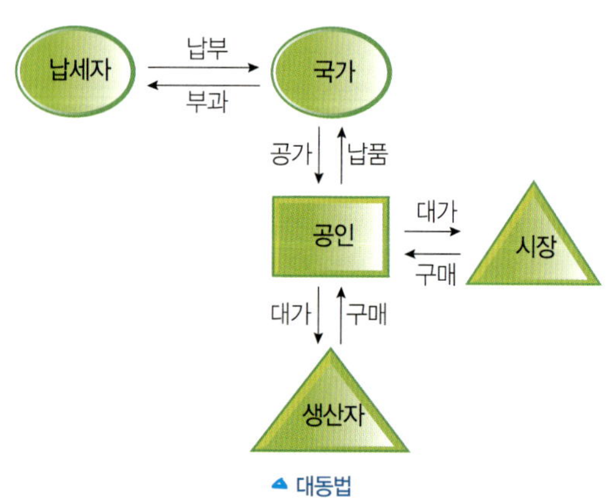

▲ 대동법

③ **경과** : 양반 지주의 반대가 심해 전국 실시에 100년이라는 기간이 소요
  ㉠ **광해군(1608)** : 이원익 · 한백겸의 주장으로 선혜청을 설치하고 경기도에서 처음 실시
  ㉡ **인조(1623)** : 조익의 주장으로 강원도에 실시
  ㉢ **효종** : 김육의 주장으로 충청 · 전라도에 실시
  ㉣ **숙종(1708)** : 황해도에 실시(→ 평안 · 함경도를 제외한 전국 실시)

④ **결과**
  ㉠ **농민의 부담 경감** : 부과가 종전 가호 단위에서 전세(토지 결 수) 단위로 바뀌어, 토지 1결당 미곡 12두만을 납부)
  ㉡ **공납의 전세화** : 공물 대신 토지 결 수에 따라 쌀(米)을 차등 과세
  ㉢ **조세의 금납화** : 종래의 현물 징수를 쌀(대동미) · 삼베(대동포) 외에 동전(대동전)으로 납부
  ㉣ **국가 재정의 회복** : 선혜청이 재정 수입 담당
  ㉤ **공인의 등장** : 대동법이 실시되면서 등장한 어용상인(→ 상품 화폐 경제의 발달을 촉진)
  → 자신의 이익을 위하여 권력자에 영합하여 권력자의 비호를 받으며 궁중이나 관청 따위에 물건을 대는 상인

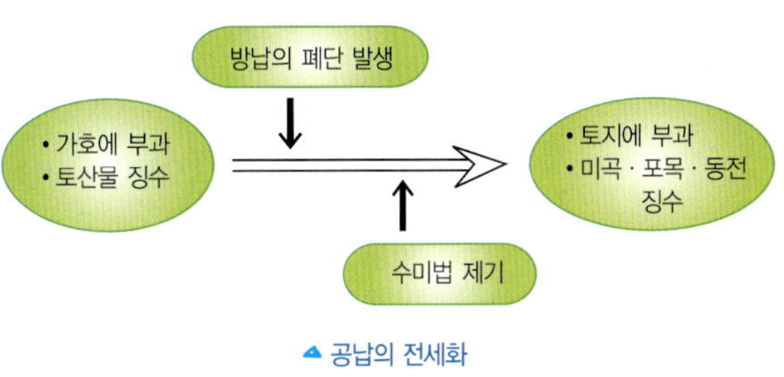

▲ 공납의 전세화

⑤ **상품 화폐 경제의 발달**
  ㉠ 상품 수요 증가 및 시장의 활성화(→ 삼랑진 · 강경 · 원산 등의 쌀 집산지가 상업 도시로 성장)
  ㉡ **구매력 증가** : 자급자족에서 유통 경제로 바뀌어 감

⑥ **한계** : 대동법의 운영 과정에서 폐단이 나타나 농민은 다시 어려움을 겪게 됨
  ㉠ **현물 징수의 존속** : 대동법 실시 후에도 별공 · 진상 등의 현물세 존속
  ㉡ **전세의 전가** : 지주에게 부과된 대동세를 소작농에게 전가
  ㉢ **가혹한 수탈** : 수령 및 아전들의 농민 수탈

| 고급 | [2점]

(가)에 대한 설명으로 옳은 것은?

이 그림은 김육의 초상화로, 그는 (가)의 시행에 크게 기여한 인물입니다. (가)은/는 각 지방의 특산물을 징수하면서 나타난 방납의 폐단을 막고 백성들의 부담을 줄여주기 위해 실시되었습니다.

① 양반에게도 군포를 부과하였다.
② 풍흉에 관계없이 토지 1결당 쌀 4두를 거두었다.
③ 어세, 염세, 선세를 균역청에서 관할하게 하였다.
④ 관청에서 필요한 물품을 납부하는 공인의 등장 배경이 되었다.
⑤ 재정 부족 문제를 해결하기 위해 지주에게 결작을 부과하였다.

[대동법의 시행 결과]

암기공식
대동법 ⇒ 공인 등장 : 관청에 물품 납부

| 정답 해설 |
대동법은 광해군 때 경기도에서 처음 시행되었으며, 효종 때에는 김육의 주장으로 충청도 · 전라도에서도 실시되었다. 대동법의 실시로 조선 후기에는 관허 상인으로 관청에서 필요한 물품을 납부하는 공인(貢人)이 등장하였다.

| 오답 해설 |
① 흥선 대원군은 군정의 문란을 개혁하기 위하여 양반에게도 군포를 징수하는 호포제(戶布制)를 실시하였다.
② 조선 인조는 영정법을 실시하여 종전 연분 9등제 하에서 풍흉에 따라 최대 20에서 최하 4두를 걷던 것을 풍흉에 관계없이 토지 1결당 쌀 4두를 거두었다.
③ · ⑤ 조선 영조 때 종전의 군적수포제에서 군포 2필을 부담하던 것을 1년에 군포 1필로 경감하는 균역법의 실시로 재정이 감소되어 그 부족분을 결작, 잡세, 선무군관포로 보충하였다.

정답 ④

암기 Plus

군정의 문란
- **족징** : 도망자나 사망자의 체납분을 친족에게 징수
- **인징** : 체납분을 이웃에게 징수
- **백골징포** : 죽은 사람에게 군포를 부과하여 가족이 부담
- **황구첨정** : 어린아이도 군적에 올려 군포 부과
- **강년채** : 60세 이상의 면역자에게 나이를 줄여 부과
- **마감채** : 병역 의무자에게 면역을 대가로 일수불로 군포 징수

군적수포제

16세기 중엽 방군수포제의 폐해가 극심해지자 군적수포제를 실시하여 병역의무자들에게 1년에 군포 2필만을 부담시키고 현역 복무를 면제받게 하였다(납포군).

4. 균역법(均役法)의 시행

(1) 균역 제도 개편의 배경

① **5군영의 성립** : 16세기 이후 모병제가 제도화되자 군역을 대신하는 수포군이 점차 증가

(수포군: 모병제의 제도화로 군포를 내는 것으로 군역을 대신함)

② **양역의 폐단 발생**

㉠ **군포의 중복 징수** : 장정 한 명에게 이중 삼중으로 군포를 부담하는 경우가 빈발

㉡ 군포 양의 불균등 및 면역(공명첩, 납속책) 증가, 부정부패 만연

③ 양역(良役)의 회피 증가, 군역에 대한 농민의 저항 발생

④ **양역변통론(良役變通論)의 대두** : 호포론(영조), 농병일치론(유형원) 등

(호포론: 호(戶)를 기준으로 포를 징수하자는 주장)

(2) 균역법(영조 26년, 1750)

① **내용** : 농민들의 군포 부과를 2필(군적수포제)에서 1년에 군포 1필(균역법)로 경감

② **부족분의 보충** : 부가세 징수

㉠ **결작** : 감소된 재정보충으로 지주에게 결작(토지 1결당 미곡 2두)을 부과

㉡ **선무군관포(選武軍官布)** : 일부 상층 양인에게 선무군관(選武軍官)이란 칭호를 주고 군포 1필 부과

(선무군관: 조선 후기 지방의 부유한 평민으로 조직되어 평상시에는 군관포를 내면서 무예를 익히다가, 유사시에는 소집되어 군졸을 지휘하는 군관)

㉢ **잡세** : 어장세 · 염세 · 선박세 등 잡세 수입으로 보충

③ **시행 결과**

㉠ 초기에는 일시적으로 군포 부담이 줄어 농민들의 저항도 다소 진정

㉡ 결작이 소작 농민에게 전가되어 부담이 증가하고, 다시 군정의 문란이 심해짐

㉢ **균역의 평준화** : 균역이 면제되었던 상류 신분층(양반 · 지주)에게도 군포와 결작을 부담

| 고급 | [2점]

밑줄 그은 '방법'의 시행 내용으로 옳은 것을 〈보기〉에서 고른 것은?

> 왕이 명정전에 나아가 전 · 현직 대신을 비롯한 여러 신하들을 불러 양역의 변통 대책에 대해 논의하면서 말하였다. "호포나 결포가 모두 문제점이 있으니, 이제는 1필로 줄이는 것으로 온전히 돌아갈 것이다. 경들은 1필을 줄였을 때 생기는 세입 감소분을 대신할 방법을 강구하라."

| 보기 |

ㄱ. 토지 1결당 쌀 2두의 결작을 부과하였다.
ㄴ. 양전 사업을 실시하여 지계를 발급하였다.
ㄷ. 선무군관에게 1년에 1필의 군포를 징수하였다.
ㄹ. 관리들에게 경기 지방에 한하여 과전을 지급하였다.

① ㄱ, ㄴ　② ㄱ, ㄷ　③ ㄴ, ㄷ
④ ㄴ, ㄹ　⑤ ㄷ, ㄹ

[균역법의 시행 내용]

암기공식

군포 2필을 1필로 경감 : 균역법 ⇒ 재정 부족 : 결작, 잡세, 선무군관포

| 정답 해설 |

제시된 자료는 조선 영조 때 시행된 균역법에 대한 내용이다. 종전의 군적수포제에서 군포 2필을 부담하던 것을 1년에 군포 1필로 경감하는 균역법의 실시로 재정이 감소되자 그 부족분을 결작, 잡세, 선무군관포로 보충하였다.

ㄱ. 감소된 재정을 보충하기 위해 지주에게 토지 1결당 쌀 2두의 결작을 부과하였다.

ㄷ. 일부 상층 양인에게 선무군관(選武軍官)이란 칭호를 주고 1년에 1필의 군포를 징수하였다.

| 오답 해설 |

ㄴ. 대한 제국은 근대적 토지 소유제도 마련을 위해 양지아문을 설치하여 양전사업을 실시하고, 지계아문에서 지계(토지증서)를 토지 소유자에게 발급하였다.

ㄹ. 고려 공양왕은 과전법을 시행하여 경기 지방에 한하여 관리들에게 과전을 지급하였다.

정답 ②

2 경제 생활의 향상

1. 농민 경제의 변화

(1) 수취 체제 한계

① 수취 체제의 개편으로 농촌 사회가 18세기에 이르러 안정되는 듯하였으나, 이는 결국 '양반 중심의 지배 체제 유지'에 목적이 있었기에 한계가 존재

② 이러한 현실에서 농민들은 생존을 위해 농업에서의 자구책을 마련하기 위해 노력

(2) 농업 생산력의 증대

① **농경지 확충** : 황폐한 농토의 개간 등

② **수리 시설 복구와 관리**

㉠ 농민은 스스로 보(洑)를 설치 → 농업용수를 저장·관리하는 수리시설에 관한 규정

㉡ 제언사를 설치(현종)하고 제언절목을 반포(정조)하여 국가에서 저수지 관리

③ **시비법 개량** : 퇴비 · 분뇨 · 석회 등의 거름 종류 및 거름 주는 방법을 다양하게 개발

④ **새로운 영농 방법 도입** : 농법 개량의 결과 생산력이 증대하고 농업 경영이 전문화 · 다양화됨

⑤ **농기구의 개량**

㉠ 18세기 이후 철제 수공업이 발달하면서 여러 농기구 제작

㉡ 쟁기 · 써레 · 쇠스랑 · 호미 등이 널리 사용

㉢ 논농사에서는 소를 이용한 쟁기의 사용이 보편화되어 생산력이 증대

⑥ **농업 경영 방식 변화**

㉠ **모내기법(이앙법) 보급**

- 단위 면적당 경작 노동력이 80% 정도 감소
- 농민 1인당 경작 면적이 종래보다 5배 정도 증가
- 이앙법 실시로 광작이 발생(→ 부농의 등장)

㉡ **부농**

- **지주형 부농** : 지주들도 직접 경작하는 토지를 확대(→ 대토지 소유 문제 대두)
- **경영형 부농** : 자작농은 물론 일부 소작농도 더 많은 농토를 경작하여 재산 증식(→ 임노동자 고용, 농민 계층의 분화)

⑦ **상품 작물의 재배**

㉠ 18세기에는 인삼, 목화, 고추, 약초, 과일 등의 작물을 재배하여 시장에 팔아 가계 수입 증가

㉡ 인삼은 개성을 중심으로 16세기부터 본격적으로 재배되어 18세기 삼남 지방으로 확대

(3) 지대(地代)의 변화

① **배경**

㉠ 소작 농민들은 더 유리한 경작 조건을 얻기 위하여 지주에게 소작쟁의를 벌임

㉡ 이러한 과정에서 소작권을 인정받고, 소작료 부담도 일정 정도 완화

② **타조법(打租法)** : 전기~후기

㉠ 소작인이 지주에게 수확의 반(半)을 바침(정률지대)

㉡ **농민에게 불리** : 전세 · 종자 · 농기구를 농민이 부담

㉢ **지주에게 유리** : 지주 · 전호의 예속관계, 지주 전호제 심화

암기 Plus

양반들의 경제 생활

- 소작료 소득 경제 기반을 유지 · 확대
- 토지에서 생기는 수입으로 다른 토지 매입에 열중
- 물주(物主)로서 상인에게 자금을 대거나 고리대로 부를 축적
- 이러한 경제적 변동에 적응하지 못하여 몰락하는 양반(잔반)도 발생

씨 뿌리는 방법 개선

- **논농사** : 직파법에서 이앙법으로 전환(15세기), 이앙법의 일반화 · 확대(17세기 이후)
- **밭농사** : 농종법(壟種法)을 견종법(畎種法)으로 바꿈

이앙법의 이점

이앙(移秧)을 하는 것은 세 가지 이유가 있다. 김매기의 노력을 더는 것이 첫째요, 두 땅의 힘으로 하나의 모를 서로 기르는 것이 둘째이며, 좋지 않은 것은 솎아 내고 싱싱하고 튼튼한 것을 고를 수 있는 것이 셋째이다. 어떤 사람들은 큰 가뭄을 만나면 모든 노력이 헛되어 버리니 위험하다고 하나 그렇지 않다.

-「임원경제지」-

상품 작물의 전래

- 일본에서 17세기 담배가, 18세기 고구마가 전래되어 재배됨
- 청에서 19세기 감자가 전래되어 재배됨

지주 전호제

- **토지 확대와 지주 전호제의 일반화** : 양반은 토지를 확대하고 이를 소작 농민에게 소작료를 받고 임대하는 지주 전호제가 18세기 말 일반화됨
- **지주 전호제의 변화**
  - **초기** : 양반과 지주라는 지위를 이용하여 소작료 등의 부담을 마음대로 강요
  - **변화 계기** : 상품 화폐 경제가 발달되면서 소작인의 저항이 심해지자 소작권을 인정하고 소작료도 낮추는 추세가 나타남
  - **후기** : 지주와 전호 사이의 신분적 관계보다 경제적인 관계로 바뀌어 감

• 지주의 간섭이 심하여 농민의 자유로운 영농이 제약
• 소작료 외에 사적 노역을 감당하기도 했으며, 소작료가 임의로 책정되기도 함

③ **도조법(賭租法)** : 후기에 보급

㉠ 농민들의 항조 투쟁의 결과 18세기에 일부 지방에서 등장(→ 전기의 타조법이 후기에도 일반화되어 있었으나 후기에 도조법의 비중이 점차 증가)

→ 지주가 농지를 대여해 주고 그 대가로서 추수기에 수확량의 절반을 징수하던 소작제도

㉡ 일정 소작료(대개 수확량의 1/3)를 납부(정액 지대)

㉢ **소작인에게 유리** : 지주 · 전호의 계약 관계, 지주제 약화

• 전호의 자유로운 농업경영(→ 소작농이라도 상품 작물을 재배하거나 소작권을 인정받음)
• 소작료의 일정 액수만 내는 농민 중에 토지를 개간 · 매입하여 지주가 되기도 함
• 도지권(賭地權)의 매매 · 양도 · 전매 가능(→ 자본주의 맹아)

→ 자본주의 맹아론 : 일제의 조선 정체성론을 반박하기 위한 견해로, 자본주의의 태동을 말함

④ **도전법(賭錢法)** : 18세기 말 이후 상품 화폐 경제가 진전되면서 소작료도 금납제(金納制)로 이행되었는데, 이는 소작농의 농업 경영을 보다 자유롭게 해 주는 기반이 됨

→ 조세나 소작료를 돈으로 납부하는 제도

암기 Plus

계층 분화의 촉진

농업의 모내기법과 광작, 수공업의 납포장과 선대제 수공업, 상업의 객주와 상인 물주 등

(4) 몰락 농민의 증가

① **토지의 상품화** : 부세의 부담, 고리채, 관혼상제 비용 등으로 헐값에 토지를 내놓고 양반 관료 · 토호 · 상인은 이를 매입(→ 이런 현상은 상품 화폐 경제가 발달하면서 더욱 가속화)

② **농민의 이농(離農) 현상** : 광작의 보급으로 소작 농민들은 소작지를 잃기는 쉬워지고 얻기는 더욱 어려워짐(→ 농민은 농촌을 떠나거나 품팔이로 생계를 유지)

③ **농민 계층의 분화** : 농촌을 떠난 농민은 도시로 가 상공업에 종사하거나 광산이나 포구의 임노동자가 됨(→ 이 시기에 광산 · 포구 등에는 새로운 도시가 형성)

기출문제 | 고급 | [3점]

(가)에 들어갈 답변으로 적절한 것을 〈보기〉에서 고른 것은?

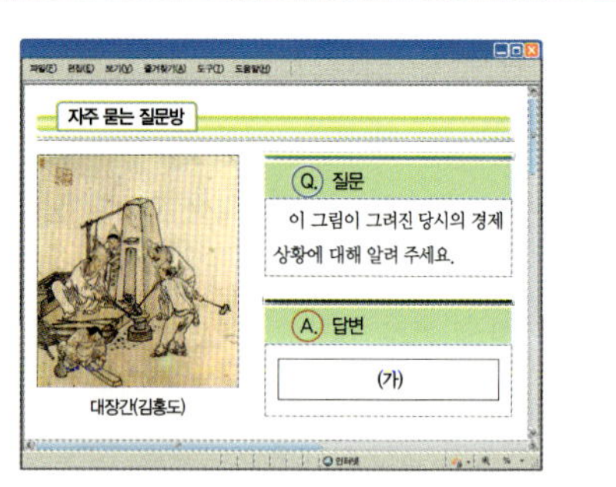

자주 묻는 질문방
Q 질문
이 그림이 그려진 당시의 경제 상황에 대해 알려 주세요.
A 답변
(가)

대장간(김홍도)

보기

ㄱ. 목화가 중국에서 들어와 재배되기 시작하였습니다.
ㄴ. 지대의 액수를 정해서 납부하는 도조법이 확산되었습니다.
ㄷ. 벼농사에서 이앙법이 널리 퍼지면서 광작이 유행하였습니다.
ㄹ. 전세는 풍흉에 따라 9등급으로 나뉘어 농민들에게 부과되었습니다.

① ㄱ, ㄴ ② ㄱ, ㄷ ③ ㄴ, ㄷ
④ ㄴ, ㄹ ⑤ ㄷ, ㄹ

[조선 후기의 경제 상황]

암기공식
풍속화 유행, 도조법 확산, 광작 유행 ⇒ 조선 후기

| 정답 해설 |

조선 후기에는 김홍도와 신윤복을 중심으로 일상적인 삶의 모습을 그린 풍속화가 유행하였다.

ㄴ. 조선 후기에는 수확량의 반을 지대로 납부하던 타조법에서 지대의 액수를 정해서 납부하는 도조법이 확산되었다.
ㄷ. 조선 후기에는 벼농사에서 이앙법이 널리 퍼지면서 노동력 절감과 생산량이 증대하였고 경작지의 면적이 넓어지는 광작이 유행하였다.

| 오답 해설 |

ㄱ. 고려 말 공민왕 때 문익점이 원에서 목화씨를 들여와 목화 재배가 시작되면서 의생활이 크게 변화하였다.
ㄹ. 조선 전기 세종 때 전세를 풍흉의 정도에 따라 차등 부과하는 연분9등법과 토지의 비옥도에 따라 차등 부과하는 전분9등법을 시행하였다.

정답 ③

2. 민영 수공업의 발달

(1) 관영 수공업의 쇠퇴

① 상품 화폐 경제의 발달과 사상(私商)의 대두

② **부역제의 변동** : 16세기 전후로 장인들의 등록 기피로 공장안에 의한 장인의 무상 징발이 어려워짐

③ **정부의 재정 악화** : 관영 수공업 체제의 유지가 곤란

(2) 민영 수공업의 발달

① **공장안 폐지(신해통공, 1791)** : 정조 때 장인의 등록제를 폐지하여 장인세만 부담하면 납포장으로서 자유롭게 물품 생산 가능

② **민간 수요와 관수품의 수요 증가** : 민영 수공업을 통해 증가하는 수요를 충족

③ **전문 생산 체제** : 민간 수공업자의 작업장은 흔히 점(店)으로 불림(철점, 사기점 등)

④ **도시 중심 발달** : 도시를 중심으로 발달하였지만 점차 농촌에서도 나타남

(3) 수공업 형태의 변화

① **선대제(先貸制) 수공업**

㉠ 민간 수공업자들은 대부분 공인이나 상인에게 주문과 함께 자금과 원료를 미리 받아서 제품을 생산

㉡ **결과** : 이로 인하여 수공업자들은 상업 자본에 예속되어 독자적 제품 생산 · 판매가 어려워짐

② **독립 수공업자의 등장**

㉠ 18세기 후반에 이르러 독자적으로 제품을 생산 · 판매하는 수공업자가 등장

㉡ 수공업자들의 독립 현상은 주로 놋그릇 · 농기구 · 모자 · 장도 분야에서 두드러짐

3. 광업의 발달

(1) 광산 경영의 변화

① **초기(15세기)** : 정부가 광산을 독점하여 사적인 광산 경영은 통제

② **16세기** : 농민들은 광산에 강제 부역 동원을 거부하기 시작함

③ **17세기**

㉠ 광산 개발 촉진, 특히 청과의 무역으로 은광(銀鑛)의 개발이 활기(→ 잠채 성행) (잠채: 광물을 몰래 채굴하거나 채취함)

㉡ **사채(私採) 허용** : 17세기에 이르러 설점수세법(→ 별장을 파견)을 실시하여 민간의 사채를 허가하고 정부에서 수세를 독점

㉢ 민간인의 광물 채굴이 어느 정도 가능해짐(→ 민영 광산의 발달 계기)

④ **18세기**

㉠ **수령수세** : 수세하는 은점(銀店)이 줄어 수령이 직접 설점수세를 관할 (은점: 은광을 채취 · 제련하던 곳)

㉡ **상업 자본의 광산 경영(덕대제)** : 18세기 중엽부터 상업 자본이 광산 경영에 참여하면서 금광의 개발이 더욱 활발

㉢ 18세기 후반부터는 민간인의 자유로운 광물 채광의 허용으로 광업이 활기를 띰

(2) 조선 후기의 광산 경영

① **덕대(德大)** : 경영 전문가인 덕대가 상인 물주에게 자본을 조달받아 채굴업자와 채굴 노동자 등을 고용하여 광물을 채굴하고 제련하는 것이 일반적

② **협업 체제** : 작업 과정은 분업에 토대를 둔 협업(協業)으로 진행

암기 Plus

납포장(納布匠)

자신이 만든 제품을 판매하고 그에 대한 세금으로 국가에 베(布)를 내던 수공업자를 말한다. 주로 지방의 유철장 · 수철장 · 주철장을 가리키는 말이다.

농촌 수공업의 발달

- 전기의 자급자족 수준에 머물지 않고 전문적으로 상품을 생산하는 농가 등장
- 주로 옷감(직물)과 그릇 종류를 생산

설점수세제(효종, 1651)

민간인들이 금광 · 은광을 경영하는 것을 허가하고 그 대가로 세금을 거두는 것을 말하며, 실시 목적은 악화되고 있던 국가 재정을 보충하고 중국과의 무역을 활성화하는 것이었다.

광업의 발달 배경

- 민영 수공업의 발달에 따라 원료인 광물의 수요가 급증
- 청과의 무역 등으로 은광 개발이 촉진되고 18세기 말부터 금광의 개발도 활발
- 광산의 개발은 이득이 많았기 때문에 몰래 채굴하는 잠채(潛採)도 성행

| 고급 | [2점]

다음 자료에 나타난 시기의 경제 상황으로 옳지 않은 것은?

> 평안도에서는 …… 설점(設店)한 이후에 간사한 백성들이 때를 틈타 이익을 다투어 사사로이 잠채(潛採)하고 있다. 설점한 고을이 아니더라도 잠채하지 않는 곳이 없다. 묘지나 논밭을 가리지 않고 굴을 뚫고 땅을 파헤쳐서, 마을이 소란스러워짐이 말로 다할 수 없다. 쌀값이 크게 오르고 도둑질이 끊이지 않으며, 농사를 짓던 농민들도 생업을 팽개치고 이익을 좇는다.

① 상평통보가 시장에서 유통되었다.
② 강희맹이 농서인 금양잡록을 저술하였다.
③ 보부상이 장시를 돌아다니며 활동하였다.
④ 송상, 만상이 대청 무역으로 부를 축적하였다.
⑤ 왜관에서 개시 무역과 후시 무역이 이루어졌다.

[조선 후기의 경제 상황]

암기공식
설점, 잠채, 덕대 ⇒ 조선 후기 : 광산의 민영화

| 정답 해설 |
조선 후기에는 민영 광산을 허용하여 세금을 걷기 위해 설점(設店)을 설치하였고, 농민이 광산에 몰리는 것을 막기 위해 공개적 채취를 금하자 잠채(潛採)가 성행하였다. 강희맹이 농서인 금양잡록을 저술한 것은 조선 전기 성종 때의 일이다.

| 오답 해설 |
① 상평통보는 조선 후기 숙종 때 허적 · 권대운 등의 주장으로 다시 주조되어 서울과 서북 일대에서 유통되었으며, 이후 전국적으로 확산되었다.
③ 조선 후기에는 장시가 발달하여 보부상들이 일용 잡화나 농 · 수산물, 수공업 제품, 약재 등을 장시를 통해 판매 · 유통하였다.
④ 조선 후기 상업의 발달로 사상(私商)이 등장하였고, 송상과 만상은 대청 무역을 통해 부를 축적하였다.
⑤ 조선 후기에는 왜관에서 공무역인 개시(開市) 무역과 사무역인 후시(後市) 무역이 이루어졌다.

정답 ②

암기 노트

조선 시대 광산 경영의 변화

15세기	정부의 광산 독점으로 사적인 광산 경영 통제
16세기	농민들이 광산으로의 강제 부역을 거부하기 시작함
17세기	청과의 무역으로 은광 개발이 활기, 설점수세, 국가의 감독 아래 허가를 받은 민간인이 광산 채굴
18세기	호조의 수세 독점, 덕대제, 수령이 수세 관리, 잠채 성행, 정부의 감독 없이 민간인의 자유로운 채광 허용

암기 Plus

상업 활동의 변화
- 전기 국가 통제 중심에서 벗어나 후기 사경제가 발달함
- 유통 경제의 활성화
- 부세 및 소작료의 금납화로 상품 화폐 경제가 더욱 진전
- 계층의 분화

3 상품 화폐 경제의 발달

1. 사상(私商)의 성장

(1) 공인(貢人)

① **의의** : 대동법이 실시되면서 나타난 어용상인으로, 관청에서 공가(貢價)를 미리 받아 필요한 물품을 사서 납부 (공가(貢價): 나라에 바치던 공물의 값)

② **공계(貢契)** : 관청별로 또는 물품별로 공동 출자를 해서 계(契)를 조직하고 상권 독점

③ **결과** : 납부할 물품을 수공업자에게 위탁하여 수공업의 성장을 뒷받침

④ **성장** : 특정 물건에 대한 독점력을 갖게 되어 독점적 도매 상인인 도고[都賈]로 성장 (도고: 상품의 매점매석을 통해 이윤의 극대화를 노린 상행위 또는 상인과 그 조직)

(2) 사상(私商)

① **등장** : 17세기 초 도시 근교의 농어민이나 소규모의 생산자 등

② **억제** : 국가의 허가를 받지 않고 상업에 종사하는 난전이므로 적극적 상행위 곤란하였고, 특히 시전상인의 금난전권으로 위축되기도 함

③ **시전(市廛)과의 대립** : 17세기 후반 사상들은 보다 적극적인 상행위로 종루 · 이현 · 칠패 등에 근거지를 마련하고 종래의 시전과 대립

④ **상권의 확대** : 새로 점포를 열거나, 금난전권이 적용되지 않는 길목으로 상권 확대
⑤ **성장** : 사상의 성장을 더 막을 수 없어 국가에서 금난전권의 철폐(신해통공, 1791)한 후 성장이 가속화되어 일부는 도고로 성장

송상과 강상

개성상인(송상)	경강상인(강상)
• 전국에 상권을 확대해 송방(지점)을 설치	• 한강과 서남해안을 무대로 활동
• 인삼을 직접 재배 · 가공하여 판매(상업적 농업)	• 미곡, 소금, 어물 등의 운송과 판매를 장악
• 상거래 장부를 기입(송도사개부기)	• 선박의 제조와 판매 등 조선업에도 진출
• 청과 일본과의 중계무역 등 대외 무역에도 깊이 관여	• 운송업(대동미 운송)에 종사하면서 거상으로 성장

2. 장시(場市)의 발달

(1) 성립과 발전
① 15세기 말 남부 지방에서 시작하여 18세기 중엽에는 전국에 1,000여 개소가 개설
② 조선 후기 전국적으로 발달한 장시를 토대로 사상이 성장
③ 보통 5일마다 정기 시장 개설
④ 지역적 상권 · 상업 중심지로 자리 잡고 이윤을 확대

(2) 보부상(褓負商)
① 농촌의 장시를 하나의 유통망으로 연계시킨 상인
② 생산자와 소비자를 이어 주는 역할을 한 행상으로서, 장날을 이용하여 활동
③ 자신들의 이익을 지키고 단결하기 위하여 보부상단(褓負商團)이라는 조합을 구성

3. 포구에서의 상업 활동

(1) 포구(浦口)의 성장
① **배경** : 물화의 대부분이 수로로 운송되었으며, 18세기에 이르러 교통과 운송의 중심지로 성장
② **상업 중심지** : 포구에서의 상거래는 장시보다 규모가 컸음, 상거래의 연계(인근 포구 간이나 인근의 장시와 연계)

(2) 선상(船商) · 객주(客主) · 여각(旅閣)
① **유통권의 형성**
㉠ **선상 · 객주 · 여각** : 포구를 거점으로 상행위를 하는 대표적인 상인
㉡ **포구의 장시** : 칠성포 · 강경포 · 원산포 등의 포구에서는 장시가 열리기도 함
② **선상(경강상인)** : 선상의 활동이 두드러지면서 전국의 포구가 하나의 유통권을 형성해 감(→ 선박을 이용해서 각 지방의 물품을 구입한 후 포구에서 처분)
③ **객주(客主) · 여각(旅閣)** : 물화가 포구에 들어오면 매매를 중개하고, 운송 · 보관 · 숙박 · 금융 등의 영업도 함(→ 객주와 여각은 지방의 큰 장시에도 존재)

암기 Plus

사상의 활동
• 도고 활동은 주로 칠패 · 송파 등 도성 주변에서 행해졌지만, 그 외 지방도시로 확대
• 지방의 장시를 연결하면서 물품을 교역하고, 각지에 지점을 두어 상권을 확장
• **대표적 사상** : 개성의 송상, 경강상인, 의주의 만상, 동래의 내상 등

보부상
부보상이라고도 하며 보상과 부상으로 나뉜다. 보상은 귀금속 등을 이용한 세공품, 문방구 등 부피가 작고 가격이 비싼 물건들을 보자기(褓)에 싸서 들거나 메고 다녔다. 부상은 나무 그릇이나 토기 등 부피가 크고 조잡한 물건들을 지게에 지고(負) 다녔다.

암기 Plus

청과의 국경 무역
- 개시(開市) : 공인된 무역 장소로, 인조 때 최초의 중강개시(中江開市)가 공인
- 후시(後市) : 밀무역으로, 책문 후시(柵門後市)가 가장 활발
- 종사 상인 : 의주의 만상(灣商)은 대중국 무역을 주도하면서 재화를 축적
- 중계 상인 : 개성의 송상(松商)

중계 무역의 폐해
- 사치품의 수입이 많고 수출품에 은과 인삼이 많아 국가 재정기반이 약화되고 민생이 피폐
- 많은 인삼 수출로 국내 약용인삼이 부족

화폐 유통의 영향
- 긍정적 영향 : 상품 유통 촉진에 기여
- 부정적 영향
  - 지주나 대상인들이 화폐를 재산 축적 수단으로 이용(→ 발행량이 늘어나도 유통화폐가 부족한 전황 현상이 초래됨)
  - 전황으로 인한 화폐의 부족은 고리대로 이어져 농민의 피해가 극심

4. 중계 무역의 발달

(1) 청과의 무역

① **국경 무역** : 17세기 중엽부터 활발, 국경 지대를 중심으로 개시(공무역)와 후시(사무역)가 동시에 이루어짐

② **교역품**

㉠ **수출품** : 은 · 종이 · 무명 · 인삼 등

㉡ **수입품** : 비단 · 약재 · 문방구 등

(2) 일본과의 무역

① **발달** : 17세기 이후 관계가 정상화되면서 왜관 개시(공무역)를 통해 활발하게 전개

② **종사 상인** : 동래의 내상(萊商)이 왜와의 해상 무역을 주도

③ **중계 상인** : 송상(松商)은 인삼 교역을 목적으로 내상과의 중계 무역에 종사

④ **수출품** : 조선은 인삼 · 쌀 · 무명 등을 팔고, 청에서 수입한 물품들을 넘겨주는 중계 무역

⑤ **수입품** : 은 · 구리 · 황 · 후추 등을 수입하고, 은을 다시 청에 수출

5. 화폐 유통

(1) 화폐의 확대 · 보급

① 상공업이 발달하고 대동미와 기타 세금, 지대 등을 전화(錢貨)로 대납하는 것이 가능해짐

② 교환 수단인 동시에 재산 축적의 수단으로 이용됨

③ 18세기 후반부터 동광 개발이 활발히 추진되어 원료인 구리 공급이 용이

④ 정부도 각 기관으로 하여금 동전의 발행을 권장

⑤ 동전 발행에 대한 통제가 해이해지면서 사적으로 주조하는 경우도 발생

(2) 동전(銅錢)과 신용 화폐(信用貨幣)

① **동전의 유통**

㉠ **배경** : 상공업이 발달에 따른 교환의 매개

㉡ **경과** : 인조 때 동전을 주조하여 개성을 중심으로 통용, 효종 때는 이를 널리 유통

㉢ **용도** : 18세기 후반부터는 세금과 소작료도 동전으로 대납, 상평통보로 물건 구매

② **신용 화폐의 보급**

㉠ 대규모 상거래에서는 동전의 사용이 불편하여 환(換) · 어음 등의 신용 화폐 보급

㉡ 상품 화폐 경제가 발달하면서 신용 화폐가 점차 증가

폐전론의 대두

전황문제가 심각해지고 전화가 고리대의 수단으로 이용되면서 일부 실학자들은 전화의 보급에 대하여 부정적인 시각을 보이기도 했는데, 특히 중농학자인 이익은 「곽우록」에서 화폐가 고리대로 이용되는 폐단을 지적하여 폐전론을 주장하기도 하였다.

3장 사회의 변화

❶ 신분 제도의 동요

1. 양반층의 분화

(1) 양반층의 분화의 원인

① 조선 후기 붕당 정치의 변질로 인한 양반 상호간의 정치적 갈등

② 권력을 장악한 일부 양반을 제외한 많은 양반의 몰락

(2) 계층적 분화

㉠ **벌열 양반(권반)** : 지역 사회에서 권세 있는 양반으로 사회 · 경제적 특권을 독차지, 대부분 중앙과 연결되어 있음

㉡ **향반(토반)** : 향촌 사회에서 겨우 위세를 유지하고 있는 양반

㉢ **몰락 양반(잔반)** : 평민과 다름없는 처지의 양반

- 자영농 · 소작 전호화, 상업 · 수공업에 종사하거나 임노동자로 전락하기도 함
- 서학 · 동학 등에 관심을 갖게 됨, 현실 비판적, 민중 항거자로 기능

2. 중간 계층의 신분 변동

(1) 중간 계층에 대한 사회적 차별과 역할 제약

① **서얼(庶孼)** → 양반의 자손 가운데 첩의 소생을 이르는 말로 양인 첩의 자손은 서(庶), 천인 첩의 자손은 얼(孼)에 해당함

㉠ 인구 비중은 높았으나 성리학적 명분론에 의해 과거 응시나 사회 활동 등에 제약이 따름

㉡ 서얼차대법에 따라 문과 응시가 금지됨(→ 무과 · 잡과는 가능), 관직의 종류와 승진에 제한이 따름(→ 한품서용제)

② **중인층**

㉠ 낮은 인구 비중에 비해 사회적 역할이 컸음에도 고위직으로의 진출이 제한

㉡ 법제상 문 · 무과 응시가 가능하나 실제로는 서얼과 같이 천대받음, 청요직 임명에 제약이 따름

(2) 신분 상승의 추구

① 서얼

㉠ **제약의 완화** : 임진왜란 이후 정부의 납속책 · 공명첩 등으로 서얼의 관직 진출 증가

(납속책 → 군량 및 재정의 부족을 보충하기 위해서 천한 신분을 면해 주거나 관직을 주는 것)

(공명첩 → 나라의 재정을 보충하기 위하여 부유층에게 돈이나 곡식을 받고 팔았던 명예직 임명장)

㉡ **허통(許通) 운동** : 신분 상승을 요구하는 서얼의 상소 운동으로 18~19세기에 활발히 전개

- 통청윤음(영조 48, 1772)으로 서얼의 삼사 청요직 임명이 가능하게 됨
- 정유절목(정조 1, 1777)에 따라 허통의 범위가 크게 확대(→ 유득공 · 박제가 · 이덕무 등이 규장각 검서관으로 등용되기도 함)
- 신해허통(철종 2, 1851)으로 완전한 청요직 허통이 이루어짐

㉢ **영향** : 기술직 중인에게 자극을 주어 통청 운동이 전개됨

암기 Plus

양반층 분화의 배경

- **양반의 분화** : 붕당 정치의 변질 및 일당 전제화의 경향(→ 자기 도태 현상)은 다수 양반들이 몰락하는 계기로 작용
- **경제 구조의 변화** : 농업 생산력의 발달, 상품 화폐 경제의 진전, 상공업의 발달 등(→ 신분 변동이 가속화)
- **사회 계층 구성의 변화** : 경영형 부농, 상업 자본가, 임노동자, 독립 수공업자 등이 출현

▲ 풍속화
(자리를 짜는 몰락 양반의 모습)

청요직(淸要職)

조선 시대 관리들이 선망하는 홍문관 · 사간원 · 사헌부 등의 관직을 말한다. 청요직 출신은 판서나 정승으로 진출하는 데 유리하였다.

암기 Plus

역관

통역을 담당한 역관들은 사신들을 수행하여 중국 등을 오가며 밀무역을 통해 재산을 쌓아 양반 못지않은 경제력을 소유하고 있었으며 풍부한 실무 경험을 갖고 있었다. 조선 후기 신분 해방을 위해 적극적으로 나선 이들은 근대화에도 중요한 역할을 하였는데, 대표적인 인물로는 개화파의 형성에 영향을 미친 오경석이 있다.

상품 작물

조선 전기의 농업은 쌀이나 보리 등 주식이 되는 곡물 위주로 이루어졌다. 그러다가 조선 후기에 이르러 인삼, 담배, 약재, 목화, 삼 등의 특용 작물의 재배가 활발해졌는데, 이렇게 시장에서 매매되기 위한 목적으로 재배되는 농작물을 상품 작물이라고 한다. 쌀도 상품화되어 시장에서 매매되었으며 경영형 부농은 상품 작물을 통해 부를 축적하였다. 상품 작물은 조선 후기 시장의 활성화 및 경영형 부농층의 형성과 농민의 분화에 큰 영향을 미쳤다.

신분 구조에 대한 저항

- 신분 상승 노력
  - 군공 및 납속으로 신분 상승을 추구
  - 공노비를 종래의 입역 노비에서 신공을 바치는 납공 노비로 전환시킴
- 노비의 도망
  - 납공 노비 등의 도망 확산, 잔존 노비의 신공 부담 증가
  - 정부는 신공을 줄여주고, 도망자를 찾아내려 하였으나 큰 성과를 거두지 못함

② 중인

㉠ **신분 상승 운동의 전개 배경** : 조선 후기의 사회 · 경제적 변동, 서얼의 신분 상승 운동, 기술직 종사로 축적된 재산과 풍부한 실무 경험

㉡ **통청 운동**

- **전개** : 중인도 청요직에 오를 수 있도록 해 줄 것을 요구
- **결과와 의의** : 성공하지 못하였으나 이를 통해 전문직으로서의 역할을 부각

㉢ **역관의 역할** : 대청 외교 업무에 종사하면서 서학을 비롯한 외래 문화 수용에 선구적 역할을 수행하여 새로운 사회의 수립을 추구

3. 농민층의 분화

(1) 부농과 임노동자

① 부농

㉠ 영농 방법 개선과 광작 경영 등을 통해 부를 축적한 부농 출현

㉡ **새로운 지주들의 신분 상승 추구** : 군역을 면하고 경제 활동에서 편의를 제공받을 수 있는 양반이 되고자 함

- 재력을 바탕으로 공명첩을 사거나 족보를 위조
- 경제력으로 양반 신분을 사들인 농민들은 자신의 영향력을 키워 나가고자 함
- 양반의 수는 증가하고 상민 · 노비의 수는 감소

② 임노동자

㉠ **배경** : 이앙법의 확대와 상품 화폐 경제의 발달 등으로 인해 농민의 계층 분화 발생

㉡ **국가의 고용**

- 16세기 중엽 이래 부역제가 해이해지면서 고용
- 17~18세기에는 노동력 동원이 어려워져 임노동자 고용이 일반화됨

㉢ **부농층의 고용** : 가족 노동력만으로는 경영이 어려운 부농층에서 고용

(2) 상민 감소의 문제점과 대책

① **문제점** : 조세 및 군역 부담자가 감소하여 국가 재정이나 국방에 지장을 초래

② **대책** : 노비 해방 · 신분 상승을 통해 상민 수를 늘림

4. 노비의 해방

① **일천즉천의 법제 폐지** : 현종 10년(1669) 해당 법제를 폐지하고 종모법(從母法)으로 개정

② **노비 종모법의 정착** : 영조 7년(1731) 노비 종모법(아버지가 노비라도 어머니가 양민이면 양민으로 삼음)을 확정 · 시행

③ **공노비 해방** : 순조 원년(1801)에 중앙 관서의 노비 6만 6,000여 명을 해방

④ **노비 세습제의 폐지** : 고종 23년(1886) 폐지

⑤ **사노비 해방** : 갑오개혁(1894)으로 공 · 사노비가 모두 해방됨(→ 법제상 노비 신분의 소멸)

기출문제 | 고급 | [1점]

(가)에 대한 설명으로 옳은 것을 〈보기〉에서 고른 것은?

> 지난 을축년 영중추부사 이원익이 정승으로 있을 때에, …… (가) 의 관직 진출을 허용하도록 정하였습니다. 양첩 소생은 손자 대에 가서 허용하고, 천첩 소생은 증손 대에 가서 허용하며, 과거에 급제한 뒤에는 요직은 허용하되 청직은 허용하지 않는 것으로 임금님의 재가를 받았습니다. …… 지금부터는 전교하신 대로 재능에 따라 의망(擬望)*하는 것이 어떻겠습니까?
>
> *의망: 관직 후보자를 추천하는 것

보기
ㄱ. 화척, 양수척 등으로 불렸다.
ㄴ. 수차례 통청 운동을 전개하였다.
ㄷ. 규장각 검서관에 등용되기도 하였다.
ㄹ. 차별 철폐를 위해 조선 형평사를 조직하였다.

① ㄱ, ㄴ ② ㄱ, ㄷ ③ ㄴ, ㄷ
④ ㄴ, ㄹ ⑤ ㄷ, ㄹ

[서얼의 신분 상승]

암기공식
규장각 검서관에 등용, 통청 운동 전개 ⇒ 서얼

| 정답 해설 |
서얼은 양반의 자손 가운데 첩의 소생을 이르는 말로 양첩의 자제는 서자, 천첩의 자제는 얼자라고 하였다.
ㄴ. 조선 후기 서얼은 청요직 진출을 요구하는 집단 상소를 올려 통청 운동을 전개하였다.
ㄷ. 정조는 박제가, 이덕무, 유득공 등 능력 있는 서얼을 등용하여 규장각 검서관으로 임명하였다.

| 오답 해설 |
ㄱ. 화척은 도축업에 종사하는 사람이고, 양수척은 짐승 가죽으로 공예품을 만드는 사람으로 모두 고려 시대의 백정을 의미한다.
ㄹ. 백정들은 갑오개혁에 의해 법제적으로는 권리를 인정받았으나, 사회적으로는 오랜 관습 속에서 계속 차별을 받았다. 이에 이학찬을 중심으로 한 백정들은 진주에서 차별 철폐를 위해 조선 형평사를 조직하였다.

정답 ③

2 사회 구조의 변화

1. 가족 및 혼인 제도

(1) 17세기 중엽 이후(조선 후기) 가족 제도의 변화

① **친영(親迎) 제도의 정착** : 성리학적인 영향으로 부계 중심의 가족 제도가 확립되면서 혼인 후 곧바로 남자 집에서 생활
② 장자 우선 상속 및 제사의 장자 부담(장자 중심 봉사) 정착
③ 아들이 없는 경우 양자를 들이는 것이 일반화
④ 부계 중심의 가족 제도 강화, 부계 위주의 족보 편찬
⑤ 종중(宗中) 우선의 인식, 동성 마을의 형성
⑥ 가족 제도를 유지하기 위한 윤리 덕목으로 효와 정절 강조(→ 효자나 열녀를 표창)
⑦ 가족 제도가 사회 질서를 지탱하는 버팀목 역할을 수행
⑧ 과부의 재가 금지

(2) 혼인 제도의 변화

① **일부일처제와 첩** : 일부일처를 기본으로 하였지만 남자들은 첩을 들일 수 있었음
② **적(嫡)·서(庶)의 엄격한 구분** : 서얼의 문과 응시 금지, 제사나 재산 상속 등에서의 차별
③ **혼인 결정권** : 대개 집안의 가장이 결정, 법적으로 남자 15세·여자 14세면 혼인 가능

암기 Plus

조선 중기의 가족 제도
- **남귀여가혼(男歸女家婚) 존속** : 혼인 후에 남자가 여자 집에서 생활하는 경우가 존재
- **자녀 균분 상속의 관행** : 대를 잇는 자식에게 상속분의 1/5을 더 주는 것 외에는 균분
- 제사의 자녀 분담(윤회 봉사)

④ 친영 제도의 정착

2. 인구의 변동

(1) 호구 조사의 실시

① **목적** : 국가 운영에 필요한 인적 자원 파악

② **호적 대장** : 원칙적으로 3년마다 작성, 호적 대장에 기록된 인구를 근거로 공물과 군역 등을 부과

(2) 인구의 분포

① **인구의 거주** : 경상도 · 전라도 · 충청도의 하삼도에 전 인구의 50%, 경기도 · 강원도에 20%, 평안도 · 황해도 · 함경도에 30% 정도가 거주

② **한성의 인구** : 세종 때에 이미 10만 명 이상이 거주, 양난을 겪으면서 조금 줄어들었으나 18세기에 들어와서는 20만 명을 넘음

3. 양반의 지배력 약화

(1) 신분제의 동요와 양반의 지배력 약화

① **향촌 사회에서의 양반**

㉠ 양반은 족보를 만들어 가족 전체가 양반 가문으로 행세

㉡ 청금록과 향안에 등록하여 양반의 신분을 확인받음

㉢ 양반들은 촌락 단위의 동약을 실시하거나 족적 결합(族的結合)을 강화

㉣ 향회를 통해 향촌 사회의 여론을 이끌고 유교적 향약을 강요하여 농민을 지배

② **양반의 지배력 약화** : 조선 후기 신분의 상하 변동이 촉진되면서 향촌 사회 내부에서의 양반의 권위가 하락

(2) 성장한 부농층의 도전

① **신분 상승** : 신분 상승을 바라는 부농층의 상승 욕구와 재정 위기 타개를 위한 정부의 이해가 일치하여, 향촌의 새로운 부농층에게 납속이나 향직의 매매를 통한 합법적 신분 상승의 길이 열림(→ 신향층을 형성)

② **향회 장악 기도** : 부농층은 관권과 결탁하고 향안(鄕案)에 이름을 올리며 향회의 장악을 기도

→ 향촌 사회의 지배층인 지방 사족이나 향회 구성원의 명단을 적은 장부

③ **향회의 자문 기구화** : 종래 양반의 이익을 대변하던 향회는 수령이 세금 부과를 묻는 자문 기구로 변화

④ **부농층과 정부(관권)의 연결** : 부농층은 종래 재지사족(구향층)이 담당하던 정부의 부세 제도 운영에 적극 참여하였고, 향임직에 진출하지 못한 곳에서도 수령이나 향리 등 관권과 결탁하여 상당한 지위를 확보(→ 이로 인해 관권이 강화됨과 동시에 이를 담당하던 수령과 향리의 권한 · 역할이 증대되어 상대적으로 기존 재지사족의 향촌 지배력은 약화)

⑤ **향촌 지배에서 소외된 대다수 농민들**

㉠ 지배층이나, 지배층과 연결된 부농층 등에 수탈을 당함

㉡ 19세기 이후 농민 봉기에 주도적으로 참여하여 봉건적 수탈 기구에 대항하는 세력이 되기도 함

암기 Plus

재가 금지

경전에 이르기를 "믿음은 부인의 덕이다. 한 번 남편과 결혼하면 종신토록 고치지 않는다."하였다. 이 때문에 삼종(三從)의 의(義)가 있고 한 번이라도 어기는 예가 없는 것이다. 세상의 도덕이 날로 나빠진 뒤로부터 여자의 덕이 정숙하지 못하여 사족(士族)의 딸이 예의를 생각지 아니해서 혹은 부모 때문에 절개를 잃고 혹은 자진해서 재가하니 한갓 자기의 가풍을 파괴할 뿐만 아니라 실로 성현의 가르침에 누를 끼친다. 만일 엄하게 금령을 세우지 않으면 음란한 행동을 막기 어렵다. 이제부터는 재가한 여자의 자손들은 관료가 되지 못하게 풍속을 바르게 한다.

-「성종실록」-

인구의 변화

- **건국 초** : 550만~750만 명
- **16세기** : 임진왜란 이전에 1,000만 명을 돌파
- **임진왜란 이후** : 전란의 영향으로 줄었다가 다시 증가
- **19세기 말엽** : 1,700만 명 정도

향전

새로이 대두하여 향안에 입록된 신향(소외 양반, 서얼, 부농층, 중인층 등)과 구향(기존의 향권을 장악하고 있던 사족)이 향청의 주도권을 두고 벌인 다툼을 말한다.

3 사회 변혁의 움직임

1. 사회 불안과 민간 신앙의 성행

(1) 사회 불안 심화의 배경

① 정치 기강의 문란(세도 정치)과 신분제의 동요

② 지배층의 수탈 심화, 삼정의 문란

③ 농민 의식의 향상

④ 자연 재해(수해, 콜레라)의 발생

⑤ 이양선의 출몰 → 조선 후기 한반도 연안에 나타난 서양 선박

(2) 사회 불안 심화 결과

① 비기 · 도참설이 유행

② 민심은 극도로 흉흉하고 도적이 곳곳에 창궐

정감록

조선 후기 민간에서 성행한 예언서이다. 조선 이후의 흥망 등을 예언하여 이씨의 한양 다음에는 정씨의 계룡산, 조씨의 가야산이 흥할 것이라고 하였다.

2. 천주교의 전파

(1) 천주교의 전래

① 17세기에 베이징을 방문하고 돌아온 사신들이 서학(학문적 대상)으로 소개

② 18세기 후반 신앙으로 받아들여짐

(2) 교세의 확장

① 남인 계열의 실학자들이 천주교 서적인 〈천주실의〉를 읽고 신앙 생활 (→ 이탈리아 신부 마테오 리치가 한문으로 저술한 천주교 교리서)

② 이승훈이 영세를 받고 돌아와 활발한 신앙 활동 전개

(3) 박해

① 경과

㉠ **사교로 규정** : 처음에는 저절로 사라질 것으로 생각하고 내버려두었으나 교세가 계속 확장되고 그 교리 등이 유교 질서에 반해 사교로 규정

㉡ **정조** : 천주교에 비교적 관대하던 시파가 정권을 잡아 큰 탄압이 없었음

㉢ **순조** : 노론 강경파인 벽파가 집권하면서 탄압이 가해짐

㉣ **안동 김씨 세도 정치기** : 탄압이 완화되며 백성들에게 활발히 전파

㉤ 조선 교구가 설정되고 서양인 신부들이 들어와 포교하면서 교세가 점차 확장됨

② 박해 사건

㉠ 추조 적발 사건(정조 9, 1785)

- 이벽, 이승훈, 정약용 등이 김범우의 집에서 미사를 올리다 형조의 관원들에게 발각됨
- 김범우는 귀양 중 사망, 천주교에 대해 금령 반포

㉡ 반회 사건(정조 11, 1787)

- 이승훈, 정약용, 이가환 등이 김석대의 집에서 성경 강습
- 김석대 처형, 서학서의 수입을 일절 금하고 불태움, 금압령 강화

암기 Plus

민간 신앙의 성행

- **예언 사상의 유행**
  - 유교적 명분론이 설득력을 잃어가자 비기 · 도참 등을 이용한 예언 사상이 유행(정감록 등)
  - 말세의 도래, 왕조 교체 등 근거 없는 낭설이 횡행하여 민심 혼란이 가중됨
- **무격 신앙의 성행** : 개인적 · 구복적 성격의 고유 신앙
- **내세를 위한 미륵 신앙의 성행** : 이상향 제시, 살아 있는 미륵불을 자처하며 민심 현혹
- **민간 신앙의 의의** : 사회 불안 속에서 성행하며 피지배층의 정신적 피난처 역할을 함

천주교 박해 원인

- **사상적 원인** : 천주교의 평등관 · 내세관이 조선 왕조의 근본 질서에 반함
- **사회적 원인** : 제사 거부는 유교적 패륜이며, 반상의 계층 사회 구조에 부적합
- **정치적 원인** : 정쟁 · 정권 다툼의 구실, 서양 세력의 접근에 대한 위기 의식

암기 Plus

황사영 백서(帛書) 사건
신유박해의 내용과 대응 방안을 적은 밀서를 중국 베이징의 구베아 주교에게 보내려고 한 사건을 말한다. 이 사건으로 황사영은 처형되고 천주교는 더욱 탄압을 받게 되었다.

천주교 교세 확장의 원인
- 세도 정치로 인한 사회 불안과 어려운 현실의 극복
- 신 앞에 모든 인간은 평등하다는 논리, 내세 신앙 등의 교리가 백성들의 공감을 얻음

동학의 사상
동학의 교리는 유·불·선의 주요 내용을 바탕으로 하였으며, 여기에 주문과 부적 등 민간 신앙의 요소들을 결합하였다. 동학은 사회 모순을 극복하고 일본과 서양 국가의 침략을 막아내자는 주장을 폈으며, 모든 사람이 평등하다는 인내천 사상을 강조하였다.

인내천
- **의미** : 사람이 곧 하늘
- 신분 및 계급을 초월하여 모든 인간을 평등하게 봄(인심이 곧 천심이요, 사람을 섬기는 것은 하늘을 섬기는 것) → 농민들 사이에서 급속도로 전파

㉢ 신해박해(정조 15, 1791)
- 진산 사건이라고도 함
- 전라도 진산의 양반 윤지충 등이 모친상을 천주교식으로 지냄(신주 소각)
- 윤지충 순교, 남인 시파의 우세로 비교적 관대하게 처벌
- 중국 천주교회로부터 주문모 신부가 선교사로 파견됨(1794)

㉣ 신유박해(순조 1, 1801)
- 벽파(노론 강경파)가 시파를 축출하기 위한 정치적 박해(→ 시파 세력의 위축 · 실학의 쇠퇴)
- 이승훈 · 이가환 · 정약종 · 주문모 신부 등 3백여 명 처형
- 정약용 · 정약전 등이 강진과 흑산도로 유배됨
- 황사영 백서(帛書) 사건 발생

㉤ 기해박해(헌종 5, 1839)
- 안동 김씨와 풍양 조씨의 세도 쟁탈전 성격
- 프랑스 신부 등 처형
- 척사윤음(斥邪綸音) 반포 → 천주교의 폐해를 막기 위해 백성에게 내린 교지
- 오가작통법을 이용하여 박해 → 다섯 집을 하나의 통으로 편성한 것으로 호구 파악, 농민 이탈 방지, 천주교인 색출 등에 활용

㉥ 병오박해(헌종 12, 1846) : 김대건 신부 처형

㉦ 병인박해(고종 3, 1866)
- 대왕대비교령으로 천주교 금압령
- 최대의 박해, 프랑스 신부(9명)와 남종삼 등 8천여 명 처형(→ 병인양요 발생)

병인박해
1864년 시베리아를 건너 남하한 러시아는 함경도에 와서 조선과의 통상을 요구하였다. 이때 몇몇 천주교도들의 건의에 따라 흥선대원군은 프랑스 선교사를 통해 프랑스와 동맹을 체결하고자 하였으나 시기가 맞지 않아 계획은 수포로 돌아갔다. 이전부터 천주교는 배척을 받고 있었는데, 이 사건으로 인해 비난이 고조되자 흥선대원군은 천주교를 탄압하기로 결심하였다. 1866년 천주교 탄압이 선포됨에 따라 프랑스 선교사 9명이 처형되고 수천 명의 천주교도들이 학살되었다. 이 박해를 피해 탈출한 리델 신부가 프랑스 해군사령관 로즈 제독에게 이 사실을 알림으로써 병인양요가 일어나게 되었다.

3. 동학(東學)의 발생

(1) 성립

① 성립 배경
㉠ 세도 정치와 사회적 혼란, 민심의 동요
㉡ 서양의 통상 요구와 천주교 세력의 확대로 인한 위기 의식의 고조

② **창시** : 철종 11년(1860)에 경주 출신인 최제우(崔濟愚)가 창시

(2) 성격

① 성리학 · 불교 · 서학 등을 배척하면서도 교리에는 유 · 불 · 선의 주요 내용과 장점을 종합

② 샤머니즘, 주문과 부적 등 민간 신앙 요소도 결합되어 있으며, 현세구복적 성격

③ 시천주(侍天主), 사인여천(事人如天), 인내천(人乃天) 사상을 강조해 인간 평등을 반영
(시천주 → 하느님을 모시다. / 사인여천 → 사람을 하늘처럼 섬긴다. / 인내천 → 사람이 곧 하늘)

④ 운수 사상과 혁명 사상(조선 왕조를 부정)을 담고 있음

⑤ 혁명적 · 반제국주의적 성격을 띠며, 사회 모순을 극복하고 외세의 침략을 막아내자는 주장을 전개

⑥ 반봉건적 성격을 토대로 반상의 철폐, 노비 제도 폐지, 여성과 어린이의 인격 존중 등을 강조

(3) 탄압

① **철종 14년(1863)** : 사교로 규정하고 금령 반포

② **고종 1년(1864)** : 혹세무민(세상을 어지럽히고 백성을 현혹함)의 죄로 교주 최제우를 처형

(4) 교세의 확대

① 2대 교주 최시형은 교세를 확대하면서 「동경대전(東經大全)」과 「용담유사(龍潭遺詞)」를 펴내어 교리를 정리

② 의식과 제도를 정착시키고 포 · 접 등 교단 조직을 정비

4. 농민의 항거

(1) 원인

① 사회 불안 고조, 유교적 왕도 정치의 퇴색, 신분제의 동요

② 19세기 세도 정치하에서 탐관오리의 부정과 탐학

③ 사회 · 경제적 모순의 심화

④ 극심한 삼정의 문란

(2) 항거의 형태 및 변화

① 농토를 버리고 유민이 되거나, 산간 벽지로 들어가 화전민 · 도적이 됨

② 농민의 사회 의식은 더욱 성장해 지배층의 압제에 대하여 종래의 소극적인 자세에서 벗어나 보다 적극적으로 대결

③ 소청 · 벽서 · 괘서 등의 항거 형태로 시작하여 점차 농민 봉기로 변화

(3) 전개

① **홍경래 난(평안도 농민 전쟁, 순조 11, 1811)**

㉠ **의의** : 세도 정치기 당시 농민 봉기의 선구

㉡ **중심 세력** : 몰락 양반인 홍경래의 지휘하에 광산 노동자들이 중심적으로 참여하였고, 영세 농민 · 중소 상인 · 유랑인 · 잔반 등 다양한 세력이 합세 (→ 몰락 양반)

㉢ **원인**

- 서북인(평안도민)에 대한 차별(→ 관직 진출의 기회가 상대적으로 제한) 및 가혹한 수취
- 서울 특권 상인 등의 이권 보호를 위해 평안도 지역 상공인과 광산 경영인을 탄압 · 차별하고 상공업 활동을 억압
- 세도 정치로 인한 관기 문란, 계속되는 가뭄 · 흉작으로 인한 민심 이반

㉣ **경과** : 가산 다복동에서 발발하여 한때 청천강 이북의 7개 고을을 점령하였으나 5개월 만에 평정

㉤ **영향** : 이후 각지의 농민 봉기 발생에 영향을 미침(→ 관리들의 부정과 탐학은 시정되지 않음)

「동경대전」과 「용담유사」

- **동경대전** : 최제우가 지은 동학의 경전이다. 최제우 생전에는 간행되지 못하고, 2대 교주인 최시형 때 간행되었다.
- **용담유사** : 최제우가 지은 포교 가사집이다. 2대 교주인 최시형 때 간행되었다.

삼정의 문란

- **전정(田政)의 문란**
  - **은결(隱結)** : 양안에 미등록된 땅에서 징수
  - **진결(陳結)** : 황무지에서 징세
  - **도결(都結)** : 정액 이상의 전세를 징수
  - **백지징세(白地徵稅)** : 유휴지(遊休地)에서 징세
- **군정(軍政)의 문란**
  - **백골징포** : 사망자에게 부과
  - **마감채** : 일시불로 부과
  - **인징** : 이웃에게 강제 부과
  - **황구첨정** : 어린이에게 부과
  - **족징** : 도망자나 사망자의 친척에게 부과
  - **강년채** : 60세 이상의 면역자에게 부과
- **환곡(還穀)의 문란**
  - **늑대(勒貸)** : 필요 이상의 미곡을 강제로 대여하고 이자를 받는 것
  - **허류(虛留)** : 재고가 없음에도 있는 것같이 허위로 문서를 만들어 놓는 것
  - **입본(入本)** : 풍 · 흉의 미곡 시세를 예측하여 대전(貸錢) 및 환전으로 이익을 취하는 것
  - **탄정(呑停)** : 흉년에 강제로 징수하여 감하는 부분을 취하는 것
  - **반작(反作)** : 허위 장부를 만들어 대여량을 늘리고 회수량을 줄이는 것
  - **분석(分石)** : 쌀에 겨를 섞어 늘려서 대여하고 이자를 취하는 것
  - **증고(增估)** : 정해진 것보다 높은 이자를 징수하는 것
  - **가분(加分)** : 저장해야 할 부분을 대여하여 이자를 받는 것

암기 Plus

임술 농민 봉기

임술년(1862년) 2월 19일, 진주민 수만 명이 머리에 흰 수건을 두르고 손에는 몽둥이를 들고 무리를 지어 진주 읍내에 모여 서리들의 가옥 수십 호를 불사르고 부수어, 그 움직임이 결코 가볍지 않았다. 병사가 해산시키고자 장시에 나가니 흰 수건을 두른 백성들이 그를 빙 둘러싸고는 백성들의 재물을 횡령한 조목, 아전들이 세금을 포탈하고 강제로 징수한 일들을 면전에서 여러 번 문책하는데, 그 능멸하고 핍박함이 조금도 거리낌이 없었다.

– 「임술록」 –

홍경래

평안북도의 몰락 양반 출신인 홍경래는 평양 향시를 통과하고 유교와 풍수지리를 익힌 지식인이나 대과에 낙방하였다. 당시 대과에서는 시골 선비에 대한 차별이 심했을 뿐만 아니라, 서북 출신은 고구려 유민으로 구분되어 천한 취급을 받고 있었으므로 홍경래가 대과를 통해 관직에 나아가는 것은 어려운 일이었다. 세상을 바꿀 결심을 한 홍경래는 사회를 살피고 동료들을 규합하여 봉기를 주도하였다. 그러나 만 4개월 동안 이어졌던 봉기는 실패로 끝났으며, 홍경래는 정주성 싸움에서 전사하였다.

② **임술 농민 봉기(진주 민란 · 백건당의 난, 철종 13, 1862)**
  - ㉠ **의의** : 농민 봉기의 전국적 확대 계기
  - ㉡ **원인** : 진주 지역 포악한 관리(백낙신 · 홍병원 등)의 탐학
  - ㉢ **경과**
    - 몰락 양반 유계춘의 지휘하에 농민들이 진주성을 점령
    - 정부는 박규수를 안핵사로 파견하여 탐관오리를 파직하고 난의 주동자를 처형

(4) 항거의 의의

① 농민들의 사회 의식이 더욱 성장(→ 농민 봉기가 신분 해방의 주장에까지는 이르지 못함)

② 양반 중심 통치 체제의 붕괴 가속화

기출문제 | 고급 | [2점]

(가), (나) 사건에 대한 설명으로 옳은 것은?

> (가) 평서대원수는 급히 격문을 띄우노니 우리 관서(關西)의 부로 자제와 공사천민 모두 이 격문을 들으라. …… 심지어 권세 있는 집의 노비들도 관서 사람[西人]을 보면 반드시 평안도놈[平漢]이라 일컫는다. 관서 사람으로서 어찌 원통하고 억울하지 않겠는가. …… 이제 격문을 띄워 먼저 여러 고을의 수령에게 알리노니, 절대로 동요치 말고 성문을 활짝 열어 우리 군대를 맞이하라.
>
> (나) 임술년 2월 19일, 진주 백성 수만 명이 머리에 흰 수건을 두르고 손에는 나무 몽둥이를 들고 무리를 지어 진주 읍내에 모여 서리들의 가옥 수십 호를 불사르고 부수니, 그 움직임이 결코 가볍지 않았다.

① (가) – 황토현에서 관군에게 승리를 거두었다.
② (가) – 사건의 수습을 위해 박규수가 안핵사로 파견되었다.
③ (나) – 삼정이정청 설치의 계기가 되었다.
④ (나) – 지역 차별에 반발한 홍경래가 주도하여 봉기하였다.
⑤ (가), (나) – 남접과 북접이 연합하여 조직적으로 전개되었다.

[홍경래의 난과 임술 농민 봉기]

암기공식
(가) 평안도민에 대한 지역 차별 ⇒ 홍경래의 난
(나) 삼정의 문란으로 인한 진주 지역 농민 반란 ⇒ 임술 농민 봉기

| 정답 해설 |
삼정의 문란과 백낙신 · 홍병원 등 포악한 관리의 수탈에 진주 지역 농민들이 유계춘의 지휘 하에 진주성을 점령하였고, 정부는 박규수를 안핵사로 파견하였다. 임술 농민 봉기의 수습책으로 삼정의 폐단을 시정하기 위한 임시 관청인 삼정이정청이 설치되었지만 큰 효과는 거두지 못하였다.

| 오답 해설 |
① 황토현 싸움에서 관군(전라 감영의 지방 관군)을 물리치고, 정읍 · 고창 · 함평 · 장성 등을 공략하였다.
② 임술 농민 봉기가 일어나자 정부는 박규수를 안핵사로 파견하여 탐관오리를 파직하고 난의 주동자를 처형하였다.
④ 서북인(평안도민)에 대한 차별에 반발한 홍경래가 주도하여 봉기하였다.
⑤ 전봉준(남접)과 손병희(북접)의 연합군이 서울로 북진하다 공주 우금치에서 관군과 민보군, 일본군을 상대로 격전하였다.

정답 ③

4장 문화의 변화와 발전

❶ 성리학의 발전 및 한계

1. 성리학의 흐름

(1) 성리학 연구의 전개 및 분파

① 성리학의 연구는 정국의 흐름과 밀접하게 관련되어 진행

② 17세기 붕당들은 정통성을 가지기 위해 학연에 유의하여 학문적 토대를 굳힘

㉠ 영남학파가 주로 동인 계열을, 기호학파가 주로 서인 계열을 이끎

㉡ 동인은 다시 남인과 북인으로 나뉨

㉢ 인조반정으로 정국을 주도하게 된 서인은 숙종 때에 이르러 노론과 소론으로 분파

(2) 노론과 소론의 성리학

① **노론** : 성리학의 교조화(절대화)

㉠ 송시열 중심의 노론은 이이의 학풍을 이어 의리명분론을 강화하며 주자 중심의 성리학을 절대화 함(→ '주자의 본뜻에 충실' 함으로써 사회의 모순을 해결할 수 있다고 봄)

㉡ 신권 정치(臣權政治) 강조, 상공업에 관심, 수취 체제 개선과 민생 안정 · 노비속량 강조

→ 재상 중심의 정치

② **소론** : 성리학의 교조성 비판, 성리학의 상대적 · 탄력적 이해

㉠ 윤증을 중심으로 하는 소론은 성혼의 사상을 바탕으로 하며, 이황의 학설에 호의를 보이는 반면, 이이에 대해 비판적이기도 해 성리학 이해에 있어 탄력적

㉡ 사문난적(斯文亂賊)으로 배격한 윤휴의 학설을 두둔하기도하고 양명학과 노장사상에도 관심을 보임)

→ 교리에 어긋나는 언행으로 유교 질서와 학문을 어지럽히는 사람

2. 성리학의 한계와 비판

(1) 성리학의 한계

① 양반의 지배 신분으로서의 특권을 강화(지배층의 지위 합리화)하기 위한 목적으로 이용됨

② 타학문과 사상을 배척하여 사상적 경직성을 띠는 등 성리학이 교조화 됨

③ 조선 후기의 사회 모순에 대하여 근본적 대책을 강구하지 못함

(2) 성리학의 비판(탈 성리학)

① **사상적 경향** : 17세기 후반부터 본격화된 것으로 주자 중심의 성리학을 상대화

② **대표적인 학자**

㉠ **윤휴** : 유교 경전에 대하여 주자와 다른 독자적인 해석을 하여 '유학의 반역자(사문난적)' 라 지탄을 받았고, 결국 송시열의 「예론」을 비판하다가 사형 당함

㉡ **박세당** : 양명학과 노장사상의 영향을 받아 「사변록(思辨錄)」을 써 주자의 학설 비판하다 사문난적으로 몰려 학계에서 배척됨

암기 Plus

동인의 분파

- 남인은 이황의 학통을 내세웠고 정계보다는 향촌사회에서 영향을 발휘, 자영농 및 중소 지주층의 이익 강조 · 농촌 문제에 관심이 큼
- 북인은 조식의 학통을 이었고 부국강병을 중시, 절의를 강조하여 다수의 의병장을 배출

성리학의 이론 논쟁

- **이기론을 둘러싼 논쟁** : 이황 학파의 영남 남인과 이이 학파의 노론 사이에 성리학의 이기론(理氣論)을 둘러싼 논쟁이 치열하게 전개
- **호락논쟁(湖洛論爭)** : 심성론(心性論) 문제를 둘러싸고 노론을 중심으로 전개됨
  - 인간과 사물의 본성이 다르다는 인물성 이론(人物性異論)을 주장한 충청도 지역의 호론(湖論, 권상하 · 한원진 · 윤봉구), 「위정척사 사상」으로 연결
  - 인간과 사물의 본성이 같다는 인물성 동론(人物性同論)을 주장한 서울 · 경기 지역의 낙론(洛論, 김창협 · 이간 · 이재 · 어유봉 · 박필주 · 김원행), 낙론은 「북학 사상」으로 연결

사변록(思辨錄)

경(經)에 실린 말이 그 근본은 비록 하나이지마는 그 실마리는 천 갈래 만 갈래이니, 이것이 이른바 하나로 모이는 데 생각은 백이나 되고, 같이 돌아가는 데 길은 다르다는 것이다. 그러므로 비록 독창적인 지식과 깊은 조예가 있으면 오히려 그 귀추의 갈피를 다하여 미묘한 부분까지 놓침이 없을 수 없는 경우가 있다. 반드시 여러 장점을 널리 모으고 조그마한 선도 버리지 아니하여야만 대략적인 것도 유실되지 않고, 얕고 가까운 것도 누락되지 아니하여, 깊고 심원하고 정밀하고 구비한 체제가 비로소 완전하게 된다.

암기 노트

박세당의 탈 성리학적 경향

박세당은 성리학이 스승을 무비판적으로 답습하는 것으로 파악하고 자유로운 비판을 강조하였다. 즉, 주자가 원대한 형이상학적 최고선(善)의 정신을 통해 인식의 절대성을 강조한데 반해, 박세당은 일상적 행사를 통한 인식의 타당성을 강조하여 인식의 상대성을 제시하였다. 그 뿐만 아니라 주자가 주장한 인간 본성의 선천성을 비판하고 인간의 도덕적 판단력을 인정함으로써 인간의 능동적 실천 행위와 주체적인 사고행위를 강조하였다. 또한 그는 노자의 도덕경을 적극적으로 해석하였다. 이러한 박세당의 사상은 조선 후기의 폐쇄적이고 배타적인 성리학적 흐름에 대하여 포용성과 개방성을 강조하였다는 점에서 그 역사적 의미를 찾을 수 있다.

기출문제

| 고급 | [3점]

(가) 인물에 대한 설명으로 옳은 것은?

역사 통합 검색
검색어
(가)
검색
[내용]
○ 생몰 연대: 1607년~1689년
○ 호: 우암(尤庵), 우재(尤齋)
○ 활동
– 윤휴를 사문난적이라 비판함.
– 기축봉사를 올려 명에 대한 의리를 내세움.
– 희빈 장씨의 소생을 원자(元子)로 정한 것을 비판하다 정권에서 밀려남.
인터넷

① 집현전을 통한 유교 정치의 활성화를 꾀하였다.
② 도교 행사를 주관하던 소격서의 폐지를 주장하였다.
③ 호락논쟁에 참여하여 사람과 사물의 본성이 같다고 주장하였다.
④ 효종의 사망에 따른 자의대비의 복상 문제에 대해 기년설을 주장하였다.
⑤ 성호사설을 저술하여 자영농 육성을 위한 토지 제도 개혁론을 제시하였다.

[우암 송시열]

암기공식
기축봉사, 기해예송, 기사환국 ⇒ 송시열

| 정답 해설 |

노론의 영수인 송시열은 효종에게 장문의 상소인 기축봉사를 올려 명에 대한 의리와 북벌론을 주장하였고(1649), 기해예송에서 효종의 사망에 따른 자의대비의 복상 문제에 대해 기년설을 주장하였다(1659). 숙종의 기사환국 때 희빈 장씨의 소생을 원자로 정한 것을 비판하다 사사되었다(1689).

| 오답 해설 |

① 세종은 왕실의 학술 및 정책 연구 기관인 집현전을 설치하여 인재를 육성하고 유교 정치의 활성화를 꾀하였다.
② 소격서(昭格署)는 국가적 제사를 주관하기 위해 설치된 도교 기관으로, 중종 때 조광조를 비롯한 사림의 건의로 혁파되었다.
③ 이간을 중심으로 한 낙론자들은 호락논쟁(湖洛論爭)에 서 사람과 사물의 본성이 같다는 인물성동론(人物性同論)을 주장하였다.
⑤ 이익은 성호사설을 저술하여 자영농 육성을 위해 영업전 설정 및 매매 금지를 주장하는 한전론(限田論)을 제시하였다.

정답 ④

암기 Plus

양명학의 수용 및 연구
- **전래** : 중종 때에 조선에 전래
- **수용과 확산** : 17세기 후반 소론 학자들에 의하여 본격적으로 수용되어 주로 서경덕 학파와 불우한 종친들 사이에서 점차 확산
- **본격적 연구** : 18세기 정제두의 강화학파에 의해 이루어짐

3. 양명학의 수용

(1) 양명학(陽明學)

① 의의

㉠ 명나라 왕수인(호 : 양명)이 성리학을 비판하는 「전습록」을 저술했는데, 이러한 그의 사상을 연구하는 학풍을 양명학이라 함

㉡ 성리학의 교조화와 형식화, 사상적 경직성 등을 비판하며 지행합일의 실천성을 강조하는 주관적 실천 철학

② **사상 체계** : 인간의 마음이 곧 이(理)라는 심즉리(心卽理), 인간이 상하 존비의 차별 없이 타고난 천리로서의 양지를 실현하여 사물을 바로잡을 수 있다는 치양지설(致良知說), 앎은 행함을 통해서 성립한다는 지행합일설(知行合一說) 등을 근간으로 함

(2) 정제두의 활동

① 저서

㉠ 「존언」·「만물일체설」(→ 양명학의 학문적 체계를 수립)

㉡ 「변퇴계전습록변」: 왕수인의 「전습록」을 비판한 이황의 「진습록변」에 대해 다시 비판

② 양지설(良知說), 지행합일설 강조

③ 일반민을 도덕 실천의 주체로 상정하고, 이를 바탕으로 신분제 폐지를 주장

④ 강화학파의 성립

㉠ 18세기 초 양명학 연구와 제자 양성에 힘써 강화학파를 이룸 (양명학자들이 강화도를 중심으로 형성)

㉡ 제자들이 정권에서 소외된 소론이었기 때문에 그의 학문은 가학(家學)의 형태로 계승 (집안 대대로 전하여 오는 학문)

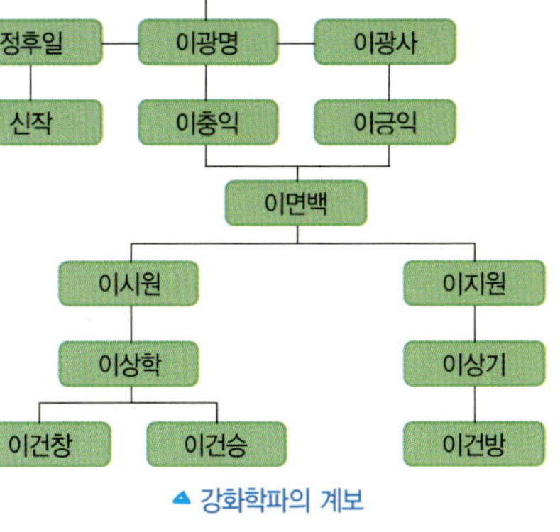

▲ 강화학파의 계보

(3) 영향

① 양명학을 바탕으로 역사학·국어학·문학 등에서 새로운 경지를 개척해 갔으며 실학자들과도 서로 영향을 미침

② 한말 박은식·정인보 등은 양명학을 계승하여 민족 운동을 전개

암기 Plus

양명학의 한계

- 이론과 달리 실천성이 부족
- 이단으로 몰려 내면적으로만 추구
- 성리학을 기본으로 하고 양명학을 겸행하는 경우가 많음(→ 양명학과 실학은 성리학에 대한 비판이지만, 성리학을 전면적으로 부정하지는 못함)

기출문제 | 고급 | [2점]

(가) 인물에 대한 설명으로 옳은 것은?

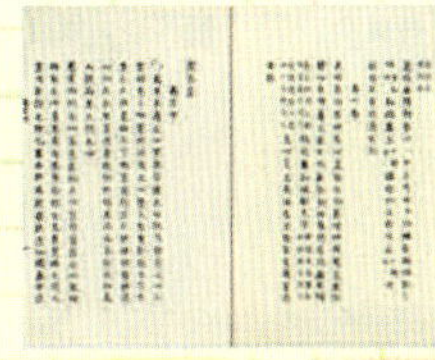
하곡집 중 존언 부분

이 책은 (가) 의 글을 모아 펴낸 문집이다. 그는 학변(學辨), 존언(存言) 등의 글에서 심(心)과 이(理)를 구별하는 주자의 견해를 비판하였다. 또한 지(知)와 행(行)을 둘로 구분하는 것은 물욕에 가려진 것이라고 하면서 양지(良知)의 본체에서 보면 지와 행은 하나라고 주장하였다. 그의 학문은 스승인 박세채, 윤증과의 교류를 통해 심화되었다.

① 계유정난을 계기로 정계에서 축출되었다.
② 일본에 다녀와서 해동제국기를 편찬하였다.
③ 서울 출신으로 규장각 검서관에 임용되었다.
④ 양명학을 연구하여 강화 학파 형성의 기초를 마련하였다.
⑤ 성학집요를 저술하여 군주가 수양해야 할 덕목을 제시하였다.

[양명학자 정제두]

암기공식

양명학 연구 ⇒ 정제두 : 강화 학파

| 정답 해설 |

하곡집은 조선 후기 양명학자 정제두의 시문집으로, 정제두는 성리학을 비판하고 지행합일의 실천성을 강조하는 양명학을 연구하여 강화 학파 형성의 기초를 마련하였다.

| 오답 해설 |

① 수양대군(세조)이 정인지·권람·한명회 등과 계유정난을 일으켜 김종서·황보인 등의 중신과 안평대군을 축출하고 정치적 실권을 장악하였다.
② 해동제국기는 신숙주가 계해약조 당시 일본에 다녀와서 일본의 지세와 국정 등을 기록한 책이다.
③ 조선 정조는 박제가, 이덕무, 유득공 등 능력 있는 서얼을 등용하여 규장각 검서관으로 임명하였다.
⑤ 성학집요는 이이가 사서(四書)와 육경(六經)에 있는 도(道)의 개략을 뽑아 간략하게 정리하여 선조에게 바친 책으로, 군주가 수양해야 할 덕목이 제시되어 있다.

정답 ④

암기 Plus

실학의 등장 배경

- 17~18세기의 사회·경제적 변동에 따른 사회 모순 해결을 구상하는 과정에서 대두
- 심각한 사회 모순에도 불구하고 지배 이념인 성리학은 현실 문제를 해결할 수 없었음
- 성리학의 한계를 인식·비판하면서 현실 문제를 탐구하려는 학문적·사상적 움직임으로 등장

이수광·한백겸

- **이수광** : 「지봉유설」을 저술하여 문화 인식의 폭을 확대
- **한백겸** : 「동국지리지」를 저술하여 역사 지리를 치밀하게 고증

개혁론의 한계 및 영향

- **한계** : 재야 지식인들의 공감을 받았지만 국가 정책에는 별로 반영되지 못함
- **영향** : 한말의 애국계몽사상가와 일제 시대 국학자들에게 큰 영향

유형원의 균전론

농부 한 사람이 1경(頃)의 토지를 받으며, …… 사(士)로서 처음 학교에 입학한 자는 2경의 토지를 받고, …… 현직 관료는 9품부터 7품까지 6경, 그리고 정2품의 12경에 이르기까지 조금씩 더 준다.

-「반계수록」-

2 실학의 발달

1. 실학의 성립과 발전

(1) 실학의 성립

① 16세기 말

㉠ 정치·문화 혁신의 움직임이 싹터 정인홍 등이 성리학 이외의 사상을 폭넓게 수용하려 함

㉢ 성리학을 고집하는 보수적 학자들의 반발로 학문적 체계를 세우지 못함

② 17세기

㉠ 사회 통합과 국제 정세 대처를 위해 국가 역량이 강화되어야 한다는 사회적 인식이 만연

㉡ 이수광·한백겸·유형원 등은 개혁 방안을 나름대로 제시

(2) 실학의 발전(18세기)

① **확산** : 농업 중심의 개혁론, 상공업 중심의 개혁론, 국학 연구 등을 중심으로 확산

② **영향** : 청에서 전해진 고증학과 서양 과학의 영향을 받음

③ **목표** : 민생 안정과 부국 강병을 목표로 비판적·실증적 사회 개혁론 제시

2. 농업 중심의 개혁론

(1) 농업 중심의 개혁

① **신분층** : 대부분 경기 지방에서 활약한 남인 출신

② **제도적 개혁론** : 농민의 입장에서 토지·조세·군사·교육 제도 등 각종 폐단을 시정하려 함

㉠ 지주제 철폐와 자영농 육성 주장(→ 농민 생활 안정을 위한 토지 제도 개혁을 가장 중시)

㉡ 농업을 국부의 원천으로 파악, 화폐의 폐단 지적

③ **농업 기술 개발론** : 농업 기술의 개발에도 관심을 보여 수리 시설의 확충, 종자와 농기구의 개량, 경작 방법과 시비법의 개선 등을 제시

④ **학문적 이상** : 유교적 이상 국가의 실현 추구(복고적 성격, 신분 차별을 인정)

(2) 중농학파(경세치용 학파, 성호학파)

① 유형원(1622~1673) : 농업 중심 개혁론의 선구자

㉠ **저술** : 「반계수록」(균전제 실시 주장), 「동국여지지」(사회 개혁안의 기초 자료 정리)

㉡ 개혁론(균전론)

- 주나라 정전법의 영향을 받아 자영농 육성을 위한 토지 제도의 개혁을 주장
- 관리·선비·농민에게 토지의 차등적 재분배를 주장
- 토지국유제 원칙에서 토지매매 금지와 대토지 소유방지를 주장
- 자영농 육성을 통한 병농일치의 군사제도, 사농일치의 교육제도 확립을 주장

㉢ **한계** : 士·農·工·商의 직업적 우열과 양천의 구별(상민과 노비의 차별), 적서 차별, 문음제도 인정

② 이익(1681~1763) : 농업 중심의 개혁론을 더욱 발전, 학파를 형성

㉠ **학파 형성** : 18세기 전반에 주로 활약하며 유형원의 실학 사상을 계승·발전시

키고 많은 제자들을 길러내 성호학파를 형성

㉡ **저술** : 「성호사설」(화이관 탈피 · 우리 역사의 체계화 주장), 「곽우록」(농촌 경제의 안정책과 토지 개혁론(한전론) 등을 기록), 「붕당론」(붕당의 폐단을 지적)

㉢ **6좀 폐지론** : 나라를 좀먹는 여섯 가지의 폐단으로, '양반제도 · 노비제 · 과거제 · 기교(사치와 미신) · 승려 · 게으름'을 지적하고 그 시정을 강력히 주장

㉣ **농촌 경제의 안정책** : 고리대와 화폐 사용의 폐단을 지적, 환곡 대신 사창제 실시를 주장

환곡을 관청 대신 마을 단위로 공동 운영 ←

이익의 한전론

국가는 마땅히 일가(一家)의 생활에 맞추어 재산을 계산해서 한전(限田) 몇 부(負)를 1호의 영업전(永業田)으로 하여… 땅이 많다고 해서 빼앗아 줄이지 않으며, 못 미친다고 해서 더 주지 않는다. … 땅이 많아서 팔고자 하는 자는 영업전 몇 부(負) 이외에는 허락하여 준다. -「곽우록」-

③ 정약용(1762~1836) : 이익의 실학 사상을 계승하면서 실학을 집대성

㉠ **활약** : 18세기 말 정조 때 벼슬하였으나 신유박해 때에 전라도 강진에 유배

㉡ **저술** : 500여 권의 저술을 「여유당전서(與猶堂全書)」로 남김

㉢ 여전론(閭田論)

- 한 마을(1여)을 단위로 하여 토지를 공동으로 소유하고 공동으로 경작하여 수확량을 노동량에 따라 분배하는 일종의 공동 농장 제도(→ 토지 공동 소유로 대토지 소유의 가능성을 차단)
- **균전론과 한전론을 모두 비판** : 토지의 사적 소유는 결국 토지의 편중을 야기
- **농자수전(農者受田)의 원칙 강조** : 농사짓는 사람만이 토지를 소유

㉣ 정전제(井田制)

- 여전제는 이상적인 형태라 스스로 판단해 차선책으로 제시
- 국가가 토지를 매입해 가난한 농민에게 분배해 자영 농민을 육성하고, 사들이지 못한 지주의 토지는 공동경작지로서 병작 농민에게 골고루 경작하게 하고 세를 거둠

㉤ **국방** : 농민 생활의 안정을 토대로 향촌 단위의 방위 체제를 강화하고자 함

암기 Plus

한전론(限田論)

- **균전론 비판** : 급진적 · 비현실적이라 비판(토지 재분배를 위한 지주 토지의 몰수는 불가능)
- **한전론을 대안으로 제시** : 토지를 소유하되 하한을 정함(가정 생활 유지에 필요한 규모의 토지를 영업전으로 지정하여 법으로 매매를 금지하고 나머지 토지만 매매를 허용하여 점진적으로 토지 소유의 평등을 이룸)

정약용의 저술

- **3부작(1표 2서, 一表二書)** : 지방 행정의 개혁 및 지방관(목민관)의 도리에 대하여 쓴 「목민심서」, 중앙의 정치 조직과 행정 개혁에 대하여 쓴 「경세유표」, 형옥을 담당한 관리들의 유의할 사항에 대해 쓴 「흠흠신서」
- **3논설** : 여전제와 정전제를 논한 「전론(田論)」, 통치자는 백성을 위해 존재한다고 강조하여 정치의 근본을 주장한 「원목(原牧)」, 왕조 교체(역성 혁명)의 가능성과 민권 사상의 정당성을 논증한 「탕론(蕩論)」
- **기예론** : 농업기술과 공업기술을 논의(→ 중농학자이면서 중상학자의 주장을 수용하여 기술을 중시, 실학의 집대성)

정약용의 「목민심서」

가을에 한 늙은 아전이 대궐에서 돌아와서 처와 자식에게 "요즘 이름 있는 관리들이 모여서 하루종일 이야기를 하여도 나랏일에 대한 계획이나 백성을 위한 걱정을 전혀 하지 않는다. 오로지 각 고을에서 보내오는 뇌물이 많고 적음과 좋고 나쁨에만 관심을 가지고, 어느 고을 수령이 보낸 물건은 극히 정묘하고 또 어느 수령이 보낸 물건은 매우 넉넉하다고 말한다. 이름 있는 관리들이 말하는 것이 이러하다면 지방에서 거둬들이는 것이 반드시 늘어날 것이다. 나라가 어찌 망하지 않겠는가?" 하고 한탄하면서 눈물을 흘려 마지않았다.

정약용의 여전론(「여유당전서」)

이제 농사짓는 사람은 토지를 갖고 농사짓지 않는 사람은 토지를 갖지 못하게 하려면 여전제를 실시해야 한다 산골짜기와 시냇물의 지세를 기준으로 구역을 확정하여 경계를 삼고, 그 경계선 안에 포괄되어 있는 지역을 1여로 한다. … 1여마다 여장을 두며 무릇 1여의 인민이 공동으로 경작하도록 한다. … 가을이 되면 오곡의 수확물을 모두 여장의 집에 가져온 다음 분배한다. 이때 국가에 바치는 세와 여장의 봉급을 제하며, 그 나머지를 가지고 노동 일수에 따라 여민에게 분배한다.

④ 박세당(1629~1703)

㉠ 「**색경**」 : 농사 전반에 걸친 해설서로, 「농가집성」을 비판 · 보완

㉡ 「**사변록**」 : 윤휴와 함께 성리학을 비판하다가 사문난적으로 몰림

⑤ **홍만선(1643~1715)** : 농업 기술을 중심으로 섭생(攝生) · 구급 치료법 등을 소백과사전처럼 기술한 「산림경제」를 지음

⑥ **서유구(1764~1845)**

㉠ **「종저보」** : 일본에서 고구마 종자를 수입하여 재배를 장려하고 그 재배법을 알림

㉡ **「임원경제지」(「임원십육지」)** : 이미 편찬된 농서들을 토대로 농업을 비롯한 산업 전반의 지식을 모아 편찬한 농촌 생활 백과 사전

3. 상공업 중심의 개혁론

(1) 특징

① **신분층** : 18세기 후반의 서울의 노론 중심

② **상공업 진흥** : 도시를 배경으로 하여 농업뿐만 아니라 상공업 진흥과 기술 혁신을 주장

㉠ 국부의 원천을 국가통제하의 상공업 운영에 있다고 봄(중상학파 또는 이용후생학파)

㉡ 지주제를 인정하고 농업의 개량화 · 전문화 추구(→ 청의 선진 농업 기술의 수용을 주장)

③ **학문적 이상** : 유교적 이상 국가에서 탈피(→ 신분 제도 철폐)

④ **영향**

㉠ 농업에 치우친 유교적 이상 국가론에서 탈피하여 부국강병을 위한 적극적 방안 제시

㉡ 19세기 개화 사상가들에게 영향을 줌

(2) 중상학파(이용후생학파, 북학파)

① **유수원(1694~1755)**

㉠ **「우서(迂書)」** : 중국과 우리 문물을 비교하면서 정치 · 경제 · 사회 전반의 개혁을 제시

㉡ **개혁론**

- 농업의 전문화 · 상업화, 기술혁신을 통해 생산력 증강
- 농업에만 의존해서는 안 되며 상공업을 함께 진흥(→ 상공업 진흥과 기술 혁신 강조)
- 사농공상의 직업적 평등과 전문화를 주장(→ 신분 차별의 철폐)
- 상인 간의 합자를 통한 경영 규모를 확대할 것
- 상인이 생산자를 고용하여 생산 · 판매를 주관할 것(선대제(先貸制) 수공업 등)

  → 민간 수공업자들이 공인이나 상인에게서 주문과 함께 자금과 원료를 미리 받아 제품을 생산하는 방식
- 대상인이 지역 사회 개발에 참여하고 학교 건립 · 교량 건설 · 방위 시설 구축 등에 공헌할 것
- 국가가 상업 활동을 통제해 물자 낭비 · 가격 조작을 방지하고 사상의 횡포를 견제할 것

② **홍대용(1731~1783)**

㉠ **저술** : 「임하경륜」 · 「의산문답」 · 「연기(燕記)」 등이 「담헌서」에 전해짐, 수학 관계 저술로 「주해수용」이 있음

㉡ **개혁론**

- 농업(토지)개혁론으로 균전제(均田制)를 주장
- **임하경륜(부국론)** : 기술의 혁신, 신분제 부인(선비도 생산 활동에 종사), 병농일치의 군대 조직, 교육 기회의 균등을 강조, 성리학의 극복이 부국 강병의 근본이라 주장
- **의산문답** : 김석문의 지구 회전설을 계승해 지전설을 주장하여 화이관 비판(→ 지전설 : 김석문, 홍대용, 이익, 정약용 등)

③ **박지원(1737~1805)**

㉠ **「열하일기(熱河日記)」** : 청에 다녀와 문물을 소개하고 이를 수용할 것을 주장

㉡ **농업 관련 저술** : 「과농소초(課農小抄)」 · 「한민명전의(限民名田議)」 등을 통해 영농 방법의 혁신, 상업적 농업의 장려, 수리 시설의 확충 등을 통한 농업 생산력 증대에 관심

㉢ 한전론의 중요성을 강조하면서 농업 생산력의 향상에 관심을 가짐

㉣ 상공업의 진흥을 강조하면서 수레와 선박의 이용, 화폐 유통의 필요성 등을 주장

㉤ 양반 문벌 제도 비판 : 「양반전」, 「허생전」, 「호질」을 저술해 양반 사회의 모순과 부조리 · 비생산성을 비판

④ 박제가(1750~1815) : 청에 다녀온 후 「북학의」를 저술

㉠ 상공업의 육성과 청과의 통상 강화를 주장, 세계 무역에의 참여와 서양 기술의 습득

㉡ 선박과 수레 이용을 늘릴 것을 역설

㉢ 절약보다 소비를 권장 : 생산과 소비와의 관계를 우물물에 비유하면서 생산을 자극하기 위해서는 절약보다 소비를 권장해야 한다고 주장

㉣ 신분 차별 타파, 양반의 상업 종사 등을 주장

⑤ 이덕무(1741~1805) : 북학을 주장, 「청장관전서」를 남김

→ 이덕무의 호

암기 Plus

박제가의 소비관(消費觀)

비유하건대 재물은 대체로 샘과 같은 것이다. 퍼내면 차고, 버려두면 말라 버린다. 그러므로 비단옷을 입지 않아서 나라에 비단 짜는 사람이 없게 되면 여공이 쇠퇴하고, 쭈그러진 그릇을 싫어하지 않고 기교를 숭상하지 않아서 공장(工匠)이 도야(陶冶)하는 일이 없게 되면 기예가 망하게 되며, 농사가 황폐해져서 그 법을 잃게 되므로 사·농·공·상의 사민이 모두 곤궁하여 서로 구제할 수 없게 된다.

-「북학의」-

암기 노트

실학의 학문적 의의와 한계

- **의의** : 18세기를 전후하여 융성하였던 실증적 · 민족적 · 근대 지향적 특성을 지닌 학문
- **한계** : 대체로 몰락 지식인들의 개혁론이었기 때문에 국가 정책에 반영되지는 못함

기출문제

| 고급 | [2점]

밑줄 그은 '그'에 대한 설명으로 옳은 것은?

□□신문

제△△호 ○○○○년 ○○월 ○○일

담헌(湛軒), 소행성의 이름으로 다시 태어나다

한국천문연구원은 "국내 연구진이 발견한 새로운 소행성에 대해, 호가 담헌인 그의 인명을 헌정하여 국제천문연맹으로부터 최종 승인을 받았다."라고 밝혔다. 인명이 헌정된 이유는 그가 무한 우주론과 지전설 등을 주장한 조선 후기의 대표적인 과학자이자 실학자이기 때문이다.

담헌이 제작한 것으로 알려진 혼천의

① 기기도설을 참고하여 거중기를 설계하였다.
② 북학의에서 수레와 배의 이용을 강조하였다.
③ 양반전에서 양반의 위선과 무능을 지적하였다.
④ 의산문답에서 중국 중심의 세계관을 비판하였다.
⑤ 우서에서 사농공상의 직업적 평등과 전문화를 주장하였다.

[담헌 홍대용]

암기공식

혼천의, 〈의산문답〉 ⇒ 조선 후기의 실학자 : 담헌 홍대용

| 정답 해설 |

조선 후기의 실학자 담헌 홍대용은 별자리 관측 기구인 혼천의를 제작하였고, 〈의산문답〉을 통해 지전설과 무한 우주론을 주장하여 중국 중심의 화이관을 비판하였다.

| 오답 해설 |

① 정약용은 기기도설을 참고하여 거중기를 설계하였고, 조선 정조 때 수원 화성 축조 시 거중기와 활차를 이용한 서양식 건축 기술을 도입하였다.
② 박제가는 청에 다녀온 후 〈북학의〉를 저술하고 선박과 수레의 이용 증가 및 벽돌 이용 등을 강조하였다.
③ 박지원은 〈양반전〉 · 〈허생전〉 · 〈호질〉 · 〈민옹전〉 등을 통해 양반 사회의 모순과 부조리를 비판 · 풍자하고 양반의 위선과 무능을 지적하였다.
⑤ 유수원은 중국과 우리 문물을 비교하면서 정치 · 경제 · 사회 전반의 개혁을 제시하였는데, 우서(迂書)에서 사농공상의 직업적 평등과 전문화를 주장하였다.

정답 ④

암기 Plus

국학 연구의 계기와 성과

- 계기
  - 사회 변화에 소극적인 성리학에 대한 비판과 반발
  - 실학의 발달과 함께 양란 후 민족 전통문화에 대한 관심과 애국심의 고조
- 성과
  - 우리 역사 · 지리 · 국어 등을 연구함으로써 국사서적 출간, 지도제작, 한글 연구 등의 성과를 남김
  - 근대지향적 학문의 성립과 발전에 기여

연려실기술

400여 종의 야사(野史)를 참고하여 조선 왕조의 정치 · 문화사를 객관적 · 실증적 입장에서 서술하고 우리나라 역대의 문화를 백과사전식으로 정리한 것으로, 사료적 가치가 크다.

유득공의 발해 인식

고려에서 발해사를 편찬하지 못하였으니, 고려가 떨치지 못했다는 것을 알 수 있다. 옛날에 고씨가 북쪽 지방에 자리잡고 고구려라 했고, 부여씨가 서쪽 지방에 머물면서 백제라 했으며, 박 · 석 · 김 씨가 동남 지방에 살면서 신라라 하였다. 이 삼국에는 마땅히 삼국에 대한 사서가 있어야 할 텐데, 고려가 이것을 편찬하였으니 옳은 일이다. 부여씨가 망하고 고씨가 망한 다음 김씨가 남쪽을 차지하고, 대씨가 북쪽을 차지하고는 발해라 했으니, 이것을 남북국이라 한다. 남북국에는 남북국의 사서가 있었을 터인데 고려가 편찬하지 않은 것은 잘못이다. 저 대씨는 어떤 사람인가. 바로 고구려 사람이다. 그들이 차지하고 있던 땅은 어떤 땅인가. 바로 고구려 땅인데, 동쪽을 개척하고 다시 서쪽을 개척하고 다시 북쪽을 개척해서 나라를 넓혔을 뿐이다.

－「발해고」－

4. 국학 연구의 확대

(1) 역사학 연구

① 연구 경향

㉠ 역사의 주체성과 독자성 강조

㉡ 실증적 · 고증학적 방법

㉢ 자국 역사에 대한 주체적 자각

② **시대별 연구 성과** : 17세기 「여사제강」 · 「동국통감제강」, 18세기 「동사회강」 · 「동사강목」 · 「발해고」, 19세기 「해동역사」 · 「연려실기술」 등

③ **이익 · 홍대용** : 이익은 중국 중심의 역사관에서 벗어나 우리 역사를 체계화할 것을 주장하여 민족에 대한 주체적 자각을 높이는 데 이바지하였고, 홍대용도 민족에 대한 주체적 자각을 강조함

④ **안정복(安鼎福)**

㉠ **역사 의식** : 이익의 제자로 그의 역사 의식을 계승하고 연구성과의 축적 · 종합, 중국 중심의 역사관 비판

㉡ **「동사강목(東史綱目)」 저술** : 고조선으로부터 고려 말까지의 우리 역사를 독자적 정통론을 세워 이를 체계화했으며, 사실들을 치밀하게 고증하여 고증 사학의 토대를 닦음

⑤ **이긍익(李肯翊)** : 조선 시대의 정치와 문화를 정리하고 400여 종의 자료를 참고하여 「연려실기술(練藜室記述)」을 저술

⑥ **한치윤(韓致奫)** : 단군 조선으로부터 고려 시대까지를 서술한 기전체 사서인 「해동역사(海東繹史)」를 편찬(→ 500여 종의 외국 자료를 인용해 고증적인 역사 의식 · 서술의 이해에 있어 대표적 사서의 하나로 평가, 민족사 인식의 폭 확대에 기여)

⑦ **이종휘(李種徽)** : 고구려사인 「동사」를 저술하여 고대사 연구의 시야를 만주까지 확대

⑧ **유득공(柳得恭)** : 「발해고」를 저술하여 발해사 연구를 심화하고 한반도 중심의 협소한 사관을 극복

김정희의 「금석과안록(金石過眼錄)」

김정희는 민족사와 전통문화에 대한 관심에서 금석학을 연구하여 「금석과안록(金石過眼錄)」을 저술하였다. 그는 여기서 북한산비가 진흥왕 순수비임을 밝혔으며 황초령비도 판독하였다.

(2) 지리학 연구

① 계기

㉠ 공간에 대한 관심은 국토 연구로 나타나 우수한 지리서가 편찬되고 새 지도가 제작

㉡ 국토에 대한 학문적 이해가 축적되고 서양식 지도 전파로 보다 과학적이고 정밀한 지도와 지리지가 제작 · 편찬

② **세계관의 변화** : 중국 중심의 화이 사상을 극복하는 세계관의 변화가 나타났는데, 「곤여만국전도(坤與萬國全圖)」 · 「직방외기」 등이 유명

③ 지도의 편찬

㉠ 배경 : 중국으로부터 서양식 지도가 전해져 보다 정밀하고 과학적인 지도가 많이 제작됨

㉡ 목적

관청에서 서적을 편찬함

- **조선 초기** : 지도 제작은 관찬(官撰) 형태로, 정치 · 행정 · 군사적 목적이 주
- **조선 후기** : 경제 · 산업 · 문화적 관심이 반영되어 산맥과 하천 · 제언, 항만 · 도로망 표시가 정밀해짐

㉢ 제작

- **정상기의 동국지도(팔도분도)** : 최초로 100리척을 사용하여 정확하고 과학적 · 실용적 지도 제작에 공헌
- **김정호의 대동여지도** : 산맥 · 하천 · 포구 · 도로망의 표시가 정밀해지고 거리를 알 수 있도록 10리마다 눈금이 표시, 목판으로 인쇄됨
- 김정호의 청구도

▲ 대동여지도

(3) 국어학 연구

① **음운(音韻)에 대한 연구 성과** : 신경준의 「훈민정음운해」, 유희의 「언문지」 등

② **어휘 수집에 대한 연구 성과** : 이성지의 「재물보」, 권문해의 「대동운부군옥」, 이의봉의 「고금석림」, 정약용의 「아언각비」, 유희의 「물명고」 등

③ **기타** : 중국 운서와 비교해 한글 자모의 성질을 밝힌 황윤석의 「자모변」 등

④ **의의** : 한글의 우수성에 대한 인식, 즉 문화적 자아의식을 크게 높임

암기 노트

국어학 연구서

훈민정음운해(訓民正音韻解)	신경준(정조)	발음법을 제시 · 음운을 역학적으로 도해
언문지(諺文志)	유희(순조)	음리(音理)와 음가(音價)를 규명
재물보(才物譜)	이성지(정조)	만물의 명칭을 고증
아언각비(雅言覺非)	정약용(순조)	속어(사투리)와 속자 고증
고금석림(古今釋林)	이의봉(정조)	시대별 · 분야별로 정리한 사전

(4) 백과사전의 편찬

① **효시** : 이수광이 「지봉유설」을 시작으로, 18 · 19세기에 한층 발전

② **18~19세기** : 이익의 「성호사설」, 이덕무의 「청장관전서」, 서유구의 「임원경제지」, 홍봉한의 「동국문헌비고」, 정창순의 「동문휘고」, 이규경의 「오주연문장전산고」, 심상규의 「만기요람」 등

암기 Plus

지리서의 편찬

- **역사 지리서** : 한백겸의 「동국지리지」, 정약용의 「아방강역고」 등
- **인문 지리서** : 이중환의 「택리지(팔역지)」(→ 30년간의 답사를 통해 각 지역의 지리와 사회 · 경제를 연구, 자연 환경과 물산 · 풍속 · 인심 등을 서술)
- **기타** : 유형원의 여지지, 신경준의 강계고(각지의 교통 및 경계를 밝힘), 김정호의 대동지지(전국 실지 답사)

조선 후기의 지도의 특징

- 대축적 지도의 발달
- 다양한 지도의 활발한 편찬
- 지방 각 군현 조도의 편찬 급증
- 지도의 보급과 소장이 현저히 증가

한글 서적

농민의 지위 향상에 따른 의식의 성장으로 국민적 교화의 필요성이 절실했고, 세종의 민족문자 의식과 애민정신이 반영되었다. 주요 한글 서적으로는 용비어천가 · 동국정운 · 석보상절 · 월인석보 · 월인천강지곡 · 불경언해 · 훈몽자회 · 사성통해 등이 있으며, 한글 번역서적으로 삼강행실도 · 두시언해 · 소학언해 등이 있다.

③ 주요 저서의 내용

지봉유설(芝峰類說)	이수광(광해군)	천문 · 지리 · 군사 · 관제 등 25항목별로 나누어 저술
대동운부군옥(大東韻府群玉)	권문해(선조)	단군~선조까지의 역사 사실을 어휘의 맨 끝자를 기준으로 하여 운(韻)으로 분류한 어휘 백과사전
유원총보(類苑叢寶)	김육(인조)	문학 · 제도 등 27개 항목으로 기술
동국문헌비고(東國文獻備考)	홍봉한(영조)	지리 · 정치 · 경제 · 문화 등을 체계적으로 정리한 한국학 백과사전
성호사설(星湖僿說)	이익(영조)	천지 · 만물 · 경사 · 인사 · 시문의 5개 부문으로 서술
청장관전서(靑莊館全書)	이덕무(정조)	아들 이광규가 이덕무의 시문 · 중국의 역사 · 풍속 · 제도 등을 기록
오주연문장전산고(五洲衍文長箋散稿)	이규경(헌종)	우리나라와 중국 등 외국의 고금 사항에 관한 고증

암기 Plus

대동운부군옥 책판

3 과학 기술의 발달

1. 서양 문물의 수용

(1) 과학 기술의 계승과 수용

① 조선 후기에는 전통적 과학 기술을 계승 · 발전시키면서 중국을 통하여 전래된 서양의 과학 기술을 수용하여 과학 기술면에서도 큰 진전을 보임

② 서양 문물의 수용

㉠ 17세기경부터 중국을 왕래하던 사신들을 통해 도입

㉡ 선조 때 이광정은 세계지도(곤여만국전도)를 전하고, 이수광이 「지봉유설」에서 마테오 리치의 「천주실의」를 소개

곤여만국전도

㉢ 인조 때 소현세자에 의해 과학 및 천주교 관련 서적이 전래되고, 정두원은 화포 · 천리경 · 자명종 · 천문서 등을 전함

㉣ 효종 때 김육이 시헌력(時憲曆)을 전함

② 북학파 실학자들의 관심 : 이익과 그의 제자들 및 북학파 실학자들은 서양 문물에 관심

③ 서양인의 표류 : 벨테브레(1628)와 하멜 일행(1653)이 우리나라에 표류하여 문물을 전파하기도 함

곤여만국전도 전래의 영향
조선 사람들의 세계관이 확대될 수 있는 계기가 되었다. 즉, 중국 중심의 세계관을 탈피하는 데 영향을 미쳤다.

(2) 과학 기술 수용의 정체

① 서양 과학 기술의 수용은 18세기까지는 어느 정도 이루어졌으나 19세기에 이르러서는 천주교 억압으로 더 이상 진전되지 못한 채 정체

② 후기의 기술 발전은 주로 농업 및 의학과 관련된 분야에 집중되고, 교통 · 통신과 제조업이나 군사 분야에서는 상대적으로 미미

2. 천문학 · 수학 · 의학의 발달

(1) 천문학(天文學)의 발달

① 학자

㉠ **이익** : 서양 천문학에 큰 관심을 가지고 연구

㉡ **김석문** : 지전설(地轉說)을 우리나라에서 처음으로 주장하여 우주관을 전환시킴

㉢ **홍대용** : 지전설을 주장하였고, 지구가 우주의 중심이 아니라는 무한 우주론을 주장

㉣ **이수광** : 17세기 초 「지봉유설」에서 일식(日蝕) · 월식(月蝕) · 벼락 · 조수의 간만 등을 언급

② **천문서** : 숙종 때 김석문의 「역학도해」, 정조 때 홍대용의 「담헌연기」, 고종 때 최한기의 「지구전요」 등

▲ 홍대용의 혼천의

③ 의의

㉠ 조선 후기의 천문학은 전통적 우주관에서 벗어나 근대적 우주관으로 접근

㉡ 지전설은 성리학적 세계관을 비판하는 근거(중국 중심의 세계관 탈피)

▲ 지봉유설

(2) 수학과 역법

① 수학의 발달

㉠ **집대성** : 최석정과 황윤석이 전통 수학을 집대성

㉡ **도입** : 마테오 리치가 유클리드 기하학을 한문으로 번역한 「기하원본」이 도입됨

㉢ **정리** : 홍대용은 「주해수용」을 저술하여 우리나라 · 중국 · 서양 수학의 연구 성과 정리

② **역법의 발달** : 김육 등에 의해 시헌력이 도입되었는데, 이는 선교사 아담 샬이 중심이 되어 만든 것으로 종전의 역법보다 더 발전한 것(→ 조선에서는 60여 년간의 노력 끝에 시헌력을 채용)

(3) 의학의 발달

① 17세기 의학

㉠ **허준** : 17세기 초에 「동의보감」을 저술하여 의학 발전에 큰 공헌(→ 전통 한의학을 체계적으로 정리한 것으로 의료 지식의 민간 보급에 기여, 중국과 일본에서도 간행)

㉡ **허임** : 「침구경험방(鍼灸經驗方)」을 저술하여 침구술을 집대성

② 18세기 의학

㉠ **서양 의학의 전래** : 인체의 해부학적 구조와 생리적 기능에 대해 보다 정확한 지식 습득

㉡ **정약용** : 마진(홍역)에 대한 연구를 종합하여 「마과회통」을 편찬하였으며, 박제가와 함께 종두법을 연구

③ **19세기 의학** : 이제마는 「동의수세보원(東醫壽世保元)」을 저술하여 사상의학을 확립

암기 Plus

사상의학
사람의 체질을 태양인, 태음인, 소양인, 소음인으로 구분하여 치료하는 체질 의학 이론으로서 오늘날까지 한의학계에서 통용되고 있다.

3. 농업과 어업의 발달

(1) 농서의 편찬

① 농가집성

㉠ 17세기에 신속이 「농사직설」을 증보하여 저술한 것으로, 조선 초기 농서의 집대성

㉡ 벼농사 중심의 농법을 소개하고 이앙법 · 견종법 소개

→ 골뿌림법. 밭을 갈아 이랑과 고랑을 만든 다음 고랑에 씨를 뿌려 재배하는 밭농사 방법

② **색경 · 산림경제 · 해동농서**

㉠ 박세당은 숙종 때 「색경」을 지어 수전농업 위주의 「농가집성」을 비판

㉡ 홍만선은 17세기 말 「산림경제」를 지어 농법뿐 아니라 식품 가공 · 저장 등 농가의 일상 생활을 기록

㉢ 서호수는 18세기 말 「해동농서」를 지어 우리 농학을 종합

③ **과농초소** : 박지원이 18세기 말 농업 경영서로 저술

④ **임원경제지(임원십육지)** : 서유구가 19세기 중엽 농업과 전원 생활에 필요한 것을 16개 부분으로 나누어 편찬(농촌 생활에 관한 백과 사전적 박물지)

(2) 농업 기술 및 관개 시설의 발달

① **농업 기술의 발달**

㉠ **논농사** : 17세기부터 이앙법이 급속히 보급되어 노동력 절감과 생산량 증대에 공헌

㉡ **밭농사** : 이랑 간의 간격이 좁아지고, 깊이갈이로 이랑과 고랑의 높이 차이를 크게 함

㉢ **시비법의 발달** : 여러 종류의 거름이 사용됨으로써 토지의 생산력을 높임

㉣ **농업 생산력 증대** : 쟁기 기능이 개선되고 소를 이용한 쟁기 사용이 보편화되어 농업 생산력이 증대

② **수리 관개 시설의 발달**

㉠ 논농사를 위해 당진의 합덕지, 연안의 남대지 등의 저수지 등이 많이 만들어짐

㉡ 18세기 중엽 이후 밭을 논으로 바꾸는 것이 활발해져 논의 비율이 더 높아짐

③ **개간 · 간척 사업의 진전** : 조선 후기에는 황무지 개간과 해안 지방의 간척 사업이 활발하게 진전되어 경지 면적이 증가

(3) 어업 기술의 발달

① **어구 개량** : 어법(漁法)이 보급되고, 어망의 재료도 보다 튼튼한 면사로 바뀜

② **김 양식(海苔) 기술 개발** : 17세기에 기술이 개발되어 전라도를 중심으로 보급

③ **냉장선 등장** : 18세기 후반 등장해 어업물의 유통이 활발해짐

④ **자산어보(玆山魚譜)** : 정약전은 흑산도 귀양 중 근해의 해산물 등을 직접 채집 · 조사하여 155종의 해산물에 대한 명칭 · 분포 · 형태 · 습성 등을 기록, 어류학의 신기원을 이룸

정약용의 기예론

- **의의** : 다산이 과학 기술 발전의 중요성을 역설한 글
- **내용**
  - 기술개발을 중시하고 선진기술 수용을 강조
  - 수원성 축조 시 거중기를 제작하여 사용
  - 한강의 배다리(舟橋)를 설계
  - 조선 · 총포 · 병거(兵車)의 제조 등에 관한 새로운 지식 보급

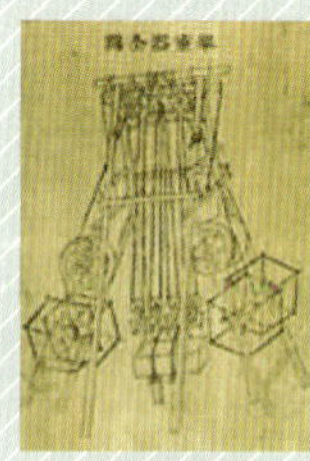

▲ 거중기

4 문학과 예술의 새 경향

1. 서민 문화의 발달

(1) 문화 변화의 특징

① 조선 전기
㉠ 대개 성리학적 윤리관을 강조, 생활 교양 · 심성 수련이 목표, 정적이고 소극적
㉡ 예술도 양반들의 교양이나 여가를 위한 것이 대부분

② **조선 후기** : 성리학적 문화관에서 탈피
㉠ 문학이나 예술 작품에 감정을 적나라하게 표현
㉡ 양반의 위선적 모습을 비판하고 사회의 부정과 비리를 풍자 · 고발
㉢ 작품의 주인공이 영웅적인 존재에서 서민적인 인물로 전환, 배경도 비현실적인 세계보다는 현실적인 인간 세계로 전환
㉣ 예술 작품도 민화(民畵)처럼 서민들이 작자인 경우가 많아짐

(2) 서민 문화의 확대

① **문학** : 한글 소설의 증가, 사설 시조의 등장
② **판소리 · 탈춤** : 서민 문화를 확대하는 데 크게 기여
③ **회화(繪畵)** : 저변이 확대되어 풍속화(風俗畵)와 민화(民畵)가 유행
④ **음악 · 무용** : 감정을 대담하게 표현하는 경향

2. 한글 소설과 사설 시조

(1) 한글 소설

① **홍길동전(洪吉童傳)** : 허균이 쓴 최초의 한글 소설(→ 서얼차대 철폐와 탐관오리 응징 등 시대상황을 비판하고, 새로운 이상향을 추구)
② **춘향전(春香傳)** : 대표적인 한글 소설로 최대의 걸작으로 손꼽힘
③ **사씨남정기(김만중)** : 축첩(蓄妾) 제도의 모순과 해결 방법 제시 → 첩을 두는 것을 허용하는 제도
④ **박씨전** : 박씨의 내조로 남편을 입신시킨다는 여성 영웅 소설
⑤ **별주부전(토끼전)** : 위기를 지혜로 극복하는 토끼(서민)의 모습을 통해 봉건지배층의 향락과 탐욕을 비판
⑥ **기타** : 심청전, 장화홍련전, 콩쥐팥쥐전, 임경업전 등

(2) 사설 시조(辭說時調)

① 17세기 이후 서민들이 중심이 된 자유로운 격식의 시조
② 선비의 절의와 자연관을 담은 이전의 시조와는 달리 서민들의 감정을 솔직하게 표현
③ 격식에 구애됨이 없이 남녀 간의 사랑이나 현실에 대한 비판을 거리낌 없이 표현

(3) 한문학(漢文學)

① 사회의 부조리한 현실을 예리하게 비판
② **정약용** : 삼정의 문란을 폭로하는 한시를 남김
③ **박지원**
㉠ **작품** : 「양반전」 · 「허생전」 · 「호질」 · 「민옹전」 등
㉡ 현실을 올바르게 표현할 수 있는 문체로 혁신할 것을 주장하기도 함(패관소품체)
서민문학에 사용된 자유분방하고 감각적인 내용의 단문 문체 ←

암기 Plus

서민 문화의 대두
- 계기
  - 서당 교육이 보급 등으로 서민 의식 향상
  - 서민의 경제적 · 신분적 지위의 향상, 현실에 대한 새로운 인식
- **창작 주체의 다양화** : 양반 외에 역관 · 서리 등의 중인층, 상공업 계층과 부농층, 상민, 광대 등의 활동도 활기

시사(詩社)의 조직
- 중인층과 서민층의 문학 창작 모임을 말하며, 주로 시인 동우회가 결성됨
- 대표적인 시사로는 천수경의 옥계시사, 최경흠의 직하시사 등
- 김삿갓 · 정수동 같은 풍자 시인은 아예 민중과 어우러져 활동

조선 시대 문학의 흐름
- **15세기** : 사장문학(詞章文學), 출판 인쇄 문화 발전
- **16세기** : 가사 · 시조 문학, 경학(經學) 강조
- **17세기** : 군담 소설, 사회 비판적 한글소설 등장
- **18세기** : 실학 정신의 반영, 문체의 혁신 시도, 가정 소설, 타령, 사설시조, 위항문학
- **19세기** : 서민 문학의 절정기, 판소리 정리, 시사(詩社) 조직

암기 Plus

판소리의 특징

- 이야기를 창과 사설로 엮어 가므로 감정 표현이 직접적이고 솔직함
- 분위기에 따른 광대의 즉흥적 이야기 전개와 관중들의 추임새 등으로 서민 등 넓은 계층으로부터 호응을 받아 서민 문화의 중심이 됨

가면극의 내용

지배층과 승려들의 부패와 위선을 풍자, 나아가 하층 서민인 말뚝이와 취발이를 등장시켜 양반의 허구를 폭로하고 비난

▲ 금강전도

▲ 인왕제색도

▲ 씨름도

▲ 단오풍경

3. 판소리와 가면극

(1) 판소리

① **의의** : 판소리와 가면극은 사회적 모순을 예리하게 표현하고, 서민이 자신들의 존재를 자각하는 데 기여

② **작품** : 판소리 작품으로는 '열두 마당'이 있었고 현재 춘향가 · 심청가 · 흥보가 · 적벽가 · 수궁가 등 다섯 마당이 전함(→ 19세기 후반에 신재효가 판소리 사설을 창작 · 정리)

(2) 가면극(假面劇)의 성행

① **탈놀이** : 향촌에서 마을 굿의 일부로서 공연

② **산대놀이** : 산대(山臺)라는 무대에서 공연되던 가면극이 민중 오락으로 정착되어 성행

4. 미술의 새 경향

(1) 조선 후기 미술의 특징

① **그림** : 진경 산수화와 풍속화의 유행

② **서예** : 우리의 정서를 담은 글씨의 등장

(2) 진경 산수화(眞景山水畫) – 17~18세기 초

① **수용 · 창안** : 중국 남종과 북종 화풍을 고루 수용하여 우리의 고유한 자연과 풍속에 맞춘 새로운 화법으로 창안한 것

② **배경** : 17세기부터 우리 문화에 대한 자부심이 높아졌고, 고유 정서와 자연을 표현하려는 예술 운동으로 나타남

③ **정선(鄭敾)** : 18세기에 진경 산수화(→ 우리나라 산하를 직접 답사하고 화폭에 담은 산수화)의 세계를 개척

㉠ 서울 근교와 강원도의 명승지들을 두루 답사하여 사실적으로 그림

㉡ **대표작** : 금강전도, 인왕제색도, 여산초당도, 입암도

④ **의의** : 우리의 자연을 사실적으로 그려 회화(繪畫)의 토착화를 이룩

(3) 풍속화(風俗畫) – 18세기 후반

① **의의** : 조선 후기의 새로운 현상들을 긍정적 의미로 이해하고, 당시 사람들의 생활 정경과 일상적인 모습을 생동감 있게 그려 회화의 폭을 확대

② **김홍도(金弘道)** : 전원 화가

㉠ **경향** : 정선의 뒤를 이어 산수화와 풍속화에 새 경지를 개척, 산수화 · 기록화 · 신선도 등을 많이 그렸지만 정감 어린 풍속화로 유명

㉡ **작품** : 밭갈이 · 추수 · 씨름 · 서당 · 베짜기 등(→ 주로 농촌의 생활상 묘사, 자신의 일에 몰두하는 사람들의 특징을 소탈하고 익살스러운 필치로 묘사, 배경이 없음)

③ **김득신(金得臣)** : 관인 화가(궁정 화가)로 풍속화에 능했음, 파적도 · 야공도, 김홍도의 제자(강세황 → 김홍도 → 김득신)

④ **신윤복(申潤福)** : 도회지 화가

㉠ **경향 및 기법** : 김홍도에 버금가는 풍속 화가로, 김홍도가 간결하고 소탈함에 비해 신윤복은 섬세하고 세련된 필치를 구사

㉡ **작품** : 주유도, 주막도, 여인도, 단오풍경, 풍속화첩 등(→ 주로 양반들과 부녀자

들의 생활과 유흥 · 남녀 사이의 애정 등을 감각적이고 해학적으로 묘사, 배경 있음)

(4) 기타 화풍

① 강세황

㉠ 서양화 기법(원근법)을 반영하여 더욱 실감나게 표현(→ 영통동구도)

㉡ 시 · 서 · 화의 삼절로 불리며, 한국적 남종문인화풍 정착에 공헌

㉢ 문집인 '표암유고'에서 사실화법론에 대한 사상을 표현하였고, 풍속화에 대한 자세한 설명과 함께 제자 김홍도의 작품을 설명함

② 김수철 : 산사만종도(서양화 기법), 송계한담도

(5) 복고적 화풍 – 문인화(文人畵)

① 문인화의 부활 : 진경 산수화와 풍속화, 실학적 화풍은 19세기에 김정희 등의 문인화의 부활로 침체

② 대표적 화가

㉠ 김정희 : 세한도, 묵죽도 등

세한도

㉡ 장승업

- 관인 화가, 조선 시대 3대 화가(안견, 김홍도, 장승업)
- 강렬한 필법(筆法)과 채색법으로 뛰어난 기량을 발휘, 군마도 · 수상서금도 등

㉢ 신위의 대나무, 이하응(흥선대원군의 묵란도) 등

(6) 민화(民畵)

① 대상 : 조선 후기에는 민중의 미적 감각을 잘 나타낸 민화가 유행

② 소재 : 한국의 자연과 농경 · 풍속 등을 소재로 해 · 달 · 나무 · 꽃 · 동물 · 물고기 등을 그림

③ 특징

㉠ 예술적 감상보다는 서민의 생활 공간을 장식하기 위한 그림

㉡ 서민의 기원과 소망, 민간 신앙, 생활 윤리 규범을 담고 있음

㉢ 우화적이며, 내용이나 발상 등에는 소박한 우리 정서가 배어 있음

(7) 서예(書藝)

18세기 옥동 이서가 서법을 정립한 후 원교 이광사에 이르러 완성된 우리나라 고유의 서체

① 이광사 : 우리 정서와 개성을 추구하는 단아한 글씨의 동국진체(東國眞體)를 완성

② 김정희 : 서예 발전의 성과를 바탕으로 고금의 필법을 두루 연구하여 굳센 기운과 다양한 조형성을 가진 추사체(秋史體)를 창안

추사체

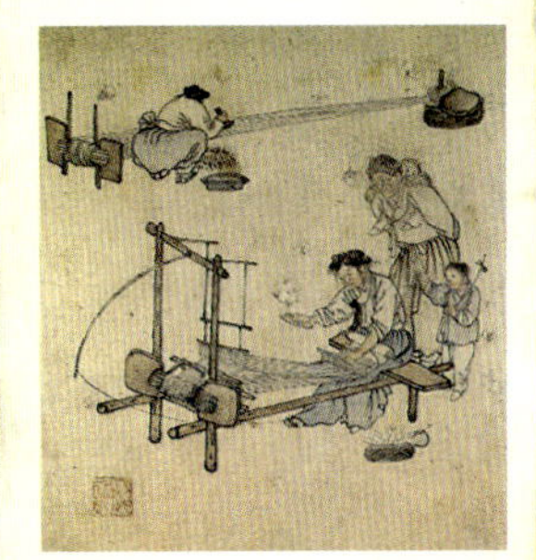

베짜기

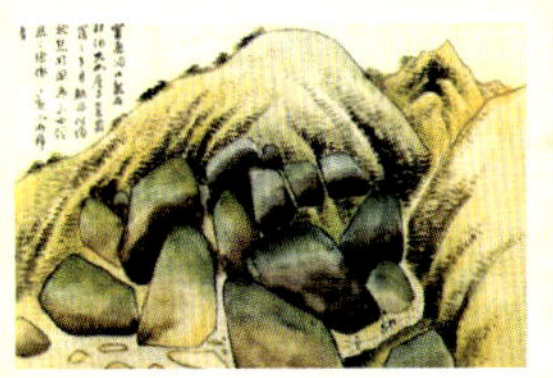

영통동구도

민화(까치와 호랑이)

암기 노트

조선 후기 미술과 서예의 흐름

- 17~18세기 초
  - 정선이 개척한 진경 산수화(眞景山水畵)가 유행
  - 허목이 고문전이라는 새로운 서체를 창안
- 18세기
  - 풍속화 유행, 실학적 화풍, 서양화 기법 도입, 민화의 발달
  - 이광사가 우리 정서와 개성을 추구하는 단아한 동국진체(東國眞體)를 완성
- 19세기
  - 복고적 화풍 유행(→ 문인화의 부활로 진경 산수화와 풍속화, 실학적 화풍 침체)
  - 김정희가 고금의 필법을 토대로 굳센 기운과 다양한 조형성을 가진 추사체를 창안

기출문제 | 고급 | [2점]

(가)에 해당하는 작품으로 옳은 것은?

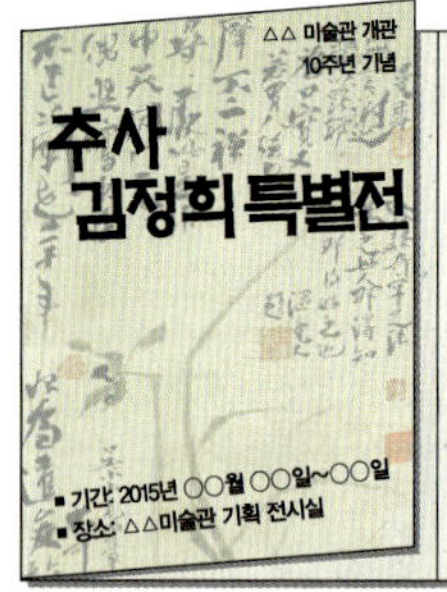

△△ 미술관 개관 10주년 기념
추사 김정희 특별전
■ 기간: 2015년 ○○월 ○○일~○○일
■ 장소: △△미술관 기획 전시실
〈대표 전시 작품〉
(가)
추사가 제주도에서 유배 생활을 하고 있던 중 제자 이상적이 청에서 귀한 책들을 구해다 준 것에 대한 답례로 그려준 작품이다.

① 

② 

③ 

④ 

⑤ 

[추사 김정희]

암기공식
세한도 : 문인화의 대표작 ⇒ 추사 김정희

| 정답 해설 |

세한도는 화가가 아닌 선비가 그린 문인화의 대표작으로, 조선 후기의 학자 추사 김정희가 제주도에서 유배 생활 중에 제자 이상적이 청에서 귀한 책들을 구해다 준 것에 대한 답례로 그려준 작품이다.

| 오답 해설 |

① 초충도는 율곡 이이의 어머니인 신사임당이 그린 작품으로 풀과 벌레를 소재로 그린 작품이다.
② 총석정도는 조선 후기 풍속화가로 유명한 김홍도가 그린 진경산수화로, 먹의 농담이 잘 드러난 온화하고 서정적 화풍의 그림이다.
③ 영통골 입구도는 조선 후기의 화가 강세황이 그린 작품으로, 원근법과 명암법 등 서양화 기법을 반영하여 더욱 실감나게 표현하였다.
④ 인왕제색도는 조선 후기 진경산수화의 대가 겸재 정선의 작품으로, 비가 내린 뒤의 인왕산의 분위기를 적묵법(積墨法)으로 진하고 묵직하게 표현한 산수화이다.

정답 ⑤

5. 건축의 변화

(1) 17세기의 건축

① **성격** : 사원 건축 중심, 규모가 큰 다층 건물(→ 불교의 지위 향상과 양반 · 지주층의 경제적 성장을 반영)

② **대표적 건축물** : 금산사 미륵전 · 화엄사 각황전 · 법주사 팔상전 등

▲ 금산사 미륵전

▲ 화엄사 각황전

▲ 법주사 팔상전

(2) 18세기의 건축

① **성격** : 사회적으로 부상한 부농과 상인의 지원을 받아 장식성 강한 사원이 많이 건립

② **대표적 건축물** : 논산 쌍계사 · 부안 개암사 · 안성 석남사 등

③ **수원 화성** : 정조 때 전통적 성곽 양식 위에 서양식 건축 기술을 도입하여 축조

▲ 쌍계사 대웅전(논산)

▲ 개암사 대웅보전

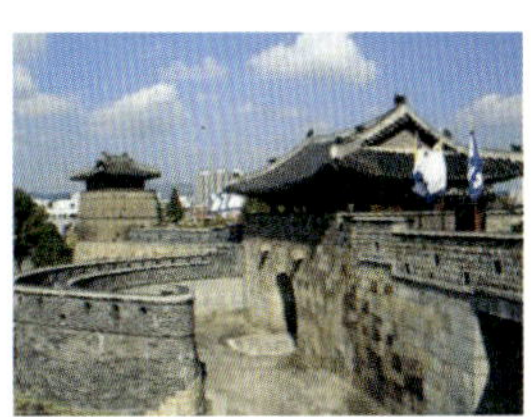
▲ 수원 화성

(3) 19세기 이후의 건축

① **19세기** : 흥선대원군이 국왕의 권위를 제고하고자 경복궁의 근정전과 경회루를 재건(화려하고 장중한 건물로 유명)

② **20세기 초** : 덕수궁 석조전(르네상스 양식)

6. 공예와 음악

(1) 공예(工藝)

① 자기 공예(磁器工藝)

㉠ 백자가 민간에까지 널리 사용되면서 본격적으로 발전

㉡ **청화 백자** : 형태가 다양해지고 안료도 청화 · 철화 · 진사 등으로 다채로워짐 (청화 → 청색의 코발트 안료, 철화 → 산화철 안료, 진사 → 산화구리 안료)

- 제기와 문방구 등 생활 용품이 많음
- 형태와 문양이 독특하고 준수한 세련미를 풍김

㉢ 서민은 옹기(甕器)를 많이 사용

② **목공예(木工藝)** : 생활 수준의 향상에 따라 크게 발전, 장롱 · 책상 · 문갑 · 소반 · 의자 · 필통 등

③ **화각 공예(華角工藝)** : 쇠뿔을 쪼개어 아름다운 무늬를 표현

(2) 음악

① **특징** : 향유층이 확대됨에 따라 성격이 다른 음악이 다양하게 나타나 발전

② **계층별 취향** : 양반층은 종래의 가곡 · 시조를 애창하고, 서민층은 민요를 즐겨 부름

④ **창작** : 상업의 성황으로 직업적인 광대나 기생들이 판소리 · 산조와 잡가 등을 창작 (산조 → 민속음악에 속하는 기악 독주곡의 하나, 잡가 → 조선 후기 서민층에서 불리던 민속악)

④ **경향** : 전반적으로 감정을 솔직하게 표현

암기 Plus

조선 후기 공예품의 특징
- 소박하고 견고
- 값싼 재료를 주로 이용
- 생활필수품 위주의 생산

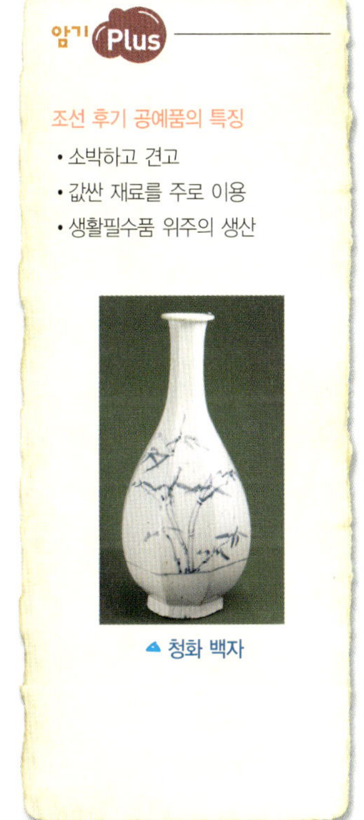
▲ 청화 백자

기출 및 예상 문제

01

다음 자료의 (가)에 알맞은 기구에 대한 설명으로 옳은 것을 〈보기〉에서 고른 것은?

김익희가 상소하였다. "오늘에 와서는 큰 일이건 작은 일이건 중요한 것으로 취급되지 않는 것이 없는데, 정부는 한갓 헛 이름만 지니고 6조는 모두 그 직임을 상실하였습니다. 명칭은 '변방의 방비를 담당하는 것'이라고 하면서 과거에 대한 판하(判下)나 비빈(妃嬪)을 간택하는 등의 일까지도 모두 여기를 경유하여 나옵니다. 명분이 바르지 못하고 말이 순하지 않음이 이보다 심할 수가 없습니다. 신의 어리석은 소견으로는 [(가)]를 혁파하여 정당(政堂)으로 개칭하는 것이 상책이라 생각합니다."

－「효종실록」－

보기

ㄱ. 언관 중심으로 구성되었다.
ㄴ. 세도 정치 유지에 중요한 역할을 하였다.
ㄷ. 붕당 정치의 폐단을 막기 위해 마련되었다.
ㄹ. 삼포왜란과 을묘왜변을 계기로 설치되었다.

① ㄱ, ㄴ ② ㄱ, ㄷ ③ ㄴ, ㄷ
④ ㄴ, ㄹ ⑤ ㄷ, ㄹ

제시문의 내용은 비변사의 권한이 임진왜란 이후 지나치게 커졌음을 지적하고 이를 혁파할 것을 상소하는 것이다.

ㄴ. 비변사는 19세기 세도 정치 시기에 세도 가문은 권력 유지의 기반이 되었다.
ㄹ. 비변사는 왜구와 여진족의 침입에 대비하기 위해 국초부터 존재하던 지변사재상을 삼포왜란과 을묘왜변을 계기로 개편·설치한 것이다.
ㄱ. 임진왜란 이후 비변사는 전·현직 정승, 공조를 제외한 5조의 판서와 참판, 각 군영 대장, 대제학, 강화 유수 등 국가의 중요 관원들이 참여하는 기구로 확대되었다.
ㄷ. 왜구와 여진족 침입에 대비하기 위한 임시 군사 회의 기구로 설치되었다.

02

(가) 인물에 대한 설명으로 옳은 것은?

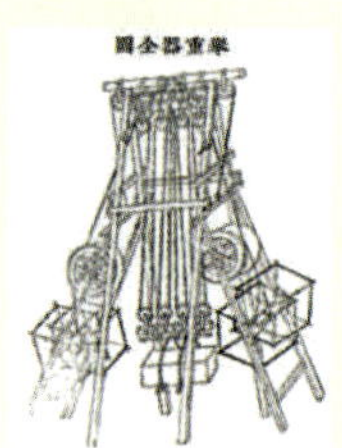

이 그림은 화성성역의궤에 수록된 거중기 전도이다. 거중기는 화성 건설에 참여했던 [(가)]이/가 고안하였다. 그는 조선 후기의 실학자로 경세유표를 통해 국가 제도의 개혁 방향을 제시하였으며, 지방 행정의 개혁안을 담은 목민심서를 저술하였다.

① 양반전에서 양반의 위선과 무능을 비판하였다.
② 북학의를 저술하여 청의 문물 수용을 강조하였다.
③ 사림의 체질을 연구하여 사상 의학을 확립하였다.
④ 조선책략 유포에 반발하여 영남 만인소를 주도하였다.
⑤ 여전론을 통해 토지의 공동 소유와 공동 경작을 주장하였다.

조선 후기의 실학자 정약용은 거중기를 이용하여 화성 축조에 참여하였고, 경세유표와 목민심서 등을 저술하였다. 또한 한 마을(1여)을 단위로 하여 토지를 공동으로 소유하고 공동으로 경작하여 수확량을 노동량에 따라 분배하는 여전론(閭田論)을 주장하였다.

① 박지원은 〈양반전〉·〈허생전〉·〈호질〉·〈민옹전〉 등을 통해 양반 사회의 모순과 부조리를 비판·풍자하고 양반의 위선과 무능을 비판하였다.
② 박제가는 청에 다녀온 후 〈북학의〉를 저술하여 청의 문물 수용을 강조하였다.
③ 이제마는 사람의 체질을 태양인, 태음인, 소양인, 소음인으로 구분하여 치료하는 사상 의학을 확립하였다.
④ 이만손을 비롯한 영남 유생들은 김홍집의 〈조선책략〉 유포에 반발하여 만인소를 올렸다.

정약용(1762~1836)

- 이익의 실학사상을 계승하면서 실학을 집대성
- 정조 때 벼슬길에 올랐으나 신유박해 때에 전라도 강진에 유배
- 500여 권의 저술을 여유당전서(與猶堂全書)로 남김
- **3부작(1표 2서, 一表二書)** : 〈목민심서〉, 〈경세유표〉, 〈흠흠신서〉
- **3논설** : 〈전론(田論)〉, 〈원목(原牧)〉, 〈탕론(蕩論)〉
- **기예론** : 농업 기술과 공업 기술을 논의
- **여전론(閭田論)** : 토지 제도의 개혁론으로 처음에는 여전론을, 후에 정전론을 주장

03

다음 조사 보고서의 제목으로 가장 적절한 것은?

조사 보고서 제출 안내

▶ **주제**: 숙종 때의 정치적 변화 양상
▶ **조사 방법**: 숙종 재위 시기의 정치 변화에 한정하여 조사함
▶ **분량**: A4 용지 3장 이내
▶ **제출 기한**: 2017년 ○○월 ○○일 17시까지

① 이조 전랑 임명 문제와 동·서 분당
② 서인과 남인의 대립으로 인한 환국
③ 자의 대비의 복상 문제로 촉발된 기해예송
④ 세자 추숭(追崇)을 둘러싼 시파와 벽파의 갈등
⑤ 외척 세력인 대윤과 소윤의 대립으로 일어난 을사사화

조선 숙종은 서인과 남인의 대립으로 인한 3차례 환국(경신환국, 기사환국, 갑술환국) 정치를 통해 왕권을 강화하였다.

- 경신환국(숙종, 1680) : 서인이 남인 숙청
- 기사환국(숙종, 1689) : 남인이 서인 숙청
- 갑술환국(숙종, 1694) : 남인 축출, 소론 득세

① 사림이 언론 삼사 요직의 인사권과 추천권을 가진 이조 전랑 임명권을 둘러싼 대립으로 동인과 서인으로 나뉘며 붕당 정치가 시작되었다(선조, 1575).
③ 효종 사망 시 자의대비의 복제를 두고 서인과 남인 사이에 기해예송이 촉발되었다(현종, 1659).
④ 사도 세자의 죽음을 둘러싼 추숭(追崇) 문제로 정조에게 동의한 무리를 시파(남인), 반대한 무리를 벽파(노론)라고 한다.
⑤ 명종을 옹립한 소윤파의 윤원로·윤원형 형제가 인종의 외척 세력인 대윤파 윤임 등을 축출하면서 외척 간의 권력 다툼인 을사사화가 발생하였다(명종, 1545).

조선의 환국 정치

서인은 인조반정으로 정권을 잡았는데, 정책을 수립하고 상대 붕당을 탄압하는 과정에서 노장 세력과 신진 세력 간에 갈등이 깊어지면서 노론과 소론으로 나뉘었다. 이후 노론과 소론은 남인과 정국의 주도권을 놓고 대립하였고, 남인이 정계에서 완전히 밀려난 뒤에는 노론과 소론 사이의 대립으로 정국의 반전이 거듭되었다.

04

다음의 정치 상황이 나타나게 된 배경을 〈보기〉에서 모두 맞게 고른 것은?

붕당 간에 자율적 세력 균형을 유지한 때는 17세기 초 서인과 남인이 공존 관계를 유지하던 시대이며, 왕에 의한 타율적 세력 균형 유지는 17세기 후반 붕당 정치가 변질되어감에 따라 나타났다. 즉, 경신환국 이후의 붕당은 상대 세력의 존재를 인정하지 않는 일당 전제화의 형태로 나타나게 되었다.

보기

ㄱ. 강력한 왕권을 바탕으로 탕평책을 실시하였다.
ㄴ. 양반층의 분화로 다수의 양반이 몰락하였다.
ㄷ. 17세기 후반 이후 상품 화폐 경제가 발달하였다.
ㄹ. 사림들의 향촌 지배가 훨씬 더 용이해졌다.

① ㄱ, ㄴ ② ㄴ, ㄷ ③ ㄷ, ㄹ
④ ㄱ, ㄴ, ㄹ ⑤ ㄱ, ㄷ, ㄹ

ㄴ·ㄷ. 17세기 후반 이후의 붕당의 변질(일당 전제화 경향)은 주로 경제적·사회적 환경의 변화에 기인한다고 볼 수 있다. 즉, 지주제와 신분제 동요에 따라 붕당 기반이 붕괴될 수 있다는 위기의식을 갖게 되었고, 상품 화폐 경제의 발달에 따라 상업적 이익에 대한 독점 추구 현상이 증가하였다. 이에 따라 붕당의 쟁점도 이전의 학문적·사상적 문제에서 군사력과 경제력 확보로 바뀌게 되었다.
ㄱ. 강력한 왕권을 바탕으로 한 탕평책 실시는 제시문 내용의 결과라 할 수 있다.
ㄹ. 사림의 향촌 지배는 사림이 성장하여 중앙 정치로 나아갈 수 있는 배경이 되었던 것인데 비해, 붕당의 변질은 사림이 중앙 정치 무대에서 자리를 잡은 후 당파 간에 전개된 자율적인 학문적·사상적 논쟁이 일당 전제화의 이권 대립으로 변질되는 문제이다.

정답 01 ④ • 02 ⑤ • 03 ② • 04 ②

05

다음 교서를 내린 국왕이 시행한 정책으로 옳지 않은 것은?

"붕당의 폐해가 점점 더하여 각각 원수를 이루어 서로 죽여야만 끝이 났다. …… 나는 다만 마땅한 인재를 취하여 쓸 것이니, 당습(黨習)에 관계된 자를 나에게 천거하면 내치고 귀양 보내어 서울에 함께 있게 하지 않을 것이다. …… 아! 임금의 마음이 이럴진대 신하가 따르지 않는다면, 이는 내 신하가 아니다."

－「○○실록」－

① 정치에서 소외되었던 시파를 대거 등용하였다.
② 탕평파를 육성하여 이들을 중심으로 정국을 운영하였다.
③ 왕권을 강화하여 붕당 간의 세력 균형을 유지하려 하였다.
④ 이조 전랑이 3사의 관리를 선발하던 관행을 없애고자 하였다.
⑤ 노론과 소론을 조정하면서 일련의 군제 · 정치 개혁을 단행하였다.

제시문에서는 붕당을 인정하려 하지 않고 있으니 영조의 정책이다.
① 시파를 대거 등용하여 붕당 간의 균형을 유지하려 한 임금은 정조이다.

06

다음은 어떤 왕이 화성을 방문할 때 그린 〈반차도〉이다. 이 시기의 사실에 대한 설명으로 옳지 않은 것은?

① 규장각을 설치하여 왕권을 뒷받침할 수 있는 기구로 삼고, 서얼을 등용하였다.
② 각 붕당의 주장이 옳은지 그른지를 명백히 가리는 적극적인 탕평을 추진하여 척신 · 환관 등을 제거하고 왕권을 강화하였다.
③ 신진 인물이나 중 · 하급(당하관 이하) 관리 가운데 능력 있는 자들을 재교육시키고 시험을 통해 승진시켰다.
④ 상공업 진흥과 재정 수입 확대를 위해 육의전을 제외한 금난전권 철폐하였다.
⑤ 조선 전기의 법전을 증보한 「대전회통」을 간행하였다.

⑤ 「대전회통」의 간행은 고종(흥선대원군) 때의 일이다. 정조 때 편찬된 서적으로는 「대전통편」, 「추관지」, 「탁지지」, 「동문휘고」, 「무예도보통지」, 「제언절목」 등이 있다.
① 규장각의 본래의 기능 외에 국왕 비서실의 기능과 문신 교육, 과거시험 주관 등의 기능을 통합적으로 부여하고, 능력 있는 서얼을 등용하여 규장각 검서관 등으로 임명하였다.
② 정조의 준론탕평에 대한 설명이다.
③ 초계문신제에 대한 설명이다.
④ 신해통공의 실시(1791)에 관한 내용이다.

07

지도를 토대로 탐구 학습을 할 때 관련 주제로 적절한 것은?

① 고려 말 왜구의 해안 침탈
② 안용복의 영토 수호 활동
③ 여 · 몽 연합군의 일본 원정
④ 임진왜란과 조선 수군의 활약
⑤ 유정의 대일 외교 활동과 포로 송환

제시된 지도는 조선 숙종 때 안용복이 울릉도 부근에 출몰하던 일본 어부들을 쫓아내고 울릉도와 독도가 우리 땅임을 확인받고자 일본에 건너갔다가 귀환했던 경로를 표시한 것이다.

08

(가) 군사 조직에 대한 설명으로 옳은 것은?

저희 배가 나가사키로 향하던 중 풍랑을 만나 제주도에 표착해 두려움을 느꼈는데, 이렇게 같은 네덜란드 사람인 벨테브레이 당신을 만나니 안심이 됩니다.

조선 사람들은 우리 서양인이 화포를 잘 다룬다고 여기니, 하멜 자네는 한양에서 임진왜란 중에 설치된 (가) 에 배속되어 총포의 제조 및 조작법을 병사들에게 가르치게 될 것이네.

① 국경 지역인 양계에 배치되었다.
② 소속 군인에게 군인전이 지급되었다.
③ 포수, 사수, 살수의 삼수병으로 편제되었다.
④ 유사시에 향토 방위를 담당하는 예비군이었다.
⑤ 국왕의 친위 부대로 수원 화성에 외영을 두었다.

훈련도감은 임진왜란 중 왜군의 조총에 대응하고 국방력을 강화하기 위해 설치되었다(1594). 훈련도감의 군인은 급료를 받는 직업군인으로 포수·사수·살수의 삼수병으로 편성되었다.
① 국경 지방인 양계에 주둔하는 주진군은 고려 시대의 지방군으로 국경 수비를 전담하는 상비군이다.
② 2군 6위는 고려 시대의 중앙군으로, 직업 군인으로 편성되어 군인전을 지급받았으며 그 역은 자손에게 세습되었다.
④ 잡색군은 정규군 외의 예비군으로, 평상시에는 본업에 종사하면서 일정한 기간 동안 군사 훈련을 받고 유사시에는 향토 방위를 담당하였다.
⑤ 장용영은 조선 정조 때 설치된 왕의 친위 부대로 한양에는 내영, 수원 화성에는 외영을 두었다.

훈련도감(1594)
- **설치** : 임진왜란 중 왜군의 조총에 대응하고 국방력을 강화하기 위해 유성룡의 건의에 따라 용병제를 토대로 설치
- **편제** : 삼수병(포수·사수·살수)으로 편성
- **성격** : 장기간 근무하며 일정 급료를 받는 장번급료병, 직업 군인의 성격(상비군)
- **폐지** : 1881년에 별기군이 창설되어 신식 군대 체제가 이루어지자 그 다음해 폐지됨

09

다음 문서에 대한 설명으로 옳은 것을 〈보기〉에서 고른 것은?

토지를 측량하여 기록한 대장으로 필지의 지번이 5결마다 천자문 순서에 따른 자호(字號)로 표기되었다. 또한 필지마다 측량 방향, 등급, 모양, 가로와 세로의 길이, 경작 여부, 소유자 명의 등이 기재되었다.

보기

ㄱ. 대한 제국 때 처음으로 작성되었다.
ㄴ. 20년마다 작성하는 것이 원칙이었다.
ㄷ. 조세 부과의 근거 자료로 활용되었다.
ㄹ. 지계아문에서 토지 소유자에게 발급하였다.

① ㄱ, ㄴ ② ㄱ, ㄷ ③ ㄴ, ㄷ
④ ㄴ, ㄹ ⑤ ㄷ, ㄹ

ㄴ. 양안은 양전사업에 의해 작성된 토지 대장을 말하는데, 20년마다 한 번씩 양안을 작성하였다.
ㄷ. 양안은 국가 재정의 기본인 전세의 충실한 징수를 위해 조세 부과의 근거 자료로 활용되었다.
ㄱ, ㄹ 대한 제국은 근대적 토지 소유제도 마련을 위해 양지아문을 설치하여 양전사업을 실시하고(1898), 지계아문에서 지계(토지증서)를 토지 소유자에게 발급하였다(1901).

10

밑줄 친 '이것'이 시행되는 과정에서 농촌 사회에 나타난 변화로 옳지 않은 것은?

'이것'은 작인이 지주에게 일정액을 바치는 정액지대제였다. 작인은 토지세와 기타 부가세를 모두 부담하는 조건 아래, 계약된 지대를 해마다 바치기만 하면 영농 과정 전체와 일부 작물의 선택까지도 자유로이 할 수 있었다. 그리하여 총 생산량 중에서 계약한 지대액을 뺀 나머지 분량을 자기 소유로 할 수 있게 된 농민들은 생산 의욕이 높아졌다.

① 병작 반수제가 확대되었다.
② 상품 작물의 재배가 활발해졌다.
③ 지대의 금납화가 점차 이루어졌다.
④ 일부 농민들이 부농으로 성장할 수 있었다.
⑤ 지주 전호제가 신분적 관계에서 경제적 관계로 바뀌어 갔다.

정답 05 ① • 06 ⑤ • 07 ② • 08 ③ • 09 ③ • 10 ①

 제시된 자료에서 밑줄 친 '이것'은 도조법이다. 도조법은 풍년과 흉년에 관계없이 일정한 지대를 납부하는 것으로 생산량의 2분의 1을 내는 병작반수제에 비해 능력있는 농민들이 부농으로 성장하는데 기여하였다. 또한 도조법은 지주의 간섭을 받지 않아 지주와 전호의 관계가 신분적 관계에서 계약적 관계로 바뀌어 갔으며, 지대의 금납화와 상품 작물의 재배를 촉진시켰다. 도조법의 시행으로 병작 반수제는 줄어들게 되었다.

11

밑줄 그은 '풀'과 관련된 설명으로 옳은 것을 〈보기〉에서 고른 것은?

- 이 풀은 남령초(南靈草)라고도 불린다. 근래에 일본으로부터 왔으며 …… 현재 사람들은 이것을 많이 심는다.
  - 「지봉유설」 -
- 이 풀의 큰 잎은 7, 8촌(寸)쯤 된다. 가늘게 썰어 대나무 통에 담거나 혹은 은(銀)이나 주석으로 통을 만들어 담아서 가지고 다니다가 불을 붙여 빨아들이는데, 맛은 쓰고 맵다. 가래를 치료하고 소화를 돕는다고 하는데, 오래 피우면 가끔 간(肝)의 기운을 손상시켜 눈을 어둡게 한다.
  - 「인조실록」 -

보기

ㄱ. 개항 직후에 전매제의 대상이 되었다.
ㄴ. 조선 후기에 주요 상품 작물로 재배되었다.
ㄷ. 전문적으로 취급하는 시전 상인이 등장하였다.
ㄹ. 사용에 신분적 제약이 있어 주로 양반이 애용하였다.

① ㄱ, ㄴ ② ㄱ, ㄷ ③ ㄴ, ㄷ
④ ㄴ, ㄹ ⑤ ㄷ, ㄹ

 이 풀은 인삼 등과 함께 조선 후기의 주요 상품 작물이었던 담배이다.
ㄱ. 담배에 대한 전매제는 일제 강점기에 시작되었다.
ㄹ. 담배에 대한 신분적 제한은 없었다.

12

지도의 (가)~(다)에 대한 설명으로 옳은 것을 〈보기〉에서 고른 것은?

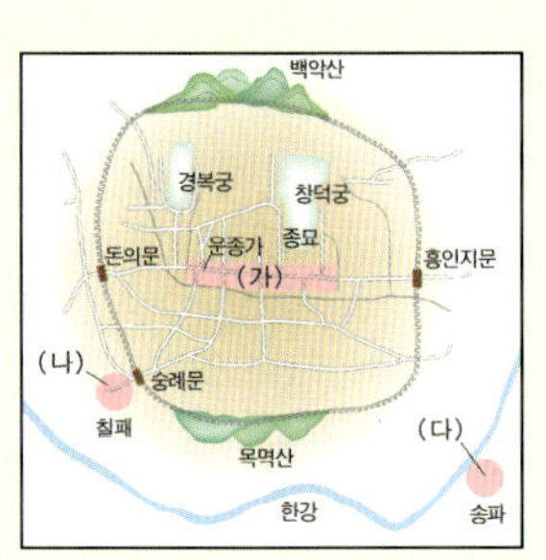

보기

ㄱ. (가)의 상인은 평시서의 감독을 받았다.
ㄴ. (나)의 상인은 주로 왕실이나 관청에 물품을 공급하였다.
ㄷ. (다)의 상인은 보부상과 연계하여 전국의 장시를 지배하였다.
ㄹ. (나), (다)의 상인은 신해통공으로 도성 안에서 자유로운 상행위를 할 수 있었다.

① ㄱ, ㄴ ② ㄱ, ㄹ ③ ㄴ, ㄷ
④ ㄴ, ㄹ ⑤ ㄷ, ㄹ

 (가)는 시전 상인이고 (나), (다)는 칠패와 송파의 사상(私商)이다.
ㄱ. 시전 상인은 평시서의 감독을 받았다.
ㄹ. 정조 때 신해통공으로 육의전을 제외한 시전 상인들의 금난전권이 폐지되어 도성 주변의 사상들이 도성 안에서도 상행위를 할 수 있었다.
ㄴ. 왕실이나 관청에 물품을 공급하는 것은 시전 상인이나 공인들의 활동이다.
ㄷ. 송파의 사상들은 도성 주변에서 장사를 한 것이지 전국의 장시를 지배한 것은 아니다.

사상(私商)

- **등장** : 17세기 초 도시 근교의 농어민이나 소규모의 생산자 등
- **억제** : 국가의 허가를 받지 않고 상업에 종사하는 난전이므로 적극적인 상행위는 어려움, 시전 상인의 금난전권으로 위축됨
- **시전과의 대립** : 17세기 후반 사상들은 보다 적극적인 상행위로 종루·이현·칠패 등에 근거지를 마련하고 종래의 시전과 대립
- **상권의 확대** : 새로 점포를 열거나, 금난전권이 적용되지 않는 길목으로 상권 확대
- **성장** : 사상의 성장을 더 막을 수 없었던 국가가 금난전권을 철폐한 후 성장이 가속화

13

다음 주장을 펼친 인물에 대한 설명으로 옳은 것은?

재물이 모자라는 것은 농사를 힘쓰지 않는 데에서 생긴다. 농사에 힘쓰지 않는 것은 여섯 가지 좀 때문이다. …… 첫째가 노비(奴婢)요, 둘째가 과업(科業)이요, 셋째가 벌열(閥閱) 이요, 넷째가 기교(技巧)요, 다섯째가 승니(僧尼)요, 여섯째가 게으름뱅이[遊惰]이다.

① 전론에서 마을 단위 토지 분배와 공동 경작을 제안하였다.
② 우서에서 사농공상의 직업적 평등과 전문화를 강조하였다.
③ 반계수록에서 신분에 따라 토지를 차등 분배하자고 하였다.
④ 곽우록에서 자영농 몰락을 막기 위해 영업전 설정을 주장하였다.
⑤ 북학의에서 재물을 우물에 비유하여 절약보다 소비를 권장하였다.

제시된 사료의 내용은 성호 이익이 주장한 6좀 폐지론으로 양반 제도, 노비 제도, 과거 제도, 기교(사치와 미신), 승려, 게으름을 나라를 좀먹는 여섯 가지 폐단이라고 지적하였다. 또한 그는 곽우록에서 자영농 몰락을 막기 위해 영업전을 설정하여 매매를 금하고 나머지 토지만 매매를 허용한 한전론(限田論)을 주장하였다.

① 정약용은 한 마을(1여)을 단위로 하여 토지를 공동으로 소유하고 공동으로 경작하여 수확량을 노동량에 따라 분배하는 여전론(閭田論)을 주장하였다.
② 유수원은 중국과 우리 문물을 비교하면서 정치 · 경제 · 사회 전반의 개혁을 제시하였는데, 우서(迂書)에서 사농공상의 직업적 평등과 전문화를 강조하였다.
③ 유형원은 반계수록에서 신분에 따라 토지를 차등 분배하자는 균전론(均田論)을 제안하였다.
⑤ 박제가는 북학의에서 재물을 우물에 비유하여 절약보다 적절한 소비를 권장하였다.

성호 이익(1681~1763)의 업적

- **학파 형성** : 유형원의 실학사상 계승, 성호학파 형성
- **저술** : 성호사설, 곽우록, 붕당론
- **한전론(限田論)** : 균전론 비판, 토지 매매의 하한선을 정함
- **6좀 폐지론** : 양반 제도, 노비 제도, 과거 제도, 기교(사치와 미신), 승려, 게으름
- **농촌 경제의 안정책** : 고리대와 화폐 사용의 폐단 지적, 환곡 대신 사창(社倉)제 실시 주장

14

다음과 같은 상황이 나타났던 시기의 사회 모습으로 적절한 것만을 〈보기〉에서 모두 고른 것은?

- 영덕의 고가대족(故家大族)은 모두 남인이며 소위 신향(新鄕)은 모두 서리 · 품관(品官)의 아들이고 자칭 서인이라고 하는 자들입니다. 근래 서인이 향교를 주관하면서 구향(舊鄕)들과 서로 마찰을 일으켰습니다. – 「승정원일기」 –
- 영남은 평소 사대부의 고장이라 일컬어져 서민들이 양반을 본받기 때문에 전에는 유현(儒賢)이 배출되고 풍속이 보고 느낄 만하였습니다. 지금은 인심이 점점 경박해져서 점차 옛날만 못하게 되고 토호들의 향전이 고질적인 폐단을 이루었으며 글을 읽는 사람이 없습니다. – 「영조실록」 –

보기

ㄱ. 기존 사족들은 동족 마을을 토대로 결속력을 강화하고 향촌 지배권을 유지하려 하였다.
ㄴ. 신향은 관권과 결탁하여 성장의 기반을 굳건히 하면서 향회에 참여하여 이를 장악하려 하였다.
ㄷ. 구향은 신향의 성장에 대응하여 향사례와 향음주례를 널리 실시하여 세력을 잃지 않으려 하였다.
ㄹ. 종래 양반의 이익을 대변하던 향회는 주로 수령이 세금을 부과할 때 의견을 묻는 자문 기구로 역할이 바뀌었다.

① ㄱ, ㄷ　② ㄱ, ㄹ　③ ㄴ, ㄷ
④ ㄱ, ㄴ, ㄹ　⑤ ㄴ, ㄷ, ㄹ

조선 후기 신분제의 동요와 향촌 사회의 변화에 대한 내용이다.
ㄱ. 기존 사족 세력(구향)은 자신들의 향촌 지배권을 유지하기 위해 촌락 단위로 동약을 실시하고 족적 결합을 강화하기 위하여 전국에 많은 동족 마을을 만들었다.
ㄴ. 부농이나 중인 출신의 신향들은 수령과 향리 등의 관권과 결탁하여 향회에 참여하여 향임직을 차지하거나 서원의 청금록에 이름을 올리기도 하며 그 세력을 확대하였다.
ㄹ. 구향과 신향의 세력 다툼인 향전으로 인해 관권이 강화되었고 양반들이 참여하는 향회는 수령의 자문 기관으로 전락하였다.
ㄷ. 향사례와 향음주례는 서원에서 학덕이 있는 사람을 모시고 활을 쏘고 잔치를 하는 의례이다. 구향의 신향에 대한 대응책과는 거리가 멀다.

정답 11 ③ • 12 ② • 13 ④ • 14 ④

15

밑줄 친 부분과 관련된 내용들을 묶은 것으로 거리가 먼 것은?

> 조선 후기 사회에서는 새로운 변화가 일어나고 있었다. 특히, 경제면에서 변화가 두드러졌다. 그 움직임은 궁극적으로 근대 경제로 넘어가는 준비 과정이었다. 농민들은 생산력을 높이기 위하여 농기구와 시비법을 개량하는 등 ㉠ 새로운 영농 방법을 추구하였고, ㉡ 상품 작물을 재배하여 소득을 늘리려 하였다. 상인들도 상업 활동에 적극적으로 참여하여 ㉢ 대자본을 가진 상인들도 출현하였고, ㉣ 수공업 생산도 활발해졌다. 이러한 과정에서 자본 축적이 이루어지고 지방에서는 ㉤ 상업 중심지가 형성되었다.

① ㉠-모내기법, 견종법
② ㉡-담배, 모시, 생강
③ ㉢-경강상인, 송상, 만상, 내상
④ ㉣-관청 수공업, 사원 수공업
⑤ ㉤-강경장, 원산장, 마산포장, 대화장

조선 후기 상품 화폐 경제 발달 이해

조선 후기 사회는 이앙법 보급으로 인해 농업 생산력이 발달하였고, 장시가 활성화되면서 상품 작물 재배도 활발하게 이루어졌다. 수공업 부분에서도 부역제의 해이로 관영 수공업이 위축되고 민영 수공업이 발달하였다. 상품 화폐 경제의 발달은 지방 장시를 활성화시켰을 뿐만 아니라 사상의 성장도 가져왔다.

16

지도에 표시된 농민 봉기가 일어나게 된 배경을 옳게 파악한 것은?

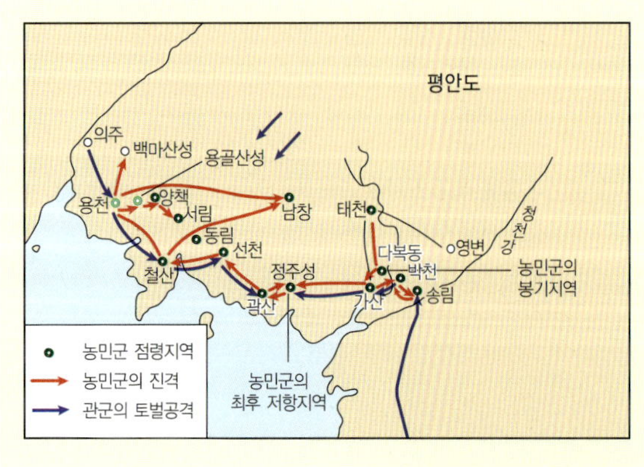

① 탕평 정치에 불만을 갖는 정치 세력이 나타났다.
② 요역 동원을 통한 국가의 광산 개발이 확대되었다.
③ 유향소를 통한 지방 사족들의 자치권이 강화되었다.
④ 동학이 유행하여 농민들의 평등 의식이 확대되었다.
⑤ 세도 정치가 전개되면서 농민에 대한 수탈이 심화되었다.

제시된 지도는 세도 정치기인 1811년 발발한 홍경래의 난이다. 이 난의 원인으로는 서북인 차별에 대한 불만, 세도 정치로 인한 관기 문란과 수탈, 계속되는 가뭄 · 흉작으로 인한 민심 이반 등이 있다.

17

다음 자료를 통해 추측할 수 있는 시대 상황으로 옳지 않은 것은?

> • 옷차림은 신분의 귀천을 나타내는 것이다. 그런데 어찌된 까닭인지 근래 이것이 문란해져 상인, 천민들이 갓을 쓰고 도포를 입는 것이 마치 조정의 관리나 선비와 같이 한다. 진실로 한심스럽기 짝이 없다.
>
> – 「일성록」 –
>
> • 근래 아전의 풍속이 나날이 변하여 하찮은 아전이 길에서 양반을 만나도 절을 하지 않으려 한다.
>
> – 「목민심서」 –

① 상민이 양반을 칭하는 사례가 발생하고 지배층으로서의 양반의 의미가 퇴색해가고 있었다.
② 양반의 계층이 권세가와 향반, 잔반 등으로 분화되면서 양반 수가 줄고 상민의 수가 늘어났다.
③ 서얼 및 중인층이 신분 상승을 위한 소청 운동을 전개하였다.
④ 노비들은 군공과 납속 등을 통해 자신의 신분을 상승시켰다.
⑤ 국가에서는 일천즉천의 법제를 폐지하고 노비 종모법을 시행하였다.

조선 후기 신분 구성의 변동은 양반 수가 증가하고 상민과 노비 수의 감소하는 방향으로 진행되었다. 부를 축적한 농민들이 양반 신분을 사거나 족보를 위조하여 양반으로 행세하고 노비들도 군공 · 납속 등을 통해 신분 상승을 꾀하였다. 일천즉천은 부모 중 한쪽이 노비면 자식도 노비가 되는 법제이며, 노비 종모법은 아버지가 노비라도 어머니가 양민이면 양민으로 삼는 법제이다.

18

다음 편지가 작성된 시기를 연표에서 옳게 고른 것은?

> **베이징에 계신 주교님께**
>
> …… 이 탄알만 한 나라가 홀로 명령에 순종하지 않을 뿐더러 도리어 강경하게 버티어 성교(聖敎)를 잔혹하게 해치고 성직자를 마구 학살하였습니다. …… 군사를 보내어 문책해 주시기를 간곡히 청합니다.
>
> ○○월 ○○일
> 황사영 올림

1750		1776		1800		1811		1862		1876
	(가)		(나)		(다)		(라)		(마)	
균역법 실시		정조 즉위		순조 즉위		홍경래의 난		임술 농민 봉기		강화도 조약

① (가) ② (나) ③ (다)
④ (라) ⑤ (마)

황사영 백서(帛書) 사건은 황사영이 신유박해의 내용과 대응 방안을 적은 밀서를 중국 베이징의 구베아 주교에게 보내려고 하다 발각된 사건으로, 이 사건으로 황사영은 처형되고 천주교는 더욱 탄압을 받게 되었다(1801).

19

다음 제시된 조선 후기의 학문에 관한 설명으로 옳지 않은 것은?

> 무릇 사람은 반드시 음식을 먹고 싶어하는 마음이 있는 뒤에야 먹는 것을 안다. 음식을 먹고 싶어하는 마음은 곧 뜻이요, 곧 행(行)의 시작이다. 먹는 맛의 아름다움과 싫어함은 반드시 입에 들어간 것을 기다린 뒤에 아니, 어찌 입에 들어가지도 않았는데 이미 먼저 먹는 맛의 아름다움과 싫어함을 알겠는가.

① 성리학의 교조화와 사상적 경직성을 비판하고 실천성을 강조하는 주관적 실천철학이다.
② 17세기 소론 학자들과 불우한 종친들에 의해 수용 · 확산되었다.
③ 18세기 강화학파에 의해 본격적으로 연구되었다.
④ 심즉리(心卽理)와 치양지설(致良知說), 지행합일설(知行合一說) 등을 근간으로 한다.
⑤ 정제두는 「전습록」을 비판하는 책을 저술하기도 했다.

제시문은 양명학의 교리서인 왕수인의 「전습록」에 나오는 글이다. 정제두는 「존언」 · 「만물일체설」을 저술하여 양명학의 학문적 체계를 수립하였고, 「변퇴계전습록변」을 저술하여 왕수인의 「전습록」을 비판한 이황의 「전습록변」에 대해 다시 비판하기도 했다.
양명학은 중종 때에 조선에 전래되어 17세기 후반 소론 학자들과 불우한 종친들 사이에서 수용 · 확산되었으며, 18세기 정제두의 강화학파에 의해 본격적으로 연구되었다. 이후 한말의 박은식, 정인보 등 국학자에게 영향을 미치기도 했다. 양명학은 인간의 마음이 곧 이(理)라는 심즉리(心卽理), 인간이 상하 존비의 차별 없이 타고난 천리로서의 양지를 실현하여 사물을 바로잡을 수 있다는 치양지설(致良知說), 앎은 행함을 통해서 성립한다는 지행합일설 등을 사상적 근간으로 한다.

20

다음의 제시문과 같은 주장을 한 실학자에 관한 내용으로 옳지 않은 것은?

> 상공업은 말업(末業)이라고 하지만 본래 부정하거나 비루한 일이 아니다. 그것은 스스로 재간이 없고 덕망이 없음을 안 사람이 관직에 나가지 않고 스스로의 노력으로 먹고 사는 것인데 어찌 더럽거나 천한 일이겠는가? …

① 농업의 전문화 · 상업화와 기술 혁신을 통한 생산력 증강을 강조하였다.
② 사농공상의 직업적 평등과 전문화 등 신분 차별의 철폐를 주장하였다.
③ 상인이 생산자를 고용하여 생산 · 판매를 주관하는 선대제 수공업의 활성화를 주장하였다.
④ 상인 간의 합자를 통한 경영 규모 확대와 대상인이 지역 사회 개발에 참여를 강조하였다.
⑤ 김석문의 지구 회전설을 계승해 지전설을 주장하여 화이관을 비판하였다.

제시문은 유수원의 「우서」의 내용 중 신분 차별 철폐에 관한 내용이다.
⑤ 지전설을 주장한 사람은 김석문 외에 홍대용, 이익, 정약용 등이 있다.
①~④ 유수원이 「우서」 등의 저술을 통해 주장한 사회 개혁안에 해당한다.

정답 15 ④ • 16 ⑤ • 17 ② • 18 ③ • 19 ⑤ • 20 ⑤

21

(가)에 들어갈 내용으로 옳은 것을 〈보기〉에서 고른 것은?

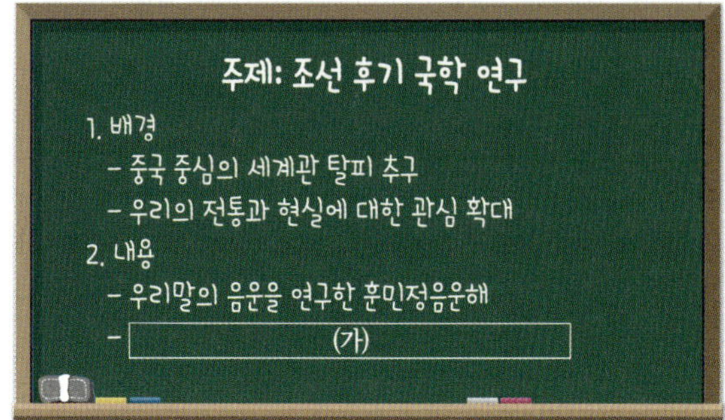

주제: 조선 후기 국학 연구

- 우리의 전통과 현실에 대한 관심 확대

- 우리말의 음운을 연구한 훈민정음운해

보기

ㄱ. 남북국 시대론을 제시한 발해고
ㄴ. 전국의 지리 정보를 정리한 팔도지리지
ㄷ. 우리나라의 역사 지리를 정리한 아방강역고
ㄹ. 고조선부터 고려까지의 역사를 정리한 동국통감

① ㄱ, ㄴ ② ㄱ, ㄷ ③ ㄴ, ㄷ
④ ㄴ, ㄹ ⑤ ㄷ, ㄹ

ㄱ. 조선 후기 실학자 유득공은 「발해고」를 저술하여 발해를 북국, 신라를 남국으로 칭하며 한반도 중심의 협소한 사관을 극복하였다(1784).

ㄷ. 정약용이 저술한 「아방강역고」는 우리나라의 역사 지리를 정리한 지리서로, 고조선에서 발해에 이르는 우리나라 강역의 역사를 각종 문헌에서 뽑아 고증하였다(1811).

ㄴ. 「팔도지리지」는 조선 전기 세종 때 8도의 지리 · 역사 · 정치 · 사회 · 경제 · 군사 · 교통 등의 내용을 수록한 최초의 인문지리서로, 「세종실록」에 수록되어 있다(1478).

ㄹ. 「동국통감」은 조선 전기 세조 때 편찬에 착수하였다가 완성하지 못한 것을 성종 때 서거정이 왕명으로 편찬한 편년체 사서로, 단군 조선부터 고려까지의 역사를 기록한 최초의 통사이다(1485).

암기 노트

조선 후기 지리서

- **역사 지리서** : 한백겸의 〈동국지리지〉, 정약용의 〈아방강역고〉
- **인문 지리서** : 이중환의 〈택리지(팔역지)〉
- **기타** : 유형원의 〈여지지〉, 신경준의 〈강계고〉, 김정호의 〈대동지지〉

22

농업 개혁에 대한 실학자들의 주장을 옳게 이해하고 있는 학생을 고른 것은?

갑
유형원은 한 집의 일정한 토지를 영업전으로 삼는 한전제를 주장했어.
을
이익은 결부법을 폐지하고 정전제의 취지를 살리자고 했어.
병
정약용은 1여(閭)의 주민들이 공동으로 생산과 수확을 하자고 했어.
정
박지원은 토지 소유의 상한선을 정하고 그 이상의 토지 매점을 엄금하자고 했어.

① 갑, 을 ② 갑, 병 ③ 을, 병
④ 을, 정 ⑤ 병, 정

병 : 정약용의 여전제에 관한 내용이다.
정 : 박지원은 한전론의 중요성을 강조하였다.

갑 : 유형원이 아닌, 이익의 한전론에 대한 내용이다. 이익의 한전론은 유형원의 균전론의 급진적 · 비현실적 측면을 비판한 것으로, 토지를 소유하되 토지 소유의 하한을 정하자는 것이다. 즉, 가구별 적정 규모의 영업전을 지정하여 매매를 금지하고 나머지 토지만 매매를 허용하여 점진적으로 토지 소유의 평등을 이룬다는 것이다. 유형원의 균전론은 토지국유제를 원칙으로 하여 관리 · 양반 · 농민에게 토지를 차등적으로 재분배하자는 이론이다.

을 : 정전제는 정약용이 주장한 토지 개혁론이다. 정약용은 여전제를 이상적 형태로 상정하고, 이보다 현실적인 정전제를 차선책으로 주장하였다.

암기 노트

정약용의 여전론(閭田論)

- 한 마을(1여)을 단위로 하여 토지를 공동으로 소유하고 공동으로 경작하여 수확량을 노동량에 따라 분배하는 일종의 공동 농장 제도
- **균전론과 한전론을 모두 비판** : 토지의 사적 소유는 결국 토지의 편중을 야기
- **농자수전(農者受田)의 원칙 강조** : 농사짓는 사람만이 토지를 소유

이익과 박지원의 한전론의 차이점

- **이익의 한전론** : 토지매매의 하한선을 제한함
- **박지원의 한전론** : 토지소유의 상한선을 제한함

23

(가)에 대한 설명으로 옳은 것은?

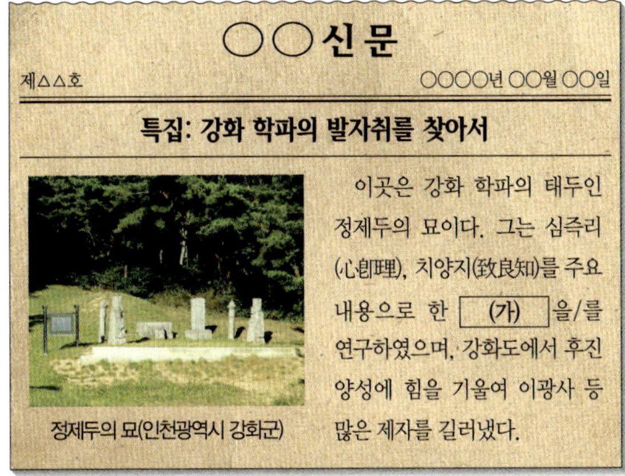

○○신문

제△△호 ○○○○년 ○○월 ○○일

특집: 강화 학파의 발자취를 찾아서

이곳은 강화 학파의 태두인 정제두의 묘이다. 그는 심즉리(心卽理), 치양지(致良知)를 주요 내용으로 한 (가) 을/를 연구하였으며, 강화도에서 후진 양성에 힘을 기울여 이광사 등 많은 제자를 길러냈다.

정제두의 묘(인천광역시 강화군)

① 지행합일을 중요시하였다.
② 정감록을 통해 왕조 교체를 예언하였다.
③ 마음속에 한울님을 모시는 시천주를 내세웠다.
④ 유교, 불교, 도교에 민간 신앙의 요소를 결합하였다.
⑤ 조상에 대한 제사를 거부하여 정부로부터 탄압을 받았다.

해설 조선 후기 정제두는 성리학을 비판하고 지행합일의 실천성을 강조하는 양명학의 학문적 체계를 수립하였다. 양명학 연구와 제자 양성에 힘써 강화 학파를 형성하였다.

② 조선 후기에는 비기, 도참과 같은 예언 사상이 유행하였고, 정감록을 통해 왕조 교체를 예언하였다.
③ 최제우가 창시한 동학은 마음속에 한울님을 모시는 시천주(侍天主)를 내세웠고, 그 외 사인여천(事人如天), 인내천(人乃天) 사상을 강조해 인간 평등을 반영하였다.
④ 동학은 성리학 · 불교 · 서학 등을 배척하면서도 교리에는 유 · 불 · 선의 주요 내용과 장점을 종합하였으며 샤머니즘, 주문과 부적 등 민간 신앙 요소도 결합하였다.
⑤ 천주교의 제사 거부는 유교적 패륜이며, 반상의 계층 사회 구조에 부적합하여 정부로부터 심한 박해를 받았다.

암기 노트

강화 학파

조선 후기 정제두 등 양명학자들이 강화도를 중심으로 형성한 학파를 말한다. 그를 따라 모인 소론 학자들과 친인척 등을 중심으로 계승 · 발전하였다. 훈민정음 연구에도 관심을 보였고, 특히 실학에 많은 영향을 주어 실사구시의 이론적 기초를 제공하였다.

24

다음 검색창에 들어갈 인물에 대한 설명으로 옳은 것은?

역사 인물 검색
검색어
검색
【검색 결과】
○ 생몰: 1737년~1805년
○ 호: 연암(燕巖)
○ 주요 저서: 「열하일기」, 「과농소초」
○ 주요 주장
– 화폐의 유통
– 상업적 농업 장려
– 수레와 선박의 이용
……
인터넷

① 거중기를 제작하여 화성 축조에 활용하였다.
② 북한산의 진흥왕 순수비를 처음으로 고증하였다.
③ 북학의에서 절약보다 적절한 소비를 권장하였다.
④ 양반전을 지어 양반의 무능과 허례를 풍자하였다.
⑤ 사람의 체질을 연구하여 사상 의학을 주장하였다.

해설 박지원은 〈양반전〉 · 〈허생전〉 · 〈호질〉 · 〈민옹전〉 등을 통해 양반 사회의 모순과 부조리를 비판하고 양반의 무능과 허례를 풍자하였다.

① 정약용은 기기도설을 참고하여 거중기를 설계하였고, 수원 화성 축조 시 활용하였다.
② 북한산비는 신라 진흥왕이 백제가 점유하던 한강 하류 지역을 차지하고 세운 비로, 김정희는 북한산비와 황초령비를 고증하고 「금석과안록」을 저술하였다.
③ 박제가는 청에 다녀온 후 「북학의」를 저술하여 생산과 소비의 관계를 우물물에 비유하면서 절약보다 적절한 소비를 권장하였다.
⑤ 이제마는 사람의 체질을 태양인, 태음인, 소양인, 소음인으로 구분하여 치료하는 사상 의학을 주장하였다.

암기 노트

연암 박지원

- **열하일기(熱河日記)** : 청에 다녀와 문물을 소개하고 이를 수용할 것을 주장
- **농업 관련 저술** : 〈과농소초(課農小抄)〉 · 〈한민명전의(限民名田議)〉 등에서 영농 방법의 혁신, 상업적 농업의 장려, 수리 시설의 확충 등을 통한 농업 생산력 증대에 관심
- 한전론의 중요성을 강조하면서 농업 생산력의 향상에 관심을 가짐
- 상공업의 진흥을 강조하면서 수레와 선박의 이용, 화폐 유통의 필요성 등을 주장
- **양반 문벌제도 비판** : 〈양반전〉, 〈허생전〉, 〈호질〉을 통해 양반 사회의 모순과 부조리 · 비생산성을 비판

정답 21 ② • 22 ⑤ • 23 ① • 24 ④

25

다음 설명에 해당하는 문화유산으로 옳은 것은?

문화유산 카드

- **종목:** 국보 제67호
- **소재지:** 전라남도 구례군
- **소개:** 정면 7칸, 측면 5칸의 다포계 중층 팔작지붕 건물이다. 현존하는 중층의 불전 중에서 가장 큰 규모로 내부 공간은 층의 구분 없이 통층(通層)으로 구성되어 웅장한 느낌을 준다. 임진왜란 때 소실되었으나 1702년(숙종 28)에 중건되어 현재에 이르고 있다.

① 
법주사 팔상전

② 
금산사 미륵전

③ 
화엄사 각황전

④ 
무량사 극락전

⑤ 
마곡사 대웅보전

구례 화엄사의 각황전은 조선 숙종 때 계파대사가 중건한 중층의 대불전으로 현존하는 중층의 불전 중 규모가 가장 크다. 정면 7칸, 측면 5칸의 팔작지붕으로 2층의 다포식 건물이며 내부가 통층으로 되어 웅장감을 준다.

① 법주사 팔상전 : 충북 보은군 법주사에 있는 조선 시대의 목조 건물로, 현존하는 유일한 목탑이다. 석가모니의 일생을 여덟 폭의 그림으로 나누어 그린 팔상도가 있어 팔상전이라고 한다.

② 금산사 미륵전 : 전북 김제시 금산사에 있는 조선 시대의 목조 건물로, 겉모양이 3층으로 된 한국의 유일한 법당이며 내부는 통층이다.

④ 무량사 극락전 : 충남 부여군 무량사에 있는 조선 중기의 중층 불전 건축물로, 외관상으로 보면 중층이나 내부는 상하층의 구분 없이 하나로 통해 있다.

⑤ 마곡사 대웅보전 : 충남 공주시 마곡사에 있는 조선 후기의 불전으로, 중층 건물이면서 하층 모서리칸을 모두 장방형으로 구성한 것과 고주를 생략하고 기둥을 배열한 결과 상하층의 평면과 기둥열이 다른 것이 특징이다.

26

다음 기구들이 제작되었던 시기의 문화에 대한 설명으로 옳지 않은 것은?

혼천의

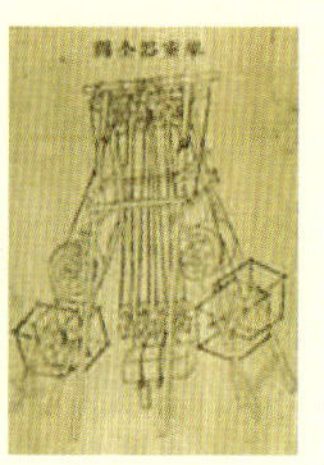
거중기

① 칠정산 내편과 외편이 완성되어 역법이 정비되었다.
② 홍역(마진)에 관한 치료법을 정리한 「마과회통」이 저술되었다.
③ 청과의 통상과 상공업을 진흥시키자는 북학 사상이 나타났다.
④ 국어학에 대한 관심이 높아져 「훈민정음운해」 등이 출간되었다.
⑤ 지전설을 수용하여 중국 중심주의에서 벗어나려는 움직임이 있었다.

① 칠정산은 15세기에 완성되었다.
②·③·④·⑤ 조선 후기의 문화 현상이다.

27

다음에 제시된 책과 그 저자가 바르게 짝지어진 것은?

비유하건대 재물은 대체로 샘과 같은 것이다. 퍼내면 차고, 버려두면 말라 버린다. 그러므로 비단옷을 입지 않아서 나라에 비단 짜는 사람이 없게 되면 여공이 쇠퇴하고, 쭈그러진 그릇을 싫어하지 않고 기교를 숭상하지 않아서 공장(工匠)이 도야(陶冶)하는 일이 없게 되면 기예가 망하게 되며, 농사가 황폐해져서 그 법을 잃게 되므로 사·농·공·상의 사민이 모두 곤궁하여 서로 구제할 수 없게 된다.

① 「과농소초(課農小抄)」 – 박지원
② 「북학의」 – 박제가
③ 「임하경륜」 – 홍대용
④ 「우서(迂書)」 – 유수원
⑤ 「청장관전서」 – 이덕무

제시문은 박제가 「북학의」의 내용이다. 박제가는 청에 다녀온 후 「북학의」를 저술하였는데, 상공업의 육성 및 청과의 통상 강화, 선박과 수레 이용의 장려, 절약보다 소비의 권장 등의 개혁안을 담고 있다.

28

다음 예술 분야에 대한 설명으로 옳은 것을 〈보기〉에서 모두 고른 것은?

비 맞은 제비같이 갈짓자 비틀 걸음 정황 없이 들어가서 제 방으로 들어가며, 향단 발 걷고 문 닫쳐라. 침상 편시 춘몽 중에 꿈이나 이루어 가시는 도련님을 몽중에나 상봉하지 생시에는 볼 수가 없구나. 방 가운데 주저앉아, 아이고 어찌리. 도련님을 만나기를 꿈속에서 만났는가. 이별이 꿈인 거나. 꿈이거든 깨워 주고 생시거든 님을 보세. 베개 위에 엎드리어 모친이 알까 걱정이 되어 크게 울든 못하고 속으로 느껴 주어, 아이고 언제 볼꼬. 우리 도련님이 어디만큼 가겼는고. 어디 가다 주무시는가. 날 생각고 울음을 우는 거나. 진지를 잡수었는가, 앉았는가, 누웠는가, 자는 거나. 아이고 언제 볼꼬.

보기

ㄱ. 지방에 따라 동편제, 서편제, 중고제로 나누어진다.
ㄴ. 옥계시사와 서원시사를 중심으로 널리 성행하였다.
ㄷ. 신재효가 12마당을 6마당으로 정리하였다.
ㄹ. 무당의 굿 음악인 시나위로 발전하였다.
ㅁ. 유네스코 '인류 구전 및 무형유산 걸작'으로 선정되었다.

① ㄱ, ㄴ ② ㄱ, ㄷ ③ ㄱ, ㄷ, ㅁ
④ ㄴ, ㄷ, ㄹ ⑤ ㄷ, ㄹ, ㅁ

제시문은 판소리 춘향전이다.
ㄱ · ㄷ · ㅁ 판소리에 대한 설명이다.
ㄴ. 시사는 조선 후기 중인 이하의 민중들이 만든 시조 모임이다.
ㄹ. 판소리가 아닌 무속 음악이다.

29

(가)~(라)에 대한 설명으로 옳지 않은 것은?

(가) (나) (다) (라)

① (가) – 강희안의 작품으로 사색에 잠긴 선비의 내면세계를 표현하였다.
② (나) – 신사임당의 작품으로 여성의 섬세한 필치가 돋보인다.
③ (다) – 김홍도의 작품으로 당시 생활 모습을 생동감 있게 표현하였다.
④ (라) – 김정희의 작품으로 진경 산수화의 화풍을 계승하였다.
⑤ (가) – (나) – (다) – (라)의 순서대로 그려졌다.

김정희의 세한도는 조선 후기의 진경 산수화의 화풍이 아니라 정신세계를 강조하는 복고적 화풍이다.

정답 25 ③ • 26 ① • 27 ② • 28 ③ • 29 ④

◀ 흥선대원군

조선 후기의 왕족 · 정치가. 고종의 즉위로 대원군에 봉해지고 섭정이 되었다. 당파를 초월한 인재등용, 서원철폐, 법률제도 확립으로 중앙집권적 정치기강을 수립하였다. 그러나 경복궁 중건으로 백성의 생활고가 가중되고 쇄국정치를 고집함으로써 국제관계가 악화되고 외래문명의 흡수가 늦어지게 되었다. 임오군란(壬午軍亂), 갑오개혁 등으로 은퇴와 재집권을 반복하였다.

근대의 변화와 흐름

1장 근대 사회의 정치 변동

암기 Plus

▲ 흥선대원군

▲ 경복궁 경회루

1 외세의 침략적 접근과 개항

1. 흥선대원군

(1) 흥선대원군의 집정

① 집권(1863~1873)

㉠ **섭정** : 철종의 급서(1863)로 어린 고종이 즉위하자 생부로서 실권을 장악하고 섭정

㉡ 시대적 상황

- **대내적** : 세도 정치의 폐단이 극에 달하여 홍경래의 난과 임술민란(진주 민란) 등 민중 저항 발생, 정부 권위의 약화, 민심 이반이 커짐
- **대외적** : 일본과 서양 열강의 침략(서세동점)으로 위기에 처함(→ 이양선 출몰, 중국을 통한 서양 문물의 유입)
  → 서양 세력이 점점 동쪽으로 밀려옴

② 정책 방향

㉠ **대내적** : 외척의 세도를 제거하고 왕권 강화와 애민 정책 추구

㉡ **대외적** : 외세의 통상 요구 거부(통상 수교 거부 정책)

(2) 왕권 강화

→ 노론, 소론, 남인, 북인 즉, 인재의 고른 등용

① 인재의 고른 등용(사색 등용) : 붕당 및 세도 정치의 폐단을 시정하고 전제 왕권을 강화하고자 능력에 따라 인재를 등용

② 통치 체제의 재정비

㉠ 왕권 강화의 일환으로 비변사를 혁파하고 의정부와 삼군부(三軍府)의 기능 회복(→ 정치와 군사 분리)
→ 의흥삼군부의 약칭으로 군무를 관장하던 관청

㉡ 훈련도감의 삼수병을 강화
→ 포수 · 사수 · 살수

㉢ 「대전회통」, 「육전조례」 등의 법전 편찬

③ 경제 · 사회 개혁

㉠ 지방관과 토호(土豪), 권세가의 토지 겸병 금지, 농민에 대한 불법적 수탈을 처벌

㉡ 포구에서의 세금 징수 금지, 대상인의 도고[都賈] 금지
→ 상품의 매점매석을 통해 이윤의 극대화를 노린 상행위

④ 경복궁 중건

㉠ **목적** : 왕권 강화, 국가 위신의 제고 및 정체성 회복

㉡ **부작용** : 원납전을 강제로 징수하고 당백전을 남발하여 경제적 혼란(물가 상승 등)을 초래했으며, 양반의 묘지림을 벌목하고 백성을 토목 공사에 징발하는 과정에서 큰 원성이 발생

▲ 당백전

경복궁 중건을 위한 동전 주조와 세금 징수

- **당백전** : 경복궁 중건에 필요한 재원의 마련을 위해 발행한 동전(→ 인플레이션 초래)
- **원납전** : 경비 충당을 위해 관민에게 수취한 (강제)기부금
- **결두전** : 재원 마련을 위해 논 1결마다 100문씩 징수한 임시세
- **성문세(城門稅)** : 4대문을 출입하는 사람과 물품에 부과한 통행세

(3) 민생 안정(애민 정책)

① 서원 정리

㉠ 국가 재정을 좀먹고 백성을 수탈하며 붕당의 온상이던 서원을 정리(→ 600여 개소의 서원 가운데 47개소만 남긴 채 철폐 · 정리하여 유생의 강력한 반발 초래)

㉡ **목적** : 국가 재정 확충과 민생 안정, 지방 토호 세력의 약화를 통한 전제 왕권 강화

② **삼정(三政) 개혁** : 농민 봉기의 원인인 삼정을 개혁하여 국가 재정 확충과 민생 안정 도모

군정(軍政)의 개혁	• 호포법(戶布法)을 실시하여 양반에게도 군포를 징수(→ 양반의 거센 반발을 초래) • 양반 지주층의 특권적 면세 철회(→ 민란 방지 목적)
환곡(還穀)의 개혁	• 가장 폐단이 심했던 환곡제를 사창제(社倉制)로 개혁하여 농민 부담을 경감하고 재정 수입 확보 • 지역과 빈부에 따른 환곡의 차등 분배 : 불공정한 폐단이 없도록 함
전정(田政)의 개혁	양전 사업을 실시하여 양안(토지 대장)에서 누락된 토지를 발굴(→ 전국적 사결 작업(査結作業)을 통해 토호와 지방 서리의 은루결을 적발하여 수세결로 편입)

(4) 개혁의 한계

① 사회 모순에 대한 구조적 · 근본적 해결이 아닌 전통 체제 내의 개혁(복고적 개혁)으로, 조선 왕조의 모순 · 폐단을 고치는 것보다 왕권과 봉건 체제의 확립을 우선시함

② 부세 체제의 개선을 통해 향촌 사회의 안정에 어느 정도 기여했으나 삼정의 폐단이 계속되어 농민 항쟁이 격화됨

(5) 통상 수교 거부 정책

① 사회적 배경

㉠ **서양 세력의 침투** : 19세기 중엽 서양 세력의 침투로 충격, 위기 의식 고조

㉡ **천주교의 교세 확장과 양화(洋貨)의 유입** : 대원군은 국방력을 강화하고 통상 요구를 거절

(양화 → 서양의 화폐)

② 병인양요(1866)

㉠ 병인박해(1866)

• **원인** : 대원군 집권 초기에는 선교사의 알선으로 프랑스 세력을 끌어들여 러시아 세력의 남하를 견제하려 함(천주교에 호의적) → 프랑스와의 교섭 실패, 청의 천주교 탄압 소식, 국내 유생들의 강력한 요구 등으로 천주교에 대한 탄압으로 전환

• **결과** : 프랑스 신부들과 수천 명의 신도들이 처형, 대왕대비교령으로 천주교 금압령 발표

㉡ 병인양요(1866)

• 프랑스는 병인박해 때의 프랑스 신부 처형을 구실로 로즈 제독이 이끄는 7척의 군함을 파병

• 대원군의 군은 항전 의지와 한성근 · 양헌수 부대의 항전으로 문수산성과 정족산성에서 프랑스 군을 격퇴(→ 프랑스는 철군 시 문화재에 불을 지르고 외

암기 Plus

흥선대원군의 서원 철폐 정책

서원이 소유한 토지는 면세의 대상이었으며, 유생들은 면역의 혜택을 받고 있었다. 이는 국가 재정을 어렵게 만드는 한 원인이었다. 흥선대원군의 서원 철폐 정책은 백성들로부터 환영을 받았으나 유생들로부터는 큰 반발을 샀다. 결국 흥선대원군은 유림 세력으로부터 배척을 받아 권좌에서 물러나게 되었다.

개혁의 의의

• 전통적 통치 체제를 재정비하여 국가 기강을 바로잡고, 국가 재정을 확충
• 양반의 수탈 방지와 민생 안정에 어느 정도 기여

대원군의 개혁 정치

• **왕권 강화 정책** : 사색 등용, 비변사 혁파, 경복궁 재건, 법치 질서 정비(대전회통, 육전조례)
• **애민 정책** : 서원 정리, 삼정의 개혁(양전 사업, 호포제, 사창제)

천주교 박해

• 신유박해(1801)
• 기해박해(1839)
• 병오박해(1846)

제너럴셔먼호 사건(1866)

대동강에 침입하여 통상을 요구하며 행패를 부리던 미국 상선 제너럴셔먼호(General Sherman號)를 평양 군민들이 반격하여 불태워 버린 사건이다. 이 사건은 신미양요의 원인이 되었다.

암기 Plus

▲ 척화비

양요의 결과
- 전국에 척사교서를 내리고 척화비를 건립(→ 서양과의 수교 거부를 천명)
- 외세의 침략을 일시적으로 저지하였으나 조선의 문호 개방을 늦추는 결과를 초래

규장각 도서 등 300여 권을 약탈, 2011년에 반환)

③ **오페르트 도굴 사건(1868)** : 독일 상인 오페르트가 통상을 거부당하자 충청남도 덕산에 있는 남연군의 묘를 도굴하다가 발각(→ 대원군의 쇄국 의지 강화, 백성들도 서양인을 야만인이라 배척함)

④ **신미양요(1871)**

㉠ **원인(1866)** : 병인양요 직전에 미국 상선 제너럴셔먼호가 통상을 요구하다 평양 군민과 충돌하여 불타 침몰된 사건(제너럴셔먼호 사건)

㉡ **경과** : 미국은 제너럴셔먼호 사건을 구실로 로저스 제독이 이끄는 5척의 군함으로 강화도를 공격

㉢ **결과** : 어재연 등이 이끄는 조선의 수비대가 광성보와 갑곶(甲串) 등지에서 격퇴하고 척화비(斥和碑) 건립

암기 노트

척화비(1871)의 내용

洋夷侵犯 非戰則和 主和賣國 戒我萬年子孫 丙寅作 辛未立(양이침범 비전즉화 주화매국 계아만년자손 병인작 신미립)
서양의 오랑캐가 침범함에 싸우지 않음은 곧 화의하는 것이요, 화의를 주장함은 나라를 파는 것이다. 우리들의 만대자손에게 경계하노라. 병인년에 만들고 신미년에 세운다.

기출문제

| 고급 | [1점]

밑줄 그은 ㉠ 사건 이후의 사실로 옳은 것을 〈보기〉에서 고른 것은?

이곳은 흥선 대원군의 아버지 남연군의 묘입니다. ㉠한 독일 상인이 덕산까지 들어와 도굴을 시도한 사건이 발생한 곳이기도 합니다.

보기
ㄱ. 전국 각지에 척화비가 건립되었다.
ㄴ. 어재연이 지키던 광성보가 함락되었다.
ㄷ. 외규장각의 의궤가 국외로 약탈되었다.
ㄹ. 양헌수 부대가 정족산성에서 활약하였다.

① ㄱ, ㄴ ② ㄱ, ㄷ ③ ㄴ, ㄷ
④ ㄴ, ㄹ ⑤ ㄷ, ㄹ

[오페르트 도굴 사건]

암기공식
오페르트 도굴 사건 ⇒ 신미양요 ⇒ 척화비 건립

| 정답 해설 |
오페르트 도굴 사건은 독일 상인 오페르트가 통상을 거부당하자 충청남도 덕산에 있는 흥선 대원군의 아버지인 남연군의 묘를 도굴하다가 발각된 사건이다(1868).
ㄱ. 신미양요의 결과 흥선 대원군은 척화교서를 내리고 전국 각지에 척화비(斥和碑)를 건립하였다(1871).
ㄴ. 미국이 제너럴셔먼호 사건을 구실로 강화도를 공격하여 신미양요가 발발하였고, 이 때 어재연이 지키던 광성보가 함락되었다(1871).

| 오답 해설 |
ㄷ. 프랑스는 병인박해 때의 프랑스 신부 처형을 구실로 병인양요를 일으켰고, 철군 시 문화재에 불을 지르고 외규장각의 의궤도 국외로 약탈하였다(1866).
ㄹ. 프랑스는 병인박해 때의 프랑스 신부 처형을 구실로 7척의 군함을 파병하였고 양헌수 부대가 정족산성에서 활약하여 프랑스 군을 격퇴시켰다(1866).

정답 ①

2. 강화도 조약(조 · 일 수호 조약 · 병자 수호 조규, 1876)

(1) 배경

① 대원군의 하야(1873)와 명성황후의 집권

② 통상 개화론자 대두

㉠ 국내 상황 : 개항 반대론이 우세하였으나, 개항의 필요성을 주장하는 움직임도 싹틈

㉡ 통상 개화론자의 등장 : 박규수, 오경석, 유홍기, 이동인, 이규경 등

㉢ 의의 : 개화론자들의 세력이 성장하여 문호 개방의 여건을 마련

③ 운요호(운양호) 사건(1875)

㉠ 운요호가 연안을 탐색하다 강화도 초지진에서 조선 측의 포격을 받음

㉡ 일본은 보복으로 영종도를 점령 · 약탈, 책임 추궁을 위해 춘일호를 부산에 입항시킴

㉢ 일본이 청에 책임을 묻자, 청은 문제 확대를 꺼려 명성황후 정권에 일본과 조약을 맺도록 권유

(2) 강화도 조약(조 · 일 수호 조약, 병자 수호 조규)

① 강화도 조약의 체결(1876. 2)

㉠ 의의 : 우리나라가 외국과 맺은 최초의 근대적 조약이자 불평등 조약, 신헌과 구로다가 대표로 체결

㉡ 청의 종주권 부인(→ 조선 침략을 용이하게 하려는 일본의 포석)

강화도 조약의 주요 내용

- 조선국은 자주의 나라이며, 일본국과 평등한 권리를 가진다.
- 일본국 정부는 지금부터 15개월 후 수시로 사신을 조선국 서울에 파견한다.
- 조선국은 부산 외에 두 곳을 개항하고, 일본인이 왕래 통상함을 허가한다.
- 조선국은 일본국의 항해자가 자유로이 해안을 측량하도록 허가한다.
- 양국의 민간 무역 활동에서 관리의 간섭을 받지 않는다.
- 일본국 인민이 조선국 지정의 각 항구에 머무르는 동안에 죄를 범한 것이 조선국 인민에게 관계되는 사건일 때에는 모두 일본 관원이 심판한다.

② 조 · 일 통상 장정과 조 · 일 수호 조규 부록

조약	내용	
조 · 일 통상 장정 (1876. 6)	• 일본 상품 무관세 • 조선 양곡 무제한 유출 허용	일본의 경제적 침략을 위한 발판 마련
조 · 일 수호 조규 부록 (1876. 8)	• 일본 공사의 수도 상주 • 조선 국내에서 일본 외교관의 여행 자유 • 개항장에서의 일본 거류민의 거주 지역 설정 • 일본 화폐의 유통 허용	

(3) 각국과의 조약 체결

① 조 · 미 수호 통상 조약의 체결(1882)

㉠ 배경

- 조선이 일본과 조약을 맺자 미국은 일본에 알선을 요청
- 러시아 남하에 대응해 미국과 연합해야 한다는 「조선책략」이 지식층에 유포

암기 Plus

대원군의 하야와 명성황후의 집권

- 경복궁 중건과 악화의 발행으로 민심 이반, 농민 봉기
- 서원 정리, 호포법 등으로 양반 유생과의 갈등 심화
- 최익현의 탄핵 상소 및 유생들의 하야 요구
- **명성황후의 집권** : 반대원군 정책 전개
  - 청의 돈을 수입하여 원활한 재정을 도모
  - 대표적 서원인 화양동 만동묘를 부활

침략 의도 및 주권 침해

- **침략 의도** : 부산 · 원산 · 인천 개항(→ 정치적 · 군사적 · 경제적 거점 마련), 일본인의 통상 활동 허가, 조선 연해의 자유로운 측량 등
- **불평등 조약(주권 침해)** : 일본인 범죄의 일본 영사 재판권(치외법권 조항), 해안 측량권 등

▲ 강화도 조약의 체결

조 · 일 통상 장정과 조 · 일 수호 조규 부록의 의의 및 결과

- **의의** : 강화도 조약의 부속 조약으로 마련
- **결과** : 일본은 경제 침략을 위한 발판 마련, 조선은 국내 산업 보호 근거 상실

암기 Plus

조선책략(朝鮮策略)

- **도입** : 청의 주일 참사관인 황쭌셴이 지은 책으로, 김홍집(2차 수신사)이 도입
- **내용** : 조선의 당면 외교 정책으로 친중(親中) · 결일(結日) · 연미(聯美)를 주장
- **목적** : 일본 견제, 청의 종주권을 국제적으로 승인
- **영향** : 미국 · 영국 · 독일 등과의 수교 알선 계기, 개화론 자극, 위정척사론의 격화 요인

조사 시찰단

조사 시찰단은 김홍집의 건의에 의해 1881년(고종 18) 4월 10일부터 7월 2일까지 약 4개월에 걸쳐 일본에 파견되었던 문물 시찰단이다. 과거에는 신사 유람단이라고 칭하였으나 신사 유람단은 당시의 신문물이 들어오는 것에 대한 반대를 막기 위해서 사용된 용어로 한국사 용어 수정안에 따라 조사 시찰단으로 지칭한다.

▲ 보빙 사절단

ⓛ **체결** : 러시아와 일본 세력을 견제하고, 조선에 대한 종주권을 승인받을 기회를 노리던 청의 알선으로 체결, 신헌과 슈펠트가 대표로 체결

ⓒ **내용** : 거중조정(상호 안전 보장), 치외법권, 최혜국 대우(최초), 협정 관세율 적용(최초), 조차지(租借地) 설정의 승인 등 → 조약에 따라 다른 나라에게 일시적으로 빌려 준 영토

ⓔ **의의** : 서양과 맺은 최초의 조약으로 처음으로 최혜국 대우를 규정, 불평등 조약(치외법권, 최혜국 대우, 조차지 설정 등), 청의 종주권 저지

② **영국(1882)** : 청의 중재로 민영목과 파크스가 대표로 체결

③ **독일(1882)** : 청의 중재로 제물포에서 체결

④ 그 외 이탈리아(1884), 러시아(1884), 프랑스(1886)와도 외교 관계를 맺음

한반도 중립화론

1885년 조선 주재 독일 부영사인 부들러가 조선의 외교 담당관이었던 김윤식에게 한반도 중립화를 건의하였다. 그는 당시의 정세상 조선은 청과 일의 전쟁터가 되고 그 승자에게 조선이 넘어가게 될 것이라 했다. 그러나 이러한 건의는 조선 정부에 의해 묵살되고 마는데, 이를 접한 유길준이 1885년 미국 유학을 중단하고 유럽을 거쳐 귀국한 후 중립론 논문을 발표했다. 유길준은 당시 강대국들과 일본의 침략 의도를 명확히 인식하고, 영국의 거문도 사건, 러시아의 남하 정책, 미국과 중국의 외교적 입장과 정책, 일본의 침략 저의 등을 종합해 강대국들의 보장 하에 중립화하는 것이 필요하다고 판단하고 있었다.

(4) 개화 정책의 추진

① 제도의 개편

행정 기구	• 개화 정책 전담 기구인 통리기무아문을 설치(1880) – 의정부 · 육조와 별도로 설치, 삼군부는 폐지 – 신문물 수용과 부국강병 도모 등 개화 정책 추진 • 통리기무아문 아래 12사를 두고 외교 · 군사 · 산업 등의 업무를 분장 • 규장각 기능을 부활시켜, 개화 정치를 뒷받침하는 학술 기관으로 활용
군사 제도	• 종래의 5군영을 무위영 · 장어영의 2영으로 통합 · 개편 • 신식 군대 양성을 위해 무위영 아래 별도로 별기군을 창설(1881) – 양반 자제로 편성된 사관 생도와 일반 군졸로 구성된 교련병대 – 소총으로 무장한 신식 군대로서 국왕 근위병으로 특별 대우함 – 일본인 교관을 채용하여 근대적 군사 훈련 실시

② 외교 사절 및 해외 시찰단 파견

㉠ 수신사 파견

- **제1차 수신사 김기수** : 「일동기유」에서 신문명을 조심스럽게 비판하고, 「수신사 일기」를 써 일본의 신문물 소개
- **제2차 수신사 김홍집** : 황쭌셴의 「조선책략」을 가지고 들어와 개화 정책에 영향을 미침

ⓛ **조사 시찰단(신사 유람단) 파견(1881)** : 박정양 · 어윤중 · 홍영식 등으로 구성, 일본의 발전상을 보고 돌아와 개화 정책의 추진을 뒷받침(→ 박문국 · 전환국 설치의 계기)

ⓒ **영선사(1881)** : 김윤식을 단장으로 청에 파견하여 무기 제조법과 근대적 군사 훈련법을 배움(→ 서울에 최초의 근대적 병기 공장인 기기창 설치)

ⓔ **보빙 사절단(1883)** : 최초의 구미 사절단, 유길준이 미국에 남아 유학하고 유럽 여행 후 귀국

2 위정척사 운동과 개화 사상

1. 위정척사 운동(衛正斥邪運動)

(1) 의의

① 바른 것은 지키고 사악한 것을 물리치는, 즉 정학인 성리학 및 성리학적 질서를 수호하고 성리학 이외의 모든 종교와 사상을 배격하는 운동

② 사상적 배경 : 주리론을 계승한 기정진의 이일원론(理一元論)

→ 모든 존재와 현상을 오직 하나의 근본 원리인 이(理)를 통해 설명하는 성리학의 이론 체계

(2) 위정척사 운동의 전개

① 1860년대(통상 반대 운동) : 척화주전론, 통상 수교 거부 정책을 뒷받침

㉠ 이항로 : 주전론을 고종에게 진언, 「화서아언」 편찬, 내수외양(內修外攘)과 의병의 조직 등을 주장

→ 안으로는 나라를 다스리고 밖으로는 오랑캐를 물리쳐야 한다는 주장

㉡ 기정진 : 양물금단론(洋物禁斷論), 위정척사 이념 정립

→ 서양 재물의 사용을 금해야 한다는 주장

② 1870년대(개항 반대 운동) : 왜양일체론(최익현의 5불가소), 개항 불가론

③ 1880년대(개화 반대 운동) : 영남 만인소(→ 개화 정책과 「조선책략」의 유포에 반발, 이만손), 만언척사소(홍재학)

④ 1890년대(항일 의병 운동) : 항일 투쟁(유인석, 이소응 등)

위정척사 주장

- **통상 반대론(1860년대)** : 서양 오랑캐의 화(禍)가 오늘날에 이르러서는 홍수나 맹수의 해(害)보다 더 심합니다. 전하께서는 부지런히 힘쓰시고 경계하시어 안으로는 관리들로 하여금 사학(邪學)의 무리를 잡아 베게 하시고, 밖으로는 장병으로 하여금 바다를 건너오는 적을 정벌케 하소서.
- **개항불가론(1870년대)** : 일단 강화를 맺고 나면 저들은 물화를 교역하는 데 욕심을 낼 것입니다. 저들의 물화는 모두 지나치게 사치스럽고 기이한 노리개로, 손으로 만든 것이어서 그 양이 무궁합니다. 우리의 물화는 모두 백성들의 생명이 달린 것이고 땅에서 나는 것이므로 한정이 있습니다. …… 저들이 비록 왜인이라고 하나 실은 양적(洋賊)입니다.
- **조선책략 반대(1880년대)** : 러시아, 미국, 일본은 같은 오랑캐입니다. 그들 사이에 누구는 후하게 대하고 누구는 박하게 대하기는 어려운 일입니다. …… 더욱이 세계에는 미국, 일본 같은 나라가 헤아릴 수 없이 많습니다. 만일 저마다 불쾌해 하며, 이익을 추구하여 땅이나 물품을 요구하기를 마치 일본과 같이 한다면, 전하께서는 어떻게 이를 막아 내시겠습니까?
- **을미의병(1895)** : 원통함을 어찌하리. 이미 국모의 원수를 생각하며 이를 갈았는데, 참혹함이 더욱 심해져 임금께서 또 머리를 깎으시는 지경에 이르렀다. …… 이에 감히 먼저 의병을 일으키고서 마침내 이 뜻을 세상에 포고하노니, 위로 공경(公卿)에서 아래로 서민에 이르기까지, 어느 누가 애통하고 절박한 뜻이 없을 것인가.

2. 개화 사상

(1) 개화 사상의 형성 : 통상개화론(초기 개화파)

① 대내적으로는 실학(특히 북학파)의 사상을 발전적으로 계승, 동도서기(東道西器)와 부국 강병을 목표로 함

→ 동양의 정신문화를 그대로 계승하되 서양의 발전된 기술만 받아들이자는 주장

② 대외적으로는 양무 운동(청)과 문명개화론(일본)의 영향을 받음

→ 서양의 문물을 수용해 부국강병을 이루자는 근대화 운동

③ 인물

㉠ 박규수 : 박지원의 손자, 운요호 사건 때 일본과의 수교를 적극 주장

㉡ 오경석 : 역관, 「해국도지」·「영환지략」 반입

㉢ 유홍기(유대치) : 의관, 김옥균·홍영식 등을 지도

암기 Plus

위정척사 운동의 성격 및 한계

- **성격**
  - 반외세·반침략
  - 조선의 정치·경제·사회·사상 체제 유지
- **한계** : 개화 정책 추진에 장애물, 역사의 발전을 가로막는 역기능

최익현의 5불가소

- 이 강화는 일본의 강요에 의해서 이루어지는 것이므로 이는 눈앞의 고식일 뿐 그들의 탐욕을 당해 낼 수 없을 것이다.
- 일단 강화를 맺으면 물자를 교역하게 되는데, 저들의 상품은 모두 음사기완한 것이고 또 수공업품이므로 무한한 것이나, 우리의 물화는 필수품이며 땅에서 생산되는 것이므로 이내 우리는 황폐할 것이다.
- 그들이 비록 왜인이나 기실은 바로 양적(洋賊)이므로 강화가 한번 이루어지면 사교(邪敎)의 서적들이 교역을 타고 끼여들어와 온 나라에 퍼지고 인륜이 쇠퇴할 것이다.
- 일본인이 왕래하여 우리의 재산을 탈취하고 부녀자를 능욕하는 등 인간의 도리가 땅에 떨어지고 백성이 안주할 수 없을 것이다.
- 왜적들은 물욕만 높을 뿐 조금도 사람된 도리가 없는 금수와 마찬가지이니 인류가 금수와 더불어 살 수는 없는 것이다.

오경석과 유홍기

조선 후기에 해외 사정에 밝았던 것은 중인, 특히 역관들이었다. 오경석은 이러한 역관들 중 대표적인 인물이다. 그는 여러 차례 중국을 왕래하면서 보고 들은 것을 통해 언젠가 서양 세력이 조선에도 침투할 것이라고 판단하고 이에 대비하기 위한 개혁이 필요하다고 생각했다. 그는 사상적 동지인 의관 유홍기와 생각을 함께 하였는데, 중인인 그들은 신분의 한계로 인해 직접 정치의 전면에 나설 수 없었지만 그 사상은 유홍기의 가르침을 받은 개화파들에게 큰 영향을 미쳤다.

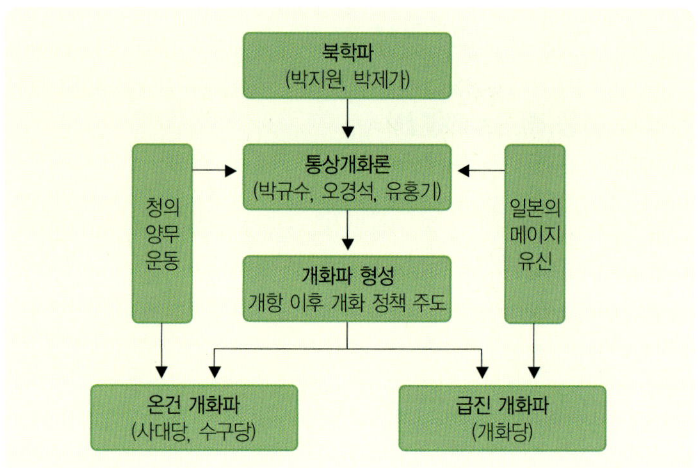

동도서기론(東道西器論)

우리(동양)의 전통 윤리와 도덕을 유지하면서 서양의 과학 기술을 받아들여 부국 강병을 이룩하자는 주장이다. 중국의 중체서용론(中體西用論)이나 일본의 화혼양재론(和魂洋才論)과 마찬가지로 19세기 서양 자본주의 열강의 침략에 대응하기 위한 방법의 하나로 조선 지식인들이 주장한 논리였다.

(2) 개화파의 형성과 분화

① **개화파의 형성** : 박규수와 유홍기의 지도를 받은 김옥균 · 박영효 · 유길준 등

② **개화파의 두 흐름** : 서양의 과학 기술만을 도입하자는 동도서기론적 온건파와, 과학 기술 이외에 정치 · 사회 제도까지 도입하자는 급진파

구분	온건 개화파(사대당)	급진 개화파(개화당)
인물	김홍집, 김윤식, 어윤중, 민씨 정권	김옥균, 박영효, 홍영식, 서광범, 서재필
개화 방법	• 동도서기론에 입각 • 점진적 개혁 추구	• 문명 개화론 • 정치 제도와 정신 문화까지 개혁 • 입헌 군주정
개화 모델	• 청의 양무 운동 • 친청 세력	• 일본의 메이지 유신 • 친일 세력
청과의 관계	사대 관계 인정	친청 정책 비판

3 근대적 개혁의 추진과 구국 민족 운동의 전개

1. 임오군란(1882)

(1) 배경

① 명성황후(민씨) 정권의 개화파와, 대원군 · 유생의 보수파 간 갈등

② 일본에 대한 민족적 척왜 감정

③ 신식 군대(별기군)을 우대하고 구식 군대를 차별 대우(→ 직접적 원인 : 구식 군인의 급료가 13개월간 체불됨)

(2) 경과

① 구식 군인들은 명성황후 정권의 고관들과 일본인 교관을 죽임

② 포도청 · 의금부를 습격하고 일본 공사관을 불태움

③ **대원군의 일시적 재집권** : 구식 군인들의 요구로 대원군이 재집권, 통리기무아문과 별기군 폐지, 5군영 부활(→ 청에 납치)

→ 국내외의 군국기밀과 일반 정치를 총괄하던 관청

(3) 결과

① 명성황후 일파가 청에 군대 파견 요청 → 청 군대 파견, 대원군 압송

② **청의 내정 간섭 강화** : 마젠창(정치 고문)과 묄렌도르프(외교 고문), 천슈탕(경제 고문), 하아트(세관 고문) 등을 파견, 위안스카이(군사 고문)의 군대 상주

③ 조선을 둘러싼 청 · 일 양국 간 대립 위기 초래(→ 일본이 거류민 보호를 내세워 군대 파견의 움직임)

④ **명성황후 일파의 재집권** : 청의 내정 간섭과 정부의 친청 정책으로 개화 정책은 후퇴

⑤ **조약**

㉠ **조 · 청 상민 수륙 무역 장정** : 청 상인의 내지 통상권 허용(→ 조선 상인들의 피해 증가)

㉡ **제물포 조약(1882)** : 일본과 제물포 조약을 체결하여 배상금을 지불하고 일본 공사관의 경비병 주둔을 인정(→ 일본군의 주둔을 허용), 박영효를 사죄사로 파견(→ 태극기를 최초로 사용)

▲ 1882년에 제작된 태극기

암기 Plus

제물포 조약의 내용

- **제1조** 지금으로부터 20일을 기하여 범인을 체포하여 엄징할 것
- **제2조** 일본국 피해자를 후례로 장사지낼 것
- **제3조** 5만 원을 지불하여 피해자 유족 및 부상자에게 급여할 것
- **제4조** 배상금 50만 원을 지불할 것
- **제5조** 일본 공사관에 군대를 주둔시켜 경비에 임하는 것을 허용할 것
- **제6조** 조선국은 대관을 특파하여 일본국에게 사죄할 것

2. 갑신정변(1884)

(1) 배경

① **바닥난 국가 재정 문제로 인한 대립** : 개화당의 대일 차관 도입이 실패

② **친청 세력의 탄압** : 개화당에 대한 탄압으로 비상 수단 도모

③ **청군의 철수** : 베트남 문제로 청군이 조선에서 일부 철수(→ 청 · 프 전쟁)

④ **일본의 음모** : 조선에서의 열세를 만회하고자 정변 시 개화당에 군사적 지원을 약속

(2) 경과

① **발발** : 우정국 개국 축하연을 이용해 사대당 요인을 살해하고 개화당 정부를 수립

② **개혁 요강 마련** : 14개조의 정강을 마련

(3) 갑신정변의 개혁 내용

① 청에 대한 사대 외교(조공)를 폐지하고, 입헌 군주제로의 정치 개혁을 추구

② 지조법을 개정하고, 재정을 호조로 일원화하여 국가 재정을 충실히 함

③ 혜상공국(보부상을 보호하기 위한 기관)의 폐지와 각 도 상환미의 폐지

④ 문벌을 폐지하여 인민 평등을 도모, 능력에 따른 인재 등용

⑤ 군대(근위대)와 경찰(순사)을 설치

암기 노트

갑신정변의 14개조 정강(신정부 강령 14개조)

1. 청에 잡혀간 흥선 대원군을 곧 귀국하게 하고, 종래 청에 대하여 행하던 조공의 허례를 폐한다.
2. 문벌을 폐지하여 인민 평등의 권리를 세워, 능력에 따라 관리를 임명한다.
3. 지조법을 개혁하여 관리의 부정을 막고 백성을 보호하며, 국가 재정을 넉넉하게 한다.
4. 내시부를 없애고, 그 중에 우수한 인재를 등용한다.
5. 부정한 관리 중 그 죄가 심한 자는 치죄한다.
6. 각 도의 환상미를 영구히 받지 않는다.
7. 규장각을 폐지한다.
8. 급히 순사를 두어 도둑을 방지한다.
9. 혜상공국을 혁파한다.
10. 귀양살이를 하고 있는 자와 옥에 갇혀 있는 자는 그 정상을 참작하여 적당히 형을 감한다.
11. 4영을 합하여 1영으로 하되, 영 중에서 장정을 선발하여 근위대를 급히 설치한다.
12. 모든 재정은 호조에서 통할한다.
13. 대신과 참찬은 의정부에 모여 정령을 의결하고 반포한다.
14. 의정부, 육조 외에 모든 불필요한 기관을 없앤다.

암기 Plus

정변의 실패 : 3일 천하로 끝남
- 청의 무력 개입
- 외세 의존적 정변 방식(일본의 지원은 미미)
- 개화당의 세력 기반이 약했으며, 개혁이 너무 급박하고 대의명분이 부족해 국민이 외면

갑신정변 이후의 국내외 정세
- **러시아의 남하 정책** : 조·러 수호 통상 조약 체결(1884), 조·러 비밀 협약 추진(청의 방해로 실패)
- **거문도 사건(1885~1887)** : 영국이 러시아의 남하를 견제하고자 거문도를 불법 점령
- **조선 중립화론 제기** : 독일 부영사 부들러, 유길준
- **방곡령(1889)** : 실패

(4) 결과

① 청의 내정 간섭이 더욱 강화(→ 위안스카이가 상경하며 내정 간섭), 보수 세력의 장기 집권

② 개화 세력이 도태되어 상당 기간 개화 운동의 흐름이 약화됨(→ 조선의 자주와 개화에 부정적인 영향)

(5) 조약

① **일본과 한성 조약 체결** : 일본의 강요로 배상금 지불, 공사관 신축비 부담

② **청·일 간 톈진 조약 체결** : 청·일 양국군은 조선에서 철수하고 장차 파병할 경우 상대국에 미리 알릴 것(→ 일본은 청과 동등하게 조선에 대한 파병권 획득)

(6) 의의

① 근대 국가 수립을 목표로 하는 최초의 정치 개혁 운동(최초로 입헌 군주제 추구)

② 민족 운동의 방향을 제시한 우리나라 근대화 운동의 선구

| 고급 | [2점]

밑줄 그은 '거사'의 결과로 옳은 것은?

청의 군대 일부가 베트남으로 이동한 지금이야말로 민씨 일파를 몰아내고 청과의 사대 관계를 청산할 절호의 기회일세.

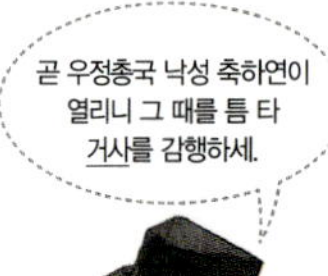

곧 우정총국 낙성 축하연이 열리니 그 때를 틈 타 거사를 감행하세.

① 미국에 보빙사가 파견되었다.
② 부산, 원산, 인천이 개항되었다.
③ 신식 군대인 별기군이 창설되었다.
④ 조선과 일본 사이에 한성 조약이 체결되었다.
⑤ 개화 정책을 추진하기 위해 통리기무아문이 설치되었다.

[갑신정변의 전개 과정]

암기공식

갑신정변 ⇒ 한성 조약(조·일), 톈진 조약(청·일)

| 정답 해설 |

김옥균을 중심으로 한 급진개혁파가 우정총국 낙성 축하연을 이용해 사대당 요인을 살해하고 개화당 정부를 수립하였으나, 청의 무력 개입으로 실패로 끝났다. 이로 인해 조선과 일본 사이에는 한성 조약이 체결되었고, 청과 일본 사이에는 톈진 조약이 체결되었다.

| 오답 해설 |

① 조·미 수호 통상 조약은 서양과 맺은 최초의 조약으로, 이 조약의 체결로 민영익, 홍영식을 중심으로 한 보빙사가 미국에 파견되었다(1882).
② 강화도 조약은 일본과 맺은 최초의 근대적 조약이자 불평등 조약으로, 부산, 원산, 인천을 일본에 개항하였다(1876).
③ 강화도 조약 이후 개화 정책의 일환으로 신식 군대 양성을 위해 무위영 아래 별도로 별기군을 창설하였다(1881).
⑤ 개화 정책을 추진하기 위해 통리기무아문을 설치하고 그 아래 12사를 두어 외교·군사·산업 등의 업무를 분장하였다(1881).

정답 ④

3. 동학 농민 운동

(1) 배경

① 국내의 상황

㉠ **위기 의식의 증가** : 개항 이래 전개된 열강의 침략 경쟁이 갑신정변 후 가열

㉡ **정부의 무능력과 부패** : 궁중 예산 낭비와 배상금 지불 등으로 국가 재정 궁핍, 대외 관계 비용의 증가, 외세와의 타협

㉢ **농민 수탈의 심화** : 과중한 조세 부담, 지방관의 압제와 수탈 증가

② 일본의 경제적 침투

㉠ 일본의 침투로 농촌 경제 파탄, 농민층의 불안 · 불만 팽배

㉡ 입도선매나 고리대의 방법으로 곡물을 사들여 폭리, 무역 독점(→ 1890년대 초 수출 총액의 90% 이상, 수입 총액의 50% 이상을 차지)

㉢ **방곡령 사건(1889)** : 일본의 경제적 침략에 대응하여 함경도와 황해도 지방에서 방곡령을 내리기도 하였으나, 배상금만 물고 실효를 거두지 못함

③ **농민층의 동요** : 농민층의 사회 불만 증대, 정치 및 사회 의식 성장(→ 사회 변혁 욕구가 증대)

④ 동학의 교세 확장

㉠ 인간 평등 사상과 사회 개혁 사상이 농민의 변혁 요구에 부합함

㉡ 동학의 포접제(包接制) 조직이 농민 세력의 규합을 가능하게 함

㉢ 민족 종교적 성격과 반봉건적 성격이 농민층과 몰락 양반에게 환영받음

암기 노트

동학의 경전

- **동경대전** : 교조 최제우의 유문을 최시형이 1882년 편찬(한자로 간행)한 것으로, 포덕문(布德文), 논학문(論學文), 수덕문(修德文), 불연기연(不然基然)의 4편을 중심으로 구성되어 있다.
- **용담유사** : 최제우의 포교용 가사집이다. 1909년에 한글로 간행되었다. 용담가(龍潭歌), 안심가(安心歌), 권학가(勸學歌) 등이 소개되어 있다.

(2) 동학 농민 운동의 전개

① 고부 민란(고부 농민 봉기, 1894. 1~1894. 3)

㉠ **고부 민란** : 고부 군수 조병갑의 학정에 항거, 전봉준 등이 농민군을 이끌고 관아를 점령, 봉기를 계획하고 미리 사발통문(沙鉢通文)을 돌림

㉡ **봉기의 지속** : 안핵사 이용태가 동학교도를 색출 · 탄압하자 전봉준 · 김개남 · 손화중 · 오지영 등의 지도하에 농민군은 봉기를 지속(→ 보국안민과 제폭구민을 기치로 한 무장포고문 선포)

보국안민: 나라 일을 돕고 백성을 편안하게 함
제폭구민: 폭도를 제거하고 백성을 구함

② **1차 봉기** : 반봉건적 성격이 강함

㉠ **백산 재봉기(1894. 3. 25)** : 백산에 다시 결집하여 전봉준 · 김개남 · 손화중 등이 조직을 재정비하고 격문을 선포(→ 무장포고문에 비해 농민 전쟁의 출사표 성격이 강함)하고 4대 강령 발표

㉡ **황토현 전투(1894. 4, 절정기)** : 황토현 싸움에서 관군(전라 감영의 지방 관군)을 물리치고(최대의 승리), 정읍 · 고창 · 함평 · 장성 등을 공략

㉢ **장성 전투와 전주성 입성(1894. 5)** : 홍계훈의 관군(중앙군)을 장성에서 격퇴하고 전주성을 점령

㉣ **청 · 일 개입** : 정부의 요청으로 청이 파병하자 일본도 톈진 조약을 구실로 파병

암기 Plus

교조 신원 운동

- **삼례 집회(제1차 교조 신원 운동, 1892)** : 교조 신원과 지방관의 탄압 금지를 요구
- **서울 복합 상소(제2차 교조 신원 운동, 1893)** : 궁궐 앞에서 교조 신원과 외국인 철수를 요구
- **보은 집회(제3차 교조 신원 운동, 1893)** : 동학교도와 농민이 대규모 집회를 통해 탐관오리 숙청, 반봉건 · 반외세 · 척왜양창의 등을 요구(→ 정치적 성격, 동학의 사회 세력화 및 본격적 농민 운동의 시작을 의미)

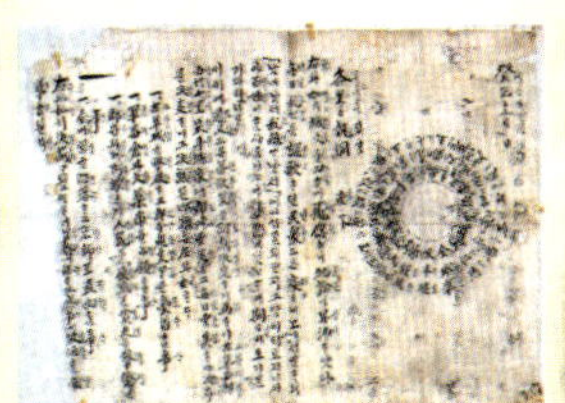

▲ 사발통문

고부 민란과 백산 재봉기

새로 임명된 고부 군수 박원명의 수습이 적절하였으므로 농민들은 흩어져 귀가하였다. 그러나 안핵사 이용태는 조사를 빙자하여 죄 없는 농민들을 체포하고 부녀자들을 능욕하였으며 재산을 약탈하였다. 이에 전봉준은 동학 교단에서 세력을 가지고 있던 김개남, 손화중 등과 함께 농민들에게 통문을 돌려 농민군을 조직, 고부의 백산에서 8,000명의 농민군을 이끌고 전면전을 일으켰다.

암기 노트

백산 재봉기의 격문과 4대 강령

- **격문** : 우리가 의를 들어 여기에 이름은 그 본뜻이 결단코 다른 데에 있지 아니하고 창생을 도탄의 속에서 건지고 국가를 반석 위에 두자 함이라. 안으로는 탐학한 관리의 머리를 베고 밖으로는 횡포한 강적의 무리를 구축코자 함이라. …… 양반과 부호의 앞에 고통을 받는 민중들과, 방백과 수령의 밑에 굴욕을 받는 소리들은 우리와 같이 원한이 깊은 자라. 조금도 주저치 말고 이 시각으로 일어서라. 만일 기회를 잃으면 후회하여도 미치지 못하리라.
- **4대 강령**
  - 사람을 함부로 죽이지 말고 가축을 함부로 잡아먹지 말라.
  - 충효를 다하여 세상을 구하고 백성을 편안하게 하라.
  - 일본 오랑캐를 몰아내고 나라의 정치를 바로잡는다.
  - 군사를 몰아 서울로 쳐들어가 권귀(權貴)를 모두 없앤다.

③ 전주 화약(1894. 5)과 집강소 활동

㉠ 청 · 일군이 개입하자 정부는 휴전을 제의해 전주 화약(和約)이 성립 (→ 화해와 평화의 조약)

㉡ **집강소 설치와 폐정 개혁안** : 전주 화약 성립 후 농민군은 전라도 일대에 집강소(민정 기관으로 치안과 행정 담당)를 설치하고, 폐정 개혁 12개조를 요구

④ 2차 봉기 : 반외세의 기치로 재봉기

㉠ **동학 농민군의 재봉기** : 청 · 일 전쟁(1894)에서 주도권을 잡은 일본이 내정 간섭을 강화하자, 이에 대항해 대규모로 다시 봉기

㉡ 남접(전봉준)과 북접(손병희)이 논산에 집결하여 연합

㉢ **공주 우금치 혈전(1894. 11)** : 전봉준(남접)과 손병희(북접)의 연합군이 서울로 북진하다 공주 우금치에서 관군과 민보군, 일본군을 상대로 격전(→ 전봉준 등 지도자들은 체포, 동학 농민 운동 실패)

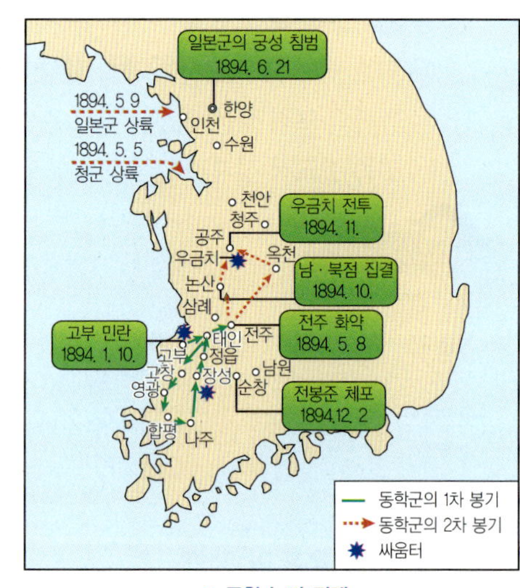

▲ 동학 농민 전쟁

구분	중심 세력	활동 내용	성격
1차 봉기(고부 민란~전주 화약)	남접(전봉준, 김개남, 손화중 등)	• 황토현 전투 • 집강소 설치, 폐정 개혁안	반봉건적 사회 개혁 운동
2차 봉기	남접(전봉준) + 북접(손병희)	공주 우금치 전투	반외세, 항일 구국 운동

(3) 동학 농민 운동의 영향

① 반봉건적 · 반침략적 민족 운동의 전개

② 갑오개혁에 부분적으로 영향을 미쳐 근대 사회로의 발전을 촉진(→ 성리학적 전통 질서 붕괴에 기여)

③ 밑으로부터의 자주적 사회 개혁 운동(혁명 운동)

④ 동학 농민군의 잔여 세력이 의병 운동에 가담(→ 항일 무장 투쟁 활성화)

⑤ 진압 과정에서 청 · 일 전쟁이 발발

암기 Plus

폐정(弊政) 개혁 12개조

1. 동학도(東學徒)는 정부와의 원한(怨恨)을 씻고 서정(庶政)에 협력한다.
2. 탐관오리(貪官汚吏)는 그 죄상을 조사하여 엄징(嚴懲)한다.
3. 횡포(橫暴)한 부호(富豪)를 엄징한다.
4. 불량한 유림(儒林)과 양반의 무리를 징벌한다.
5. 노비 문서(奴婢文書)를 소각한다.
6. 7종의 천인 차별을 개선하고, 백정이 쓰는 평량갓[平涼笠]은 없앤다.
7. 청상과부(靑孀寡婦)의 개가(改嫁)를 허용한다.
8. 무명(無名)의 잡세는 일체 폐지한다.
9. 관리 채용에는 지벌(地閥)을 타파하고 인재를 등용한다.
10. 왜(倭)와 통하는 자는 엄징한다.
11. 공사채(公私債)를 물론하고 기왕의 것을 무효로 한다.
12. 토지는 평균하여 분작(分作)한다.

－「동학사」－

청 · 일 전쟁

동학 농민군이 해산하자 조선 정부는 일본에 군대의 철수를 요구하였으나, 일본은 이를 거부하고 내정에 간섭하는 등 조선에서의 지배권을 확보하려 하였다. 1894년 6월 21일 일본은 병력을 동원하여 궁궐을 침범하였으며, 조선 정부의 요청을 받은 것처럼 위장하여 아산만에 주둔하고 있던 청의 군대를 공격하였다.

▲ 압송되는 전봉준

동학 농민 운동의 한계

- 신분 제도 타파 의식은 분명하나 포괄적인 근대 사회 의식은 결여됨
- 근대 사회를 건설하기 위한 구체적인 방안을 제시하지 못함

| 고급 | [2점]

(가)에 들어갈 내용으로 옳은 것은?

〈역사 다큐멘터리 기획안〉

동학 농민 운동, 새로운 세상을 꿈꾸다

▣ 기획 의도

19세기 말 제폭구민, 보국안민을 기치로 일어난 동학 농민 운동의 전개 과정을 사건의 발생 순서대로 제작하여 의미를 되새겨 본다.

▣ 회차별 방송 내용

- 1회. 파괴되는 만석보
- 2회. (가)
- 3회. 전주성을 점령하고 전주 화약을 체결하는 농민군

⋮

① 전라도 순창에서 체포되는 전봉준
② 황토현 전투에서 승리하는 농민군
③ 공주 우금치에서 패배하는 농민군
④ 논산에서 연합하는 남접과 북접 부대
⑤ 무력을 동원하여 경복궁을 점령하는 일본군

[동학 농민 운동의 전개 과정]

암기공식

동학 농민 운동의 전개 ⇒ 고부 민란 → 황토현 전투 → 청·일 개입 → 전주 화약 → 남접과 북접의 연합 → 공주 우금치 혈전

| 정답 해설 |

1회는 고부 민란의 원인이 되었던 만석보 사건에 대한 내용이고 3회는 청·일의 개입으로 인한 전주 화약에 대한 내용이므로, 시기상 (가)에 들어갈 동학 농민 운동의 내용은 황토현 전투이다. 농민군은 황토현 싸움에서 관군을 물리치고, 전라도 일대를 장악하였다.

| 오답 해설 |

①·③ 농민군은 공주 우금치에서 관군과 민보군, 일본군을 상대로 항전하였으나 전봉준을 비롯한 지도자들은 전라도 순창에서 체포되고 동학 농민 운동은 실패로 끝났다.

④·⑤ 청·일 전쟁에서 주도권을 잡은 일본이 무력을 동원하여 경복궁을 점령하는 등 내정 간섭을 강화하자, 남접(전봉준)과 북접(손병희)의 연합군이 논산에서 집결하여 서울로 북진하였다.

정답 ②

4. 갑오개혁(고종 31, 1894)과 을미개혁(고종 32, 1895)

(1) 갑오개혁(甲午改革, 1894~1895)

① 개혁의 추진 배경

㉠ 자주적 개혁의 추진

- 개항 이후의 여러 모순을 해결하기 바라는 농민들의 개혁 요구가 거세지자 정부에서 자주적으로 개혁을 추진
- **교정청(校正廳)의 설치** : 국왕의 명을 받아 설치, 개혁 정책을 협의

㉡ 일본의 간섭(타율적 측면)

- 경제적 이권 탈취와 침략의 발판 마련을 위해 조선의 내정 개혁 주장
- 경복궁 점령과 군국기무처 설치(→ 교정청 폐지)

② 제1차 갑오개혁(1894. 7~1894. 12)

㉠ **친일 정권의 수립** : 명성황후 정권은 무력화되고 김홍집과 흥선대원군 중심의 제1차 김홍집 친일 내각 성립

㉡ **군국기무처 설치** : 초정부적 회의 기관인 군국기무처를 설치하고 개혁을 추진

암기 Plus

군국기무처

입법권을 가진 초정부적 개혁 추진 기구이다. 임시 기구이며, 정치·경제·사회 등 국가 주요 정책에 대한 개혁안을 심의하였다.

㉢ 제1차 개혁의 내용

- **정치면** : 내각의 권한을 강화하고 왕권을 제한
- **경제면** : 재정 일원화, 조세의 금납화, 은 본위
- **사회면** : 신분제 철폐, 과부 개가 허용, 조혼 금지

한 나라의 화폐 단위로 은을 기준으로 정함

- **군사면** : 일본이 조선의 군사력 강화나 군제 개혁을 꺼려 군사면의 개혁은 소홀

③ **제2차 갑오개혁(1894. 12~1895. 7)**

㉠ **연립 내각 성립** : 군국기무처가 폐지되고 제2차 김홍집·박영효 친일 연립 내각이 성립

㉡ **홍범 14조** : 고종은 종묘에 나가 독립 서고문을 바치고 홍범 14조를 반포(1895. 1)

- **독립 서고문** : 나라의 자주 독립을 선포한 일종의 독립 선언문
- **홍범 14조** : 자주권·행정·재정·교육·관리 임용·민권 보장을 규정한 국정 개혁의 기본 강령

암기 노트

홍범(洪範) 14조

1. 청에 의존하는 생각을 버리고 자주 독립의 기초를 세운다.
2. 왕실 전범(典範)을 제정하여 왕위 계승의 법칙과 종친과 외척과의 구별을 명확히 한다.
3. 임금은 각 대신과 의논하여 정사를 행하고, 종실(宗室)·외척(外戚)의 내정 간섭을 용납하지 않는다.
4. 왕실 사무와 국정 사무를 나누어 서로 혼동하지 않는다.
5. 의정부(議政府) 및 각 아문(衙門)의 직무·권한을 명백히 규정한다.
6. 납세는 법으로 정하고 함부로 세금을 징수하지 아니한다.
7. 조세의 징수와 경비 지출은 모두 탁지아문(度支衙門)의 관할에 속한다.
8. 왕실의 경비는 솔선하여 절약하고, 이로써 각 아문과 지방관의 모범이 되게 한다.
9. 왕실과 관부(官府)의 1년 회계를 예정하여 재정의 기초를 확립한다.
10. 지방 제도를 개정하여 지방 관리의 직권을 제한한다.
11. 총명한 젊은이들을 파견하여 외국의 학술·기예를 견습시킨다.
12. 장교를 교육하고 징병을 실시하여 군제의 근본을 확립한다.
13. 민법·형법을 제정하여 인민의 생명과 재산을 보전한다.
14. 문벌을 가리지 않고 인재 등용의 길을 넓힌다.

㉢ **개혁의 중단** : 삼국 간섭(1895. 4)에 따른 일본 세력의 약화, 박영효가 반역죄로 일본으로 망명

삼국간섭

일본이 청일 전쟁의 승리 후 체결한 시모노세키 조약에 따라 청으로부터 요동반도를 할양받게 되자, 남하 정책을 추진하던 러시아가 이를 견제 하고자 프랑스, 독일과 함께 요동반도의 반환을 일본에 요구하였다. 삼국간섭의 결과 일본은 요동반도를 돌려주고 세력이 위축되었는데, 국내에서는 이러한 정세를 이용해 일본을 견제하기 위해 친러내각(김홍집 내각)이 성립하였다.

(2) 을미개혁(제3차 개혁, 1895. 8~1896. 2)

① **을미사변(1895)** : 박영효가 실각한 뒤 제3차 김홍집 내각이 성립되었는데, 명성황후가 친러파와 연결하여 일본을 견제하려 하자 일제는 명성황후를 시해하고 친일 내각을 구성

암기 Plus

제1차 개혁의 내용

- 정치
  - **연호** : 개국 연호를 사용하여 청의 종주권 부인
  - **전제화 견제** : 왕실(궁내부)과 정부(의정부) 사무를 분리하고 정치 실권을 상당 부분 내각이 가지도록 해 국왕 전제권을 제한, 육조를 8아문으로 개편
  - **과거제 폐지** : 문무관 차별 철폐, 신분 차별 없는 새로운 관리 임용 제도 채택
- 경제
  - **재정 일원화** : 모든 재정 사무를 탁지아문이 관장, 왕실과 정부의 재정을 분리
  - **화폐, 조세** : 은(銀) 본위 화폐 제도를 채택, 일본 화폐의 통용을 허용, 조세의 금납제 시행
  - **도량형 정비** : 도량형을 개정·통일
- 사회
  - **신분제 철폐** : 양반과 평민의 계급을 타파하고, 공·사 노비 제도를 폐지
  - **전통적 폐습 타파** : 조혼 금지, 과부 개가 허용, 악법 폐지(인신매매 금지, 고문과 연좌법의 폐지 등)

제2차 개혁의 내용

- 정치
  - 의정부 8아문을 7부로 개편
  - 지방 관제를 8도에서 23부로 개편(소지역주의 채택)
  - 지방관의 사법권·군사권 박탈(행정권만을 가짐)
  - 재판소 설치(사법과 행정의 분리)
- 교육
  - 교육 입국 조서 빌표(근대식 학제 등)
  - 신교육 실시, 한성 사범 학교 설립
- 군사
  - 훈련대, 시위대 설치

▲ 명성황후 인산(장례)

② **개혁의 추진** : 제4차 김홍집 친일 내각은 중단되었던 개혁을 계속하여 을미개혁을 추진

㉠ **유생들의 반발** : 단발령에 대한 유생들의 강경한 반발

㉡ **개혁의 중단** : 명성황후 시해와 단발령을 계기로 유생층과 농민이 의병을 일으켰고, 친러파는 국왕을 러시아 공사관으로 피신(아관파천, 1896)시킴으로써 개혁 중단

암기 노트

명성황후 시해 사건(을미사변, 1895)

일제는 갑오개혁에 관여하면서 흥선대원군을 내세워 명성황후 세력을 제거하려 하였다. 명성황후는 이러한 일제의 야욕을 간파하고 일제를 배후로 한 개혁 세력에 대항하였는데, 청·일 전쟁에서 승리한 일제의 압력이 거세지자 친러 정책을 내세워 일본 세력에 대항하였다. 삼국간섭으로 대륙을 침략하려던 일제의 기세가 꺾이자 조선 정계의 친러 경향은 더욱 굳어졌다. 이에 일본 공사 미우라는 일제의 한반도 침략 정책의 장애물인 명성황후와 친러 세력을 일소하고자 일부 친일 정객과 짜고 고종 32년(1895) 10월 일본 군대와 낭인을 동원하여 왕궁을 습격한 후 명성황후를 시해하고 그 시체를 불사르는 만행을 저질렀다.

(3) 갑오 · 을미개혁의 한계

① 일본의 강요에 의해 타율적으로 시작됨, 조선 침략을 용이하게 하려는 체제 개편

② 토지 제도의 개혁이 전혀 없고, 군제 개혁에 소홀

암기 Plus

을미개혁의 내용

1. 종두법 실시
2. 소학교 설립
3. 태양력 사용
4. 우편 제도 실시
5. 연호 건양(建陽) 사용
6. 단발령 실시
7. **군제의 개편** : 훈련대 폐지, 중앙군(친위대 2개) · 지방군(진위대) 설치

갑오 · 을미개혁의 의의

- 침략 의도가 반영된 것이지만 전통 질서를 타파하는 근대적 개혁의 성격을 지님(→ 실질적인 근대 사회로의 전환 계기)
- 갑신정변과 동학 농민 운동의 개혁 요구가 일부 반영(→ 민족 내부의 근대화 노력의 일면)설치

| 고급 | [2점]

(가)에 해당하는 개혁의 내용으로 옳은 것은?

 **학술 대회 안내** 

우리 학회에서는 1894년 동학 농민 운동이 전개되던 상황에서 군국기무처가 추진하였던 (가) 의 성격과 의의를 조명하기 위해 학술 대회를 개최하고자 합니다.

■ 발표 주제
- 제1차 김홍집 내각의 구성과 역할
- 조혼 금지와 과부 재가 허용의 의미
- 과거제의 폐지와 관리 임용 제도의 변화

■ 일시: 2017년 ○○월 ○○일 13:00~18:00
■ 장소: △△대학교 소강당

① 대한국 국제를 제정하였다.
② 신식 군대인 별기군을 창설하였다.
③ 황제 직속의 원수부를 설치하였다.
④ 청의 연호를 폐지하고 개국 기원을 사용하였다.
⑤ 의정부의 기능을 회복시키고 비변사를 혁파하였다.

[군국기무처의 갑오개혁]

암기공식
군국기무처 : 청의 연호 폐지, 개국 기원 사용 ⇒ 제1차 갑오개혁

| 정답 해설 |
동학 농민 운동이 전개되던 중 제1차 김홍집 친일 내각이 성립되어 군국기무처를 설치하고 제1차 갑오개혁이 추진되었다. 청의 연호를 폐지하고 개국 기원을 사용하여 청의 종주권을 부인하였으며, 전통적 폐습을 타파하여 조혼 금지와 과부 재가를 허용하였다.

| 오답 해설 |
①·③ 대한국 국제는 광무정권이 제정한 일종의 헌법으로, 대한제국이 전제 정치 국가임을 밝히고 황제가 군권을 장악하기 위해 최고 군통수기관으로 원수부를 설치하였다.
② 강화도 조약 이후 개화 정책의 일환으로 신식 군대 양성을 위해 무위영 아래 별도로 별기군을 창설하였다.
⑤ 흥선 대원군은 집권기에 왕권 강화의 일환으로 비변사를 혁파하고 의정부의 기능을 회복시켰다.

정답 ④

5. 아관파천(건양 1, 1896)

(1) 아관파천

① **배경** : 을미사변으로 일본에 반감이 커진 틈을 타 한반도를 두고 일본과 경쟁을 펴던 러시아가 국내의 친러파와 모의

② **경과** : 러시아 공사 베베르가 친러파와 모의하여 고종을 러시아 공사관으로 파천시켜 1년간 머물게 함

(2) 결과

① 친일파가 제거되고 이범진 · 이완용 등의 친러 내각이 정권을 장악, 지방 제도를 개편해 전국을 13도로 구분

② 아관파천 후 조선의 주권이 약화되고 외세의 이권 침탈이 증가함(→ 최혜국 조항을 내세워 이권 요구가 급증)

③ 지방 제도를 개편해 전국을 13도로 구분

6. 독립 협회(獨立協會, 1896)

(1) 구성

① **사상적 구성** : 서구 자유민주주의 사상(서재필 · 윤치호)과 개신 유학 사상 · 유교 혁신 사상(남궁억, 정교)이 합쳐져 자주 자강 · 개화 혁신 사상으로 승화(이상재)

② **구성원** : 근대 개혁 사상을 지닌 진보적 지식인들이 지도부를 이루고 도시 시민층이 주요 구성원으로 참여, 학생 · 노동자 · 여성 · 천민 등 광범한 계층의 지지

(2) 주장

① **자주 국권 운동** : 국권과 국익 수호 운동(→ 자주적 중립 외교, 내정 간섭 반대, 자주 독립 정신 고취, 이권 요구 반대, 민중 계몽 등)

② **자강 개혁 운동** : 입헌 군주제, 신교육 운동, 상공업 장려, 근대적 국방력 강화

③ **자유 민권 운동** : 민권(자유권 · 재산권) 보장 운동, 국민 참정 운동(민의 반영, 의회 설립 운동 등)

(3) 활동

지금의 부산 영도 / 조약에 의해 다른 나라로부터 유상 또는 무상으로 영토를 빌림

① **이권 수호 운동** : 러시아의 절영도 조차(租借) 요구 규탄, 한 · 러 은행 폐쇄

② **독립 기념물의 건립** : 자주 독립의 상징인 독립문을 세우고, 모화관을 독립관으로 개수

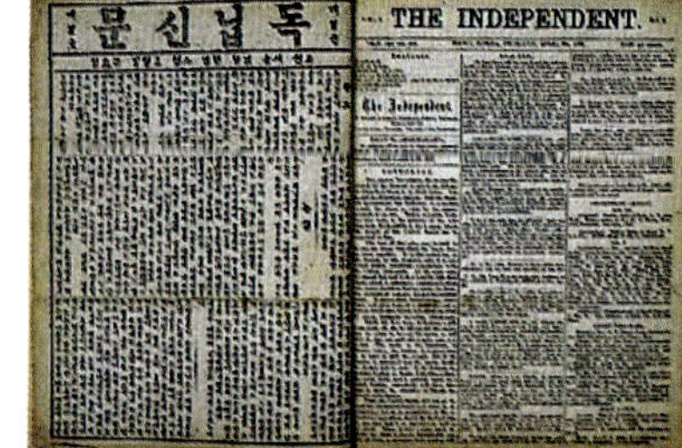

▲ 독립신문

③ **민중의 계도** : 강연회 · 토론회 개최, 신문 · 잡지의 발간 등을 통해 근대적 지식과 국권 · 민권 사상을 고취

④ **만민 공동회 개최(1898. 3)** : 우리나라 최초의 근대적 민중 대회(→ 외국의 내정 간섭 · 이권 요구 · 토지 조사 요구 등에 대항하여 반환을 요구)

⑤ **관민 공동회 개최(1898. 10~1898. 11)**

㉠ 만민 공동회의 규탄을 받던 보수 정부가 무너지고 개혁파 박정양이 정권을 장악하자 정부 관료와 각계각층의 시민 등 만여 명이 참여하여 개최

㉡ 의회식 중추원 신관제를 반포하여 최초로 국회 설립 단계까지 진행(1898. 11)

㉢ **헌의 6조** : 헌의 6조를 결의하고 국왕의 재가를 받음(→ 실현되지는 못함)

암기 Plus

▲ 아관파천 당시 러시아 공사관

독립협회의 배경 및 성립

- 아관파천으로 친러 내각이 성립함으로써 국가의 자주성이 손상되고 이권 침탈이 가중됨
- 서재필 등은 자유 민주주의적 개혁 사상을 민중에게 보급하고 국민의 힘으로 자주 독립 국가를 건설하기 위하여 독립신문을 창간하고 독립 협회를 창립(1896. 7)

독립신문

1896년 4월 서재필이 민중 계몽을 위해 창간한 신문으로, 최초의 민간 신문(최초의 근대 신문은 1883년 창간된 한성순보)이자 순한글 신문이다. 창간 이듬해인 1897년부터 한글판과 영문판을 분리하여 2개의 신문으로 발행하였다.

▲ 독립문

관민 공동회의 헌의 6조

1. 외국인에게 의지하지 말고 관민이 한마음으로 힘을 합하여 전제 황권을 견고하게 할 것(→ 입헌 군주제를 주장하면서도, 전제 왕권을 부인하지는 못하는 한계)
2. 외국과의 이권에 관한 계약과 조약은 각 대신과 중추원 의장이 합동 날인하여 시행할 것
3. 국가 재정은 탁지부에서 전관(專管)하고, 예산과 결산을 국민에게 공표할 것
4. 중대 범죄를 공판하되, 피고의 인권을 존중할 것
5. 칙임관을 임명할 때에는 정부에 그 뜻을 물어서 중의에 따를 것
6. 정해진 규정(홍범 14조)을 실천할 것

\- 독립신문 -

(4) 독립 협회의 해산(1898. 12)

① **보수파의 모함** : 시민 의식이 성숙하지 못한 상태에서 서구식 입헌 군주제의 실현을 추구하여 보수 세력의 지지를 얻지 못함(→ 조병식 등 보수 세력이 고종에게 독립 협회가 왕정을 폐지하고 공화정을 실시하려 한다고 모함하여 독립 협회 해산령(1898. 11)이 내려짐)

② **시민의 투쟁** : 시민들은 만민 공동회를 열어 독립 협회의 부활과 개혁파 내각의 수립, 의회식 중추원의 설치 등을 요구하면서 격렬한 투쟁

③ **해산** : 황국 협회를 이용한 보수 세력의 탄압으로 해산(1898. 12)

7. 대한 제국(大韓帝國)

(1) 대한 제국의 성립(1897. 10)

러시아 공사관에서 1년 만에 환궁한 고종은 국호를 대한 제국, 연호를 광무로 고치고 황제라 칭하여 자주 국가임을 내외에 선포

(2) 광무개혁

① **성격** : 갑오 · 을미개혁의 급진성을 비판하고 점진적인 개혁을 추진, 구본신참(舊本新參)의 시정 방향을 제시

옛것을 근본으로 해서 새로운 것을 참작 또는 참조함

② **내용**

정치	• 황권의 강화(→ 복고적 개혁) • 대한국제 : 광무 정권이 1899년 제정한 일종의 헌법(→ 대한 제국은 전제 정치 국가이며 황제권은 무한함을 강조) • 국방력 강화 : 경군(京軍)의 경우 친위대를 2개 연대로 증강하고 시위대를 창설 · 증강, 호위군도 호위대로 증강 · 개편, 지방군의 경우 진위대(鎭衛隊)를 6개 연대로 증강
경제	• 양전 사업 실시와 지계(토지 증서)를 발급(→ 근대적 토지 소유 제도 마련) • 상공업 진흥책 실시, 실업 학교 및 기술 교육 기관 설립
사회	• 종합 병원인 광제원(廣濟院)을 설치 • 신교육령에 의해 소학교 · 중학교 · 사범 학교 등을 설립 • 교통 · 통신 · 전기 · 의료 등 각 분야의 근대적 시설 및 교육 기관 확충

대한국제(대한국 국제)의 주요 내용

제1조 대한국은 세계 만국이 공인한 자주 독립 제국이다.
제2조 대한국의 정치는 만세 불변의 전제 정치이다.
제3조 대한국 대황제는 무한한 군권(君權)을 누린다.
제4조 대한국의 신민은 대황제의 군권을 침해할 수 없다.
제5조 대한국 대황제는 육 · 해군을 통솔한다.
제6조 대한국 대황제는 법률을 제정하여 그 반포와 집행을 명하고, 대사 · 특사 · 감형 · 복권 등을 명한다.
제7조 대한국 대황제는 행정 각부의 관제를 정하고, 행정상 필요한 칙령을 발한다.
제8조 대한국 대황제는 문 · 무 관리의 출척(黜陟) 및 임면권(任免權)을 가진다.
제9조 대한국 대황제는 각 조약 체결 국가에 사신을 파견하고, 선전 · 강화 및 제반 조약을 체결한다.

암기 Plus

황국 협회
독립 협회에 대항하기 위해 조직된 어용 단체이다. 정식 지휘자는 정부 관료, 회원은 보부상이었다.

대한 제국의 배경
안으로는 외세의 간섭을 막고 자주 독립 국가를 세우려는 국민적 자각, 밖으로는 러시아 독점 세력을 견제하려는 국제적 여론

▲ 황궁우와 원구단

대한 제국의 한계
• 근대 사회로의 지향이나, 황권의 강화와 황실 중심의 개혁(위에서부터 아래로의 개혁)
• 진보적 개혁 운동을 탄압하여 국민 지지 상실(보수적 추진 세력의 한계)
• 열강의 간섭을 완전히 배제하지 못해 큰 성과를 거두지 못함

| 고급 | [2점]

(가)~(라)에 들어갈 내용으로 옳은 것을 <보기>에서 고른 것은?

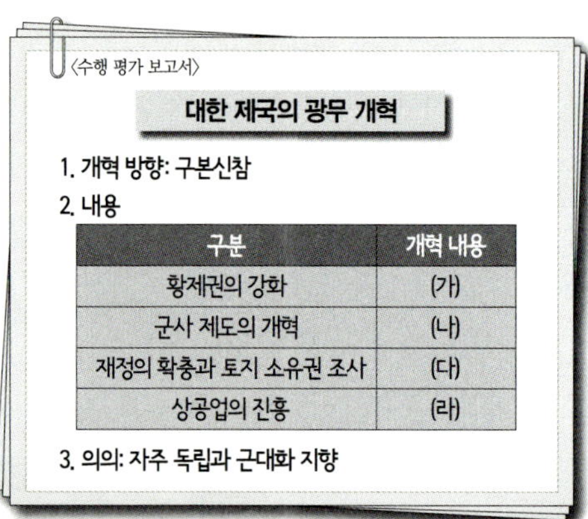

〈수행 평가 보고서〉

대한 제국의 광무 개혁

1. 개혁 방향: 구본신참
2. 내용

구분	개혁 내용
황제권의 강화	(가)
군사 제도의 개혁	(나)
재정의 확충과 토지 소유권 조사	(다)
상공업의 진흥	(라)

3. 의의: 자주 독립과 근대화 지향

| 보기 |

ㄱ. (가) – 대한국 국제를 반포하였다.
ㄴ. (나) – 신식 군대인 별기군을 창설하였다.
ㄷ. (다) – 토지를 측량하고 지계를 발급하였다.
ㄹ. (라) – 대동 상회, 장통 회사 등의 상회사를 설립하였다.

① ㄱ, ㄴ ② ㄱ, ㄷ ③ ㄴ, ㄷ
④ ㄴ, ㄹ ⑤ ㄷ, ㄹ

[대한 제국의 광무 개혁]

암기공식
대한국 국제, 지계 발급 ⇒ 광무 개혁

| 정답 해설 |

ㄱ. 대한국 국제는 광무정권이 제정한 일종의 헌법으로, 대한 제국이 전제 정치 국가이며 황제권의 무한함을 강조하였다(1899).
ㄷ. 대한 제국은 근대적 토지 소유제도 마련을 위해 양지아문을 설치하여 양전사업을 실시하고(1898), 지계아문에서 지계(토지증서)를 토지 소유자에게 발급하였다(1901).

| 오답 해설 |

ㄴ. 일본과 강화도 조약을 체결한 이후 개화 정책의 일환으로 신식 군대 양성을 위해 무위영 아래 별도로 별기군을 창설하였다(1881).
ㄹ. 조·청 상민 수륙 무역 장정의 체결로 외국 상인이 들어오자 관리들과 객주, 보부상 등을 중심으로 대동상회, 장통상회 등과 같은 동업자 조합 성격의 상회사가 주로 설립되었다(1883).

정답 ②

4 항일 의병 투쟁과 애국 계몽 운동

1. 항일 의병 투쟁

(1) 항일 의병 투쟁의 발발

① **배경** : 청·일 전쟁으로 조선에서 청을 몰아낸 일본이 침략 의도를 노골적으로 드러내자 여러 방면에서 민족적 저항이 일어났는데, 의병 항쟁은 그 중 가장 적극적인 형태의 저항

② **시초** : 1894년 8월 서상철이 갑오개혁에 따른 반일 감정(직접적 동기는 동년 6월 일본군의 경복궁 침입 사건)으로 거사

(2) 을미의병(1895)

① **을미의병의 계기** : 최초의 항일 의병으로, 명성황후 시해와 단발령을 계기로 발생

② **구성원과 활동** : 유인석·이소응·허위 등 위정척사 사상을 가진 유생들이 주도, 농민들과 동학 농민군의 잔여 세력이 가담하여 전국적으로 확대

③ **해산** : 아관파천 후 단발령이 철회되고 고종의 해산 권고 조칙이 내려지자 대부분 자진 해산

④ **활빈당의 활동** : 해산된 농민 일부가 활빈당을 조직하여 반봉건·반침략 운동을 계속함

을미의병의 계기

- 국모(國母)가 섬 오랑캐의 해를 입었으니 하늘과 땅이 바뀌었고, 성상(聖上)이 단발의 욕을 받았으니 해와 달이 빛을 잃었도다.
  – 민용호, 「관동창의록」 –
- 낙동강 좌우 수십 군이 봉기하여 호응하고 수령 중에서 머리를 깎은 사람은 가끔 살해당하였다.
  – 황현, 「매천야록」 –

평민·군인 출신의 의병장

신돌석, 홍범도, 차도선, 연기우, 김수민, 안규홍

(3) 을사의병의 발발(1905)

① **의병의 재봉기** : 을사조약의 폐기와 친일 내각의 타도를 내세우고 격렬한 무장 항전

② **의병장** : 민종식, 최익현, 신돌석 등

㉠ **민종식** : 관리 출신, 을사조약이 체결된 뒤 의병을 일으켜 홍주성(홍성)을 점령

㉡ **최익현** : 을사조약 이후 태인에서 임병찬과 의병을 일으킨 후, 태인 · 정읍 · 순창에서 활약

㉢ **신돌석** : 을사의병 때 등장한 평민 의병장으로, 영해 · 일월산 · 울진 등 강원도와 경상도 접경 지대에서 크게 활약

③ **특징** : 종래 의병장은 대체로 유생이었으나 이때부터 평민 출신 의병장이 활동

(4) 정미의병(1907)

① **계기**

㉠ 고종의 강제 퇴위

㉡ **군대 해산(1907. 8)** : 제1연대 제1대대장 박승환의 자결(→ 해산 군인의 의병 가담 가속화)

② **특징**

㉠ **조직과 화력의 강화** : 해산 군인들이 의병에 합류하면서 의병의 조직과 화력이 강화

㉡ **활동 영역의 확산** : 전국 각지, 나아가 간도와 연해주 등 국외로까지 확산

암기 Plus

을미 · 을사 · 정미의병의 격문

- **을미의병** : 원통함을 어찌하리오. 국모의 원수를 생각하며 이를 갈았는데 참혹함이 더욱 심해져 임금께서 또 머리를 깎으시는 지경에 이르렀다.

  – 유인석의 창의문 –
- **을사의병** : 작년 10월에 저들이 한 행위는 오랜 옛날에도 일찍이 없던 일로서 억압으로 한 조각의 종이에 조인하여 500년 전해오던 종묘 사직이 드디어 하루밤에 망하였으니 ⋯ – 최익현의 격문 –
- **정미의병** : 군대를 움직이는 데 가장 중요한 점은 고립을 피하고 일치단결하는 것에 있다. 따라서 각도의 의병을 통일하여 둑을 무너뜨릴 기세로 서울에 진격하면, 전 국토가 우리 손 안에 들어오고 한국 문제의 해결에 있어서도 유리하게 될 것이다.

  – 이인영의 격문 –

(5) 의병 전쟁의 확대

① **13도 창의군 조직(1907. 12)**

㉠ 유생 이인영을 총대장, 허위를 군사장으로 13도 연합 의병이 조직

㉡ **외교 활동의 전개** : 서울 주재 각국 영사관에 의병을 국제법상의 교전 단체로 승인해 줄 것을 요구하여, 스스로 독립군임을 자처

㉢ **서울 진공 작전(1908)** : 의병 연합 부대는 서울 근교까지 진격(1908. 1)하였으나, 일본군의 반격으로 후퇴

② **국내 진입 작전** : 홍범도와 이범윤이 지휘하는 간도와 연해주의 의병들이 작전 모색

③ **안중근의 거사(1909)** : 하얼빈 역에서 일제의 침략 원흉인 이토 히로부미를 처단, 이듬해인 1910년 3월 26일 뤼순 감옥에서 순국

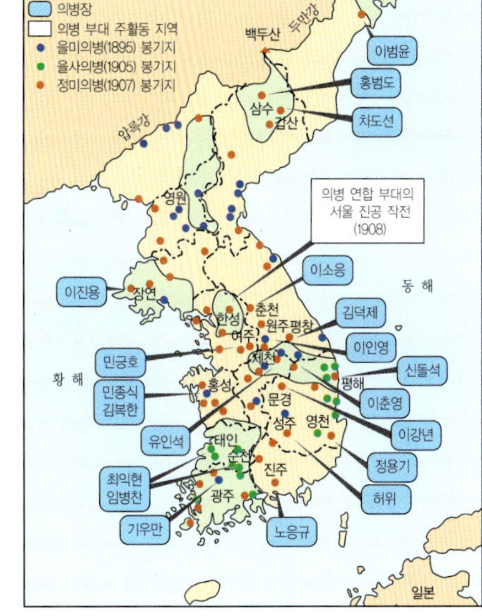

▲ 의병의 봉기

(6) 의병 전쟁의 위축

① 일본군의 잔인한 남한 대토벌 작전(1909)을 계기로 정미의병은 점차 소멸되었고, 일부 의병은 만주와 연해주로 근거지를 옮겨 독립군으로 발전

② 많은 의병들은 간도와 연해주로 건너가 독립군이 되어 일제에 강력한 항전을 전개(→ 국내 진공 작전을 추진하기도 함)

③ 일부 의병들은 국내에 남아 산악 지대에서 유격전을 전개

암기 노트

남한 대토벌 작전(南韓大討伐作戰)

1909년 9월 1일부터 10월 30일까지 2달에 걸쳐 진행된, 전라남도와 그 외곽 지대의 반일 의병 전쟁에 대한 일본군의 초토화 작전이다. 3단계에 걸친 작전 전개로 의병장만도 103명이 희생되었다. 이후 의병들은 만주와 연해주로 옮겨가 본격적인 항일 무장 투쟁을 벌이게 되었다.

암기 Plus

▲ 의병 부대의 모습

애국 계몽 운동
- 의미
  - 독립 협회의 자강 개혁과 서양의 사회 진화론에 영향을 받아 등장
  - 을사조약(1905) 전후에 나타난 문화 활동과 산업 진흥 등 실력 양성을 통해 국권을 회복하자는 운동
- **주도 세력** : 지식인, 관료, 개혁적 유학자

일진회
친일적 민의가 필요하다고 여긴 일본이 1904년에 설립한 친일 단체이다. 송병준, 윤시병, 유학주 등을 중심으로 적극적인 친일 활동을 전개하였다. 고종이 강제로 퇴위된 당시 전국 각지에서 봉기한 의병들은 일진회 회원들을 살해하고 일진회의 지부 및 기관지인 국민신보사를 습격하여 파괴하였다. 1910년 합병 조약이 체결된 후 해체되었다.

신민회의 4대 강령
- 국민에게 민족 의식과 독립 사상을 고취할 것
- 동지를 찾아 단합하여 민족 운동의 역량을 축적할 것
- 각종의 상공업 기관을 만들어 단체의 재정과 국민의 부력을 증진할 것
- 교육 기관을 각지에 설치하여 청소년 교육을 진흥할 것

(7) 의병 전쟁의 의의와 한계

① 의병 전쟁의 의의
㉠ 민족 저항 정신 표출
㉡ 항일 무장 독립 투쟁의 기반
㉢ 반제국주의 · 민족주의 운동

② 의병 전쟁의 한계
㉠ **국내적 요인** : 비조직성, 전통적 신분제를 고집하여 유생층과 농민 간 갈등
㉡ **국외적 요인** : 열강 침략의 보편화, 을사조약으로 외교권이 상실되어 국제적으로 고립

2. 애국 계몽 운동의 전개

(1) 애국 계몽 운동 단체

① **보안회(1904)** : 일제의 황무지 개간권 요구에 반대하여 이를 저지

② **헌정 연구회(1905)** : 국민의 정치 의식 고취와 입헌정체의 수립을 목적으로 설립됨, 일진회의 반민족적인 행위를 규탄하다가 해산

③ 대한 자강회(1906)
㉠ **조직** : 헌정 연구회를 모체로, 사회 단체와 언론 기관을 주축으로 하여 창립
㉡ **참여** : 윤치호, 장지연 등
㉢ **목적** : 교육과 산업의 진흥을 통한 독립의 기초 마련
㉣ **활동** : 독립 협회 정신을 계승하여 월보의 간행과 연설회의 개최 등을 통하여 국권 회복을 위한 실력 양성 운동을 전개, 일진회에 대항하여 애국 계몽 운동 전개
㉤ **해체** : 일제의 고종 황제에 대한 양위 강요에 격렬한 반대 운동을 주도하다가 강제로 해체됨

암기 노트

대한 자강회의 취지서
무릇 우리나라의 독립은 오직 자강의 여하에 있을 따름이다. 우리 대한이 종전에 자강의 방법을 강구하지 않아 인민이 우매함에 묶여 있고 국력이 쇠퇴하여 마침내 오늘의 위기에 다다라 결국 외국인의 보호를 당하게 되었으니, 이는 모두 자강의 도에 뜻을 다하지 않았던 까닭이다. …… 자강의 방법을 생각해 보면 다름이 아니라 교육을 진작함과 식산흥업에 있다. 무릇 교육이 일어나지 못하면 백성의 지혜가 열리지 못하고 산업이 늘지 못하면 국부가 증가하지 못한다.

④ 대한 협회(1907)
㉠ **조직 및 활동** : 오세창 · 윤효진 · 권동진 등이 대한 자강회를 계승하여 조직, 교육의 보급 · 산업의 개발 · 민권의 신장 · 행정의 개선 등을 강령으로 내걸고 실력 양성 운동을 전개
㉡ **해체** : 우리나라에 대한 일제의 지배권 강화에 따라 활동이 약화되어 1910년 한 · 일 병합 조약 이후 해체

⑤ 신민회(1907~1911)
㉠ **조직** : 사회 각계각층의 인사를 망라하여 조직된 비밀 결사
㉡ **구성원** : 안창호, 양기탁 등
㉢ **목적** : 국권 회복, 공화정체의 국민 국가 건설
㉣ **활동**

- 문화적 · 경제적 실력 양성 운동 : 자기 회사 설립(평양), 태극서관 설립(대구), 대성 학교 · 오산 학교 · 점진 학교 설립 등
- 양기탁 등이 경영하던 대한매일신보를 기관지로 활용했고, 1908년 최남선의 주도하에 「소년」을 기관 잡지로 창간
- 군사적 실력 양성 운동 : 이상룡 · 이시영이 남만주에 삼원보, 이승희 · 이상설이 밀산부에 한흥동을 각각 건설하여 항일 의병 운동에 이어 무장 독립운동의 터전이 됨

(삼원보: 무장 독립운동을 위해 조성한 한민족 집단 거주지)
(한흥동: 일제강점기에 신민회가 중심이 되어 간도에 세운 독립운동 기지)

㉤ 해체(1911) : 일제가 날조한 105인 사건으로 해체

105인 사건

일본 경찰은 안중근의 사촌인 안명근이 무관 학교를 세울 자금을 모으다가 체포되자 이를 총독 데라우치 마사타케의 암살 미수 사건으로 날조하여, 신민회 회원을 비롯한 민족주의자 6백여 명을 검거해 고문을 가하였다. 그 결과 105명이 기소되었는데(1911), 그들 중 윤치호, 양기탁, 안태국, 이승훈, 임치정, 옥관빈 등 6명만이 징역을 선고받았다. 기소된 인물이 105명이라 105인 사건이라 명명되었다.

암기 Plus

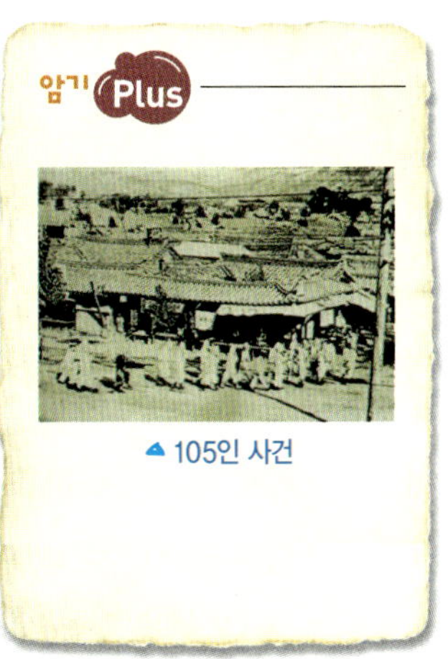
▲ 105인 사건

(2) 의의 및 한계

① 의의
㉠ 민족 독립운동의 이념과 전략을 제시
㉡ 장기적인 민족 독립운동의 기반 구축

② 한계 : 애국 계몽 운동은 일제에 예속된 상태에서 전개되어 성과 면에서 일정한 한계

| 고급 | [2점]

밑줄 그은 '이 단체'에 대한 설명으로 옳은 것은?

> **판결문**
>
> **주문(主文)**
> 피고 이승훈 · 윤치호 · 양기탁 · 임치정 · 안태국 · 유동열을 각각 징역 10년에 처한다.
>
> **이유(理由)**
> 피고 이승훈은 …… 안창호 · 이갑 등과 함께 미국에 있는 이대위 · 김유순, 그리고 러시아에 있던 김성무 등과 이 단체를 조직하였다. 이들은 구(舊) 청국 영토 내에 있는 서간도에 무관 학교를 설립하고 청년의 군사 교육을 실실하여 다. 그리고 일본과 미국 혹은 일본과 청국 사이에 갈등이 생기면 그 기회를 틈타 독립 전쟁을 일으켜 국권을 회복하고자 하였다.
>
> ⋮

① 농촌 계몽을 위해 브나로드 운동을 전개하였다.
② 일제가 조작한 105인 사건으로 조직이 해체되었다.
③ 단원인 이봉창이 일왕의 행렬에 폭탄을 투척하였다.
④ 독립 운동 자금 마련을 위해 독립 공채를 발행하였다.
⑤ 조선 총독부에 국권 반환 요구서를 발송하려 하였다.

[신민회의 해체]

암기공식
105인 사건으로 해체 ⇒ 신민회

| 정답 해설 |
신민회는 국권 회복과 공화정체의 국민 국가 건설을 목적으로 안창호와 양기탁이 중심이 되어 조직된 비밀 결사 단체로, 일제가 조작한 105인 사건으로 해체되었다. 신민회는 대한매일신보를 기관지로 활용했고, 민족 교육 기관인 대성 학교와 독립군 양성을 위한 신흥 강습소를 설립하였다.

| 오답 해설 |
① 동아일보사에서 문맹퇴치를 목적으로 시작한 농촌 계몽 운동으로 조선총독부 경무국의 명령으로 중단되었다. (→ 원래 브나로드(Vnarod)란 말은 러시아어로 '민중 속으로'라는 의미임)
③ 한인 애국단 소속의 이봉창은 도쿄에서 일왕의 행렬에 폭탄을 투척하였다.
④ 대한민국 임시 정부는 애국 공채를 발행하거나 국민의 의연금으로 독립운동에 필요한 군자금을 조달하였다.
⑤ 독립 의군부는 고종의 밀명으로 임병찬 등을 중심으로 결성된 복벽주의 단체로, 조선 총독부에 한국 침략의 부당성을 밝히고 국권 반환 요구서를 발송하려 하였다.

정답 ②

2장 개항 이후의 경제와 사회

❶ 열강의 경제 침탈과 경제적 구국 운동

1. 열강의 경제 침탈

(1) 일본 상인의 경제 침투

① 초기

㉠ 부산 · 원산 등 개항지를 중심으로 거류지 무역 전개

- 활동 범위가 개항장 주변 10리 이내로 제한
- 개항장 주변의 객주, 여각, 보부상 등이 일본 상인과 연결하여 성장

㉡ 재판권, 무관세, 일본 화폐의 사용 등의 불평등 조약을 이용해 약탈적 무역 전개

㉢ 광목 · 섬유 등 일용품을 들여와 팔고, 싼값으로 쌀 · 콩 · 금 등을 사들이는 중계 무역으로 막대한 이득을 취함

㉣ 무관세로 많은 상품을 들여와 국내 산업에 큰 타격

② 1880년대

㉠ **활동 범위의 확대** : 무역 활동 범위가 개항장 100리까지 확대되어 내륙까지 진출(→ 농촌에까지 활동 무대를 넓힘)

㉡ **곡물 수매에 주력** : 자본주의 초기의 식량 부족을 해결하기 위해 조선의 곡물을 대량 수입해 감(→ 조선의 곡물 가격 폭등과 식량난 초래)

㉢ **조 · 청 상민 수륙 무역 장정(1882) 체결 이후** : 청 상인의 활발한 진출로 청 · 일 양국의 각축 격화(→ 청에서의 수입 비율이 점차 증가)

③ 1890년대

㉠ 청 · 일 전쟁 이후 일본 상인들이 국내 상권을 거의 독점, 일본 제일 은행의 지점을 설치하고 대한 제국의 금융을 장악해 감

㉡ 조선의 전 수입액 중 50% 이상, 수출액 중 90% 이상을 차지

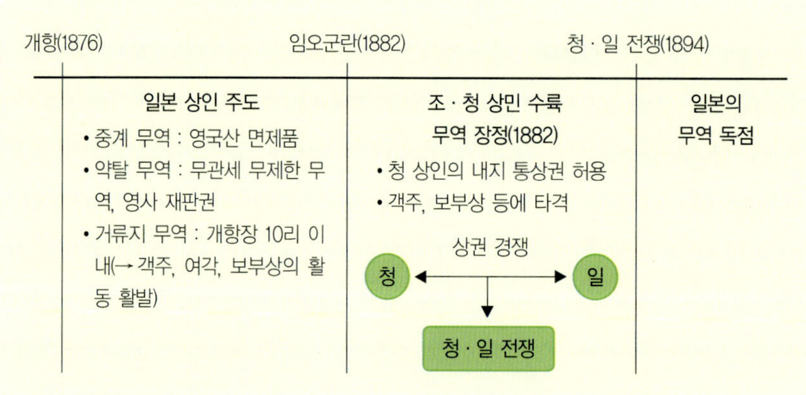

(2) **일본의 금융 지배** : 화폐 정리 사업(1905, 재정 고문 메가타)

① 일본의 제일 은행이 대한 제국의 화폐 발행권, 국고 출납권 장악

② 금 본위 화폐 제도 → 금을 한 나라의 화폐 단위로 정한 화폐 제도

③ **영향** : 민족 은행 몰락, 국내 중소 상인 몰락, 화폐 가치 상승

(3) **일본의 차관 제공** : 대한 제국의 경제와 재정 장악 도모

① 청 · 일 전쟁 이후에는 내정 간섭과 이권 획득 목적으로 제공

② 러 · 일 전쟁 이후에는 화폐 정리, 시설 개선 명목으로 제공

암기 Plus

화폐 정리 사업

조선의 상평통보나 백동화 등을 일본 제일 은행에서 만든 새 화폐로 교환하도록 한 사업이다. 갑작스럽게 시행되었을 뿐만 아니라 질이 나쁜 백동화는 교환해 주지 않았는데, 일본 상인들과는 달리 이 사실을 모르고 있던 조선 상인들의 경우 화폐 정리 사업에 대비하지 못해 많은 사람들이 파산하게 되었다. 또한 소액도 교환해 주지 않아 농민들 역시 큰 피해를 입었다.

(4) 일본의 토지 약탈

① 개항 직후

㉠ **초기** : 일본 상인들이 개항장 안의 토지를 빌려 쓰는 데 그침

㉡ **토지 소유의 확대** : 활동 범위가 개항장 밖으로 확대됨에 따라, 차압과 고리대를 이용하여 우리 농민의 토지를 헐값으로 사서 점차 농장을 확대해 감

② **청 · 일 전쟁 이후(1890년대)** : 일본 대자본가들이 침투하여 대규모 농장 경영, 전주 · 군산 · 나주 일대에 대규모 농장 경영

③ **1900년대** : 토지 약탈의 본격화

㉠ **계기** : 러 · 일 전쟁

㉡ **명목** : 철도 부지 및 군용지 확보, 황무지 개간, 역둔토(驛屯土)의 수용 등

역둔토는 역의 경비를 충당하는 역토(驛土)와 역에 주둔한 군대가 자급자족을 위해 경작하는 둔전(屯田)을 이르는 말로, 일제는 이를 국유지로 수용하여 강제로 탈취함

(5) 제국주의 열강의 이권 침탈

① **배경** : 아관파천 이후 본격화, 최혜국 대우 규정을 이용하여 철도 부설권 · 금광 채굴권 · 산림 채벌권 등 이권 침탈

② 이권 침탈

㉠ **러시아** : 경원 · 종성 광산 채굴권, 압록강 · 울릉도 산림 채벌권, 조 · 러 은행 설치권

㉡ **일본** : 경인선 철도 부설권(미국으로부터 인수), 경부선 · 경원선 부설권, 직산 금광 채굴권

㉢ **미국** : 서울 시내 전차 부설권, 서울 시내 전기 · 수도 시설권, 운산 금광 채굴권

㉣ **프랑스** : 경의선 철도 부설권(일본에 양도), 창성 금광 채굴권, 평양 무연탄 채굴권

㉤ **영국** : 은산 금광 채굴권

㉥ **독일** : 당현 금광 채굴권

㉦ **청** : 황해도 · 평안도 연안 어채권, 인천–한성–의주 전선 가설권, 서울–부산 전선 가설권

▲ 열강의 이권 침탈

2. 경제적 구국 운동의 전개

(1) 방곡령과 상권 수호 운동

① 방곡령(防穀令, 1889)

㉠ **목적** : 일본 상인의 농촌 시장 침투와 지나친 곡물 반출을 막기 위함

㉡ **실시** : 개항 이후 곡물의 일본 유출이 늘어나면서 가격이 폭등한데다가 흉년이 겹쳐 함경도와 황해도를 중심으로 시행

㉢ **결과** : 일제는 1개월 전에 통고해야 한다는 조 · 일 통상 장정(1883) 규정을 구실로 방곡령의 철회를 요구하고 거액의 배상금을 요구

② **상권 수호 운동** : 상인들은 상권 수호 운동을 벌여 경제적 침탈에 적극적으로 대응

㉠ **1880년대** : 관리들과 객주, 보부상 등이 대동 상회, 장통 회사 등의 상회사 설립

㉡ **시전(市廛) 상인** : 황국 중앙 총상회(1898)를 만들어 서울의 상권을 지키려 함

㉢ 경강 상인들은 증기선을 도입하여 빼앗긴 운송권을 회복하려 함

암기 Plus

동양 척식 주식 회사

1908년에 설립된 동양 척식 주식 회사는 1년 만에 3만 정보의 토지를 소유하게 되었고, 국권을 빼앗길 무렵에는 1억 5천만 평에 이르는 토지를 일본인이 소유

▲ 동양 척식 주식 회사

근대적 산업 자본의 성장

- **조선 유기 상회(鍮器商會)** : 유기 공업과 야철 공업을 계승하여 서울에 설립
- **직조 산업** : 외국산 면직물의 수입으로 타격을 받았지만, 민족 자본에 의하여 대한 직조 공장과 종로 직조사 등을 설립하여 생산 활동 전개
- **기타** : 연초 공장(煙草工場), 사기 공장(砂器工場) 등

(2) 민족 은행 설립

① 일본의 금융 기관 침투와 고리대금업에 대응하기 위하여 우리 자본으로 은행 설립

㉠ **조선 은행(1896)** : 관료 자본이 중심이 된 민간 은행(최초)

㉡ **민간 은행** : 한성 은행, 천일 은행 등

② 메가타의 화폐 정리 사업으로 문을 닫거나 일본계 은행에 합병

(3) 국채 보상 운동(國債報償運動, 1907)

① **배경** : 일제의 강제 차관 도입으로 인해 정부가 짊어진 1,300만 원의 외채를 국민의 힘으로 상환하여 국권을 회복하자는 운동

② **결과** : 일본은 국채 보상 기성회의 간사인 양기탁에게 국채 보상금을 횡령하였다는 누명을 씌워 구속하고 1908년 초 2천만 원의 차관을 억지로 추가 공급하여 좌절시킴

(4) 황무지 개간권 반대 운동(1904)

① 일제의 요구에 대항하여 적극적 반대 운동을 전개

② 보안회는 일제의 황무지 개간권 요구에 대한 반대 운동을 벌여 토지 약탈 음모를 분쇄

③ 이도재 등은 농광 회사를 설립하여 황무지를 우리 손으로 개간할 것을 주장

(5) 독립 협회의 이권 수호 운동

① **러시아의 이권 침탈 저지**

㉠ **절영도의 조차 요구 저지** : 러시아가 저탄소(貯炭所) 설치를 위해 절영도의 조차를 요구하자 독립 협회는 만민 공동회를 개최하여 러시아의 요구를 저지함

석탄 저장고

㉡ 한 · 러 은행의 폐쇄

㉢ 도서(島嶼)의 매도 요구 저지

크고 작은 섬

② 프랑스 광산 채굴권 요구 저지

③ 미국 · 독일 등 열강이 차지한 철도 · 광산 · 산림에 대한 이권 반대 운동 전개

2 근대 평등 사회의 추구

1. 평등 의식의 확산

(1) 19세기 사회의 변화

① **계기** : 천주교와 동학, 개신교의 선파는 사회 전반의 변화에 지대한 영향을 끼침

② **평등 의식의 확산** : 평등 의식이 확산되면서 종래 신분 제도에 변화가 나타남

(2) 종교의 영향

① **천주교** : 19세기 중엽에 교세가 확장되어 평등 의식의 확산에 기여, 중인 · 평민 · 부녀자 신도가 많음

② **동학** : 인내천 사상을 통해 적서 차별과 남존 여비를 부정(→ 평등주의), 주로 평민층 이하의 지지를 받음

③ **개신교** : 19세기 말 전래, 포교의 수단으로 학교를 설립하고 의료 사업 전개, 한글 보급, 미신 타파, 남녀 평등 사상 보급, 근대 문명 소개, 애국 계몽 운동에 기여

암기 Plus

국채 보상 운동

- 서상돈 · 김광제 등이 대구에서 개최한 국민 대회를 계기로 전국으로 확산
- 국채 보상 기성회가 서울 등 전국 각지로 확대되고 대한매일신보 등 여러 신문사들도 적극 후원(→ 금연 운동 전개)
- 부녀자들은 비녀와 가락지를 팔아서 이에 호응했으며, 여성 단체인 진명 부인회 · 대한 부인회 등은 보상금 모집소를 설치하여 적극적인 활동을 전개
- 일본까지 파급되어 800여 명의 유학생들도 참여

일제의 시설 설립 사업

일제는 우리나라의 근대화를 위한다는 명분을 내세워, 우리나라에 거주하는 일본인들을 위한 도로 · 수도 시설, 은행, 학교, 병원 등의 시설 설립 사업을 실시하였다. 일제는 그 시설비를 우리나라에서 부담하도록 하면서 차관을 얻도록 강요하였다.

만민 공동회의 상소

근대 우리나라 국유 광산이라든지, 철도 기지 · 서북 삼림 · 연해 어업 등등, 이 모든 것에 대한 외국인들의 권리 취득 요구를 우리 정부에서 한 가지라도 허락해 주지 않은 것이 있었는가. 이렇게 외국인들의 요구가 그칠 줄 모르는데, 오늘에 이르러서는 일인(日人)들이 또다시 국내 산림천택(山林川澤)과 원야(原野) 개발권까지 허가해 줄 것을 요청하기에 이를 정도로 극심해졌으니, 정부는 또 이 요구를 허가할 작정인가. 만일 이것마저 허가한다면 외국인들이 이 위에 또다시 요구할 만한 무엇이 남아 있겠으며, 우리도 또한 무엇이 남아서 이런 요구에 응할 것이 있겠는가. 이렇게 되면 그야말로 500년의 마지막 날이 될 것이요, 삼천리의 종국(終局)이 될 것이니, 우리 정부에서는 반드시 이를 거절할 줄로 안다.

– 이상재 –

(3) 갑신정변의 영향

① **진보적 사고** : 양반 신분 제도와 문벌 폐지, 인민 평등 실현 등

② 조선의 불합리한 신분 제도를 사회적 불평등의 근원이자 국가 발전을 저해하는 주요 원인으로 인식하고 개혁하고자 함

2. 사회 개혁 운동

(1) 동학 농민군의 사회 개혁

① **의의** : 반상(班常)을 구별하는 관행을 부정하고 인간 평등과 인권 존중의 반봉건적 사회 개혁을 추구하여 사회 전반에 커다란 변화를 야기

② **한계** : 신분 간의 갈등 초래(양반 지주의 저항 초래, 민보군)

(2) 갑오개혁과 신분제의 폐지

① **사회면의 개혁**

㉠ **동학 농민 운동의 요구 수용** : 갑오개혁에 일부 수용되어 사회 개혁이 많음

㉡ 개혁 추진의 중심 기구인 군국기무처를 통해 전통적 신분 제도와 문벌 · 출신 지역에 따른 인재 등용의 폐습을 개혁

② **개혁 내용** : 평등주의적 사회 질서 수립, 노비 및 천민층의 점진적 해방, 기술직 중인의 관직 등용 확대, 여성의 대우 향상과 혼인 풍습 개선 등

③ **결과** : 양반 중심의 신분 제도가 폐지되고 능력 본위의 인재 등용이 이루어지는 계기로 작용(→ 연좌제 폐지는 즉시 효력을 발생한 반면, 대부분의 사회 개혁안은 전통적 신분 제도를 곧바로 타파하기보다 점진적 · 개량적으로 접근)

④ **의의** : 조선의 근대화에 기여했으며, 양반의 권력 독점을 해체시키는 계기가 됨

3. 민권 운동의 전개

(1) 독립 협회의 운동

① **활동 방향** : 주권 독립운동, 민권 운동(인권 운동과 참정권 실현 운동으로 전개)

② **기본 사상** : 자주 국권 사상 · 자유 민권 사상 · 자강 개혁 사상

③ **의의** : 민중의 자발적 참여, 평등 의식의 확산, 근대화 사상의 계승(→ 대한 제국 말기의 애국 계몽 사상으로 이어짐)

(2) 애국 계몽 운동

① **활동 내용** : 사회 · 교육 · 경제 · 언론 등 각 분야에서 국민의 근대 의식과 민족 의식을 고취

② **영향**

㉠ **사회 인식의 전환** : 근대 교육이 보급되고 근대 지식과 사상이 보편화되어 사회 인식의 전환을 초래

㉡ **민주주의 사상의 진전** : 애국 계몽 운동가들이 민주 공화정체의 우월성과 국민 국가 건설의 필요성을 주장

→ 왕이 아닌 인민이 주권을 갖는 정치 체계

폐정 개혁안

- **반봉건적 사회 개혁안 요구** : 노비 문서 소각, 천인 차별 개선, 불량한 유림과 양반 징벌, 지벌의 타파
- **지주제 철폐의 요구** : 지조법 개혁을 넘어 토지의 평균 분작을 요구

갑오개혁 때 추진된 사회 개혁

- 문벌에 따른 차별과 양반, 상민 등의 계급을 타파하고 귀천의 구별 없이 인재를 뽑아 등용한다.
- 지금까지 내려온 문존 무비(文尊武卑)의 차별을 폐지한다.
- 공 · 사 노비 제도를 모두 폐지하고 인신매매를 금지한다.
- 연좌법을 모두 폐지하여 죄인 자신 이외에는 처벌하지 않는다.
- 남녀의 조혼을 엄금하여 남자는 20세, 여자는 16세에 결혼을 허락한다.
- 과부의 재혼은 귀천을 막론하고 그 자유에 맡긴다.

민권론

대저 동양 풍속이 나라를 정부가 독단하는 고로 나라가 위태한 때를 당하여도 백성은 권리가 없으므로 나라 흥망을 전혀 정부에다가 미루고 수수방관만 하고, 정부는 나중에 몇몇 사람이 순절만 할 줄로 성사를 삼는 고로 나라 힘이 미약하여 망하는 폐단이 자주 날뿐더러 …… 그런즉 지금 폐단을 없앨 방법과 재략은 다름 아니라, 갑자기 백성의 권리를 모두 주어 나라 일을 하려 할 것도 아니요, 관민이 합심하여 정부와 백성의 권리가 서로 절반씩 된 후에야 대한이 억만 년 무강할 줄로 나는 아노라.

– 독립신문(1898. 12. 15) –

3장 근대 문화의 발달

❶ 근대 문물의 수용

1. 서양 과학 기술의 수용

(1) 과학 기술 수용론의 등장

① 근대 이전 : 서양의 과학 기술에 대한 관심은 17세기 실학자들에 의하여 싹틈

② 개항 이후 : 당시의 개화파는 우리의 정신 문화는 지키면서 서양의 과학 기술을 수용하자는 동도서기론을 제창

동양의 정신문화를 그대로 계승하되 서양의 발전된 기술만 받아들이자는 주장

(2) 서양 과학 기술의 수용 과정

① 개항 이전 : 1860년대 흥선대원군 집권기에도 서양의 침략에 대응하기 위한 무기 제조 기술에 많은 관심을 보임

② 개항 이후

㉠ 동도서기론에 입각하여 서양 과학 기술 수용

㉡ 조사 시찰단(일본)과 영선사(청) 파견

㉢ 무기 제조 기술 외에 산업 기술의 수용에도 관심이 높아져서, 1880년대에는 양잠 · 방직 · 제지 · 광산 등에 관한 기계를 도입하고 외국 기술자를 초빙

㉣ 1890년대 : 근대적 과학 기술의 수용을 위해서는 교육 제도의 개혁이 급선무임을 인식하여 갑오개혁 이후 유학생의 해외 파견을 장려하고 교육 시설을 갖추는 데 노력

2. 근대 시설의 수용

(1) 근대 시설의 도입

① 인쇄 시설

㉠ 박문국 설립(1883. 8) : 최초의 신문인 한성순보 창간(1883. 10)

㉡ 광인사 설립(1884) : 최초의 근대적 민간 출판사, 근대 기술에 관한 서적 출판

② 통신 시설

㉠ 전신 : 청에 의해 서울과 인천 간에 가설(1885), 이후 독자적 기술에 의한 근대적 통신망 완성

㉡ 전화 : 처음에 궁궐 안에 가설(1896), 그 후 서울 시내에도 가설(1902)

㉢ 우편 : 우정국이 갑신정변으로 중단되었다가 을미개혁 이후 부활(우편사, 1895), 만국 우편 연합에 가입하여 여러 나라와 우편물을 교환(1900)

③ 교통 시설

㉠ 철도 : 최초로 경인선(1899)이 부설되었고 경부선(1904)과 경의선(1905)은 일본의 군사적 목적에 의하여 부설

㉡ 전차 : 황실과 미국인 콜브란의 합자로 설립된 한성 전기 주식 회사가 발전소를 건설하고 서대문과 청량리 간에 최초로 전차를 운행(1898)

④ 의료 시설

㉠ 광혜원 : 우리나라 최초의 근대식 국립 의료 기관인 광혜원을 설립(1885)하고 미국인 선교사 알렌(Allen)이 운영하게 함(후에 제중원으로 개칭)

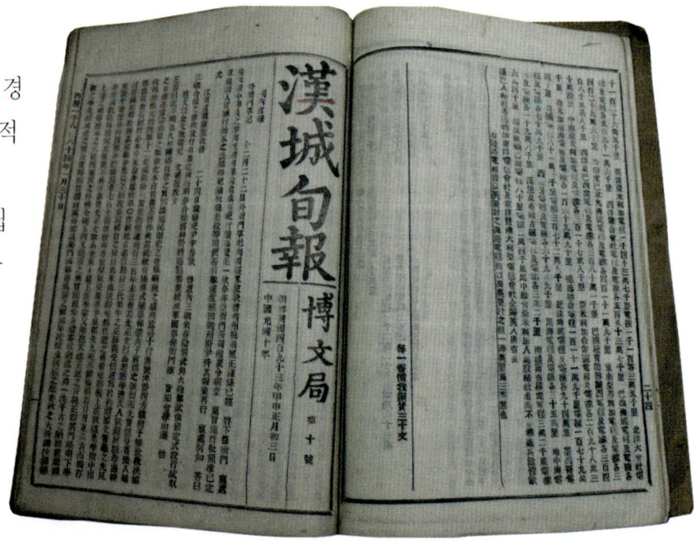
漢城旬報
博文局

▲ 한성순보

ⓛ **광제원** : 정부가 1899년에 설립한 관립 의학교로, 의료 기술을 보급하고 백성의 치료를 담당(→ 지석영은 여기서 종두법을 연구 · 보급)

ⓒ **대한 의원** : 정부에서 1907년 설립한 국립 병원, 의료 요원 양성 및 신식 의료 기술 보급

ⓔ **자혜 의원** : 전국 각지에 설치된 근대식 국립 의료원으로, 도립 병원의 전신(1909)

ⓜ **세브란스 병원** : 미국 선교부가 1904년 개인 병원으로 건립

⑤ **건축** : 서구 양식의 건물인 독립문(프랑스의 개선문을 모방), 덕수궁 석조전(르네상스 양식), 명동 성당(중세 고딕 양식) 등

▲ 독립문

▲ 덕수궁 석조전

▲ 명동 성당

(2) 근대 시설 수용의 의의

외세의 이권 침탈이나 침략 목적에 이용되기도 하였으나, 한편으로는 국민 생활 편리의 진작과 생활 개선에 이바지

2 언론과 교육 · 학문의 보급

1. 언론 기관의 발달

언론 기관	주요 활동
한성순보(1883~1884)	• 최초의 신문, 관보, 순한문 • 개화파에 의해 박문국에서 발간 • 국가 정책 홍보와 서양의 근대 문물 소개
독립신문(1896~1899)	최초의 민간 신문, 한글판 · 영문판, 독립 협회 기관지
황성신문(1898~1910)	• 남궁억, 유림층을 대상으로 함, 국한문 혼용 • 장지연의 시일야방성대곡(1905)
제국신문(1898~1910)	이종일, 한글로 발행, 부녀자, 서민층 계몽
대한매일신보(1904~1910)	베델 · 양기탁, 국채 보상 운동 주도
만세보(1906~1907)	오세창, 천도교의 기관지
일본의 탄압	• 신문지법(1907)을 제정하여 언론 탄압 • 국권 피탈 이후 민족 신문 폐간

大韓每日申報
대한매일신보

▲ 대한매일신보

▲ 베델

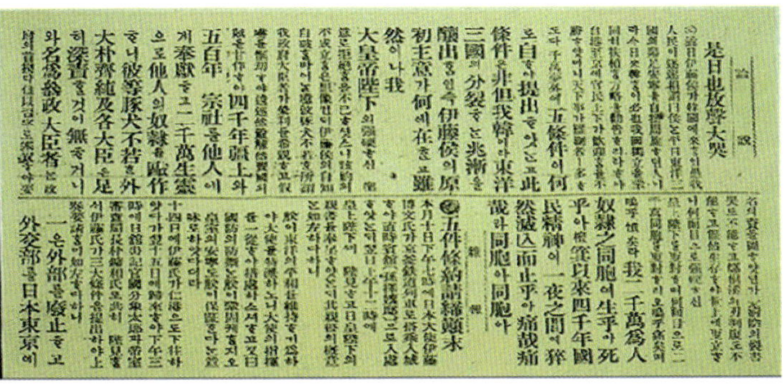
是日也放聲大哭

▲ 시일야방성대곡

기출문제 | 고급 | [2점]

(가)~(마)에 대한 설명으로 옳은 것은?

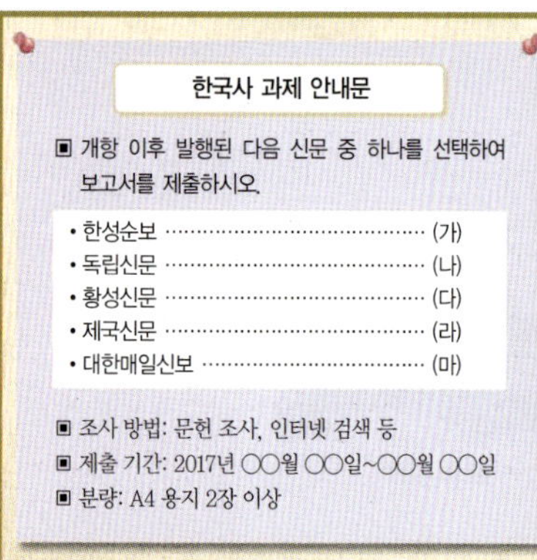

한국사 과제 안내문

■ 개항 이후 발행된 다음 신문 중 하나를 선택하여 보고서를 제출하시오.

- 한성순보 ························ (가)
- 독립신문 ························ (나)
- 황성신문 ························ (다)
- 제국신문 ························ (라)
- 대한매일신보 ························ (마)

■ 조사 방법: 문헌 조사, 인터넷 검색 등
■ 제출 기간: 2017년 ○○월 ○○일~○○월 ○○일
■ 분량: A4 용지 2장 이상

① (가) – 정부에서 발행하는 순 한문 신문이었다.
② (나) – 국채 보상 운동을 적극적으로 후원하였다.
③ (다) – 외국인이 읽을 수 있도록 영문으로도 발행되었다.
④ (라) – 국권 피탈 후 총독부의 기관지로 전락하였다.
⑤ (마) – 최초로 상업 광고가 게재되었다.

[개항기 발행 신문]

암기공식
정부에서 발행한 순 한문 신문 ⇒ 한성순보

| 정답 해설 |

한성순보는 박영효 등 개화파가 창간하여 박문국에서 발간한 최초의 신문으로, 정부에서 발행하는 순 한문 신문이었다. 국가 정책 홍보와 서양의 근대 문물을 소개하고 있으며 열흘마다 발행하는 것이 원칙이었다.

| 오답 해설 |

② 국채 보상 운동은 정부의 외채를 국민의 힘으로 상환하여 국권을 회복하자는 운동으로, 대한매일신보의 지원을 받아 전국으로 확산되었다.
③ 서재필이 민중 계몽을 위해 창간한 독립신문과 영국인 베델이 양기탁 등과 함께 창간한 대한매일신보 등은 외국인이 읽을 수 있도록 영문으로도 발행되었다.
④ 한성신보와 대동신보를 합병한 경성일보와 총독부가 대한매일신보를 매수해 발행한 매일신보는 국권 피탈 후 총독부의 기관지로 전락하였다.
⑤ 박문국이 재설치 된 후 최초의 상업 광고가 실린 한성주보가 발행되었다.

정답 ①

2. 근대 교육의 발전

(1) 근대 교육의 실시 : 1880년대부터 개화 운동의 일환으로 근대 교육이 보급됨

① **원산 학사(1883)** : 최초의 근대적 사립 학교, 외국어 · 자연 과학 등 근대 학문과 무술을 가르침

② **동문학(1883)** : 정부가 세운 영어 강습 기관(통리교섭통상사무아문의 부속 기관)으로 1886년 육영 공원이 세워지면서 여기에 흡수됨

③ **육영 공원(1886)** : 정부가 보빙사 민영익의 건의로 설립한 최초의 근대식 관립 학교, 길모어 · 헐버트 등 미국인 교사를 초빙하여 상류층의 자제들에게 근대 학문 교육

(2) 근대적 교육 제도의 정비

① **교육 입국 조서 반포(1895)**

㉠ 근대적 교육 제도가 마련되어 소학교 · 중학교 등 각종 관립 학교가 설립

㉡ 국가의 부강은 국민의 교육에 있음을 내용으로 함

② **광무개혁** : 실업 학교 설립

암기 노트

교육 입국 조서

세계의 형세를 보면 부강하고 독립하여 잘사는 모든 나라는 다 국민의 지식이 밝기 때문이다. 이 지식을 밝히는 것은 교육으로 된 것이니 교육은 실로 국가를 보존하는 근본이 된다. …… 이제 짐은 정부에 명하여 널리 학교를 세우고 인재를 길러 새로운 국민의 학식으로써 국가 중흥의 큰 공을 세우고자 하니, 국민들은 나라를 위하는 마음으로 지 · 덕 · 체를 기를지어다. 왕실의 안전이 국민들의 교육에 있고, 국가의 부강도 국민들의 교육에 있도다.

암기 Plus

원산 학사

1883년 함경도 덕원부사 정현석과 주민들이 개화파 인물들의 권유로 설립한 최초의 근대적 사립 학교이다.

▲ 원산 학사

육영공원의 설립 목적

오늘날 여러 나라의 국가 간 교제(交際)에서 가장 중요한 것이 어학(語學)이다. 이를 위해 공원(公院)을 설립하여 젊고 총민한 사람을 선발하여 학습하게 한다.

(3) 사립 학교

① 개신교 계통

㉠ 개신교 선교사들이 학교를 설립하여 학생들에게 근대 학문을 가르치고 민족 의식을 고취했으며, 민주주의 사상의 보급에 이바지

㉡ 배재 학당(1885), 이화 학당(1886), 경신 학교(1886), 정신 여학교, 숭실 학교(1897), 배화 여학교, 숭의 여학교, 보성 여학교 등

② 민족주의 계통의 학교

㉠ 민족 지도자들의 학교 설립

- 배경 : 을사조약 이후 민족 지도자들은 근대 교육이 민족 운동의 기반이라 주장
- 학교의 설립 : 보성 학교(1905), 양정 의숙(1905), 휘문 의숙(1905), 숙명 여학교(1905), 진명 여학교(1906), 서전 서숙(1906), 대성 학교(1907), 오산 학교(1907), 흥무관 학교(1907), 동덕 여자 의숙(1908), 흥화 학교(1895), 점진 학교(1899)

㉡ 학회의 구국 교육 운동 : 대한 자강회 · 신민회 등 정치 · 사회 단체와 서북 학회 · 호남 학회 · 기호 흥학회 · 교남 교육회 · 관동 학회 등 많은 학회가 구국 교육 운동 전개

암기 노트

대성 학교

…… 학생들은 20세, 30세의 청년 유지들로, 입을 벌리면 나라를 걱정하였고, 행동은 모두 민족의 지도자를 자부하였다. 학교의 과정은 중등 학교라고 하지만, 그 정도가 높아 4학년 과정은 어느 전문 학교의 3학년 과정과 대등하였으며, 학교의 설비도 중등 학교로서는 유례가 없을 만큼 잘 갖추었다. …… 이 학교는 애국 정신을 고취하는 것을 목적으로 한 학교였으므로, 매일 아침 엄숙한 조회를 하여 애국가를 부른 후 애국에 관한 훈화가 있어 학생들은 이를 마음속 깊이 받아들였다. …… 체조 교사는 군대의 사관으로 뜻이 높던 철혈의 사람 정인목으로, 그는 군대식으로 학생들을 교련하였다. 눈이 쌓인 추운 겨울에 광야에서 체조를 시켰으며, 쇠를 녹이는 폭양 아래에서 전술 강화를 하였고 ……

– 「안도산 전서」 –

3. 국학 연구의 진전

(1) 배경

① 실학이 원류이며, 실학파의 민족 의식과 근대 지향 의식이 근대적 민족주의로 발전

② 애국 계몽 운동의 일환으로 국사와 국어를 연구하여 민족 의식과 애국심을 고취하고자 함

(2) 국사 연구 분야

① 근대 계몽 사학의 성립 : 장지연, 신채호, 박은식 등

㉠ 구국 위인 전기 : 「을지문덕전」, 「강감찬전」, 「이순신전」 등

㉡ 외국 흥망사 소개 : 「미국 독립사」, 「월남 망국사」 등

② 민족주의 사학의 방향 제시 : 신채호의 「독사신론」

③ 조선 광문회의 설립(1908) : 최남선과 박은식이 조직하여 민족 고전을 정리 · 간행

(3) 국어 연구

① 국 · 한문체의 보급 : 갑오개혁 이후 관립 학교의 설립과 함께 국 · 한문 혼용의 교과서 간행

암기 Plus

▲ 배재 학당 동관

▲ 이화 학당

▲ 대성 학교

신채호의 「독사신론(讀史新論)」

독사신론은 처음으로 왕조가 아닌 민족 중심으로 역사를 서술한 진보적 논설로서 1908년 8월 27일부터 그해 12월13일까지 대한매일신보에 연재됐다. 중국에서 흘러 온 기자조선을 정통에서 몰아내고 한민족이 '단군'의 후예임을 당당히 밝히고 있으며 민족주의 역사학의 연구 방향 제시하였다고 인정받고 있다.

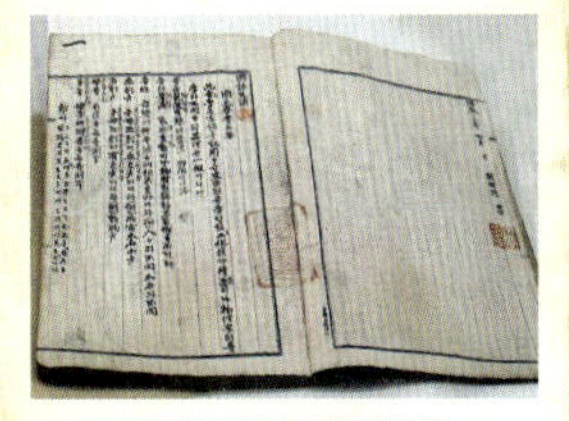

▲ 주시경의 국어문법 원고

㉠ **서유견문(西遊見聞)** : 유길준, 새로운 국 · 한문체의 보급에 크게 공헌

㉡ 독립신문 · 제국신문은 순한글, 한성주보 · 황성신문 · 대한매일신보 등은 국한문 혼용

② **국문 연구소의 설립(1907)** : 주시경 · 지석영이 설립, 국문 정리와 국어의 이해 체계 확립, 「국어문법」 편찬

암기 노트

주시경

우리글에 '한민족의 크고 바르고 으뜸가는 글'이라는 뜻의 '한글'이라는 이름을 붙인 주시경은 당시 근대 학문을 배운 지식인으로서 후진을 양성하고 민족 정신을 고양시키기 위해 활발한 활동을 펼쳤다. 또한 그는 우리말의 문법을 최초로 정립하였으며, 표의주의 철자법과 한자어 순화 등 혁신적인 주장을 하였다. 「국어문법」, 「말의 소리」 등의 저서를 남겼다.

암기 Plus

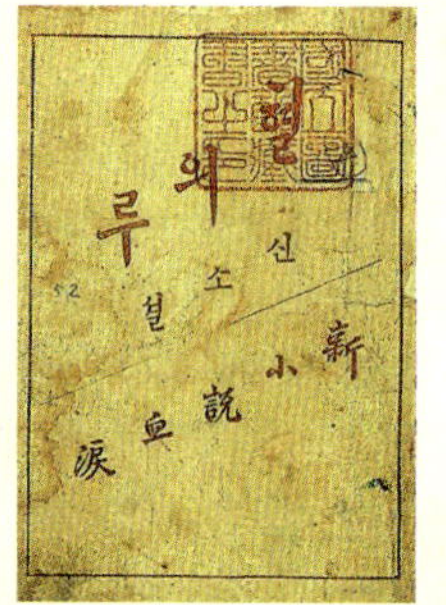

▲ 혈의 누

▲ 금수회의록

신체시의 내용

문명 개화, 남녀 평등, 자주 독립 예찬, 친일 매국 세력에 대한 경고 등

▲ 원각사

3 문예와 종교의 새 경향

1. 문학의 새 경향

(1) 신소설(新小說)

① 특징

㉠ 순 한글로 쓰였고, 언문 일치의 문장을 사용

㉡ 봉건적인 윤리 · 도덕의 배격과 미신 타파, 남녀 평등 사상과 자주 독립 의식을 고취

② **대표작** : 이인직의 「혈의 누」(1906), 안국선의 「금수회의록」(1908), 이해조의 「자유종」(1910) 등

(혈의 누 → 문명사회에 대한 동경과 자유결혼 / 금수회의록 → 부패한 사회 현실에 대한 비판 / 자유종 → 교육개혁과 근대적 계몽)

(2) 신체시

① 1908년 이후 등장한 새로운 형태의 시로, 정형적 시 형식을 탈피하여 자유로운 율조로 새로운 사상을 담음(→ 정형 시가에서 현대 자유시로 넘어가는 과도기적 · 실험적 시가)

② **대표작** : 최남선의 「해에게서 소년에게」(1908, 소년)

(3) 외국 문학의 번역

① **작품** : 「천로역정」, 「이솝 이야기」, 「로빈슨 표류기」 등

② **의의** : 신문학의 발달에 이바지하였고, 근대 의식의 보급에도 기여

(4) 문학 활동의 비판 및 의의

일부 외국 문화에 대한 무분별한 수입 · 소개로 식민지 문화의 터전을 만들어 주기도 했지만, 일반적으로 민족 의식을 높이는 역할을 함

2. 예술계의 변화

(1) 음악

① **서양 음악 소개** : 크리스트교가 수용되어 찬송가가 불리면서 소개

② **창가의 유행** : 서양식 악곡에 맞추어 부르는 신식 노래로 「애국가」, 「권학가」, 「독립가」 등이 널리 애창됨

(2) 연극

① **민속 가면극** : 전통적인 민속 가면극이 민중들 사이에 여전히 성행

② **신극 운동** : 우리나라 최초의 서양식 극장인 원각사가 세워짐(1908), 「은세계」 · 「치악산」 등의 작품이 공연됨

(3) 미술

① 서양식 유화 도입

② **전통 회화의 발전** : 김정희 계통의 문인 화가들이 발전시킴

3. 종교 운동의 새 국면

(1) 천주교

① 1886년 프랑스와의 수호 통상 조약 이후 선교 활동 허용

② 양로원, 고아원 등 사회 사업 등에 공헌

③ 애국 계몽 운동 대열에 참여

(2) 개신교

① 교육과 의료 사업 등에 많은 업적

② 배재 학당, 이화 학당, 세브란스 병원

(3) 천도교(동학)

① **전통 사회의 붕괴** : 민중 종교로 성장한 동학은 전통 사회를 무너뜨리는 데 크게 기여

② **대한 제국 시기** : 이용구 등 친일파가 일진회를 조직하고 동학 조직을 흡수하려 하자, 제3대 교주인 손병희는 동학을 천도교로 개칭하고 민족 종교로 발전시킴(1906)

③ **민족 의식 고취** : 만세보라는 민족 신문을 발간하여 민족 의식을 고취

④ **교육 활동 전개** : 보성 학교 · 동덕 여학교 인수

(4) 대종교

① **창시** : 나철 · 오기호 등은 단군 신앙을 기반으로 대종교를 창시(1909)

② **성격 · 활동** : 민족적 입장을 강조하는 종교 활동을 벌였고, 특히 간도 · 연해주 등지에서의 항일 운동과 밀접한 관련을 가지면서 성장

(5) 불교

① 통감부의 간섭으로 일본 불교에 예속화 진행

② 한용운 등은 조선 불교 유신론(1913)을 내세워 불교의 혁신과 자주성 회복을 위해 노력

→ 불교의 부흥을 위해 일대 혁신을 단행할 것을 주장한 불교 개혁서

(6) 유교

① 반침략적 성격은 강하였으나 시대의 흐름에 역행한다는 비판

② **박은식의 유교 구신론(1909)** : 양명학에 토대, 실천적 유교 정신 강조(→ 유교의 단점을 지양하고 민족주의 · 민주주의 이념에 적응하려는 움직임을 보임)

기출 및 예상 문제

01

(가) 조약에 대한 설명으로 옳은 것은?

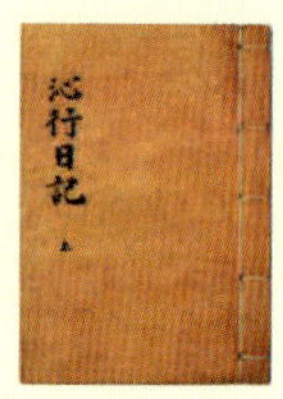

심행일기

심행일기는 (가) 체결 당시 조선측 대표를 맡았던 신헌이 이 조약의 전말을 기록한 것으로, 구로다 기요타카 등 일본측 대표들과 벌였던 협상의 내용이 대화체로 상세하게 기록되어 있다. 운요호 사건을 계기로 시작된 양국 간 협상의 진행 과정을 살피는 데 중요한 문헌이다.

① 거중조정의 조항을 포함하였다.
② 갑신정변의 원인이 되어 체결되었다.
③ 조약 체결에 항거하여 민영환이 자결하였다.
④ 천주교 포교의 자유를 인정하는 계기가 되었다.
⑤ 부산과 그 외 2곳의 항구가 개항되는 결과를 가져왔다.

일본 군함 운요호가 연안을 탐색하다 강화도 초지진에서 조선측의 포격을 받자 이를 구실로 최초의 근대적 조약이자 불평등 조약인 강화도 조약이 체결되고 부산, 원산, 인천의 항구가 개항되는 결과를 가져왔다(1876).
① 조 · 미 수호 통상 조약은 서양과 맺은 최초의 조약으로, 거중조정(상호 안전 보장), 치외법권, 최혜국 대우 등이 포함된 불평등 조약이다(1882).
② 김옥균을 중심으로 한 급진개혁파의 갑신정변은 청의 무력개입으로 실패로 끝나고, 이로 인해 조선과 일본 사이에는 한성 조약이 체결되었고, 청과 일본 사이에는 텐진 조약이 체결되었다(1884).
③ 을사늑약 체결에 반발하여 민영환, 조병세 등 많은 이들이 자결로써 항거하였다(1905).
④ 조선과 프랑스의 조 · 프 수호 통상 조약 체결로 천주교 포교의 자유를 인정하는 계기가 되었다(1886).

02

다음의 조약 체결 전후의 사실로 옳은 것은?

제1관 조선국은 자주의 나라이며, 일본국과 평등한 권리를 가진다.
제4관 조선국은 부산 외에 두 곳을 개항하고, 일본인이 왕래 통상함을 허가한다.
제7관 조선국은 일본국의 항해자가 자유로이 해안을 측량하도록 허가한다.

① 조약 체결로 동학사상이 창시되었다.
② 조약 체결로 위정척사사상이 약화되었다.
③ 조약 체결 이전에 고종의 친정이 시작되었다.
④ 조약 체결 이전에 조일수호조규부록이 체결되었다.
⑤ 조약 체결 당시 일본은 조선 침략 의도가 없었다.

제시문은 강화도 조약(1876. 2) 내용의 일부이다. 강화도 조약을 맺기 전인 1873년, 흥선대원군은 무리한 개혁으로 인한 민심이반과 양반유생과의 갈등, 최익현의 탄핵상소 등으로 하야했다.
① 동학은 1860(철종 11년)에 최제우가 창시하였다.
② 조약체결을 전후하여 개항반대 운동이 전개되고 1880년의 개화반대운동으로 이어졌다.
④ 강화도 조약에 따라 1876년 7월 일본과 조일수호조규 부록과 무역장정(조일통상 잠정협약)을 조인하였다.

03

다음 자료의 사건에 대한 설명으로 옳은 것을 <보기>에서 모두 고른 것은?

그토록 작은 공간에, 그리고 그토록 짧은 시간에, 그토록 많은 탄환과 포연이 집중되는 것은 남북 전쟁의 고참들도 일찍이 본 적이 없었다. …… 그들은 난간에 올라서서 용맹스럽게 싸웠다. 그들은 미군에게 돌멩이를 던졌다. 그들은 창과 칼로써 미군을 대적했다. 손에 무기가 없는 그들은 흙가루를 집어 침략자들 에게 던져 앞을 보지 못하게 했다.

– 그리피스, 「은자의 나라 한국」(1882) 중에서 –

보기

ㄱ. 미군은 강화도의 초지진, 덕진진, 광성보를 잇달아 공격하였다.
ㄴ. 미군은 강화 읍성을 점령한 후에 더 나아가지 못하고 물러났다.
ㄷ. 흥선 대원군은 이 사건 이후 전국 각지에 척화비를 건립하였다.
ㄹ. 미군이 빼앗아 간 수자기(帥字旗)가 일시 귀환되어 최근에 전시되었다.

① ㄱ, ㄴ　② ㄱ, ㄷ　③ ㄴ, ㄷ
④ ㄱ, ㄷ, ㄹ　⑤ ㄴ, ㄷ, ㄹ

1871년 미국이 침략한 신미양요에 대한 설명이다.
ㄴ. 강화 읍성을 점령한 것은 1866년 병인양요에서 프랑스군의 침략이다.

04

(가) 기구를 통해 추진된 정책으로 옳은 것은?

역사 용어 해설

(가)

고종 17년(1880)에 만들어진 개화 정책 총괄 기구이다. 개항 이후의 정세 변화에 대응하기 위하여 의정부, 6조와는 별도로 신설되었다. 소속 부서에 교린사, 군무사, 통상사 등의 12사를 두었다.

① 교원 양성을 위해 한성 사범 학교를 설립하였다.
② 외교 활동을 펼치기 위해 구미 위원부를 설치하였다.
③ 개혁의 기본 방향을 제시한 홍범 14조를 반포하였다.
④ 구(舊) 백동화를 제일은행권으로 교환하는 사업을 시행하였다.
⑤ 영선사를 파견하여 근대식 무기 제조 기술을 도입하고자 하였다.

 고종은 통리기무아문을 설치하고 그 아래 12사를 두어 신문물 수용과 부국강병 도모 등의 개화 정책을 추진하였다. 그 일환으로 김윤식을 단장으로 청에 영선사를 파견하여 근대식 무기 제조 기술을 도입하고자 하였다.
① 갑오개혁 이후 고종의 교육 입국 조서 발표에 따라 세워진 교원 양성 학교이다.
② 대한민국 임시 정부는 미국에 구미 위원부를 두어 국제 연맹과 워싱턴 회의에 우리 민족의 독립 열망을 전달하였다.
③ 고종은 제2차 갑오개혁 시 종묘에 나가 독립 서고문을 바치고 개혁의 기본 방향을 제시한 홍범 14조를 반포하였다.
④ 재정 고문 메가타의 주도로 조선의 상평통보나 구(舊) 백동화를 일본 제일 은행에서 만든 새 화폐로 교환하는 화폐 정리 사업이 시행되었다.

05

(가) 나라에 대한 설명으로 옳은 것을 〈보기〉에서 고른 것은?

제1관 만약 타방 체약국이 어떤 불공평하고 경시당하는 일이 있으면, 한 번 통지를 거쳐 반드시 서로 도와주며 중간에서 잘 조정해 두터운 우의와 관심을 보여 준다.
제14관 현재 양국이 의논해 정한 이후 대조선국 군주가 어떤 혜택·은전의 이익을 타국 혹은 그 나라 상인에게 베풀면 바다를 건너 배를 운항해 통상·무역·왕래하는 일을 막론하고 해당국과 그 나라 상인이 종래 점유하지 않고 이 조약에 없는 것은 (가) 관리와 백성들이 일체 균점하도록 승인한다.

보기

ㄱ. 베베르를 파견하여 비밀 협약을 체결하였다.
ㄴ. 서양 국가 중에서 최초로 조선과 수교하였다.
ㄷ. 천주교 포교 문제로 통상 조약 체결이 늦어졌다.
ㄹ. 「조선책략」에서 연합해야 할 국가로 언급되었다.

① ㄱ, ㄴ ② ㄱ, ㄷ ③ ㄴ, ㄷ
④ ㄴ, ㄹ ⑤ ㄷ, ㄹ

 제1관에 거중조정이, 제14관에 최혜국 대우가 나온 것으로 보아 조·미 수호 통상조약의 내용이다.
ㄴ. 서양 국가 중 최초로 수교한 나라는 미국이다.
ㄹ. 「조선책략」에서 친중국·결일본·연미국을 주장하였다.
ㄱ. 베베르는 러시아 외교관이다.
ㄷ. 천주교 포교 문제로 조약 체결이 늦어진 나라는 프랑스이다.

06

다음 (가), (나) 세력에 대한 설명으로 옳은 것을 〈보기〉에서 고르면?

(가) 청의 양무운동을 본받아 전통적 사회 질서를 유지하면서 점진적 개혁을 추진해야 한다.
(나) 일본의 메이지 유신을 본받아 서양의 과학 기술뿐만 아니라 근대 사상과 제도도 적극 수용해야 한다.

보기

ㄱ. (가)는 전통적인 성리학을 극복하고자 하였다.
ㄴ. (나)의 세력은 문명개화론을 기반으로 개혁을 추진하였다.
ㄷ. (가) 세력은 임오군란을 주도하였고, (나) 세력은 갑신정변을 일으켰다.
ㄹ. (가)의 대표적 인물은 김홍집, 어윤중 등이고, (나)의 대표적 인물은 김옥균, 박영효 등이다.

① ㄱ, ㄴ ② ㄱ, ㄷ ③ ㄴ, ㄷ
④ ㄴ, ㄹ ⑤ ㄷ, ㄹ

 (가)는 온건 개화파, (나)는 급진 개화파이다.
ㄴ. 급진 개화파는 일본의 후쿠자와 유키치의 문명개화론을 받아들여 사상, 제도의 개혁을 주장하였다.
ㄹ. 김홍집, 어윤중은 온건개화파, 김옥균, 박영효는 급진 개화파의 중심인물이다.
ㄱ. 온건 개화파는 성리학적 전통 질서를 유지하려 하였다.
ㄷ. 임오군란은 구식 군인들이 차별대우에 반발하여 일으킨 것이다.

 01 ⑤ • 02 ③ • 03 ④ • 04 ⑤ • 05 ④ • 06 ④

07

다음은 19세기 후반에 전개된 어떤 운동의 흐름을 보여 주는 자료이다. 이를 시기순으로 바르게 배열한 것은?

(가) 일단 강화를 맺고 나면 저들은 물화를 교역하는 데 욕심을 낼 것입니다. 저들의 물화는 모두 지나치게 사치스럽고 기이한 노리개로, 손으로 만든 것이어서 그 양이 무궁합니다. 우리의 물화는 모두 백성들의 생명이 달린 것이고 땅에서 나는 것이므로 한정이 있습니다. … 저들이 비록 왜인이라고 하나 실은 양적(洋賊)입니다.

(나) 서양 오랑캐의 화(禍)가 오늘날에 이르러서는 홍수나 맹수의 해(害)보다 더 심합니다. 전하께서는 부지런히 힘쓰시고 경계하시어 안으로는 관리들로 하여금 사학(邪學)의 무리를 잡아 베게 하시고, 밖으로는 장병으로 하여금 바다를 건너오는 적을 정벌케 하소서.

(다) 러시아, 미국, 일본은 같은 오랑캐입니다. 그들 사이에 누구는 후하게 대하고 누구는 박하게 대하기는 어려운 일입니다. … 더욱이 세계에는 미국, 일본 같은 나라가 헤아릴 수 없이 많습니다. 만일 저마다 불쾌해 하며, 이익을 추구하여 땅이나 물품을 요구하기를 마치 일본과 같이 한다면, 전하께서는 어떻게 이를 막아 내시겠습니까?

(라) 원통함을 어찌하리. 이미 국모의 원수를 생각하며 이를 갈았는데, 참혹함이 더욱 심해져 임금께서 또 머리를 깎으시는 지경에 이르렀다. … 이에 감히 먼저 의병을 일으키고서 마침내 이 뜻을 세상에 포고하노니, 위로 공경(公卿)에서 아래로 서민에 이르기까지, 어느 누가 애통하고 절박한 뜻이 없을 것인가.

① (가) – (나) – (다) – (라)
② (가) – (나) – (라) – (다)
③ (나) – (가) – (다) – (라)
④ (나) – (가) – (라) – (다)
⑤ (다) – (가) – (나) – (라)

(나)는 병인양요(1866) 때 이항로의 척화주전론, (가)는 강화도 조약(1876)에 반대한 최익현의 왜양일체론, (다)는 조선책략에 반대하는 신사척사(1881) 때 이만손의 영남 만인소, (라)는 을미의병(1895)의 격문이다.

08

다음 자료에 나타난 사건의 결과로 옳은 것을 〈보기〉에서 모두 고른 것은?

영의정 홍순목이 아뢰기를, "… 일전에 훈련도감 출신 군졸들에게 늠료를 나누어 줄 때의 일을 가지고 말씀드리겠습니다. 훈련도감 출신 군졸들이 응당 받아야 할 곡식의 섬을 완전히 채우지 않았다고 하면서 양손으로 각각 1섬씩을 들고서 말하기를 '13개월 동안 주지 않은 늠료 중에서 이제 겨우 한달치 나누어 주는 것이 이렇단 말인가?' 하고는 해당 고지기를 구타하여 현재 생사의 갈림길에 있습니다. 이어 또, 선혜청 위로 돌멩이를 마구 던져 해당 낭청이 피신하는 일까지 있게 하였으니, 이것이 어찌 작은 일입니까?"라고 하였다.

보기

ㄱ. 청은 흥선 대원군을 청으로 압송하였다.
ㄴ. 일본은 공사관 경비를 구실로 조선에 군대를 주둔시켰다.
ㄷ. 외국 상인의 내륙 통상이 허용되어 조선 상인들의 피해가 커졌다.
ㄹ. 청은 독일인 묄렌도르프를 고문으로 파견하여 조선의 내정에 간섭하였다.

① ㄱ, ㄴ ② ㄴ, ㄷ ③ ㄱ, ㄷ, ㄹ
④ ㄴ, ㄷ, ㄹ ⑤ ㄱ, ㄴ, ㄷ, ㄹ

제시된 내용은 임오군란에 관한 내용이다. 임오군란은 구식군인들의 급료가 13개월이나 체불되었는데, 그나마 지급된 1개월의 급료가 모래가 섞인 질 나쁜 쌀이었다. 이것이 임오군란 발생의 직접적인 원인이 되었다.

ㄱ. 임오군란이 발생한 뒤 일본이 거류민 보호를 내세워 군대 파견의 움직임을 보이자, 청은 이를 차단한다는 명목에서 대원군을 군란의 책임자로 몰아 청에 압송해 갔다.
ㄴ. 임오군란의 결과 일본과 제물포조약이 체결되었는데, 제물포조약에는 일본 피해지에 대한 배상금 지급과 일본 공사관에 일본 경비병(군대) 주둔 등을 규정하였다.
ㄷ. 임오군란으로 청과 상민수륙무역장정이 체결되어 청나라 상인의 통상 특권을 허용하게 되었다.
ㄹ. 청은 위안스카이(군사고문), 묄렌도르프(외교고문) 등의 고문을 파견하여내정 간섭을 강화하였다.

09

다음 사건의 결과 일본과 맺은 조약문의 내용으로 옳은 것은?

> 1882년 6월 9일에 경영군(京營軍)에 큰 소란이 벌어졌다. 1874년 이래 대궐에서 쓰이는 비용은 끝이 없었다. 호조나 선혜청에 저축해 온 것은 모두 비어서 경관(京官)의 월급도 주지 못했으며, 5영 군사들도 왕왕 급식을 결하였다. 5영을 파하고 2영을 세우니 또한 노약자는 쫓겨나게 되어 갈 곳이 없었다. 그래서 완력으로 난을 일으킬 것을 생각하게 되었다.
>
> – 「매천야록」 –

① 청에 억류된 대원군을 조속히 귀국시키도록 한다.
② 청은 랴오둥 반도와 타이완 등을 일본에 할양한다.
③ 일본 공사관 경비를 담당할 일본군 약간 명을 파견한다.
④ 조선은 새로운 일본 공관 건설에 필요한 부지를 제공하고 공사비를 지불한다.
⑤ 일본국 정부는 조선국이 지정한 각 항에 일본 상인을 관리하는 관원을 설치한다.

1882년 임오군란에 대한 설명이다. 임오군란 이후 일본과 맺은 조약은 제물포 조약으로 공사관 경비 병력의 파견과 배상금 부담 등이 내용이다.
① 1884년 갑신정변에서 급진 개화파가 주장한 것이다.
② 청 · 일 전쟁이 끝나고 맺어진 시모노세키 조약의 내용이다.
④ 갑신정변의 결과로 맺어진 한성 조약의 내용이다.
⑤ 강화도 조약 당시 맺어진 내용이다.

10

다음 글이 작성된 시기를 연표에서 옳게 고른 것은?

> 제 의견은 청 · 러시아 · 일본 3국이 서로 조약을 체결하여 서양 스위스의 예에 따라 조선을 영세중립국으로 보장하는 것입니다. 그러면 설혹 뒷날 타국이 공벌(攻伐)하고자 해도 조선에서 길을 빌릴 수 없을 것입니다. 그리고 조선도 스스로 수천 명의 군대를 파견하여 국경을 지키면서, 각국과 평화 조약을 체결하여 통상을 한다면 영원히 큰 이익을 누릴 것입니다.
>
> – 독일 부영사 부들러 –

1876		1884		1894		1897		1904		1910
	(가)		(나)		(다)		(라)		(마)	
강화도 조약		갑신 정변		청·일 전쟁		대한 제국 수립		러·일 전쟁		국권 피탈

① (가) ② (나) ③ (다)
④ (라) ⑤ (마)

갑신정변 이후 조 · 러 수호 통상 조약이 체결되자 영국은 러시아의 남하를 견제하기 위해 거문도를 불법으로 점령하였다. 이에 독일 부영사 부들러와 유길준은 조선을 영세중립국으로 보장하는 조선 중립화론을 제기하였다.

11

다음과 같은 주장이 제기된 시대적 배경으로 옳은 것을 〈보기〉에서 고르면?

> 우리나라가 아시아의 인후(목구멍)에 처해있는 지리적 위치는 유럽의 벨기에와 같고, 중국에 조공하던 처지는 터키에 조공하던 불가리아와 같다. 그런데 불가리아가 중립 조약을 체결한 것은 유럽 여러 대국들이 러시아를 막으려는 계책에서 나온 것이었고, 벨기에가 중립 조약을 체결한 것은 유럽 대국들이 자국을 보전하려는 계책에서 나온 것이었다. … 오직 중립만이 우리나라를 지키는 방책인데 우리 스스로가 제창할 수도 없으니 중국에 청하여 처리해야 할 것이다.
>
> – 「유길준 전서」 –

보기

ㄱ. 청 · 일 전쟁 결과 일본이 요동 반도를 차지하였다.
ㄴ. 영국이 조선의 영토인 거문도를 불법으로 점령하였다.
ㄷ. 갑신정변 이후 조선을 둘러싼 강대국들의 대립이 격화되었다.
ㄹ. 아관파천으로 조선에서 러시아의 세력이 강화되고 이권 침탈 경쟁이 심화되었다.

① ㄱ, ㄴ ② ㄱ, ㄷ ③ ㄴ, ㄷ
④ ㄴ, ㄹ ⑤ ㄷ, ㄹ

ㄴ · ㄷ 갑신정변 이후 조선을 둘러싼 열강 간의 경쟁이 격화되었다. 일본과 청의 경쟁에 더하여 러시아가 남하 정책을 강화하면서 경흥을 조차지로 장악하자 영국이 이를 견제하기 위해 거문도를 불법 점령하였다. 이에 독일 부영사 부들러와 유길준은 한반도 중립화론을 제기하였으나 실질적인 논의로 이어지지는 못하였다.

정답 07 ③ • 08 ⑤ • 09 ③ • 10 ② • 11 ③

12

(가) 시기에 있었던 사실로 옳은 것을 〈보기〉에서 고른 것은?

제너럴 셔먼호 사건 　 신미양요

보기

ㄱ. 오페르트가 남연군 묘 도굴을 시도하였다.
ㄴ. 양헌수 부대가 정족산성에서 프랑스군을 물리쳤다.
ㄷ. 일본 군함 운요호가 강화도에 접근하여 무력 시위를 하였다.
ㄹ. 조선책략 유포에 반발하여 이만손 등이 영남 만인소를 올렸다.

① ㄱ, ㄴ　② ㄱ, ㄷ　③ ㄴ, ㄷ
④ ㄴ, ㄹ　⑤ ㄷ, ㄹ

제너럴셔먼호 사건(1866) → (가) → 신미양요(1871)

ㄱ. 오페르트 도굴사건(1868) : 독일 상인 오페르트가 통상을 거부당하자 충청남도 덕산에 있는 남연군의 묘를 도굴하다가 발각되었다.

ㄴ. 병인양요(1866) : 프랑스는 병인박해 때의 프랑스 신부 처형을 구실로 7척의 군함을 파병하였으나, 한성근 · 양헌수 부대의 항전으로 문수산성과 정족산성에서 프랑스 군을 격퇴하였다.

ㄷ. 운요호 사건(1875) : 일본 군함 운요호가 강화해협을 불법 침입하여 조선 측의 포격을 받은 사건으로 강화도 조약 체결의 빌미가 되었다.

ㄹ. 영남 만인소(1881) : 이만손을 비롯한 영남 유생들이 〈조선책략〉 유포에 반발하여 만인소를 올리고, 김홍집의 처벌을 요구하였다.

13

(가)~(다)를 체결된 순서대로 옳게 나열한 것은?

(가)
- 대한 정부는 대일본 정부가 추천한 외국인 1명을 외교 고문으로 삼아 외부(外部)에 용빙하여 외교에 관한 주요 사무는 일체 그의 의견을 물어서 시행해야 한다.
- 대한 정부는 외국과 조약을 체결하거나 기타 중요한 외교 안건 즉 외국인에 대한 특권 양여와 계약 등의 문제 처리에 관해서는 미리 대일본 정부와 상의해야 한다.

(나)
제2조 러시아 제국 정부는 일본국이 한국에서 정치상, 군사상 및 경제상의 탁절(卓絕)한 이익을 갖는다는 것을 승인하고, 일본 제국 정부가 한국에서 필요하다고 인정하는 지도, 보호 및 감리의 조치를 취함에 있어 이를 방해하거나 간섭하지 않을 것을 약정한다.

(다)
제4조 제3국의 침해나 혹은 내란으로 인하여 대한 제국 황실의 안녕과 영토 보전에 위험이 있을 경우에 대일본 제국 정부는 …… 군사 전략상 필요한 지점을 정황에 따라 차지하여 이용할 수 있다.

① (가) - (나) - (다)
② (가) - (다) - (나)
③ (나) - (가) - (다)
④ (나) - (다) - (가)
⑤ (다) - (가) - (나)

(다) 한 · 일 의정서(1904.2) : 러 · 일 전쟁 발발 직전 대한 제국은 국외 중립을 선언하였으나, 일본군은 한반도 내 전략상 필요한 지역을 마음대로 사용하기 위해 한 · 일 의정서를 체결하였다.

(가) 1차 한 · 일 협약(1904.8) : 러 · 일 전쟁의 전세가 유리하게 전개되자 일제는 한국 식민지화 방안을 확정하고, 제1차 한 · 일 협약의 체결을 강요하였다.

(나) 포츠머스 조약(1905.9) : 러 · 일 전쟁에서 일본이 승리한 후 러시아는 한국에 대한 일본의 정치 · 군사 · 경제상의 특별 권리를 승인하였다.

일제의 국권 침탈 과정

한 · 일 의정서(1904) → 1차 한 · 일 협약(1904) → 가쓰라 · 태프트 밀약(1905) → 2차 영 · 일 동맹(1905) → 포츠머스 조약(1905) → 을사늑약(1905) → 한 · 일 신협약(1907) → 한 · 일 병합 조약(1910)

14

(가)~(라)에 들어갈 내용으로 적절한 것을 〈보기〉에서 고른 것은?

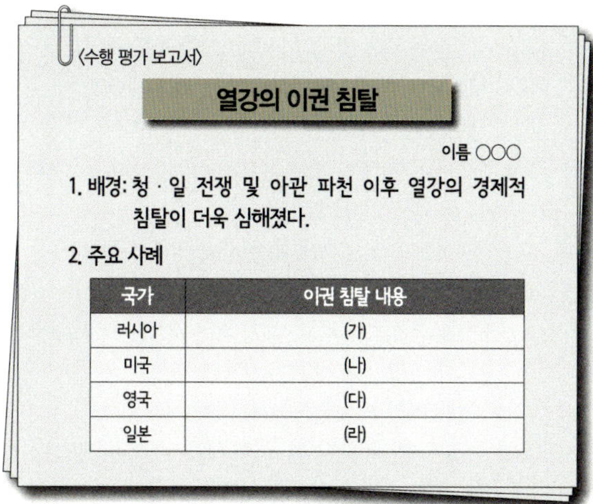

〈수행 평가 보고서〉

열강의 이권 침탈

이름 ○○○

1. 배경: 청 · 일 전쟁 및 아관 파천 이후 열강의 경제적 침탈이 더욱 심해졌다.
2. 주요 사례

국가	이권 침탈 내용
러시아	(가)
미국	(나)
영국	(다)
일본	(라)

보기

ㄱ. (가) – 한성과 의주를 연결하는 전신 가설권
ㄴ. (나) – 운산 금광 채굴권
ㄷ. (다) – 두만강 유역과 울릉도의 삼림 채벌권
ㄹ. (라) – 경부선 철도 부설권

① ㄱ, ㄴ ② ㄱ, ㄷ ③ ㄴ, ㄷ
④ ㄴ, ㄹ ⑤ ㄷ, ㄹ

청 · 일 전쟁과 아관파천 이후 최혜국 대우 규정을 이용하여 철도 부설권, 금광 채굴권, 산림 채벌권 등 열강의 이권 침탈이 가속화 되었다.

ㄴ. 서울 시내 전차 부설권, 서울 시내 전기 · 수도 시설권, 운산 금광 채굴권은 미국이 차지하였다.
ㄹ. 직산 금광 채굴권, 경인선 철도 부설권(미국으로부터 인수), 경부선 · 경원선 철도 부설권은 일본이 차지하였다.

ㄱ. 황해도 · 평안도 연안 어채권, 인천–한성–의주 전선 가설권, 서울–부산 전선 가설권은 청이 차지하였다.
ㄷ. 경원 · 종성 광산 채굴권, 압록강 · 두만강 · 울릉도 산림 채벌권, 조 · 러 은행 설치권은 러시아가 차지하였다.

15

다음 자료에 해당하는 민족 운동에 대한 설명으로 옳은 것은?

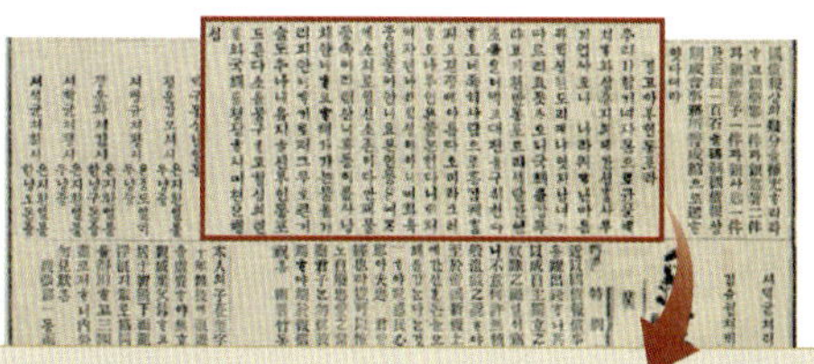

경고 아 부인 동포라

우리가 함께 여자의 몸으로 규문에 처하와 삼종지의에 간섭할 사무가 없사오나, 나라 위하는 마음과 백성 된 도리에야 어찌 남녀가 다르리오. 듣사오니 국채를 갚으려고 이천만 동포들이 석 달간 연초를 아니 먹고 대전을 구취한다 하오니, 족히 사람으로 흥감케 할지요 진정에 아름다움이라 …….

① 근우회의 주도로 전개되었다.
② 평양에서 시작되어 전국으로 확산되었다.
③ 조선 사람 조선 것 등의 구호를 내세웠다.
④ 러시아의 절영도 조차 요구를 저지시켰다.
⑤ 서상돈, 김광제 등의 발의로 본격화되었다.

국채 보상 운동은 일제의 강제 차관 도입으로 인해 정부가 짊어진 1,300만 원의 외채를 국민의 힘으로 상환하여 국권을 회복하자는 운동으로, 서상돈 · 김광제 등이 대구에서 개최한 국민 대회를 계기로 전국으로 확산되었다(1907).

① 신간회의 출범과 더불어 탄생한 근우회는 김활란 등을 중심으로 한 여성계의 민족 유일당으로 조직으로 여성 노동자의 권익 옹호와 생활 개선을 행동 강령으로 한다(1927).
② 민족 기업을 지원하고 민족 산업을 육성함으로써 민족 경제의 자립을 달성하자는 목적 하에 조만식 등이 중심이 되어 평양에서 조선 물산 장려회가 발족되었다(1920).
③ 물산 장려 운동은 '조선 사람 조선 것' 등의 구호를 내세우며 전국적 민족 운동으로 확산되었으며 일본 상품 배격, 국산품 애용 등을 강조하였다(1920).
④ 러시아가 저탄소 설치를 위해 절영도의 조차를 요구하자 독립 협회는 만민 공동회를 개최하여 러시아의 요구를 저지하였다(1898).

국채 보상 운동의 전개

- 서상돈 · 김광제 등이 대구에서 개최한 국민 대회를 계기로 전국으로 확산
- 국채 보상 기성회가 서울 등 전국 각지로 확대되고 대한매일신보 등 여러 신문사들도 적극 후원
- 부녀자들은 비녀와 가락지를 팔아서 이에 호응했으며, 여성 단체인 진명 부인회 · 대한 부인회 등은 보상금 모집소를 설치하여 적극적인 활동을 전개
- 일본까지 파급되어 800여 명의 유학생들도 참여

정답 12 ① • 13 ⑤ • 14 ④ • 15 ⑤

16

다음 자료가 나타났던 당시의 정세를 만화로 그릴 때에 적절한 장면은?

국왕 폐하의 왕궁에의 환어(還御)는 폐하 자신의 재단에 일임하고, 일·러 양국 대표는 폐하가 왕궁에 환어하더라도 그 안전에 의심이 없다고 판단될 때에는 환어할 것을 충고하고, 또 일본국 대표자는 이에 일본인 장사(壯士)의 단속을 위해 엄격한 조치를 취할 것을 보증함.

① 한글로 된 독립신문을 읽고 있는 시민
② 아들을 대성 학교에 입학시키는 평양 시민
③ 헌의 6조를 채택하는 관민 공동회의 군중들
④ 지주에게 지계를 발급하는 양지아문 소속 관리
⑤ 내각을 소집하여 회의를 주관하는 총리대신 김홍집

제시문은 고종의 환궁에 관한 내용이므로, 아관파천 시기(1896.2~1897.10)임을 알 수 있다. 고종은 1897년 10월 환궁하여 대한제국을 선포한다.

① 독립신문은 1896년 창간된 순한글 신문이며, 1897년부터는 영문판도 함께 발간했다.
② 대성학교는 신민회 회원인 안창호가 1907년에 평양에 설립한 민족학교이다.
③ 헌의 6조는 대한제국 시기인 1898년에 관민 공동회에서 채택하여 고종에게 올렸다.
④ 지계는 대한제국의 광무개혁에 따라 발급된 것이다.
⑤ 김홍집은 1894~5년의 갑오·을미개혁 시기에 3차례 총리가 되어 내각을 이끌었으나 1896년 아관파천 후 친러 내각이 수립으로 실각했다.

암기 노트

독립신문(1896~1899)

- 서재필이 발행한 독립협회의 기관지로서, 최초의 민간지, 격일간지
- 순한글판과 영문판 간행, 띄어쓰기 실시
- 국민에 대한 계몽과 민족 자주의식, 자유민권사상의 배양을 목적으로 발간
- 사회진화론에 의한 세계질서 파악, 의병활동에 부정적 인식

17

(가), (나)와 관련된 설명으로 적절한 것을 〈보기〉에서 고르면?

(가) 제1조 대한국은 세계 만국이 공인한 자주 독립 제국이다.
제2조 대한국의 정치는 만세 불변의 전제 정치이다.
제3조 대한국의 대황제는 무한한 군권을 누린다.
제7조 대한국 대황제는 행정 각부의 관제를 정하고, 행정상 필요한 칙령을 발한다.

(나) 제1조 중추원은 다음의 사항을 심사 논의하여 정하는 곳으로 할 것
1. 법률과 칙령의 제정·폐지 혹은 개정에 관한 사항
2. 의정부에서 논의하여 상주하는 사항
3. 칙령에 따라 의정부에서 자문하는 사항
제3조 …의관 반수는 정부에서 추천하고, 반수는 인민협회 중에서 27세 이상의 사람이 정치·법률·학식에 통달한 자로 투표 선거할 것

보기

ㄱ. (가)를 반포한 정부는 '구본신참'의 원칙 아래 개혁을 추진하였다.
ㄴ. 당시 조정은 (나)의 주장에 진보적 내각을 수립하기도 하였다.
ㄷ. (나)의 제정을 건의한 세력은 공화정체의 국민국가 건설을 주장하였다.
ㄹ. (가)를 반포한 정부는 (나)의 제정을 건의한 세력을 탄압하였다.

① ㄱ, ㄴ　② ㄷ, ㄹ　③ ㄱ, ㄴ, ㄷ
④ ㄱ, ㄴ, ㄹ　⑤ ㄱ, ㄷ, ㄹ

(가)는 1899년 반포된 대한국 국제, (나)는 독립협회의 의회식 중추원 관제에 대한 내용이다. 독립협회는 의회 중심의 입헌군주정을 주장하고 진보적인 박정양 내각을 수립하기도 하였다. 하지만 처음으로 공화정체의 국민국가 건설을 주장한 것은 1907년 만들어진 신민회이다.

18

밑줄 그은 '개혁안'의 내용으로 옳은 것은?

전봉준이 이끄는
농민군이 전주성을 점령한
이후 전개한 활동에 대해
말씀해 주세요.
농민군은 정부에
사회 문제 해결을 위한
개혁안을 거듭
제시하였습니다.

① 탐관오리를 징계하여 쫓아낼 것
② 국가의 모든 재정을 호조에서 관할할 것
③ 의정부와 각 아문의 직무 권한을 명확히 할 것
④ 죄인 외의 친족에게 연좌율을 일체 적용하지 말 것
⑤ 외국에 의존하지 말고 관민이 협력하여 전제 황권을 공고히 할 것

동학 농민 운동의 봉기로 청·일군이 개입하자 정부는 농민군에 휴전을 제의해 전주 화약이 성립하였으며, 농민군은 전라도 일대에 집강소를 설치하고 폐정 개혁 12개조를 요구하였다. '탐관오리를 징계하여 쫓아낼 것'은 폐정 개혁안 제2조의 내용이다.
② 국가의 모든 재정을 호조에서 관할하자는 내용은 갑신정변 이후 발표된 정강 14개조의 내용이다.
③ 의정부와 각 아문의 직무 권한을 명확히 하자는 내용은 2차 갑오개혁 때에 반포한 홍범 14조의 내용이다.
④ 죄인 외의 친족에게 연좌율을 일체 적용하지 말자는 연좌제 폐지는 1차 갑오개혁 때의 내용이다.
⑤ 외국에 의존하지 말고 관민이 협력하여 전제 황권을 공고히 하자는 내용은 독립 협회가 관민 공동회에서 결의한 헌의 6조의 내용이다.

폐정 개혁 12조

1. 동학도와 정부 사이에 원한을 씻어 버리고 모든 행정을 협력할 것
2. 탐관오리는 그 죄목을 조사하여 엄징할 것
3. 횡포한 부호들을 엄징할 것
4. 불량한 양반과 유림을 징벌할 것
5. 노비 문서를 불태워 버릴 것
6. 칠반천인의 대우를 개선하고 평량갓을 없앨 것
7. 과부의 재혼을 허락할 것
8. 무명잡세를 모두 폐지할 것
9. 관리 채용 시 지벌을 타파할 것
10. 왜적과 내통하는 자는 엄징할 것
11. 공사채는 물론이고 기왕의 것을 무효로 돌릴 것
12. 토지는 평균으로 분작할 것

19

(가), (나) 자료에 대한 설명으로 옳은 것은?

(가) 조선의 땅은 실로 아시아의 요충에 자리 잡고 있어서 형세가 반드시 다툼을 불러올 것이다. …… 따라서 러시아가 땅을 공략하고자 하면 반드시 조선으로부터 시작할 것이다. 러시아를 막을 수 있는 조선의 책략은 무엇인가.

– 「조선책략」 –

(나) 러시아는 본래 우리와 아무런 감정도 없습니다. …… 먼 나라와의 외교에 기대어 가까운 나라를 배척하는 잘못된 조치를 취했다가 헛소문이 먼저 퍼져 (러시아가) 이것을 이유로 틈을 만들어 전쟁의 단서를 찾는다면 장차 어떻게 구원할 수 있겠습니까.

– 영남 만인소 –

① (가) – 일본의 개항 요구에 반대하였다.
② (가) – 미국과 외교 관계를 맺어야 한다고 제안하였다.
③ (나) – 러시아의 절영도 조차 요구를 반대하였다.
④ (나) – 청의 간섭을 벗어나기 위해 러시아와의 교섭을 건의하였다.
⑤ (가), (나) – 조선의 독자적인 영세 중립국 선언을 제시하였다.

(가) 〈조선책략〉 : 청의 주일 참사관인 황쭌셴이 지은 책으로, 2차 수신사인 김홍집이 도입하였다. 〈조선책략〉은 러시아의 남하에 대응해 미국과 외교 관계를 맺어야 한다고 제안하고 있다.
(나) 영남 만인소 : 이만손을 비롯한 영남 유생들이 〈조선책략〉 유포에 반발하여 만인소를 올리고, 김홍집의 처벌을 요구하였다.

① 〈조선책략〉은 조선의 당면 외교 정책으로 친중(親中)·결일(結日)·연미(聯美)를 주장하고 있다.
③ 러시아가 저탄소 설치를 위해 절영도의 조차를 요구하자 독립 협회는 만민 공동회를 개최하여 러시아의 요구를 저지하였다
④ 갑신정변 이후 청의 내정 간섭이 더욱 심해지자 러시아 공사 베베르는 청의 간섭을 벗어나기 위해 조선 조정에 러시아와의 교섭을 건의하였다.
⑤ 영국이 러시아의 남하를 견제하기 위해 거문도를 불법으로 점령하자, 독일 부영사 부들러와 유길준은 조선을 영세 중립국으로 보장하는 조선 중립화론을 제시하였다.

정답 16 ① • 17 ④ • 18 ① • 19 ②

20

다음 중 한말 의병에 관한 설명으로 옳은 것을 바르게 고른 것은?

ㄱ. 초기 의병들은 조선 왕조의 지배질서를 유지하려는 성격을 지녔다.
ㄴ. 항일 의병 운동의 시작은 단발령과 명성황후의 시해가 직접적인 계기가 되었다.
ㄷ. 처음에는 평민층이 지도하다 을사조약 이후 유생층에까지 확대되었다.
ㄹ. 군대해산 후 의병활동이 위축되었다.

① ㄱ, ㄴ ② ㄴ, ㄷ ③ ㄷ, ㄹ
④ ㄱ, ㄷ ⑤ ㄴ, ㄹ

ㄱ. 이는 초기 의병이 존왕양이를 내세우며 친일 수령을 처단하려는 성격을 지니고 있었다는데서 알 수 있다.
ㄴ. 단발령과 명성황후의 시해를 계기로 발발한 을미의병(1895)이 본격적인 항일 의병의 시초이다.
ㄷ. 유생층이 처음에 주도하다가 후에 평민층으로 확대되었다.
ㄹ. 1907년 군대해산 이후 의병전쟁화되어 더욱 격렬해졌다(정미의병).

21

(가) 교육 기관에 대한 설명으로 옳은 것은?

> **역사신문**
>
> 제△△호 1886년 OO월 OO일
>
> **정부 차원의 신식 학교 건립 예정**
>
> 정부는 좌원(左院)과 우원(右院)으로 구성된 신식 학교인 (가) 을/를 건립할 예정이다. 관계자의 말에 따르면, 좌원에서는 양반 출신의 젊고 유능한 관리들을 특별히 선발하여 가르치고, 우원에서는 재주가 있고 똑똑한 인재들을 뽑아 공부시키기로 방침이 정해졌다고 한다. '영재를 기른다.'라는 의미의 교명이 붙여진 이 학교는 신학문을 가르치는 곳인 만큼 여러 사람들의 기대가 크다.

① 교육 입국 조서에 근거하여 세워졌다.
② 교원 양성을 목적으로 한 사범학교이다.
③ 전국의 부 · 목 · 군 · 현에 하나씩 설치되었다.
④ 미국인 헐버트, 길모어 등을 교사로 초빙하였다.
⑤ 장학 기금을 마련하기 위해 양현고를 설립하였다.

육영 공원은 정부가 보빙사 민영익의 건의로 설립한 최초의 근대식 관립 학교로, 미국인 헐버트와 길모어 등을 교사로 초빙하여 상류층의 자제들에게 근대 학문을 교육하였다(1886).
①·② 갑오개혁 이후 고종의 교육 입국 조서에 따라 근대적 교육 제도가 마련되어 소학교·중학교 등 각종 관립 학교가 설립되었으며, 교원 양성 학교인 한성 사범학교도 이때 건립되었다(1895).
③ 향교(鄕校)는 조선 시대 지방의 국립 중등 교육 기관으로 지방의 부·목·군·현에 하나씩 설치되었다.
⑤ 고려 예종 때 국립 교육 기관인 국자감 내에 장학 기금을 마련하기 위해 양현고를 설립하였다.

22

다음과 같은 전략을 수립한 단체에 대한 설명으로 옳은 것을 〈보기〉에서 고르면?

- 교육 진흥에 전력하고 전 민족적 역량을 향상시키기 위하여 오산학교와 대성 학교를 건립하였다.
- 산업 진흥을 위하여 자기 회사, 방직 공장, 연초 공장, 모범 농촌 건설 등을 계획하였다.
- 독립군 기지는 일제의 통치력이 미치지 않고 후일 독립군의 국내 진입에 가장 편리한 만주 일대가 최적지라고 판단하였다.
- 자금을 모아 일정 면적의 토지를 구입하고, 이주민에게도 어느 정도 자금을 후원하기로 계획하였다.

보기

ㄱ. 국권을 회복한 이후 조선 왕조의 재건을 목표로 하였다.
ㄴ. 실력양성과 무장투쟁을 병행하는 전략을 수립하였다.
ㄷ. 안악 사건과 연결된 105인 사건으로 해체되었다.
ㄹ. 통감부의 허가를 받고 전국적으로 지회를 설치하였다.

① ㄱ, ㄴ ② ㄱ, ㄹ ③ ㄴ, ㄷ
④ ㄴ, ㄹ ⑤ ㄷ, ㄹ

신민회는 공화정체의 국민 국가 건설을 목표로 한 비밀결사로 1907년 결성되었다. 애국 계몽 운동의 한계를 인식하여 군사적 실력 양성을 위한 독립군 기지 건설을 주장하였다. 그러나 일제가 안악 사건을 계기로 데라우치 총독 암살 사건을 날조하여 신민회 간부를 대거 구속한 105인 사건으로 해체되었다.
ㄱ. 신민회는 공화정체의 국민 국가 건설을 목표로 하였다.
ㄹ. 신민회는 비밀 결사이다.

23

(가) 단체의 활동으로 옳은 것은?

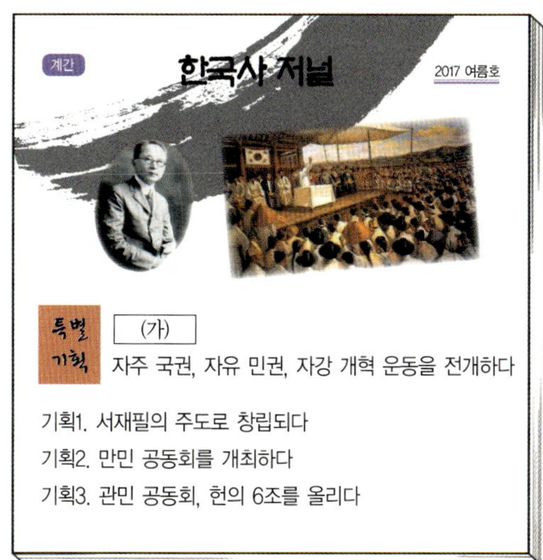

계간
한국사 저널
2017 여름호
특별 기획
(가)
자주 국권, 자유 민권, 자강 개혁 운동을 전개하다
기획1. 서재필의 주도로 창립되다
기획2. 만민 공동회를 개최하다
기획3. 관민 공동회, 헌의 6조를 올리다

① 일본의 황무지 개간권 요구를 저지하였다.
② 고종의 강제 퇴위 반대 운동을 전개하였다.
③ 민립 대학 설립을 위한 모금 활동을 벌였다.
④ 중추원 개편을 통해 의회 설립을 추진하였다.
⑤ 국제법상 교전 단체로 승인해 줄 것을 요청하였다.

서재필을 중심으로 창립된 독립 협회는 만민 공동회와 관민 공동회를 개최한 후 헌의 6조를 결의하였으며, 의회식 중추원인 신관제를 반포하여 최초로 국회 설립 단계까지 진행되었다.

① 보안회는 일제의 황무지 개간권 요구에 대한 지속적인 반대 운동을 벌여 토지 약탈 음모를 분쇄하였다(1904).
② 일제가 고종을 강제 퇴위시키고 순종을 즉위시킨 후 한·일 신협약(정미 7조약)을 체결하자 대한 자강회는 고종의 강제 퇴위 반대 운동을 전개하였다.
③ 총독부가 대학 설립 요구를 묵살하자 조선 교육회는 우리 손으로 대학을 설립하고자 조선 민립 대학 기성 회를 중심으로 모금 운동을 전개하였다.
⑤ 정미의병이 확산되는 과정에서 의병 연합군인 13도 창의군이 서울 주재 각국 영사관에 국제법상의 교전 단체로 승인해 줄 것을 요구하며 스스로 독립군임을 자처하였다.

독립 협회의 활동

- 이권 수호 운동
- 독립 기념물의 건립
- 민중의 계도
- 만민 공동회 개최
- 관민 공동회 개최
- 의회 설립 추진
- 헌의 6조 결의

24

다음과 같은 화폐를 조선에서 사용하게 된 상황과 관련 있는 사실을 〈보기〉에서 고르면?

보기

ㄱ. 은본위 화폐 제도를 선택하였다.
ㄴ. 국내의 물가가 폭등하여 서민들의 생활이 어려워졌다.
ㄷ. 국내의 상공업자들에게 큰 타격이 되어 민족 자본 성장에 걸림돌이 되었다.
ㄹ. 대한제국의 재정이 일본에 예속되었다.

① ㄱ, ㄴ ② ㄱ, ㄹ ③ ㄴ, ㄷ
④ ㄴ, ㄹ ⑤ ㄷ, ㄹ

재정고문인 메가타에 의해서 1905년 화폐 정리 사업이 실시되었다. 금본위 화폐 제도가 실시되고, 기존의 동전과 백동화는 새로운 화폐로 교환되었다. 상태가 좋지 않은 화폐는 폐기 처분되어 국내의 상공업자들은 큰 타격을 입게 되었다. 또한 화폐 정리 사업과 시설 개선 명목으로 대규모의 차관을 일본으로부터 도입하여 대한제국의 재정이 일본에 예속되었다.

ㄱ. 금본위 화폐 제도가 실시되었다.
ㄴ. 신형 화폐가 부족하여 물가 폭등은 일어나지 않았다.

화폐 정리 사업(1905, 재정 고문 메가타)

- 일본의 제일 은행이 대한 제국의 화폐 발행권, 국고 출납권 장악
- 금 본위 화폐 제도
- **영향** : 민족 은행 몰락, 국내 중소 상인 몰락, 화폐 가치 상승

정답 20 ① • 21 ④ • 22 ③ • 23 ④ • 24 ⑤

25

다음 글의 (가)~(라)에 들어갈 국가에 대하여 옳게 설명한 것을 〈보기〉에서 고른 것은?

제2차 수신사 김홍집이 「조선책략」을 가지고 왔습니다. …… (가) 는(은) 우리가 신하로서 섬기는 바인데, 이제 무엇을 더 친할 것이 있겠습니까? (나) 는(은) 우리에게 매여 있던 나라입니다. 그들이 우리의 허술함을 알고 함부로 쳐들어오면 장차 이를 어떻게 막겠습니까? (다) 는(은) 우리가 본래 모르던 나라인데, 공연히 타인의 권유로 불러들였다가 어려운 청을 하거나 하면 장차 이에 어떻게 응할 것입니까? (라) 는(은) 본래 우리와 혐의가 없는 나라입니다. 공연히 남의 말만 듣고 틈이 생기게 된다면 우리의 위신이 손상될 뿐 아니라, 이를 구실로 침략해 온다면 장차 이를 어떻게 막을 것입니까?

보기

ㄱ. (가) – 조선 주재 부영사가 한반도 중립화론을 건의하였다.
ㄴ. (나) – 경인선 부설권과 강원도 당현 금광 채굴권을 얻었다.
ㄷ. (다) – 운산 금광 채굴권을 차지하였다.
ㄹ. (라) – 절영도를 조차하려고 시도하였다.

① ㄱ, ㄴ ② ㄱ, ㄷ ③ ㄴ, ㄷ
④ ㄴ, ㄹ ⑤ ㄷ, ㄹ

제시문은 이만손의 '영남만인소' 중 「조선책략」에 대해 비판하는 부분이다. (가)는 청, (나)는 일본, (다)는 미국, (라)는 러시아이다.
ㄷ. 미국은 운산 금광 채굴권을 차지하였다.
ㄹ. 러시아는 저탄소 설치를 위해 절영도 조차를 시도했다.
ㄱ. 조선의 중립화론을 건의한 사람은 조선주재 독일 부영사 부들러이다.
ㄴ. 경인선 부설권은 일본이 가져갔으나, 강원도 당현 금광 채굴권은 독일이 획득하였다.

26

다음에서 설명하고 있는 근대 교육기관은?

- 우리나라 최초의 근대적 사립학교이다.
- 함경도 덕원 주민들이 개화파 인물들의 권유에 의해 설립하였다.
- 외국어, 자연과학 등 근대학문과 무술을 가르쳤다.

① 동문학 ② 원산 학사 ③ 육영 공원
④ 박문국 ⑤ 광인사

제시된 교육 기관은 1883년 건립된 원산 학사이다.
① 동문학(1883)은 정부(통리교섭통상사무아문의 부속기관)가 세운 영어 강습 기관이다.
③ 육영 공원(1886)은 부가 보빙사 민영익의 건의로 설립한 최초의 근대식 관립 학교이다.
④ 박문국(1883)은 정부가 세운 신문 발행 기관으로, 최초의 신문인 한성순보를 창간하였다.
⑤ 광인사(1884)는 최초의 근대적 민간 출판사이다.

27

다음 자료와 관련된 경제적 구국 운동에 대한 설명으로 옳지 않은 것은?

김광제

애국심이여, 애국심이여, 대구 서공 상돈 일세.
1천3백만 원 국채 갚자고 보상동맹단연회 설립했다네.
면실하는 마음 발양하니, 대한 국민 분명하도다.
지금 우리 국가 간난(艱難)한데 누가 이런 열성 가질 건가.
……
여러분, 여러분, 때를 잃지 말고 보상하오.
국채 다 갚는 날 오면 기쁘고 즐겁지 않을 손가.
힘씁시다. 힘씁시다. 우리 단천의 여러분이여.

① 제국신문, 만세보 등의 언론 기관이 참여하였다.
② 대한 자강회와 같은 애국 계몽 단체가 참여하였다.
③ 일본 유학생과 미주, 러시아의 교포들도 참여하였다.
④ 통감부는 양기탁을 횡령 혐의로 구속하는 등 조직적으로 탄압하였다.
⑤ '내 살림 내 것으로', '조선 사람 조선 것으로' 등의 구호를 앞세웠다.

1907년 대구에서 시작된 국채 보상 운동이다. 대한매일신보, 제국신문, 만세보 등 당시의 민족 신문과 대한 자강회와 같은 애국 계몽 운동 단체가 적극적으로 참여하였다. 대구에서 시작되어 전국적으로 확산되었고 해외 동포들도 역시 참여하였다. 그러나 통감부가 양기탁을 횡령 혐의로 구속하고 탄압하여 실패로 끝나게 되었다.
⑤ 1920년대의 물산 장려 운동에 대한 내용이다.

28

(가)에 들어갈 내용으로 옳은 것은?

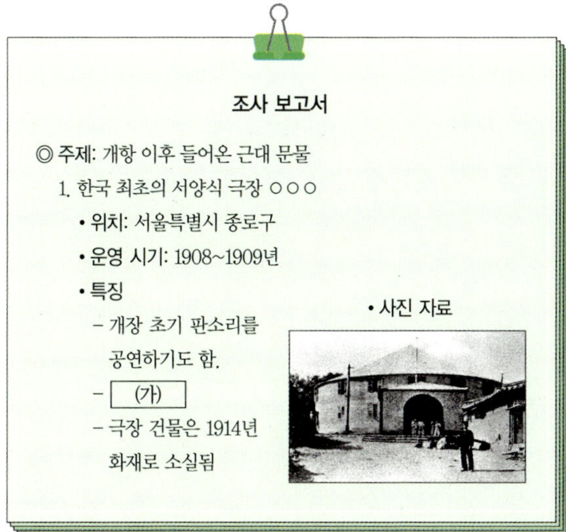
조사 보고서

◎ 주제: 개항 이후 들어온 근대 문물
1. 한국 최초의 서양식 극장 ○○○
- 위치: 서울특별시 종로구
- 운영 시기: 1908~1909년
- 특징
  - 개장 초기 판소리를 공연하기도 함.
  - (가)
  - 극장 건물은 1914년 화재로 소실됨

• 사진 자료

① 알렌의 건의로 만들어졌다.
② 나운규의 아리랑이 개봉되었다.
③ 신간회 창립 대회가 개최되었다.
④ 고종의 황제 즉위식이 거행되었다.
⑤ 은세계, 치악산 등의 신극이 공연되었다.

1908년 이인직이 세운 원각사는 우리나라 최초의 서양식 극장으로 은세계, 치악산 등의 신극이 공연되었다.
① 광혜원은 우리나라 최초의 근대식 국립 의료 기관으로 미국인 선교사 알렌(Allen)의 건의로 설립되었다(1885).
② 나운규의 아리랑이 단성사에서 처음 개봉되어 한국 영화를 획기적으로 도약시키는 계기가 되었다(1926).
③ 민족주의 진영과 사회주의 진영이 민족 유일당, 민족 협동 전선의 기치 아래 신간회 창립 대회를 개최하고 이상재를 회장으로 선출하였다(1927).
④ 아관파천 후 환궁한 고종이 국호를 대한 제국, 연호를 광무로 고치고 환구단에서 황제 즉위식을 거행하였다(1897).

29

(가)~(마) 문화유산에 대한 설명으로 옳지 않은 것은?

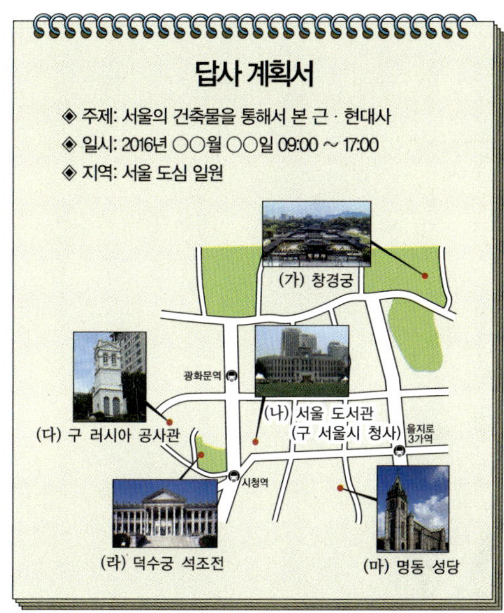
답사 계획서

◈ 주제: 서울의 건축물을 통해서 본 근 · 현대사
◈ 일시: 2016년 ○○월 ○○일 09:00 ~ 17:00
◈ 지역: 서울 도심 일원

① (가) – 일제에 의해 동물원 등이 설치되었다.
② (나) – 일제 강점기 조선 총독부 청사로 이용되었다.
③ (다) – 을미사변 이후 고종이 피신하였다.
④ (라) – 제1차 미 · 소 공동 위원회가 개최되었다.
⑤ (마) – 6월 민주 항쟁 당시 시위대가 농성하였다.

일제 강점기 조선 총독부 청사로 이용되었던 건물은 남산의 통감부 건물로 김영삼 정부 때 '역사 바로 세우기'의 일환으로 철거되었다. 서울 도서관(구 서울시 청사)은 일제 때 경성부 청사로 사용되었고, 광복 이후에도 서울 시청으로 사용되었다.
① 창경궁의 처음 이름은 수강궁으로 세종이 생존한 상왕인 태종을 모시기 위해 지은 궁이었다. 일제에 의해 창경원으로 격하되고 동물원과 식물원 등이 설치되었다.
③ 구 러시아 공사관은 을미사변 이후 신변에 위협을 느낀 고종이 피신한 곳(아관파천)으로, 한 · 러 수호 조약 체결 후 준공된 르네상스 양식의 건축물이다.
④ 덕수궁 석조전은 덕수궁 안에 지어진 최초의 서양식 석조 건물로, 르네상스식 건물로 지어졌으며 제1차 미 · 소 공동 위원회가 개최되었다.
⑤ 명동 성당은 한국 천주교를 대변하는 중세 고딕 양식의 대성당으로, 6월 민주 항쟁 당시 시위대가 농성한 한국 민주화 운동의 성지이다.

정답 25 ⑤ • 26 ② • 27 ⑤ • 28 ⑤ • 29 ②

◀ 이봉창

금정청년회(錦町青年會), 한인애국단(韓人愛國團) 등에서 활약한 독립운동가. 히로히토에게 수류탄을 던졌으나 실패하고 체포된 후 사형당했다. 1962년 건국훈장 대통령장이 추서되었다.

민족 독립운동의 전개

1장 국권 침탈과 민족의 수난

1 일제의 국권 침탈

시모노세키 조약(1895. 4. 17)

청 · 일 전쟁의 전후 처리를 위해 청과 일본이 일본 시모노세키에서 체결한 강화 조약이다. 청은 조선이 완전한 자주 독립국임을 인정할 것, 청의 랴오둥 반도와 타이완 및 펑후섬 등을 일본에 할양할 것, 청은 일본에 배상금 2억 냥을 지불할 것, 청의 사스 · 충칭 · 쑤저우 · 항저우의 개항과 일본 선박의 양쯔강 및 그 부속 하천의 자유 통항을 용인할 것, 일본인의 거주 · 영업 · 무역의 자유를 승인할 것 등을 내용으로 한다.

1. 국제적 배경

(1) 청 · 일 전쟁(1894~1895)

① 조선에 대한 주도권 전쟁

② 시모노세키 조약(1895) : 일본의 주도권 장악

(2) 러시아의 남하 정책 및 영국과 일본의 견제

① 러시아의 남하 정책

㉠ 베이징 조약(1860)으로 연해주 획득(→ 조선과 국경을 접하게 됨)

㉡ 조 · 러 육로 통상 조약의 체결(1888)

㉢ 러 · 일 협상(1896)으로 조선에 러시아군이 주둔

㉣ 마산 · 목포의 조차 시도

㉤ 용암포 조차 시도(광무 7, 1903)

② 제1차 영 · 일 동맹(1902. 1)

㉠ 극동에서 세력 확대를 꾀하던 러시아를 겨냥하여 영국과 일본이 동맹 체결

㉡ 영국은 조선에서의 일본의 이권을 인정하고, 일본은 청에서 영국의 이권을 인정함

(3) 러 · 일 전쟁(1904~1905)

① 발발 : 한반도 분할에 관한 러 · 일 간의 협상이 결렬된 후 일본이 여순을 기습 침략하여 러시아 발틱 함대를 대파

② 경과

㉠ 전쟁 중인 1905년 7월 미 · 일 간의 가쓰라 – 태프트 밀약이 체결(→ 일본의 한국 보호를 인정)

㉡ 1905년 8월 제2차 영 · 일 동맹 체결(→ 일본의 한국에 대한 지도 보호 및 감리 조치 인정)

③ 결과 : 미국의 중재로 포츠머스 조약 체결(1905. 9)

러 · 일 전쟁

한반도를 두고 벌어진 러시아와 일본 간 대립

▲ 포츠머스 조약

러 · 일 전쟁 후 변화

- 국제적 : 일본의 한국에 대한 우월권 확보
- 국내적 : 일본의 한국 침탈 본격화

암기 노트

가쓰라 – 태프트 밀약, 제2차 영 · 일 동맹, 포츠머스 조약

- 가쓰라 – 태프트 밀약(1905)
  첫째, 필리핀은 미국과 같은 친일적인 나라가 통치하는 것이 일본에 유리하며, 일본은 필리핀에 대하여 어떤 침략적 의도도 갖고 있지 않다.
  둘째, 극동의 전반적 평화를 유지하는 데는 일본 · 미국 · 영국 등 3국 정부의 상호 양해를 달성하는 것이 최선의 길이며 사실상 유일한 수단이다.
  셋째, 미국은 일본이 대한 제국의 보호권을 확립하는 것이 러 · 일 전쟁의 논리적 귀결이며 극동 평화에 직접 이바지할 것으로 인정한다.
- 제2차 영 · 일 동맹(1905)
  제3조 일본은 한국에서 정치 · 군사 · 경제상의 탁월한 이익을 옹호 증진하기 위해 정당하고 …… 지도 감리 및 보호 조치를 한국에서 집행할 권리를 갖는다.
- 포츠머스 조약(1905)
  제2조 러시아 정부는 일본이 한국에서 정치 · 군사 · 경제상 탁월한 이익을 갖는다는 것을 인정하고, 일본 정부가 한국에서 필요하다고 인정하는 지도 보호 및 감리의 조처를 하는 데 이를 저지하거나 간섭하지 않을 것을 약정한다.

2. 일제의 국권 침탈

(1) 한 · 일 의정서(1904. 2)

① **체결 과정** : 러 · 일 전쟁 발발(1904. 2) → 대한 제국의 국외 중립 선언(1904. 1) → 일제의 대규모 병력 투입 및 군사적 요지 점령

② **결과** : 러시아와 체결한 일련의 조약 및 러시아에 양도했던 이권은 모두 무효화됨

(2) 제1차 한 · 일 협약(1904. 8)

① **체결 과정** : 러 · 일 전쟁의 전세가 유리하게 전개되자 일제는 한국 식민지화 방안을 확정하고, 제1차 한 · 일 협약의 체결을 강요

② **고문 정치** : 외교 · 재정 등 각 분야에 고문을 두고 한국의 내정에 간섭

㉠ **외교 고문** : 스티븐스(→ 1908년 미국 샌프란시스코에서 장인환, 전명운이 사살)

㉡ **재정 고문** : 메가타(→ 화폐 정리 사업 실시)

▲ 스티븐스 저격 사건을 보도한 언론

(3) 제2차 한 · 일 협약(을사조약, 1905. 11)

① 체결 과정

㉠ **조약의 강요** : 러 · 일 전쟁에서 승리한 일본은 미국 · 영국 · 러시아 등 열강으로부터 한국의 독점적 지배권을 인정받은 후 한국을 보호국으로 만들기 위해 을사조약의 체결을 강요

㉡ **조약의 일방적 공포** : 우리 정부의 강력한 반대에도 불구하고 일제는 일방적으로 조약 공포

② 결과

㉠ 외교권을 빼앗고, 통감부를 설치하여 내정까지 간섭(통감 정치)

㉡ 각계각층에서는 일제의 침략을 규탄하고, 조약의 폐기를 주장하는 운동 발발

③ 저항

㉠ **을사의병** : 최익현, 민종식, 신돌석

㉡ **친일 매국노의 처단** : 5적 암살단(나철 · 오기혁 등)

㉢ **상소 운동** : 조약의 폐기를 요구하는 상소 운동(조병세 등)

㉣ **항일 언론 활동** : 장지연의 시일야방성대곡(황성신문)

㉤ **자결** : 자결로써 항거(민영환 등)

④ 외교를 통한 저항

㉠ **미국에 헐버트 특사 파견(1905)** : 을사조약의 무효와 독립의 지원 호소

㉡ **헤이그 특사 파견(1907)** : 고종은 조약 무효를 선언하고 특사를 파견해 일제 침략의 부당성과 국제적 압력을 호소(→ 일제의 방해로 실패, 이를 구실로 고종 황제를 강제로 퇴위시킴)

암기 Plus

한 · 일 의정서의 주요 내용

일본군은 전략상 필요한 지역을 마음대로 사용, 대한 제국과 러시아 간 조약을 파기, 대한 제국은 일본의 동의 없이 제3국과 조약 체결을 하지 못함

한일 외국인 고문용빙에 관한 협정서(제1차 한 · 일 협약)

1904년(광무 8) 8월 22일, 일본이 내정개선이라는 구실 아래 고문정치(顧問政治)를 실시하기 위해 한국을 강압해서 체결한 협정이다. 협약상으로는 재정과 외교 두 부문에 한정하였으나 실제로는 중앙 부처의 각 부서마다 일본인 고문을 두어 내정을 장악하였다.

을사조약의 위법성

- 고종의 위임장이 없으므로 체결 자체가 무효
- 체결 후 고종의 비준이 없음

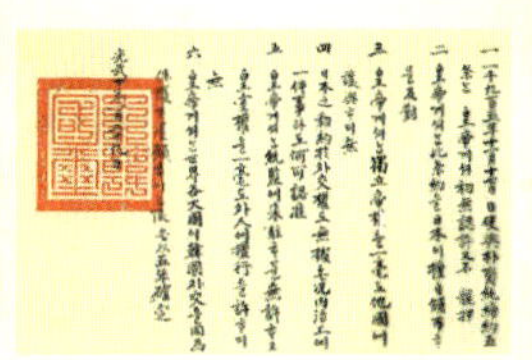

▲ 을사조약 무효 선언서

▲ 헤이그 특사

암기 Plus

▲ 을사조약 문서

통감부

대한 제국 말기 을사조약 후 대한 제국의 외교권을 대신하여 행사하던 일본의 임시 식민지 통치기구이다. 을사조약에서 규정한 통감 정치의 실시를 위해 1906년 1월 31일에 일본공사관을 폐쇄하고 2월 1일 통감부가 설치되었다. 초대 통감으로는 이토 히로부미가 취임하여 대한 제국을 감독하며 실질적인 지배를 시작하였다.

▲ 조선 총독부

을사조약

제2조 일본 정부는 한국과 타국 간에 현존하는 조약의 실행을 완수하는 임무를 담당하고 한국 정부는 지금부터 일본 정부의 중개를 거치지 않고서는 국제적 성질을 가진 어떤 조약이나 약속을 맺지 않을 것을 서로 약속한다.

제3조 일본 정부는 그 대표자로 한국 황제 폐하 밑에 1명의 통감을 두되 통감은 오로지 외교에 관한 사항을 관리하기 위하여 경성에 주재하고 친히 한국 황제 폐하를 만날 수 있는 권리를 가진다.

(4) 한 · 일 신협약(정미 7조약, 1907. 7)

① **체결 과정** : 고종을 퇴위시키고 순종을 즉위시킨 후 황제의 동의 없이 강제로 체결

② **내용**

㉠ 정부에 일본인 차관을 두어 실제 행정권을 장악하는 차관 정치 실시

㉡ 모든 통치권이 통감부로 이관(→ 통감부 권한 강화, 내정권 장악)

㉢ **군대 해산(1907. 8)** : 일제는 군대를 해산하고 의병의 저항을 무력으로 진압

③ **정미의병(1907)** : 해산 군인들이 의병에 합류

정미 7조약

제2조 한국정부의 법령제정 및 중요한 행정상의 처분은 미리 통감의 승인을 거칠 것

제3조 한국의 사법사무는 보통 행정사무와 이를 구분할 것

제4조 한국 고등 관리의 임면은 통감의 동의로써 이를 행할 것

제5조 한국정부는 통감이 추천하는 일본인을 한국 관리에 용빙할 것

제6조 한국정부는 통감의 동의 없이 외국인을 한국 관리에 임명하지 말 것

(5) 기유각서(1909. 7)

사법권 · 감옥 사무권 강탈, 경찰권 강탈(1910. 6)

(6) 한 · 일 병합 조약(1910. 8. 22)

① 이완용과 데라우치 간에 국권 피탈 문서가 조인됨(→ 주권 박탈로 일본의 식민 통치 시작)

② **조선 총독부(朝鮮總督府)**

㉠ **설치(1910)** : 식민 통치의 중추 기관으로 조선 총독부를 설치하고 강력한 헌병 경찰 통치를 실시, 언론 · 집회 · 출판 · 결사의 자유를 박탈

㉡ 총독부의 조직

- **조선 총독** : 일본군 현역 대장 중에서 임명됨, 일본 왕에 직속되어 절대 권력을 행사
- **조직 체계** : 총독 아래에 행정을 담당하는 정무총감, 치안을 담당하는 경무총감을 둠
- **중추원(中樞院)** : 자문 기관으로, 친일파 한국인을 참여시키는 회유 술책(→ 3 · 1 운동까지 한 차례의 정식 회의도 소집되지 않은 명목뿐인 기관)

2 일제의 식민 통치와 민족의 수난

1. 1910년대(1910~1919)

(1) 무단 통치(헌병 경찰 통치)

① 헌병 경찰제 : 헌병의 경찰 업무 대행

㉠ 헌병 경찰의 즉결 처분권 행사, 체포 및 구금(영장 불요)

㉡ 태형 처벌 : 조선 태형령 시행

② 위협적 분위기 조성 : 관리와 교원들까지 제복과 칼을 착용

③ 언론 · 출판 · 집회 · 결사의 자유 박탈, 안악 사건과 105인 사건 조작

안명근 등이 황해도 신천에서 무관학교 설립자금을 모집하다가 민병찬의 밀고로 체포된 사건 / 신민회 해체

암기 노트

조선 태형령

제1조 3월 이하의 징역 또는 구류에 처하여야 할 자는 그 정상에 따라 태형에 처할 수 있다.

제4조 본령에 의해 태형에 처하거나 또는 벌금이나 과료를 태형으로 바꾸는 경우에는 1일 또는 1원을 태 하나로 친다. 1원 이하는 태 하나로 계산한다.

제11조 태형은 감옥 또는 즉결 관서에서 비밀리에 행한다.

제13조 본령은 조선인에 한하여 적용한다.

(2) 경제적 수탈

① 토지 조사 사업(1912~1918)

㉠ 의도 : 일제는 근대적 토지 소유권 제도를 확립한다고 선전하였으나, 실제로는 토지를 약탈하고 지주층을 회유하기 위함

㉡ 토지 조사령 발표(1912) : 막대한 자금과 인원을 동원하여 전국적인 토지 조사 사업 시행

㉢ 기한부 신고제 : 토지 신고제가 농민에게 널리 알려지지 않았으며, 신고 기간도 짧고 절차가 복잡하여 신고의 기회를 놓친 사람이 많았음

㉣ 소작농의 소작권(경작권) 불인정

㉤ 결과

- 미신고 토지, 공공 토지, 마을 · 문중 소유 토지, 산림 · 초원 · 황무지 등은 총독부가 소유(→ 1930년대 전국 농토의 약 40%를 탈취)
- 소유권 분쟁 시 결수연명부와 양안만을 근거로 하였으므로 많은 토지가 소유권을 인정받지 못하고 총독부의 소유로 넘어감
- 탈취한 토지를 동양 척식 주식 회사를 비롯한 일본인 토지 회사나 개인에게 헐값으로 불하
- 소작권 불인정으로 농민들이 계약 소작농으로 전락, 고율의 소작료 부담
- 지주제의 강화 : 친일 지주화, 소작농 증가
- 해외로의 이주 : 생활 기반을 상실한 농민은 일본인의 고리대에 시달리게 되었고, 생계 유지를 위해 화전민이 되거나 만주 · 연해주 등지로 이주

② 산업의 침탈

㉠ 회사령(1910) : 회사 설립 허가제를 통해 민족 기업의 성장 억제, 일제의 상품 시장화

㉡ 산림령(1911), 어업령(1911), 광업령(1915), 임야 조사령(1918)

㉢ 전매제 실시 : 인삼, 소금, 담배

암기 Plus

헌병 경찰 통치하의 식민지 교육

토지 조사령(1912)

- 토지 소유권은 총독 또는 그 권한을 위촉받은 자가 결재, 확정한다.
- 소유권 주장에는 신고주의를 원칙으로 한다.
- 토지 소유자는 조선 총독이 정하는 기간 내에 주소, 씨명, 명칭 및 소유지의 소재, 지목, 결수를 임시 토지 조사 국장에게 신고해야 한다. 단 국유지는 보관 관청이 임시 토지 국장에게 통지해야 한다.

토지 조사 사업

임야 조사 사업

임야와 관련된 자연 조건, 한국의 삼림 제도 · 정책 및 압록강 유역의 벌목 사업을 비롯한 지권 등을 조사 대상으로 한다. 1911년 삼림령이 발표되어 국유림 구분 조사가 실시되었으며, 1918년에는 조선 임야 조사령이 발표되었다. 토지 조사 사업과 함께 식민지 수탈의 기초가 되었다.

2. 1920년대 – 1919~1931(만주 사변) 또는 1937(중 · 일 전쟁)

(1) 문화 통치

① **배경** : 3 · 1 운동에 나타난 민족적 저항, 국제적 여론 악화

② **목적** : 가혹한 식민 통치 은폐와 우리 민족에 대한 이간 · 분열 · 기만 통치

③ **문화 통치의 내용과 실상**

일제의 정책	실상
문관 총독	한 명도 임명되지 않음
보통 경찰제	경찰 예산 및 관서 · 경찰의 수 증가, 고등계 형사 강화
조선 · 동아일보 간행	검열 강화, 기사 삭제, 정간 · 폐간
한국인의 교육 기회 확대	초등 교육 · 실업 교육 치중(경성 제국 대학은 일본인을 위한 대학)
• 참정권 허용 – 중추원 회의 실시 – 부 · 면 협의회 설치 • 결사 · 집회의 자유 허용	• 친일파를 위원으로 임명, 친일 단체 · 자산가 · 종교인의 집회만 인정 • 독립 단체(신간회)의 허용은 독립운동에 대한 감시와 통제를 쉽게 하기 위함 • 치안 유지법(1925) 제정

암기 노트

조선 민족 운동에 대한 대책

• 핵심적 친일 인물을 골라 그 인물로 하여금 귀족, 양반, 유생, 부호, 교육가, 종교가에 침투하여 계급과 사정을 참작하여 각종 친일 단체를 조직하게 한다.

• 조선 문제 해결의 성공 여부는 친일 인물을 많이 얻는 데 있으므로 친일 민간인에게 편의와 원조를 주어 수재 교육의 이름 아래 많은 친일 지식인을 긴 안목으로 키운다.

– 사이토 마코토 총독(1920) –

(2) 경제적 수탈

① **산미 증식 계획(1920~1934)**

㉠ **배경** : 제1차 세계 대전 후 일제는 고도 성장을 위한 공업화 추진에 따른 식량 부족과 쌀값 폭등을 우리나라에서의 식량 수탈로 해결하려 함

▲ 일제가 우리나라에서 수탈한 쌀을 일본으로 운반하기 위해 군산항에 쌓아 둔 쌀

㉡ **방법**

• 수리 조합 설치와 토지 및 품종 · 종자 개량, 비료 증산 등의 개선(→ 미곡 증산이 목적)

• 우리 농업을 논 농사(쌀) 중심의 기형적인 단작형 농업 구조로 전환

• 조선 농회령을 제정(1926)하고 지주 중심의 착취 극대화를 위한 조선 농회 조직

㉢ **결과**

• **식량 사정 악화** : 증산량보다 훨씬 많은 수탈, 만주 잡곡 수입

• **농민 몰락** : 수리 조합비 · 비료 대금 등 증산 비용을 농민에게 전가, 지주의 소작료 인상

• 화전민 · 유랑민 · 소작농 증가, 만주나 일본 등으로 이주

• 쌀 중심의 단작형 농업 구조 형성

• 소작 쟁의 발생의 원인 제공

• 일제의 농촌 진흥 운동 실시(1932~1940)

㉣ 1930년대 세계 경제 공황과 일본 내 농민 보호를 위해 1934년 중단

② **회사령 철폐(1920)** : 허가제를 신고제로 바꿔 일본 독점 자본의 진출이 용이하게 함

암기 Plus

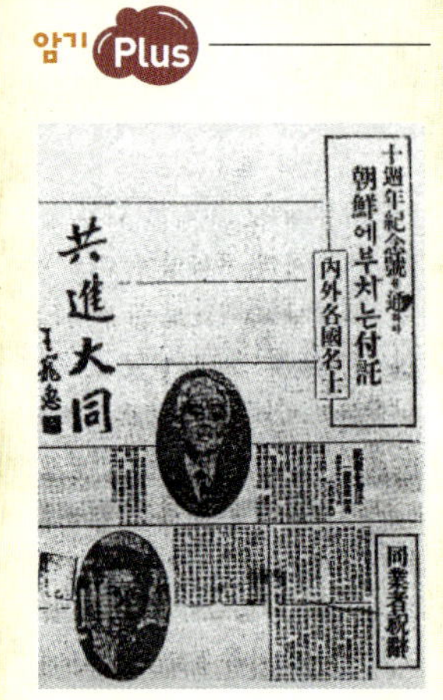
▲ 일제에 의해 삭제된 신문 기사

치안 유지법

일제가 제정한 사상 통제법이다. 공산주의 및 무정부주의 운동을 탄압하기 위해 제정한다고 했으나 사실상 독립운동에 대한 전반적 탄압을 위해 만들어진 법률이었다.

일제의 경제적 수탈

• 1인당 쌀 소비량 비교

연도	한국인	일본인
1917	0.7200석	1.126석
1919	0.7429석	1.124석
1921	0.6749석	1.153석
1923	0.6743석	1.153석
1925	0.5186석	1.128석
1926	0.5325석	1.131석
1927	0.5245석	1.095석
1928	0.5402석	1.129석

• 산미 증식 계획 기간의 수탈량

연도	생산량	수탈량
1917	1,488석	209석
1919	1,510석	321석
1921	1,322석	489석
1923	1,530석	579석
1925	1,351석	702석
1926	1,918석	517석
1927	1,587석	903석
1928	1,819석	799석

3. 1930년대 이후 – 1931 또는 1937~1945

(1) 민족 말살 통치

① **배경** : 대공황(1929)을 타개하기 위해 침략 전쟁 확대(→ 만주 사변(1931), 중 · 일 전쟁(1937), 태평양 전쟁(1941))

② **목적** : 조선인의 민족성을 말살하고 일본인으로 동화시켜 전쟁 수행을 위한 인적 · 물적 수탈 강화(→ 내선 일체, 일선 동조론, 황국 신민화 등의 구호를 내세움)

③ **민족 말살 정책** : 우리 말 · 우리 역사 교육 금지, 조선 · 동아일보 폐간, 창씨 개명, 황국 신민 서사 암송, 신사 참배, 궁성 요배 강요
→ 일제 천황이 사는 궁성을 향해 고개를 숙여 절하는 것

(2) 경제적 수탈

① **병참 기지화 정책** : 경제 공황 극복을 위한 침략 전쟁 전개로 전쟁 물자의 조달 필요(→ 발전소, 군수 공장, 금속 · 기계 · 중화학 공업, 광공업(북부 지방) 육성)

② **남면 북양 정책(1934)** : 공업 원료 증산 정책의 일환으로 남부에서는 면화 재배, 북부에서는 면양 사육을 장려

③ **국가 총동원령(1938)**

㉠ **식량 수탈** : 산미 증식 계획 재개, 미곡 공출제, 식량 배급제

㉡ **전쟁 물자 공출** : 금속제 공출(농기구, 식기, 제기, 교회나 사원의 종)

▲ 금속제 공출

㉢ **인적 자원의 수탈**
- **징용** : 노무 동원(1939), 징용령(1939)
- **근로 동원** : 어린 학생을 동원
- **여자 정신대 근로령(1944)** : 여성 동원을 법제화
- **일본군 위안부** : 반인권적, 반인륜적 범죄
- **병력 동원** : 지원병제(1938), 학도 지원병제(1943), 징병제(1944)

▲ 일본군 위안부

민족 말살 정책의 내용
- **내선 일체** : 내(内)는 내지인 일본을, 선(鮮)은 조선을 가리키며, 일본과 조선은 한 몸이라는 뜻으로, 한국인을 일본인으로 동화시키고자 하였다.
- **일선 동조론** : 일본인과 조선인은 조상이 같다는 내용으로, 한국인의 민족 정신을 근원적으로 말살하기 위한 이론이다.
- **황국 신민 서사** : "우리들은 대일본 제국의 신민이다. 우리들은 마음을 합하여 천황 폐하에게 충의를 다한다."

▲ 황국 신민 서사 암송

▲ 신사 참배

기출문제 | 고급 | [2점]

밑줄 그은 '이 시기'의 일제 정책으로 옳은 것은?

이 건물은 난징 리지샹 위안소 구지(舊址) 진열관이다. 리지샹 위안소는 일제가 중 · 일 전쟁을 일으키고 침략 전쟁을 확대하던 <u>이 시기</u>에 운영되었다. 난징 대도심에 위치한 이곳은 개발이 예정되어 있었지만, 북한의 고(故) 박영심 할머니가 자신이 일본군 '위안부'로 끌려왔던 위안소임을 증언하면서 개발이 중단되었다. 이후 2015년 12월 일제의 전쟁 범죄를 알리고 평화를 기원하는 기념관으로 새로 개관하였다.

① 회사령을 제정하였다.
② 미곡 공출제를 시행하였다.
③ 조선 태형령을 시행하였다.
④ 미쓰야 협정을 체결하였다.
⑤ 토지 조사 사업을 실시하였다.

[민족 말살 통치기의 일제 정책]

암기공식
국가 총동원령 : 미곡 공출제, 금속제 공출, 일본군 위안부 ⇒ 1930년대 민족 말살 통치기

| 정답 해설 |
민족 말살 통치기는 일제가 대공황을 타개하기 위해 침략 전쟁을 확대하던 시기로 중 · 일 전쟁을 위해 <u>국가 총동원령을 내려 미곡 공출제를 시행</u>하였다.

| 오답 해설 |
① 일제는 회사 설립 시 총독의 허가를 받도록 하는 회사령을 공포하여 민족 기업의 설립을 방해하였다(1910).
③ 일제는 조선인에 한하여 태형을 통해 형벌을 가하는 조선 태형령을 시행하였다(1912).
④ 미쓰야 협정은 중국이 만주 지역의 한국인 독립 운동가를 체포해 일본에 인계한다는 조약이다(1925).
⑤ 일제는 토지 약탈과 식민지화에 필요한 재정 수입원을 마련하기 위해 토지 조사령을 발표하고 토지 조사 사업을 실시하였다(1912).

정답 ②

2장 민족 독립운동의 전개

1 3·1 운동과 대한민국 임시정부

1. 3·1 운동 이전의 민족 운동

(1) 국내의 민족 운동

① **의병 활동** : 서북 지방의 채응언 부대

② 국내 항일 비밀 결사

㉠ 일제의 무자비한 탄압에 따라 비밀 결사 운동으로 변모되어 조직적으로 전개

㉡ 독립 의군부 · 대한 광복회 · 조선 국권 회복단 등 많은 항일 결사를 조직해 일제에 저항

독립 의군부(1912)	• 조직 : 1912년 고종의 밀명으로 임병찬 등 각지의 유생들이 조직 · 결성, 복벽주의 단체 • 활동 : 조선 총독부와 일본 정부에 한국 침략의 부당성을 밝히고 국권 반환 요구 · 민중 봉기 계획
대한 광복회(1915)	• 조직 : 풍기의 광복단과 대구의 조선 국권 회복단의 일부 인사가 모여 군대식으로 조직 · 결성, 각 도와 만주에 지부 설치, 박상진(총사령) · 김좌진(부사령) · 채기중 • 활동 : 군자금을 모아 만주에 독립 사관 학교 설립, 연해주에서 무기 구입, 독립 전쟁을 통한 국권 회복을 목표로 함(→ 1910년대 항일 결사 중에서 가장 활발한 활동 전개)
기타	• 단체 : 선명단(鮮明團), 조선 국권 회복단(1915), 자립단, 기성단 등 • 활동 : 교사 · 학생 · 종교인 · 농민 · 노동자 · 여성 등 사회 각계각층 참여

(2) 국외의 민족 운동

① 국외 독립운동 기지 건설 : 무장 투쟁을 계승하고 독립 전쟁의 기반을 다짐

만주	• 1910년 삼원보에 자치 기구인 경학사(→ 부민단, 한족회로 발전)와 군사 교육 기관인 신흥 강습소 설립 • 용정에 간민회 · 중광단(→ 북로 군정서로 발전), 서전 서숙 · 명동 학교 운영 • 소 · 만 국경 지역인 밀산부의 한흥동도 중요 기지(→ 대한 독립 군단 결성)
연해주	• 블라디보스토크 신한촌의 권업회(1911) · 대한 광복군 정부(1914) · 대한 국민 의회(1919, 3 · 1 운동 이후) • 활동 : 이주 한인들의 결속 도모, 교육 사업 주력, 독립군 양성 등
미주	• 단체 : 공립 협회, 대한인 국민회, 흥사단, 국민 군단, 숭무 학교 등 • 활동 : 국제 외교 활동 전개, 독립운동 자금 모금
일본	유학생들이 중심이 되어 민족의 단결 · 각성 촉구
중국	한 · 중 간의 유대 강화 노력, 상하이에서 신한 청년단 조직(1918)

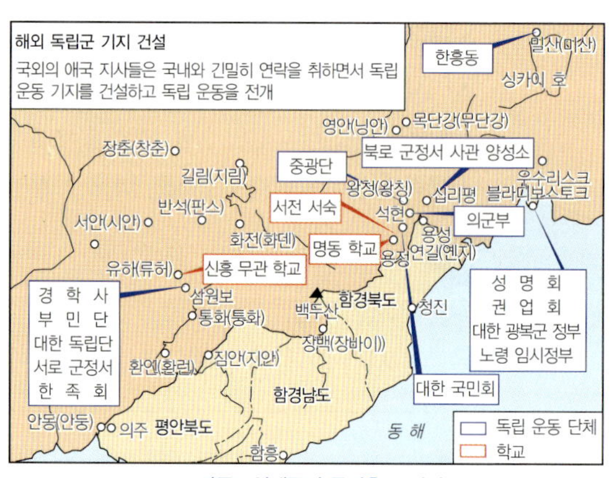

▲ 만주 · 연해주의 독립운동 기지

② 대동 단결 선언(大同團結宣言, 1917. 7. 상해)

㉠ **목적** : 독립운동 세력에 의한 임시정부 수립 노력의 일환

㉡ **발기인** : 신규식 · 조소앙 · 박용만 · 홍명희 · 박은식 · 신채호 · 김규식(김성) · 조성환 등 14인

남만주(서간도)의 독립운동 기지

이회영 등은 신민회의 지원을 받아 남만주에 삼원보를 건설하였다. 이곳에서 조직된 항일 독립운동 단체인 경학사는 훗날 부민단, 한족회로 발전하면서 서로 군정서를 양성하였다. 또한 삼원보에 설립된 신흥 강습소는 가장 대표적인 독립군 사관 양성 기관이라고 할 수 있는 신흥 무관 학교로 발전하였다.

㉢ **선언의 요지** : 융희 황제의 주권 포기를 단정함으로써 조선 왕실의 존재를 신국가 건설의 도정에서 배제

→ 조선의 마지막 왕인 순종의 즉위로 사용된 대한제국의 마지막 연호

2. 3·1 운동

(1) 배경

① 레닌의 식민지 민족 해방 운동 지원 선언
② **윌슨의 민족 자결주의 제창** : 파리 강화 회의
③ **김규식의 파리 강화 회의 파견** : 신한 청년단
④ 대한 독립 선언서(1918, 만주), 2·8 독립 선언(1919, 일본 유학생)
⑤ **고종 황제의 죽음(1919. 1)** : 독살설 유포

독립 선언서

• **대한 독립 선언서(무오 독립 선언서)**
우리 대한은 완전한 자주 독립과 우리들의 평등 복리를 우리 자손들에게 대대로 전하기 위하여 여기 이민족 전제의 학대와 압박을 벗어나서 대한 민주주의 자립을 선포하노라. …… 봉기하라! 독립군아! 일제히 독립군은 천지를 휩쓸라. …… 한번 죽음은 인간이 면할 수 없는 바이니, 개 돼지 같은 일생을 누가 구차히 도모하겠는가? 살신성인하면 2천만 동포는 마음과 몸을 부활하니 어찌 일신을 아끼며, 집안 재산을 바쳐 나라를 되찾으면 3천리 옥토는 자기의 소유이니 어찌 일가(一家)를 아끼랴. …… 국민의 본령을 자각한 독립임을 기억하고 동양의 평화를 보장하고 인류의 평등을 실시하기 위한 자립임을 명심하여, 황천의 명령을 받들고 일제의 못된 굴레에서 해탈하는 건국임을 확신하여 육탄 혈전으로 독립을 완성하라.

• **2·8 독립 선언서**
조선 청년 독립단은 우리 2천만 민족을 대표하여 정의와 자유의 승리를 득(得)한 세계의 만국 앞에 독립을 기성하기를 선언하노라. …… 어느 방면으로 보아도 우리 민족과 일본과의 이해는 서로 배치되며 항상 그 해를 보는 자는 우리 민족이니, 우리 민족이 우리 민족의 생존할 권리를 위하여 독립을 주장하노라. …… 오족은 생존의 권리를 위하여 온갖 자유 행동을 취하여 최후의 일인까지 열혈을 유할지니 오족은 일본에 대하여 영원히 혈전을 선언하리라.

(2) 3·1 운동의 전개

① **시위 운동 준비** : 종교계(천도교, 불교, 기독교) 중심(→ 대중화, 일원화, 비폭력의 3대 원칙)
② **독립 선포** : 최남선이 독립 선언서를 작성하고, 손병희·이승훈·한용운 등 민족 대표 33인의 이름으로 독립 선언서를 발표하여 국내외에 독립을 선포
③ **만세 시위 운동의 전개**

제1단계 (준비·점화 단계)	민족 대표들이 독립 선언서를 제작하고 종로의 태화관에 모여 낭독·배포함으로써 서울과 지방에서 학생·시민들이 중심이 되어 거족적인 만세 시위를 전개(→ 이때의 독립운동의 방향은 비폭력 주의)
제2단계 (본격적 단계)	• 학생·상인·노동자층이 본격 참가하여 시위 운동이 도시로 확산 • 학생들이 주도적 역할을 하였고, 상인·노동자들이 만세 시위·파업·운동 자금 제공 등의 방법으로 적극 호응
제3단계 (확산 단계)	• 만세 시위 운동이 주요 도시로부터 전국의 각지로 확산 • 농민들이 시위에 적극적으로 참가함으로써 시위 규모가 확대되고, 시위 군중들은 면 사무소·헌병 주재소·토지 회사·친일 지주 등을 습격(→ 비폭력 주의가 무력적인 저항 운동으로 변모)

④ **국외의 만세 시위 운동** : 만주(간도 지방), 연해주(블라디보스토크), 미국(필라델피아 한인 자유 대회), 일본(도쿄, 오사카 등)
⑤ **일제의 무력 탄압** : 헌병 경찰은 물론 육·해군까지 긴급 출동시켜 무차별 총격을 가하고, 가옥과 교회·학교 등을 방화·파괴, 제암리 학살 사건

암기 Plus

민족 자결주의(National Self-determination, 民族自決主義)
각 민족은 정치적 운명을 스스로 결정할 권리가 있으며, 다른 민족의 간섭을 받을 수 없다는 주장으로, 제국주의 강대국들이 힘의 논리에 의해 약소국을 점령하는 것이 일반화되자 미국의 윌슨 대통령이 국회에 〈14개조〉를 제출하고 연두교서에서 제창하였다.

3·1 운동의 규모와 피해
• **총 집회 수** : 1,542회
• **참가 인원** : 2,023,098명
• **피검자** : 46,948명
• **사망자** : 7,509명
• **부상자** : 15,961명

3·1 운동의 의의
• **대규모의 독립운동** : 독립운동을 한 차원 높이는 중요한 분기점
• **민족 주체성의 확인** : 독립의 희망을 갖게 하고 국내외에 민족 주체성을 확인시키는 계기
• **민족의 저력 과시**
• **반제국적 민족 운동의 선구** : 중국·인도·동남아시아·중동 지역의 민족 운동에 선구적 역할
• **독립운동의 방향 제시** : 이전보다 조직적이고 체계적인 독립운동으로 발전
• **대한민국 임시정부 수립의 계기**

암기 노트

기미 독립 선언서

…… 우리는 이에 조선이 독립국임과 조선인이 자주민임을 선언한다. 이 선언을 세계 온 나라에 알리어 인류 평등의 크고 바른 도리를 분명히 하며, 이것을 후손들에게 깨우쳐 우리 민족이 자기의 힘으로 살아가는 정당한 권리를 길이 지녀 누리게 하려는 것이다. 반만 년이나 이어 온 우리 역사의 권위에 의지하여 독립을 선언하는 것이며, 이천만 민중의 정성된 마음을 모아서 이 선언을 널리 펴서 밝히는 바이며, 민족의 한결 같은 자유 발전을 위하여 이것을 주장하는 것이며, 누구나 자유와 평등을 누려야 한다는 인류적 양심이 드러남으로 말미암아 온 세계가 올바르게 바뀌는 커다란 기회와 운수에 발맞추어 나아가기 위하여 이를 내세워 보이는 것이니, 이 독립 선언은 하늘의 밝은 명령이며, 민족 자결주의에로 옮아가는 시대의 큰 형세이며, 온 인류가 함께 살아갈 권리를 실현하려는 정당한 움직임이므로, 천하의 무엇이든지 우리의 이 독립 선언을 가로막고 억누르지 못할 것이다. ……

3. 대한민국 임시정부

(1) 임시정부의 수립과 통합

① **통합 이전의 임시정부**

㉠ **상황** : 3·1 운동을 계기로 조직적인 독립운동과 국민 국가 건설을 준비하기 위하여 정부를 수립하고자 했으나, 일제의 감시와 상호 연락의 어려움으로 단일 정부를 수립하지 못하고 여러 지역에서 별개의 임시정부를 수립

㉡ **한성 정부** : 국내에서 이승만을 집정관 총재로, 이동휘를 국무총리로 하여 수립

㉢ **대한민국 임시정부** : 중국 상하이에서 수립되어 이승만을 국무총리로 추대

㉣ **대한 국민 의회** : 연해주에서 손병희를 대통령으로 하여 조직

② **대한민국 임시정부의 통합(1919. 4. 13)** : 국내의 한성 정부를 계승하고 대한 국민 의회를 흡수하여 상하이에 통합 정부인 대한민국 임시정부를 수립

(2) 대한민국 임시정부의 체제

① **입헌 공화제** : 민주주의에 입각한 근대적 헌법을 갖추고 대통령제를 채택

② **3권 분립** : 입법 기관인 임시 의정원, 사법 기관인 법원, 행정 기관인 국무원(→ 우리나라 최초의 3권 분립에 입각한 민주 공화제 정부로 출범)

③ **대한민국 임시 헌법** : 대통령제, 인민의 기본 권리와 의무 규정

암기 노트

대한민국 임시 헌장

제1조 대한민국은 민주 공화제로 함
제2조 대한민국은 임시 정부가 임시 의정원의 결의에 의하여 통치함
제3조 대한민국의 인민은 남녀·귀천 및 빈부의 계급이 없고 일체 평등함
제4조 대한민국의 인민은 종교·언론·저작·출판·결사·집회·통신·주소 이전·신체 및 소유의 자유를 기짐
제5조 대한민국의 인민으로 공민 자격이 있는 자는 선거권 및 피선거권이 있음
제6조 대한민국의 인민은 교육·납세 및 병역의 의무가 있음

(3) 활동

① **역할** : 국내외의 민족 독립운동을 더 조직적이고 효과적으로 추진하기 위한 중추 임무를 담당하여 우리 민족에게 독립의 희망을 불어넣고 국가 건설의 방략을 제시

② **비밀 행정 조직망** : 연통제와 교통국을 통해 군자금 모금과 정보 수집에 기여

㉠ **연통제(聯通制)** : 문서와 명령 전달, 군자금 송부, 정보 보고 등의 업무를 담당

㉡ **교통국(交通局)** : 통신 기관으로, 정보의 수집·분석·교환·연락의 업무를 관장

③ **활동**

㉠ **군자금의 조달** : 애국 공채 발행이나 국민의 의연금으로 마련, 국내외에서 수합

암기 Plus

공약 삼장

1. 금일 오인의 차거는 정의, 인도, 생존, 존영을 위하는 민족적 요구이니 자유적 정신을 발휘할 것이오. 결코 배타적 감정으로 일주하지 말라.
1. 최후의 일인까지 최후의 일각까지 민족의 정당한 의사를 쾌히 발표하라.
1. 일절의 행동은 가장 질서를 존중하야 오인의 주장과 태도로 하여금 어디까지든지 광명정대하게 하라.

임시정부가 상하이에 자리 잡은 이유

당시 상하이에는 일제의 영향력이 미치지 않았다. 또한 상하이는 세계 각국과 외교를 하기에 용이한 지역이었다. 이러한 지리적 이점을 이유로 임시정부는 상하이의 대한민국 임시정부로 통합되었다.

▲ 대한민국 임시정부 인사들

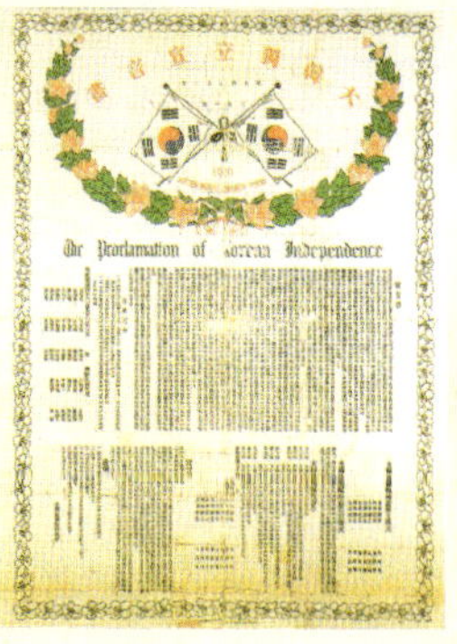
▲ 대한민국 임시정부가 발행한 대한 독립 선언서(1919. 4)

된 자금은 연통제나 교통국 조직망에 의해 임시정부에 전달되었으며, 만주의 이륭 양행이나 부산의 백산 상회를 통하여 전달되기도 함

㉡ **외교 활동** : 파리 강화 회의에 김규식을 대표로 파견하여 독립을 주장, 미국에 구미 위원부를 두어 국제 연맹과 워싱턴 회의에 우리 민족의 독립 열망을 전달

㉢ **문화 활동** : 기관지로 독립신문을 간행하여 배포, 사료 편찬소를 두어 사료집 간행

㉣ **군사 활동**

- 중국 영토 내에서 식섭 군사 활동을 하는 데에는 많은 제약과 한계가 있었음
- **육군 무관 학교의 설립** : 독립 전쟁을 수행할 초급 지휘관 양성
- **임시정부 직할대** : 만주에서 활동하던 무장 독립군을 임시정부 직할의 군대로 개편하여 광복군 사령부 · 광복군 총영 · 육군 주만 참의부 등을 결성
- **한국 광복군의 창설** : 임시정부가 직접 창설하여 무장 항전을 주도

(4) 대한민국 임시정부의 분열

① **배경**

㉠ 연통제, 교통국 조직 파괴, 외교 활동의 성과 미미

㉡ 자금난과 인력난

㉢ **독립운동 방략을 둘러싼 대립 격화**

- **외교 독립론** : 이승만, 외교 활동을 통해 강대국의 도움을 받아야 함
- **무장 투쟁론** : 이동휘 · 신채호, 무장 투쟁만이 최선의 방법
- **실력 양성론** : 안창호, 교육과 산업 발전을 통한 실력 양성이 우선

② **국민 대표 회의 소집(1923)**

㉠ **계기** : 이승만의 국제 연맹 위임 통치 청원서 사건

㉡ 독립운동 전선의 통일과 독립운동의 방향 전환을 위해 소집

㉢ **창조파와 개조파의 대립**

구분	주장	인물
창조파	• 임시정부 해체, 신정부 수립 • 무력 항쟁 강조	신채호, 박은식
개조파	• 임시정부의 개혁과 존속 주장 • 실력 양성, 자치 운동, 외교 활동 강조	안창호
현상 유지파	• 임시정부를 그대로 유지 • 국민 대표 회의에 불참	이동녕, 김구

㉣ **결과** : 독립운동 세력의 분열 심화

(5) 대한민국 임시정부의 변화

① 이승만 탄핵(1925), 2대 대통령으로 박은식 선출

② **헌정의 변천** : 5차에 걸친 개헌을 통하여 주석 · 부주석 체제로 개편

제정 및 개헌	시기	체제
임시 헌장 제정	1919. 4	임시 의정원(의장 이동녕, 국무총리 이승만) 중심으로 헌법 제정
제1차 개헌	1919. 9	대통령 지도제(1대 대통령 이승만, 2대 대통령 박은식, 국무총리 이동휘)
제2차 개헌	1925	국무령 중심제(내각 책임 지도제, 국무령 김구), 사법 조항 폐지
제3차 개헌	1927	국무 위원 중심제(집단 지도 체제, 김구 · 이동녕 등 10여 명)
제4차 개헌	1940	주석제(주석 김구)
제5차 개헌	1944	주석 · 부주석제(주석 김구, 부주석 김규식), 심판원 조항(사법 조항) 규정

암기 Plus

이륭양행(怡隆洋行)
아일랜드계 영국인 조지 루이스 쇼가 1919년 5월 중국 단둥에 설립한 무역선박 회사로 비밀리에 대한민국 임시정부의 교통국 역할을 수행하였다.

대한민국 임시정부 내의 의견 대립
- 무장 투쟁론과 외교 독립론 간 갈등
- 이승만의 위임 통치론에 대한 무장 투쟁파의 반발

이승만의 위임 통치론
파리 강화 회의(1919)에 파견된 이승만은 미국 대통령 윌슨에게 위임 통치 청원서를 제출했다. 한국을 일본의 학정으로부터 벗어나게 한 후 당분간 국제 연맹의 통치하에 있다가 장래 독립하게 해달라는 내용의 이 청원서는 독립운동가들을 분노시켰다. 이에 대하여 신채호는 "이완용은 있는 정부를 팔아먹었지만, 이승만은 없는 정부를 팔아먹었다."라고 말하며 임시정부가 필요 없다고 주장하였다.

(6) 대한민국 임시정부의 의의와 한계

① 의의 : 우리나라 최초의 공화제 정부

② **한계** : 독립운동의 방법론에 대한 의견 차로 인해 통일된 구심체 역할을 수행하기에는 역부족

2 무장 독립 전쟁의 전개

1. 3·1 운동 이후의 국내의 항일 운동

(1) 국내 무장 항일 투쟁

① 3·1 운동 이후 무장 항일 투쟁은 주로 만주와 연해주를 중심으로 전개되었으나, 국내에서도 독립군 부대가 결성되어 치열한 전투를 전개

② 평북 동암산을 근거로 한 보합단, 평북 천마산의 천마산대, 황해도 구월산의 구월산대

③ 만주의 독립군과 긴밀한 연락을 취하며 식민 통치 기관 파괴, 일본 군경과의 교전, 친일파 처단, 군자금 모금 등의 무장 항일 투쟁을 전개

(2) 6·10 만세 운동(1926)

① **배경** : 순종의 사망을 계기로 민족 감정 고조(제2의 3·1 운동), 식민지 교육

② **준비** : 민족주의 계열(천도교)과 사회주의 계열 만세 시위 운동을 준비하였으나 사전에 발각

③ **전개**

㉠ 순종의 인산일을 계기로 격문을 살포하고 시위 운동 전개

㉡ 조선 학생 과학 연구회 비롯한 학생들이 주도

④ **결과** : 200여 명의 학생이 검거됨

⑤ **의의**

㉠ 민족주의계와 사회주의계가 연대하는 계기 마련

㉡ **학생 운동의 변화** : 학생들이 민족 운동의 구심점으로서 역할 자각

(3) 광주 학생 항일 운동(1929)

① **배경**

㉠ **청년·학생들의 자각** : 민족 자주 의식이 커지고, 스스로 민족 독립 투쟁의 중요한 존재임을 자각

㉡ **식민지 교육에의 항거** : 독서회, 성진회 등 학생 조직 활동(→ 동맹 휴학 등의 항일 투쟁 전개)

㉢ 신간회의 활동

② **경과**

㉠ **발단** : 광주에서 발생한 한·일 학생 간의 충돌을 일본 경찰이 편파적으로 처리

㉡ **전개** : 일반 국민들이 가세하여 전국적인 규모의 항일 투쟁으로 확대되었고, 만주 지역의 학생들과 일본 유학생들까지 궐기

㉢ 신간회의 조사단 파견·활동

③ **의의** : 약 5개월 동안 전국의 학생 54,000여 명이 참여함으로써 3·1 운동 이후 최대의 민족 운동으로 발전

암기 Plus

대한민국 임시정부의 시대 구분

- 1919~1932 : 제1기 상해 시대
- 1932~1940 : 제2기 이동 시대
- 1940~1945 : 제3기 충칭 시대

6·10 만세 운동 때의 격문

격문 1
조선은 조선인의 조선이다.
학교의 용어는 조선어로.
학교장은 조선 사람이어야 한다.

동양 척식 회사를 철폐하자.
일본인 물품을 배척하자.

8시간 노동제 실시하라.
동일 노동 동일 임금.
소작제를 4·6제로 하고
공과금은 지주가 납입한다.
소작권을 이동하지 못한다.
일본인 지주의 소작료는 주지 말자.

격문 2
조선 민중아! 우리의 철천지 원수는 자본·제국주의 일본이다.
2천만 동포야! 죽음을 각오하고 싸우자! 만세 만세 조선 독립 만세!

▲ 6·10 만세 운동

광주 학생 항일 운동 때의 격문

학생, 대중이여 궐기하라! 검거된 학생은 우리 손으로 탈환하자.
언론·결사·집회·출판의 자유를 획득하라.
식민지 교육 제도를 철폐하라.
조선인 본위의 교육 제도를 확립하라.
용감한 학생, 대중이여!
최후까지 우리의 슬로건을 지지하라. 그리고 궐기하라. 전사여 힘차게 싸워라.

| 고급 | [3점]

(가) 운동에 대한 설명으로 옳은 것은?

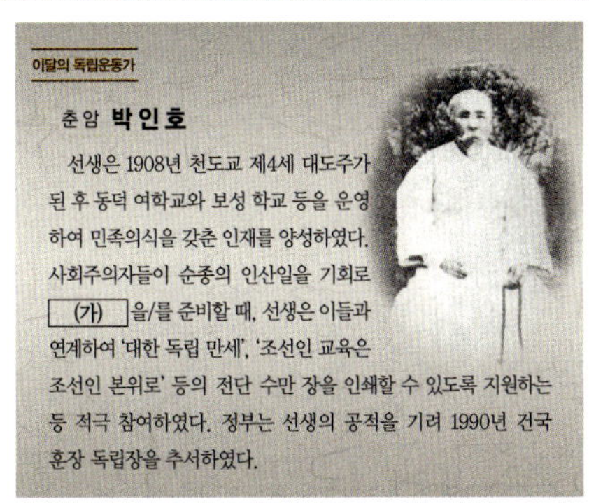
이달의 독립운동가

춘암 박인호

선생은 1908년 천도교 제4세 대도주가 된 후 동덕 여학교와 보성 학교 등을 운영하여 민족의식을 갖춘 인재를 양성하였다. 사회주의자들이 순종의 인산일을 기회로 (가) 을/를 준비할 때, 선생은 이들과 연계하여 '대한 독립 만세', '조선인 교육은 조선인 본위로' 등의 전단 수만 장을 인쇄할 수 있도록 지원하는 등 적극 참여하였다. 정부는 선생의 공적을 기려 1990년 건국 훈장 독립장을 추서하였다.

① 조선 노동 총동맹을 중심으로 전개되었다.
② 일제가 조작한 105인 사건으로 타격을 입었다.
③ 신간회 중앙 본부가 진상 조사단을 파견하였다.
④ 일제가 이른바 문화 통치를 실시하는 배경이 되었다.
⑤ 국내에서 민족 유일당 운동이 전개되는 계기가 되었다.

[6 · 10 만세 운동]

암기공식

순종의 인산일 ⇒ 6 · 10 만세 운동 : 신간회 결성 계기

| 정답 해설 |

순종의 인산일을 계기로 일어난 만세 운동으로(1926), 조선 공산당을 중심으로 한 사회주의 세력과 천도교를 중심으로 한 민족주의 세력이 연대하여 민족 유일당 운동이 전개되는 계기가 되었다.

| 오답 해설 |

① 1924년 사회주의자를 중심으로 결성된 노동자 · 농민 운동 단체인 조선 노 · 농 총동맹이 1927년 조선 농민 총동맹과 조선 노동 총동맹으로 분리되어 보다 조직적으로 농민 및 노동자 운동을 전개하였다.
② 일제가 날조한 105인 사건으로 신민회가 해체되었다(1911).
③ 광주에서 발생한 한 · 일 학생 간의 충돌을 일본 경찰이 편파적으로 처리하여 광주 학생 항일 운동이 발생하자 신간회 중앙 본부가 진상 조사단을 파견하였다(1929).
④ 3 · 1운동으로 인해 국제 여론이 악화되자 일제는 통치 방식을 무단 통치에서 문화 통치로 바꾸었다(1919).

정답 ⑤

2. 의열단과 한인 애국단의 활동

(1) 의열단의 항일 의거

① **조직** : 1919년 만주 길림성에서 김원봉, 윤세주 등이 조직

② **목적** : 일제의 요인 암살, 식민 통치 기관 파괴

③ **활동 지침** : 신채호의 조선 혁명 선언(1923)(→ 자치론, 외교론, 준비론 등 기존의 독립운동 방법을 비판하고 민중의 직접 혁명을 통한 독립 쟁취를 주장)

④ **의열단의 투쟁 방향 전환** : 1920년대 후반 개별적인 의거의 한계를 깨닫고 대중적 무장 투쟁의 필요성을 인식

㉠ **독립운동 지도자 양성** : 중국의 황포 군관 학교에 입학(1925), 조선 혁명 간부 학교 설립(1932)

㉡ **정당 조직** : (조선) 민족 혁명당 결성(1935)

㉢ **군대 조직** : 조선 의용대(1938)

암기 Plus

의열단의 활동

- 박재혁의 부산 경찰서 폭탄 투척 (1920)
- 김익상의 조선 총독부 폭탄 투척 (1921)
- 김상옥의 종로 경찰서 폭탄 투척 (1923)
- 김지섭의 일본 황궁 침입 시도 (1923)
- 나석주의 동양 척식 주식 회사 폭탄 투척(1926)

조선 혁명 선언

내정 독립이나 참정권이나 자치를 운동하는 자 누구이냐? …… 3 · 1 운동 이후에 강도 일본이 또 우리의 독립운동을 완화시키려고 송병준 · 민원식 등 한 두 매국노를 시키어 이따위 미친 주장을 부름이니, 이에 부화뇌동하는 자, 맹인이 아니면 어찌 간사한 무리가 아니냐?

첫째는 외교론이니 …… 청원서나 여러 나라 공관에 던지며 탄원서나 일본 정부에 보내어 국세(國勢)의 외롭고 약함을 슬피 호소하여 국가 존망 · 민족 사활의 대문제를 외국인 심지어 적국인의 처분으로 결정하기만 기다리었도다.

둘째는 준비론이니 …… 강도 일본이 정치 · 경제 양 방면으로 구박을 주어 경제가 날로 곤란하게 생산 기관이 전부 박탈되어 입고 먹을 방법도 단절되는 때에 무엇으로, 어떻게 실업을 발전하며, 교육을 확장하며, 더구나 어디서, 얼마나, 군인을 양성하며, 양성한들 일본 전투력의 백분의 일에 비교되게라도 할 수 있느냐?

이상의 이유에 의하여 우리는 '외교', '준비' 등의 미몽을 버리고 민중 직접 혁명의 수단을 취함을 선언하노라. …… 민중은 우리 혁명의 대본영이다. 폭력은 우리 혁명의 유일한 무기이다. 우리는 민중 속에 가서 민중과 손을 잡고 끊임없는 폭력-암살 · 파괴 · 폭동으로써 강도 일본의 통치를 타도하고, 우리 생활에 불합리한 일체 제도를 개조하여 인류로써 인류를 압박치 못하며, 사회로써 사회를 박탈치 못하는 이상적 조선을 건설할지니라.

– 신채호 –

▲ 이봉창

▲ 윤봉길

훈춘 사건(간도 사건, 1920. 10)
봉오동 전투에서 패배한 일제가 간도 지역의 조선 독립군을 토벌하기 위해 조작한 사건이다. 1920년 10월 2일 일본군에게 매수된 마적단이 훈춘을 습격했는데, 일제는 이 사건을 불령선인(不逞鮮人)이 저질렀다고 주장하며 즉각 군대와 경찰을 출동시켰다.

▲ 청산리 대첩에서 승리한 북로 군정서군

3부의 관할 지역과 성격
대한민국 임시정부의 직할 부대를 표방한 참의부는 압록강 근처에, 정의부는 남만주 일대에, 자유시에서 돌아온 독립군을 중심으로 구성된 신민부는 북만주 일대에 자리를 잡았다. 이들 3부는 만주의 여러 독립 운동 단체가 통합되면서 성립된 것으로, 사실상의 정부라고 할 수 있었다. 3부는 동포 사회에서 선출된 임원으로 행정부, 입법부, 사법부가 구성되었는데, 그 운영과 독립군 양성을 위한 비용은 동포 사회에서 걷은 세금으로 충당되었다.

(2) 한인 애국단의 활약

① **조직** : 1931년 상해에서 김구가 임시정부의 위기 타개책으로 조직

② **활동**

㉠ **이봉창 의거(1932)**
- 일본 국왕에 폭탄 투척
- 중국 신문의 호의적 논평으로 인해 1차 상하이 사변 발발, 일본이 상하이 점령

㉡ **윤봉길 의거(1932)** : 상하이 훙커우 공원 의거

③ **의의**

㉠ 한반도 문제에 대한 국제적 관심 고조, 독립운동의 의기 고양

㉡ 중국 국민당 정부의 임시정부 지원 계기(→ 한국 광복군 창설(1940))

3. 무장 독립 전쟁의 전개

(1) 봉오동 전투(1920. 6)

① 홍범도의 대한 독립군, 최진동의 군무 도독부군, 안무의 국민회군이 연합

② 간도 지역을 기습한 일본군 1개 대대 병력을 포위 · 공격하여 대파

(2) 청산리 대첩(1920. 10)

① 김좌진의 북로 군정서군, 홍범도의 대한 독립군, 안무 국민회군 등 연합

② 간도 청산리의 어랑촌, 백운평, 천수평 등에서 6일간 10여 차례의 전투 끝에 일본군 대파

③ 독립군 사상 최대의 승리

(3) 간도 참변(1920. 10)

① 봉오동 · 청산리 전투에서의 패배에 대한 일제의 보복

② 한인촌에 대한 무차별 학살, 방화, 파괴(경신 참변)

(4) 대한 독립 군단

① 서일을 총재로 하여 만주 지역의 독립군 부대 통합(소련 · 만주 국경 지대의 밀산부)

② 소련령 자유시로 부대 이동

(5) 자유시 참변(1921. 6)

① 자유시로 이동한 대한 독립 군단은 레닌의 적색군을 도와 내전에 참전

② 적색군의 무장 해제 요구에 독립군이 저항하자 공격

(6) 3부 성립

① 자유시 참변 이후 독립군은 다시 만주로 탈출하여 조직을 재정비하면서 역량을 강화한 후, 각 단체의 통합 운동을 추진

② **3부**

㉠ **참의부(1923)** : 압록강 건너 만주의 집안(輯安) 일대에 설치된 임시 정부 직할하의 정부 형태

㉡ **정의부(1924)** : 길림과 봉천을 중심으로 하는 남만주 일대를 담당하는 정부 형태

㉢ **신민부(1925)** : 자유시 참변 후 소련에서 되돌아온 독립군을 중심으로 북만주 일대에서 조직된 정부 형태

③ **3부의 활동** : 민정 기관과 군정 기관을 갖추고 자체의 무장 독립군을 편성하여 국경을 넘나들며 일제와 치열한 전투를 벌임

(7) 미쓰야 협정(1925)

① 총독부 경무국장 미쓰야와 만주의 봉천성 경무처장 우징 사이에 맺어진 협정

② 만주 지역의 한국인 독립운동가를 체포해 일본에 인계한다는 조약

> **암기 Plus**
>
> 미쓰야(三矢) 협정(1925. 6)
>
> • 한국인의 무기 휴대와 한국 내 침입을 엄금하며, 위반자는 검거하여 일본 경찰에 인도한다.
>
> • 재만 한인 단체를 해산시키고 무장을 해제하며, 무기와 탄약을 몰수한다.
>
> • 일제가 지명하는 독립운동 지도자를 체포하여 일본 경찰에 인도한다.
>
> • 한국인 취체(取締)의 실황을 상호 통보한다.

(8) 3부의 통합 운동

① **혁신 의회(1928)** : 북만주의 독립운동 세력인 김좌진 · 지청천 등을 중심으로 혁신 의회로 통합되었고, 산하에 한국 독립당 · 한국 독립군(지청천) 편성

② **국민부(1929)** : 신민부 내의 민정부를 중심으로 통합되어 산하에 조선 혁명당 · 조선 혁명군(양세봉) 편성

(9) 한 · 중 연합 작전

① **배경** : 일제가 1931년 만주 사변을 일으켜 괴뢰 정권인 만주국을 수립한 이후 독립군은 중국군과 연합하여 항일전을 전개

→ 만주국: 일본 관동군이 만주사변을 일으킨 후 중국 북동부를 점령한 뒤 세운 나라

② **활동**

㉠ **한국 독립군** : 지청천이 인솔하며, 중국의 호로군과 한 · 중 연합군을 편성하여 쌍성보 전투(1932) · 사도하자 전투(1933) · 동경성 전투(1933) · 대전자령 전투(1933)에서 승리

㉡ **조선 혁명군** : 양세봉의 지휘로 중국 의용군과 연합, 영릉가 전투(1932) · 흥경성 전투(1933)에서 대승

③ **독립군의 이동** : 양세봉 순국(1934) 후 세력이 약화되어 중국 본토 지역으로 이동

(10) 만주 지역의 항일 유격 투쟁(1930년대 중반 이후)

① **동북 인민 혁명군(1933. 9)** : 만주에서 중국 공산당과 한인 사회주의자가 연합

② **동북 항일 연군(1936)** : 동북 인민 혁명군이 개편하여 조직

③ **조국 광복회(1936)** : 동북 항일 연군의 사회주의자가 함경도 지역의 민족주의 세력과 연결하여 조직

④ **보천보 전투(1937)** : 동북 항일 연군(1935)이 조국 광복회의 국내 조직원들과 압록강을 건너 함경남도 보천보 일대를 점령한 사건

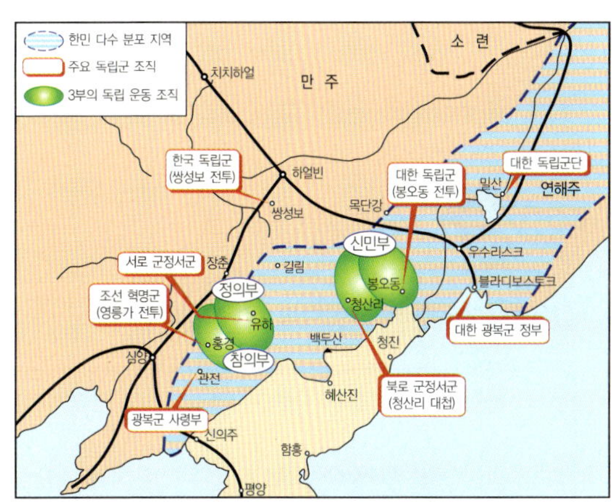

▲ 무장 독립군의 대일 항전

(11) (조선) 민족 혁명당(1935)과 조선 의용대(1938)

① (조선) 민족 혁명당

㉠ 한국 독립당, 조선 혁명당, 의열단 등이 연합하여 중국 난징에서 결성

㉡ 김원봉이 민족 혁명당을 주도하게 되자 조소앙, 지청천이 탈퇴

㉢ 다른 독립운동 단체와 연합하여 조선 민족 전선 연맹 조직(1937)

② 조선 의용대

㉠ **배경** : 중 · 일 전쟁(1937)이 일어나자 군사 조직의 필요성 대두

㉡ 조선 민족 전선 연맹 산하 부대로 한커우에서 창설

㉢ 중국 국민당과 연합하여 포로 심문, 요인 사살, 첩보 작전 수행

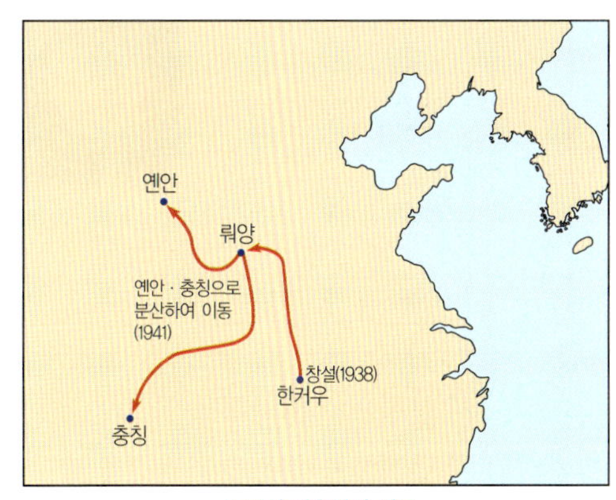

▲ 조선 의용대의 이동

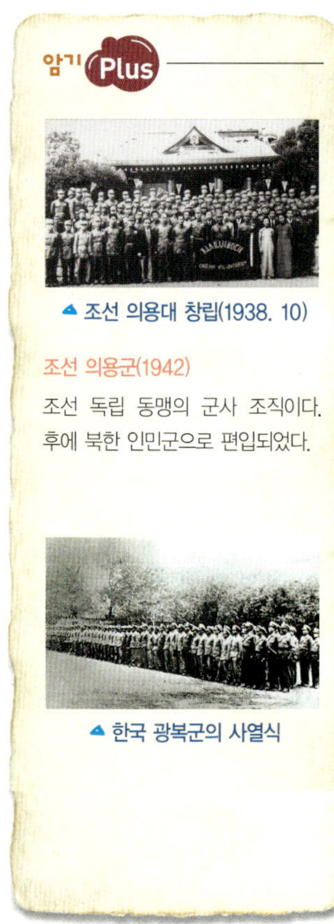

암기 Plus

▲ 조선 의용대 창립(1938. 10)

조선 의용군(1942)

조선 독립 동맹의 군사 조직이다. 후에 북한 인민군으로 편입되었다.

▲ 한국 광복군의 사열식

㉣ 분열

- 김원봉은 조선 의용대의 일부를 이끌고 충칭의 한국 광복군에 합류(1942)
- 다른 일부는 중국 화북 지역으로 이동하여 중국 공산당 팔로군에 합류(→ 김두봉과 무정을 중심으로 조선 독립 동맹, 조선 의용군 조직)

(12) 대한민국 임시정부의 이동과 한국 광복군의 창설(1940)

① 임시 정부의 체제 정비

㉠ **충칭 정부(1940)** : 한국 독립당 결성

㉡ **주석제 채택(1940)** : 김구 주석 중심의 단일 지도 체제 강화

㉢ **건국 강령 발표(1941)** : 조소앙의 3균주의(정치, 경제, 교육적 균등)

② 한국 광복군의 창설(1940)과 활동

㉠ **창설** : 임시 정부의 김구와 지청천 등이 신흥 무관 학교 출신의 독립군과 중국 대륙에 산재해 있던 무장 투쟁 세력을 모아 충칭(중경)에서 창설, 조선 의용대를 흡수(1942)

㉡ **활동**

- 대일 선전 포고(1941)
- **영국군과 연합 작전 전개(1943)** : 인도, 미얀마 전선
- 포로 심문, 암호 번역, 선전 전단 작성 등 심리전 수행
- **국내 진입 작전(1945. 9)** : 미국 전략정보처(OSS)의 지원과 국내 정진군 특수 훈련(→ 일제 패망으로 실행 못함)

기출문제 | 고급 | [2점]

(가) 부대에 대한 설명으로 옳은 것은?

이달의 독립운동가

중국 대륙을 누빈 여성 독립군

오광심 吳光心

1910. 3. 15.~1976. 4. 7.

평안북도 선천 출신으로 남만주에서 교직 생활을 하다가, 1931년 만주사변이 일어나자 교직을 그만두고 독립운동에 투신하였다. 특히, 1940년 9월 17일에 충칭에서 대한민국 임시 정부 산하의 (가) 이/가 창설될 때, 김정숙·지복영 등과 함께 참여하였다. 또한 기관지인 '광복'의 간행 업무를 담당하고 병사 모집과 선전·파괴 활동을 전개하는 등 독립 투쟁에 큰 업적을 남겼다.

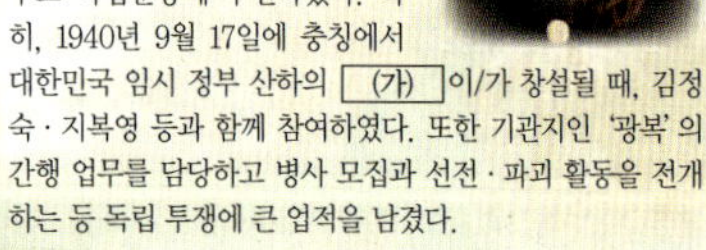

① 자유시 참변으로 큰 타격을 입었다.

② 미국과 연계하여 국내 진공 작전을 계획하였다.

③ 신흥 무관 학교를 설립하여 독립군을 양성하였다.

④ 중국 관내(關內)에서 결성된 최초의 한인 무장 부대였다.

⑤ 중국 호로군과 연합 작전을 통해 항일 전쟁을 전개하였다.

[한국 광복군의 독립 투쟁]

암기공식

국내 진공 작전 계획 ⇒ 한국 광복군

| 정답 해설 |

대한민국 임시 정부 산하의 한국 광복군은 미국 전략정보처(OSS)의 지원 하에 미군과 연계하여 국내 진공 작전을 계획하였으나 일제의 패망으로 실현하지는 못했다.

| 오답 해설 |

① 간도 참변으로 인해 자유시로 이동한 대한 독립 군단은 적색군의 무장 해제 요구에 저항하다 공격을 받아 큰 타격을 입었다.

③ 신민회는 서간도 삼원보의 경학사에 독립군을 양성하기 위해 군사 교육 기관인 신흥 강습소를 설립하였고 이후 신흥 무관 학교로 발전하였다.

④ 김원봉의 조선 의용대는 중국 관내(關內)에서 결성된 최초의 한인 무장 부대로 포로 심문, 요인 사살, 첩보 작전을 수행하였다.

⑤ 지청천의 한국 독립군은 중국군과 연합하여 호로군을 조직하고 쌍성보·사도하자·대전자령 전투 등에서 일본군에게 승리하였다.

정답 ②

3장 사회 · 경제 · 문화적 민족 운동

1 사회 · 경제적 민족 운동

1. 민족 실력 양성 운동(민족주의)

(1) 민족 실력 양성론 대두

① 애국 계몽 운동 계승, 사회 진화론의 영향

② 3 · 1 운동 이후 민족의 실력 양성을 통한 민족 운동 주장

(2) 물산 장려 운동

① 배경

㉠ 회사령 철폐(1920), 관세 철폐(1923)

㉡ 일본 대기업의 한국 진출로 국내 기업의 위기감 고조

② **단체** : 평양 물산 장려회(조만식, 1920), 조선 물산 장려회(서울, 1923), 자작회(학생, 1922), 토산 애용 부인회(여성계, 1923)

③ **활동** : 일본 상품 배격, 국산품 애용 등 강조

㉠ **구호** : 내 살림 내 것으로, 조선 사람 조선 것, 우리가 만들어서 우리가 쓰자

㉡ 강연회, 선전 행사

㉢ 근검 절약, 금주 · 단연 운동 전개

④ 문제점

㉠ 상인, 자본가 중심으로 추진되어 상품 가격 상승 초래

㉡ 사회주의자들의 비판

▲ 물산 장려 운동

암기 노트

물산 장려 운동 비판

물산 장려 운동의 사상적 도화수가 된 것이 누구인가? …… 실상을 말하면 노동자에겐 이제 새삼스럽게 물산 장려를 말할 필요가 없는 것이다. 그네는 벌써 오랜 옛날부터 훌륭한 물산 장려 계급이다. 그네는 중산 계급이 양복이나 비단옷을 입는 대신 무명과 베옷을 입었고, 저들 자본가가 위스키나 브랜디나 정종을 마시는 대신 소주나 막걸리를 마시지 않았는가? …… 이리하여 저들은 민족적, 애국적하는 감상적 미사로써 눈물을 흘리면서 저들과 이해가 있어서는 저들도 외래 자본가와 조금도 다를 것이 없는 것을 알며, 따라서 저들 신시랑류의 침략에 빠져 계급 전선을 몽롱케는 못할 것이다.

암기 Plus

민족 기업

- **배경** : 3 · 1 운동 이후 회사령 철폐로 한국인 기업 설립 증가
- **대표 기업** : 경성 방직 회사(지주 출신 김성수), 평양 메리야스 공장(서민 자본)

조선 물산 장려회 취지서(1923)

우리에게 먹을 것이 없고 입을 것이 없고 의지하여 살 것이 없으면 우리의 생활은 파괴가 될 것이다. …… 부자(富者)와 빈자(貧者)를 막론하고 우리가 우리의 손에 산업 권리 생활의 제일 조건을 장악하지 아니하면 우리는 도저히 우리의 생명(生命) · 인격(人格) · 사회(社會)의 발전(發展)을 기대하지 못할지니, 우리는 이와 같은 견지에서 우리 조선 사람의 물산(物産)을 장려하기 위하여 조선 사람은 조선 사람이 지은 것을 사 쓰고, 조선 사람은 단결하여 그 쓰는 물건을 스스로 제작하여 공급하기를 목적하노라.

조선 물산 장려회 궐기문

내 살림 내 것으로!
보아라! 우리의 먹고 입고 쓰는 것이 다 우리의 손으로 만든 것이 아니었다.
이것이 세상에 제일 무섭고 위태한 일인 줄을 오늘에야 우리는 깨달았다.
피가 있고 눈물이 있는 형제들아, 우리가 서로 붙잡고 서로 의지하여 살고서 볼일이다.
입어라! 조선 사람이 짠 것을.
먹어라! 조선 사람이 만든 것을.
써라! 조선 사람이 지은 것을.
조선 사람, 조선 것.

(4) 민립 대학 설립 운동

① **배경** : 민족 역량 강화 위해 고등 교육의 필요성

② **전개**

㉠ 조선 교육회에서 조선 민립 대학 기성 준비회(1922, 이상재) 결성

㉡ **모금 운동 전개(1923)** : 한민족 1천만이 한 사람 1원씩

③ **결과** : 남부 지방의 가뭄과 수해, 사회주의 계열의 비판, 경성 제국 대학 설립(1924)으로 좌절

(5) 문맹 퇴치 운동

① **배경** : 식민지 차별 교육 정책으로 한국인의 문맹률 증가

② **야학 운동** : 1920년대 전반 활발하게 전개됨

③ **언론 기관** : 조선일보의 문자 보급 운동(1929), 동아일보의 브나로드(Vnarod) 운동(1931)

1931년 동아일보사에서 문맹퇴치를 목적으로 시작한 농촌 계몽운동으로, 러시아어로 '민중 속으로'라는 의미임

④ **조선어 학회** : 전국에 한글 강습소 개최

⑤ **탄압** : 민족 의식을 고취한다는 이유로 문맹 퇴치 운동 금지(1935)

2. 사회주의 운동

(1) 사회주의 사상의 유입

① 러시아 혁명의 영향 및 피압박 민족의 독립과 해방에 대한 지원 약속

② **국내 유입** : 3·1 운동 이후 국내 유입, 청년·지식인층을 중심으로 전파되어 노동·농민 운동 활성화에 기여

③ **조선 공산당 결성(1925)** : 국내 사회주의자들이 비밀리에 결성

④ **독립 노선의 분열**

㉠ **사회주의 진영** : 일본 제국주의, 지주, 자본가까지 타도 대상

㉡ **민족주의 진영** : 민족의 대단결, 실력 양성 운동 추진

(2) 농민 운동과 노동 운동의 전개

① **배경** : 사회주의 사상의 유입

② **소작 쟁의·노동 쟁의**

	소작 쟁의	노동 쟁의
배경	• 토지 조사 사업, 산미 증식 계획 • 지주제 강화(소작권 상실) • 고율의 소작료, 세금 부담	• 일제의 식민지 공업화 정책 • 노동자 수 증가 • 저임금과 열악한 노동 환경
1920년대	• 생존권 확보 투쟁 : 소작료 인하, 소작권 이전 반대 • 암태도 소작 쟁의(1923~1924) • 조선 농민 총동맹(1927)	• 생존권 확보 투쟁 : 임금 인상, 노동 조건 개선 요구 • 원산 총파업(1929) : 최대의 총파업, 생존권 투쟁에서 항일 운동으로 변화
1930년대	• 항일 민족 운동화(정치 투쟁화) • 혁명적 농민 조합 운동 전개 • 토지를 농민에게(농민의 토지 소유권, 지주제 폐지)	• 항일 민족 운동 • 병참 기지화 이후 탄압 가중 • 비합법적 노동 운동(혁명적 노동 조합)
1930년대 후반	중·일 전쟁(1937) 이후 일제의 탄압 강화로 크게 위축됨	

③ **조합 결성**

㉠ 조선 노동 공제회(1920), 조선 노농 총동맹(1924)

㉡ 1927년 조선 노농 총동맹이 조선 노동 총동맹과 조선 농민 총동맹으로 분화

암기 Plus

조선 민립 대학 설립 기성회의 발기 취지서

우리의 운명을 어떻게 개척할까? …… 가장 급한 일이 되고 가장 먼저 해결할 필요가 있으며, 가장 힘 있고, 필요한 수단은 교육이 아니면 아니 된다. …… 민중의 보편적 지식은 보통 교육으로도 가능하지만 심오한 지식과 학문은 고등 교육이 아니면 불가하며, …… 오늘날 조선인이 세계 문화 민족의 일원으로 남과 어깨를 견주고 우리의 생존을 유지하며 문화의 창조와 향상을 기도하려면, 대학의 설립이 아니고는 다른 방도가 없도다.

▲ 브나로드 운동

암태도 소작 쟁의(1923~1924)

고율의 소작료로 고통을 겪던 암태도 소작농들은 1923년 소작인회를 조직한 후 소작료를 4할로 내릴 것을 요구하였다. 지주가 이를 거부하자 소작농들은 추수 거부 투쟁과 소작료 불납 동맹으로 대응하였으며, 동원된 일본 경찰에 대항하기 위하여 순찰대를 조직하기도 하였다. 소작 쟁의 결과 소작농들이 승리하여 소작료가 인하되었다.

농민·노동자 조합

- **농민 조합** : 조선 노·농 공제회(1920) → 조선 노·농 총동맹(1924) → 조선 농민 총동맹(1927)
- **노동자 조합** : 조선 노·농 총동맹(1924) → 조선 노동자 총동맹(1927) → 지하 노동 조합 운동(1930년대)

3. 사회 운동

(1) 청년 운동

① **방향** : 1920년대 초에 전국의 청년 운동 단체는 100여 개가 되었으며, 이들은 표면적으로는 품성의 도야와 지식 계발, 풍속의 개량 등을 추구했으나 실제로는 민족의 생활과 역량을 향상시킴으로써 자주 독립의 기초를 이룩하려 함

② **활동** : 강연회 · 토론회 개최, 학교 · 강습소 · 야학 등을 설치 · 운영, 운동회 등을 통한 심신 단련, 단연회 · 금주회 · 저축 조합 등을 결성하여 사회 교화와 생활 개선 추구

③ **조선 청년 총동맹(1924)** : 1920년대 사회주의 사상이 유입된 후 청년 단체들은 민족주의와 사회주의 계열로 나뉘었는데, 이 같은 청년 운동의 분열을 수습하기 위하여 조직

④ **광주 학생 항일 운동(1929)** : 반일 감정을 토대로 일어난 민족 운동으로서 청년 운동의 절정

(2) 여성 운동

① **배경** : 3 · 1 운동 등 국내외 독립운동에 여성이 대거 참여하는 등 여성의 정치, 사회 의식 고양

② **근우회(1927)**

㉠ 신간회의 출범과 더불어 탄생, 김활란 등을 중심으로 여성계의 민족 유일당으로 조직

㉡ **행동 강령** : 여성 노동자의 권익 옹호와 생활 개선

(3) 소년 운동

① **인물** : 방정환, 조철호

② **발전**

㉠ **천도교 소년회(1921)** : 천도교 청년회에서 독립, 어린이날 제정, 잡지 「어린이」 발행

㉡ **조선 소년 연합회(1927)** : 전국적 조직체로 체계적인 소년 운동 전개

(4) 조선 형평사 운동(1923)

① **배경** : 백정들은 갑오개혁에 의해 법제적으로는 권리를 인정받았으나, 사회적으로는 오랜 관습 속에서 계속 차별

② **조직** : 이학찬을 중심으로 한 백정들은 진주에서 조선 형평사를 창립

③ **전개** : 사회적으로 평등한 대우를 요구하는 형평 운동을 전개하고 각종 파업과 소작 쟁의에도 참여하여 민족 해방 운동으로 발전

④ **변질** : 1930년대 중반 이후 경제적 이익 향상 운동으로 변질

민족 유일당 운동(좌 · 우 합작 운동)

국외	국내
• 한국 독립 유일당 북경 촉성회(1926) • 3부 통합(국민부, 혁신 의회) • (조선) 민족 혁명당(1935) • 조국 광복회(1936) • 조선 의용대의 한국 광복군 합류(1942)	• 조선 청년 총동맹(1924) • 6 · 10 만세 운동(1926) • 신간회, 근우회(1927) • 조선 건국 동맹(1944)

학생 운동의 전개

대개 동맹 휴학의 형태로 전개되었는데, 처음에는 시설 개선이나 일인 교원 배척 등의 요구가 많았으나 점차 식민지 노예 교육 철폐, 조선 역사 교육과 조선어 사용, 언론 · 집회의 자유 등을 요구

근우회의 행동 강령

- 여성에 대한 사회적 · 법률적 일체 차별 철폐
- 일체 봉건적인 인습과 미신 타파
- 조혼(早婚) 방지 및 결혼의 자유
- 인신 매매 및 공창(公娼) 폐지
- 농촌 부인의 경제적 이익 옹호
- 부인 노동의 임금 차별 철폐 및 산전 · 산후 임금 지불
- 부인 및 소년공의 위험 노동 및 야업(夜業) 폐지

조선 형평사 발기 취지문

공평(公平)은 사회의 근본이고 애정(愛情)은 인류의 본령이다. 그러한 까닭으로 우리는 계급(階級)을 타파하고 모욕적(侮辱的)인 칭호를 폐지하여, 우리도 참다운 인간이 되는 것을 기하자는 것이 우리의 주장이다.

▲ 형평사 운동 포스터

자치 운동

일제가 민족 분열 통치, 이른바 문화 통치를 실시한 시기에 많은 사람들이 일제와의 타협을 주장하였다. 3·1 운동의 민족 대표 33인 중 한 사람인 최린은 우리나라가 금방 독립하는 것은 불가능하다고 판단, 조선 의회를 설치해야 한다는 등의 적극적인 자치 운동을 주장하였다. 이광수는 1924년 동아일보를 통해 '국내에서는 일본이 허용하는 범위 내에서 정치 운동을 해야 한다'는 주장을 발표하였다.

정우회 선언

우리 운동 자체가 벌써 종래의 국한되어 있던 경제적 투쟁의 형태, 그보다 일층 계급적이며 대중적이며 의식적인 정치적 형태로 비약하지 아니하면 아니 될 전환기에 달한 것이다. …… 따라서 민족주의적 세력에 대하여는 그 부르주아 민주주의적 성질을 명백하게 인식하는 동시에 또 과정적 동맹자적 성질도 충분하게 승인하여, 그것이 타락하는 형태로 출현되지 아니하는 것에 한하여는 적극적으로 제휴하여 대중의 개량적 이익을 위하여서도 종래의 소극적인 태도를 버리고 분연히 싸워야 할 것이다.

신간회의 기본 강령

- 민족의 단결을 공고히 한다.
- 정치적·경제적 각성을 촉구한다.
- 기회주의자를 일체 배격한다.

4. 신간회(민족 유일당 운동, 1927~1931)

(1) 배경 : 민족 운동의 분열과 위기

계열		주요 활동
민족주의 계열	자치론(타협적 민족주의)	• 일제의 식민 지배를 인정하고 자치 운동 전개 • 민족성 개조 주장 • 이광수(민족 개조론, 민족적 경륜 발표), 최린
	비타협적 민족주의	• 일제와의 타협 거부, 민족 개량주의 비판 • 실력 양성 운동, 즉각적인 독립 추구 • 사회주의자들과의 연대를 추진, 조선 민흥회 조직 • 이상재, 안재홍
사회주의 계열		• 치안 유지법(1925)으로 사회주의 운동 탄압 • 민족 운동의 분열을 초래한다는 비판을 받음 • 정우회 선언 : 민족주의 계열과의 연합을 주장

(2) 신간회 결성과 활동

① **결성(1927)** : 조선 민흥회(비타협 민족주의 계열)와 정우회(사회주의 계열)가 연합하여 합법적 단체로 결성(회장 이상재)

② **조직과 강령**

㉠ 전국에 약 140여 개소의 지회 설립, 일본과 만주에도 지회 설립이 시도됨

㉡ 민족의 단결, 정치·경제적 각성 촉진, 기회주의자 배격

③ **활동**

㉠ 민중 계몽 활동

㉡ 노동 쟁의, 소작 쟁의, 동맹 휴학 등 대중 운동 지도

㉢ 광주 학생 항일 운동 조사단을 파견하고 민중 대회를 계획하였으나 일제에 의해 무산

(3) 신간회의 해체(해소, 1931)

① 민중 대회 이후 일제의 탄압 강화(신간회 1차 지도부 체포)

② 2차 지도부(민족주의 계열)의 개량화(→ 자치론 주장)

③ 코민테른(Comintern)의 지시를 받은 사회주의자들이 협동 전선 포기(→ 신간회 해소론)

→ 공산주의 인터내셔널(Communist International)의 약칭으로, 1919년 모스크바에서 창설된 공산주의 국제 연합

(4) 의의

① 사회주의 세력과 비타협적 민족주의 세력이 연합한 협동 단체

② 일제 강점기 최대의 합법적인 반일 사회 단체

암기 노트

신간회 해소를 둘러싼 논쟁

① **신간회 해소 주장** : 사회주의

해소 투쟁의 전개는 우익 민족주의자의 정체 폭로와 노농 주체의 강대화에 기반해야 한다. 우익 민족주의자의 정체는 이상의 우리의 해소 이론에 의해 폭로되었으리라고 믿는다. …… 이러한 운동은 노농 대중을 우익화하는 것이다. 산업별 조합을 계급적 진영이 되게 하며 강대화하는 데에 그 산업별 조합 또는 직업별 조합이 모든 투쟁의 담당자가 되어야 할 것이다.

② **신간회 해소 반대** : 민족주의

단결은 힘이다. 약자의 힘은 단결이다. 모든 역량을 집중하여 단결을 공고히 하자. …… 조선인의 대중적 운동의 목표는 정면의 일정한 세력을 향하여 집중되어야 할 것이니 이에서 민족 운동과 계급 운동은 동지적 협동으로 병립 병진하여야 할 것이다.

| 고급 | [2점]

(가) 인물에 대한 설명으로 옳은 것은?

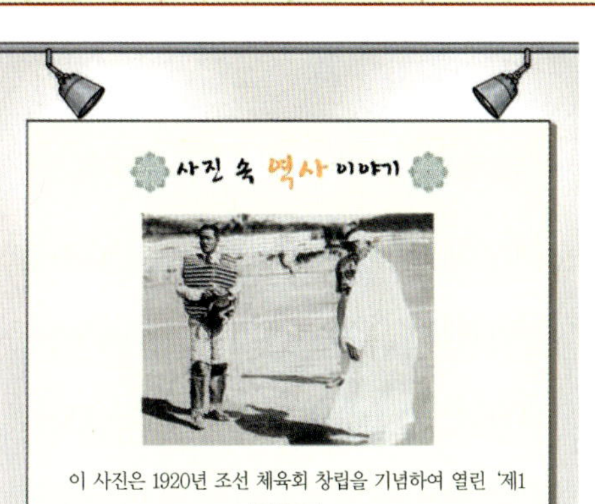

이 사진은 1920년 조선 체육회 창립을 기념하여 열린 '제1회 전조선야구대회'에서 (가) 이/가 흰 두루마기를 입고 시구하는 모습이다. 그는 서재필 등과 함께 독립 협회를 조직하여 만민 공동회를 주도하고, 민립 대학 설립 운동을 이끄는 등 민족 운동 지도자로서 다양한 활동을 하였다. 1927년에 그가 세상을 떠나자 사회장으로 장례가 치러졌다.

① 대한민국 임시 정부 대통령으로 활동하였다.
② 일제의 침략 과정을 서술한 한국통사를 저술하였다.
③ 민족 단결을 내세운 신간회의 회장으로 추대되었다.
④ 새로운 국가 건설의 이념으로 삼균주의를 주창하였다.
⑤ 일제의 패망과 광복에 대비하여 조선 건국 동맹을 결성하였다.

[민족 운동 지도자 이상재]

암기공식

민족 유일당 : 신간회 회장 ⇒ 이상재

| 정답 해설 |

민족주의 진영과 사회주의 진영이 민족 유일당, 민족 협동 전선의 기치 아래 창립 대회를 개최하고 신간회의 회장으로 이상재를 추대하였다(1927).

| 오답 해설 |

① 중국 상하이에 설립된 대한민국 임시 정부는 이승만이 제1대 대통령으로 활동한 후 미국에 대한 위임 통치건을 이유로 이승만이 탄핵되고 박은식을 2대 대통령으로 추대하였다.
② 박은식은 근대 이후 일본의 침략 과정을 서술한 한국통사를 저술하였다(1915). (→ "나라는 형(形)이요, 역사는 신(神)이다.)
④ 조소앙은 새로운 국가 건설의 이념으로 삼균주의를 주창하였고, 대한민국 임시 정부는 조소앙의 삼균주의에 따라 정치 · 경제 · 교육의 균등을 주장한 대한민국 건국 강령을 제정하였다(1941).
⑤ 여운형은 일제의 패망과 광복에 대비하여 일제 타도와 민주국가 건설을 목표로 조선 건국 동맹을 결성하였다(1944). (→ 민족연합 전선 형태, 좌우 합작 성격, 불언(不言) · 불문(不問) · 불명(不名)의 3불 원칙 제시)

정답 ③

5. 해외 동포들의 활동

(1) 만주

① 이주 목적

㉠ **이주 초기** : 19세기 후반 국내의 모순으로 궁핍해진 농민들이 생활 터전을 찾아 이주

㉡ **일제 침략 이후** : 20세기에 들어와 주로 항일 운동을 전개하기 위하여 이주

② 이주 동포들의 활동

㉠ **신민회** : 독립운동 기지 결성 (→ 일제 강점기에 신민회가 중심이 되어 서간도에 세운 독립 운동 기지)

- **남만주(서간도)** : 삼원보 건설, 신한민촌 형성, 신흥 학교 설립 운동, 경학사(→ 1911년 만주에서 조직된 독립 운동 단체), 부민단(→ 경학사가 대흥년으로 해체된 후 조직된 자치 기관)
- **북만주** : 밀산부에 한흥동 건설

㉡ **간도** : 서전 서숙(1906, 이상설), 명동 학교

암기 Plus

만주 동포들의 시련

- **간도 참변(1920)** : 일본군이 출병하여 독립운동 기지를 초토화하면서 무차별 학살
- **만보산 사건** : 1931년 일제의 악의적인 한 · 중 이간책으로 조선 농민과 중국 농민 사이에 벌어진 유혈 농지 분쟁 사건
- **일제의 대륙 침략** : 1930년대 일제의 본격적 대륙 침략으로 근거지를 상실하고 수난

(2) 연해주

① 이주 동포들의 활동

㉠ **삶의 조건** : 러시아는 변방 개척을 위하여 처음에는 이주를 허용하고 토지를 제공하기도 하여 만주 이주 동포보다 좋은 조건이었음

㉡ **신한촌의 형성** : 1905년 이후 이주 한인이 급증하여 한인 집단촌이 형성되고 많은 민족 단체들과 학교가 설립

㉢ **13도 의군 결성** : 1910년 6월 러시아 블라디보스토크에서 유인석·이상설·이범윤 등이 러시아령 내의 의병 조직을 통합하여 결성

② 정부의 수립

㉠ **대한 광복군 정부(1914)** : 블라디보스토크에서 이상설과 이동휘를 정·부통령으로 하여 수립

㉡ **대한 국민 의회(노령 정부, 1919)** : 3·1 운동 때 조직하여 손병희를 대통령으로 하는 정부를 수립

(3) 일본

① 이주 형태

㉠ **한말** : 주로 학문을 배우기 위한 유학생들이 이주

㉡ **국권 강탈 후** : 생활 터전을 상실한 농민들이 건너가 산업 노동자로 취업

② **동포들의 활동** : 최팔용을 중심으로 조선 청년 독립단을 구성하여 2·8 독립 선언을 발표함

③ 동포들의 시련

㉠ **민족 차별** : 일제 자본가에게서 착취당함, 열악한 노동 환경 등

㉡ **관동 대지진** : 1923년 관동 지방에서 발생한 지진으로 일본 내 민심이 흉흉해지자 일본 당국은 유언비어를 퍼뜨려 사회 불안의 원인을 한국인의 탓으로 돌렸고, 이로 인해 재일 동포 6,000여 명이 일본인에게 학살됨

관동대지진 당시 일제가 조장한 유언비어

지진과 동시에 시내 각지의 가스관이 파열하여 가스가 분출하고 있다. 이에 조선인들은 단체를 만들어 불을 지르고 다닌다. 그로 인해 시내 120여 지역에서 불이 났으며, 조선인들이 폭탄을 던져 불길을 조장하고 있다. 또 각지의 우물에 독약을 넣고, 이재민들의 자녀에게 독약이 든 빵을 준다고 하니 기가 막힐 노릇이다.

-가와키타 신문, 1923. 9. 7 -

(4) 미국

① 이민의 시작

㉠ 하와이 이민

- 1902년 정부의 보증으로 하와이 노동 이민 시작
- 주로 사탕수수밭 노동자와 그 가족 등으로 가혹한 노동에 시달림

㉡ 이후 미국 본토와 멕시코, 쿠바 등으로 이민 지역 확대

② 이주 동포들의 활동

㉠ 대한인 국민회(1909)

- 장인환, 전명운의 스티븐스 사살 계기로 조직
- 외교 활동 전개, 독립 의연금 모금

암기 Plus

연해주 동포들의 시련

- **1920년대 초** : 볼셰비키가 정권을 장악한 후 한국인 무장 활동을 금지, 무장 해제 강요
- **1930년대 말** : 1937년에는 연해주의 한인들이 소련에 의해 중앙아시아로 강제 이주

2·8 독립 선언

1919년 2월 8일, 도쿄 조선 유학생 학우회는 독립 선언서와 결의문을 낭독한 뒤 일본 정부와 국회, 각국 대사관 등에 이를 보냈다. 3·1 독립 선언보다 강경한 태도로 일제의 침략을 고발하고 있으며, 민족 자결주의의 적용을 요구하는 한편 독립을 위해 마지막 한 사람까지 투쟁하겠다는 내용을 담고 있다.

▲ 관동 대지진 조선인 학살(관동 대학살)

미주 동포의 활동

1908년 장인환과 전명운의 스티븐스 사살이 계기가 되어 샌프란시스코에 대한인 국민회가 조직되었다. 미국, 하와이, 만주, 연해주 등지에 지부를 두고 있는 이 단체는 독립 의연금을 모집하여 독립군을 지원하였다. 또한 태평양 전쟁에서 미국이 이겨야 우리나라가 빨리 독립할 수 있을 것이라고 믿은 청년들이 미군에 입대하기도 하였다.

㉡ 흥사단(1913) : 안창호
㉢ 대조선 국민군단(1914) : 박용만, 군사 조직
㉣ 구미 위원부(1919) : 임시정부의 외교 기관, 이승만
㉤ 태평양 전쟁 참전 : 한인군 편성, 많은 한인 청년들이 미군에 자원 입대

기출문제

| 고급 | [2점]

(가)에 들어갈 내용으로 옳은 것은?

보재(溥齋) 이상설 선생의 항일 투쟁

활동지역	주요 활동
국내(서울)	을사늑약 체결 비판과 을사 5적 처단 상소
간도	서전서숙 설립과 민족 교육 실시
네덜란드(헤이그)	만국 평화 회의에 파견되어 을사늑약의 부당성 폭로
미국	애국 동지 대표자 회의 참석과 국민회 결성에 기여
러시아(연해주)	(가)
중국(상하이)	신한 혁명당 결성과 외교 활동

① 숭무 학교 설립과 무장 투쟁 준비
② 한인 애국단 결성과 항일 의거 활동
③ 권업회 조직과 대한 광복군 정부 수립
④ 한국 광복군 창설과 국내 정진군 훈련
⑤ 국민 대표 회의 참여와 대한민국 임시 정부 활동

[보재 이상설의 항일 투쟁]

암기공식
이상설 ⇒ 연해주 : 권업회 조직, 대한 광복군 정부 수립

| 정답 해설 |
보재 이상설은 일제의 황무지 개간권 요구에 맞서 이를 철회시키고 을사조약 체결에 반대하여 상소 투쟁을 펼쳤으며 헤이그에 특사로 파견되어 한국의 독립을 호소하였다. 또한 연해주에서 권업회를 조직하고 대한 광복군 정부를 수립하여 독립 운동을 전개하였다.

| 오답 해설 |
① 이근영은 멕시코 메리다 중심지에 한인 무관 양성 학교인 숭무 학교를 설립하고 무장 투쟁을 준비하였다.
② 김구는 상해에서 임시정부의 위기 타개책으로 한인 애국단을 조직하였고, 한인 애국단 소속의 이봉창과 윤봉길은 항일 의거 활동을 전개하였다.
④ 임시정부의 김구와 지청천 등이 한국 광복군을 창설하고 미국 전략정보처(OSS)의 지원으로 국내 정진군 특수 훈련을 준비하였다.
⑤ 이승만의 위임 통치 청원을 이유로 신채호, 박용만 등 외교 중심 노선에 비판적인 인사들이 상해에서 국민 대표 회의를 소집하였으나 창조파와 개조파의 대립으로 분열되었다.

정답 ③

2 일제 침탈기의 민족 문화

1. 일제의 식민지 문화 정책

(1) 일제의 식민지 교육 정책

① 교육 목표

㉠ 한국인의 우민화와 황국 신민화를 추구하여 일제의 식민지 정책에 순종하도록 함, 일본인으로 동화
㉡ 기초적인 실업 교육만 실시하여 통치에 유용한 하급 기술자 양성

② 조선 교육령

정책	내용
제1차(1911)	• 우민화 교육 : 교육 기회 축소, 사립 학교 축소(사립 학교 규칙, 1911) • 보통 학교 수업 연한 축소 : 일본인은 6년, 한국인은 4년 • 초등 · 기술 교육만 실시 • 민족 의식 억압, 국어(일본어) 교육 강요 • 서당 규칙(1918) : 개량 서당의 민족 교육 탄압

제2차(1922)	• 유화 정책 : 조선어 필수 교육 • 보통 학교 연한 연장 : 일본인과 동일한 6년제, 고등 보통 학교는 5년 –일본인 : 소학교, 중학교 –한국인 : 보통 학교, 고등 보통 학교 • 경성 제국 대학 설립 : 조선에 있는 일본인을 위한 대학, 민립 대학 설립 운동 저지가 목표
제3차(1938)	• 황국 신민화 교육 • 조선어 선택 과목화(수의 과목) • 보통 학교와 고등 보통 학교를 소학교, 중학교로 통합(일본어로 된 수업만 가능) • 국민 학교(1941) : 황국 신민 학교
제4차(1943)	• 군사 교육 강화 • 조선어, 조선사 교육 금지

암기 Plus

임나일본부설(任那日本府說)

일본 야마토정권이 4세기 중반에서 6세기 중반까지 약 200여 년간 한반도 남부의 임나를 직접 지배했고, 백제와 신라를 간접 지배했으며 그 지배기구로서 설치한 것이 임나일본부였다는 주장이다. 이는 식민 지배를 정당화하고 한국사의 독자적 발전을 부정하려했던 대표적인 식민사관 중 하나이다.

(2) 일제의 한국사 왜곡

① **목적** : 한국사의 자율성 · 독창성 부인, 식민 통치 합리화

② **식민 사관** : 식민지 근대화론

㉠ **정체성론** : 고대 이래로 역사 발전이 정체(→ 중세 부재론)

㉡ **타율성론(반도 사관)** : 외세의 간섭과 압력에 의해 타율적으로 전개, 한국사의 독자적 발전 부정(→ 임나 일본부설) → 일본의 야마토 정권이 4세기 후반 한반도 남부지역에 진출하여 가야에 일본부라는 통치기관을 설치하여 지배했다는 주장

㉢ **당파성론** : 한국사의 오랜 당파 싸움은 민족성에 기인

③ **단체** : 조선사 편수회(「조선사」 간행), 청구학회(「청구학보」 발행)

암기 노트

조선사 편수회의 「조선사」 편찬 요지

조선인은 다른 식민지의 야만적이고 반개화적인 민족과는 달라서 문자 문화에 있어서도 문명인에게 떨어지지 않는다. 따라서 예로부터 전해 오는 역사책도 많고, 또 새로운 저술도 적지 않다. …… 헛되이 독립국의 옛 꿈을 떠올리게 하는 폐단이 있다. …… 「한국 통사」라고 하는 재외 조선인의 저서는 진상을 깊이 밝히지 않고 함부로 망령된 주장을 펴고 있다. 이들 역사책이 인심을 어지럽히는 해독은 헤아릴 수 없다.

▲ 동아일보의 일장기 말소 사건(1936)

(3) 언론 탄압

① **1910년대** : 대한 제국 시기 발행된 신문 폐간, 매일 신보(총독부 기관지)만 간행

② **1920년대** : 조선 · 동아일보의 발행(1920)을 허가하였으나 검열, 기사 삭제, 발행 정지

③ **1930년대** : 만주 사변 이후 언론 탄압 강화, 일장기 말소 사건(1936)으로 동아일보 정간

④ **1940년대** : 조선 · 동아일보 폐간(1940)

사찰령

전국 불교 사찰의 총독부 귀속과 총독부의 주지 임면권 행사 등을 내용으로 한다.

(4) 종교 탄압

→ 안명근 등이 황해도 신천에서 무관학교 설립자금을 모집하다가 민병찬의 밀고로 체포된 사건

① **기독교** : 안악 사건, 105인 사건, 신사 참배 강요

② **불교** : 사찰령을 제정(1911)하여 전국 사찰을 총독에 직속시킴

③ **천도교** : 3 · 1 운동에 주도적 역할을 했다는 이유로 감시 강화, 지방 교구 폐쇄

④ **대종교** : 일제의 탄압으로 본거지를 만주로 이동

2. 민족 문화 수호 운동

(1) 한글 연구

① 조선어 연구회(1921)

㉠ **조직** : 3 · 1 운동 이후 이윤재 · 최현배 등이 국문 연구소의 전통을 이어 조직

㉡ **활동** : 잡지 「한글」을 간행, 가갸날을 정하여 한글의 보급과 대중화에 공헌

② 조선어 학회(1931)

개편	조선어 연구회가 조선어 학회로 개편되면서 그 연구도 더욱 심화
활동	• 한글 교재를 출판하고, 회원들이 전국을 순회하며 한글을 교육 · 보급 • 한글 맞춤법 통일안(1933)과 표준어(1936) 제정 • 「우리말 큰사전」의 편찬에 착수(→ 일제의 방해로 성공하지 못함)
해산	1940년대 초에 일제는 조선어 학회 사건을 일으켜 수많은 회원들을 체포 · 투옥하여 강제로 해산

(2) 민족주의 사학

① **방향** : 일제의 한국사 왜곡에 맞서 민족 문화의 우수성과 한국사의 주체적 발전을 강조

② 박은식

㉠ **민족 사관** : 민족 정신을 혼(魂)으로 파악하고, 혼이 담긴 민족사의 중요성을 강조

㉡ **저술 및 내용**

- **한국통사** : 근대 이후 일본의 침략 과정을 밝힘("나라는 형(形)이요, 역사는 신(神)이다.")
- **한국 독립운동지혈사** : 일제 침략에 대항하여 투쟁한 한민족의 독립운동을 서술

▲ 박은식

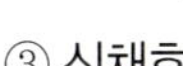

③ 신채호

▲ 신채호

㉠ **연구 부분 및 사관**

- 일제의 왜곡이 심하였던 고대사 연구에 치중하여 「조선 상고사」 · 「조선사 연구초」 등을 저술하여 민족주의 역사학의 기반을 확립(→ 우리 역사의 우수성 · 독자성을 강조하여 식민 사관을 비판)
- 민족 사관으로 낭가(郎家) 사상을 강조

㉡ **저술 및 내용** : 고대사 연구

- **조선 상고사** : 역사는 아(我)와 비아(非我)의 투쟁의 기록
- **조선사 연구초** : 낭가 사상을 강조하여 묘청의 서경 천도 운동을 '조선 1천년래 제일대 사건'으로 높이 평가(→ 이러한 사상을 토대로 민족 독립의 정신적 기반을 다지고자 함)
- **독사신론** : 일제 식민사관에 기초한 일부 국사교과서를 비판하기 위해 〈대한매일 신보〉에 연재, 만주와 부여족 중심의 고대사 서술로 근대 민족주의 역사학의 초석을 다짐
- **조선 혁명 선언(한국 독립 선언서, 의열단 선언)** : 무장투쟁과 민중 혁명을 강조한 민중 봉기를 주장 → 의열단의 요청으로 집필

암기 Plus

조선어 학회 사건(1942)

일제는 조선어 학회가 독립운동 단체라는 거짓 자백을 근거로 회원들을 검거하고 강제 해산시켰다.

박은식의 역사 인식

대개 국교(國敎) · 국학(國學) · 국어(國語) · 국문(國文) · 국사(國史)는 혼(魂)에 속하는 것이요, 전곡(錢穀) · 군대(軍隊) · 성지(城池) · 함선(艦船) · 기계(機械)는 백(魄)에 속하는 것이다. 그런데 혼의 됨됨은 백에 따라서 죽고 사는 것이 아니다. 그러므로 국교 · 국사가 망하지 않으면 그 나라는 망하지 않는다. 오호라, 한국의 백은 이미 죽었으나 이른바 혼은 살아 있는가 없는가. …… 옛 사람이 말하기를, 나라는 가히 멸할 수 있으나 역사는 가히 멸할 수 없으니, 대개 나라는 형(形)이요, 역사는 신(神)이기 때문이다.

– 「한국통사」 –

신채호의 「조선 상고사」

역사란 무엇이뇨, 인류 사회의 아(我)와 비아(非我)의 투쟁이 시간에서 발전하여 공간까지 확대하는 심적 활동의 상태의 기록이니, 세계사라 하면 세계 인류의 그리 되어 온 상태의 기록이며, 조선사라 하면 조선 민족이 그리 되어 온 상태의 기록이니라. 그리하여 아에 대한 비아의 접촉이 많을수록 비아에 대한 아의 투쟁이 더욱 맹렬하여 인류 사회의 활동이 휴식할 사이가 없으며, 역사의 전도가 완결될 날이 없다. 그러므로 역사는 아와 비아의 투쟁의 기록이니라.

④ **정인보**

㉠ 신채호를 계승하여 고대사 연구에 치중하였고, '오천 년간 조선의 얼'을 신문에 연재

㉡ **조선사 연구** : 식민 사관에 대항하여 광개토대왕비를 새롭게 해석하고, 한군현의 실재성을 부인, 양명학과 실학 사상을 주로 연구

㉢ **민족 사관** : 얼 사상을 강조

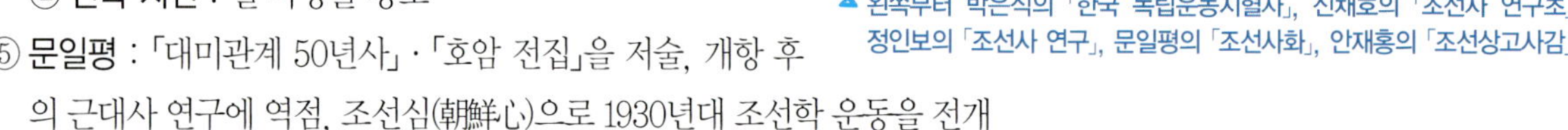

▲ 왼쪽부터 박은식의 「한국 독립운동지혈사」, 신채호의 「조선사 연구초」, 정인보의 「조선사 연구」, 문일평의 「조선사화」, 안재홍의 「조선상고사감」

⑤ **문일평** : 「대미관계 50년사」·「호암 전집」을 저술, 개항 후의 근대사 연구에 역점, 조선심(朝鮮心)으로 1930년대 조선학 운동을 전개

⑥ **안재홍** : 「조선상고사감」을 저술, 민족 정기를 강조, 신민족주의자로서 1930년대 조선학 운동 전개

⑦ **최남선**

㉠ 백두산 중심의 불함문화론(不咸文化論)을 전개하여 식민 사관에 대항

㉡ 〈아시조선〉·〈고사통〉·〈조선역사〉 등을 저술, 〈조선 광문회〉를 조직하여 고전의 정리·간행

⑧ **손진태** : 〈조선 민족사론〉·〈국사 대요〉를 저술, 신민족주의 사관의 확립에 노력

기출문제

| 고급 | [3점]

(가) 인물에 대한 설명으로 옳은 것은?

〈주제: (가) 의 저술 활동과 사상〉
조선상고사에서 역사를 '아(我)와 비아(非我)의 투쟁'으로 정의하였습니다.
이순신전과 을지문덕전 등을 집필하여 애국심을 고취하고자 하였습니다.

① 여유당전서를 간행하고 조선학 운동을 전개하였다.

② 서유견문을 집필하여 서양 근대 문명을 소개하였다.

③ 한국독립운동지혈사에서 독립 투쟁 과정을 서술하였다.

④ 독사신론을 발표하여 민족을 역사 서술의 중심에 두었다.

⑤ 조선사회경제사에서 식민 사학의 정체성 이론을 반박하였다.

[신채호의 저술 활동과 사상]

암기공식

독사신론 : 민족 중심의 역사 서술 ⇒ 신채호

| 정답 해설 |

신채호는 조선상고사에서 역사를 '아(我)와 비아(非我)의 투쟁'의 기록으로 보았고, 이순신전과 을지문덕전 등을 집필하여 애국심을 고취시켰다. 또한 만주와 부여족 중심의 고대사를 서술한 독사신론을 발표하여 근대 민족주의 역사학의 초석을 다졌다.

| 오답 해설 |

① 정인보, 안재홍 등은 다산 정약용의 서거 99주년을 기념하여 여유당전서 간행 사업을 시작하면서 조선학 운동을 전개하였다.

② 미국에 보빙사의 일행으로 파견된 유길준은 유럽을 여행한 후 서유견문을 집필하여 서양 근대 문명을 소개하고 새로운 국·한문체의 보급에 공헌하였다.

③ 박은식은 일제 침략에 대항하여 투쟁한 한민족의 독립 운동을 서술한 한국독립운동지혈사를 저술하였다.

⑤ 백남운은 사적 유물론을 도입하여 조선사회경제사를 저술하고, 일제의 식민주의 사학의 정체성 이론을 반박하였다.

정답 ④

(3) 사회 · 경제 사학

① **특징** : 유물 사관에 바탕을 두고, 한국사가 세계사의 보편 법칙에 따라 발전하였음을 강조하여 식민 사관의 정체성론을 비판

② **학자 및 저서**

→ 마르크스주의의 근거가 되는 역사관으로, 역사가 발전하는 원동력은 관념이 아니라 물질적인 생산이라는 주장

㉠ **백남운** : 사적 유물론을 도입하여 일제의 정체성론에 대항, 「조선 사회 경제사」 · 「조선 봉건 사회 경제사」

㉡ **이청원** : 「조선 역사 독본」, 「조선 사회사 독본」

(4) 실증 사학

① **특징** : 문헌 고증에 의한 실증적인 방법으로 한국사를 연구함으로써 역사 상황을 정확하고 올바르게 인식하고자 함

② **진단 학회 조직(1934)** : 이병도 · 손진태 등이 조직, 「진단 학보」를 발간하면서 한국사 연구

③ **학자 및 저서**

㉠ **손진태** : 신민족주의 사관(新民族主義史觀) 제창, 「조선 민족사개론」, 「국사대요」 등

㉡ **이병도** : 진단 학회 대표, 「역주 삼국사기」, 「조선사 대관」 등

㉢ 이윤제, 이상백, 신석호 등

3. 교육과 종교 활동

(1) 교육 운동

① **조선 교육회(1920)** : 한규설, 이상재 등이 조직하여 민족 교육의 진흥에 노력, 민립대학 설립 운동 전개

② **문맹 퇴치 운동** : 조선일보와 동아일보 등 언론 단체 참여

③ **사립 학교** : 근대적 지식 보급, 항일 민족 운동의 거점

④ **개량 서당** : 일제의 제도 교육에 편입되기를 거부한 한국인을 교육(→ 서당 규칙(1918)을 제정하여 탄압)

⑤ **야학** : 1920년대 전반 활성화

㉠ 민중에게 자주 의식과 반일 사상 고취

㉡ 만주 사변(1931) 이후 야학 탄압

(2) 과학 대중화 운동

① **과학교육의 침체**

㉠ 일본은 하급 기술 인력의 양성을 목표로 고등 과학 기술을 억제하고 기능인 양성에 주력

㉡ 과학의 중요성에 대한 인식 자체가 부족하였음

② **과학 대중화 운동**

㉠ 언론에서 과학의 대중화 주장, 안창남의 고국 방문 비행(1922)

㉡ 발명학회(1924), 과학 문명 보급회(1944) 조직 → 과학의 날 행사와 강연회 등

진단 학회

실증주의 사학에 입각한 진단 학회는 문헌 고증을 통해 있었던 사실을 그대로 밝혀내는 것을 목적으로 삼았다. 이들은 역사 연구에 있어 일반적인 법칙을 가정하여 사실을 이론에 끼워 맞추기보다는, 객관적인 사실을 정확하게 인식함으로써 한국사를 깊이 이해할 수 있다고 주장하였다. 이러한 실증주의 사학은 한국 역사학을 독립된 학문으로 정립시키는 데 공헌하였다.

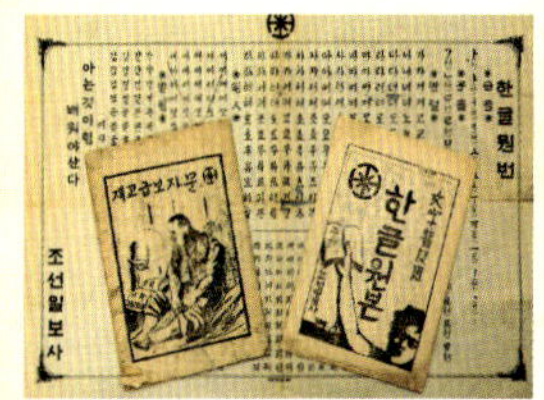

▲ 조선일보가 간행한 문자 보급 교재

(3) 종교 활동

① **천도교** : 제2의 3 · 1 운동을 계획하여 자주 독립 선언문 발표, 「개벽」 · 「어린이」 · 「학생」 등의 잡지를 간행하여 민중의 자각과 근대 문물의 보급에 기여

② **개신교** : 천도교와 함께 3 · 1 운동에 적극 참여, 민중 계몽과 문화 사업을 활발하게 전개, 1930년대 후반에는 신사 참배를 거부하여 탄압을 받음

③ **천주교** : 고아원 · 양로원 등 사회 사업을 계속 확대하면서 「경향」 등의 잡지를 통해 민중 계몽에 이바지, 만주에서 항일 운동 단체인 의민단을 조직하여 항일 무장 투쟁 전개

④ **대종교**

㉠ 천도교와 더불어 양대 민족 종교를 형성

㉡ 교단 본부를 만주로 이동해 민족 의식 고취, 적극적인 민족 교육 및 항일 투쟁

㉢ 지도자들은 항일 무장 단체인 중광단을 조직, 3 · 1 운동 직후 북로 군정서로 개편하여 청산리 대첩에 참여

⑤ **불교** : 3 · 1 운동에 참여, 한용운 등의 승려들이 총독부의 정책에 맞서 민족 종교의 전통을 지키려 노력, 교육 기관을 설립하여 민족 교육 운동에 기여

⑥ **원불교** : 박중빈이 창시(1916), 불교의 현대화와 생활화를 주창, 민족 역량 배양과 남녀 평등, 허례 허식의 폐지 등 생활 개선 및 새생활 운동에 앞장섬

4. 문예 활동

(1) 문학 활동

① **1910년대** : 계몽적 성격의 문학, 이광수의 「무정」

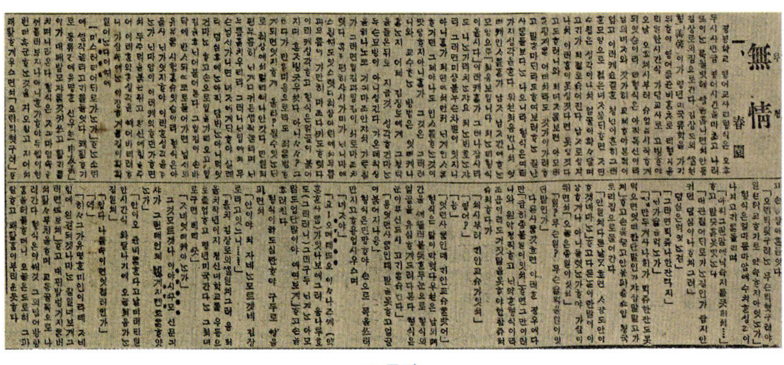

▲ 무정

② **3 · 1 운동 이후(1920년대)**

㉠ **순수 문학**

- 계몽주의를 지양하는 순수 문학이 발전(→ 염상섭 · 이상화 등은 현실 타파와 현실 개조의 의지를 표현)
- 일부 작가들이 동인지를 간행(→ 김동인이 주동이 된 「창조」와 염상섭이 주관한 「백조」가 대표적)
- **잡지의 간행** : 「창조」(1919), 「폐허」(1920), 「백조」(1922), 「조선 문단」(1924)

㉡ **1920년대 중반** : 식민지적 현실을 극복하는 데 노력, 새로운 문학 기반과 사조 형성

- **신경향파 문학의 대두** : 사회주의 문학, 1920년대 사회주의 사상이 지식인 사이에 퍼지면서 현실 비판 의식이 더욱 강화됨, 1925년 카프(KAPF, 조선 프롤레타리아 예술가 동맹)를 결성

암기 Plus

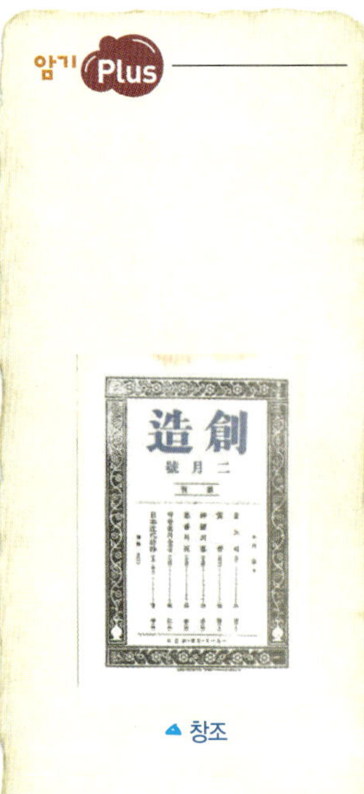

▲ 창조

조선 프롤레타리아 예술가 동맹(Korea Artista Proleta Federatio)

한국의 사회주의 혁명을 위해 1925년에 결성된 문예 운동 단체로, 카프(KAPF)라고 약칭한다. 사회주의 사상의 영향을 받은 저항 문학을 전개하였다. 주요 작가로는 최서해, 주요섭, 이상화, 임화, 한설야 등이 있다. 민족주의 계열은 이들의 계급 노선에 반대하여 국민 문학 운동을 전개하였다.

- **프로 문학의 대두** : 신경향파 문학 이후 등장하여 극단적인 계급 노선을 추구
- **국민 문학 운동의 전개**
  - 민족주의 계열이 계급주의에 반대하고 문학을 통해 민족주의 이념을 전개
  - 동반작가(同伴作家)라고 불림, 염상섭과 현진건 등이 대표적

→ 공산주의 혁명에는 직접 참가하지 않으면서 혁명운동에 동조적인 입장을 취하는 문학경향을 가진 작가

③ 1930년대 이후

㉠ 일제의 탄압이 강화되자 많은 문인들이 작품 활동을 중단하거나 현실도피적인 순수 문학을 전개

㉡ **친일 문학** : 이광수 · 최남선 등 일부 문인들은 침략 전쟁 찬양에 참여

㉢ **저항 문학** : 한용운 · 이육사 · 이상화 · 윤동주 등은 항일 의식과 민족 정서를 담은 작품을 창작

▲ 흰 소(이중섭)

(2) 민족 예술

① **음악** : 항일 독립 의식과 예술적 감정을 음악과 연주를 통해 표현

㉠ **창가(1910년대)** : 학도가, 한양가, 거국가 등 망국의 슬픔과 저항적 성격을 담은 노래 유행

㉡ **가곡 · 동요**

- **가곡** : 홍난파 · 현제명 · 윤극영 등(→ 홍난파의 봉선화는 민족적 심정을 특히 잘 표현)
- **동요** : 「반달」 · 「고향의 봄」 등, 민족적 정서로 인하여 오늘날까지 애창됨

㉢ **한국(코리아) 환상곡** : 국외에서는 안익태가 애국가와 한국 환상곡을 작곡

② **미술** : 안중식은 한국 전통 회화 발전에 기여, 고희동과 이중섭은 서양화를 대표

③ **연극** : 민족 의식을 고취하는 수단으로, 민중을 계몽하고 독립 정신을 고취

㉠ **3 · 1 운동 이전** : 신파극단들이 공연을 통해 나라 잃은 슬픔과 외로움을 나눔

㉡ **3 · 1 운동 이후**

- **극예술 협회(1920)** : 계몽 운동이 확산되자 동경 유학생들이 조직, 연극 공연을 민중 계몽의 수단으로 삼아 활발히 활동
- **토월회(1923) · 극예술 연구회(1931)** : 본격적인 근대 연극 등장에 기여, 전국 순회 공연을 통하여 민족을 각성하고 민족 의식 고취
- 많은 연극 단체가 곳곳에 창립되어 민족의 비참한 현실을 고발하고 일제 수탈을 폭로

㉢ **일제의 탄압** : 중 · 일 전쟁을 계기로 혹독한 탄압을 가하여 연극 무대는 오락 일변도의 가극 무대로 변하였고, 일본어를 쓰지 않는 연극은 공연이 허가되지 않음

▲ 영화 아리랑의 포스터

④ **영화** : 다른 어느 분야보다 발전이 늦음

㉠ **나운규의 아리랑(1926)** : 한국 영화를 획기적으로 도약시키는 계기

㉡ **일제의 탄압** : 1930년대까지 어느 정도 민족적인 색채를 띠던 영화 예술은 1940년 조선 영화령이 발표되면서 심한 탄압을 받음

⑤ **문화 · 예술 활동의 탄압** : 제2차 세계 대전이 일어난 후 일제는 모든 문화 · 예술 분야에 대한 통제를 강화

기출 및 예상 문제

01

내용을 순서대로 바르게 나열한 것은?

㉠ 일본이 대한제국의 외교권을 대행하였다.
㉡ 외교와 재정분야에 일본이 추천하는 고문을 두었다.
㉢ 일본군이 전략상 필요한 지역을 마음대로 사용할 수 있었다.
㉣ 조선 고등 관리의 임명과 해임을 일본 통감의 동의를 받게 하였다.

① ㉠ - ㉡ - ㉢ - ㉣
② ㉡ - ㉠ - ㉢ - ㉣
③ ㉡ - ㉢ - ㉠ - ㉣
④ ㉢ - ㉠ - ㉡ - ㉣
⑤ ㉢ - ㉡ - ㉠ - ㉣

⑤ ㉠은 을사조약(1905), ㉡은 제1차 한일 협약(1904.8), ㉢은 한일 의정서(1904.2), ㉣은 한일 신협약(1907)이다.

02

다음은 일제의 식민통치 방식이 전환되는 과정이다. ㉠과 ㉡에 들어갈 내용으로 가장 알맞은 것은?

헌병경찰제 → 보통경찰제 → 민족말살정책
㉠ ㉡

① ㉠ - 신간회 결성, ㉡ - 만주사변 발발
② ㉠ - 중일 전쟁 발발, ㉡ - 제2차 세계대전 발발
③ ㉠ - 3 · 1 운동 전개, ㉡ - 세계 대공황 발생
④ ㉠ - 제1차 세계대전 발발, ㉡ - 조선 공산당 창당
⑤ ㉠ - 대한민국 임시정부 수립, ㉡ - 6 · 10 만세 운동 전개

일제의 식민통치 방식은 1910년대 헌병경찰통치(무단통치)에서 3 · 1 운동을 계기로 문화통치(보통경찰통치, 1919~1931)로 전환되었고, 다시 세계 경제대공황 극복을 위한 대외침략 전쟁의 수행을 위해 민족말살정책으로 전환되었다.

03

(가), (나) 사건에 대한 설명으로 옳은 것은?

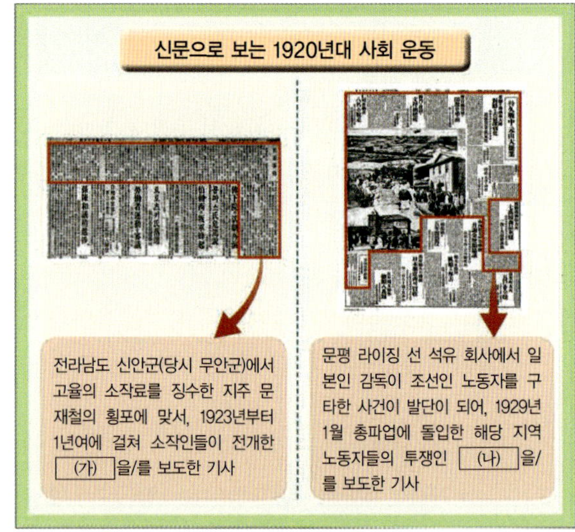

신문으로 보는 1920년대 사회 운동
전라남도 신안군(당시 무안군)에서 고율의 소작료를 징수한 지주 문재철의 횡포에 맞서, 1923년부터 1년여에 걸쳐 소작인들이 전개한 (가) 을/를 보도한 기사
문평 라이징 선 석유 회사에서 일본인 감독이 조선인 노동자를 구타한 사건이 발단이 되어, 1929년 1월 총파업에 돌입한 해당 지역 노동자들의 투쟁인 (나) 을/를 보도한 기사

① (가) - 중국의 5 · 4 운동에 영향을 주었다.
② (가) - 혁명적 농민 조합을 중심으로 펼쳐졌다.
③ (나) - 대한민국 임시 정부 수립의 계기가 되었다.
④ (나) - 일본, 프랑스 등지의 노동 단체로부터 격려 전문을 받았다.
⑤ (가), (나) - 일제가 이른바 문화 통치를 실시하는 배경이 되었다.

(가) 암태도 소작 쟁의 : 전남 신안군 암태도의 소작농민들이 전개한 농민운동으로, 지주들의 소작료 인상율 저지와 1920년대 각지의 소작운동에 큰 영향을 미쳤다(1923).
(나) 원산 총파업 : 원산 노동 연합회의 소속 노동자와 일반 노동자들이 합세하여 노동 조건 개선을 요구하며 전개한 1920년대 최대의 파업 투쟁으로 일본, 프랑스 등의 노동 단체로부터 격려 전문을 받았다(1929).
① 3 · 1 운동은 중국 전역에서 일어난 반일 애국 운동인 중국의 5 · 4 운동에 영향을 주었다.
② 1930년대 이후 노동 운동은 비합법적인 혁명적 노동 조합을 중심으로 펼쳐졌다.
③ 고종의 인산일(因山日)에 민족 대표 33인의 이름으로 독립 선언서를 발표함으로써 전개된 3 · 1 운동은 대한민국 임시 정부 수립의 계기가 되었다.
⑤ 3 · 1운동으로 인해 국제 여론이 악화되자 일제는 통치 방식을 무단 통치에서 문화 통치로 바꾸었다.

04

다음 요강이 발표된 이후에 볼 수 있는 모습으로 적절한 것은?

> **일본어 보급 운동 요강**
>
> Ⅰ. 취지
> 본 운동은 반도 민중으로 하여금 확고한 황국 신민됨의 신념을 견지하고 일체의 생활에 국민 의식을 발현시키기 위하여 모두 일본어를 해득케 하고 또 일상 생활 용어로서 이것을 상용케 하는 데에 있다.
>
> Ⅱ. 운동 요목
> 1. 일본어 상용에 대한 정신적 지도
> 가. 황국 신민으로서 일본어를 말할 줄 아는 명예를 깨달아 알게 할 것
> 나. 일본 정신의 체득 상 일본어 상용이 절대로 필요한 이유를 이해하게 할 것
> 다. 대동아 공영권의 중핵인 황국 신민으로서 일본어의 습득 상용이 필수의 자격 요건임을 자각케 할 것
> ……
>
> – 제44회 국민 총력 조선 연맹 지도 위원회 결정 사항 –

① 조선인에게 태형을 집행하는 헌병 경찰
② 일본 군수 공장에 강제 동원되는 여자 근로 정신대
③ 경성 제국 대학 설립 업무를 수행하는 조선 총독부 관리
④ 안창남의 고국 방문 비행을 환영하기 위해 상경하는 청년
⑤ 나운규가 제작한 영화 아리랑의 첫 상영을 준비하는 단성사 직원

일제의 민족 말살 통치기에는 국가 총동원령을 내려 식량 수탈과 전쟁 물자를 공출하였으며, 우리 말·우리 역사 교육 금지, 조선·동아일보 폐간, 창씨개명, 황국신민서사 암송, 신사 참배, 궁성 요배를 강요하였다. 또한 여자 정신대 근로령을 내려 일본군 위안부를 동원하는 등 반인륜적 범죄를 저질렀다.

① 일제는 조선인에 한하여 태형을 통해 형벌을 가하는 조선 태형령을 시행하였다(1912).
③ 조선 교육회는 우리 손으로 대학을 설립하고자 조선 민립 대학 기성회를 중심으로 모금 운동을 전개하였으나 일제가 경성 제국 대학을 설립하면서 중단되었다(1924).
④ 동아일보사가 모금을 주도하여 성사된 안창남의 고국 방문 비행은 온 국민의 환영을 받았다(1922).
⑤ 나운규의 아리랑이 단성사에서 처음 개봉되어 한국 영화를 획기적으로 도약시키는 계기가 되었다(1926).

05

다음과 같은 사업이 실시된 결과로 옳은 것을 〈보기〉에서 고른 것은?

> 1. **토지 개량 기본 조사** : 토지 개량 사업 지구의 소재, 면적, 용수(用水)와 이용 방법, 공사비의 조사
> 2. **토지 개량 시행 면적** : 427,500정보
> **논의 관개 개선** : 225,000정보
> **지목 변경(밭 → 논)** : 112,500정보
> **개간, 간척** : 90,000정보
> 3. **시행 기간** : 0000년~0000년
> 4. **증수 목표** : 쌀 8,995,000석
> 5. **일본 수출 목표** : 쌀 8,000,000석

보기

ㄱ. 농업 구조가 벼농사 중심으로 바뀌었다.
ㄴ. 농민이 가지고 있던 관습적 경작권이 부정되었다.
ㄷ. 지주가 수리 시설 개선 비용을 소작농에게 전가시켰다.
ㄹ. 전국적으로 토지의 가격과 지형·지목 등이 조사되었다.

① ㄱ, ㄴ ② ㄱ, ㄷ ③ ㄴ, ㄷ
④ ㄴ, ㄹ ⑤ ㄷ, ㄹ

해설 **산미 증식 계획 내용 이해**

제시된 사업 계획은 산미 증식 계획이다. 산미 증식 계획으로 밭이 논으로 바뀌었는데, 이 때문에 우리나라의 농업 구조가 벼농사 중심이 되었다. 산미 증식 계획 기간 동안 소작 농민에 대한 지주들의 수탈은 계속 되었다. 농민들은 혜택과 상관없이 수리 조합비를 납부하고, 새로운 종자를 도입하거나 비료를 더 많이 투입하여 늘어난 생산 비용을 지주 대신 부담하였다.
ㄴ과 ㄹ은 토지 조사 사업과 관련된 내용이다.

정답 01 ⑤ • 02 ③ • 03 ④ • 04 ② • 05 ②

06

다음 도표와 관련된 시책에 대해 바르게 말한 것은?

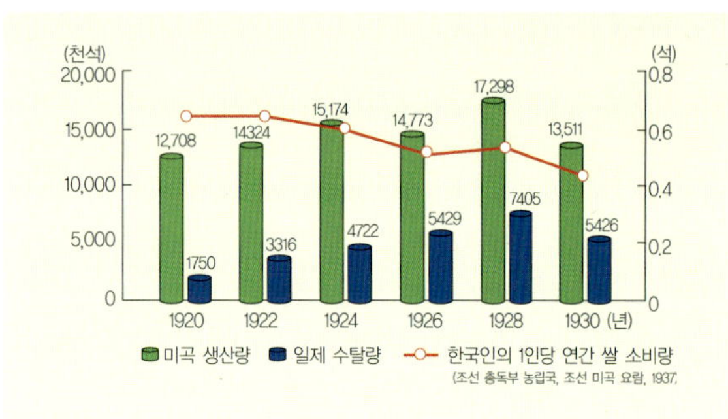

① 일제 강점기의 조선인 1인당 연간 쌀 소비량은 꾸준히 증가하였다.

② 조선의 부족한 식량은 연해주에서 들여오는 잡곡 등으로 대신하였다.

③ 미곡 생산량을 증가시키기 위해 종자 개량, 수리 시설비를 면제하였다.

④ 이 시책에 따라 쌀 생산량이 늘어 조선 농민의 생활이 크게 향상되었다.

⑤ 1920년대 일본으로의 쌀 반출량이 늘어나 거의 목표량에 가깝게 수탈하였다.

산미 증식 계획(1920~1933) 기간 중의 쌀 생산량과 소비량, 일제의 수탈량을 나타낸 도표이다. 도표에서도 나타나듯이 이 기간에 일제의 반출량은 거의 매년 증가하는 추세인데, 이는 증식 계획의 목표대로 수탈해 간다는 것을 의미한다. 실제로 일제는 우리나라의 생산량에 관계없이 거의 목표대로 쌀을 반출해가서 우리나라 농업과 농민생활에 막대한 피해를 주었다.

① 도표상에 나와 있듯이 감소하고 있다.

② 산미 증식 계획으로 부족해진 우리의 식량은 만주에서 들여오는 잡곡 등으로 대신하였다.

③ 일제는 증산에 필요한 경비를 농민에게 부담시켜 농민몰락을 가속화시켰다.

④ 쌀 생산량을 초과하는 반출로 조선 농민의 생활은 크게 악화되었다.

07

그래프와 같은 결과를 초래한 조선 총독부의 정책으로 적절한 것을 〈보기〉에서 고른 것은?

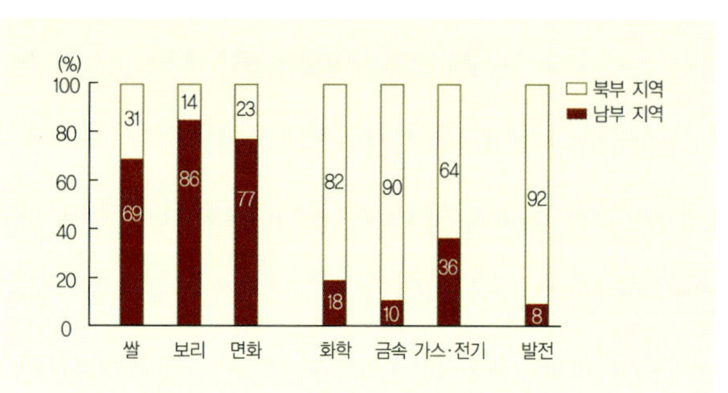

보기

ㄱ. 전쟁 물자 조달을 위해 관련 산업을 집중 육성하였다.

ㄴ. 회사 설립을 신고제로 바꾸어 투자를 자유롭게 만들었다.

ㄷ. 공업 원료를 확보하기 위해 남면 북양 정책을 강요하였다.

ㄹ. 미곡 증산을 위해 일본인의 농업 이민을 적극 권장하였다.

① ㄱ, ㄴ　　② ㄱ, ㄷ　　③ ㄴ, ㄷ

④ ㄴ, ㄹ　　⑤ ㄷ, ㄹ

1930년 후반 이후 조선 총독부의 경제 정책 이해

1944년의 지역별 · 산업별 총생산액을 비교한 그래프를 보면 북부 지방은 공업 중심이고, 남부 지방은 농업 중심임을 알 수 있다. 일제는 1931년 만주 사변과 1937년 중 · 일 전쟁을 일으키면서 한국을 대륙 침략을 위한 병참 기지로 개발하려는 정책을 추진하였다. 일제는 1920년대에 추진하였던 산미 증식 계획이 차질을 빚자 대신 공업 원료를 수탈하기 위하여 1934년에 이른바 남면 북양 정책을 강요하였다. 그리고 전쟁 물자를 조달하기 위해 식료품 및 방직업을 육성하고 발전소, 군수 공장을 설립하였으며, 기계, 금속, 중화학, 화약 등과 관련된 산업을 육성하였다.

08

밑줄 그은 '이 운동'에 대한 설명으로 옳은 것은?

형평사 창립 대회
공평은 사회의 근본이요 애정은 인류의 본성입니다. 이 운동은 우리들의 모욕적 칭호를 폐지하며, 교육을 장려하고, 참다운 인간이 되는 것을 목표로 하고 있습니다.

① 만세보를 발행하여 민중 계몽에 힘썼다.
② 조만식, 이상재 등의 주도로 시작되었다.
③ 백정에 대한 사회적 차별 철폐를 목적으로 하였다.
④ 일제가 이른바 문화 통치를 실시하는 계기가 되었다.
⑤ 고종의 인산(因山)을 기회로 삼아 대규모 시위를 전개하였다.

 백정들은 갑오개혁에 의해 신분이 해방된 뒤에도 오랜 관습 속에서 계속 차별을 받자, 이학찬을 중심으로 진주에서 조선 형평사를 조직하고 백정에 대한 사회적 차별 철폐를 목적으로 형평 운동을 전개하였다.

① 만세보는 천도교의 후원을 받아 오세창이 창간한 천도교 기관지로, 사회진보주의를 제창하고 일진회의 〈국민신보〉에 대항하였으며 이인직의 〈혈의 누〉를 연재하였다.
② 조만식, 이상재 등의 주도로 평양에서 조선 물산 장려회가 발족되고, 조선 사람 조선 것이라는 구호 아래 물산 장려 운동이 전개되었다.
④ 3·1 운동에서 나타난 민족적 저항과 국제적 여론 악화는 일제가 이른바 문화 통치를 실시하는 계기가 되었다.
⑤ 3·1 운동은 고종의 인산(因山)을 기회로 삼아 최남선이 독립 선언서를 작성하고, 손병희·이승훈·한용운 등 민족 대표 33인의 이름으로 독립 선언서를 발표함으로써 전개되었다.

조선 형평사 발기 취지문

공평(公平)은 사회의 근본이고 애정(愛情)은 인류의 본령이다. 그러한 까닭으로 우리는 계급(階級)을 타파하고 모욕적(侮辱的)인 칭호를 폐지하여, 우리도 참다운 인간이 되는 것을 기하자는 것이 우리의 주장이다.

09

다음의 두 단체에 대한 설명으로 옳은 것을 고르면?

(가) 독립의군부는 1912년 임병찬이 비밀리에 동지를 끌어모아 조직한 단체이다. 임병찬은 최익현의 지휘 아래 의병 활동을 하다가 일본 쓰시마 섬에 유배되었던 인물이다. 독립의군부는 국권을 회복하면 고종을 다시 황제의 자리에 모셔 일제가 무너뜨린 왕조를 재건할 계획을 가지고 있었다.

(나) 대한 광복회는 1915년 박상진, 최기중 등을 중심으로 조직되어 전국적인 조직으로 확대되었으며 만주에도 지부를 두었다. 이들은 일제와의 군사 대결을 통하여 나라를 되찾는다는 계획 아래 사관을 키워내고, 군대와 무기를 마련하고자 자금 모금에 착수하였다.

보기

ㄱ. (가)는 고종의 비밀 지시를 받고 유생과 의병을 규합하였다.
ㄴ. (가)는 무오년에 독립선언서를 발표하였다.
ㄷ. (나)는 복벽주의를 표방한 단체이다.
ㄹ. (나)는 독립군 기지 건설과 무관학교 설립을 추진하였다.

① ㄱ, ㄴ ② ㄱ, ㄹ ③ ㄴ, ㄷ
④ ㄴ, ㄹ ⑤ ㄷ, ㄹ

 ㄱ. 독립 의군부는 쓰시마에서 돌아온 임병찬에게 고종이 밀서를 내려 조직한 단체이다.
ㄹ. 대한 광복회에서는 독립군 기지 건설과 무관학교를 건설하기 위하여 군자금을 모금하였다.
ㄴ. 무오 독립선언서는 1918년 만주의 독립운동가 39인이 발표한 것이다.
ㄷ. 복벽주의를 표방한 단체는 독립 의군부이다.

독립 의군부와 대한 광복회

독립 의군부 (1912~1914)	• 조직 : 1912년 고종의 밀명으로 임병찬 등 각지의 유생들이 조직·결성, 복벽주의 단체 • 활동 : 조선 총독부와 일본 정부에 한국 침략의 부당성을 밝히고 국권 반환 요구·민중 봉기 계획
대한 광복회 (1915~1918)	• 조직 : 풍기의 대한광복단(1913)과 대구의 조선 국권 회복단의 일부 인사가 모여 군대식으로 조직·결성, 박상진(총사령)·김좌진(부사령)·채기중 • 활동 : 군자금을 모아 만주에 독립 사관학교 설립, 연해주에서 무기 구입, 독립 전쟁을 통한 국권 회복을 목표로 함

정답 06 ⑤ • 07 ② • 08 ③ • 09 ②

10

(가)의 활동으로 옳지 않은 것은?

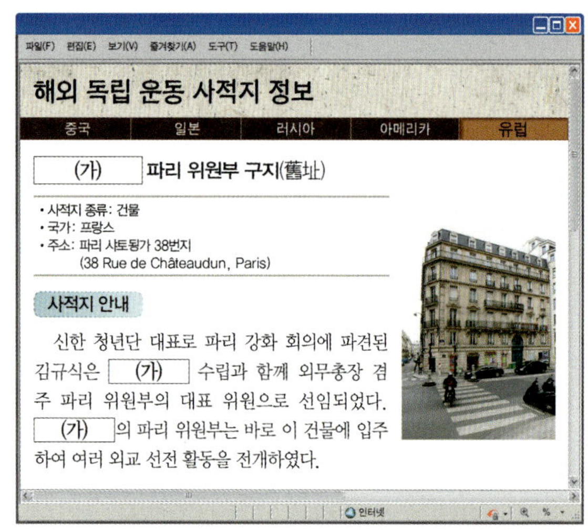

파일(F) 편집(E) 보기(V) 즐겨찾기(A) 도구(T) 도움말(H)
해외 독립 운동 사적지 정보
중국 일본 러시아 아메리카 유럽
(가) 파리 위원부 구지(舊址)
• 사적지 종류: 건물
• 국가: 프랑스
• 주소: 파리 샤토됭가 38번지
(38 Rue de Châteaudun, Paris)
사적지 안내
신한 청년단 대표로 파리 강화 회의에 파견된 김규식은 (가) 수립과 함께 외무총장 겸 주 파리 위원부의 대표 위원으로 선임되었다. (가) 의 파리 위원부는 바로 이 건물에 입주하여 여러 외교 선전 활동을 전개하였다.
인터넷

① 국내 비밀 행정 조직으로 연통제를 두었다.
② 독립 의식을 고취하기 위해 독립신문을 간행하였다.
③ 독립운동 자금 마련을 위해 독립 공채를 발행하였다.
④ 대성 학교와 오산 학교를 세워 민족 교육을 전개하였다.
⑤ 임시 사료 편찬 위원회를 두고 한 · 일 관계 사료집을 발간하였다.

대성 학교와 오산 학교를 세워 민족 교육을 전개한 단체는 신민회이다. 신민회는 국권 회복과 공화정체의 국민 국가 건설을 목적으로 안창호와 양기탁이 중심이 되어 조직된 비밀 결사 단체이다.

① 대한민국 임시 정부는 국내 비밀 행정 조직으로 문서와 명령 전달, 군자금 송부, 정보 보고 등의 업무를 담당하는 연통제(聯通制)를 두었다.
② 대한민국 임시 정부는 독립 의식을 고취하기 위해 기관지로 독립신문을 간행하여 배포하였다.
③ 대한민국 임시 정부는 애국 공채를 발행하거나 국민의 의연금으로 독립운동에 필요한 군자금을 조달하였다.
⑤ 대한민국 임시 정부는 임시 사료 편찬 위원회를 설치하여 한 · 일 관계 사료집을 발간하였다.

대한민국 임시 정부의 활동

- **군자금의 조달** : 애국 공채 발행이나 국민의 의연금으로 마련
- **외교 활동** : 파리 강화 회의에 김규식 파견, 미국에 구미 위원부 설치
- **문화 활동** : 독립신문 간행, 사료 편찬소를 두어 한 · 일 관계 사료집 간행
- **군사 활동** : 육군 무관 학교의 설립, 임시정부 직할대, 한국 광복군 창설

11

다음과 같은 상황이 나타나게 된 배경은?

> 1. 한 · 중 양군은 최악의 상황이 오는 경우에도 장기간 항전할 것을 맹서한다.
> 2. 중동 철도를 경계선으로 서부 전선은 중국이 맡고 동부 전선은 한국이 맡는다.
> 3. 전시의 후방 전투 훈련은 한국 장교가 맡고, 한국군에 필요한 군수품 등은 중국군이 공급한다.

① 청산리 대첩에서 패배한 일본군은 간도 참변을 일으켰다.
② 소련으로 들어간 독립군은 자유시 참변을 겪었다.
③ 경무국장 미쓰야와 만주 군벌이 미쓰야 협정을 맺어 독립군을 탄압하였다.
④ 일본이 만주를 침략하고 만주국을 수립하였다.
⑤ 일제가 중국 침략을 본격화하여 중 · 일 전쟁을 일으켰다.

④ 일제가 1931년 만주 사변을 일으키자 한국 독립군과 중국 호로군, 조선 혁명군과 중국 의용군과의 한 · 중 연합 작전이 이루어졌다.

12

(가), (나)의 격문과 관련된 운동에 대한 설명으로 옳지 않은 것은?

> (가) 조선 민중아!
> 우리의 철천지원수는 자본 · 제국주의 일본이다.
> 이천만 동포야! 죽음을 각오하고 싸우자.
> 만세 만세 조선 독립 만세
>
> (나) 학생, 대중이여 궐기하라! 검거된 학생은 우리 손으로 탈환하자.
> 언론 · 결사 · 집회 · 출판의 자유를 획득하라.
> 식민지 교육 제도를 철폐하라. 조선인 본위의 교육 제도를 확립하라.

① (가) 사건을 기념해 학생의 날이 제정되었다.
② (나)는 전국 규모의 항일 운동으로 확대되었다.
③ (가)는 서울, (나)는 광주에서 시작되었다.
④ (가)와 (나)는 민족 차별 교육을 반대하였다.
⑤ (가)와 (나)는 동맹 휴학이 빈번하던 시기에 일어났다.

(가)는 1926년 6 · 10 만세 운동의 격문이고, (나)는 1929년 광주 학생 항일 운동의 격문이다.
① 학생의 날은 광주 학생 항일 운동이 일어난 11월 3일이다.

13

(가)에 들어갈 민족 운동에 대한 설명으로 옳은 은 것은?

학술 대회 안내 

우리 학회는 (가) 110주년을 맞이하여 일제의 경제 침탈에 맞서 거국적으로 전개되었던 (가) 을/를 조명하기 위한 학술 대회를 개최하고자 합니다.

기념비

■ **발표 주제**
- 광문사 사장 김광제의 역할
- 논설 '단연보국채'의 내용과 영향
- 가족의 패물을 헌납한 조마리아의 애국 정신
- 통감부의 대응과 탄압

■ 일시: 2017년 ○○월 ○○일 13:00 ~ 18:00
■ 장소: △△대학교 대강당

① 평양에서 시작되어 전국으로 확산되었다.
② '조선 사람 조선 것' 등의 구호를 내세웠다.
③ 자작회, 토산 애용 부인회 등의 단체가 활동하였다.
④ 민족주의 진영과 사회주의 진영이 함께 준비하였다.
⑤ 대한매일신보 등 당시 언론이 적극적으로 참여하였다.

국채 보상 운동(國債報償運動)은 일제의 강제 차관 도입으로 인해 정부가 짊어진 1,300만 원의 외채를 국민의 힘으로 상환하여 국권을 회복하자는 운동으로, 국채 보상 기성회가 서울 등 전국 각지로 확대되고 대한매일신보 등 여러 신문사들도 적극 후원하였다(1907).
① 민족 기업을 지원하고 민족 산업을 육성함으로써 민족 경제의 자립을 달성하자는 목적 하에 조만식 등이 중심이 되어 평양에서 조선 물산 장려회가 발족되었다(1920).
② 물산 장려 운동은 '조선 사람 조선 것' 등의 구호를 내세우며 전국적 민족 운동으로 확산되었으며 일본 상품 배격, 국산품 애용 등을 강조하였다.
③ 물산 장려 운동을 추진하기 위해 조선 물산 장려회 외에 자작회, 토산 애용 부인회, 토산 장려회, 청년회 등의 단체가 활동하였다.
④ 신간회는 민족주의 진영의 조선 민흥회와 사회주의 진영의 정우회가 민족 유일당, 민족 협동 전선의 기치 아래 결성되었다(1927).

14

밑줄 그은 '이 운동'의 표어로 적절한 것은?

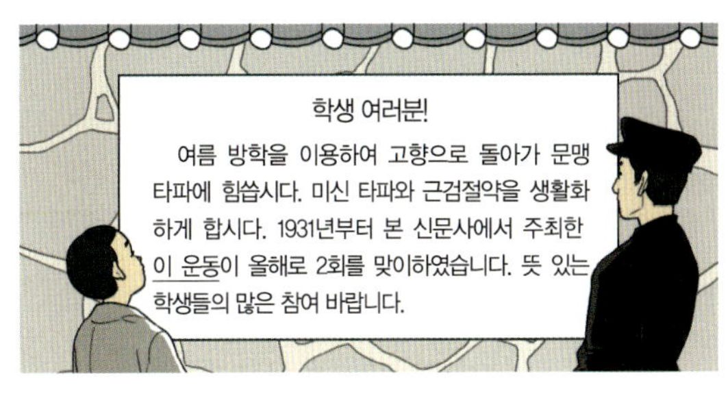

학생 여러분!
여름 방학을 이용하여 고향으로 돌아가 문맹 타파에 힘씁시다. 미신 타파와 근검절약을 생활화하게 합시다. 1931년부터 본 신문사에서 주최한 이 운동이 올해로 2회를 맞이하였습니다. 뜻 있는 학생들의 많은 참여 바랍니다.

① 조선 사람 조선 것으로
② 잘살려면 어린이를 위하라
③ 한민족 1천만이 한 사람이 1원씩
④ 배우자 가르치자 다 함께 브나로드
⑤ 천차만별의 천시(賤視)를 철폐하자

배우자 가르치자 다 함께 브나로드

1931년 동아일보사에서 문맹퇴치를 목적으로 농촌 계몽 운동을 전개하였다. 1933년 계몽운동이라고 개칭하면서 폭넓게 지속되다가 1935년 조선총독부 경무국의 명령으로 중단되었다. 원래 브나로드(Vnarod)란 말은 러시아어로 '민중 속으로'라는 의미이다.
① 민족 기업을 지원하고 민족 산업을 육성함으로써 민족 경제의 자립을 달성하자는 목적 하에 조만식 등이 중심이 되어 평양에서 조선 물산 장려회를 발족하였다.
② 천도교 소년회에서 소년 운동이 본격화 되어 어린이날을 제정하였으며, 조선 소년 연합회에서는 전국적 조직체로서 체계적인 소년 운동을 전개하였다.
③ 총독부가 대학 설립 요구를 묵살하자 조선 교육회는 우리 손으로 대학을 설립하고자 조선 민립 대학 기성 회를 중심으로 모금 운동을 전개하였다.
⑤ 이학찬을 중심으로 백정들이 진주에서 평등대우를 주장하며 형평 운동을 전개하였다.

암기 노트

문맹 퇴치 운동
- **배경** : 식민지 차별 교육 정책으로 한국인의 문맹률 증가
- **전개** : 3 · 1 운동을 계기로 문맹 퇴치가 급선무임을 자각하고 실천에 옮김
- **야학 운동** : 1920년대 전반에 각지에 야학이 설립되면서 활발하게 전개
- **언론사, 학생, 조선어 학회의 활동** : 문자 보급 운동, 브나로드 운동, 한글 강습소 개최

정답 10 ④ • 11 ④ • 12 ① • 13 ⑤ • 14 ④

15

다음 자료에 나타난 독립 투쟁에 대한 옳은 설명을 〈보기〉에서 고른 것은?

아군이 매복한 어랑촌 전방 골짜기에 적의 본대가 도착하자, 아군은 좌우 고지에서 맹렬히 사격하였다. 약 20분 만에 300여명의 적을 사살하였다.

– 북간도 지역 독립군의 전투 정보 –

보기

ㄱ. 한 · 중 연합 작전으로 거둔 승리였다.
ㄴ. 전투에 참여한 주력 부대가 소련으로 이동하였다.
ㄷ. 만주 지역에서 활약한 조선 혁명군이 주도하였다.
ㄹ. 봉오동에서 패배한 일본군의 설욕전으로 시작되었다.

① ㄱ, ㄴ ② ㄱ, ㄷ ③ ㄴ, ㄷ
④ ㄴ, ㄹ ⑤ ㄷ, ㄹ

제시된 자료는 1920년 10월 21일부터 6일간 청산리 일대에서 일본군을 격파한 청산리 전투에 대한 내용으로, 이 전투는 봉오동에서 패배한 것을 복수하기 위해 동원된 일본군을 격파한 것이다. 그러나 홍범도, 김좌진 등의 독립군은 일본의 추격을 받게 되자 소련의 국경과 가까운 밀산에 집결하여 대란 독립 군단을 편성하고 소련으로 이동하였다.

ㄱ. 한 · 중 연합 작전은 1931년 만주 사변을 일으켜 일제가 만주를 장악한 이후에 조선 혁명군, 한국 독립군 등이 전개하였다.
ㄷ. 청산리 전투는 김좌진이 이끌던 북로 군정서군이 주도하였다.

암기 노트

청산리 대첩(1920. 10)
- 김좌진의 북로 군정서군, 홍범도의 대한 독립군, 안무 국민회군 등 연합
- 간도 청산리의 어랑촌, 백운평, 천수평 등에서 6일간 10여 차례의 전투 끝에 일본군 대파
- 독립군 사상 최대의 승리

16

(가), (나) 독립군에 대한 설명으로 옳은 것은?

나는 광복군 총영에서 활동하였고, 1931년 국민부 산하 (가) 의 총사령이 되었습니다. 이후 만주의 중국 의용군과 연합하여 한 · 중 연합군을 편성하였습니다.

나는 만주에서 의열단을 결성하였고, 중국 국민당 정부의 지원을 받아 1938년 조선 민족 전선 연맹 산하의 군사 조직인 (나) 을/를 조직하였습니다.

① (가) – 자유시 참변으로 큰 타격을 입었다.
② (가) – 연합군의 일원으로 인도, 미얀마 전선에 파견되었다.
③ (나) – 대전자령 전투에서 일본군을 격퇴하였다.
④ (나) – 중국 관내(關內)에서 결성된 최초의 한인 무장 부대였다.
⑤ (가), (나) – 미군과 연계하여 국내 진공 작전을 계획하였다.

(가) 조선 혁명군 : 양세봉의 조선 혁명군은 중국 의용군과 연합하여 영릉가 전투(1932)와 흥경성 전투(1933)에서 일본군에 대승을 거두었다.
(나) 조선 의용대 : 김원봉의 조선 의용대는 중국 관내(關內)에서 결성된 최초의 한인 무장 부대로, 중국 국민당과 연합하여 포로 심문, 요인 사살, 첩보 작전을 수행하였다. 조선 민족 전선 연맹 산하 부대로 한커우에서 창설되었다(1938).

① 간도 참변으로 인해 자유시로 이동한 대한 독립 군단은 적색군의 무장 해제 요구에 저항하다 공격을 받아 큰 타격을 입었다.
② 대한민국 임시 정부 산하의 한국 광복군은 연합군의 일원으로 태평양 전쟁에 참가하여 인도, 미얀마 전선에서 영국군과 연합 작전을 개시하였다.
③ 북만주의 한국 독립군은 지청천의 지휘 아래 중국군과 연합하여 호로군을 조직하고 쌍성보 · 사도하자 · 대전자령 전투 등에서 일본군에게 승리하였다.
⑤ 한국 광복군은 미국 전략정보처(OSS)의 지원 하에 미군과 연계하여 국내 진공 작전을 계획하였으나 일제의 패망으로 실현하지는 못했다.

17

(가)에 대한 설명으로 옳은 것은?

이 건물은 옛 중앙 학교 숙직실을 복원한 것입니다. 일본 도쿄 유학생 송계백은 중앙 학교 교사 현상윤을 찾아와 일본 유학생들의 거사 계획을 알리고 '2·8 독립 선언서'의 초안을 전달하였습니다. 현상윤은 이곳 숙직실에서 송진우 등과 향후 계획을 협의하였고, 이는 (가) 이/가 추진되는 계기 중 하나가 되었습니다.

① 신간회로부터 진상 조사단이 파견되었다.
② 대한민국 임시 정부 수립의 계기가 되었다.
③ 동아일보의 적극적인 지원을 받아 진행되었다.
④ 순종의 인산일을 기해 대규모 시위가 계획되었다.
⑤ 한국인 학생과 일본인 학생 간의 충돌에서 비롯되었다.

3·1 운동은 미국 대통령 윌슨이 제창한 민족 자결주의와 도쿄 유학생들의 2·8 독립 선언에 영향을 받았다. 최남선이 독립 선언서를 작성하고 손병희·이승훈·한용운 등 민족 대표 33인의 이름으로 독립 선언서를 발표함으로써 거족적인 만세 시위가 전개되었고 대한민국 임시 정부 수립의 계기가 되었다.

①·⑤ 광주에서 발생한 한·일 학생 간의 충돌을 일본 경찰이 편파적으로 처리하여 광주 학생 항일 운동이 발생하자 신간회 중앙 본부가 진상 조사단을 파견하였다.

③ 브나로드 운동은 동아일보사의 적극적인 지원을 받아 시작된 농촌 계몽 운동으로, 문맹퇴치를 목적으로 시행되었으나 조선총독부 경무국의 명령으로 중단되었다.

④ 순종의 인산(因山)일을 계기로 조선 학생 과학 연구회(사회주의계)를 비롯한 전문학교와 고등보통학교 학생들이 주도가 되어 격문을 살포하고 시위 운동을 전개하였다.

18

(가), (나) 운동에 대한 설명으로 옳은 것을 〈보기〉에서 고른 것은?

(가) 고율 소작료, 불안정한 소작권, 농촌 경제의 파탄, 식민지 수탈 정책 등을 배경으로 일어났다.
(나) 노동자 수 증가, 값싼 임금, 열악한 노동 조건 등을 배경으로 전개되었다.

보기

ㄱ. (가)는 일제의 산미 증식 계획 실시로 주춤해졌다.
ㄴ. (나)를 주도한 계층이 물산 장려 운동을 추진하였다.
ㄷ. (나)는 1910년대 전반기에는 활발하게 일어나지 않았다.
ㄹ. (가)와 (나)는 1920년대에 사회주의 사상의 영향을 받아 활기를 띠었다.

① ㄱ, ㄴ ② ㄱ, ㄷ ③ ㄴ, ㄷ
④ ㄴ, ㄹ ⑤ ㄷ, ㄹ

(가)는 소작쟁의, (나)는 노동쟁의이다.

ㄷ. 1910년대에는 일제의 무단통치, 그리고 회사령으로 인한 국내 산업 발전 부진으로 인해 노동자 계층이 성장하지 못하여 노동 쟁의가 활발하지 못하였다.

ㄹ. 1920년대 사회주의 사상이 본격적으로 유입되면서 농민과 노동자들의 인식도 성장하여 소작쟁의와 노동쟁의가 활발하게 일어났다.

ㄱ. 1920년 산미 증식 계획으로 농민에 대한 일제의 수탈이 강화되자 소작쟁의는 더 활발하게 일어났다.

ㄴ. 물산 장려 운동을 추진한 계층은 자본가 계층이었다.

19

다음을 시대순으로 바르게 배열한 것은?

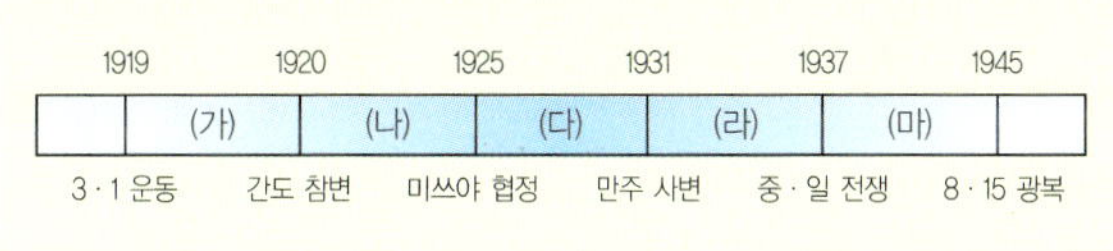

① (가) – 대한 광복회는 만주에 무관 학교를 설립하기 위해 군자금을 모았다.
② (나) – 조선 의용대는 중국군과 함께 정보 수집, 포로 심문, 후방 교란 등의 활동을 벌였다.
③ (다) – 한국광복군은 국내 진공 작전을 위한 군사 훈련을 실시하였다.
④ (라) – 한국 독립군은 중국군과 연합하여 항일전에서 큰 전과를 거두었다.
⑤ (마) – 만주 지역의 여러 독립군 부대는 북로 군정서군의 승리로 주력을 보존할 수 있었다.

④ 1930년대 초반 한국 독립군은 중국 호로군과 연합하여 쌍성보·사도하자·대전자령 전투에서 일본군을 격파하였다.
① 대한 광복회는 1915년 결성되어 1918년 발각·해체되었다.
② 조선 의용대는 1938년 결성되었다.
③ 한국광복군은 1940년 결성되었다.
⑤ 북로 군정서군의 승리는 1920년 청산리 대첩이다.

정답 15 ④ • 16 ④ • 17 ② • 18 ⑤ • 19 ④

20

다음 자료와 관련된 운동이 전개된 배경으로 옳은 것은?

부자와 빈자를 막론하고 우리가 우리의 손에 산업 권리 생활의 제일 조건을 장악하지 아니하면 우리는 도저히 우리의 생명, 인격, 사회의 발전을 기대하지 못할지니 우리는 이와 같은 견지에서 우리 조선 사람의 물산을 장려하기 위하여 조선 사람은 조선 사람이 지은 것을 사 쓰고, 조선 사람은 단결하여 그 쓰는 물건을 스스로 제작하여 공급하기를 목적하노라. 이와 같은 각오와 노력 없이 어찌 조선 사람이 그 생활을 유지하고 그 사회가 발전할 수 있으리오.

① 대일 채무가 늘어나 대한제국의 재정 적자가 심화되었다.
② 일제의 국방헌금 강요로 민중의 생계가 더욱 곤란해졌다.
③ 일본과 조선 사이의 무역에서 관세 철폐 움직임이 있었다.
④ 일제가 병참 기지화 정책을 추진하여 생필품이 부족해졌다.
⑤ 일제가 회사령을 제정하여 조선인의 회사 설립을 억제하였다.

③ 1920년대 초반에 일어난 물산장려운동에 대한 설명이다. 물산장려운동은 1920년 일본이 회사령을 철폐하고 1923년 관세를 철폐하여 일본 자본과 상품의 한국 진출을 용이하게 하자 민족 자본을 지키려고 일어난 운동이었다.
① 1907년 국채 보상 운동과 관련된 내용이다.
②·④ 민족 말살 통치기에 해당되는 내용이다.
⑤ 회사령은 1910년 제정되어 1920년 폐지되었다.

21

다음과 같은 주장에 대한 설명으로 타당하지 않은 것은?

(가) 설혹 일본이 하루아침에 총독부를 철폐하고, 각종 이권을 우리에게 돌려주며 내정과 외교를 다 우리의 자유에 맡기고, 일본 군대와 경찰을 일시에 철수하며, 일본인 이주민을 일시에 소환하고, 다만 이름뿐인 종주권만 가진다 할지라도, 우리가 만일 과거의 기억을 모두 없애지 아니하였다면, 일본을 종주국으로 받드는 일은 사람으로서는 못할지니라.

(나) 우리는 무슨 방법으로나 조선 내에서 전 민족적인 정치운동을 하도록 할 필요가 있다. 조선 내에서 허락되는 범위 내에서 일대 정치적 결사를 조직해야 한다는 것이 우리의 주장이다.

① (가)를 주장한 사람들은 즉각적인 독립을 주장하였다.
② (가)는 국공합작의 영향을 받아 사회주의 계열과 연대를 추진하였다.
③ (가)는 물산장려운동에 비판적 태도를 취하였다.
④ (나)는 참정권 운동이나 자치 운동을 주장하였다.
⑤ (나)를 주장한 사람은 이광수와 최린이 대표적이었다.

(가)는 비타협적 민족주의 세력, (나)는 자치론자이다. 비타협적 민족주의자들은 사회주의 세력과 연대해 신간회를 만들었다.
③ 민족주의 세력은 물산장려운동과 같은 실력 양성 운동에 대해서 찬성하는 입장이었다.

22

일제 강점기에 전개된 (가)~(라)의 민족 운동에 대한 설명으로 옳지 않은 것은?

① (가)-부녀자들은 비녀와 가락지까지 내어 모금에 동참하였다.
② (나)-봉건적 굴레로부터의 여성 해방과 일제 침략으로부터의 해방을 목표로 하였다.
③ (다)-민족 차별에 반발한 광주 지역 학생들의 시위를 계기로 전국적으로 확산되었다.
④ (라)-농촌 계몽 운동의 일환으로 한글 보급을 통한 문맹 퇴치 운동을 전개하였다.
⑤ (가)-(나)-(다)-(라)의 순서로 전개되었다.

① (가)는 민립대학 설립 운동인데 부녀자들의 참여가 컸던 것은 1907년의 국채보상운동이다.
② 여성운동, ③ 광주 학생 항일 운동, ④ 동아일보가 주도한 문맹 퇴치 운동인 브나로드 운동이다.
⑤ (가) 민립대학 설립 운동(1922), (나) 근우회(1927), (다) 광주 학생 항일운동(1929), (라) 브나로드 운동(1931)

23

밑줄 그은 '이 단체'에 대한 설명으로 옳은 것은?

사진은 이봉창이 이 단체에 입단한 이후에 독립 운동에 헌신하겠다는 결의를 다지며 태극기 앞에서 찍은 것입니다. 그는 일왕의 행렬에 폭탄을 던져 일제 침략자들의 간담을 서늘하게 하였습니다.

① 김구에 의해 상하이에서 조직되었다.
② 조선 혁명 선언을 활동 지침으로 하였다.
③ 김상옥, 김익상 등이 단원으로 활동하였다.
④ 복벽주의를 내세우며 의병 전쟁을 준비하였다.
⑤ 신흥 무관 학교를 설립하여 독립군을 양성하였다.

한인 애국단은 임시정부의 위기 타개책으로 김구에 의해 상하이에서 조직되었는데(1931), 이 소속의 단원인 이봉창은 도쿄에서 일왕의 행렬에 폭탄을 투척하였으나 실패하였다(1932).

② 김원봉의 의열단은 신채호의 조선 혁명 선언을 활동 지침으로 하여, 무장 투쟁과 민중의 직접 혁명을 통한 독립 쟁취를 주장하였다
③ 의열단 소속의 김익상은 조선 총독부에 폭탄을 투척하였고(1921), 김상옥은 종로 경찰서에 폭탄을 투척하였다(1923).
④ 임병찬이 고종의 밀지를 받아 조직한 독립 의군부는 고종의 복위 및 대한 제국의 재건을 목표로 활동한 복벽주의 단체이다.
⑤ 신민회는 서간도 삼원보의 경학사에 독립군을 양성하기 위해 군사 교육 기관인 신흥 강습소를 설립하였고 이후 신흥 무관 학교로 발전하였다.

한인 애국단원의 활동

㉠ 이봉창 의거(1932 1. 8)
- 일본 국왕에 폭탄 투척
- 중국 신문의 호의적 논평으로 인해 1차 상하이 사변 발발, 일본이 상하이 점령

㉡ 윤봉길 의거(1932. 4. 29) : 상하이 홍커우 공원 의거
- 중국 국민당(장개석) 정부가 우리 민족의 무장 독립 활동을 승인하고 임시정부를 지원하는 계기를 마련
- 임시정부 인사들이 중국 군관학교에서 훈련할 수 있게 되어 한국 광복군의 탄생의 계기가 됨

24

다음 자료와 관련된 지역으로 이주한 동포에 대한 설명으로 옳은 것은?

> 제1조 청·일 두 나라 정부는 토문강을 청국과 한국의 국경으로 하고 강 원천지에 있는 정계비를 기점으로 하여 석을수를 두 나라의 경계로 한다.
> 제2조 청 정부는 이전과 같이 토문강 이북의 개간지에 한국 국민이 거주하는 것을 승인한다.

① 대한 광복군 정부를 세워 무장 독립 전쟁을 위한 독립군을 양성하였다.
② 대한인 국민회를 결성하여 독립운동 자금을 조달하였다.
③ 관동 대지진이 일어나자 무차별 학살을 당하기도 하였다.
④ 명동학교, 서전서숙 등을 통해 민족의식 고취에 앞장섰다.
⑤ 신한민촌을 건설하고 신흥무관학교를 세웠다.

④ 제시문은 간도 협약 내용이다. 명동학교, 서전서숙은 (북)간도에 세워진 민족 교육 기관이다.
① 연해주, ② 미국, ③ 일본, ⑤ 남만주(서간도)

25

교사의 질문에 대한 답변으로 옳은 것은?

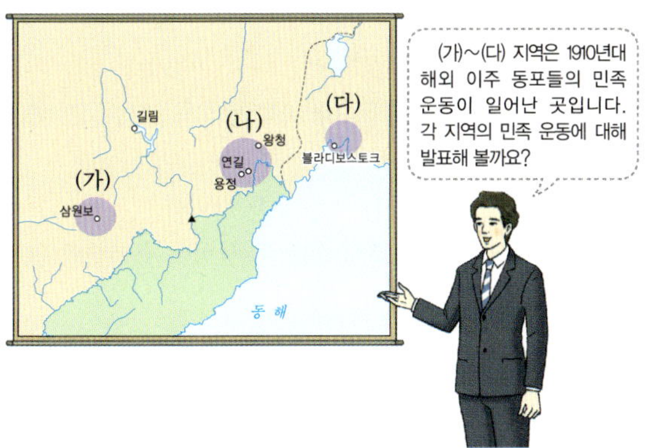

① (가)–해조신문, 권업신문 등을 발간하였습니다.
② (가)–독립군 양성을 위해 신흥 강습소를 세웠습니다.
③ (나)–한인 자치 기구인 경학사를 결성하였습니다.
④ (나)–대한인 국민회를 중심으로 외교 활동을 전개하였습니다.
⑤ (다)–민족 교육을 위해 서전서숙, 명동 학교 등을 건립하였습니다.

정답 20 ③ • 21 ③ • 22 ① • 23 ① • 24 ④ • 25 ②

 신민회는 서간도 삼원보의 경학사에 독립군을 양성하기 위해 군사 교육 기관인 신흥 강습소를 설립하였고 이후 신흥 무관 학교로 발전하였다.
① 연해주에서는 해조 신문이 창간되었고 자치 조직인 권업회를 조직하여 권업신문과 학교, 도서관 등을 건립하였다.
③ 신민회는 서간도의 삼원보에 한인 자치 기구인 경학사를 결성하였다.
④ 미주 지역에서는 하와이의 한인협성협회와 미국 샌프란시스코에 있던 안창호의 대한인 공립협회가 통합된 대한인 국민회를 중심으로 외교 활동이 전개되었다.
⑤ 북간도에는 민족 교육을 위해 이상설 등이 최초의 신문학 민족 교육기관인 서전서숙을, 김약연 등이 명동 학교를 건립하였다.

26

(가)~(라) 시기 일제의 교육 정책이 옳게 연결된 것을 〈보기〉에서 고른 것은?

1910	1919	1937	1941	1945
(가)	(나)	(다)	(라)	
국권 피탈	3·1 운동	중·일 전쟁	진주만 공습	일본 패망

보기

ㄱ. (가) – 국민학교는 대륙 침략에 이용하는 병사의 준비와 관련해서 의무 교육제의 준비를 실시하도록 하였다.
ㄴ. (나) – 종래 4년이던 보통학교의 수업 연한을 6년으로 연장하고, '경성 제국 대학 설치에 관한 법률'을 반포하였다.
ㄷ. (다) – 국체명징(國體明徵), 내선일체(內鮮一體), 인고단련(忍苦鍛鍊) 등 3대 교육 방침을 내세우고, 학교 명칭을 처음으로 일본인 학교와 같게 하였다.
ㄹ. (라) – 조선인을 가르치는 모든 사립학교는 …… 교사 임용, 교과용 도서 채택 등에 있어 총독부의 인가를 받아야 했다.

① ㄱ, ㄴ ② ㄱ, ㄷ ③ ㄴ, ㄷ
④ ㄴ, ㄹ ⑤ ㄷ, ㄹ

 ㄴ. 1922년 제2차 조선교육령으로 보통학교의 수업 연한이 6년이 되었고, 대학 설치에 관한 법률이 반포되었으며, 조선어 과목이 필수 과목으로 지정되었다.
ㄷ. 1938년 제3차 조선교육령으로 학교에서 한국어로 진행되는 수업이 사실상 금지되었고, 보통학교가 소학교 명칭으로 통합되었다.
ㄱ. 국민학교라는 명칭은 1941년 처음 사용되었다.
ㄹ. 1911년 제정되고 1922년 개정된 사립학교 규칙의 내용이다.

27

다음 격문을 발표한 항일 운동에 대한 설명으로 옳은 것은?

학생 대중아 궐기하자!
검거자를 즉시 우리들이 탈환하자!
……
교내에 경찰권 침입을 절대 반대하자!
교우회 자치권을 획득하자!
직원회에 생도 대표자를 참석시켜라!
조선인 본위의 교육 제도를 확립시켜라!
……

① 고종의 인산일을 계기로 일어났다.
② 중국의 5·4 운동에 영향을 주었다.
③ 형평사를 중심으로 진주에서 시작되었다.
④ 신간회에서 조사단을 파견하여 지원하였다.
⑤ 일제가 이른바 문화 통치를 실시하는 배경이 되었다.

 광주에서 발생한 한·일 학생 간의 충돌을 일본 경찰이 편파적으로 처리하여 광주 학생 항일 운동이 발생하자 신간회 중앙 본부가 진상 조사단을 파견하여 지원하였다(1929).
① 3·1 운동은 고종의 인산일을 계기로 민족 대표 33인의 이름으로 독립 선언서를 발표하고, 학생·시민들이 중심이 되어 거족적인 만세 시위를 전개하였다.
② 3·1 운동은 중국 전역에서 일어난 반일 애국 운동인 중국의 5·4 운동에 영향을 주었다.
③ 갑오개혁에 의해 신분이 해방된 뒤에도 오랜 관습 속에서 계속 차별을 받자 이학찬을 중심으로 한 백정들은 진주에서 조선 형평사를 조직하여 형평 운동을 전개하였다.
⑤ 3·1운동으로 인해 국제 여론이 악화되자 일제는 통치 방식을 무단 통치에서 문화 통치로 바꾸었다.

28

다음 글의 저자와 관련이 없는 사실은?

> 대개 국교(國敎) · 국학(國學) · 국어(國語) · 국문(國文) · 국사(國史)는 혼(魂)에 속하는 것이요, 전곡(錢穀) · 군대(軍隊) · 성지(城池) · 함선(艦船) · 기계(機械)는 백(魄)에 속하는 것이다. 그런데 혼(魂)의 됨됨은 백(魄)에 따라서 죽고 사는 것이 아니다. 그러므로 국교 · 국사가 망하지 않으면 그 나라는 망하지 않는다. 오호라, 한국의 백(魄)은 이미 죽었으나 이른바 혼(魂)은 살아 있는가 없는가.

① 민족주의 사학자로 유명하다.
② 독사신론(讀史新論)을 저술하였다.
③ 대한민국 임시 정부에서 활동하였다.
④ 서북 학회(西北學會)의 기관지에 많은 논설을 발표하였다.
⑤ 민족정신을 '혼(魂)'으로 파악하였다.

제시문은 박은식의 저서인 「한국통사」의 서문 내용 중 일부이다. 박은식은 임시정부의 대통령지도제하에서 제2대 대통령을 지내기도 했으며, 민족주의 사학자로서 민족정신을 '혼(魂)'으로 파악하였다. 「독사신론」(1908)은 신채호가 대한매일신보 주필로 있으면서 쓴 논설이다.

29

다음에서 소개하는 영화가 처음 개봉되던 당시의 문화계 동향으로 옳은 것은?

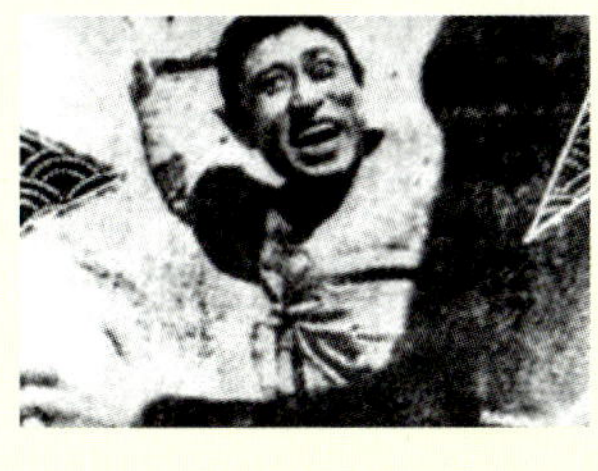

> 줄거리 : 영진은 전문학교를 다닐 때 독립 만세를 부르다가 왜경에게 고문을 당해 정신 이상이 된 청년이었다. 한편 마을의 악덕 지주 천가의 머슴이며, 왜경의 앞잡이인 오기호는 빚 독촉을 하며 영진의 아버지를 괴롭혔다. 더욱이 딸 영희를 아내로 준다면 빚을 대신 갚아 줄 수 있다고 회유하기까지 하였다. …… 영진의 손에 포승이 묶였다. 영진이 일본 순경에 끌려가고, 주제곡이 흐른다.

① 신소설 금수회의록이 발표되었다.
② 조선 영화령이 제정되어 민족 영화가 탄압받았다.
③ 문학의 사회적 실천을 강조한 신경향파가 활동하였다.
④ 국문연구소가 설립되어 한글 문자 체계를 정리하였다.
⑤ 신극 운동이 일어나 은세계 등이 원각사에서 공연되었다.

1926년 개봉된 나운규의 아리랑이다.
③ 1920년대 중반 사회주의 계열에서 순수 문학을 비판하면서 사회적 실천을 강조하는 신경향파가 출현하였다.
① 금수회의록은 1908년 발표되었다.
② 조선 영화령은 1940년에 제정되었다.
④ 국문연구소는 1907년 설립되었다.
⑤ 원각사는 1908년 설립되어 1909년 폐지되었다.

30

다음 법령이 시행된 시기에 볼 수 있는 모습으로 옳지 않은 것은?

> **제1조** 소학교는 국민 도덕의 함양과 국민 생활에 필수적인 보통의 지능을 갖게 함으로써 충량한 황국 신민을 육성하는데 있다.
>
> ……
>
> **제13조** 심상 소학교의 교과목은 수신, 국어, 산술, 국사, 지리, 이과, 직업, 도화, 수공, 창가, 체조이다. 조선어는 수의(隨意) 과목으로 한다.

① 태형을 집행하는 헌병 경찰
② 공출을 강요하는 면사무소 서기
③ 황국 신민 서사를 암송하는 학생
④ 창씨개명을 선동하는 친일 문학인
⑤ 신사 참배를 강요하는 일본인 교사

제시된 사료는 제3차 조선 교육령의 내용으로, 일제는 조선어를 수의(隨意) 과목(선택 과목)으로 바꾸었고 조선인 학교의 명칭을 일본인 학교와 동일하게 하였다(1938). 제3차 조선 교육령이 시행된 시기는 일제의 민족 말살 통치기이며, 태형을 집행하는 헌병 경찰의 모습은 1910년대의 무단 통치 시기에 해당된다.
②·③·④·⑤ 일제의 민족 말살 통치기에는 국가 총동원령을 내려 식량 수탈과 전쟁 물자를 공출하였으며, 우리 말·우리 역사 교육 금지, 조선·동아일보 폐간, 창씨개명, 황국 신민 서사 암송, 신사 참배, 궁성 요배를 강요하였다.

정답 26 ③ • 27 ④ • 28 ② • 29 ③ • 30 ①

◀ 대한민국 정부 수립

광복 후 유엔 총회에서는 남북한 총선거를 실시하려고 하나 소련의 개입으로 불가능하게 되자 남한에서만 총선거가 실시되었다. 이 결과로 대한민국 제헌 국회가 구성되어 헌법을 제정·공포하였다. 1948년 8월 15일, 이승만을 초대 대통령으로 하여 역사상 우리 국토에 우리 민족의 손으로 세운 최초의 민주공화국인 대한민국 정부가 수립되었다.

현대 사회의 발전

1장 대한민국의 건국과 발전

❶ 광복과 대한민국의 건국

1. 조국의 광복

(1) 광복 직전의 건국 준비 활동

① 국내외의 건국 준비

구분	단체	내용
국외 활동	대한민국 임시 정부	• 건국 강령의 제정(1941) : 조소앙의 삼균주의에 따라 정치 · 경제 · 교육의 균등을 규정 • 민주 공화국, 보통 선거, 토지 국유화, 의무 교육
	조선 독립 동맹 (1942)	• 중국 화북의 사회주의 계열 독립 운동가들이 결성 • 김두봉(주석), 조선 의용군을 거느림, 한국 광복군에 합류하지 않고 연안을 중심으로 독자적 활동(→ 연안파) • 민주 공화국의 수립을 내세우고 건국 준비
국내 활동	조선 건국 동맹 (1944)	• 국내에서 조직한 비밀 결사 조직, 여운형(위원장) • 건국 강령 제정 : 일제 타도와 민주국가 건설을 추구 • 조선 건국 준비 위원회 조직(1945. 8)
	치안권 이양 교섭 (1945. 8. 10)	패망이 임박하여 총독부는 일본인의 무사 귀국을 위해 민족 지도자 송진우 · 여운형과 접촉(→ 송진우는 거절, 여운형은 5개의 조건을 전제로 치안 수임 요청 수락)
	조선 건국 준비 위원회 (1945. 8. 15)	• 여운형(위원장) · 안재홍(부위원장), 좌 · 우 인사 포함 • 본격적인 건국 작업에 착수하면서 좌 · 우익이 분열되어 조선 인민 공화국 선포 후 해산(1945. 9)
	국민 대회 준비 위원회 · 한국 민주당 (1945. 9. 8)	• 송진우 등 우파는 조선 인민 공화국을 공산주의라 규정하고 이에 대항해 한국 민주당 결성(1945. 9. 8) • 임시 정부 봉대론을 주장했으나, 임시 정부는 한국 민주당을 친일 세력으로 규정해 거부

② 건국 준비 활동의 공통점 : 민주 공화국 수립이 목표

(2) 8 · 15 광복

① 독립 투쟁의 전개

㉠ 독립을 위한 노력은 정치 · 경제 · 사회 · 문화 · 외교 등 모든 영역에 걸쳐서 지속적으로 전개

㉡ 독립 운동의 방법도 무장 투쟁 · 외교 활동 · 민족 문화 수호 운동(실력 양성 운동) 등으로 전개

㉢ 줄기찬 독립 운동이 국내외에 널리 알려져 국제적으로도 독립 국가 수립을 긍정

② 광복의 의의 : 연합군이 승리한 결과이기도 하나, 우리 민족이 국내외에서 줄기차게 전개해 온 독립 투쟁의 결실이자 민족 운동사의 위대한 업적

2. 남북의 분단

(1) 열강의 한국 문제 논의

① 카이로 회담(1943. 11) : 미국 · 영국 · 중국의 3국 수뇌가 적당한 시기에 한국을 독립시킬 것을 결의

② 얄타 회담(1945. 2) : 미국 · 영국 · 소련 3국 수뇌가 소련의 대일 참전을 결정

③ 포츠담 선언(1945. 7) : 한국 독립(카이로 회담 내용)의 재확인

암기 Plus

조선 건국 준비 위원회 강령

1. 우리는 완전한 독립국가의 건설을 기함
2. 우리는 전민족의 정치적, 경제적, 사회적 기본요구를 실현할 수 있는 민주주의 정권의 수립을 기함
3. 우리는 일시적 과도기에 있어서 국가질서를 자주적으로 유지하며 대중생활의 확보를 기함

▲ 광복의 기쁨

카이로 회담과 포츠담 회담

• **카이로 회담** : 일제의 군사 행동에 대한 압력을 결의하고 일제가 탈취한 지역에 대한 독립 문제를 논의한 회담이다. 우리나라와 관련된 특별 조항을 마련하여 "적당한 시기에 한국을 독립시킨다."고 결정하였으나, '적당한 시기'에 대한 명확한 언급이 없어 문제가 되었다.

• **포츠담 회담** : 카이로 회담의 실행, 일제의 군국주의 배제 및 무장 해제, 점령군의 철수, 일제의 무조건적 항복 등을 규정한 회담이다.

(2) 국토의 분단

① **38도선의 확장** : 일본군 무장 해제를 이유로 미 · 소 양군이 남과 북에 각각 진주

② **군정의 실시** : 남한에 주둔한 미군은 군정을 실시하면서 친미적인 우익 정부의 수립을 후원하였고, 북한에서도 소련군과 공산주의자들이 공산 정권을 수립하기 위한 기반을 닦음

③ 민족 분단의 고착화

(3) 광복 이후 남북한의 정세

① 남한의 정세

㉠ **정치 세력 간의 갈등** : 여운형 · 안재홍을 중심으로 하는 조선 건국 준비 위원회, 임시 정부가 귀국한 후에 독립 국가를 이룩하자는 한국 민주당 등 여러 정치 세력 간의 갈등

㉡ **경제적 혼란** : 급등하는 물가와 쌀을 비롯한 생활 필수품의 결핍

㉢ **좌익 세력의 사회 교란** : 각지에서 유혈 충돌이 발발

② 북한의 정세

㉠ 소련군과 함께 북한에 들어 온 김일성 등 공산주의자들을 중심으로 정치 활동을 전개하고 공산주의 정권 수립을 위한 기반 조성

㉡ 그들에 반대하는 조만식 등 민족주의 계열의 인사들을 숙청

3. 모스크바 3상 회의와 좌 · 우 대립의 격화

(1) 미 군정 실시

① 총독부 체제 유지, 우익 세력 지원

② 조선 건국 준비 위원회 · 대한민국 임시정부를 불인정

조선 인민에게 고함

제1조 북위 38도선 이남의 조선 영토와 그 곳에 거주하는 주민에 대한 최고 통치권은 본관에게 있다.
제2조 정부 등 전 공공 사업 기관에 종사하는 유급 또는 무급 직원과 고용인 그리고 기타 제반 중요한 사업에 종사하는 자는 별도의 명령이 있을 때까지 종래의 정상 기능과 업무를 수행할 것이며 모든 기록 및 재산을 보호 보존해야 한다.
제3조 점령군에 대해 반항하거나 공공의 치안과 안전을 해치는 행위는 엄중히 처벌한다.

– 맥아더 사령관 포고문 제1호(1945. 9. 7) –

(2) 모스크바 3상 회의(1945. 12)

① 미군과 소련군의 군정이 실시되는 가운데 미국 · 영국 · 소련의 3국 외상은 모스크바에서 회의를 열어 한반도 문제를 협의

② 이 회의에서 한국에 임시 민주 정부를 수립하기 위하여 미 · 소 공동 위원회를 설치하고, 최고 5년 동안 미 · 영 · 중 · 소 4개국의 신탁 통치하에 두기로 결정

③ **신탁 통치안과 좌 · 우 세력의 대립**

㉠ 김구와 이승만, 조만식 등의 우익 세력과 민족주의 세력은 적극적인 반탁 운동을 전개

- **반탁 활동과 조직 결성** : 반탁 전국 대회를 개최하고, 신탁 통치 반대 국민 총동원 위원회 조직(1945. 12)

암기 Plus

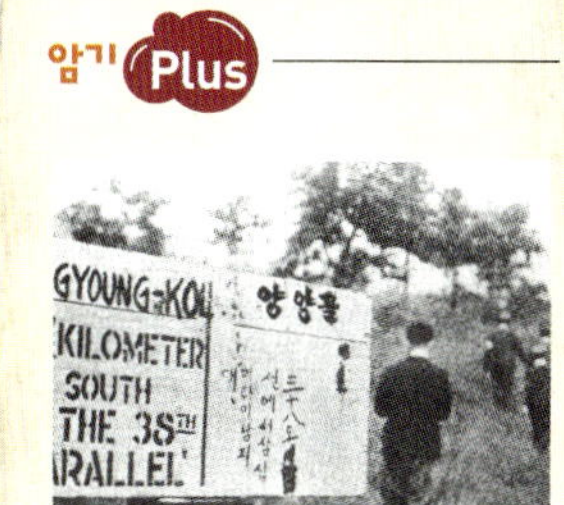

▲ 38도선 푯말(강원 양양)

광복 당시 여러 정당의 활동

- **한국 민주당** : 송진우 · 김성수, 민족주의 우파 세력 중심으로 임시 정부 지지, 미 군정에 적극 참여
- **독립 촉성 중앙 협의회** : 이승만을 중심으로 한국 민주당 · 국민당 · 조선 공산당 등 2백여 개 단체가 모여 구성한 협의체, 독립 쟁취를 위하여 공동 투쟁 · 공동 노선을 취할 것을 결의
- **한국 독립당** : 김구가 중심, 통일 정부 수립을 위한 활동 전개
- **국민당** : 안재홍, 중도 우파, 신민주주의 및 신민족주의 표방
- **조선 인민당** : 여운형, 중도 좌파, 좌 · 우 합작 운동 전개

신의주 반공 의거

1945년 11월 23일에 일어난 학생 의거이다. "공산당을 몰아내자.", "소련군 물러가라.", "학원의 자유를 쟁취하자." 등의 구호를 외쳤다.

한국에 대한 모스크바 3상 회의 결정서(1945)

- 한국을 독립 국가로 재건하기 위해 임시적인 한국 민주 정부를 수립한다.
- 한국 임시 정부 수립을 돕기 위해 미 · 소 공동 위원회를 설치한다.
- 미, 영, 소, 중의 4개국이 공동 관리하는 최고 5년 기한의 신탁 통치를 실시한다.
- 남북한의 행정 · 경제면의 항구적 균형을 수립하기 위해 2주일 이내에 미 · 소 양군 사령부 대표 회의를 소집한다.

암기 Plus

▲ 신탁 통치 반대 시위

▲ 신탁 통치 찬성 시위

정읍 발언

이제 무기한 휴회된 미 · 소 공동위원회가 재개될 기색도 보이지 않으며, 통일 정부를 고대하나 여의치 않습니다. 남방만이라도 임시 정부 혹은 위원회 같은 것을 조직하여 38도선 이북에서 소련이 철퇴하도록 세계 공론에 호소해야 할 것이니, 여러분도 결심해야 할 것입니다.

- **대한 독립 촉성 국민회 결성** : 이승만 계열인 독립 촉성 중앙 협의회와 김구 계열의 신탁 통치 반대 국민 총동원 중앙 위원회가 반탁 운동이라는 공통 목적에서 통합 결성(1946. 2. 8)

㉡ 박헌영 · 김일성 등 좌익 세력들은 처음에 신탁 통치를 반대하다 소련의 사주를 받은 후 모스크바 3상 회의의 결정(신탁 통치 결정)을 수용하기로 하여 좌 · 우 세력은 격렬하게 대립

(3) 미 · 소 공동 위원회와 좌 · 우 합작 운동

① **제1차 미 · 소 공동 위원회(1946. 3)** : 서울에서 개최되었으나 참여 단체를 놓고 대립하여 결렬(→ 미국 : 모든 정치 단체 참석 주장, 소련은 반탁 단체 제외

② **이승만의 정읍 발언(1946. 6)** : 남한만의 단독 정부 수립 주장

③ **좌 · 우 합작 위원회**

㉠ **전개** : 이승만의 정읍 발언 이후 단독 정부 수립 운동이 일어나자, 이에 분단을 우려한 여운형 · 김규식 등이 좌 · 우 합작 위원회를 결성(1946. 7)하여 좌 · 우 합작 운동을 전개(→ 1946년 10월 좌 · 우 합작 7원칙 발표)

㉡ **결과** : 동서 냉전의 시작, 이승만 등의 단독 정부 수립 운동, 미 · 소 공동 위원회 결렬, 참가 세력 간의 갈등, 1947년 7월 여운형의 암살 등으로 인해 좌 · 우 합작 운동은 결국 실패

④ **남조선 과도 입법 의원 및 과도 정부 구성**

㉠ **남조선 과도 입법 의원(1946. 12)** : 제1차 미 · 소 공동 위원회가 결렬 후 미군정의 주도로 과도 입법 의원 성립 → 미군정의 인준권 · 거부권으로 형식상의 입법기관에 그침

㉡ **남조선 과도 정부(1947. 6~1948. 5. 10)** : 과도 입법 의원의 구성 후 미 군정 장관 아래 대법원장(김용무)과 민정 장관(안재홍)을 임명하고, 이를 남조선 과도 정부라 명명(1947. 6) → 민정장관의 임명으로 형식상 행정권 수임하였으나, 중요 사항에 대해서는 미국인 고문의 거부권 부여

⑤ **제2차 미 · 소 공동 위원회(1947. 5~1947. 10)**

㉠ 1947년 트루먼 독트린이 발표되면서 미 · 소 간 갈등과 냉전이 시작

㉡ 이승만은 단독 정부의 수립 주장에 대해 미 국무성이 이를 시사한 후 사실상 결렬(1947. 7)

㉢ 소련 측이 미국 측의 지지 기반인 반탁 단체를 제외하자고 주장하자 미국 측은 미소 공동 위원회 활동에 소극적인 태도를 보임

㉣ 공동 위원회 참가 단체를 두고 다시 대립하면서 난관에 봉착하자, 미국 측은 미국 · 영국 · 중국 · 소련의 4개국 외상 회담에 맡기자고 하였으나 소련 측이 이를 거부

㉤ 미 · 소 공동 위원회의 소관 사항이었던 한국 문제는 1947년 9월 국제연합(UN)으로 이관됨

암기 노트

좌 · 우 합작 7원칙(1946. 10)

1. 모스크바 3상 회의 결정에 의해 좌 · 우 합작으로 임시 정부 수립
2. 미 · 소 공동 위원회의 속개를 요청하는 공동 성명 발표
3. 몰수 · 유조건(有條件) 몰수 등으로 농민에게 토지 무상 분여 및 중요 산업의 국유화
4. 친일파 및 민족 반역자 처리 문제는 장차 구성될 입법 기구에서 처리
5. 정치범의 석방과 테러적 행동의 중단
6. 합작 위원회에 의한 입법 기구의 구성
7. 언론 · 집회 · 결사 · 출판 · 교통 · 투표 등의 자유 절대 보장

| 고급 | [1점]

다음 두 주장이 제기된 계기로 가장 적절한 것은?

○ 우리는 피로써 건립한 독립국과 정부가 이미 존재하였음을 다시 선언한다. 5천 년의 주권과 3천 만의 자유를 전취하기 위하여 자기의 정치 활동을 옹호하고 외래의 탁치 세력을 배격함에 있다.
○ 신탁 제도 역시 그 내용이 조선 독립을 달성하는 순서상 과도적 방도인 한 충분히 진보적 역할을 하는 것이며, 8월 15일 해방으로부터의 위대한 일보 전진이다. 그것은 을사조약이나 위임 통치와는 전연 다른 것일 뿐 아니라 우리가 통상 이해하는 신탁과도 아주 판이할 것이다.

① 이승만 정부가 반공 포로를 석방하였다.
② 김구, 김규식 등이 남북 협상에 참석하였다.
③ 제헌 국회에서 반민족 행위 처벌법이 제정되었다.
④ 모스크바 3국 외상 회의의 결정 사항이 보도되었다.
⑤ 유엔이 한반도에서 인구 비례에 따른 총선거 실시를 결의하였다.

[신탁 통치안과 좌 · 우 세력의 대립]

암기공식
모스크바 3상 회의 ⇒ 미 · 소 공동 위원회 : 신탁 통치 결정

| 정답 해설 |
(상) 우익의 주장 : 김구와 이승만, 조만식 등의 우익 세력과 민족주의 세력은 적극적인 반탁 운동을 전개
(하) 좌익의 주장 : 박헌영 · 김일성 등 좌익 세력들은 처음에 신탁 통치를 반대하다 나중에 신탁 통치 결정을 수용

모스크바 3국 외상 회의에서 한국에 임시 민주 정부를 수립하기 위하여 미 · 소 공동 위원회를 설치하고, 최고 5년 동안 미 · 영 · 중 · 소 4개국의 신탁 통치하에 두기로 결정하였다(1945).

| 오답 해설 |
① 이승만 정부는 6 · 25 전쟁 당시 유엔군의 휴전 협상 진행에 반대하여 거제도에 수용된 반공 포로를 석방하였다(1953).
② 김구, 김규식이 평양에서 개최된 남북 대표자 연석회의에 참석하여 단독 정부 수립 반대와 통일 정부 구성을 위해 김일성, 김두봉과 남북 협상에 참석하였으나 성과는 없었다(1948).
③ 제헌 국회에서 일제 강점기 친일 행위를 한 사람들을 처벌하고 공민권을 제한하기 위해 반민족 행위 처벌법을 제정하고 반민족 행위 특별 조사 위원회를 구성하였다(1948).
⑤ 유엔 총회에서는 유엔 한국 임시 위원단을 파견하여 한반도에서 인구 비례에 따른 남북한 총선거 실시를 결의하였다(1947).

4. 대한민국 정부의 수립

(1) 한국 독립 문제의 유엔 상정과 유엔 한국 임시 위원단의 활동

① 한국 독립 문제의 유엔 총회 상정

㉠ **원인** : 미 · 소 공동 위원회의 실패로 미국과 소련은 남북한에서 별도의 정부를 세우는 데 관심을 가지게 됨

㉡ **한반도 문제의 유엔 이관** : 미 · 소 공동 위원회의 결렬 후 미국은 한반도 문제를 유엔에 이관(1947. 9)

㉢ **유엔 총회의 총선거 결의** : 유엔 한국 임시 위원단의 감시 하에 인구 비례에 의한 남북한 총선거 실시를 결의(1947. 11)

② 유엔 한국 임시 위원단의 구성

㉠ **유엔의 결정** : 한국 임시 위원단을 구성(1948. 1)하고, 선거를 통하여 통일된 독립 정부 수립

㉡ **소련과 북한의 반대** : 남한까지 공산화하려 했으므로 유엔의 결정에 반대, 유엔 한국 임시 위원단이 북한에 입국하지 못함(1948. 1)

㉢ **유엔 소총회 결정(1948. 2)** : 소련의 반대로 남북한 총선거가 불가능해지자, 유엔은 소총회에서 선거가 가능한 지역에서만이라도 총선거를 실시하여 정부를 수립하도록 결정

암기 Plus

▲ 남북 협상을 위해 38도선을 넘는 김구 일행

▲ 남북 지도자 연석 회의에서 축사하는 김구

암기 Plus

(2) 남북 협상(남북 대표자 연석 회의, 1948. 4)

① 김구 · 김규식 등은 남한만의 선거로 단독 정부가 수립되면 남북 분단이 계속될 것을 우려하여 남북한이 협상을 통해서 통일 정부를 수립하자고 주장

② 남북 협상을 통한 노력은 미 · 소 간의 냉전 체제하에서는 실현되기 어려웠음

암기 노트

김구의 단독 정부 수립 반대

조국이 있어야 한국 사람이 있고, 한국 사람이 있고야 민주주의도 공산주의도 무슨 단체도 있을 수 있는 것이다. 그러면 우리의 자주 독립적 통일 정부를 수립하려 하는 이때에 있어서 어찌 개인이나 자기 집단의 사리사욕을 탐하여 국가 민족의 백년대계를 그르칠 자가 있으랴? …… 현시에 있어서 나의 유일한 염원은 삼천만 동포와 손을 잡고 통일된 조국 독립의 달성을 위하여 공동 분투하는 것뿐이다. 이 육신을 조국이 수요한다면 당장에라도 제단에 바치겠다. 나는 통일된 조국을 건설하려다 38선을 베고 쓰러질지언정 일신에 구차한 안일을 취하여 단독 정부를 세우는 데는 협력하지 아니하겠다.

\- 삼천만 동포에게 읍고함(1948. 2) -

(3) 좌익 계열의 단독 정부 수립 반대

① 제주도 4 · 3 사건

㉠ 1948년 4월 3일부터 1954년 9월 21일까지 제주도에서 남조선 노동당(남로당) 세력이 주도가 되어 벌어진 무장 항쟁 및 그에 대한 대한민국 군경과 극우 단체의 유혈 진압

㉡ **주장** : 남한 단독 선거 반대, 경찰과 극우 단체의 탄압에 대한 저항, 반미구국투쟁 등

㉢ 진압 과정에서 무고한 주민들이 많이 희생됨

② 여수 · 순천 사건(1948. 10. 19)

㉠ 여수에 주둔하던 국군 제14연대가 제주 4 · 3 사건 진압을 위한 출동 명령을 거부하고 순천 등지까지 무력 점거를 확산시킨 사건

㉡ 동족을 학살할 수 없다는 것과 친일파 처단, 조국 통일을 명분으로 하여 발생

▲ 4 · 3 사건 진상조사단

▲ 여수 · 순천 사건 진압 후 부역자 심사

▲ 5 · 10 총선거에서 투표하는 유권자

(4) 대한민국의 수립

① **총선거 실시(1948. 5. 10)** : 남한에서 5 · 10 총선거가 실시되어 제헌 국회 구성

② **헌법 제정 · 공포(1948. 7. 17)** : 제헌 국회는 임시정부의 법통을 계승한 민주 공화국 체제의 헌법 제정 · 공포(→ 단원제 국회, 대통령 · 부통령제)

③ **정부 수립(1948. 8. 15)** : 이승만을 대통령으로, 이시영을 부통령으로 선출하여 대한민국의 수립을 국내외에 선포하였고, 유엔 총회에서 한반도의 유일한 합법 정부로 승인받음

(5) 반민족행위처벌법

① 반민족행위처벌법의 제정(1948. 9)

㉠ **목적** : 일제 잔재를 청산하기 위하여 제헌 국회에서 제정

㉡ **내용** : 일제 시대에 친일 행위를 한 사람들을 처벌하고 공민권을 제한하는 것 등

(공민권 → 국민으로서 국가 또는 지방자치의 정치에 참여할 수 있는 권리)

② **반민 특위의 활동** : 반민족 행위 처벌법에 의거하여 국회의원 10명으로 구성된 반민족 행위 특별 조사 위원회에서 친일 주요 인사들을 조사

③ **결과** : 반공을 우선시하던 이승만 정부의 소극적 태도로 친일파 처벌이 좌절됨

반민 특위 사건

이승만 정부와 경찰이 반민 특위를 습격하여 특위 산하 특경대를 체포한 사건

반민족행위처벌법(시행 1948. 9. 22)

제1조 일본 정부와 통모하여 한 · 일 합병에 적극 협력한 자, 한국의 주권을 침해하는 조약 또는 문서에 조인한 자와 모의한 자는 사형 또는 무기징역에 처하고 그 재산과 유산의 전부 혹은 2분지 1이상을 몰수한다.

제2조 일본 정부로부터 작을 수한 자 또는 일본 제국 의회의 의원이 되었던 자는 무기 또는 5년 이상의 징역에 처하고 그 재산과 유산의 전부 혹은 2분지 1이상을 몰수한다.

제3조 일본 치하 독립 운동자나 그 가족을 악의로 살상박해한 자 또는 이를 지휘한 자는 사형, 무기 또는 5년 이상의 징역에 처하고 그 재산의 전부 혹은 일부를 몰수한다.

제4조 좌의 각호의 1에 해당하는 자는 10년 이하의 징역에 처하거나 15년 이하의 공민권을 정지하고 그 재산의 전부 혹은 일부를 몰수할 수 있다.

1. 습작한 자
2. 중추원 부의장, 고문 또는 삼의 되었던 자
3. 칙임관 이상의 관리 되었던 자
4. 밀정 행위로 독립 운동을 방해한 자
5. 독립을 방해할 목적으로 단체를 조직했거나 그 단체의 수뇌 간부로 활동하였던 자
6. 군, 경찰의 관리로서 악질적인 행위로 민족에게 해를 가한 자
7. 비행기, 병기 또는 탄약 등 군수 공업을 책임 경영한 자
8. 도, 부의 자문 또는 결의 기관의 의원이 되었던 자로서 일정에 아부하여 그 반민족적 죄적이 현저한 자
9. 관공리 되었던 자로서 그 직위를 악용하여 민족에게 해를 가한 악질적 죄적이 현저한 자
10. 일본 국책을 추진시킬 목적으로 설립된 각 단체 본부의 수뇌 간부로서 악질적인 지도적 행동을 한 자
11. 종교, 사회, 문화, 경제 기타 각 부문에 있어서 민족적인 정신과 신념을 배반하고 일본 침략주의와 그 시책을 수행하는 데 협력하기 위하여 악질적인 반민족적 언론, 저작과 기타 방법으로써 지도한 자
12. 개인으로서 악질적인 행위로 일제에 아부하여 민족에게 해를 가한 자

제5조 일본 치하에 고등관 3등급 이상, 훈 5등 이상을 받은 관공리 또는 헌병, 헌병보, 고등 경찰의 직에 있던 자는 본법의 공소 시효 경과 전에는 공무원에 임명될 수 없다. 단, 기술관은 제외한다.

제6조 본법에 규정한 죄를 범한 자 개전의 정상이 현저한 자는 그 형을 경감 또는 면제할 수 있다.

제7조 타인을 모함할 목적 또는 범죄자를 옹호할 목적으로 본법에 규정한 범죄에 관하여 허위의 신고, 위증, 증거 인멸을 한 자 또는 범죄자에게 도피의 길을 협조한 자는 당해 내용에 해당한 범죄 규정으로 처벌한다.

제8조 본법에 규정한 죄를 범한 자로서 단체를 조직하는 자는 1년 이하의 징역에 처한다. (이하 생략)

5. 6 · 25 전쟁과 공산군의 격퇴

(1) 6 · 25 전쟁의 발발(1950. 6. 25)

① **배경** : 북한의 군사력 강화, 미군 철수와 미국 극동 방위선에서 한반도 제외(→ 애치슨 라인)

② **발발** : 김일성은 비밀리에 소련과 중국의 지원을 약속받아 남침을 감행

(2) 경과

서울 함락(1950. 6. 28) → 한강 대교 폭파(1950. 6. 28) → 낙동강 전선으로 후퇴(1950. 7) → 인천 상륙 작전(1950. 9. 15) → 서울 탈환(1950. 9. 28) → 중공군 개입(1950. 10. 25)→ 압록강 초산까지 전진(1950. 10. 26) → 서울 철수(1951. 1. 4) → 서울 재수복(1951. 3. 14) → 휴전 제의(1951. 6. 23) → 휴전 협정 체결(1953. 7. 27)

(3) 유엔군과 중공군의 개입

① **유엔군의 참전** : 미국 · 영국 · 프랑스 등 16개국의 군대로 구성된 유엔군 참전

② **중공군의 개입** : 중공군의 개입으로 국군과 유엔군은 후퇴, 38도선 부근에서 교전

(4) 휴전

① **휴전 제의(1951. 6. 23)** : 소련의 유엔 대표가 휴전을 제의

② **휴전 반대** : 우리 정부와 국민은 분단의 영구화를 우려하여 범국민적으로 휴전 반대

③ **휴전 성립(1953. 7. 27)** : 유엔군과 공산군 사이에 휴전이 성립

암기 Plus

애치슨 연설

극동의 방위선은 알류샨 열도에서 일본과 오키나와를 거쳐 필리핀 군도까지 이어지는 선이다. 우리가 멸망시키고 무장을 해제한 일본은 미군이 주둔해 있기 때문에 중요하고, 오키나와는 태평양 방위에 있어 긴요한 지역이며, 필리핀은 우리와 동맹관계에 있으므로 침략을 용인하지 않을 것이다.

▲ 피난하는 사람들

▲ 전쟁으로 파괴된 건물

(5) 전후 복구

① 복구 사업 : 황폐된 국토의 재건과 산업 부흥에 힘씀, 자유 우방들의 원조

② 한 · 미 상호 방위 조약의 체결(1953. 10)

2 민주주의의 시련과 발전

1. 이승만 정부(제1공화국)의 장기 집권과 4 · 19 혁명

(1) 이승만 정부의 반공 정책

① **반공 정책** : 북진 통일론 주장, 반공의 통치 이념

② **영향** : 반공 명분으로 반대 세력 탄압, 부패 척결과 친일파 청산에 소극적

(2) 이승만 정부의 장기 집권

① 발췌 개헌(1952)

㉠ **배경** : 2대 국회(1950. 5)에서 반이승만 성향의 무소속 의원 대거 당선(→ 국회에서의 간접 선거 방식으로는 이승만의 대통령 재선이 불가능)

㉡ **개헌 내용** : 간선제에서 직선제로 대통령 선출 방식 개정

㉢ **과정** : 자유당 창당(1951. 12), 계엄령 → 야당 의원 50여 명 연행 → 대통령 직선제 개헌안이 기립 투표로 통과됨

㉣ **결과** : 이승만의 대통령 재선(1952. 8)

② 사사오입 개헌(1954)

㉠ **배경** : 3대 국회 의원 선거에서 관권 개입으로 자유당 압승

㉡ **과정** : 초대 대통령에 한해 중임 제한 규정을 철폐하는 개헌안 제출 → 부결(1표 부족) → 2일 후 사사오입의 논리로 개헌안 불법 통과

㉢ **결과** : 자유당 지지 세력 크게 감소, 민주당 창당

③ 3대 대통령 선거(1956)

㉠ **대통령 후보** : 이승만(자유당), 신익희(민주당), 조봉암(무소속)

㉡ **부통령 후보** : 이기붕(민주당), 장면(민주당)

㉢ 결과

- 신익희의 갑작스런 서거로 이승만 당선
- 민주당 장면 후보의 부통령 당선
- 조봉암 후보의 선전과 선거 후 진보당 창당

④ 독재 체제의 강화

㉠ **진보당 사건(1958)** : 진보당의 당수 조봉암을 간첩 혐의로 처형

㉡ **신국가 보안법 제정(보안법 파동, 1958)** : 반공 체제 강화를 구실로 야당 탄압

㉢ **언론 탄압** : 경향신문 폐간(1959)

(3) 4 · 19 혁명(1960)

① 배경

㉠ 이승만 정권의 독재와 장기 집권, 탄압, 부정 부패

㉡ 1960년 자유당 정권의 3 · 15 부정 선거, 부정 선거 규탄 시위에 대한 유혈 진압

② 경과

㉠ 선거 당일(1960. 3. 15) 부정 선거를 규탄하는 3 · 15 마산 의거에서 경찰의 발포

사사오입 개헌

발췌 개헌을 통해 대통령에 재선한 이승만은 장기 집권을 위하여 헌법을 고치고자 하였다. 이에 자유당은 대통령의 3선 금지 조항 폐지에 대한 개헌안을 표결에 부쳤는데, 개헌 정족수인 316표에서 1표가 부족하여 부결되었다. 그러자 자유당은 저명한 수학자를 동원하여 사사오입(반올림)을 적용, 재적 의원 203명의 2/3은 135.333……이므로 135명으로도 정족수가 된다고 주장하며 개헌안의 통과를 선포하였다.

▲ 3대 대통령 선거 구호

3 · 15 부정 선거

자유당 정권은 이승만의 대통령 당선이 확실시되자 이기붕마저 부통령에 당선시키기 위해 온갖 부정한 방법을 동원하였다. 이에 따라 3인조, 9인조 투표가 이루어졌고 투표함을 바꿔치기하는가 하면 야당의 선거 감시원을 투표소에서 쫓아내기도 하였다.

로 많은 사상자가 발생(→ 자유당 정권은 시위의 배후에 공산 세력이 있다고 발표하여 시민의 반감을 삼)

㉡ 마산 의거에서 행방불명되었던 김주열 학생의 시신이 발견(1960. 4. 11)되었는데, 경찰의 최루탄에 의한 사망임이 밝혀져 항의 시위가 발발했으며 이에 대한 진압 과정에서 경찰의 발포로 다시 희생자 속출

㉢ 4월 18일 고려대 학생들의 총궐기 시위 직후 정치 깡패들이 기습 · 폭행하여 수십 명의 사상사 발생(4 · 18 고대생 습격 사건)

㉣ 부정 선거와 강경 진압으로 인한 사상자 속출 등의 진상이 밝혀지면서 국민의 분노가 극에 달해 4월 19일 학생 · 시민들의 대규모 시위가 발발(4 · 19 혁명)

㉤ 4월 25일 서울 시내 27개 대학 259명의 대학 교수들이 시국 선언문을 발표하고, 시위에 가세(4 · 25 대학 교수단 선언)

㉥ 4월 26일 이승만은 라디오 연설을 통해 대통령 자리에서 하야하겠다고 발표, 자유당 정권 붕괴

③ **의의** : 학생과 시민이 중심이 되어 독재 정권을 무너뜨린 민주 혁명으로서, 우리 민족의 민주 역량을 전 세계에 보여주었고 민주주의가 더욱 발전할 수 있는 토대가 됨

4 · 19 혁명 당시 서울대 문리대 선언문

상아의 진리탑을 박차고 거리에 나선 우리는 질풍과 같은 역사의 조류에 자신을 참여시킴으로써 이성과 진리, 그리고 자유의 대학 정신을 현실의 참담한 박토(薄土)에 뿌리려 하는 바이다. 오늘의 우리는 자신들의 지성과 양심의 엄숙한 명령으로 하여 사악과 잔학의 현상을 규탁(糾彈), 광정(匡正)하려는 주체적 판단과 사명감의 발로임을 떳떳이 천명하는 바이다. …… 민주주의와 민중의 공복이며 중립적 권력체인 관료와 경찰은 민주를 위장한 가부장적 전제 권력의 하수인을 발 벗었다. 민주주의 이념의 최저의 공리인 선거권마저 권력의 마수 앞에 농단(壟斷)되었다. 언론, 출판, 집회, 결사 및 사상의 자유의 불빛은 무식한 전제 권력의 악랄한 발악으로 하여 깜빡이던 빛조차 사라졌다. 긴 칠흑 같은 밤의 계속이다. …… 보라! 현실의 뒷골목에서 용기 없는 자학을 되씹는 자까지 우리의 대열을 따른다. 나가자! 자유의 비결은 용기일 뿐이다. 우리의 대열은 이성과 양심과 평화, 그리고 자유에의 열렬한 사랑의 대열이다. 모든 법은 우리를 보장한다.

2. 장면 내각(제2공화국, 1960. 8~1961. 5)

(1) 허정 과도 내각

4 · 19 혁명 후의 혼란 수습을 위해 헌법을 내각 책임제와 양원제 국회로 개정(제3차 개헌, 1960. 6. 15)

(2) 장면 내각

① 총선거에서 민주당 압승

② 장면 내각 출범, 국회에서 대통령에 윤보선, 국무총리에 장면 당선

③ 내각 책임제 · 양원제 의회 설립

(3) 민주주의의 발전

① **언론 활동 보장** : 국가 보안법 개정, 경향신문 복간

② **노동 조합 운동 고조** : 교원 노조, 언론인 노조 등

③ **통일 운동의 활성화** : 중립화 통일론, 남북 협상론, 남북 교류론 등

▲ 4 · 19 혁명

▲ 4 · 19 혁명 당시 시위하는 학생과 시민

제2공화국의 한계

- 사회적 혼란을 수습하지 못함
- 경기 침체
- 국민들의 불만 고조
  - 민주당의 내분으로 3 · 15 부정 선거 관련자들을 제대로 처벌하지 못함
  - 남북 관계 등에 대한 국민들의 불만 해결이 미비함
- 4 · 19 정신을 적극적으로 계승하지 못함
- 개혁 의지 약화로 각종 개혁 부진(→ 5 · 16 군사 정변(1961)으로 붕괴)

| 고급 | [2점]

(가)에 들어갈 민주화 운동에 대한 설명으로 옳은 것은?

이곳은 이승만의 장기 독재에 저항하여 일어난 (가) 당시 희생된 김주열 열사의 묘소입니다. 3·15 부정 선거를 규탄하는 시위에 참가하였던 열사가 마산 앞바다에서 시신으로 발견되면서, 시위가 전국적으로 확산되었습니다.

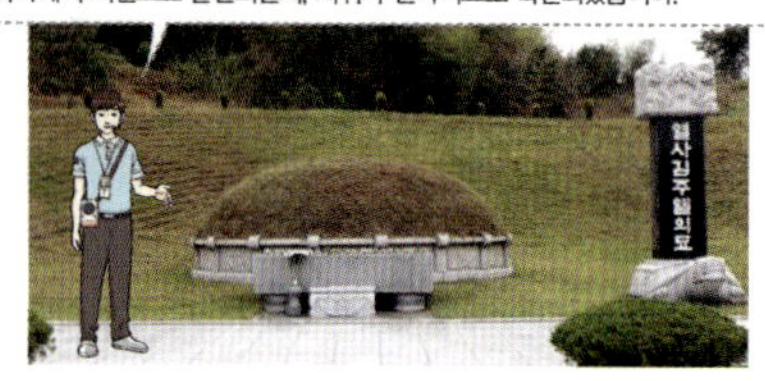

① 장면 내각이 출범하는 배경이 되었다.
② 4·13 호헌 조치의 철폐를 요구하였다.
③ 굴욕적인 한·일 국교 정상화에 반대하였다.
④ 신군부의 계엄령 확대와 무력 진압에 항거하였다.
⑤ 3·1 민주 구국 선언을 통하여 유신 체제에 저항하였다.

[4·19 혁명의 결과]

암기공식
4·19 혁명 ⇒ 이승만 하야, 장면 내각 출범

| 정답 해설 |
이승만 정권의 장기 독재와 자유당 정권의 3·15 부정선거로 4·19 혁명이 발발하였고, 그 결과 이승만 대통령이 하야하고 내각 책임제와 양원제의 장면 내각이 출범되었다(1960).

| 오답 해설 |
② 박종철 고문치사와 국민들의 대통령 직선제 요구를 거부하는 전두환 정부의 4·13 호헌 조치 발표로 6월 민주 항쟁이 촉발되었다(1987).
③ 박정희 정부가 일제 강점기에 대한 사죄와 과거사 청산이 무시된 채 일본과 한·일 협정을 체결한 것에 대한 반발로 6·3 시위가 촉발되었다(1964).
④ 신군부의 비상계엄 확대와 무력 진압에 항거하여 5·18 광주 민주화 운동이 발발하였고, 계엄군의 무자비한 진압으로 많은 시민과 학생이 희생되었다(1980).
⑤ 박정희 정부의 유신 체제에 항거하여 긴급 조치 철폐 등을 주장하며 재야 정치인들과 가톨릭 신부, 개신교 목사, 대학 교수 등이 3·1 민주 구국 선언문을 발표하였다(1976).

정답 ①

▲ 5·16 군사 정변 당시 박정희(가운데)

3. 5·16 군사 정변과 박정희 정부의 수립(제3공화국)

(1) 5·16 군사 정변(1961)

① **발발** : 장면 내각은 자유 민주주의의 실현을 위해 노력하였으나, 박정희를 중심으로 한 군부 세력은 사회의 혼란을 구실로 군사 정변을 일으켜 정권을 잡음

② **군정의 실시**

㉠ **국가 재건 최고 회의 구성** : 헌정을 중단시키고 군정을 실시

㉡ **혁명 공약** : 반공을 국시로 경제 재건과 사회 안정 추구, 구정치인들의 정치 활동 금지

5·16 군사 정변 세력의 혁명 공약

1. 반공을 국시(國是)의 제일의(第一義)로 삼고 지금까지 형식적이고 구호에만 그친 반공 태세를 재정비·강화한다.
2. 유엔 헌장을 준수하고 국제 협약(國際協約)을 충실히 이행할 것이며 미국을 위시한 자유 우방과의 유대를 더욱 공고히 한다.
3. 이 나라 사회의 모든 부패와 구악(舊惡)을 일소하고 퇴폐한 국민 도의와 민족 정기를 다시 바로잡기 위하여 청신한 기풍을 진작시킨다.
4. 절망과 기아 선상(飢餓線上)에서 허덕이는 민생고(民生苦)를 시급히 해결하고 국가 자주 경제 재건에 총력을 경주한다.
5. 민족적 숙원인 국토 통일(國土統一)을 위하여 공산주의와 대결할 수 있는 실력 배양에 전력을 집중한다.
6. 이와 같은 우리의 과업이 성취되면 참신(斬新)하고도 양심적인 정치인들에게 언제든지 정권을 이양하고 우리들 본연의 임무에 복귀할 준비를 갖춘다.

(2) 박정희 정부(제3공화국, 1963~1972)

① 성립

㉠ **제5차 개헌** : 대통령제 환원, 대통령 직선제, 임기 4년

㉡ 민선 이양 약속을 버리고 민주 공화당 창당, 박정희의 대통령 당선

② **경제 성장 제일주의** : 경제 개발 5개년 계획 추진

③ **한 · 일 협정(1965)**

㉠ **배경**

- **한국** : 경제 개발 계획 추진에 필요한 재원 마련
- **미국** : 사회주의 세력에 대한 한 · 미 · 일 공동 체제 필요

㉡ **경과** : 김종필과 오히라 간의 한일 회담 진행(1962)(→ 차관 제공 합의)

㉢ **6 · 3 시위 전개(1964)** : 굴욕 외교(제2의 을사조약) 반대(→ 계엄령, 위수령(衛戍令) 선포로 탄압)

육군 부대가 한 지역에 계속 주둔하면서 그 지역의 경비, 군대의 질서 및 군기 감시와 시설물을 보호하기 위하여 제정된 대통령령

㉣ **내용** : 독립 축하금 3억 달러, 민간 차관 제공, 청구권 문제

㉤ **문제점** : 식민지 지배에 대한 보상과 사죄 문제 미해결

한 · 일 협정 반대 시위(6 · 3 시위)

국제 협력이라는 미명 아래 우리 민족의 치떨리는 원수 일본 제국주의를 수입, 대미 의존적 반신불수인 한국 경제를 2중 계속의 철쇄로 속박하는 것이 조국의 근대화로 가는 첩경이라고 기만하는 반민족적 음모를 획책하고 있다. 우리는 외세 의존의 모든 사상과 제도의 근본적 개혁 없이는, 전 국민의 희생 위에 홀로 군림하는 매판 자본의 타도 없이는, 외세 의존과 그 주구 매판 자본을 지지하는 정치 질서의 철폐 없이는 민족 자립으로 가는 어떠한 길도 폐쇄되어 있음을 분명히 인식한다.

④ **베트남 파병(1964~1973)**

㉠ **과정** : 브라운 각서로 국군의 전력 증강과 차관 원조 약속

㉡ **영향** : 외화 획득, 건설 사업 참여 등 베트남 특수로 경제 발전, 많은 전사자 발생

브라운 각서(1966)

1. 한국에 있는 대한민국 국군의 현대화 계획을 위하여 앞으로 수년 동안에 상당량의 장비를 제공한다.
2. 월남 공화국에 파견되는 추가 병력에 필요한 장비를 제공하며 또한 파월 추가 병력에 따르는 일체의 추가적 원화 경비를 부담한다.
3. 파월 대한민국 부대에 소요되는 보급 물자 용역 및 장비를 실행할 수 있는 한도까지 대한민국에서 구매하며 파월 미군과 월남군을 위한 물자 중 결정된 구매 품목을 한국에서 발주한다.
4. 수출 진흥의 전반 부분에 있어서 대한민국에 대한 기술 협조를 강화한다.

⑤ **3선 개헌(1969)**

㉠ **배경** : 박정희 정부의 장기 집권 의도, 한반도 긴장 고조

- **1 · 21 사태(1968)** : 31명의 북한 무장 공비가 청와대 기습 시도
- **푸에블로호 납치(1968)** : 북한이 미국 첩보함을 영해 침범을 이유로 납치

㉡ **결과** : 3선 성공(1971)(→ 야당 반발, 민심 이반 현상)

암기 Plus

한 · 일 협정

1965년에 체결된, 한국과 일본 양국의 국교 관계를 규정한 조약이다. 협정 결과 일본으로부터 많은 차관을 들여와 경제 발전의 원동력으로 사용할 수 있었으나 식민 통치에 대한 배상 문제, 어업 문제 등에서 일본에 지나치게 양보했다는 비난을 받았다. 6 · 3 시위의 원인이 되었다.

▲ 6 · 3 시위

▲ 베트남 파병

▲ 10월 유신

유신 헌법의 주요 내용

- 국회와 별도로 통일 주체 국민 회의를 대의 기구로 설정, 대통령 및 일부 국회 의원 선출권 부여
- 대통령에게 국회 해산권, 긴급 조치권 등 초헌법적 권한 부여
- 대통령은 법관 및 국회 의원의 1/3에 해당하는 임기 3년의 유신 정우회 의원을 임명
- 대통령 임기를 6년으로 연장

▲ 마산에 내려온 공수 부대의 모습

4. 유신 체제(제4공화국, 1972~1979)

(1) 배경

→ 1969년 미국 대통령 닉슨이 괌에서 발표한 아시아 외교정책

① 닉슨 독트린에 따른 냉전 체제 완화로 미군의 베트남 철수, 주한 미군 감축

② 박정희 정부는 강력하고도 안정된 정부가 필요하다는 주장을 내세워 10월 유신을 단행

(2) 성립 과정

→ 낡은 제도를 고쳐 새롭게 한다는 뜻

① **10월 유신(維新) 선포(1972. 10)** : 비상 계엄 선포, 국회 해산, 정치 활동 금지, 언론 · 방송 · 보도 · 출판의 사전 검열, 각 대학 휴교

② **성격** : 의회 민주주의와 삼권 분립을 무시하고 대통령에게 강력한 통치권 부여

③ **유신 헌법(1972. 11. 20)** : 국민 투표로 통과

㉠ **대통령 간선제** : 통일 주체 국민 회의에서 대통령 선출

㉡ 대통령의 임기 6년, 중임 제한 철폐

㉢ **대통령 권한 극대화** : 긴급 조치권, 국회 해산권, 유신 정우회 국회 의원(국회의원의 1/3 임명권)

암기 노트

긴급 조치 9호(1975. 5. 13)

① 유언비어 · 사실 왜곡 금지, 집회 · 시위 또는 신문 · 방송 · 통신 등 공중 전파 수단이나 문서 등에 의한 헌법의 부정 · 반대 · 왜곡이나 개정 · 폐지 주장 등 금지

② 학생의 집단적 정치 활동 금지

③ 본 조치의 비방 금지

(3) 유신 체제에 대한 저항

① **유신 반대 운동** : 서울대 유신 철폐 시위, 개헌 청원 100만 인 서명 운동

② **민주 회복 국민 회의(1974)** : 재야 인사, 종교인, 언론인 등

(4) 민주화 운동 탄압

① **긴급 조치 발동(1974)** : 국민의 자유 · 권리의 무제한 제약

② **민청학련 사건(1974)** : 학생, 민주 인사 탄압

③ **군사 통치 강화** : 학도 호국단 조직, 민방위대 창설

(5) 붕괴

① 1979년 신민당 김영삼 총재 제명 사건으로 부 · 마 항쟁 발발

② 10 · 26 사태(대통령 시해)로 유신 정권 붕괴

5. 5 · 18 민주화 운동(1980)과 전두환 세력의 집권(제5공화국)

(1) 신군부 세력의 정권 장악

① **12 · 12 사태(1979. 12)** : 전두환, 노태우 등 신군부 세력이 실권 장악

② **집권 준비** : 계엄령 유지, 헌법 개정 지연

(2) 서울의 봄(1980)

① **배경** : 신군부의 대두, 민주화 지연

② **경과** : 5월 15일 서울역 앞에서 시위(4 · 19 혁명 이후 최대 규모)

③ **탄압** : 비상 계엄령의 전국 확대(5. 17), 국회 폐쇄, 민주 인사 체포

(3) 5 · 18 광주 민주화 운동(1980)

① **과정** : 민주화를 열망하는 국민의 요구는 5 · 18 광주 민주화 운동으로 이어졌는데, 계엄군의 무자비한 진압으로 많은 시민과 학생이 희생됨

② **의의** : 신군부의 도덕성 상실, 1980년대 민족 민주 운동의 토대, 학생 운동의 새로운 전환점(반미 운동의 시작)

암기 노트

광주 시민군 궐기문(1980. 5. 25)

우리는 왜 총을 들 수밖에 없었는가? 그 대답은 너무나 간단합니다. 너무나 무자비한 만행을 더 이상 보고 있을 수만 없어서 너도나도 총을 들고 나섰던 것입니다. …… 그러나 아! 이럴 수가 있단 말입니까? 계엄 당국은 18일 오후부터 공수 부대를 대량 투입하여 시내 곳곳에서 학생, 시민에게 무차별 살상을 자행하였으니! ……

(4) 전두환 정부

① **국가 보위 비상 대책 위원회(1980. 5)**

㉠ **기능** : 대통령의 자문 기관, 행정 · 사법 업무의 조정 · 통제 담당

㉡ **활동** : 김대중 내란 음모 사건 기소, 언론 통폐합, 비판적 기자 · 교수 해직

② **전두환 정부의 성립(1980. 8)** : 7년 단임의 대통령 간선제(대통령 선거인단)의 헌법 제정(→ 전두환 대통령 선출)

③ **강압 통치** : 정치 활동 규제, 공직자 숙청, 언론 통폐합, 민주화 운동, 노동 운동 탄압

④ **유화 정책** : 해외 여행 자유화, 통행 금지 해제, 교복 자율화 등

⑤ **경제 성장** : 3저 호황(유가 하락, 달러 가치 하락, 금리 하락)

6. 6월 민주 항쟁(1987)과 노태우 정부(제6공화국)

(1) 6월 민주 항쟁

① **배경**

㉠ 전두환 정권의 독재 정치

㉡ 박종철 고문 치사(1987. 1. 14)

② **전개**

㉠ 직선제 요구 시위

㉡ **4 · 13 호헌 조치** : 현행 헌법으로 대통령 선거

㉢ 이한열 사망(6. 9)

㉣ 박종철 고문 치사 규탄 및 호헌 철폐 국민 대회(6월 민주화 운동, 6. 10)

암기 노트

6 · 10 국민 대회 선언문

오늘 우리는 전 세계 이목이 우리를 주시하는 가운데 40년 독재 정치를 청산하고 희망찬 민주 국가를 건설하기 위한 거보를 전 국민과 함께 내딛는다. 국가의 미래요 소망인 꽃다운 젊은이를 야만적인 고문으로 죽여 놓고 그것도 모자라서 뻔뻔스럽게 국민을 속이려 했던 현 정권에게 국민의 분노가 무엇인지를 분명히 보여주고, 국민적 여망인 개헌을 일방적으로 파기한 4 · 13 폭거를 철회시키기 위한 민주 장정을 시작한다.

③ **결과** : 노태우의 6 · 29 민주화 선언 발표(대통령 직선제, 평화적 정권 이양, 기본권 보장 약속)

암기 Plus

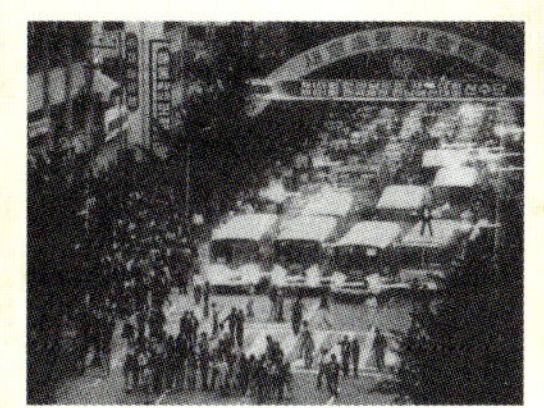

▲ 5 · 18 광주 민주화 운동

반미 감정

당시 우리나라 군대의 작전권을 가진 미국이 광주로의 군대 이동에 동의하여 무력 진압이 이루어졌는데, 이로 인해 미국에 대한 반감이 싹트기 시작했다.

국가 보위 비상 대책 위원회(국보위)

대통령의 자문 및 보좌 기관이라는 명목으로 조직된 비상 기구이다. 위원장은 전두환이다.

▲ 6월 민주 항쟁

박종철 고문 치사 사건과 이한열의 사망

- **박종철 고문 치사 사건** : 1987년 1월 14일, 서울대학교 학생인 박종철이 고문으로 인해 사망한 사건이다. 이를 두고 경찰에서는 "탁, 하고 치니까 억, 하고 죽었다."는, 어처구니없는 경위 발표를 하였다. 부검 결과 박종철은 물고문 중 사망한 것으로 밝혀졌다.
- **이한열의 사망** : 시위 도중 최루탄으로 사망하였다.

암기 Plus

6·29 민주화 선언

1. 여야 합의 하에 조속히 대통령 직선제로 개헌하고 새 헌법에 의해 대통령 선거를 실시, 1988년 2월 평화적 정부 이양을 실현한다.
2. 직선 제도의 변경뿐만 아니라 이를 민주적으로 실천하기 위해 대통령 선거법을 개정, 자유로운 출마와 공정한 선거를 보장하여 국민의 심판을 받도록 한다.
3. 국민적 화해와 대동단결을 위해 김대중 씨를 사면 복권시키고, 자유 민주주의적 기본 질서를 부인한 반국가사범이나 살상·방화·파괴 등으로 국기를 흔들었던 소수를 제외한 모든 시국 관련 사정들을 석방한다.

5공 청문회

5·18 민주화 운동의 진상을 밝히기 위한 것이었으나 큰 효과를 거두지는 못하였다.

4·19 혁명과 6월 민주 항쟁 비교

	4·19 혁명	6월 민주 항쟁
원인	3·15 부정 선거	4·13 호헌 조치
전개 과정	김주열 사망 → 전국적 시위 → 계엄령 발동	박종철·이한열 사망 → 전국적 시위 → 계엄령 발동 안 함
결과	• 내각 책임제 • 정권 교체(장면 내각)	• 대통령 직선제 • 정권 교체 실패(노태우 정부)

(2) 노태우 정부(제6공화국, 1988. 3~1993. 2)

① **헌법 개정(1987. 10)** : 5년 단임, 대통령 직선제

② **성립** : 야당의 후보 단일화 실패로 노태우 대통령 당선(1987)

③ **정치** : 5공 청문회 개최, 지방 자치제 부분적 실시, 언론 기본법 폐지

④ **외교** : 북방 정책(→ 소련(1990), 중국(1992)과 수교), 남북한 유엔 동시 가입(1991)

⑤ **3당 합당(1990)**

㉠ 1988년 13대 총선에서 여당인 민정당 참패(→ 여소 야대 국회 성립으로 정부 정책 추진에 어려움)

㉡ 민주 정의당(노태우), 통일 민주당(김영삼), 신민주 공화당(김종필)의 합당(→ 민주 자유당 결성)

7. 김영삼 정부(문민 정부, 1993. 3~1998. 2)

(1) 성립

1992년 12월 김영삼 대통령 당선(→ 5·16 군사 정변 이후 30여 년만의 민간인 출신 대통령)

(2) 주요 정책

공직자 재산 등록, 금융 실명제, 지방 자치제 전면 실시, 역사 바로 세우기 운동(전두환, 노태우 구속)

(3) 외환 위기

집권 말기 국제 통화 기금(IMF)의 구제 금융 지원 요청

8. 김대중 정부(국민의 정부, 1998. 3~2003. 2)

(1) 성립

야당의 김대중 후보가 당선(→ 최초의 평화적 정권 교체)

(2) 주요 정책

① 외환위기 극복, 민주주의와 시장 경제의 병행 발전을 천명

② 국정 전반의 개혁과 경제난의 극복, 국민 화합의 실현, 법과 질서의 수호 등을 국가적 과제로 제시

③ 햇볕 정책 추진 → 금강산 관광 사업 시작(1998), 남북 정상 회담 개최 및 6·15 공동 선언 발표(2000)

| 고급 | [2점]

(가) 민주화 운동에 대한 설명으로 옳은 것은?

(가) 특별전

37년 전 그 날, 국민들의 민주화 요구를 묵살하고 비상 계엄령을 전국으로 확대한 신군부의 조치에 반대하여 도청과 금남로 일대에서 시위가 일어났습니다. 계엄군은 시민들에게 무차별적인 폭력을 자행하였습니다. 폭력의 진실을 세계에 알린 한 독일 언론인을 추모하여, 그가 남긴 자료를 전시하는 특별전을 개최합니다.

• 기간: 2017년 ○○월 ○○일~○○월 ○○일
• 장소: △△문화원

① 허정 과도 정부가 구성되는 계기가 되었다.
② 호헌 철폐와 독재 타도 등의 구호를 내세웠다.
③ 5년 단임의 대통령 직선제 개헌을 이끌어 냈다.
④ 전개 과정에서 시민군이 자발적으로 조직되었다.
⑤ 대통령 하야를 요구하는 대학 교수단의 시위 행진이 있었다.

[5 · 18 민주화 운동]

암기공식

신군부 vs 시민군 ⇒ 5 · 18 민주화 운동

| 정답 해설 |

신군부의 비상계엄 확대에 맞서 민주화를 열망하는 국민의 요구는 5 · 18 광주 민주화 운동으로 이어졌는데, 전개 과정에서 시민군이 자발적으로 조직되었고 계엄군의 무자비한 진압으로 많은 시민과 학생이 희생되었다(1980).

| 오답 해설 |

① 4 · 19 혁명 후의 혼란 수습을 위해 허정 과도 내각이 출범되고, 내각 책임제를 기본으로 하여 민의원과 참의원의 양원제 국회로 헌법을 개정하였다(1960).
② 박종철 고문치사와 전두환 정부의 4 · 13 호헌 조치 발표로 호헌 철폐와 독재 타도 등을 외치며 6월 민주 항쟁이 촉발되었다(1987).
③ 6월 민주항쟁의 결과 노태우의 6 · 29 민주화 선언에 따라 5년 단임의 대통령 직선제 개헌이 이루어졌다(1987).
⑤ 4 · 19 혁명 후 서울 시내 27개 대학 259명의 대학 교수들이 시국 선언문을 발표하고 대통령의 하야를 요구하는 시위행진을 하였다(1960).

정답 ④

헌법의 변천

개헌	정부	개정 요지	특기 사항
제헌 헌법(1948)		• 대통령 간선제(국회) • 1회 중임 가능, 임기 4년	제헌 의회에서 제정
제1차 개헌(1952)	이승만	대통령 직선제	발췌 개헌
제2차 개헌(1954)	이승만	초대 대통령에 한해 연임 제한 규정 철폐	사사오입
제3차 개헌(1960. 6)	허정 과도 내각	• 내각 책임제, 양원제 • 기본권 강화	4 · 19 혁명의 결과
제4차 개헌(1960. 11)	장면 내각	부정 선거 관련자, 부정 축재자 처벌 소급 특별법 제정을 위한 개헌	국민 투표를 통한 개정(최초)
제5차 개헌(1962)	군사 정부	• 대통령 직선제 • 임기 4년, 단원제	
제6차 개헌(1969)	박정희	대통령 3선 금지 규정 철폐	
제7차 개헌(1972)	박정희	• 대통령 간선제(통일 주체 국민 회의) • 임기 6년, 중임 제한 없음	유신 헌법
제8차 개헌(1980)	전두환	• 대통령 간선제(선거인단) • 임기 7년, 단임제	단임제
제9차 개헌(1987)	전두환	• 대통령 직선제 • 임기 5년, 단임	6월 민주 항쟁의 결과

2장 통일 정책

암기 Plus

정권 수립 초기(연립 정권 형태)
- **남조선 노동당(남로당)** : 박헌영
- **연안파** : 김두봉, 최창익
- **소련파** : 허가이, 박창옥
- **갑산파** : 김일성, 박금철, 이효순

소련파와 연안파
- **소련파** : 허가이 · 박창옥 등을 중심으로 하며, 광복 이후 소련군과 함께 들어온 소련 사회주의 세력이다.
- **연안파** : 김두봉 · 최창익 · 무정 등을 중심으로 하며, 광복 전 중국에서 항일 무장 투쟁을 전개했다.

3대 혁명 소조 운동

과학자, 지식인, 기술자 등으로 구성된 소규모 집단(소조)을 생산 현장에 투입시켜 농민을 돕거나 지도하도록 하여 사회 전반에 활력을 불어넣자는 운동이다.

합영법

1984년에 북한에 대한 외국인의 활발한 투자를 위해 제정했다. 외국 기업이나 개인이 북한에 합작 기업을 설립, 운영할 수 있도록 하는 것을 중심으로 한다.

1 북한 정치의 전개

1. 북한의 체제

(1) 1950년대

① 6 · 25 전쟁 이후 남로당계 숙청

② **8월 종파 사건** : 소련파와 연안파가 김일성 개인 숭배 비판(1956. 8)(→ 소련파와 연안파 숙청)

③ **중앙당 집중 지도 사업** : 주민들에 대한 사상 검토 작업

(2) 주체 사상의 성립

① **배경** : 중 · 소 분쟁을 계기로 북한 실정에 맞는 혁명과 건설을 추진(→ 경제와 주체의 자립 주장)

② **성립**

㉠ 김일성 유일 사상 체계 확립(1967)

㉡ 온 사회의 주체 사상화(1970)

③ **목적** : 김일성 개인 숭배 합리화, 반대파 숙청의 구실로 이용

㉠ 김일성 중심의 통치 체제를 뒷받침하기 위하여 유일 사상 체계 확립

㉡ **주체 사상** : 정치의 자주, 국방의 자위, 경제의 자립

(3) 김일성 유일 체제 확립

① **사회주의 헌법(1972. 12)** : 국가 주석제 도입(→ 최고 지도자로서 절대 권력 행사)

② **수령 유일 체제 구축** : 김일성이 조선 노동당 총비서 · 주석 겸임, 3대 혁명 소조 운동

③ **김정일 후계 체제 구축** : 조선 노동당 비서(1973)(→ 유일한 후계자로 내정(1974), 3대 혁명 소조 운동 주도)

(4) 김정일의 권력 승계

① 1980년대 이후 당을 실질적으로 장악하고 후계 체제를 공고히 함

② 국방 위원회 위원장에 취임(1993), 김일성이 사망한 뒤 권력을 승계

2. 경제의 침체

(1) 배경

① 동유럽 사회주의 국가의 몰락

② 주체 사상과 계획경제에 의한 경제적 고립과 정책의 실패

③ 지나친 국방비 지출

④ 식량, 원자재, 에너지, 외화부족 등 경제위기

(2) 북한 경제의 변화

① 합작 회사 경영법 제정(합영법, 1984), 신합영법(1994)

② **경제 개방** : 나진 · 선봉 자유 무역 지대 설치(1991), 외국인 투자법 제정(1992)

③ **남한과의 교류 증진** : 금강산 관광 사업(1998), 신의주 경제 특구(2002), 개성 공단(개성 공업 특구, 2004)

❷ 통일 정책과 남북 교류

1. 남북한의 대치(1950~1960년대)

(1) 이승만 정부

① **통일 정책** : 북진 통일론, 반공 정책 고수

② **진보당 사건(1958)** : 평화 통일론을 주장한 조봉암 사형

(2) 장면 내각

① **통일 정책** : 북진 통일론 철회, 유엔 감시하의 남북한 총선거 주장, 선 경제 건설 후 통일 제시

② **민간에서의 통일 논의 활발** : 중립화 통일론, 평화 통일론, 남 · 북 학생 회담 추진(가자 북으로, 오라 남으로)(→ 정부가 저지함)

(3) 박정희 정부

① **반공 강화** : 반공을 국시로 삼음

② 선 건설 후 통일론 제시(→ 민간의 통일 운동 탄압)

(4) 북한의 통일 정책

① **연방제 통일 방안 제시(1960)** : 남북의 정치 체제 유지, 과도적 대책으로 연방제(聯邦制) 실시

→ 둘 이상의 주권이 결합하여 국제법상 단일적인 인격을 가지는 복합 형태의 국가

② **1 · 21 사태(1968), 푸에블로호 납치 사건(1968)** : 한반도의 긴장 고조

→ 1968년 1월 23일 미해군 정보수집함 푸에블로호가 북한 원산항 앞 공해상에서 북한으로 납치된 사건

→ 1968년 1월 21일 김신조를 비롯한 북한 정찰국 소속 무장게릴라들이 청와대를 습격하기 위해 침투한 사건

2. 남북 대화의 출발(1970~1980년대)

(1) 배경

냉전 완화, 닉슨 독트린(1969), 닉슨 대통령의 중국 방문(1972)

(2) 통일 정책의 변화

① **남북 적십자 회담(1971)** : 남북한 최초로 평화 협상의 길이 열림

② **7 · 4 남북 공동 성명(1972)**

㉠ 통일의 3대 원칙(자주, 평화, 민족 대단결)에 합의

㉡ 남북 조절 위원회 설치, 남북 직통 전화 설치

㉢ **한계** : 남 · 북한 모두 독재 체제 강화에 이용(유신 헌법, 사회주의 헌법)

▲ 7 · 4 남북 공동 성명

7 · 4 남북 공동 성명

첫째, 통일은 외세에 의존하거나 외세의 간섭을 받음이 없이 자주적으로 해결하여야 한다.
둘째, 통일은 서로 상대방을 반대하는 무력 행사에 의거하지 않고 평화적 방법으로 실현하여야 한다.
셋째, 사상과 이념, 제도의 차이를 초월하여 우선 하나의 민족으로서 민족적 대단결을 도모하여야 한다.

③ **6 · 23 평화 통일 외교 정책 선언(1973)** : 남북한 유엔 동시 가입 제안, 호혜 평등 원칙하에 모든 국가에 문호 개방

6 · 23 선언

2. 한반도의 평화는 반드시 유지되어야 하며, 남북한은 서로 내정에 간섭하지 않으며 침략을 하지 않아야 한다.
5. 국제 연합의 다수 회원국의 뜻이라면 통일에 장애가 되지 않는다는 전제하에 우리는 북한과 함께 국제 연합에 가입하는 것을 반대하지 않는다.
6. 대한민국은 호혜 평등의 원칙하에 모든 국가에게 문호를 개방할 것이며, 우리와 이념과 체제를 달리하는 국가들도 우리에게 문호를 개방할 것을 촉구한다.

(3) 남북한의 통일 방안(1980년대)

① **남한** : 민족 화합 민주 통일 방안 제시(1982)

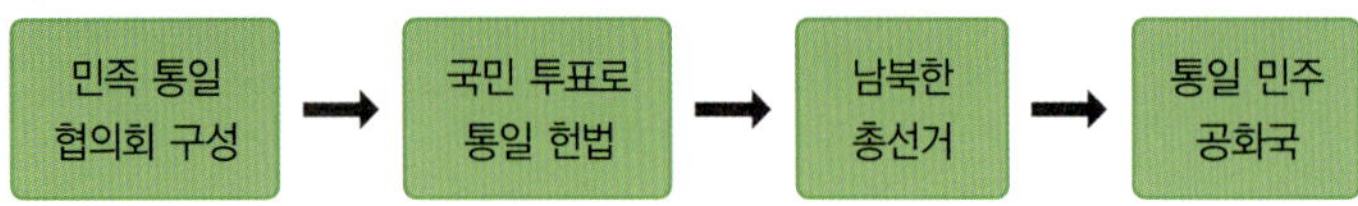

② **북한** : 고려 민주 연방 공화국 창립 방안(1980), 1국가 2체제(국가 보안법 철폐, 미군 철수가 전제 조건)

3. 남북 관계의 새로운 진전(1990년대)

(1) 노태우 정부 : 냉전 체제 붕괴 → 남북 관계 변화

① **7 · 7 선언(1988)** : 북한을 적대의 대상이 아니라 민족 공동체로 인식

② **한민족 공동체 통일 방안(1989)** : 자주 · 평화 · 민주, 남북 국가 연합 제안

③ 남북 고위급 회담, 남북한 유엔 동시 가입(1991)

④ 남북 기본 합의서 채택(1991)

⑤ 한반도 비핵화 공동 선언문 발표(1992)

남북 기본 합의서

남과 북은 분단된 조국의 평화적 통일을 염원하는 온 겨레의 뜻에 따라 7 · 4 남북 공동 성명에서 천명된 조국 통일 3대 원칙을 재확인하고, 정치 · 군사적 대결 상태를 해소하여 민족적 화해를 이룩하고, 무력에 의한 침략과 충돌을 막고 긴장 완화와 평화를 보장하며, 다각적인 교류 협력을 실현하여 민족 공동의 이익과 번영을 도모하며, 쌍방 사이의 관계가 나라와 나라 사이의 관계가 아닌 통일을 지향하는 과정에서 잠정적으로 형성되는 특수 관계라는 것을 인정하고, 평화 통일을 성취하기 위한 공동의 노력을 경주할 것을 다짐하면서 다음과 같이 합의하였다.

1. 남과 북은 서로 상대방의 체제를 인정하고 존중한다.
9. 남과 북은 상대방에 대하여 무력을 사용하지 않으며, 상대방을 무력으로 침략하지 아니한다.
15. 남과 북은 민족 경제의 통일적이며 균형적인 발전과 민족 전체의 복리 향상을 도모하기 위하여 자원의 공동 개발, 민족 내부 교류로서 물자 교류, 합작 투자 등 경제 교류와 협력을 실시한다.
18. 남과 북은 흩어진 가족과 친지의 자유로운 서신 거래와 왕래, 상봉 및 방문을 실시하고 자유 의사에 의한 재결합을 실현하며 기타 인도적으로 해결할 문제에 대한 대책을 강구한다.

(2) 김영삼 정부

① 한민족 공동체 건설을 위한 3단계 통일 방안 제시(1994)

② **제네바 합의(1994)** : 북한 핵 동결, 경수로 건설 제공, 북 · 미 관계 정상화

③ 한반도 에너지 개발 기구(KEDO)에 의한 경수로 발전 사업 추진

(3) 김대중 정부

① **베를린 선언(2000)** : 남북 경협, 냉전 종식과 평화 공존, 남북한 당국 간 대화 추진

② 남북 정상 회담 개최(2000)

③ **6 · 15 남북 공동 선언(2000)** : 1국가 2체제 통일 방안 수용, 이산 가족 상봉, 경의선 복구 사업, 개성 공단 설치 등 남북 교류 활성화

▲ 제1차 남북 정상 회담(2000)

6 · 15 남북 공동 선언

1. 남과 북은 나라의 통일 문제를 그 주인인 우리 민족끼리 서로 힘을 합쳐 자주적으로 해결해 나가기로 하였다.
2. 남과 북은 나라의 통일을 위한 남측의 연합제 안과 북측의 낮은 단계 연방제 안이 서로 공통성이 있다고 인정하고, 앞으로 이 방향에서 통일을 지향해 나가기로 하였다.
3. 남과 북은 올해 8 · 15에 즈음하여 흩어진 가족, 친척 방문단을 교환하며 비전향 장기수 문제를 해결하는 등 인도적인 문제를 조속히 풀어나가기로 하였다.
4. 남과 북은 경제 협력을 통하여 민족 경제를 균형적으로 발전시키고 사회, 문화, 체육, 보건, 환경 등 제반 분야의 협력과 교류를 활성화하여 서로 신뢰를 다져 가기로 하였다.

(4) 노무현 정부

① **2007 남북 정상 선언문(10 · 4 선언, 2007. 10)** : 제2차 남북 정상 회담으로 기본 8개 조항에 합의하고 공동으로 서명

② **개성 관광(2007. 12)** : 2007년 12월에 시작되었으며, 2008년 12월 이후 중단된 상태

▲ 제2차 남북 정상 회담(2007)

남북 관계 발전과 평화 번영을 위한 선언(2007 남북 정상 선언문)

1. 남과 북은 6 · 15 남북 공동 선언을 고수하고 적극 구현해 나간다.
2. 남과 북은 사상과 제도의 차이를 초월하여 남북 관계를 상호 존중과 신뢰 관계로 확고히 전환시켜 나가기로 하였다.
3. 남과 북은 군사적 적대 관계를 종식시키고 한반도에서 긴장 완화와 평화를 보장하기 위해 긴밀히 협력하기로 하였다.
4. 남과 북은 현 정전 체제를 종식시키고 항구적인 평화 체제를 구축해 나가야 한다는 데 인식을 같이하고 직접 관련된 3자 또는 4자 정상들이 한반도 지역에서 만나 종전을 선언하는 문제를 추진하기 위해 협력해 나가기로 하였다.
5. 남과 북은 민족 경제의 균형적 발전과 공동의 번영을 위해 경제 협력 사업을 공리 공영과 유무 상통의 원칙에서 적극 활성화하고 지속적으로 확대 발전시켜 나가기로 하였다.
6. 남과 북은 민족의 유구한 역사와 우수한 문화를 빛내기 위해 역사, 언어, 교육, 과학 기술, 문화 예술, 체육 등 사회 문화 분야의 교류와 협력을 발전시켜 나가기로 하였다.
7. 남과 북은 인도주의 협력 사업을 적극 추진해 나가기로 하였다.
8. 남과 북은 국제 무대에서 민족의 이익과 해외 동포들의 권리와 이익을 위한 협력을 강화해 나가기로 하였다.

| 고급 | [2점]

밑줄 그은 '정부'의 통일 노력으로 옳은 것은?

정부에서는 외환 위기의 극복 과정에서 발생한 빈부 격차를 완화하기 위해 국민 기초 생활 보장 제도를 시행합니다. 이로 인해 소득이 최저 생계비에 미치지 못하는 국민에게 기본적인 생활을 보장하고 자활을 지원하는 제도적 틀이 마련되었습니다.
국민 기초 생활 보장 제도 시행

① 남북한 유엔 동시 가입을 성사시켰다.
② 7 · 4 남북 공동 성명을 발표하였다.
③ 최초의 이산가족 고향 방문을 실현하였다.
④ 남북 정상 회담을 개최하고 6 · 15 남북 공동 선언을 채택하였다.
⑤ 남북 기본 합의서를 교환하였다.

[김대중 정부의 통일 노력]

암기공식
제1차 남북 정상회담 ⇒ 김대중 정부 : 6 · 15 남북 공동 선언

| 정답 해설 |
IMF의 외환 위기를 극복하고 국민 기초 생활 보장 제도를 시행한 것은 김대중 정부 때의 일이다. 김대중 정부 때에는 남북 교류 협력이 확대되면서 평양에서 최초로 남북 정상회담이 개최되었고, 그 후속 조치로 6 · 15 남북 공동 선언문이 채택되었다(2000).

| 오답 해설 |
① 노태우 정부 때에는 제46차 UN 총회에서 개별 회원국으로 남북한 유엔 동시 가입을 성사시켰다(1991).
② 박정희 정부 때에는 '자주 · 평화 · 민족 대단결'의 민족 통일 3대 원칙을 명시한 7 · 4 남북 공동 성명을 발표하였다(1972).
③ 전두환 정부 때에는 최초로 평양에서 이산가족 고향 방문과 예술 공연단 교환을 실현하였다(1985).
⑤ 노태우 정부 때에는 남북한 정부 간 최초의 공식 합의서인 남북 기본 합의서를 교환하여 상호 화해와 불가침, 교류 및 협력 확대 등을 규정하였다(1991).

정답 ④

경제 발전과 사회 · 문화의 변화

❶ 현대의 경제 발전

1. 해방 이후의 경제 혼란과 전후 복구

(1) 광복 직후의 경제 혼란

① 일제하의 우리 경제는 일본 경제에 예속되어 자본과 기술이 일본인들에게 독점됨으로써 정상적으로 발전하지 못함

② 국토 분단과 경제 혼란의 계속

㉠ 미 군정 체제 : 극심한 인플레이션, 원자재와 소비재 부족, 식량 부족 등으로 큰 어려움을 겪음

㉡ 남 · 북 분단 : 지하 자원과 중공업 시설이 북한에 치우친 상황에서 국토가 분단되어 북으로부터 전기 공급마저 중단되자 농업과 경공업 중심의 남한 경제는 어려움이 가중됨

㉢ 월남민의 증가 : 많은 동포들이 월남함으로써 남한에서는 실업률의 증대와 식량 부족으로 경제 혼란이 심화

암기 노트

미 군정의 식량 정책

미 군정은 식량에 대한 자유 매매와 자유 곡가제를 실시하였는데, 이는 식량에 대한 통제 정책의 전면 해제(자유 시장 정책)을 의미한다. 그 결과 식량 수급에 대한 일대 혼란이 야기되었고, 특정인에 의한 매점매석에 따른 쌀값의 폭등과 심각한 식량 부족 사태로 이어졌다. 이에 미 군정은 식량 부족 사태를 해결하고자 미곡의 강제 수집에 나서 1946년 2월 미곡 수집령을 발동하였다. 이 정책으로 인해 당시 시가에도 훨씬 미치지 못하는 가격으로 강제 할당되고 그 수집이 강요되어 농민들의 불만과 원성에 직면하지 않을 수 없었다. 그것은 당시 농민들에게 일제 말의 식량 공출(食糧供出)을 연상시켰을 뿐만 아니라, 일제로부터 해방되었다고 생각했던 농민들의 분노를 극도로 자극했기 때문이었다. 다른 한편 식량 수집의 저조한 실적으로 인해 제대로 시행될 수 없었던 식량 배급 정책은 도시 주민들의 불만을 드높였다. 1946년에 발생했던 9월 총파업과 10월 항쟁의 한 배경에는 농촌과 도시 곳곳에서 지속적으로 악화되었던 바로 이 같은 식량 문제가 작용하고 있었다. – 국사편찬위원회 –

(2) 이승만 정부의 경제 정책

① 농지 개혁법(1949년 제정, 1950년 시행)

㉠ 목적 : 소작제를 철폐하고 자영농을 육성하고자 경자유전(耕者有田)의 원칙에 따라 시행

농사를 짓는 농민만이 토지를 소유할 수 있다는 원칙

㉡ 원칙

- 삼림, 임야 등 비경작지를 제외한 농지만을 대상으로 한 개혁
- 3정보를 상한으로 그 이상의 농지는 유상 매입하고 지가 증권을 발급하여 5년간 지급
- 매수한 토지는 영세 농민에게 3정보를 한도로 유상 분배하여 5년간 수확량의 30%씩을 상환하도록 함(→ 예외적으로 부재 지주의 농지는 무상 몰수 · 유상 분배)

㉢ 결과

- 지주 중심의 토지 제도가 해체되고 자작지와 자작농이 증가
- 소작권 이동을 금지하고 농지 매매를 제한

암기 Plus

미 군정의 토지 정책

- 일본인 소유의 토지 몰수, 유상 분배
- 경작 농민을 위한 토지 개혁이 되지는 못함

미곡 수집령

농가의 잉여 양곡을 수집하여 비농가에 배급하는 전면적인 양곡 유통 통제 정책

농지 개혁법의 실시

- **유상 매입** : 법령 및 조약에 의하여 몰수하거나 국유로 된 농지, 직접 땅을 경작하지 않는 사람의 농지, 직접 땅을 경작하더라도 농가 1가구당 3정보를 초과하는 농지는 정부가 사들였다.
- **총 경영 면적 제한** : 분배 농지는 1가구당 총 경영 면적이 3정보를 넘지 못하였다.
- **상환** : 분배받은 농지에 대한 상환액은 평년작을 기준으로 하여 주요 생산물의 1.5배로 하고, 5년 동안 균등 상환하도록 하였다.

농지 개혁법 실시 전후 소작지 면적의 변화

1947년 소작지의 89.1%가 1951년까지 자작지(自作地)로 바뀌었다. 그 중 미국 군정청에 귀속되었던 농지를 유상 분배한 것이 18.9%였고, 지주의 임의 처분에 의한 것이 49.2%이므로 농지 개혁의 실시로 소작지에서 자작지로 바뀐 것은 31.9%에 불과하였다.

– 이종범, 「농지 개혁사 연구」 –

북한의 토지 개혁(1946. 3)

5정보 이상의 토지를 소유한 대지주의 토지, 일본인과 민족 반역자의 토지를 무상 몰수하여 농민에게 무상 분배

- 지주층의 반대로 제도 시행 전에 사전 매도 현상이 발생
- 지주의 사전 매도로 법의 실효성이 떨어지고 신흥 지주 계층 형성(→ 산업 자본의 확보에 한계가 따름)

② **귀속 재산 불하** : 일본인 소유의 재산을 민간인에게 불하

③ **경제 복구 사업**

㉠ 정부와 국민의 노력 및 외국의 원조 등에 힘입어 전후 복구 사업이 급속히 진행됨

㉡ **삼백 산업(三白産業)의 성장** : 1950년대 후반부터 미국의 원조 물자에 토대를 둔 제분(製粉) · 제당(製糖) 공업과 면방직 산업이 성장

㉢ **문제점**

- **원조 경제의 폐해** : 소비재 산업이 급속하게 성장한 데 비하여 생산재 산업은 발전하지 못하여 원료를 수입에 의존
- 미국 잉여 농산물 도입에 따른 농업 기반 파괴
- 경제의 대미 의존도 심화

㉣ **삼분 산업(三粉産業)의 생산 증가** : 시멘트 · 비료 · 밀가루 등

재벌의 성장

귀속 재산은 일제 강점기 일본인 소유의 재산, 기업, 시설 등을 말한다. 귀속 재산 불하 시의 특혜로 인해 재벌이 성장하였다.

미국의 소비재 산업 원조

1950년대 우리나라는 전쟁으로 인해 파괴된 시설의 복구 등을 위해 생산재 공업이 필요한 상황이었다. 그러나 미국의 지원은 소비재 산업 위주로 이루어졌으며, 이에 따라 생산재 산업 부진으로 인한 산업 불균형이 발생하였다.

| 고급 | [2점]

다음 자료에 나타난 시기의 경제 상황으로 옳은 것은?

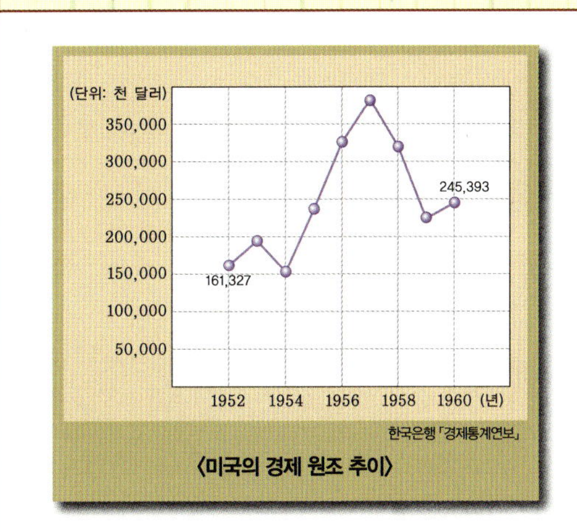

〈미국의 경제 원조 추이〉

① 제2차 석유 파동으로 경제 위기를 맞았다.
② 한 · 미 자유 무역 협정(FTA)이 체결되었다.
③ 제3차 경제 개발 5개년 계획이 시작되었다.
④ 삼백 산업 중심의 소비재 산업이 발달하였다.
⑤ 농촌 근대화를 목표로 새마을 운동이 추진되었다.

[1950년대의 경제 상황]

암기공식

1950년대 ⇒ 이승만 정부 : 삼백 산업 성장

| 정답 해설 |

1950년대의 이승만 정부 때에는 정부와 국민의 노력 및 외국의 원조 등에 힘입어 전후 복구 사업이 급속히 진행되고, 미국의 원조 물자를 토대로 제분 · 제당 · 면방직과 같은 삼백 산업 중심의 소비재 산업이 발달하였다.

| 오답 해설 |

① 1974년 제1차 석유 파동에 이어 1978년 제2차 석유 파동이 발생함으로써 석유의 공급 부족과 가격 폭등으로 경제 위기를 맞았다.
② 이명박 정부 때인 2011년에는 한 · 미 자유 무역 협정(FTA)이 체결되어 미국과의 무역 장벽을 허무는 계기가 되었다.
③ 1970년대 박정희 정부 때에는 고도 성장과 중화학 공업의 육성을 목표로 제3차 경제 개발 5개년 계획이 시작되었다.
⑤ 박정희 정부 때인 1970년부터 농촌 근대화를 목표로 새마을 운동이 추진되었다.

정답 ④

암기 Plus

박정희 정권의 경제정책
- 정부 주도
- 외자 도입
- 수출 위주
- 성장 중심

제1차 석유 파동(1973)
- 경공업 위주의 경제 정책 추진으로 인해 석유 의존도가 낮음
- 중동 특수를 통해 극복, 경제 성장

제2차 석유 파동(1979)
- 중화학 공업 위주의 경제 정책 추진으로 인해 경제 성장률 마이너스 기록, 물가 상승, 경기 불황, 국제 수지 악화(1980년대)
- 3저 호황(저금리, 저유가, 저달러)으로 극복

외환 위기(1997)
금융권의 부실 재정, 대기업의 과잉 투자, 외국 자본의 국외 이동 등으로 인해 발생한 외환 부족

2. 경제 발전의 과정

(1) 경제 개발 5개년 계획의 추진 : 박정희 정부

① 경제 개발 계획의 수립

㉠ **최초 계획** : 이승만 정부가 작성한 7개년 계획

㉡ **수정** : 장면 내각은 처음의 7개년 계획안을 5개년 계획안으로 수정

㉢ **실천** : 1960년대 박정희 정부가 경제 개발 5개년 계획을 추진

② 경제 개발 계획의 추진

㉠ **제1, 2차 경제 개발 계획(1962~1971)** : 기간 산업, 사회 간접 자본 확충, 경공업 중심의 수출 산업 육성, 베트남 특수로 호황, 새마을 운동 시작(1970)

암기 노트

1960~1970년대 무역의 특징
- **원자재와 기술의 외국 의존도가 높아 외화 가득률이 낮음** : 1962년에서 1973년까지 공산품만의 외화 가득률은 34%에서 62%로 증가하였지만 수출 전체의 외화 가득률은 82%에서 65%로 줄었음
- **국가 경제의 무역 의존 증가** : 수출 위주의 정책으로 인하여 무역 의존도는 1961년의 21%에서 1975년에는 74%로 증가
- **무역 상대국이 일본과 미국에 편중** : 원자재와 기계를 일본에서 들여온 다음 상품을 만들어 주로 미국에 수출하는 구조를 가지고 있으며, 1967년에 미국과 일본에 대한 편중도가 69%인데 1972년에는 72%로 증가하는 추세

㉡ **제3, 4차 경제 개발 계획(1972~1981)** : 중화학 공업 육성, 중동 진출, 새마을 운동 확산

③ **성과** : 고도 성장, 국민 소득 증가, 신흥 공업국으로 부상

④ **문제점** : 빈부 격차 심화, 미 · 일 의존도 심화, 외채 급증, 농촌 피폐, 재벌 중심 경제, 정경 유착, 저임금과 노동 운동 탄압, 공해 문제 등(→ 개발 독재에 대한 불만, 민주화 열망 초래)

암기 노트

전태일 분신 사건(1970. 11)

경제 개발 5개년 계획을 추진하며 우리 경제는 급속도로 성장하였으나 당시 우리 사회는 노동자의 복지나 권익보다는 경제 발전에 더욱 주목하고 있었다. 따라서 노동자와 농민의 희생이 성장의 기반이 되어 계층 간 소득 불균형이 심각해졌으며 노동자의 삶은 피폐해져 있었다. 이에 전태일은 22세 때인 1970년 11월 13일, "일주일에 한 번만이라도 햇빛을 보게 해 달라!", "우리는 기계가 아니다!"라고 외치며 시위에 나섰다가 경찰의 제지를 받자, 몸에 휘발유를 뿌려 분신하여 노동계의 참혹한 현실을 알렸다.

(2) 1980년대 이후의 경제

① **1980년 전후** : 중화학 공업에 대한 과잉 · 중복 투자, 정치 불안정, 제2차 석유 파동(→ 경제 위기 발생)

② **전두환 정부** : 중화학 공업 투자 조정, 3저 호황(저유가, 저달러, 저금리)

③ **김영삼 정부** : 금융 실명제 실시, 신경제 5개년 계획 발표(1993), 세계 무역 기구(WTO) 출범(1995), 경제 협력 개발 기구(OECD) 가입(1996) → 외환 위기(1997)

④ **김대중 정부**

㉠ 금 모으기 운동, 노사정 위원회 구성, 신자유주의 경제 정책 추진

㉡ 수출, 무역 흑자 증가, 벤처 기업 창업 등으로 외환 위기 극복

(3) 한국 경제의 과제

① 시장과 자본의 개방 압력

② 도 · 농 간의 경제 불균형 심화

③ **경제 민주화** : 재벌 중심 구조 개혁, 노동자 권익 보호, 정경 유착 근절

2 현대 사회의 변화

1. 사회의 변화

(1) 급속한 경제 발전에 따른 사회 문제

① 농촌의 피폐와 도시 빈민층의 형성

② 기업의 근로 기준법 위반, 노사 갈등의 발생

③ 환경 오염의 증가

④ 국가 주도의 급속한 경제 발전에 따라 노약자 · 빈곤층 · 실업자 등 소외 계층 발생

(2) 1960년대 이후의 정책

① **성장 위주의 정책** : 대기업 성장, 노동자 수의 증가, 빈부의 차 발생

② **도시와 농촌의 불균형** : 사회 기반 시설 및 소득의 격차, 대규모 이농 현상으로 대도시의 인구의 급증(도시 문제 발생), 농촌 인구 감소

③ **사회 보장 제도 시행** : 급격한 성장에서 오는 문제들을 해결하기 위하여 사회 보장 제도를 마련(→ 오늘날에는 서민을 위한 생활 보조금, 무주택자를 위한 주택 건설, 고용 보험 및 연금 제도 등을 시행하여 복지 사회를 구현)

2. 산업화와 도시화

(1) 산업 구조의 변화

① 산업화의 진전과 고도 성장 달성

② 산업 구조가 선진국형으로 바뀌었고, 공업 구조도 경공업 중심에서 중화학 공업 중심으로 바뀜

(2) 사회 문제의 발생

① 환경 문제의 발생

㉠ 성장 우선주의 정책에 수반하여 1960년대 말부터 발생

㉡ 환경 문제 해결을 위해 환경부처를 설치하고 관련 법률 제정, 공해 규제, 환경에 대한 경각심 고취, 환경 보호 실천 등에 역점을 둠

② 농촌 문제의 발생

㉠ 수출 주도형 경제 개발로 말미암아 농업은 희생을 감수(저곡가, 연구 및 투자 부족)

㉡ 침체된 농촌 사회에 활기를 불어 넣기 위해 새마을 운동 실시

(3) 산업화와 도시화의 영향

① 우리나라의 근대화와 발전에 크게 기여

② 가족 제도의 붕괴, 노동자 및 실업자 문제 등 여러 사회 · 경제적 문제도 양산

③ 산업화와 함께 여성의 지위와 사회적 위상이 제고

❸ 현대 문화의 변화

1. 교육, 사상 및 종교

(1) 교육의 발전

① 미 군정 시기

㉠ 식민지 교육 체제가 무너지고 미국식 교육이 도입

㉡ 6 · 3 · 3 · 4제의 학제를 근간으로 하는 교육 제도 마련

㉢ **교육 이념** : 홍익 인간, 애국심의 함양, 민주 시민의 육성 등

② 이승만 정부

㉠ **의무 교육 실시** : 초등 학교 의무 교육 실시, 초등 학교 · 중등 학교 · 대학의 증설

㉡ **국방 교육 강조** : 안보 의식 고취에 중점, 도의 교육(道義敎育)을 진작, 과학 기술 교육의 강화를 위한 1인 1기 교육 실시

③ **4 · 19 혁명 이후** : 교육의 정치적 중립을 확보하려는 움직임과 더불어 학원 민주화 운동이 활발하게 전개

④ 박정희 정부

㉠ 교육의 중앙 집권화와 관료적 통제

㉡ 국민 교육 헌장의 선포

㉢ **교육 제도의 정비** : 중학교 무시험 진학 제도, 대학 입학 예비고사와 학사 자격 고시 등

⑤ 1970년대

㉠ 국사와 국민 윤리 교육의 강화와 함께 새마을 교육이 실시, 고교 평준화가 추진됨

㉡ 한국 교육 개발원이 설립, 방송 통신 대학과 고등 학교가 설치되어 사회 교육을 강화

⑥ 1980년대

㉠ 국민 정신 교육을 강조하고 통일 안보 교육, 경제 교육 등을 실시

㉡ 입시 과외의 폐해를 줄이기 위한 조치가 취해짐, 대학 졸업 정원제도 도입

㉢ 1980년대 이후 고등 교육의 대중화를 위해 많은 대학이 설립

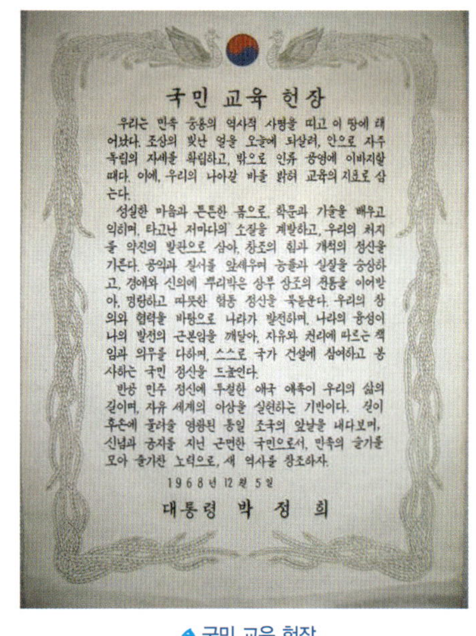

국민 교육 헌장

우리는 민족 중흥의 역사적 사명을 띠고 이 땅에 태어났다. 조상의 빛난 얼을 오늘에 되살려, 안으로 자주 독립의 자세를 확립하고, 밖으로 인류 공영에 이바지할 때다. 이에, 우리의 나아갈 바를 밝혀 교육의 지표로 삼는다.

성실한 마음과 튼튼한 몸으로, 학문과 기술을 배우고 익히며, 타고난 저마다의 소질을 계발하고, 우리의 처지를 약진의 발판으로 삼아, 창조의 힘과 개척의 정신을 기른다. 공익과 질서를 앞세우며 능률과 실질을 숭상하고, 경애와 신의에 뿌리박은 상부 상조의 전통을 이어받아, 명랑하고 따뜻한 협동 정신을 북돋운다. 우리의 창의와 협력을 바탕으로 나라가 발전하며, 나라의 융성이 나의 발전의 근본임을 깨달아, 자유와 권리에 따르는 책임과 의무를 다하며, 스스로 국가 건설에 참여하고 봉사하는 국민 정신을 드높인다.

반공 민주 정신에 투철한 애국 애족이 우리의 삶의 길이며, 자유 세계의 이상을 실현하는 기반이다. 길이 후손에 물려줄 영광된 통일 조국의 앞날을 내다보며, 신념과 긍지를 지닌 근면한 국민으로서, 민족의 슬기를 모아 줄기찬 노력으로, 새 역사를 창조하자.

1968년 12월 5일

대통령 박 정 희

▲ 국민 교육 헌장

⑦ 1990년대 이후

㉠ 급속한 정보화와 기술의 향상에 따라 창의력 신장과 시민 의식을 육성하기 위한 교육 개혁이 지속적으로 추진됨

㉡ 열린 교육 · 평생 학습 사회 건설 지향, 대학 수학 능력 시험 도입

㉢ **김대중 정부 시대** : 중학교 의무 교육 실시, 만 5세 유아에 대한 무상 교육 · 보육 등 추진

(2) 사상 및 종교

① 현대의 사상

㉠ **광복 후** : 민족주의, 민주주의, 반공 등 여러 이념이 혼재

㉡ **1960년대 이후** : 민주화 진전으로 민족주의와 민주주의가 중요한 이념으로 자리 잡음

㉢ **1980년대 초** : 5 · 18 민주화 운동과 6월 민주 항쟁 등을 거치면서 사회 전반에 걸쳐 이들 이념들이 뿌리를 내림

㉣ **1980년대 말** : 냉전 체제가 해체되기 시작하였고, 남북 간 화해의 기운이 높아짐

② 종교 활동

㉠ **개신교** : 광복 이후 비약적인 발전을 거듭하여, 교단의 통일과 사회 참여를 모색하면서 교세를 확장

㉡ **천주교** : 세계적인 연계성과 통일된 교구 조직을 통하여 일찍부터 활발한 포교 활동 전개, 교황의 방한, 103위 순

교자의 시성 등으로 획기적인 발전

㉢ **불교** : 1970년대부터 스스로 일대 혁신 운동을 전개하여 농촌 지역뿐만 아니라 도시에서도 지속적으로 발전

㉣ **기타 종교** : 민족 종교인 천도교 · 대종교 · 원불교도 그 나름의 기반 확립과 교세 확장에 노력

2. 예술과 문학

(1) 시기별 전개

① 광복 후

㉠ **예술 단체의 분열** : 광복 직후 좌 · 우익에 따라 성격이 나뉘어 분열

- **조선 문화 건설 중앙 협의회** : 좌경적 색채를 띤 문화 예술 단체
- **전국 문화 단체 총연합회** : 민족주의자들이 발족시킨 문화 예술 단체

㉡ 6 · 25를 겪는 과정에서 민족주의적 자유주의 문인 중심의 순수 문학 작품이 주류를 이룸

㉢ **시** : 김기림 등이 해방 공간 시기에 「새해의 노래」 등을 발표

② 1960년대

㉠ 중등 교육의 확대와 경제 여건 향상에 따라 문화의 대중화 현상이 등장

㉡ 전쟁 중 소시민들의 삶을 주제로 하는 문학 예술 작품이 출간됨, 인간의 가치와 삶을 주제로 다룬 예술 활동이 활발해짐

㉢ 국립 극장과 드라마 센터가 건립되었고, 각 대학에는 예술 분야의 학과가 설치됨

해방 공간(1945~1948)

8 · 15 광복 직후부터 독립 정부 구성 전까지를 이르는 말이다. 당시 우리나라는 독립 정부를 구성하지 못한 채 미 군정 치하에 있었는데 좌 · 우익의 대립이 극심하였다.

③ 1970년대

㉠ 무비판적으로 수용되던 서구 문화에 대한 반성으로 민족 문학론이 대두되어 현실의 비판과 민주화 운동의 실천, 통일 문제를 다루는 데까지 진전

㉡ 일부에서는 민중의 삶을 주제로 삼는 민중 문학 운동이 전개(→ 1980년대에 더욱 활발하게 전개)

④ 1980년대 이후

㉠ 문화 향유층이 급격하게 확대되었고, 다양한 내용과 형식을 가진 문화가 등장

㉡ 이전 문화의 틀에서 벗어나 더 분방한 경향을 추구하는 포스트모더니즘이 등장

(2) 현대 문화의 문제점과 과제

① 전통 문화는 점점 대중화와 서양화에 밀려 자리를 잃어 가고 있으며, 감각적이고 상업적인 대중 문화가 성행

② 세계화의 추세 속에서 민족 문화를 발전시키는 것과 세계적인 문화를 창출하는 것이 과제로 제기됨

기출 및 예상 문제

01

다음은 어느 독립 운동가의 생애를 정리한 것이다. 이 인물의 활동으로 옳은 것은?

1919년	파리 강화 회의에 한국 대표로 참석 신한 청년당 조직, 파리 강화 회의에 독립 청원서 제출
1921년	동방 피압박 민족 대회 참석
1935년	민족 혁명당 창당, 주석 취임
1942년	대한민국 임시 정부 국무위원

① 일본의 항복 선언 직후 조선 건국 준비 위원회를 결성하였다.
② 대한민국 임시 정부 외무부장을 지냈으며, 삼균주의를 주장하였다.
③ 광복 이후 좌우 합작 운동을 전개하였으며, 남북 협상에도 참여하였다.
④ 조선 혁명 선언을 발표하여 독립을 위한 민중의 직접 혁명을 주도하였다.
⑤ 일본인의 무사 귀환을 보장하는 대가로 조선 총독에게 5개 조항을 요구하였다.

제시문의 독립 운동가는 김규식이다. 그는 1919년 신한청년당의 대표로 파리강화회의에 참석하여 대한민국임시정부 대표 명의의 탄원서를 제출했고, 임시정부의 초대 외무총장 · 부주석을 역임했다. 또한 해방 직후 이승만의 정읍 발언 이후 단독정부 수립운동이 일어나자, 이에 분단을 우려하여 여운형 등과 좌우 합작 위원회를 결성하여 좌우 합작 운동을 전개하였고, 김구와 남북 협상(1948.4)에 참여하여 남북한이 협상을 통해서 통일 정부를 수립하자고 주장하기도 했다.

①·⑤ 여운형은 해방 직전 총독부의 일본인 무사 귀국보장 및 치안수임요청을 5개 항의 조건을 전제로 수락(1945. 8. 10)했고, 이후 조선 건국 동맹(1944)을 모태로 조선 건국 준비 위원회를 조직(1945. 8. 15)하고 본격적인 건국 작업에 착수하였다.
② 조소앙에 대한 내용이다. 조소앙은 중국에서 독립운동을 전개하는 과정에서 독립운동노선이자 광복 후의 새로운 국가 건설 방략을 제시한 삼균주의(三均主義)를 정립했으며, 이는 이후 임시정부의 건국강령 제정(1941)의 기초가 되었다.
④ 신채호에 대한 내용이다. 신채호는 의열단의 요구로 조선혁명선언(한국독립선언서, 의열단 선언)을 집필하였다(1923. 1).

02

밑줄 그은 '위원회'에 대한 설명으로 옳은 것은?

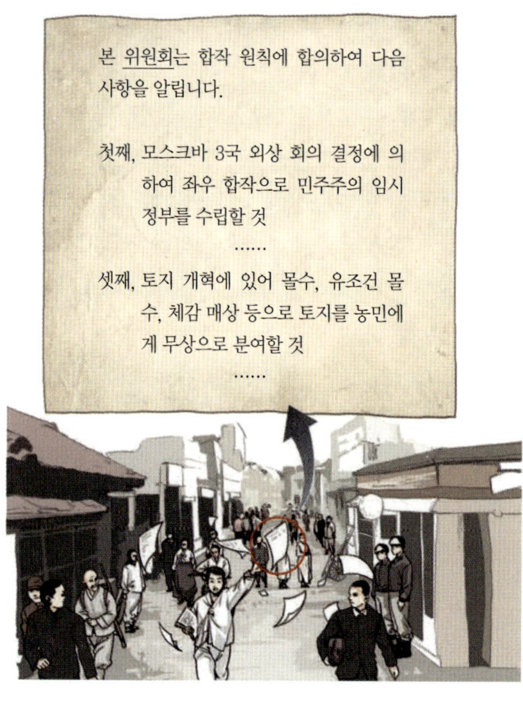
본 위원회는 합작 원칙에 합의하여 다음 사항을 알립니다.

첫째, 모스크바 3국 외상 회의 결정에 의하여 좌우 합작으로 민주주의 임시 정부를 수립할 것

……

셋째, 토지 개혁에 있어 몰수, 유조건 몰수, 체감 매상 등으로 토지를 농민에게 무상으로 분여할 것

……

① 통일 정부 구성을 위한 남북 협상을 추진하였다.
② 유엔 감시하에 치러진 남북한 총선거에 참여하였다.
③ 여운형, 김규식 등 중도 세력을 중심으로 결성되었다.
④ 반민족 행위 처벌을 위한 특별 조사 위원회의 활동을 방해하였다.
⑤ 귀속 재산 처리법을 제정하여 일본인들이 남기고 간 재산을 처리하였다.

제시된 사료는 좌 · 우 합작 7원칙의 내용이다. 여운형 · 김규식 등의 중도 세력을 중심으로 결성된 좌우 합작 위원회는 우익 측을 대표한 김규식과 좌익 측을 대표한 여운형이 토지 개혁 실시를 포함한 좌 · 우 합작 7원칙을 제시하였다(1946).

① 김구, 김규식은 평양에서 개최된 남북 대표자 연석회의에 참석하여 단독 정부 수립 반대와 통일 정부 구성을 위해 김일성, 김두봉과 남북 협상을 추진하였다.
② 유엔 총회에서는 유엔 한국 임시 위원단의 감시 하에 인구 비례에 따른 남북한 총선거 실시를 결의하였으나, 소련의 반대로 이승만을 대통령으로 하는 남한만의 단독 정부가 수립되었다.
④ 반민족 행위 처벌법에 의거하여 친일 주요 인사들을 조사하기 위해 반민족 행위 특별 조사 위원회를 구성하였으나, 반공을 우선시하던 이승만 정부와 경찰이 반민 특위를 습격하여 특별 조사 위원회의 활동을 방해하였다.
⑤ 이승만 정부는 일제가 남긴 재산을 민간인 연고자에게 분배하는 귀속 재산 처리법을 제정하였다.

03

(가)~(다)의 전선을 전쟁이 진행된 순서대로 옳게 나열한 것은?

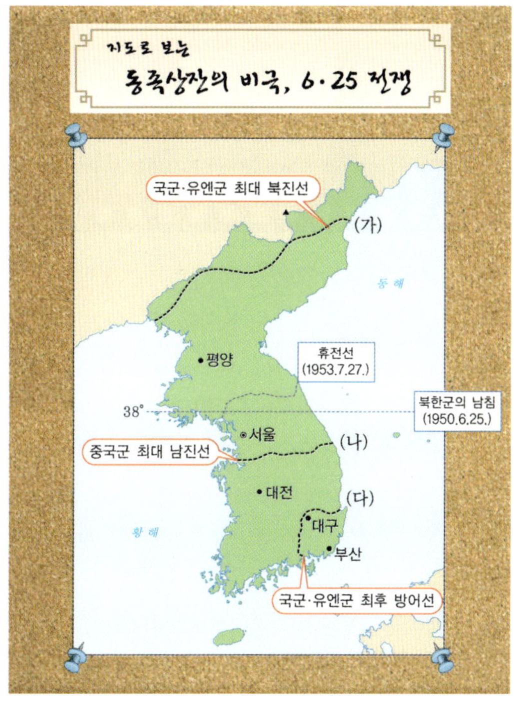

① (가) – (나) – (다)　② (가) – (다) – (나)
③ (나) – (가) – (다)　④ (나) – (다) – (가)
⑤ (다) – (가) – (나)

(다) 국군 · 유엔군 최후 방어선
북한의 기습 남침으로 국군은 서울을 함락당하고 낙동강 전선까지 후퇴하였다.
(가) 국군 · 유엔군 최대 북진선
국군과 유엔군은 맥아더 장군의 인천 상륙 작전을 계기로 전세를 역전시키고 압록강 인근까지 북진하였다.
(나) 중국군 최대 남진선
중공군의 개입으로 1 · 4 후퇴 때 서울을 빼앗겼으나 국군과 유엔군이 전열을 재정비하여 서울을 재수복하였다.

6 · 25 전쟁의 경과

전쟁 발발 → 서울 함락(1950. 6. 28) → 한강 대교 폭파(1950. 6. 28) → 낙동강 전선으로 후퇴(1950. 7) → 인천 상륙 작전(1950. 9. 15) → 서울 탈환(1950. 9. 28) → 중공군 개입(1950. 10. 25) → 압록강 초산까지 전진(1950. 10. 26) → 서울 철수(1951. 1. 4) → 서울 재수복(1951. 3. 14) → 휴전 제의(1951. 6. 23) → 휴전 협정 체결(1953. 7. 27)

04

(가) 민주화 운동에 대한 설명으로 옳은 것을 〈보기〉에서 고른 것은?

이곳은 경찰청 인권보호센터로 예전에는 치안본부 산하 수사기관이 있었습니다. 이 건물 5층에서는 당시 대학생인 박종철 군이 고문으로 사망하는 사건이 일어났습니다. 이 사건은 (가) 이 일어나는 중요한 계기가 되었습니다.

보기
ㄱ. 계엄군의 무력 진압으로 시민들이 희생되었다.
ㄴ. 국민의 요구에 굴복하여 대통령이 하야하였다.
ㄷ. 호헌 철폐와 독재 타도 등의 구호를 내세웠다.
ㄹ. 5년 단임의 대통령 직선제 개헌을 이끌어 냈다.

① ㄱ, ㄴ　② ㄱ, ㄷ　③ ㄴ, ㄷ
④ ㄴ, ㄹ　⑤ ㄷ, ㄹ

ㄷ. 박종철 고문치사와 전두환 정부의 4 · 13 호헌 조치 발표로 호헌 철폐와 독재 타도 등을 외치며 6월 민주 항쟁이 촉발되었다(1987).
ㄹ. 6월 민주 항쟁으로 노태우는 대통령 직선제, 평화적 정권 이양, 기본권 보장을 약속하는 6 · 29 민주화 선언을 발표하였다(1987).

ㄱ. 전두환 · 노태우 등의 신군부 세력이 쿠데타로 통치권을 장악하고 비상계엄을 확대하자 5 · 18 광주 민주화 운동이 발발하였고, 계엄군의 무력 진압으로 많은 광주 시민과 학생들이 희생되었다(1980).
ㄴ. 자유당 정권의 3 · 15 부정선거를 규탄하는 3 · 15 마산의거에서 경찰의 발포로 많은 사상자가 발생하자, 이에 항거하여 4 · 19 혁명이 발발하였으며 그 결과 이승만 대통령이 하야하였다(1960).

정답 01 ③ • 02 ③ • 03 ⑤ • 04 ⑤

05

다음 제시문에서 설명하고 있는 것은 무엇인가?

이곳에서 친일 혐의자 478명에게 구속 영장이 발부되었으나 이 중 305명만이 체포되었으며, 나머지 173명은 영구 미제로 조사 기록만 특별 검찰부에 넘겨졌다. 체포한 반민자 중에도 죄질이 가볍거나 병약자 등 84명은 석방해 불구속으로 취급하였고, 특별 검찰부에 기소된 반민자는 모두 221명이었으며, 그 가운데 재판을 받은 자는 40명(재판 종결된 건수는 38건)에 지나지 않았다. 공소 시효가 끝날 때(1949.8.31)까지 재판을 받은 40명 중에서 체형을 선고받은 자는 12명이었는데, 그 중 5명은 집행 유예로 풀려나 실제 체형을 받은 숫자는 7명에 불과했다. 나머지는 공민권 정지나 집행 유예, 보석 등으로 풀려났다. 체형을 받은 7명도 1950년 봄까지 재심 청구 등으로 감형되거나 형 집행 정지로 모두 석방되었다.

① 반민족행위 특별조사 위원회
② 건국준비위원회
③ 미소공동위원회
④ 통일주체국민회의
⑤ 국가보위비상대책위원회

제시문은 반민족행위 특별조사 위원회(1948.9)에 대한 설명이다. 해방 직후 민족적 과제인 일제의 잔재를 청산하기 위해 제헌 국회에서는 반민족 행위 처벌법을 제정하였는데, 이 법에 따라 국회의원 10명으로 구성된 반민족행위 특별조사 위원회에서 친일 혐의를 받았던 주요 인사들을 조사하였다. 반민특위는 이승만 정부의 소극적인 태도와 친일세력의 방해로 실질적인 성과를 거두지 못하고 유명무실하게 되어 친일파 처벌은 좌절되었다.

② 건국준비위원회는 여운형이 중심이 되어 1945년 8월 15일에 조직한 건국준비 단체이다.
③ 미소공동위원회는 모스크바 3상회의의 결정에 따라 한국문제를 해결하기 위한 미국과 소련의 대표자회의를 말한다.
④ 통일주체국민회의는 유신헌법에 의해 조국의 평화적 통일을 추진한다는 명목하여 조직된 헌법기관으로, 대통령 선출뿐만 아니라 헌법개정안의 최종확정까지 할 수 있는 막대한 권력을 가지고 있었다.
⑤ 국가보위비상대책위원회(일명 국보위)는 박정희 대통령이 피살(1979.10.26)되고 사회적 혼란을 수습한다는 이유로 전두환이 설립한 것으로, 신군부의 강경세력이 중심이 된 군의 최고회의의 성격을 띤다.

06

다음 정부 시기에 볼 수 있는 모습으로 적절한 것은?

〈사진으로 보는 ○○○ 정부〉

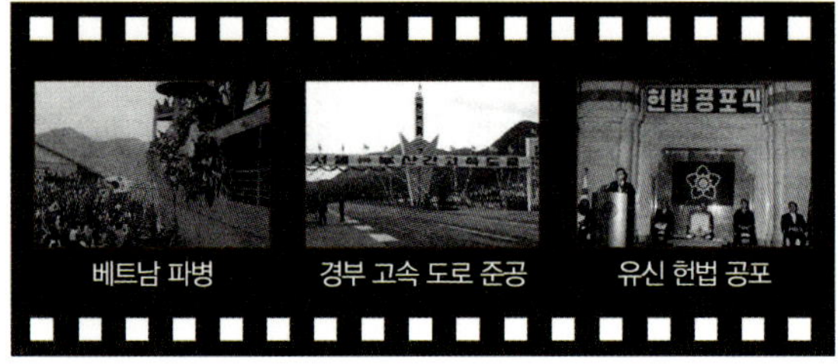

베트남 파병 / 경부 고속 도로 준공 / 유신 헌법 공포

① 농지 개혁법 제정 소식을 듣고 기뻐하는 농민
② 금융 실명제에 따라 신분증 제시를 요구하는 은행원
③ 외환 위기 극복을 위해 금모으기 운동에 참여하는 국민
④ 한 · 칠레 자유 무역 협정(FTA)의 비준을 보도하는 기자
⑤ 한 · 독 근로자 채용 협정에 의해 서독으로 파견되는 광부

박정희 정부는 외화벌이를 위해 1960년대 초반부터 1970년대 후반까지 한 · 독 근로자 채용 협정에 의해 서독으로 광부와 간호사를 파견하였다.

① 이승만 정부는 소작제를 철폐하고 자영농을 육성하고자 농지 개혁법을 제정하여 유상 매입, 유상 분배하였다(1949).
② 김영삼 정부는 부정부패 척결을 위해 금융 실명제와 공직자 재산 등록제를 실시하였다(1993).
③ 김대중 정부는 국제 통화 기금(IMF)으로부터 구제 금융을 지원받는 외환 위기를 극복하기 위해 금모으기 운동을 전개하였다(1998).
④ 노무현 정부는 칠레와 자유 무역 협정(FTA)을 체결하였다(2004).

암기 노트

유신 헌법의 주요 내용

- 국회와 별도로 통일 주체 국민회의를 대의 기구로 설정, 대통령 및 일부 국회의원 선출권 부여
- 대통령에게 국회해산권, 긴급조치권 등 초헌법적 권한 부여
- 대통령은 법관 및 국회의원의 1/3에 해당하는 임기 3년의 유신 정우회 의원을 임명
- 대통령 임기를 6년으로 연장

07

다음 자료에 해당하는 민주화 운동에 대한 설명으로 옳은 것은?

> 80만 광주 시민의 결의
>
> • 이번 사태의 모든 책임은 과도 정부에 있다. 과도 정부는 모든 피해를 보상하고 즉각 물러나라!
> • 무력 탄압만 계속하는 명분 없는 계엄령을 즉각 해제하라!
>
> ⋮
>
> • 정부와 언론은 이번 광주 의거를 허위 조작, 왜곡 보도하지 말라!
> • 우리가 요구하는 것은 단지 피해 보상과 연행자 석방만이 아니다. 우리는 진정한 '민주 정부 수립'을 요구한다!

① 한 · 일 국교 정상화에 반대하여 일어났다.
② 4 · 13 호헌 조치에 국민들이 저항하며 시작되었다.
③ 3 · 15 부정 선거에 항의하는 시위에서 비롯되었다.
④ 관련 기록물이 유네스코 세계 기록유산으로 등재되었다.
⑤ 3 · 1 민주 구국 선언을 통해 긴급 조치 철폐 등을 요구하였다.

신군부의 비상계엄 확대에 맞서 민주화를 열망하는 국민의 요구는 5 · 18 광주 민주화 운동으로 이어졌는데, 계엄군의 무자비한 진압으로 많은 시민과 학생이 희생되었다. 5 · 18 민주화 운동 관련 기록물은 유네스코 세계 기록유산으로 등재되었다(2011).

① 박정희 정부의 한 · 일 회담 진행 과정에서 일제 강점기에 대한 사죄와 과거사 청산이라는 본질이 굴욕적인 청구권 교섭에 밀려 훼손된 것에 대한 분노로 촉발되었다(1964).
② 박종철 고문치사와 국민들의 대통령 직선제 요구를 거부하는 전두환 정부의 4 · 13 호헌 조치 발표로 6월 민주 항쟁이 촉발되었다(1987).
③ 자유당 정권의 3 · 15 부정선거 규탄 시위에 대한 유혈 진압에 항거하여 4 · 19 혁명이 발발하였으며 그 결과 이승만 대통령이 하야하였다(1960).
⑤ 박정희 정부의 유신 체제에 항거하여 긴급 조치 철폐 등을 주장하며 재야 정치인들과 가톨릭 신부, 개신교 목사, 대학 교수 등이 3 · 1 민주 구국 선언문을 발표하였다(1976).

08

다음은 우리나라 대통령 선출 방식의 변천을 도식화한 것이다. (가)~(다)에 들어갈 내용으로 옳지 않은 것은?

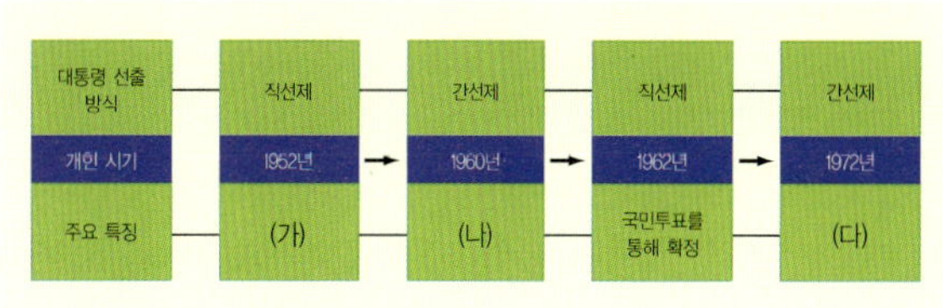

① (가) – 부산에서 계엄령하에 통과
② (나) – 허정 과도 정부 시기에 공포
③ (다) – 대통령에게 긴급 조치권 부여
④ (가), (나) – 국회의 양원제 규정
⑤ (나), (다) – 국회에서 대통령 선출

(가)는 발췌 개헌, (나)는 4 · 19 혁명 이후의 내각제 개헌, (다)는 유신 헌법이다.

⑤ (나)는 국회에서 대통령을 선출하였으나 (다)는 통일 주체 국민 회의에서 대통령을 선출하였다.

09

밑줄 그은 '이 협정'에서 다루고 있지 않은 것은?

> <u>이 협정</u>의 결과, 우리나라는 일본에서 많은 차관을 들여올 수 있게 되었다. 그러나 그 대가로 일본의 식민 통치에 대한 보상 문제 등에서 한국이 지나치게 양보했기 때문에 여기에 반대하는 대학생들의 시위가 대규모로 일어나기도 했다.

① 어업에 관한 문제
② 독도 영유권에 관한 문제
③ 문화재 및 문화 협력에 관한 문제
④ 재일 교포의 법적 지위와 대우에 관한 문제
⑤ 재산 및 청구권에 관한 문제와 경제 협력에 관한 문제

(1965년 체결된 한일 협정에 대한 설명이다.

② 독도 영유권에 대한 문제는 1962년 김종필 · 오히라 메모에는 있었으나 한일 협정에서는 제외되었다.

정답 05 ① • 06 ⑤ • 07 ④ • 08 ⑤ • 09 ②

10

다음 법령을 제정한 국회에 대한 설명으로 옳지 않은 것은?

> 제1조 일본 정부와 통모하여 한일 합병에 적극 협력한 자, 한국의 주권을 침해하는 조약 또는 문서에 조인한 자와 모의한 자는 사형 또는 무기 징역에 처하고 그 재산과 유산의 전부 혹은 2분의 1 이상을 몰수한다.
>
> ⋮
>
> 제3조 일본 치하 독립운동자나 그 가족을 악의로 살상, 박해한 자 또는 이를 지휘한 자는 사형, 무기 또는 5년 이상의 징역에 처하고 그 재산의 전부 혹은 일부를 몰수한다.

① 우리나라 최초의 보통 선거를 통해 구성되었다.
② 대통령을 행정부 수반으로 규정한 헌법을 제정하였다.
③ 유상 매수, 유상 분배 원칙의 농지 개혁법을 통과시켰다.
④ 일제가 남긴 재산 처리를 위한 귀속 재산 처리법을 제정하였다.
⑤ 초대 대통령에 한해 중임 제한을 폐지하는 내용의 개헌안을 통과시켰다.

제시된 법령은 제헌 국회에서 제정한 반민족 행위 처벌법에 대한 내용이다. 반민족 행위 처벌법은 일제 강점기에 친일 행위를 한 사람들을 처벌하고 공민권을 제한하기 위해 제정된 법이다(1948). 초대 대통령에 한해 중임 제한을 폐지하는 내용의 개헌안은 제3대 국회에서 통과되었다.

① 제헌 국회는 남한에서 우리나라 최초의 보통 선거인 5 · 10 총선거를 통해 구성되었다.
② 제헌 국회는 이승만 대통령을 행정부 수반으로 규정한 헌법을 제정하였다.
③ 제헌 국회에서는 소작제를 철폐하고 자영농을 육성하고자 유상 매수, 유상 분배 원칙의 농지 개혁법을 통과시켰다.
④ 제헌 국회에서는 일제가 남긴 재산을 민간인 연고자에게 분배하는 귀속 재산 처리법을 제정하였다.

11

(가) 민주화 운동에 대한 설명으로 옳은 것을 〈보기〉에서 고른 것은?

보기

ㄱ. 4 · 13 호헌 조치의 철폐를 요구하였다.
ㄴ. 신군부 세력의 집권이 배경이 되었다.
ㄷ. 3 · 15 부정 선거에 항의하는 시위에서 시작되었다.
ㄹ. 대통령 중심제에서 의원 내각제로 변화되는 계기가 되었다.

① ㄱ, ㄴ　② ㄱ, ㄷ　③ ㄴ, ㄷ
④ ㄴ, ㄹ　⑤ ㄷ, ㄹ

ㄷ. 자유당 정권의 3 · 15 부정선거 규탄 시위에 대한 유혈 진압에 항거하여 4 · 19 혁명이 발발하였으며 그 결과 이승만 대통령이 하야하였다(1960).
ㄹ. 4 · 19 혁명 후의 혼란 수습을 위해 허정 과도 내각이 출범되고, 대통령 중심제에서 내각 책임제와 양원제 국회로 헌법을 개정하였다(1960).

ㄱ. 박종철 고문치사와 전두환 정부의 4 · 13 호헌 조치 발표로 호헌 철폐와 독재 타도 등을 외치며 6월 민주 항쟁이 촉발되었다(1987).
ㄴ. 신군부의 5 · 17 비상계엄 확대에 맞서 민주화를 열망하는 국민의 요구는 5 · 18 광주 민주화 운동으로 이어졌는데, 계엄군의 무자비한 진압으로 많은 시민과 학생들이 희생되었다.

12

다음 문서를 접수한 정부 시기의 경제 상황으로 옳은 것은?

대한민국 외무부 장관 귀하
귀하는 한국 정부가 월남 정부로부터 월남에 대한 한국 전투 부대 증파에 관한 요청을 접수하였다고 본인에게 통고하였습니다. 귀하는 또한 한국 정부가 헌법 절차에 따라 국회의 승인을 얻는 대로 1개 연대 전투 부대를 4월에, 1개 사단 병력을 7월에 각각 도착하게 하는 방식으로, 월남 정부에서 요청받은 원조를 월남 정부에 제공하기로 결정하였다고 진술하였습니다.

……

군사 협조
(1) 한국에 있는 한국군의 현대화 계획을 위하여 앞으로 수년에 걸쳐 상당량의 장비를 제공한다.
(2) 월남에 파견되는 추가 병력에 필요한 장비를 제공하는 한편, 파월 추가 병력에 따르는 모든 추가적 원화 경비를 부담한다.

……

① 제1차 경제 개발 5개년 계획이 추진되었다
② 경제 협력 개발 기구(OECD)에 가입하였다.
③ 칠레와 자유 무역 협정(FTA)이 체결되었다.
④ 유상 매수, 유상 분배를 규정한 농지 개혁법이 제정되었다.
⑤ 금융 거래의 투명성을 확보하고자 금융 실명제가 실시되었다.

제시된 문서는 박정희 정부 때의 월남 파병과 관련된 브라운 각서로, 월남 파병을 조건으로 국군의 전력 증강과 차관 원조를 약속 받았다. 박정희 정부 때에는 제1차 경제 개발 5개년 계획이 추진되었다.

② 김영삼 정부 때에 선진국 진입의 관문인 경제 협력 개발 기구(OECD)에 29번째 회원국으로 가입하였다(1996).
③ 노무현 정부 때에 칠레와 자유 무역 협정(FTA)을 체결하였다(2004).
④ 이승만 정부는 소작제를 철폐하고 자영농을 육성하고자 유상 매수, 유상 분배를 규정한 농지 개혁법을 제정하였다(1949).
⑤ 김영삼 정부 때에 금융 거래의 투명성을 확보하고자 대통령의 긴급 명령으로 금융 실명제가 실시되었다(1993).

13

다음 자료를 통해 알 수 있는 민주화 운동에 대한 설명으로 옳은 것은?

▲ 복원 전

▲ 복원 후

이 운동화는 이한열이 시위할 때 신었던 것으로, 최근 복원되었다. 당시 대학생이었던 이한열은 '호헌 철폐, 독재 타도' 등을 외치며 교문 앞에서 시위를 벌이던 중 전투 경찰이 쏜 최루탄에 맞아 쓰러져 사경을 헤매었다. 이에 분노한 많은 시민들이 거리에 나와 민주화를 요구하는 대규모 시위가 연일 계속되었다.

① 신군부의 비상 계엄 확대가 원인이 되었다.
② 3 · 15 부정 선거에 항의하는 시위에서 시작되었다.
③ 관련 자료가 유네스코 세계 기록 유산으로 등재되었다.
④ 5년 단임의 대통령 직선제 개헌이 이루어지는 계기가 되었다.
⑤ 국민들의 요구에 굴복하여 대통령이 하야하는 결과를 가져왔다.

박종철 고문치사와 국민들의 대통령 직선제 요구를 거부하는 전두환 정부의 4 · 13 호헌 조치 발표로 6월 민주 항쟁이 촉발되었고 시위 도중 이한열 열사가 사망하였다. 그 결과 노태우의 6 · 29 민주화 선언에 따라 5년 단임의 대통령 직선제 개헌이 이루어졌다.

①·③ 신군부의 비상계엄 확대에 맞서 민주화를 열망하는 국민의 요구는 5 · 18 광주 민주화 운동으로 이어졌는데, 계엄군의 무자비한 진압으로 많은 시민과 학생이 희생되었다. 5 · 18 민주화 운동 관련 기록물은 유네스코 세계 기록유산으로 등재되었다.
②·⑤ 자유당 정권의 3 · 15 부정선거 규탄 시위에 대한 유혈 진압에 항거하여 4 · 19 혁명이 발발하였으며, 국민들의 요구에 굴복하여 이승만 대통령이 하야하는 결과를 가져왔다(1960).

정답 10 ⑤ • 11 ⑤ • 12 ① • 13 ④

14

(가)에 들어갈 사진으로 옳지 않은 것은?

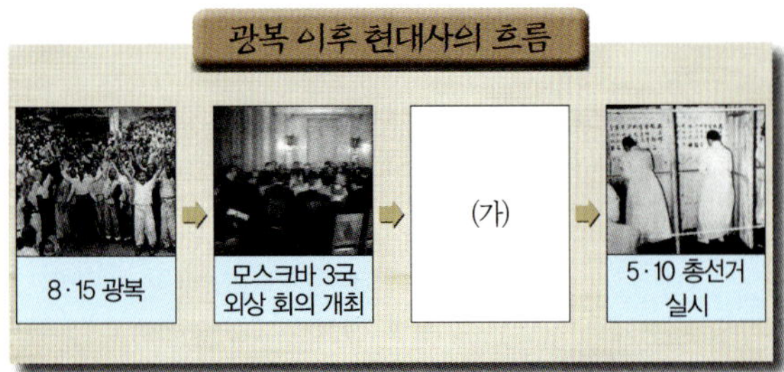

① 
좌·우 합작 위원회 활동

② 
제1차 미·소 공동 위원회 개최

③ 
김구의 남북 협상 참석

④ 
반민족 행위 특별 조사 위원회 활동

⑤ 
유엔 한국 임시 위원단 방한

남한에서 5·10 총선거가 실시되어 제헌 국회를 구성한 후 일제 강점기에 친일 행위를 한 사람들을 처벌하고 공민권을 제한하기 위해 반민족 행위 특별 조사 위원회를 구성하였다(1948. 9).

① 여운형·김규식 등이 좌·우 합작 위원회를 결성하고 남한만의 단독 정부 수립을 반대하는 좌·우 합작 운동을 전개하였다(1946. 7).
② 모스크바 3상 회의에서 한국에 임시 민주 정부를 수립하기 위해 미·소 공동 위원회를 설치하고, 최고 5년 동안 미·영·중·소 4개국의 신탁 통치하에 두기로 결정하였다(1946. 3).
③ 김구, 김규식이 평양에서 개최된 남북 대표자 연석회의에 참석하여 단독 정부 수립 반대와 통일 정부 구성을 위해 김일성, 김두봉과 협상하였다(1948. 4).
⑤ 유엔 총회에서는 유엔 한국 임시 위원단을 파견하여 한반도에서 인구 비례에 따른 남북한 총선거 실시를 결의하였다(1948. 1).

15

다음 뉴스의 사건이 일어난 정부 시기의 경제 상황으로 옳은 것은?

오늘 서울에서는, 국교 정상화 추진을 위해 열리는 한·일 회담에 반대하는 시위가 일어났습니다. 여기서 학생과 시민들은 정부가 굴욕적 회담을 추진하고 있다고 거세게 비판하면서 '민족적 민주주의 장례식'을 거행하였습니다.
학생과 시민들, '민족적 민주주의 장례식' 거행

① 경제 협력 개발 기구(OECD)에 가입하였다.
② 칠레와 자유 무역 협정(FTA)이 체결되었다.
③ 금융 거래의 투명성을 확보하고자 금융 실명제가 실시되었다.
④ 세계 무역 기구(WTO)의 출범으로 시장 개방이 가속화되었다.
⑤ 자립 경제 구축을 내세운 제1차 경제 개발 5개년 계획이 진행되었다.

제시된 자료는 박정희 정부 때에 한·일 국교 정상화 추진을 위해 열리는 한·일 회담에 반대하여 일어난 6·3 시위이다. 박정희 정부 때에 기간산업, 사회 간접 자본 확충, 경공업 중심의 수출 산업 육성을 위한 제1차 경제 개발 5개년 계획이 추진되었다.

① 김영삼 정부 때에 선진국 진입의 관문인 경제 협력 개발 기구(OECD)에 29번째 회원국으로 가입하였다(1996).
② 노무현 정부 때에 칠레와 자유 무역 협정(FTA)을 체결하였다(2004).
③ 김영삼 정부 때에 금융 거래의 투명성을 확보하고자 대통령의 긴급 명령으로 금융 실명제가 실시되었다(1993).
④ 김영삼 정부 때에 세계 무역 기구(WTO)의 출범으로 시장 개방이 가속화되었다(1995).

16

다음은 남과 북의 통일 논의 과정에서 발표된 것이다. 이에 대한 설명으로 옳은 것을 〈보기〉에서 모두 고르면?

(가) 첫째, 통일은 외세에 의존하거나 외세의 간섭을 받음이 없이 자주적으로 해결하여야 한다. 둘째, 통일은 서로 상대방을 반대하는 무력행사에 의거하지 않고 평화적 방법으로 실현하여야 한다. 셋째, 사상과 이념, 제도의 차이를 초월하여 우선 하나의 민족으로서 민족적 대단결을 도모하여야 한다.

(나) 제1조 남과 북은 서로 상대방의 체제를 인정하고 존중한다.
제9조 남과 북은 상대방에 대하여 무력을 사용하지 않으며 상대방을 무력으로 침략하지 아니한다.
제15조 남과 북은 … 자원의 공동 개발, 민족 내부의 교류로서 물자교류, 합작 투자 등 경제 교류와 협력을 실시한다.

(다) 남과 북은 나라의 통일을 위한 남측의 연합제 안과 북측의 낮은 단계의 연방제 안이 서로 공통성이 있다고 인정하고, 앞으로 이 방향에서 통일을 지향시켜 나가기로 하였다.

보기

ㄱ. (가) – 냉전 체제의 해체와 정부 외교 정책 변화가 배경이 되었다.
ㄴ. (나) – 최초로 남과 북이 통일 원칙에 대해 합의하였다.
ㄷ. (다) – 남북 정상이 만나 선언서에 합의하였다.
ㄹ. (가), (나), (다)는 모두 남과 북이 합의하여 발표된 것이다.

① ㄱ, ㄴ ② ㄱ, ㄷ ③ ㄴ, ㄷ
④ ㄴ, ㄹ ⑤ ㄷ, ㄹ

(가)는 1972년 7·4 남북 공동 성명, (나)는 1991년 남북 기본 합의서, (다)는 2000년 6·15 공동 선언이다.
ㄷ. 6·15 공동 선언은 최초의 남북 정상 회담의 결과이다.
ㄹ. (가), (나), (다)는 모두 남과 북의 합의로 발표되었다.
ㄱ. 냉전 체제의 해체는 1990년대이므로 남북 기본 합의서에 대한 설명이다.
ㄴ. 최초로 통일 원칙에 합의한 것은 7·4 남북 공동 성명이다.

17

(가)~(마) 헌법의 내용으로 옳은 것은?

대한민국 헌법의 주요 변천 과정

구분	주요 특징
(가) 제헌 헌법(1948)	대통령 간선제
(나) 1차 개헌(1952)	대통령 직선제
(다) 3차 개헌(1960)	의원 내각제
(라) 6차 개헌(1969)	대통령 3선 연임 허용
(마) 9차 개헌(1987)	대통령 임기 5년 단임제

① (가) – 대통령을 통일 주체 국민 회의에서 선출하였다.
② (나) – 대통령의 임기를 7년 단임제로 하였다.
③ (다) – 민의원과 참의원의 양원제 국회를 운영하였다.
④ (라) – 대통령 선출 방식으로 간선제를 채택하였다.
⑤ (마) – 개헌 당시 대통령에 한해 중임 제한을 적용하지 않았다.

4·19 혁명 후의 혼란 수습을 위해 허정 과도 내각이 출범되고, 내각 책임제를 기본으로 하여 민의원과 참의원의 양원제 국회로 헌법을 개정하였다(1960).
① 통일 주체 국민 회의에서 대통령 선출 → 유신 헌법(제7차 개헌, 1972)
박정희 정부 때 유신 헌법에 따라 중임 제한을 철폐하고 통일 주체 국민회의에서 대통령(임기 6년)을 선출하였다.
② 7년 단임제 → 제5공화국(제8차 개헌, 1980)
전두환·노태우의 신군부 세력은 선거인단에서 대통령을 선출하고, 임기를 7년 단임제로 하는 8차 개헌을 단행하였다.
④ 대통령 3선 연임 허용, 직선제 → (제6차 개헌, 1969)
박정희 정부의 장기 집권 의도로 3선 개헌이 강행되어 연임이 허용되고, 대통령 선출 방식으로 직선제가 유지되었다.
⑤ 초대 대통령에 한해 중임 제한 철폐 → 사사오입 개헌(제2차 개헌, 1954)
자유당의 이승만 정부는 권력을 계속 장악하기 위해 초대 대통령에 한해 중임 제한 규정을 철폐하는 개헌안을 제출하였으나, 1표 부족으로 부결되자 사사오입의 논리로 개헌안을 불법 통과시켰다.

정답 14 ④ • 15 ⑤ • 16 ⑤ • 17 ③

18

(가)~(라)를 일어난 순서대로 옳게 나열한 것은?

6·25 전쟁의 기록

(가)

스트러블 해군 제독의 지휘 아래 8개국 261척의 함정 등 대규모 선단이 집결하였다. 새벽 5시부터 상륙 부대가 배 20척에 나누어 타고 인천 상륙을 감행하였다.

(나)

북한군의 진격로를 차단하기 위해 한강 인도교와 한강 철교가 폭파되었다. 이로 인해 당시 한강 이북에 있던 각 부대의 퇴로와 서울 시민들의 피난길이 막혔다.

(다)

중국군의 이른바 신정 공세로 인해 국군과 유엔군은 서울을 빼앗기고 평택-삼척선으로 후퇴하여 그곳에 새로운 방어선을 구축하였다.

(라)

유엔군 사령관 리지웨이는 소련의 제의를 받아들여 북한과 중국에 휴전 회담을 제안하였다. 이것이 수용되어 개성에서 제1차 휴전 회담이 열렸다.

① (가) - (나) - (다) - (라)
② (가) - (나) - (라) - (다)
③ (나) - (가) - (다) - (라)
④ (나) - (가) - (라) - (다)
⑤ (다) - (가) - (나) - (라)

(나) 한강 철교 폭파(1950. 6. 28) : 북한 인민군의 한강 지역 진격을 막기 위해 국군 공병부대에 의해 한강 인도교가 폭파되었다.

(가) 인천 상륙 작전(1950. 9. 15) : 국군과 유엔군은 맥아더 장군의 인천 상륙 작전을 계기로 전세를 역전시키고 압록강 인근까지 북진하였다.

(다) 1·4 후퇴(1951. 1. 4) : 중공군의 개입으로 1·4 후퇴 때 서울을 빼앗겼으나 국군과 유엔군이 전열을 재정비하여 서울을 재수복하였다.

(라) 휴전 회담(1951. 6. 23) : 소련이 유엔 대표를 통해 휴전을 제의하자 미국이 이를 받아들이고 중국과 북한에 휴전 회담을 제의함으로써 정전 협정이 체결되었다.

19

다음 명령을 발동한 정부 시기에 있었던 사실로 옳은 것은?

대통령은 오늘 금융 실명 거래 및 비밀 보장에 관한 대통령 긴급재정경제명령을 발동하였습니다. 또한 특별 담화문을 통해 금융 실명제 실시 없이는 이 땅의 부정부패를 원천적으로 봉쇄할 수 없음을 강조하였습니다.
대통령 긴급재정경제명령 발동

① 제1차 경제 개발 5개년 계획이 추진되었다.
② 경제 협력 개발 기구(OECD)에 가입하였다.
③ 미국과 자유 무역 협정(FTA)을 체결하였다.
④ 제2차 석유 파동으로 경제 불황이 심화되었다.
⑤ 원조 물자를 가공하는 삼백 산업이 발달하였다.

대통령 긴급재정경제명령 발동에 의한 금융 실명제의 실행은 김영삼 정부 때의 일로, 이 시기에 선진국 진입의 관문인 경제 협력 개발 기구(OECD)에 29번째 회원국으로 가입하였다.

① 박정희 정부 때에 기간산업, 사회 간접 자본 확충, 경공업 중심의 수출 산업 육성을 위한 제1차 경제 개발 5개년 계획이 추진되었다.

③ 이명박 정부 때에 한·미 자유 무역 협정(FTA)이 체결되어 미국과의 무역 장벽을 허무는 계기가 되었다.

④ 박정희 정부 때인 1974년 제1차 석유 파동에 이어 1978년 제2차 석유 파동이 발생함으로써 석유의 공급 부족과 가격 폭등으로 경제 불황이 심화되었다.

⑤ 이승만 정부 때에 미국의 원조 물자를 토대로 제분·제당·면방직의 삼백 산업이 발달하였다.

김영삼 정부의 경제 정책

- 금융 실명제 실시(1993)
- 신경제 5개년 계획 발표(1993)
- 세계 무역 기구(WTO) 출범(1995)
- 경제 협력 개발 기구(OECD) 가입(1996)
- 외환위기(1997)

20

(가)에 들어갈 수 있는 사진으로 적절한 것을 〈보기〉에서 고른 것은?

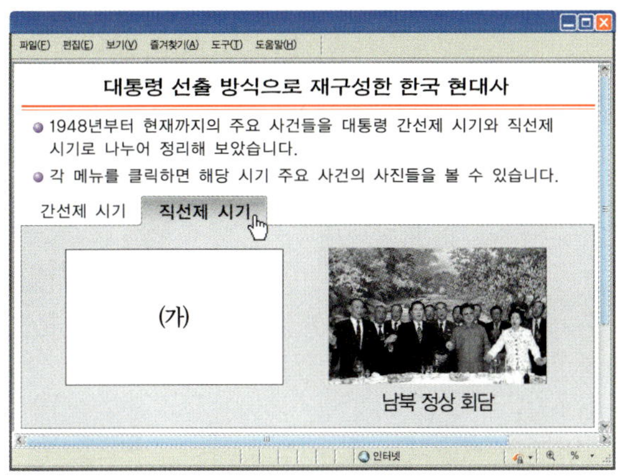

1948년부터 현재까지의 주요 사건들을 대통령 간선제 시기와 직선제 시기로 나누어 정리해 보았습니다.
각 메뉴를 클릭하면 해당 시기 주요 사건의 사진들을 볼 수 있습니다.

보기

① ㄱ, ㄴ ② ㄱ, ㄷ ③ ㄴ, ㄷ

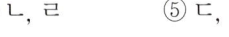

④ ㄴ, ㄹ ⑤ ㄷ, ㄹ

국민이 투표를 통해 대통령을 직접 뽑은 직선제 시기는 2대 · 3대(이승만), 5대 · 6대 · 7대(박정희), 13대(노태우) ~ 현재까지이다.

ㄱ. 서울 올림픽 대회(1988) → 노태우 정부 : 직선제
서울 올림픽 대회가 개최된 시기는 노태우 대통령이 국민 투표로 당선된 직선제 시기이다.

ㄷ. 7 · 4 남북 공동 성명(1972) → 박정희 정부 : 직선제
7 · 4 남북 공동 성명이 발표된 시기는 박정희 대통령이 국민 투표로 당선된 직선제 시기이다.

ㄴ. 인천 상륙 작전(1950) → 이승만 정부 : 간선제
맥아더 장군의 인천 상륙 작전이 전개되던 시기는 제헌 국회에서 이승만 대통령이 선출된 간선제 시기이다.

ㄹ. 부 · 마 민주 항쟁(1979) → 박정희 정부 : 간선제
부 · 마 민주 항쟁이 발발한 시기는 박정희 대통령이 통일 주체 국민 회의에서 선출된 간선제 시기이다.

21

(가) 정부의 통일 정책으로 옳은 것은?

최근 '한반도의 비핵화에 관한 공동 선언'이 재조명되고 있습니다. 선언의 주요 내용에 대해 말씀해 주시기 바랍니다.
이 선언은 (가) 정부 시기에 남북 고위급 회담의 결과로 발표되었는데, 주요 내용에는 핵무기의 시험 · 생산 · 보유 · 사용의 금지, 핵에너지의 평화적 이용 등이 있습니다.

① 남북 기본 합의서를 채택하였다.
② 금강산 관광 사업을 시작하였다.
③ 경의선 복원 공사를 시작하였다.
④ 남북 조절 위원회를 설치하였다.
⑤ 제2차 남북 정상 회담을 개최하였다.

제시된 대화 내용 중 '한반도의 비핵화에 관한 공동 선언'은 노태우 정부 때의 일이다. 제24회 서울 올림픽 대회가 개최된 노태우 정부 때에는 남북한 유엔 동시 가입, 남북 기본 합의서 채택, 한반도 비핵화 공동 선언 등과 같은 적극적인 북방 외교 정책을 펼쳤다.

②·③ 김대중 정부 때에 평양에서 최초로 남북 정상회담이 개최되었고, 햇볕 정책의 일환으로 금강산 관광 사업과 경의선 복원 공사가 시작되었다.

④ 박정희 정부 때에는 7 · 4 남북 공동 선언문 발표 이후 통일 문제 협의를 위해 남북 조절 위원회가 설치되고 남북 직통 전화가 개설되었다.

⑤ 노무현 정부 때에 제2차 남북 정상회담이 개최되어 남북 정상 선언문이 발표되었고, 그 해 개성 관광 사업이 시작되었다.

암기 노트

노태우 정부의 통일 정책

- **7 · 7선언(1988)** : 북한을 적대의 대상이 아니라 상호 신뢰 · 화해 · 협력을 바탕으로 공동 번영을 추구하는 민족 공동체 일원으로 인식
- **한민족 공동체 통일 방안(1989)** : 자주 · 평화 · 민주의 원칙 아래 제시
- **남북 고위급 회담, 남북한 유엔 동시 가입(1991)** : 제46차 유엔 총회에서 남북한이 각각 별개의 의석을 가진 회원국으로 유엔에 가입
- **남북 기본 합의서 채택(1991. 12) · 발효(1992)** : 상호 화해와 불가침, 교류 및 협력 확대 등을 규정
- **한반도 비핵화 공동 선언 채택(1991. 12) · 발효(1992)** : 핵무기의 보유나 사용금지 등을 규정

정답 18 ③ • 19 ② • 20 ② • 21 ①

시험에 자주 나오는 역사 유물

석탑 및 석등

익산 미륵사지 석탑

경주 불국사 다보탑

발해 장백 영광탑

부여 정림사지 5층 석탑

경주 분황사 모전 석탑

화순 쌍봉사 철감선사탑

발해 석등

화엄사 각황전 앞 석등

월정사 팔각 구층 석탑

원각사지 십층 석탑

구례 화엄사 4사자 3층 석탑

경주 불국사 3층 석탑

양양 진전사지 3층 석탑

경주 감은사지 3층 석탑

개성 경천사지 10층 석탑

안동 법흥사지 7층 전탑

의성 탑리리 5층 석탑

건축물

봉정사 극락전

수덕사 대웅전

쌍계사 대웅전

화엄사 각황전

전등사 대웅전

해인사 장경판전

법주사 팔상전

금산사 미륵전

무량사 극락전

마곡사 대웅보전

부석사 무량수전

불국사 대웅전

그림

김홍도 : 춤추는 아이

강희안 : 고사관수도

신사임당 : 초충도

정선 : 인왕제색도

신윤복 : 상춘야흥

김홍도필 군선도 병풍